Frederic Steinfeld

Das quantifizierte Unternehmen

Schriftenreihe zur Zeitschrift für Unternehmensgeschichte

Herausgegeben im Auftrag der Gesellschaft für Unternehmensgeschichte von Carsten Burhop, Christian Kleinschmidt und Werner Plumpe

Band 34

Frederic Steinfeld

Das quantifizierte Unternehmen

Rechnungswesen, Bilanzierung und Entscheidungen in der deutschen chemischen Industrie, 1863–1916

DE GRUYTER
OLDENBOURG

Zugl.: Frankfurt am Main, Goethe-Univ., Diss. 2020, Siegelziffer D.30

ISBN 978-3-11-074198-8
e-ISBN (PDF) 978-3-11-074206-0
e-ISBN (EPUB) 978-3-11-074212-1

Library of Congress Control Number: 2021934665

Bibliografische Information der Deutschen Nationalbibliothek
Die Deutsche Nationalbibliothek verzeichnet diese Publikation in der Deutschen Nationalbibliografie; detaillierte bibliografische Daten sind im Internet über http://dnb.dnb.de abrufbar.

Umschlagabbildung: Haupt- und Kundenbuchhaltung der Farbenfabriken Bayer am Standort Elberfeld im Jahr 1902. Quelle: Bayer AG, Bayer Archive Leverkusen.
Satz: bsix information exchange GmbH, Braunschweig
Druck und Bindung: CPI books GmbH, Leck

www.degruyter.com

Dank

Bei der vorliegenden Arbeit handelt es sich um eine für den Druck überarbeitete Fassung meiner im Oktober 2019 am Fachbereich Philosophie und Geschichtswissenschaften der Goethe-Universität Frankfurt am Main eingereichten Dissertation. Sie entstand im Rahmen meiner Arbeit am Sonderforschungsbereich 1095 „Schwächediskurse und Ressourcenregime" und wurde sowohl materiell wie auch ideell großzügig von der Deutschen Forschungsgemeinschaft unterstützt. Der DFG gilt hierfür mein herzlicher Dank, ebenso wie der Jury des Preises für Unternehmensgeschichte, die das Manuskript für auszeichnungswürdig hielt und sich für die Aufnahme in die Schriftenreihe der Zeitschrift für Unternehmensgeschichte aussprach. Dem Verlag Walter DeGruyter, namentlich Frau Claudia Heyer, Frau Elise Wintz und Herrn Andreas Brandmair, möchte ich für die freundliche Betreuung der Veröffentlichung danken. Zudem gebührt mein Dank der Vereinigung der Freunde und Förderer der Goethe-Universität, welche die Dissertation im Jahr 2020 mit dem Friedrich Sperl-Preis zur Förderung der Geisteswissenschaften auszeichnete.

Besonders danken möchte ich meinem Doktorvater Prof. Dr. Werner Plumpe, der mir die notwendige Freiheit für das Verfassen der Arbeit einräumte und sie stets mit hilfreichen Kommentaren und Hinweisen begleitete. Ferner bin ich Prof. Dr. Andreas Fahrmeir und Prof. Dr. Ralf Banken für die Übernahme des Zweit- und Drittgutachtens und die vielen hilfreichen Kommentare dankbar. Neben den Kolleginnen am SFB 1095 möchte ich ebenfalls den Mitgliedern des Frankfurter Lehrstuhls für Wirtschafts- und Sozialgeschichte meinen Dank für die Diskussionen und Debatten aussprechen, von der meine Arbeit ohne Zweifel profitiert haben. Die studentischen Hilfskräfte Lena Senoner, Jonas Balzer und David Sánchez unterstützten die Arbeit auf vielfältige Weise. Herrn Prof. Dr. Mark Spoerer möchte ich für die vielen hilfreichen Kommentare danken, ebenso wie Herrn Prof. Dr. Michael C. Schneider für die Einladung in das Düsseldorfer Forschungskolloquium, wo die Arbeit umfassend diskutiert wurde.

Darüber hinaus gilt mein großer Dank den ArchivarInnen und MitarbeiterInnen des Bayer Unternehmensarchivs für die idealen Arbeits- und Forschungsbedingungen und dort besonders Herrn Hans-Herrmann Pogarell, auf dessen umfassende Expertise und Unterstützung ich häufig zurückgreifen durfte. Ich danke ebenfalls dem Unternehmensarchiv der BASF und Herrn Dr. Udo Kaulich, dem Unternehmensarchiv der Deutschen Bank und Herrn Dr. Martin L. Müller sowie dem Hessischen Wirtschaftsarchiv für die freundliche Betreuung.

https://doi.org/10.1515/9783110742060-201

Zuletzt gilt mein Dank meiner Familie und meinen Freunden, besonders meinen Eltern, Schwiegereltern sowie meinen guten Freunden David Weidgenannt und Carl Rumpeltes.

Meinen Töchtern Pauline und Clara ist diese Arbeit gewidmet.

Frankfurt am Main, im April 2021
Frederic Steinfeld

Inhaltsverzeichnis

1 **Einleitung — 1**
1.1 Ziel der Arbeit — **2**
1.2 Stand der Forschung — **6**
1.3 Theoretische Überlegungen zum quantifizierten Unternehmen — **18**
1.4 Methode und Quellenlage — **37**

2 **Die Entwicklung des betrieblichen Rechnungswesens — 41**
2.1 Entwicklung der Buchhaltungstheorie — **42**
2.2 Entwicklung der Kostenrechnungstheorie — **45**
2.3 Entwicklung der Bilanztheorie — **50**
2.4 Zwischenfazit — **53**

3 **Das quantifizierte Familienunternehmen — 57**
3.1 Voraussetzungen der deutschen chemischen Industrie — **57**
3.2 Die Unternehmensgründung im Kontext der betriebswirtschaftlichen Informationsgewinnung — **71**
3.3 Die Krisenjahre: Auf dem Weg zur Aktiengesellschaft — **106**
3.4 Zwischenfazit — **164**

4 **Die quantifizierte Aktiengesellschaft — 169**
4.1 Produktdifferenzierung: Die Herstellung pharmazeutischer Produkte — **170**
4.2 Personal- und Produktentscheidungen — **179**
4.3 Reservebildung und Entscheidungsspielraum — **190**
4.4 Betriebsverlegung nach Leverkusen — **211**
4.5 Das Instrument der Bilanzverkürzung — **242**
4.6 Die Grundlage der Finanzierung: Informationsgewinnung in den 1890er Jahren — **261**
4.7 Zwischenfazit — **271**

5 **Die quantifizierte Interessengemeinschaft — 281**
5.1 Beginn des Dreibundes — **282**
5.2 Bilanzierungsgrundlage des Dreibundes — **296**
5.3 Bilanzierungsprobleme des Dreibundes — **313**
5.4 Wissenstransfer betrieblicher Organisationspraktiken innerhalb des Dreibundes — **325**

5.5 Unternehmensfinanzierung im Dreibund — **335**
5.6 Entscheidungsspielräume im Dreibund — **353**
5.7 Rechnungswesen im Dreibund — **359**
5.8 Vorbild Dreibund: Die Gründung der großen Interessengemeinschaft — **361**
5.9 Zwischenfazit — **375**

6 Zusammenfassung — 379

7 Quellen- und Literaturverzeichnis — 389
7.1 Quellen — **389**
7.2 Literatur — **391**

Abbildungsverzeichnis — 407

Tabellenverzeichnis — 408

Sachregister — 409

Orts- und Personenregister — 415

1 Einleitung

Im April des Jahres 1905 kam es zu einer hitzigen Debatte zwischen den Führungsetagen zwei der bedeutendsten Unternehmen der deutschen chemischen Industrie. Es handelte sich jedoch nicht um einen zwischen Unternehmen üblichen Disput, ging es doch weder um Preisgestaltung, Marktanteile oder den Vorwurf eines unlauteren Wettbewerbs. Die Auseinandersetzung war vielmehr aus dem Zusammenschluss dieser beiden Unternehmen – den „Farbenfabriken vorm. Friedr. Bayer & Co." (fortan Bayer oder Farbenfabriken) einerseits, der „Badischen Anilin- und Sodafabrik" (fortan BASF oder Badische) andererseits – hervorgegangen. Ihr Zusammenschluss zum sogenannten Dreibund, an dem auch die „Actien-Gesellschaft für Anilin-Fabrication" (fortan AGFA) beteiligt war, war wenige Monate zuvor vereinbart worden, unter anderem mit der Absicht, eben jene für einen Wettbewerbsmarkt üblichen Dispute nicht mehr führen zu müssen.

Der Vorwurf Carl Duisbergs, eines Vorstandsmitglieds der Farbenfabriken, konzentrierte sich demnach auch nicht auf die von außen sichtbaren Mängel der BASF, da diese ja nun die Mängel des Dreibundes insgesamt waren. Stattdessen zielte seine Kritik, die mehr einer Belehrung glich, auf die innere Organisation der Badischen ab. Als die BASF im Jahr 1905 deutlich schlechtere Gewinnzahlen lieferte, als sie dies zuvor angekündigt hatte, stellte sich für Duisberg heraus, dass die Unternehmensführung[1] der BASF die sich im Unternehmen vollziehenden Prozesse nicht in ausreichendem Maße zu kontrollieren im Stande war. Der Vorwurf Duisbergs wog entsprechend schwer: Sollte das schlechte Resultat für die Führung der BASF tatsächlich überraschend gewesen sein, wie man es von Seiten der Farbenfabriken Bayer nicht vermuten hätte können, so sei die Unternehmensführung der BASF für ihre Aufgaben schlicht ungeeignet, „da man von jeder Leitung eines großen Actien-Unternehmens verlangen muss, dass die Direction den Puls des Geschäfts täglich zu fühlen in der Lage" sei.[2] Duisberg führte sodann eine Vielzahl von Maßnahmen auf, um die sich im Unternehmen vollziehenden Prozesse durch Einrichtung verschiedener Kontroll- und Überwachungsmechanismen genau beobachten und quantifizieren zu können. Neben einer rationelleren Organisation der Produktion oder einer leistungsbezogenen Vergütung von Abteilungsleitern und Vorarbeitern

1 Der Begriff der Unternehmensführung wird in dieser Arbeit auf die Führungsorgane eines Unternehmens angewendet, wenn eine genaue Zuschreibung von Aussagen oder Handlungen auf die Mitglieder derselben – bei Bayer in den meisten Fällen Vorstand oder Aufsichtsrat – nicht möglich ist. Unter Unternehmensführung ist jedoch nie die Substantivierung des Verbs „führen" zu verstehen.

2 BAL 11/3, Aufsichtsrat: 130. Sitzung des Aufsichtsraths am 28. April 1905, S. 353.

https://doi.org/10.1515/9783110742060-001

spielte innerhalb der Vorschläge Duisbergs die Quantifizierung der eben benannten Prozesse eine tragende Rolle. Durch sie sollte die BASF nicht nur in die Lage versetzt werden, über eine möglichst akkurate und aktuelle Einschätzung zu den wichtigsten wirtschaftlichen Kennzahlen des Tagesgeschäfts zu verfügen, sondern ebenfalls möglichst präzise Annahmen über die zukünftige Entwicklung dieses Geschäfts treffen zu können.[3]

Dass die seitens der Farbenfabriken geäußerten Vorwürfe von den Verantwortlichen der BASF überhaupt ernst genommen wurden und zu einer ausführlichen Rechtfertigung derselben sowie schließlich sogar zu einer Umsetzung der Vorschläge führten, war dabei alles andere als selbstverständlich. Denn wenngleich beide Firmen auf eine ähnliche, in den 1860er Jahren ihren Ursprung nehmende Entstehungsgeschichte zurückblickten, war die BASF stets das bedeutendere Unternehmen gewesen und war dies auch zu Beginn der Interessengemeinschaft noch. Frühzeitig hatte sich die BASF auf eine forschungsgestützte und eine Vielzahl von Produktionsstufen integrierende Herstellung von synthetischen Farbstoffen spezialisiert. Zwar war die Herstellung dieser Farbstoffe ebenfalls das Geschäft der Farbenfabriken, doch erfolgte sie lange Zeit auf vergleichsweise bescheidenem Niveau. Die unternehmensstrategisch herausragende Bedeutung einer eigenen Forschungskompetenz sowie der Integration der Herstellung zentraler Grundstoffe wurde auf der Ebene der Unternehmensführung der Farbenfabriken spät erkannt – ein Umstand, der das Unternehmen Mitte der 1880er Jahre an den Rand des Ruins geführt hatte. Umso bemerkenswerter war das Selbstbewusstsein, mit dem die Farbenfabriken ihrem ewigen Konkurrenten zwei Jahrzehnte später die Stirn boten. Dass es sich hierbei nicht um eine gnadenlose Überschätzung der eigenen Leistungsfähigkeit handelte, hatte ein Bilanzvergleich zwischen den beiden Unternehmen ergeben. Entgegen der Annahme der BASF und sogar der Eigenwahrnehmung der Farbenfabriken hatten sich diese dort als ebenbürtiger Konkurrent herausgestellt, den es nun ernst zu nehmen galt.

1.1 Ziel der Arbeit

Das Ziel der vorliegenden Arbeit ist es, die Unternehmensgeschichte der Farbenfabriken Bayer als eine Entwicklungsgeschichte des betrieblichen Rechnungswesens zu erzählen.[4] Grundlage dieses Ansatzes ist die Annahme, durch

3 BAL 11/3, Aufsichtsrat: 130. Sitzung des Aufsichtsraths am 28. April 1905, S. 353.

4 Unter betrieblichem Rechnungswesen werden in der vorliegenden Arbeit die drei in Kapitel 2 beschriebenen Felder der Buchhaltung, Kostenrechnung und Bilanzierung verstanden.

das Heranziehen betriebswirtschaftlicher Kennzahlen neue Erkenntnisse in Hinblick auf unternehmerische Entscheidungen gewinnen und hierdurch bisher wenig beachtete Weichenstellungen im Unternehmen in den Mittelpunkt rücken zu können. Der Untersuchungsgegenstand eignet sich für diese Fragestellung insbesondere, da Bayer als Unternehmen der sogenannten Zweiten Industriellen Revolution seinen Erfolg auf der wissenschaftsgetriebenen Eigenentwicklung von Produkten begründete, weshalb sich ein Großteil der Produktionsprozesse innerhalb des Unternehmens vollzog.[5] Es ist davon auszugehen, dass diese mehrstufige Produktion besondere Anforderungen an das betriebliche Rechnungswesen stellte, da in der monetären Bewertung der Produktionskreisläufe eine Vielzahl von Produktionsstätten zu berücksichtigen war. Die an das Rechnungswesen gestellten Anforderungen erhöhten sich noch weiter, als Bayer spätestens im Laufe der 1890er Jahre die Entwicklung zu einem Großunternehmen vollzog. Anzunehmen ist, dass sowohl die aus dieser Entwicklung resultierende Komplexität des Unternehmens als auch die zunehmende Trennung von Entscheidungs- und Produktionsebene die durch das betriebliche Rechnungswesen bereitgestellten Informationen stärker in den Mittelpunkt der Entscheidungsprozesse rückten.[6] Nicht zuletzt trägt der umfassende Forschungsstand zur Unternehmensgeschichte Bayers zur Attraktivität des in dieser Studie verfolgten Ansatzes bei, da überprüft werden kann, ob oder inwieweit sich die Untersuchung des Zusammenhanges von Entscheidungsprozessen und dem betrieblichen Rechnungswesen dazu eignet, bereits bekannte Narrative zu bereichern oder gar zu revidieren.

Die Konzentration auf den Zusammenhang zwischen betrieblichem Rechnungswesen und unternehmerischen Entscheidungen basiert auf der in den 1960er Jahren von Richard M. Cyert und James G. March entwickelten Grundannahme, dass Unternehmen als Organisationen Ziele ausbilden und ihre Entscheidungen an einem bestmöglichen Erreichen dieser Ziele ausrichten.[7] Die Güte der Erwartungsbildung ist hierbei vor allem durch den Umfang der Informationen bestimmt, welcher den Akteuren im Unternehmen – im Falle dieser Arbeit vornehmlich den Mitgliedern der Unternehmensführung – zur Verfügung steht. Die Informationsbeschaffung ist ihrerseits mit Kosten verbunden, wo-

5 Vgl. zur Zweiten Industriellen Revolution Ziegler, Dieter: Das Zeitalter der Industrialisierung. In: Gerold Ambrosius und Michael North (Hg.): Deutsche Wirtschaftsgeschichte. München 2000, S. 234–240, Pierenkemper, Toni: Wirtschaftsgeschichte. Berlin 2010, S. 88, Hahn, Hans-Werner: Die Industrielle Revolution in Deutschland. München 2011, S. 42–43 sowie jüngst Plumpe, Werner: Das kalte Herz. Berlin 2019, S. 222–223.

6 Vgl. hierzu Pierenkemper, Toni: Unternehmensgeschichte. Stuttgart 2000, S. 63–73.

7 Vgl. Cyert, Richard Michael; March, James G.: A Behavioral Theory of the Firm. Cambridge, Mass. u. a. 1992, S. 5–6.

durch sie in der Konsequenz einem abnehmenden Grenznutzen unterliegt.[8] Ihre Begründung finden die Informationskosten im Wesentlichen in der – von der neoklassischen Theorie abweichenden – Annahme, dass die den Akteuren zur Verfügung stehenden Informationen unvollständig sind, wodurch Entscheidungen zwangsläufig unter Unsicherheit getroffen werden müssen.[9] Zwar kann diese Unsicherheit durch die Beschaffung von Informationen reduziert werden, doch verhindert der Grenznutzen der Informationsbeschaffung das Treffen von Entscheidungen unter vollständiger Sicherheit. Da eine detaillierte Auseinandersetzung mit dem, in weiten Teilen von der Neuen Institutionenökonomik beeinflussten theoretischen Gerüst dieser Arbeit noch an anderer Stelle erfolgt, sollen diese knappen theoretischen Ausführungen hier ausreichen.

Ausgehend von diesen Überlegungen verfolgt die vorliegende Arbeit die These, dass die im betrieblichen Rechnungswesen erzeugten Informationen eine zentrale Grundlage für unternehmerische Entscheidungen bilden. Zwar ist die Entscheidungsrelevanz des Rechnungswesens in der heutigen betriebswissenschaftlichen Literatur unumstritten; offen ist hingegen, ob ihm die gleiche Bedeutung auch für unternehmerisches Handeln im 19. und frühen 20. Jahrhundert zuzugestehen ist.[10] Hierbei spielt zweifelsfrei auch die Beeinflussung durch die Umwelt des Unternehmens eine Rolle, in der sich seit Beginn des 20. Jahrhunderts eine wissenschaftliche Auseinandersetzung mit den Fragestellungen des betrieblichen Rechnungswesens langsam zu institutionalisieren begann. Fraglich ist, wie sich betriebswirtschaftliche Praktiken vor dem Hintergrund dieses „betriebswissenschaftlichen Vakuums“ des 19. Jahrhunderts herausbildeten und welche Bedeutung ihnen durch die Unternehmensführung Bayers beigemessen wurde. Es ist davon auszugehen, dass die Unternehmen jener Zeit den Schwerpunkt der betriebswirtschaftlichen Erfassung ihrer Produktion unabhängig voneinander gesetzt haben, wodurch sich deutliche Unterschiede zwischen den jeweiligen betriebswirtschaftlichen Praktiken ergeben haben müssen.

8 Vgl. Coase, Ronald H.: The Nature of the Firm. In: *Economica*, 16 (1937), S. 386–405.
9 Vgl. hierzu ebd., jedoch ebenso die frühere Arbeit von Frank Knight, Knight, Frank H.: Risk, Uncertainty and Profit. New York 1921 sowie wesentlich Simon, Herbert A.: A Behavioral Model of Rational Choice. In: *The Quarterly Journal of Economics*, 69 (1955), S. 99–118.
10 Vgl. hierzu die umfangreiche Literatur zum „entscheidungsorientierten Rechnungswesen“, etwa die entwicklungshistorische Arbeit Christian Bungenstocks. Bungenstock, Christian: Entscheidungsorientierte Kostenrechnungssysteme. Wiesbaden 1995. Siehe ferner einschlägige Werke wie Friedl, Gunther; Hofmann, Christian; Pedell, Burkhard: Kostenrechnung. München 2017, oder Weber, Jürgen: Kostenrechnung zwischen Verhaltens- und Entscheidungsorientierung. In: *Controlling & Management Review*, 62 (2018), S. 14–23.

Bei der Untersuchung der Entscheidungsrelevanz wird also der Frage nachgegangen, wie sich das Wissen bezüglich betriebswirtschaftlicher Praktiken in Unternehmen entwickelte und ob bzw. wie sich dieses Wissen zwischen diesen Unternehmen verbreitete. Hierbei gilt es ebenfalls zu untersuchen, ob die durch das Rechnungswesen gelieferten Informationen schon immer unternehmerische Entscheidungen beeinflussten oder ob sich die Entscheidungsrelevanz dieser Informationen erst nach und nach herausbildete. Auch soll die tatsächliche, empirisch belegbare Auseinandersetzung mit diesen Informationen ergründet und geklärt werden, ob und wann Informationen des Rechnungswesens in Entscheidungsprozessen herangezogen wurden, oder ob es sich eher um ohnehin ständig im Unternehmen zirkulierende Informationen handelte, die zwar nicht explizit in den Entscheidungsprozessen benannt wurden, jedoch, wenn man so will, die Entscheidungen als „Grundrauschen" begleiteten. Unter den vielen Entscheidungsfeldern der Unternehmensführung rücken somit konsequenterweise vorrangig Investitions- und Finanzierungsentscheidungen in den Mittelpunkt der Untersuchung, da anzunehmen ist, dass sich der Zusammenhang zwischen Entscheidungsfindung und betrieblichem Rechnungswesen vor allem in dieser Art Entscheidungen manifestierte.

Die Untersuchung dieser Fragestellung soll in der vorliegenden Arbeit vor dem Hintergrund sich verändernder Unternehmensformen erfolgen. Hierbei steht die Frage im Mittelpunkt, ob oder inwieweit die an das betriebliche Rechnungswesen gestellten Anforderungen in der Unternehmensform begründet waren und sich mit dem Wandel dieser Form bzw. der „property rights" veränderten. Die Auseinandersetzung mit den verschiedenen Unternehmensformen und die Annahme, dass diese Formen unterschiedliche Ansprüche an das betriebliche Rechnungswesen stellten, verleiht der vorliegenden Arbeit zugleich ihre Struktur. So lassen sich für die Farbenfabriken Bayer innerhalb des Beobachtungszeitraums zwischen den Jahren 1863 und 1916 drei einschneidende Veränderungen der Unternehmensform ausmachen. Ausgehend von der Gründung als Familienunternehmen im Jahr 1863 erfolgte im Jahr 1881 die Umwandlung in eine Aktiengesellschaft. Im Jahr 1904 vollzog sich der einleitend beschriebene Zusammenschluss mit der BASF und der AGFA zum Dreibund, dessen Erweiterung zur sogenannten großen Interessengemeinschaft den Endpunkt der Untersuchung um das Jahr 1916 bildet.[11] Das Setzen der Zäsur des Jahres 1881 bedarf dabei vor dem Hintergrund der tiefgreifenden Veränderung der Unter-

---

11 Eine andere Periodisierung wählt bspw. Heinrich Hartmann, der in seiner Untersuchung der Unternehmensorganisation Bayers die Zäsuren in dem Aufbau des Standortes Leverkusen seit dem Jahr 1895 sowie der Gründung des Dreibundes im Jahr 1904 ausmacht. Vgl. Hartmann, Heinrich: Organisation und Geschäft. Göttingen 2010, S. 49–52.

nehmensorganisation keiner weiteren Erklärung. Die Entscheidung, in der Gründung des Dreibundes einen weiteren Wendepunkt zu sehen, hingegen schon, da die Unternehmensform seiner Mitglieder formal unangetastet blieb. So bestand der wesentliche Zweck der Gründung des Dreibundes darin, die von den Einzelunternehmen erwirtschafteten Gewinne zu bündeln und nach einer festgelegten Quote an seine Mitgliedsunternehmen zu verteilen. Wenngleich sich die Marktunsicherheiten auf Grund des kollektiven Vorgehens reduzierten, blieben dabei die Strukturen der Unternehmen unverändert. In der Gründung des Dreibundes eine Zäsur auszumachen, ergibt sich vielmehr aus der Fragestellung der Arbeit. Die wesentliche Unterscheidung zwischen den Zäsuren ist folglich in den an das Rechnungswesen gestellten Anforderungen zu sehen. Es ist davon auszugehen, dass die durch die Unternehmensführung an das Rechnungswesen gerichteten Ansprüche zwischen den Jahren 1863 und 1881 rudimentär waren, da die Produktion durch die Unternehmensgründer bzw. deren Familien selbst überwacht werden konnte.[12] Die Umwandlung in eine Aktiengesellschaft und die mit dieser Unternehmensform verbundenen Berichtspflichten setzten dann eine detaillierte Informationsgewinnung voraus, nicht zuletzt, da der Kapital- und damit auch der Unternehmensbesitz zunehmend an Außenstehende gelangte, deren Einfluss auf Entscheidungsprozesse es zu untersuchen gilt. Vor diesem Hintergrund ist vor allem zu klären, ob die Unternehmensführung der Farbenfabriken das betriebliche Rechnungswesen dazu nutzte, die Handlungs- und Entscheidungsräume an die neue externe Interessengruppe der Aktionäre anzupassen, bzw. wie diese Anpassung in Form einer Dividenden- und Reservepolitik umgesetzt wurde. Im Jahr 1904 trat dann mit der Gründung des Dreibundes ein weiterer, das betriebliche Rechnungswesen Bayers ebenfalls von außen beeinflussender Faktor hinzu. So ist anzunehmen, dass die Absprache mit anderen Unternehmen und vor allem die Bündelung der Gewinne eine Vergleichbarkeit zumindest der Gewinnberechnung, wenn nicht gar des gesamten Rechnungswesens voraussetzte. Von Interesse ist in diesem Zusammenhang auch, ob der Unternehmensverbund eine eigene Ausprägung des betrieblichen Rechnungswesens hervorbrachte.

1.2 Stand der Forschung

Anhand der drei Entwicklungsstufen der Farbenfabriken von einem Familienunternehmen über eine Aktiengesellschaft hin zur Mitgliedschaft in einem Unternehmensverbund sollen, wie gesagt, die verschiedenen Anforderungen un-

12 Siehe zur theoretischen Begründung das folgende Kapitel 1.2.

tersucht werden, die von der Unternehmensführung der Farbenfabriken an das betriebliche Rechnungswesen gestellt wurden. Die Analyse von betriebsorganisatorischen Charakteristika unterschiedlicher Unternehmensformen ist dabei keineswegs neu, sondern schließt an die in den 1960er Jahren von Alfred D. Chandler und Jürgen Kocka gemachte Beobachtung an, dass sich der Anspruch an die innerbetriebliche Organisation im historischen Verlauf an die sich verändernden wirtschaftlichen und betrieblichen Rahmenbedingungen anpasste.[13] So identifiziert Kocka zwischen den 1870er Jahren und dem Beginn des Ersten Weltkrieges drei Phasen der Unternehmensentwicklung, deren „Pionierperiode" er in den eigentümergeführten Firmen des frühen und mittleren 19. Jahrhunderts erkennt. Die kleinen und mittleren Unternehmen jener Zeit hätten auf einem personenbezogenen Leitungsstil gefußt, weshalb auf „eigens erdachte Kontrolleinrichtungen und auf die planmäßige Sicherung des Informationsflusses häufig weitgehend" hätte verzichtet werden können.[14] Mit der Wirtschaftskrise der 1870er Jahre und dem mit ihr einhergehenden Rentabilitätsverfall beobachtet Kocka in diesen Unternehmen dann eine wachsende Bedeutung der innerbetrieblichen Organisation.

In dieser Unternehmensform, von Kocka als „Eigentümer-Unternehmen" charakterisiert, konzentrierte sich der Kapitalbesitz auf den Unternehmensgründer, der zugleich alle für das Unternehmen richtungsweisenden Entscheidungen traf. Das Verhältnis von Kapitalbesitz und Entscheidungen bzw. die „Trennung von Besitz und Kontrolle" wählt Kocka dann als Ausgangspunkt der Beschreibung verschiedener Entwicklungsperioden der Unternehmensform: Beginnend mit der Form des „Eigentümer-Unternehmens" von kleiner bis mittlerer Größe entwickelte sich eine Vielzahl von Unternehmen im Laufe der zweiten Hälfte des 19. Jahrhunderts und des frühen 20. Jahrhunderts zu sogenannten „Manager-Unternehmen", in denen das Unternehmenskapital verstreut war und die zentralen Entscheidungen von angestellten Managern ohne größeren Kapitalbesitz getroffen wurden.[15] Als – nicht zwangsläufig notwendige – Zwischenstufe beschreibt Kocka zudem die „entrepreneurial enterprise", in der die Entscheidungsbefugnis bereits an leitende Angestellte delegiert worden war, der Kapitalbesitz jedoch weiterhin in der Hand des Gründers oder seiner Familie lag.[16] Schon der Rückgriff auf diesen englischen Begriff zur Beschreibung des

---

13 Vgl. Chandler, Alfred Dupont: Strategy and Structure. Mansfield Centre, Conn. 1962 sowie Kocka, Jürgen: Industrielles Management: Konzeptionen und Modelle in Deutschland vor 1914. In: *Vierteljahrschrift für Sozial- und Wirtschaftsgeschichte*, 56 (1969), S. 332–372.

14 Ebd., S. 336.

15 Kocka, Jürgen: Expansion – Integration – Diversifikation: In: Fritz Blaich und Harald Winkel (Hg.): Vom Kleingewerbe zur Großindustrie. Berlin 1975, S. 219.

16 Vgl. ebd., S. 206.

Zwischenstadiums deutet darauf hin, dass Kocka mit seiner Analyse an internationale Forschungen anknüpfte. Die von Kocka angewandte Periodisierung übernahm im Wesentlichen den von Alfred D. Chandler für US-amerikanische Unternehmen beschriebenen Wandel von „personal enterprises" zu „managerial enterprises".[17] Die von Chandler an verschiedenen Stellen betonte Vorbildfunktion US-amerikanischer Unternehmen für die organisatorische Ausgestaltung europäischer Firmen gilt jedoch nicht zuletzt auf Grund der Arbeiten Jürgen Kockas als überholt.[18] So stellte dieser fest, dass die amerikanischen Unternehmen die deutschen vor dem Ersten Weltkrieg zwar an absoluter Größe übertrafen, jedoch „kaum an funktionaler Integration und schon gar nicht an produktmäßiger Diversifikation."[19] Als Voraussetzung für den Übergang von „Eigentümer-Unternehmen" hin zu „Manager-Unternehmen" kann gemeinhin die Entstehung von Aktiengesellschaften gesehen werden, da häufig der für ein Großunternehmen notwendige Kapitalbedarf die finanziellen Möglichkeiten der Eigentümerfamilien überstieg.[20] Hieraus resultierte dann die Kapitalstreuung, die Kocka und Chandler als Grundvoraussetzung eines „Manager-Unternehmens" identifizierten.

Den Arbeiten Kockas und Chandlers gemein ist die große Bedeutung, welche die Autoren dem betrieblichen Rechnungswesen für die Entwicklung von Großunternehmen beimessen.[21] Getreu des von Chandler vertretenen Standpunktes, Unternehmensstrukturen als ein Resultat strategischer Planung zu sehen („structure follows strategy"), stellt dieser fest, die an das Rechnungswesen

---

17 Vgl. Chandler 1962, sowie später konzis in Chandler, Alfred D.; Daems, Herman: Introduction. In: Herman Daems und Herman van der Wee (Hg.): The Rise of Managerial Capitalism. Louvain 1974. Die Unterscheidung zwischen Eigentümer-Unternehmen und Management-Unternehmen liegt ebenfalls der zweiten großen Studie Chandlers zu Grunde. Vgl. Chandler, Alfred Dupont: The Visible Hand. Cambridge, Mass. 1977.

18 Diese angenommene Rückständigkeit wird u. a. bei Alfred D. Chandler und Herman Daems deutlich: „The review suggests that expect for the new mass markets, European businessmen did not feel the need to design their operating organizations in the way the speed flows and lower unit costs through improved administrative coordination." Chandler, Alfred D.; Daems, Herman: Administrative Coordination, Allocation and Monitoring: A Comparative Analysis of the Emergence of Accounting and Organization in the U. S. A. and Europe. In: *Accounting, Organizations & Society*, 4 (1979), S. 3–20, hier: S. 17. Zur Kritik, vgl. Hesse, Jan-Otmar: Wirtschaftsgeschichte. Frankfurt a. M., New York 2013, S. 95, Berghoff, Hartmut: Moderne Unternehmensgeschichte. Paderborn 2004, S. 71–73 sowie Murmann, Johann Peter: Knowledge and Competitive Advantage. Cambridge, UK, New York 2003, S. 4.

19 Kocka 1975, S. 213.

20 Vgl. Kocka, Jürgen: Management in der Industrialisierung Die Entstehung und Entwicklung des klassischen Musters. In: *Zeitschrift für Unternehmensgeschichte*, 44 (1999), S. 135–149, hier S. 142.

21 Vgl. ebd., S. 139.

gestellten Anforderungen seien gezielt mit dem Wachstum der Unternehmen einhergegangen.[22] Auch diese These hat mittlerweile gegenteilige Reaktionen hervorgerufen, die in der Entwicklung des Rechnungswesens eher die Voraussetzung und nicht das Resultat für bzw. von Unternehmenswachstum sehen.[23] Nimmt man die Arbeiten Kockas und Chandlers zum Ausgangspunkt der unternehmenshistorischen Erforschung des Rechnungswesens, lassen sich für den angelsächsischen und deutschen Forschungsstand seither völlig unterschiedliche Entwicklungslinien nachzeichnen. Während innerhalb der englischsprachigen Forschung eine Vielzahl von Studien entstand und sich sogar mit der „Accounting History" ein eigenes Forschungsfeld innerhalb der Wirtschaftsgeschichte herausbildete[24], erfolgte die Untersuchung der historischen Entwicklung des betrieblichen Rechnungswesens im deutschsprachigen Raum – trotz wiederholter Forderungen – nur situativ.[25] Die Forschung der „Accounting History" befasste sich dabei bereits seit den 1980er Jahren nicht nur mit der Fra-

---

22 Vgl. hierzu Chandler 1962, S. 14.

23 Vgl. Boyns, Trevor: Recent Developments in Anglo-Saxon (Management) Accounting History. In: *AKKUMULATION*, 13 (2000), S. 1–7, hier S. 2–3.

24 Die intensive Auseinandersetzung mit der Entstehungsgeschichte des Rechnungswesens schlug sich dort ebenfalls in der Gründung einer Vielzahl von Zeitschriften nieder. Zu erwähnen sind an dieser Stelle „Accounting History Review" (vorm. Accounting, Business & Financial History), „Accounting History" sowie „Accounting, Organization & Society". Wenngleich in der letzteren der allgemeine und aktuelle Zusammenhang zwischen Rechnungswesen und Organisationen im Mittelpunkt steht, befasst sie sich doch regelmäßig mit historischen Fragestellungen. Ebenso finden sich einschlägige Artikel in Zeitschriften der modernen Accounting-Wissenschaft, wie etwa „Journal of Accounting Research", „Accounting Review" oder „Review of Accounting Studies". Für eine umfassende Auflistung, siehe Boyns 2000, S. 1–2.

25 So stellte Werner Plumpe im Jahr 2004 fest: „Schließlich sind die semantischen Apparate [...], insbesondere der zentrale Informationsapparat des Rechnungswesens, nicht einmal ansatzweise erforscht. Welche Informationen ein Unternehmen also bei seinen Entscheidungen zur Verfügung hat, wie und in welcher Weise darauf zurückgegriffen werden kann, muss als völlig offen gelten." Plumpe, Werner: Perspektiven der Unternehmensgeschichte. In: Günther Schulz (Hg.): Sozial- und Wirtschaftsgeschichte. Stuttgart 2004, S. 424. Eine ähnliche Diagnose stellte bereits Wolfram Bongartz im Jahr 1984: „Besonders unsere Erkenntnisse über Entstehungshintergründe, Formen und Wirkungsweise des Rechnungswesens, das sich, nach Chandler und Daems, um die Jahrhundertwende in Europa noch verhältnismäßig undifferenziert präsentiert, sind nur recht global." Bongartz, Wolfram: Unternehmensleitung und Kostenkontrolle in der rheinischen Montanindustrie vor 1914 dargestellt am Beispiel der Firmen Krupp und Gutehoffnungshütte (Teil I). In: *Zeitschrift für Unternehmensgeschichte*, 29 (1984), S. 33–55, hier S. 35. Jüngst forderte Christian Kleinschmidt, betriebswirtschaftliche Aspekte wie Investitionen, Finanzierung, Controlling oder das betriebliche Rechnungswesen in der unternehmenshistorischen Forschung stärker zu berücksichtigen. Vgl. Kleinschmidt, Christian: Unternehmensgeschichte als „Nebenbeschäftigung". In: *Zeitschrift für Unternehmensgeschichte*, 64 (2019), S. 274–291, hier S. 289.

ge nach der Entwicklung des betrieblichen Rechnungswesens, sondern ebenso mit angrenzenden Themen wie etwa den Bilanzierungspraktiken und dem Umgang mit stillen Reserven, die auch für die vorliegende Arbeit relevant sind. Unter der überschaubaren deutschsprachigen Literatur sind zunächst die Arbeiten Mark Spoerers zur Bilanzierung deutscher Industrieunternehmen in der Zwischenkriegszeit zu nennen, die für diese Arbeit wichtige Anhaltspunkte und Argumente vor allem in Hinblick auf die Untersuchung der stillen Reservebildung lieferten.[26] Auch Jürgen Lindenlaubs Monographie zur Buchhaltungs- und Bilanzierungsgeschichte bedeutender Unternehmen der deutschen Montanindustrie erwies sich als außerordentlich aufschlussreich. Dies war nicht zuletzt der Fall, da die in der Studie untersuchte Periode zwischen 1850 und 1880 das Aufzeigen von Parallelen erlaubte, wenngleich die Vergleichbarkeit der Untersuchungsgegenstände auf Grund ihres Größenunterschieds gewiss begrenzt ist.[27] Ebenfalls einen Schwerpunkt auf die Bilanzierungspraktiken wie bspw. die Abschreibungspolitik legt Volker Hentschel in seiner Monographie zur betriebswirtschaftlichen Geschichte der Maschinenfabrik Esslingen zwischen den Jahren 1846 und 1918.[28] Zuletzt sei noch auf den Aufsatz Christian Kleinschmidts hingewiesen, in welchem auch auf die Entscheidungsrelevanz der im betrieblichen Rechnungswesen generierten Informationen eingegangen wird. Die Feststellung Kleinschmidts, dass ökonomische Krisen ein wesentlicher Impulsgeber für die Weiterentwicklung des betrieblichen Rechnungswesens waren, hat sich für diese Arbeit als ebenso fruchtbar erwiesen wie die Interpretation, dass sich diese Entwicklung mehr oder weniger autonom in den Unternehmen vollzog.[29]

Generell lässt sich für die deutschsprachige Forschung zur Geschichte des betrieblichen Rechnungswesens ein Schwerpunkt auf der Bilanzanalyse feststellen, die Untersuchung der Entwicklung von Buchhaltungspraktiken hingegen spielt eine untergeordnete Rolle. Wenngleich die erwähnte Arbeit Lindenlaubs beides in die Untersuchung einbezieht, zielt die Ebene der Interpretation eindeutig auf Bilanzwerte bzw. aus der Bilanz ableitbare Kennziffern wie Inves-

---

26 Vgl. Spoerer, Mark: „Wahre Bilanzen!" Die Steuerbilanz als unternehmenshistorische Quelle. In: *Zeitschrift für Unternehmensgeschichte*, 40 (1995), S. 158–179, Spoerer, Mark: Von Scheingewinnen zum Rüstungsboom. Stuttgart 1996 sowie Spoerer, Mark: Window-dressing in German inter-war balance sheets. In: *Accounting, Business & Financial History*, 8 (1998), S. 351–369.

27 Vgl. Lindenlaub, Jürgen: Die Finanzierung des Aufstiegs von Krupp. Essen 2006.

28 Vgl. Hentschel, Volker: Wirtschaftsgeschichte der Maschinenfabrik Esslingen AG, 1846 – 1918. Stuttgart 1977.

29 Vgl. Kleinschmidt, Christian: Vom betrieblichen Rechnungswesen zum Controlling. In: *AKKUMULATION*, 13 (2000), S. 7–12. Auf diese autonome Entwicklung wird in Kapitel 2 eingegangen werden.

titionsquoten, Kapitalstruktur und Inventarbewertungen ab. Ein stärkerer Bezug auf die Buchhaltungspraktiken findet sich in einem von Wolfgang Bongartz verfassten Aufsatz über die Unternehmen Krupp und Gutehoffnungshütte, in welchem dem Zusammenhang unterschiedlicher Organisationsformen und der Entwicklung des Rechnungswesens bis zum Jahr 1914 nachgegangen wird.[30] Die Studie ist dabei maßgeblich durch die von Chandler festgestellten Entwicklungsphasen der betrieblichen Organisation geprägt und kann in gewisser Weise als Anwendung des Chandler'schen Instrumentariums auf die beiden Unternehmen interpretiert werden. Als angelsächsischer „Sonderfall" sei an dieser Stelle noch die bemerkenswerte Studie Jeffrey Fears zu nennen, dessen Untersuchung des „corporate managements" im Montanunternehmen Thyssen zwischen 1871 und 1936 eine große Schnittmenge mit den in der vorliegenden Arbeit aufgeworfenen Fragestellungen aufweist.[31] Ebenfalls den Schwerpunkt auf die Entwicklung der Buchhaltungspraktiken legt die Dissertation Verena Pleitgens über die Entwicklung des betrieblichen Rechnungswesens bei den Unternehmen Krupp, Scheidt und Farina. Diese lieferte für die vorliegende Arbeit wichtige Vergleichspunkte, zumal sie ebenfalls den aus der Neuen Institutionenökonomik abgeleiteten Informationsbegriff in den Mittelpunkt der Analyse stellt.[32]

Wenngleich zumindest die Arbeit Pleitgens mit Scheidt und Farina zwei Unternehmen aus dem Tuch- bzw. dem Parfumgewerbe in ihre Untersuchung einbezieht, wird der deutsche Forschungsstand zum betrieblichen Rechnungswesen vor allem von Fallbeispielen der Montanindustrie dominiert. Die Unternehmen der deutschen chemischen Industrie hingegen fanden in der historischen Analyse des betrieblichen Rechnungswesens bisher überraschend wenig Beachtung. Hier erschöpften sich die an dieses Forschungsfeld gestellten Fragen häufig in einer rudimentären Beschreibung der unmittelbar aus den Unternehmensbilanzen ableitbaren Kennziffern wie Dividendenquoten, Bilanzwerten, Kapitalsummen und Unternehmensgewinnen. Auf Grundlage dieser Ziffern entwarfen verschiedene Autoren dann das Narrativ einer hochprofitabel und schnell verlaufenden Entwicklungsgeschichte.[33] Im Vergleich hierzu fallen die Untersuchungen zu US-amerikanischen Chemieunternehmen weitaus detaillierter aus. Nicht zuletzt auf Grund der Tatsache, dass Alfred Chandler seine theo-

30 Vgl. Bongartz 1984.

31 Vgl. Fear, Jeffrey R.: Organizing Control. Cambridge, Mass. u. a. 2005.

32 Vgl. Pleitgen, Verena: Die Entwicklung des betriebswirtschaftlichen Rechnungswesens von 1890 bis 1940 am Beispiel der Firmen Krupp, Scheidt und Farina. Köln 2005.

33 Vgl. exemplarisch Wetzel, Walter: Naturwissenschaften und chemische Industrie in Deutschland. Stuttgart 1991, S. 230–231, Andersen, Arne: Chemie als Zukunftstechnologie. In: Dieter Ziegler (Hg.): Zukunftstechnologien der letzten Jahrhundertwende. Berlin 1999, S. 98.

retischen Überlegungen unter anderem anhand des bedeutenden Chemieunternehmens DuPont entwickelte, thematisierte eine Vielzahl von Studien die betriebswirtschaftliche Entwicklung dieses Unternehmens.[34] So befasste sich H. Thomas Johnson in expliziter Anlehnung an Chandler wiederholt mit dem Unternehmen[35] – eine Beschäftigung, die schließlich in dem gemeinsam mit Robert S. Kaplan verfassten Standardwerk zur Entwicklungsgeschichte des US-amerikanischen Rechnungswesens mündete.[36] Mit den Studien Margaret Levensteins zu Dow Chemical existieren ebenfalls Arbeiten zur Entwicklung des Rechnungswesens in der amerikanischen Chemieindustrie, deren theoretischer Zugang auch das Verhältnis von Informationen und Entscheidungen zur Grundlage nimmt.[37] Der Bedeutung von Informationen für Unternehmen widmeten sich in der Vergangenheit ferner mehrere Arbeiten, von denen allen voran der von Peter Temin herausgegebene Sammelband „Inside the Business Enterprise" zu nennen ist.[38]

Das Fehlen entsprechender Arbeiten über die Unternehmen der deutschen Chemieindustrie ist demnach auch vor dem Hintergrund der starken angelsächsischen Forschungstradition mehr als verwunderlich. Zu der Verwunderung trägt zudem der sonst als umfassend zu beschreibende Forschungsstand zur Entwicklung der chemischen Industrie bei, der zu einer Breite von Industrie- wie auch Unternehmensgeschichten geführt hat. Hierbei sind zunächst die kompakten Überblicksdarstellungen von Walter Teltschik und Dieter Osteroth

---

34 Vgl. Chandler 1962, S. 52–113.

35 Vgl. Johnson, H. Thomas: Management Accounting in an Early Integrated Industrial: E. I. duPont de Nemours Powder Company, 1903–1912. In: *Business History Review*, 49 (1975), S. 184–204 sowie Johnson, H. Thomas: Managing by Remote Control. In: Peter Temin (Hg.): Inside the Business Enterprise. Chicago u. a. 1991, wenngleich letztere Arbeit im Wesentlichen die Ergebnisse der erstgenannten Studie wiederholt.

36 Vgl. Johnson, H. Thomas; Kaplan, Robert S.: Relevance Lost. Boston, Mass. 1987. Darin vertreten die Autoren die These, dass die wesentlichen Entwicklungen des Rechnungswesens bereits im Jahr 1925 abgeschlossen waren und zu diesem Zeitpunkt die historisch größte Relevanz in Entscheidungsprozessen besaßen. Seit diesem Zeitpunkt sei diese Bedeutung in zunehmendem Maße zurückgegangen, da externe Faktoren wie die Wirtschaftsprüfung und ein verpflichtendes Berichtswesen die ursprüngliche Funktion des betrieblichen Rechnungswesens abgelöst hätten.

37 Vgl. Levenstein, Margaret: The Use of Cost Measures. In: Peter Temin (Hg.): Inside the Business Enterprise. Chicago u. a. 1991 sowie ausführlicher als Monographie Levenstein, Margaret: Accounting for Growth. Stanford 1998.

38 Temin, Peter (Hg.): Inside the Business Enterprise. Chicago u. a. 1991. Hierin erschienen die erwähnten Arbeiten von Levenstein, Johnson sowie ein noch nicht zitierter, jedoch ebenfalls lesenswerter Aufsatz von JoAnne Yates über die Triebkräfte hinter der unternehmerischen Informationsgewinnung. Vgl. Yates, JoAnne: Investing in Information: In: Peter Temin (Hg.): Inside the Business Enterprise. Chicago u. a. 1991.

zu nennen.[39] Während Teltschik eine konzise Zusammenfassung der Entwicklung der deutschen Teerfarbenindustrie hin zur Großchemie liefert und diese im Wesentlichen aus dem Inneren hinaus erklärt, bezieht Osteroth noch stärker ihre Rahmenbedingungen mit ein. Weitere Überblicksdarstellungen zur Entwicklung der deutschen chemischen Industrie liefern ferner die Arbeiten von Ernst Bäumler und der Sammelband John E. Leschs, welcher verschiedene Faktoren wie die Zusammenarbeit zwischen Unternehmen und Hochschulen sowie die Forschungsorganisation beleuchtet.[40] Mit der internationalen Entwicklung der Chemieindustrie wiederum befassen sich ein von Ernst Homburg, Anthony S. Travis und Harm G. Schröter herausgegebener Sammelband, der Fallstudien u. a. zu Schweden, der Schweiz und den Niederlanden umfasst sowie die Arbeit Paul M. Hohenbergs und die beiden Monographien Ludwig-Fritz Habers.[41] Bedeutsam ist ferner der von Arne Andersen und Gerd Spelsberg herausgegebene Sammelband, dessen Aufsätze sich verschiedenen Faktoren der chemischen Industrie wie der Entwicklung einzelner Farbstoffe oder der Bedeutung früher Umweltbelastungen widmen.[42] Stärker die technische Seite in den Mittelpunkt der Untersuchung stellt die Monographie Georg Müller-Fürstenbergers über die Bedeutung der Kuppelproduktion für die chemische Industrie, in der sich eine Übersicht der historischen Herstellungsprozesse findet.[43]

Während die Geschichte der deutschen und internationalen Chemieindustrie demnach im Allgemeinen als weitgehend erschlossen gelten kann, erweist sich die Literaturlage zu der deutschen Teerfarbenindustrie und ihren Unternehmen als nicht weniger umfangreich. Zu nennen seien hier die als Produktgeschichten verfassten Arbeiten von Anthony S. Travis zu einzelnen Entwicklungsstufen der Teerfarbenchemie.[44] Eine besondere Erwähnung sollte zudem die herausragende Dissertation Alexander Engels über den globalen Farbstoff-

---

39 Vgl. Osteroth, Dieter: Soda, Teer und Schwefelsäure. Reinbek bei Hamburg 1985 sowie Teltschik, Walter: Geschichte der deutschen Großchemie. Weinheim u. a. 1992.

40 Vgl. Bäumler, Ernst: Ein Jahrhundert Chemie. Düsseldorf 1963, Bäumler, Ernst: Farben, Formeln, Forscher. München 1989 sowie Lesch, John E. (Hg.): The German Chemical Industry in the Twentieth Century. Dordrecht 2000.

41 Vgl. Homburg, Ernst; Travis, Anthony S.; Schröter, Harm G. (Hg.): The Chemical Industry in Europe, 1850–1914. Dordrecht u. a. 1998, Hohenberg, Paul M.: Chemicals in Western Europe: 1850–1914. Chicago 1967 sowie Haber, Ludwig F.: The Chemical Industry During the Nineteenth Century. Oxford 1958; Haber, Ludwig F.: The Chemical Industry 1900–1930. Oxford 1971.

42 Vgl. Andersen, Arne; Spelsberg, Gerd (Hg.): Das Blaue Wunder. Köln 1990. Mit dem Aspekt der Umweltbelastung befasst sich ebenfalls Henneking, Ralf: Chemische Industrie und Umwelt. Stuttgart 1994.

43 Vgl. Müller-Fürstenberger, Georg: Kuppelproduktion. Heidelberg 1995.

44 Vgl. Travis, Anthony S.: The Rainbow Makers. Bethlehem, London 1993 Travis, Anthony S.: Perkin's Mauve: Ancestor of the Organic Chemical Industry. In: *Technology and Culture*, 31

markt zwischen 1500 und 1900 erfahren, deren Leistung vor allem in der Relativierung der häufig überschätzten weltweiten Nachfrage nach synthetischen Farbstoffen besteht.[45] Ein klassisches Beispiel für eine auf der Empirie von Einzelfällen aufbauende Industriestudie liefert John J. Beer mit seiner in den 1950er Jahren verfassten Schilderung des Aufstiegs der deutschen Teerfarbenindustrie, die er vor allem mit Belegen aus der Unternehmensgeschichte der Farbenfabriken Bayer anreicherte und die eine Grundlage für viele weitere Studien lieferte.[46] Ebenfalls herauszustellen sei die Arbeit Johann Peter Murmanns, in welcher die deutsche Teerfarbenindustrie als Ausgangspunkt einer Analyse der von ihm als koevolutionär beschriebenen Entwicklungsgeschichte von Industrie, Wissenschaft und institutionellen Rahmenbedingungen zwischen den Jahren 1857 bis 1914 dient.[47] Schließlich ist noch eine Fülle von Arbeiten zu erwähnen, die sich einzelnen Themen innerhalb der Teerfarbenindustrie widmen, wie etwa dem Komplex von Forschung, Entwicklung und Laboratorien[48], den Produktionstechniken[49], einzelnen Sparten wie der Pharmazeutik[50] oder dem Patentwesen.[51] Bei der Bewertung der Relevanz dieser Studien ist festzuhalten,

(1990), S. 51–82, hier S. 51, sowie Morris, Peter J. T.; Travis, Anthony S.: A History Of The International Dyestuff Industry. In: *American Dyestuff Reporter*, 81 (1992), S. 59–100.

45 Vgl. Engel, Alexander: Farben der Globalisierung. Frankfurt a. M., New York 2009, einschlägig sind ebenfalls Engel, Alexander: Produktionssysteme im Wettstreit. In: *Zeitschrift für Unternehmensgeschichte*, 50 (2005), S. 83–104, Engel, Alexander: Colouring Markets. In: *Business History*, 54 (2012), S. 10–29 sowie Engel, Alexander: Die Transformation von Märkten und die Entstehung moderner Unternehmen. In: *Jahrbuch für Wirtschaftsgeschichte*, 53 (2012), S. 93–111. Eine weitere Studie zu den globalen Farbstoffmärkten liefert auch Nieto-Galan, Agustí: Colouring Textiles. Dordrecht 2001.

46 Vgl. Beer, John J.: The Emergence of the German Dye Industry. Urbana, Ill. 1959, später noch Beer, John J.: Die Teerfarbenindustrie und die Anfänge des industriellen Forschungslaboratoriums. In: Karin Hausen und Reinhard Rürup (Hg.): Moderne Technikgeschichte. Köln 1975. Einen ähnlichen Ansatz wählen zudem Pohl, Hans; Schaumann, Ralf; Schönert-Röhlk, Frauke: Die chemische Industrie in den Rheinlanden während der industriellen Revolution. Wiesbaden 1983, Wetzel 1991 sowie Andersen 1999.

47 Vgl. Murmann 2003.

48 Vgl. Homburg, Ernst: The Emergence of Research Laboratories in the Dyestuffs Industry, 1870–1900. In: *The British Journal for the History of Science*, 25 (1992), S. 91–111, Marsch, Ulrich: Strategies for Success: Research Organization in German Chemical Companies and IG Farben until 1936. In: *History and Technology*, 12 (1994), S. 23–77 sowie Meyer-Thurow, Georg: The Industrialization of Invention: A Case Study from the German Chemical Industry. In: *Isis*, 73 (1982), S. 363–381.

49 Vgl. Hornix, Willem J.: From Process to Plant: Innovation in the Early Artificial Dye Industry. In: *The British Journal for the History of Science*, 25 (1992), S. 65–90.

50 Vgl. Wimmer, Wolfgang: Wir haben fast immer was Neues. Gesundheitswesen und Innovationen der der Pharma-Industrie in Deutschland, 1880–1935. Berlin 1994.

51 Vgl. Schmauderer, Eberhard: Der Einfluss der Chemie auf die Entwicklung des Patentwesens in der zweiten Hälfte des 19. Jahrhunderts. In: *Tradition: Zeitschrift für Firmengeschichte*

dass sich eine Vielzahl der die Entwicklung der Teerfarbenindustrie beschreibenden Arbeiten – vermutlich auf Grund der hervorragenden Quellenlage – empirisch vor allem auf die Farbenfabriken Bayer stützt.

Für die vorliegende Arbeit von besonderer Relevanz sind naturgemäß die Unternehmensgeschichten der großen deutschen Teerfarbenunternehmen. Für die Farbenfabriken Bayer existieren mehrere Jubiläumsschriften, deren wissenschaftlicher Erkenntniswert stark variiert. So ist zunächst die anlässlich des fünfzigjährigen Jubiläums angefertigte, jedoch unveröffentlichte „Geschichte und Entwicklung der Farbenfabriken vorm. Friedr. Bayer & Co. Elberfeld in den ersten 50 Jahren" zu nennen, welche aufgrund des Ersten Weltkrieges erst im Jahr 1918 veröffentlicht wurde.[52] Die darin zusammengestellten Beiträge zu beinahe allen Betriebsteilen des Unternehmens lieferten wichtige Grundlagen, nicht zuletzt, da ein Großteil der Autoren während des für die vorliegende Arbeit gewählten Untersuchungszeitraums bei den Farbenfabriken Führungspositionen bekleidete. Des Weiteren zu nennen ist die von Hermann Pinnow im Jahr 1938 anlässlich des 75-jährigen Bestehens der Farbenfabriken veröffentlichte Festschrift, die trotz ihrer politischen Färbung einige differenzierte Interpretationen beitrug.[53] In den Jahren 1964 und 1988 folgten weitere Jubiläumsschriften, von denen letztere die mit Abstand kritischste Auseinandersetzung liefert.[54] Die in der Festschrift des Jahres 1964 enthaltenen unternehmenshistorischen Schilderungen entstammen der Feder Hans-Joachim Flechtners, der wenige Jahre zuvor mit einer Monographie über Carl Duisberg eine einschlägige Biographie dieser für die Unternehmensentwicklung der Farbenfabriken zentralen Figur verfasst hatte.[55] Bereichert und stellenweise korrigiert wurden viele der Duisberg und die Farbenfabriken betreffenden Ausführungen in der jüngst von Wer-

und Unternehmerbiographie, 16 (1971), S. 144–176 sowie Streb, Jochen; Wallusch, Jacek; Yin, Shuxi: Knowledge Spill-Over from New to Old Industries: The Case of German Synthetic Dyes and Textiles (1878–1913). In: *Explorations in Economic History*, 44 (2007), S. 203–223.

52 Vgl. Farbenfabriken vorm. Friedrich Bayer & Co. (Hg.): Geschichte und Entwicklung der Farbenfabriken vorm. Friedr. Bayer & Co. Elberfeld in den ersten 50 Jahren. München 1918.

53 Vgl. Pinnow, Hermann: Werksgeschichte. München 1938a.

54 Vgl. Vorstand der Farbenfabriken Bayer AG (Hg.): Beiträge zur hundertjährigen Firmengeschichte 1863–1963. Leverkusen 1964 sowie Verg, Erik; Plumpe, Gottfried; Schultheis, Heinz: Meilensteine. Köln 1988.

55 Vgl. Flechtner, Hans-Joachim: Carl Duisberg. Düsseldorf 1959. Bereits zwei Jahre vor seinem Tod hatte Duisberg eine Autobiographie veröffentlicht. Vgl. Duisberg, Carl: Meine Lebenserinnerungen. Leipzig 1933. Die wichtigsten Reden und Abhandlungen Duisbergs sind ebenfalls in zwei Bänden publiziert worden, von welchen ersterer wichtige Bezugspunkte für diese Arbeit lieferte. Vgl. Duisberg, Carl (Hg.): Abhandlungen, Vorträge und Reden aus den Jahren 1882–1921. Berlin u. a. 1923a. Im Kontext der Biographien sei ebenfalls auf die jüngst veröffentliche Dissertation Josef Wilhelm Knokes über Henry Theodor von Böttinger verwiesen, der über

ner Plumpe veröffentlichten Studie über Carl Duisberg, die als Referenz bezüglich des Forschungsstands der deutschen chemischen Industrie im Allgemeinen und der Farbenfabriken im Besonderen gelten kann.[56] Allen zitierten Werken gemein ist zudem die Tatsache, dass eine über die Geschäftsberichte hinausgehende betriebswirtschaftliche Bewertung des Unternehmens nur selten erfolgt.

Neben den Farbenfabriken haben mit BASF und Hoechst ebenfalls die weiteren im Mittelpunkt dieser Arbeit stehenden Unternehmen ihre Berücksichtigung in der wissenschaftlichen Literatur erfahren. Anfang des Jahrtausends erschien eine umfassende Unternehmensgeschichte zur BASF, in welcher die Entwicklung des Unternehmens bis zum Jahr 1990 nachgezeichnet wird.[57] Die vier Autoren betonen hierin die Schwerpunkte der Unternehmensentwicklung zwar unterschiedlich, ein Bezug auf die betriebswirtschaftlichen Praktiken ist in allen Beiträgen jedoch höchstens ein Randaspekt. Ein deutlich größerer Stellenwert wird dem Rechnungswesen in der betriebswissenschaftlichen Dissertation Ulrich Kreutles eingeräumt.[58] Zwar beschäftigt sich diese vor allem mit den Vertriebspraktiken des Unternehmens, doch erfolgt diese Analyse stets mit dem Rückbezug auf seine organisatorische und betriebswirtschaftliche Entwicklung. Ferner existieren ebenfalls Arbeiten zu einzelnen Unternehmensschwerpunkten der BASF sowie Biographien, etwa zu der für die Entwicklung der Stickstoffsynthese zentralen Figur Fritz Habers.[59] Die Forschungslage zu den Farbwerken Hoechst stellt sich hingegen wesentlich übersichtlicher dar. So existiert überhaupt nur eine konzise Unternehmensgeschichte Hoechsts, die sich jedoch eher der Populärwissenschaft zuordnen lässt.[60] Allerdings wurden auch für Hoechst Studien über einzelne Abteilungen angefertigt, die nicht zuletzt von den sogenannten „Dokumenten aus Hoechster Archiven“ profitierten, in welchen die Farbwerke zwischen den Jahren 1964 und 1971 Archivbestände zu verschiedenen Themen wie etwa den Alizarin-Farben oder der Gründung des Dreiverban-

---

Jahrzehnte verschiedene Positionen innerhalb der Unternehmensführung Bayers bekleidete. Vgl. Knoke, Josef Wilhelm: Zwischen Weltwirtschaft und Wissenschaft. Essen 2019.

56 Vgl. Plumpe, Werner: Carl Duisberg 1861–1935. München 2016a.

57 Vgl. Abelshauser, Werner (Hg.): Die BASF. München 2003.

58 Vgl. Kreutle, Ulrich: Die Marketing-Konzeption in deutschen Chemieunternehmen. Frankfurt am Main 1992.

59 Vgl. die Arbeiten Carsten Reinhardts über den Aufbau der Laborforschung, Reinhardt, Carsten: Forschung in der chemischen Industrie. Freiberg 1997; Reinhardt, Carsten; Travis, Anthony S.: Heinrich Caro and the Creation of Modern Chemical Industry. Dordrecht u. a. 2000 sowie Szöllösi-Janze, Margit: Fritz Haber. München 1998.

60 Vgl. Bäumler, Ernst: Die Rotfabriker. München 1988.

des im Jahr 1904 veröffentlichten.[61] Mit der Gründung des Dreiverbandes befassen sich schließlich ebenfalls die umfangreichen Arbeiten zur Geschichte der IG-Farbenindustrie AG, von denen vor allem die Studie Gottfried Plumpes wichtige Ergebnisse für das letzte Kapitel der vorliegenden Arbeit lieferte.[62] Die Bedeutung ergibt sich aus dem Anspruch Plumpes, die Entstehungsgeschichte der IG vor allem auf die Entscheidungen der jeweiligen Unternehmensführungen zurückführen zu wollen. Dabei rücken die den Leitungsebenen zur Verfügung stehenden wirtschaftlichen sowie technischen Informationen in den Mittelpunkt der Untersuchung, weshalb dem Rechnungswesen innerhalb Plumpes Studie eine vergleichsweise große Bedeutung beigemessen wird.[63]

Zusammenfassend kann hinsichtlich der Forschungslage festgehalten werden, dass die in dieser Arbeit beabsichtigte Untersuchung des Zusammenwirkens von Entscheidungsfindung und der Entwicklung des betrieblichen Rechnungswesens zumindest in der deutschsprachigen Forschung in vergleichsweise unerschlossenes Terrain vordringt. Zuletzt versteht sich die Arbeit als Beitrag zu aktuellen Fragestellungen der seit einigen Jahren in der Wirtschafts- und Unternehmensgeschichte intensiv diskutierten Bedeutung ökonomischer Erwartungsbildung, die nicht zuletzt durch die Arbeiten Jens Beckerts Konjunktur haben.[64] Um diese Anschlussfähigkeit zu belegen, soll im Folgenden anhand einer theoretischen Ausführung die Bedeutung des Rechnungswesens innerhalb der ökonomischen Erwartungsbildung erläutert werden.

---

61 Vgl. exemplarisch Flemming, Hans Walter: Die Vorbereitung des Zusammenschlusses der IG-Farbenindustrie im Jahre 1904. In: Farbwerke Hoechst AG (Hg.): Dokumente aus Hoechster Archiven. Höchst 1965.

62 Vgl. Plumpe, Gottfried: Die IG-Farbenindustrie-AG. Berlin 1990. Ebenfalls zu nennen sind die Arbeiten von Peter Hayes und Fritz ter Meer. Vgl. Hayes, Peter: Industry and Ideology. Cambridge u. a. 2001 sowie ter Meer, Fritz: Die I. G. Farben Industrie Aktiengesellschaft. Düsseldorf 1953.

63 Vgl. Plumpe 1990, S. 34–39.

64 Vgl. hierzu das jüngst veröffentlichte Schwerpunktheft des Jahrbuchs für Wirtschaftsgeschichte zum Thema „Erfahrung und Erwartung". Stellvertretend sei an dieser Stelle die Einleitung des Heftes zitiert. Jakob, Mark; Nützenadel, Alexander; Streb, Jochen: Erfahrung und Erwartung – eine vernachlässigte wirtschaftshistorische Perspektive? In: *Jahrbuch für Wirtschaftsgeschichte / Economic History Yearbook*, 59 (2018), S. 329–341. Ferner Plumpe, Werner: Wie entscheiden Unternehmen? In: *Zeitschrift für Unternehmensgeschichte*, 61 (2016b), S. 141–159.

1.3 Theoretische Überlegungen zum quantifizierten Unternehmen

Die bis in die 1960er Jahre dominierende ökonomische Denkschule der Neoklassik definiert die Unternehmung als vollständig rationale Konstruktion, deren einziges Ziel die Gewinnmaximierung ist.[65] Dabei führen die neoklassischen Vorstellungen eines perfekten Marktes dazu, dass die Preise als gegeben und die Produktionsfunktion der Unternehmen als „technologically determined" und somit als – zumindest kurzfristig – unveränderbar gelten.[66] Diesem stark vereinfachten Modell setzten Richard M. Cyert und James G. March ab den späten 1950er Jahren das Konzept der „organizational expectations" entgegen.[67] Darin entwickeln die Organisationsmitglieder auf Grund unterschiedlicher persönlicher Erwartungen individuelle Ziele, die durch Aushandlungsprozesse schließlich zu Organisationszielen transformiert werden.[68] Die Erwartungsbildung ist dabei von Informationen abhängig, deren Beschaffung Kosten verursacht. Diese Informationskosten stehen konträr zur neoklassischen Annahme des vollkommen rationalen Unternehmens, da die Informationsbeschaffung im Unternehmen nun einem Grenznutzen unterliegt, der die Gewinnung vollständiger Informationen verhindert.[69] Mit dem Begriff der Information ist ein zentraler Punkt der unternehmerischen Entscheidungstheorie angesprochen, der später detailliert dargestellt werden wird. Als zweites Definitionskriterium eines Unternehmens führen Alfred Kieser und Peter Walgenbach das Konzept der „formalen (Organisations-) Struktur" an. Darunter verstehen die Autoren „die Gesamtheit aller formalen Regelungen zur Arbeitsteilung und Koordination". Zielbildung und formale Struktur bilden damit die beiden wesentlichen Grundsteine der Organisation und gleichermaßen von Unternehmen.[70]

Als Ausgangspunkt der folgenden Überlegungen kann die Aufteilung von Herstellungsprozessen in einzelne Arbeitsschritte und die damit einhergehende

---

65 Für kurze und prägnante Überblicke zum Konzept des neoklassischen Unternehmens siehe Berghoff, Hartmut: Moderne Unternehmensgeschichte. Eine themen- und theorieorientierte Einführung. Berlin 2016, S. 39–41 sowie Plumpe, Werner: Die Unwahrscheinlichkeit des Jubiläums – oder: warum Unternehmen nur historisch erklärt werden können. In: *Jahrbuch für Wirtschaftsgeschichte / Economic History Yearbook*, 44 (2003), S. 146–147.

66 Cyert und March 1992, S. 5–6.

67 Cyert, R. M.; Dill, W. R.; March, J. G.: The Role of Expectations in Business Decision Making. In: *Administrative Science Quarterly*, 3 (1958), S. 307.

68 Cyert und March 1992, S. 44–47 sowie S. 78.

69 Der Grenznutzen der Informationsbeschaffung ist dann erreicht, wenn die Kosten einer „Einheit" zusätzlicher Information den Nutzen dieser Einheit übersteigen würde. Siehe ebd., S. 45.

70 Kieser, Alfred; Walgenbach, Peter: Organisation. Stuttgart 2007, S. 18.

Spezialisierung der Arbeit dienen, die zugleich als Entstehungsmoment der Unternehmung als spezifische Form der Organisation aufgefasst werden kann.[71] Diese Organisationsform setzt mindestens eine den „Spezialisten" übergeordnete Kontrollinstanz voraus, deren Aufgabe es ist, die Arbeitsteilung effizient zu koordinieren. Dieser, wenn man so will, Grundvoraussetzung eines Unternehmens fügte Ronald Coase in seinem 1937 veröffentlichten Aufsatz „The Nature of the Firm" weitere Aspekte hinzu. Coase stellt darin die zentrale Frage, warum sich Unternehmen als Alternative zum Austausch über den Markt herausgebildet haben. Dabei erklärt er es für unzulässig, die Entstehung von Unternehmen ausschließlich auf den Aspekt der Arbeitsteilung zu reduzieren und stellt der Koordinationsleistung einer übergeordneten Hierarchieebene den Preismechanismus des Marktes als „integrating force in a differentiated economy" zur Seite. Zu erklären sei Coase zufolge, „why one integrating force (the entrepreneur) should be substituted for another integrating force (the price mechanism)".[72] Die Antwort hierauf liefert er mit dem Konzept der Transaktionskosten. Zunächst definiert Coase die Entstehung von wirtschaftlichen Organisationen als Vertragsproblem. Demnach verursacht die vertragliche Abwicklung von Transaktionen über Märkte Kosten, die innerhalb eines Unternehmens über Koordination durch eine Autorität, den Unternehmer, in Organisationskosten („costs of organising") umgewandelt und dadurch verringert werden können.[73] Ein Großteil dieser Marktkosten entsteht bei der Suche nach den relevanten Preisen, die – im Gegensatz zur Annahme der Neoklassik – nicht allen Individuen vollständig bekannt sind. Beispielhaft nennt Coase Verträge für „Produktionsfaktoren", ein möglichst allgemeiner Begriff für unternehmerische Inputfaktoren. Zur Herstellung eines Produktes muss ein Unternehmer nicht unbedingt seine Produktionsfaktoren mit anderen Produktionsfaktoren über den Markt kombinieren, sondern kann die Kombination der Faktoren ebenso innerhalb des Unternehmens veranlassen und darüber die Transaktionskosten reduzieren.[74] Damit einhergehend thematisiert Coase die langfristigen Verträgen inhärente Unsicherheit. Je langfristiger der Zeitraum sei, über den ein Vertrag geschlossen werde, desto größer sei die Unsicherheit auf Seiten des Käufers, die im Vertrag

71 Hesse 2013, S. 87.

72 Coase 1937, S. 398.

73 Coase 1937, S. 394.

74 Hierunter ist zu verstehen, dass beispielsweise ein Unternehmen, das ausschließlich über Maschinen zur Produktion eines einzigen Gutes verfügt, vor der Wahl steht, mit der zur Bedienung dieser Maschinen notwendigen Arbeitskraft entweder für jedes einzelne Produkt einen nur für die Herstellung dieses einen Produktes gültigen Arbeitsvertrag zu schließen und diesen dann für jedes Produkt neu zu verhandeln, oder diese wiederholten Verträge durch einen einzelnen Vertrag im Sinne eines heutigen Arbeitsvertrages zu ersetzen.

spezifizierte Leistung in gleichbleibender Qualität zu erhalten. Folglich habe das Unternehmen ein Interesse daran, die über die langfristigen Verträge gebundenen Produktionsfaktoren zu internalisieren, wodurch sowohl Arbeitsbeziehungen als auch die Möglichkeit vertikaler Integration beschrieben werden können, auf die später genauer eingegangen werden wird.[75] Unternehmen sind Coase zufolge so lange in der Lage Transaktionskosten zu internalisieren, bis die unternehmensinternen Organisationskosten die Höhe der Marktnutzungskosten bzw. die Transaktionskostenhöhe eines anderen Unternehmens erreicht haben.[76]

Neben der Einführung des Transaktionskostenbegriffs geht Coase ebenfalls auf den Zusammenhang von Unternehmensgröße und Transaktionskosten ein. Zunächst trifft er die Annahme, dass die Organisationskosten innerhalb eines Unternehmens überproportional zur Anzahl der internalisierten Transaktionen ansteigen, da die Aufnahme zusätzlicher Transaktionen mit abnehmenden Grenzerträgen verbunden ist.[77] Die Größe eines Unternehmens hänge folglich unter anderem von dessen Fähigkeit ab, Organisationskosten möglichst gering zu halten bzw. diese Kosten mit einer zunehmenden Anzahl von internalisierten Transaktionen möglichst langsam ansteigen zu lassen, da so der Grenznutzen der Organisationskosten erst vergleichsweise spät erreicht wird.[78] Coase beschreibt somit implizit, dass Unternehmen mit einer effizienten Organisation Kostenvorteile gegenüber anderen Unternehmen aufweisen können. Für die Fragestellung der vorliegenden Arbeit noch wichtiger jedoch ist die Feststellung, dass Verbesserungen innerhalb der Unternehmenssteuerung zu einer Vergrößerung des Unternehmens führen: „All changes that improve managerial technique will tend to increase the size of the firm."[79] Da nach Coase die Größe von Unternehmen durch ihre Fähigkeit bestimmt wird, Organisationskosten gering zu halten, sind Verbesserungen innerhalb der Unternehmenssteuerung folglich mit der Möglichkeit gleichzusetzen, weitere Transaktionen im Unternehmen unterzubringen – und dadurch ebenso zu Kostenvorteilen zu gelangen.

---

75 Dass im Unternehmen internalisierte langfristige Arbeitsverträge ebenso zu Problemen mit Unsicherheit führen können, thematisiert die in den 1970er-Jahren entwickelte Agenturtheorie, auf die im weiteren Verlauf dieses Kapitels noch eingegangen werden wird. Siehe Jensen, Michael C.; Meckling, William H.: Theory of the Firm: Managerial Behavior, Agency Costs and Ownership Structure. In: *Journal of Financial Economics*, 3 (1976), S. 305–360 oder für einen unternehmenshistorischen Überblick Pierenkemper 2000, S. 257–258.

76 Coase 1937, S. 390–392.

77 Bössmann, Eva: Weshalb gibt es Unternehmungen? In: *Zeitschrift für die gesamte Staatswissenschaft*, 137 (1981), S. 667–674.

78 Coase 1937, S. 396.

79 Ebd., S. 397.

Es lässt sich an dieser Stelle festhalten, dass der Aufsatz von Coase eine starke Gegenposition zu der neoklassischen Unternehmenstheorie einnahm und – neben dem Hauptargument der Transaktionskosten – neue Konzepte wie nicht-vollständige Informationen und Organisationskosten entwickelte, die in der späteren Literatur als Informations-, Such- sowie Koordinationskosten konkretisiert wurden.[80] In der Übertragung auf die Fragestellung der vorliegenden Arbeit muss nun folglich begründet werden, welche Relevanz diese Konzepte für eine Untersuchung des betrieblichen Rechnungswesens haben. Hierfür erscheint es zunächst zielführend, das Rechnungswesen eines Unternehmens als „Informationsapparat" für Entscheidungsprozesse zu verstehen.[81] Führt man diese Annahme mit den von Coase unternommenen Überlegungen bezüglich der Bedeutung von Informationskosten sowie Unternehmenssteuerung zusammen, lässt sich folgende These formulieren: Wenn ein Großteil der Kosten der Marktnutzung durch Such- und Informationskosten entsteht und diese nach der Internalisierung in eine Unternehmung in geringerem Maße noch weiter existieren, kann das betriebliche Rechnungswesen als eine Form der „managerial technique" dazu genutzt werden, die innerbetrieblichen Informationskosten weiter zu verringern. Des Weiteren können Verbesserungen des betrieblichen Rechnungswesens im Sinne einer genaueren Bewertung von Herstellungsprozessen dazu beitragen, Organisationskosten zu reduzieren und somit mehr Transaktionen zu internalisieren. Hierdurch können – den oben ausgeführten Überlegungen folgend – Wettbewerbsvorteile erzielt werden. Eine Verbesserung der Informationsbeschaffung innerhalb des betrieblichen Rechnungswesens wird in vielen Fällen jedoch selbst zu steigenden Organisationskosten führen. Folglich behält der erwähnte Grenznutzen der Informationsgewinnung auch hier seine Gültigkeit: Ein Unternehmen wird demnach nur in eine Verbesserung des betrieblichen Rechnungswesens investieren, wenn die dadurch erzielte Verringerung der Organisationskosten höher ausfällt als die zur Informationsgewinnung anfallenden Organisationskosten.

Diese Definition des betrieblichen Rechnungswesens bietet Verbindungsmöglichkeiten zu dem von Kieser und Walgenbach beschriebenen Konzept der formalen Organisationsstruktur. Unter der formalen Struktur einer Organisation ist demnach „ein System von geltenden Regelungen zur Steuerung von Leistung und Verhalten der Organisationsmitglieder" zu verstehen.[82] Das betriebliche Rechnungswesen kann folglich als ein für die meisten Organisationsmitglieder eindeutiges und verständliches Steuerungsinstrument interpretiert werden, das

80 Vgl. etwa Bössmann 1981, S. 668; Berghoff 2016, S. 41.
81 Plumpe 2004, S. 424.
82 Kieser und Walgenbach 2007, S. 23.

diesen auf allen Hierarchieebenen der Organisation einen gemeinsamen Bezugsrahmen zur Verfügung stellt. Dieser Bezugsrahmen – oder die formale Organisation – trägt einerseits dazu bei, Informations- und Suchkosten zu reduzieren und andererseits liefert er den Organisationsmitgliedern eine für sie rationale Entscheidungsgrundlage. Als Beleg für diese Annahme dient beispielhaft eine Make-or-Buy-Entscheidung eines Unternehmens. Um darüber zu entscheiden, ein bisher über den Markt bezogenes Produkt zukünftig selbst zu produzieren – also Marktnutzungskosten auszuschalten und die Such- und Informationskosten zu verringern –, wendet die Unternehmensführung eine fiktive Berechnung der Herstellungskosten an. Diese beinhaltet relevante Kosten wie Investitionskosten für neue Maschinen, Abschreibungskosten, Personalkosten usf., die wiederum zum Teil auf bekannten Informationen aus dem eigenen Unternehmen basieren, also über die formale Struktur des Rechnungswesens bezogen werden können. Schließlich wird die abgeschlossene fiktive Kalkulation mit dem realen Marktpreis für das Produkt verglichen und im Fall vergleichsweise günstigerer Herstellungskosten die Produktion in das eigene Unternehmen verlagert.[83]

Die Arbeit von Coase legte den Grundstein für eine weitreichende wissenschaftliche Auseinandersetzung mit dem Konzept unvollständiger Informationen.[84] Informationen wurden nun nicht länger als gegebene Rahmenbedingungen für Unternehmen gesehen, sondern als eigenständiges und zugleich knappes wirtschaftliches Gut („economic commodity“).[85] Aufbauend auf dem Konzept der Such- und Informationskosten entwickelten Ökonomen wie George Stigler und Herbert A. Simon mathematische Modelle für die Berechnung dieser Kosten. Stigler, ein Schüler Frank Knights, beschäftigte sich dabei mit dem abnehmenden Grenznutzen der Informationsbeschaffung, um darüber Aussagen über das Entstehen von Marktpreisen treffen zu können.[86] Anders als Coase betrachtete er dabei neben der Angebotsseite – den Unternehmen – ebenfalls die

83 Ein empirisches Beispiel hierfür findet sich in Kapitel 3. Denkbar sind ebenfalls Situationen, in denen Unternehmen die Herstellung von Produkten integrieren, deren Marktpreise sie eigentlich nicht unterbieten können. Gründe hierfür können eine angestrebte größere Unabhängigkeit von Konkurrenzunternehmen oder langfristige Wettbewerbsvorteile sein, welche die vorerst unrentablen Investition rechtfertigen. Eine solche Entscheidung entgegen dem ökonomischen Kalkül lässt sich ebenfalls bei den Farbenfabriken im Fall der Schwefelsäurefabrikation beobachten, auf die in Kapitel 4 eingegangen wird.

84 Die Annahme unvollständiger Informationen findet sich bereits in den Arbeiten Frank Knights zu der unternehmerischen Behandlung von Unsicherheit, auf die Coase ebenfalls Bezug nimmt. Vgl. Knight 1921, S. 252–261, hier: S. 257–258 sowie Coase 1937, S. 392–401.

85 Vgl. Arrow, Kenneth Joseph: Information and the Organization of Industry. In: Graciela Chichilnisky (Hg.): Markets, Information, and Uncertainty. Cambridge 1999, S. 20.

86 Vgl. Stigler, George J.: The Economics of Information. In: *Journal of Political Economy*, 69 (1961), S. 213–225.

Bedeutung von unvollständigen Informationen für die Kaufentscheidung von Konsumenten. Die Einleitung seines 1961 veröffentlichten Artikels „The Economics of Information" gibt einen deutlichen Hinweis auf den zu dieser Zeit noch dominierenden wirtschaftswissenschaftlichen Umgang mit dem Untersuchungsgegenstand Information: „One should hardly have to tell academicians that information is valuable resource: knowledge *is* power. And yet it occupies a slum dwelling in the town of economics."[87]

Ab den 1950er Jahren veröffentlichte Herbert A. Simon eine Reihe von Artikeln und Büchern, die sich im Grunde ebenfalls mit dem Konzept der unvollständigen Informationen beschäftigten. Auch Simons Veröffentlichungen wendeten sich gegen die vorherrschende Meinung der Neoklassik bzw. der „traditional economic theory", in seinem Fall bezüglich der Erwartungsbildung und der Gestaltung von Entscheidungsprozessen.[88] Die in der neoklassischen Theorie angenommene vollständige Informiertheit von Individuen macht nach Simon eine Erwartungsbildung faktisch obsolet, da die rationalen und nutzenmaximierenden Akteure von Marktveränderungen nicht überrascht werden und somit die einzige Entscheidung sein kann, diesen stets zu folgen. Der Zeitpunkt der Marktveränderung wäre demnach identisch mit dem Zeitpunkt der Entscheidung, da sich der Entscheidungsprozess weder durch den Vorgang der Erwartungsbildung noch durch die Informationssuche verlängern würde. Simon verweist diesbezüglich darauf, dass Individuen keineswegs, wie in der Theorie angenommen, über vollständige Informationen verfügen, sondern – wie bei Coase für Unternehmen formuliert – Entscheidungen ein Prozess der Informationsbeschaffung vorangeht, der Kosten verursacht.[89] Der neoklassischen Annahme der vollständig rationalen Entscheidung stellte Simon zuerst die Vorstellung einer angenäherten Rationalität („approximate rationality") entgegen. Individuen handeln danach keineswegs irrational, sondern unterliegen Restriktionen bei der Informationsverarbeitung sowie der Problemformulierung und -lösung, die sie aber gewollt rational („intendedly rational") in ihre Entscheidungsfindung einbeziehen.[90] Diese Rationalitätsannahme präzisierte Simon zwei Jahre später mit dem Begriff der „bounded rationality", der eine weitreichende Rezeption erfuhr.[91] Hinweisend zu bemerken sei an dieser Stelle noch, dass das Konzept der

87 Vgl. Stigler, George J.: The Economics of Information. In: *Journal of Political Economy*, 69 (1961), S. 213. Hervorhebung aus Zitat.

88 Simon 1955, S. 99.

89 Vgl. Simon, Herbert A.: Theories of Decision-Making in Economics and Behavioral Science. In: *The American Economic Review*, 49 (1959), S. 253–283, hier: S. 269–270.

90 Simon 1955, S. 114.

91 Der Begriff der „bounded rationality" ist erstmals bei Simon, Herbert A.: Models of Man. New York, NY 1957, S. 196 zu finden. Zur Rezeption siehe Berger, Ulrike; Bernhard-Mehlich,

begrenzten Rationalität ebenso als Erklärung herangezogen werden kann, um die (für Mitglieder) positive Komplexitätsreduktion von Organisationen zu beschreiben, die ein rationales Handeln der Mitglieder erst ermöglicht.[92]

Das Konzept der Informationskosten erfuhr folglich in der zweiten Hälfte des 20. Jahrhunderts eine zunehmende Verbreitung. Die Annahme, Unternehmen wie Individuen als strikte Nutzenmaximierer unter vollständig bekannten Rahmenbedingungen zu sehen, wich durch die Arbeiten von Coase und Simon dem differenzierteren Konzept der Informationskosten und der aus diesem resultierenden begrenzten Rationalität von Organisationsmitgliedern. Der Untersuchungsgegenstand „Mitglied" wurde durch spätere Arbeiten Simons weiter konkretisiert. In Zusammenarbeit mit James G. March ging Simon der Frage nach, ob sich Motivation und innerorganisationale Konflikte zwischen Mitarbeitern auf die Organisation auswirken würden und welchen Einfluss die begrenzte menschliche Fähigkeit der Informationsverarbeitung auf die organisationalen Entscheidungsprozesse habe.[93] Zusammen mit dem bereits einleitend zitierten Buch von March und Cyert begründeten diese Überlegungen den Zweig der Verhaltenswissenschaftlichen Entscheidungstheorie.[94] Ab den 1970er Jahren behandelte der Ökonom Oliver E. Williamson die soeben geschilderten Überlegungen zu Informationskosten und begrenzter Rationalität. Williamson charakterisiert die von Coase formulierten Konzepte der Transaktionskosten und Vertragsbeziehungen als wichtiges Analysewerkzeug, identifiziert aber zugleich eine fehlende Operationalisierung derselben für eine Bewertung der Effizienz von Transaktionen. Als für die Betrachtung von Unternehmen wesentlich schlägt er dagegen eine Fokussierung auf zwei Eigenschaften menschlicher Entscheidungsträger vor: zum einen auf die ihm durch die Arbeiten Simons bereits bekannte Eigenschaft der begrenzten Rationalität, zum anderen auf die Eigenschaft von Transaktionspartnern, opportunistisch zu handeln.[95] Nach Williamson ist die Feststellung begrenzter Rationalität als Grund für Unternehmensgründungen nicht ausreichend. Alle Transaktionen könnten trotz unvollständiger Verträge über den Markt koordiniert werden, da eine ehrliche Leistung der

Isolde; Oertel, Simon: Die Verhaltenswissenschaftliche Entscheidungstheorie. In: Alfred Kieser und Mark Ebers (Hg.): Organisationstheorien. Stuttgart 2014.

92 Vgl. hierzu Berger et al. 2014, S. 159.

93 March, James G.; Guetzkow, Harold; Simon, Herbert Alexander: Organizations. Cambridge, Mass. 1994, S. 52.

94 Berger et al. 2014, S. 118.

95 Williamson, Oliver E.: Markets and hierarchies. New York, NY 1975, S. 3–4. Williamson unterscheidet Opportunismus explizit von der neoklassischen Maxime der individuellen Nutzenmaximierung, indem er absichtliche Täuschung unterstellt („self-interest seeking with guile"), vgl. Williamson 1975, S. 255.

Transaktionspartner nicht hinterfragt werden müsste und damit Unsicherheit in diesem Kontext nicht entstehen könnte. Ab dem Moment, in dem die Partner jedoch opportunistisch handeln, z. B. durch die Zurückhaltung relevanter Informationen, wird eine Bündelung der Transaktionen innerhalb einer Unternehmung zur Reduktion des Opportunismus erstrebenswert, da dort durch eine hierarchisch übergeordnete Kontrolle das Informationsgefälle zwischen den beiden Transaktionspartnern und somit Unsicherheit verringert werden kann.[96]

Dieses Informationsgefälle zwischen zwei Transaktionspartnern ist als Agentur- bzw. Prinzipal-Agenten-Theorie wissenschaftlich erfasst worden. Grundlegende Annahme dieser Theorie ist, dass Verträge auf Grund der begrenzten Rationalität der Akteure unvollständig sein müssen, da nicht jedes zukünftige Ereignis im Zeitpunkt des Vertragsschlusses prognostizierbar sein kann.[97] Im Mittelpunkt dieser theoretischen Überlegungen steht das Vertragsverhältnis zwischen Auftraggeber (Prinzipal) und Auftragnehmer (Agent). Problematisch ist hierbei, dass der Agent andere Ziele verfolgen kann als der Prinzipal, woraus ein den Unternehmenserfolg bedrohender Zielkonflikt resultiert. Ziel des Prinzipals ist es demnach, über die Ausgestaltung des Vertragsverhältnisses sicherzustellen, dass der Agent in seinem Sinne handelt. Das angesprochene Informationsgefälle zwischen Prinzipal und Agent leitet sich aus dem Umstand ab, dass die Mitarbeiter eines Unternehmens häufig über Expertenwissen verfügen, das der Unternehmensführung nicht zur Verfügung steht (asymmetrische Information). Auf Grundlage dieses Informationsgefälles ist es den Mitarbeitern möglich, den Unternehmenszielen widerstrebende Handlungen auszuführen („hidden action“) oder dem Prinzipal Informationen vorzuenthalten („hidden information“). Der Anspruch des Prinzipals ist es in diesen Fällen, das Informationsdefizit über Kontrollmechanismen auszugleichen.[98]

Neben dem Konzept des Opportunismus befassen sich die Ausführungen Williamsons mit der Operationalisierung des Konzepts der Transaktionskosten. Zunächst wird die Annahme getroffen, dass die Internalisierung von Transaktionen in eine Organisation nicht in jedem Fall eine Verbesserung gegenüber der Marktnutzung darstellen muss. Die Entscheidung darüber, ob die Aufnahme von Transaktionen in eine Organisation vorteilhaft ist oder nicht, kann laut Williamson anhand dreier Kriterien getroffen werden: Der Spezifität der mit der Einbindung der Transaktionen einhergehenden Investitionen, der der Transaktion

96 Williamson 1975, S. 255. Später wies Williamson zudem darauf hin, dass die Bündelung von Transaktionen in einer Organisation wiederum zu internem Opportunismus führen kann. Vgl. Williamson, Oliver E.: The Economics of Organization: The Transaction Cost Approach. In: *American Journal of Sociology*, 87 (1981), S. 548–577, hier S. 554.

97 Vgl. hierzu erneut Jensen und Meckling 1976.

98 Vgl. Pierenkemper 2000, S. 257–258.

zugrundeliegenden Unsicherheit sowie der Häufigkeit, mit der Transaktionen ausgetauscht werden. Das Kriterium der Spezifität von Investitionen unterscheidet Williamson in spezifische Investitionen („special purpose investments“) und allgemeine Investitionen („general purpose investments“). Die Entscheidung für transaktionsspezifische Investitionen geht dabei mit der Erwartung einher, über eine erfolgreiche Einbindung von Transaktionen Kostenersparnisse erzielen zu können. Jedoch sind transaktionsspezifische Investitionen mit Risiken behaftet, da sie bei einem Scheitern der Transaktionsverträge schwer auf andere Transaktionen umgelegt werden können.[99] Organisationen müssen folglich Erwartungen darüber bilden, ob die in der Zukunft möglichen Ersparnisse das Risiko einer möglichen Fehlinvestition rechtfertigen. Von großer Bedeutung ist diese Abwägung bei Entscheidungen bezüglich der vertikalen Integration vor- oder nachgelagerter Produktionsschritte, weshalb sich ein Großteil der Ausführungen Williamsons auf diesen Entscheidungskomplex bezieht.[100] Bei der Entscheidung zur vertikalen Integration von Produktionsschritten spielt ebenfalls die Überlegung eine Rolle, dass bei transaktionsspezifischen Investitionen ein Anreiz zu opportunistischem Handeln gegeben wird.[101] Unsicherheit bzw. Risiko ist demnach eine Voraussetzung für die Entscheidung, Transaktionen in eine Organisation zu überführen sowie die dafür notwendigen Investitionen zu tätigen. Zugleich ist die Unsicherheit umso höher, je spezifischer die Investitionen sind.[102] Den Begriff der Unsicherheit unterscheidet Williamson darüber hinaus in die situationsbedingte, parametrische Unsicherheit der Transaktion sowie die Verhaltensunsicherheit, welche sich aus dem Anreiz der Akteure zu opportunistischem Handeln ableitet.[103] Mit dem Begriff der Frequenz benennt Williamson ein drittes und abschließendes Bestimmungskriterium für die Höhe von Trans-

---

99 Die Kosten dieser Umlegung werden als Quasi-Rente definiert, womit der Wert einer Investition bei seiner nächstbesten Verwendung gemeint ist. Bei spezifischen Investitionen sind diese demzufolge weitaus höher als bei allgemeinen Investitionen, vgl. Williamson, Oliver E.: The Economic Institutions of Capitalism. New York, NY 1985, S. 56.

100 Williamson 1985, S. 52–60.

101 Dabei wird die hohe Abhängigkeit des Vertragspartners ausgenutzt, um beispielsweise nachträglich Einfluss auf den vereinbarten Preis auszuüben und diesen in dem Wissen zu drücken, dass das Wahrnehmen der nächstbesten Verwendungsmöglichkeit (Quasi-Renten) der transaktionsspezifischen Investitionen noch mehr Verluste bereiten würde als die Hinnahme einer Preisreduktion, vgl. Klein, Benjamin; Crawford, Robert G.; Alchian, Armen A.: Vertical Integration, Appropriable Rents, and the Competitive Contracting Process. In: *The Journal of Law and Economics*, 21 (1978), S. 297–326, zusammengefasst in Kieser, Alfred; Ebers, Mark (Hg.): Organisationstheorien. Stuttgart 2014, S. 229.

102 Eine Differenzierung der beiden Begriffe Risiko und Unsicherheit wird von Williamson nicht explizit getroffen. Vgl. zu dieser Differenzierung Knight 1921.

103 Williamson 1985, S. 56–60.

aktionskosten. Die Häufigkeit der Ausführung einer Transaktion ist demnach eine Voraussetzung für die Überführung von Transaktionen in eine Organisation. Dies gilt vor allem für diejenigen Transaktionen, die spezifische Investitionen voraussetzen, da die Wiederholung der Transaktionen Möglichkeiten zur Kostenverringerung im Sinne von Skalen- und Synergieeffekten bietet.[104]

Die Arbeiten von Oliver Williamson erweiterten folglich das von Coase erdachte Konzept der Transaktionskosten um den Begriff des Opportunismus und formulierten gleichzeitig Kriterien zur Bestimmung der Höhe von Transaktionskosten. Daneben verdeutlichten seine Ausführungen, dass Unternehmen nicht grundsätzlich, sondern nur bei spezifischen Investitionen eine dem Marktaustausch überlegene Organisationsform darstellen. Die Spezifität der Investitionen steht dabei in einem unmittelbaren Zusammenhang mit Informationskosten, da diese erst die Einbindung der Transaktionen in das Unternehmen legitimieren. So liefern Informationskosten überhaupt erst den Anreiz, Transaktionen jenseits des Marktes auszuführen, während der Grad der Spezifität der Investitionen dann darüber entscheidet, welche Unternehmens- oder Kooperationsform sich am besten zur Abwicklung der Transaktionen eignet.[105] Zu erwähnen ist noch, dass die Konzepte der Neuen Institutionenökonomik keineswegs ohne Kritik aufgenommen wurden. Während die gerade bei Williamson stark betonte Unterscheidung zwischen Hierarchie und Markt in den Augen der Kritiker nicht genug Raum für „Nicht-Markt-Arrangements“ wie vorindustrielle Verlagssysteme, Joint-Ventures oder Franchising-Systeme lässt und die tatsächliche Berechnung von Transaktionskosten als schwer durchführbar identifiziert wird[106], so wird an anderer Stelle Kritik an der mangelnden Erklärungsfähigkeit für wirtschaftliche Entwicklung und der Nichtberücksichtigung des Konzepts der Pfadabhängigkeit geäußert.[107] Für die vorliegende Arbeit jedoch bietet die Neue Transaktionenökonomik gewinnbringende Ansätze, da sich mit dem Konzept der Informationskosten und der Möglichkeit ihrer Verringerung innerhalb eines Unternehmens gut operationalisierbare Anknüpfungspunkte für eine Untersuchung des betrieblichen Rechnungswesens ergeben.

Bei den verschiedenen Annahmen, die unter der Neuen Institutionenökonomik subsumiert werden, spielen Erwartungen und Entscheidungen eine zentrale Rolle. Dabei ist zunächst festzustellen, dass Erwartungen überhaupt nur gebildet werden müssen, wenn die Zukunft als unsicher gilt. Diese Feststellung erscheint trivial, doch ist sie in der neoklassischen Theorie nicht vorgesehen:

104 Williamson 1985, S. 60–61.
105 Vgl. hierzu: Plumpe 2003, S. 148.
106 Pierenkemper 2000, S. 256–262.
107 Plumpe 2003, S. 151.

Da dort die Informationen der Akteure vollständig sind, müssen von ihnen geschlossene Verträge zwangsläufig vollkommen und Unsicherheit daher nicht existent sein. Die von Ronald Coase getroffene Annahme der Vorteilhaftigkeit der in Unternehmen integrierten Transaktionen gegenüber Markttransaktionen ist im Umkehrschluss nur dann plausibel, wenn die über den Markt organisierten Transaktionen mit einer im Vergleich zu Unternehmen höheren Unsicherheit verbunden sind.[108] Herbert Simon fügt dieser Annahme eine wichtige Komponente hinzu, indem er die Rationalität der Akteure zwar als begrenzt definiert, ihren Entscheidungen jedoch gewollt rationalen Charakter unterstellt.[109] Dies bedeutet, dass Akteure, da sie den Zustand der vollständigen Rationalität ohnehin nicht erreichen können, immerhin in ihrer eigenen Wahrnehmung zumeist rational handeln. Wäre das nicht so und Akteure würden sich den Zustand ihrer begrenzten Rationalität eingestehen, könnte dies bei Entscheidungen hemmend wirken, da die Unsicherheit der Entscheidung vor dem Hintergrund der kontingenten Zukunft gegebenenfalls als so hoch wahrgenommen würde, dass keine Entscheidung mehr getroffen werden könnte.

Übertragen auf Unternehmen liefert das Konzept der begrenzten Rationalität die Begründung dafür, dass Entscheidungen trotz herrschender Unsicherheit getroffen werden. Zunächst können Unternehmen als „entscheidungsabhängige Formbildung im Medium des Marktes“ aufgefasst werden.[110] Dieser Auffassung folgend würde die Existenz eines Unternehmens mit der Gründungsentscheidung beginnen. Folgt man nun den Annahmen der Neuen Institutionenökonomik im Sinne des Transaktionskostensansatzes nach Coase und Williamson, so würde diese Gründungsentscheidung dann getroffen werden, wenn sich Transaktionen günstiger innerhalb eines Unternehmens würden abwickeln lassen als über den Markt. Da sich der Erfolg dieser Gründungsentscheidung jedoch erst feststellen lässt, nachdem entschieden worden ist – worauf Werner Plumpe zurecht hinweist –, nehmen die Unternehmensgründer folglich bei ihrer Entscheidung ein hohes Maß an Unsicherheit in Kauf.[111] Dieser Umstand wiederum ist damit zu erklären, dass die Gründungsentscheidung des Unternehmens in der Logik der Gründer rational getroffen wird, da der Zustand der vollständigen Rationalität nicht erreicht werden kann.[112]

108 Damit ist implizit auch die Annahme von Ronald Coase erfüllt, dass Unternehmen überhaupt erst durch die Existenz von Unsicherheit entstehen: „It seems improbable that a firm would emerge without the existence of uncertainty.“, Coase 1937, S. 392.

109 Simon 1955, S. 114.

110 Plumpe 2016b, S. 144.

111 Vgl. ebd.

112 Die begrenzte Rationalität ist dabei nicht als allgemeingültige Rationalität zu verstehen. Es ist nicht so, dass die Entscheidung zur Unternehmensgründung von jedem begrenzt ratio-

Die begrenzte Rationalität ist demnach ursächlich dafür, dass Erwartungen bezüglich der Zukunft gebildet werden. Gleichzeitig ist erkennbar, dass Entscheidungen auf Grund unvollständiger Informationen stets ein gewisser Grad an Unsicherheit zu Grunde liegen muss, der im Zeitpunkt des Entscheidens nicht aufgehoben werden kann.[113] So können höchstens Annahmen darüber getroffen werden, welcher Zustand in der Zukunft eintreffen könnte und Entscheidungen diesbezüglich angepasst werden. Dieser Bruch zwischen der heute erwarteten zukünftigen Entwicklung und den in der Zukunft tatsächlich eintreffenden Ereignissen, also der Unterschied zwischen der „gegenwärtigen Zukunft" und der „zukünftigen Gegenwart", stellt eine erste wesentliche Herausforderung dar, mit der sich Entscheidungsträger in Unternehmen konfrontiert sehen.[114] Mit dieser Herausforderung geht einher, dass Entscheidungen stets einen provisorischen Charakter haben, da der in der zukünftigen Gegenwart eintreffende Zustand in den seltensten Fällen mit dem Erwarteten übereinstimmen wird. Im Zeitpunkt der zukünftigen Gegenwart wird dann erneut eine Entscheidung getroffen werden, die wiederum provisorischen Charakter besitzen wird.[115] Es handelt sich bei Entscheidungen demnach um eine nach subjektiven Kriterien bestimmte fiktive Festlegung der Entscheidungsträger, da theoretisch eine Vielzahl von anderen Entscheidungen hätte getroffen werden können.[116] Da diese nicht zu bestimmende Vielzahl von Entscheidungsmöglichkeiten für Akteure nicht zu verarbeiten ist, bilden sie fiktionale Erwartungen bezüglich der Zukunft, um darüber wiederum die Bandbreite der zukünftigen Entwicklungen einschränken zu können.[117] Hierbei fließen unter anderem die in der Vergangenheit getroffenen Entscheidungen wie auch gegenwärtige Rahmenbedingungen wie die aktuelle Marktsituation des Unternehmens in die Erwartungsbildung mit ein. Gerade in der Prognose der Veränderungen der Marktsituation

nalen Akteur erkannt werden kann. Für die Gründungsentscheidung spielt vielmehr eine Rolle, dass innerhalb der begrenzten Rationalität der Unternehmensgründer die Möglichkeit erkennt, durch die Entscheidung zur Unternehmensgründung zukünftig wirtschaftlichen Erfolg zu erzielen. Dies ist jedoch nur bei wenigen, möglicherweise besonders risikoaffinen Akteuren der Fall.

113 Dieser Umstand ermöglicht das Treffen von Entscheidungen überhaupt erst, da unter vollständiger Sicherheit im Grunde genommen nicht entschieden werden müsste. Vgl. Luhmann, Niklas: Organisation und Entscheidung. Wiesbaden 2011, S. 153.

114 Luhmann, Niklas: Soziologische Aufklärung. Wiesbaden 2005, S. 140.

115 Plumpe 2016b, S. 148.

116 Kieser und Walgenbach 2007, S. 432.

117 Zur Bedeutung der Vergangenheit in Entscheidungsprozessen, siehe Luhmann 2011, S. 157. Das Konzept der fiktionalen Erwartungen ist in den vergangenen Jahren durch Jens Beckert etabliert worden. Vgl. Beckert 2014, S. 10 sowie Beckert, Jens: Imagined futures. Cambridge, Massachusetts 2016.

liegt jedoch eine wesentliche Schwierigkeit für Unternehmen, da sie als Teil des Marktes dessen Entwicklung mit beeinflussen, zugleich aber die Entscheidungen der anderen Marktteilnehmer antizipieren müssen.[118]

Die Bedeutung von Entscheidungen für Organisationen spiegelt sich ebenfalls in der formalen Organisationsstruktur wider, die – der bereits bekannten Definition von Kieser und Walgenbach folgend – als „Gesamtheit aller formalen Regelungen zur Arbeitsteilung und Koordination" bzw. „System von geltenden Regelungen zur Steuerung von Leistung und Verhalten der Organisationsmitglieder" beschrieben werden kann.[119] Trifft man nun die Annahme, dass alle Bestandteile eines Unternehmens wie Abteilungen, Mitarbeiter, Prozesse und Produkte im Grunde auf Entscheidungen zurückzuführen sind, dass sich Unternehmen also über Entscheidungen konstituieren, so müssen sich zwangsläufig auch die Komponenten der formalen Organisationsstruktur auf Entscheidungen zurückführen lassen. In diesen Kontext lässt sich ebenfalls der Gedanke Herbert Simons einordnen, der die formale Organisationsstruktur in ihrer Gänze als Entscheidungsprämisse definiert. Prämissen sind demzufolge solche Entscheidungen, die späteren Entscheidungen innerhalb der Organisation als Voraussetzung dienen und somit alle Entscheidungen, die zur formalen Struktur der Organisation beigetragen haben.[120] Sie sind also nichts weiter als manifestierte oder „institutionalisierte" Entscheidungen, die nur noch in seltenen Fällen hinterfragt werden und deren Verwendung die Entscheidungsträger über die Reduzierung von Unsicherheit zu entlasten im Stande ist.[121] Wichtig zu bemerken ist, dass die als Entscheidungsprämissen verfestigten Entscheidungen noch immer denselben Rahmenbedingungen unterliegen, wie es gewöhnliche Entscheidungen tun. Die Unsicherheitsreduktion der Entscheidungsprämissen ist also weiterhin zu einem großen Teil fiktional, da die Prämissen zwar über die Vergangenheit legitimiert worden sind, es aber keineswegs feststeht, dass sie zukünftige Entscheidungssituationen ebenso gut abbilden können. Dies erklärt beispielsweise, dass Abteilungen umstrukturiert und Prozesse überarbeitet werden müssen, die unter anderen Marktbedingungen zuvor lange Zeit funktioniert haben können.

---

118 Plumpe 2016b, S. 145.

119 Kieser und Ebers 2014, S. 18 sowie S. 23.

120 Kühl, Stefan: Organisationen. Wiesbaden 2011, S. 96. Simon stellt den Begriff der Prämisse dem Konzept von Rollen entgegen, das ihm zufolge das Entscheidungsverhalten von Individuen in Organisationen nur unzureichend beschreibt: „A role is a specification of some, but not all, of the premises that underlie an individual's decision.", Simon, Herbert A.: Administrative Behavior. New York 1997, S. 24. Vgl. ebenfalls Luhmann 2011, S. 222.

121 Kühl 2011, S. 99–100.

Erwartungen der Entscheidungsträger sind folglich ausschlaggebend für die Entscheidungsfindung innerhalb von Unternehmen. Da diese individuellen Erwartungen auf Grund der Beschränkungen der unvollständigen Information und begrenzten Rationalität nicht objektiv rational sein können, können die Grundlagen der Erwartungsbildung als „Anspruchsniveaus" („aspiration levels") beschrieben werden. Bei diesem von James March und Herbert Simon gemeinsam geprägten Begriff handelt es sich in gewisser Weise um die Antithese zu der in der neoklassischen Theorie postulierten Allgemeingültigkeit der Gewinnmaximierung. Die Autoren treffen die Annahme, dass es sich bei Entscheidungsprozessen in Unternehmen um Aushandlungsprozesse handelt, in denen die verschiedenen Anspruchsniveaus der einzelnen Entscheidungsträger gegeneinander konkurrieren.[122] Das Konzept der Anspruchsniveaus der einzelnen Akteure tritt dabei an die Stelle der Gewinnmaximierung, da diese Maximierung nur im Falle vollständiger Informationen tatsächlich realisierbar wäre. Mit den unterschiedlichen Anspruchsniveaus einher geht die Annahme, dass die im Unternehmen getroffenen Entscheidungen keinem für alle Akteure gleichermaßen zufriedenstellenden Ziel folgen. Vielmehr koalieren verschiedene Akteure bzw. Interessengruppen, um die mit ihren Anspruchsniveaus zu vereinbarenden Ziele bestmöglich zu erfüllen. Hierdurch liefert die „Koalitionstheorie" Erklärungsansätze für unternehmerische Entscheidungen, die sich jenseits der Prämisse der Gewinnmaximierung bewegen.[123] Zugleich ist sie aus unternehmenshistorischer Sicht jedoch problematisch, da individuelle Anspruchsniveaus keineswegs einfach zu analysieren sind, weil Motivationen einzelner Akteure oder Aushandlungsprozesse zwischen Entscheidungsträgern im Quellenmaterial selten rekonstruiert werden können. Ein „Rückzug" auf die Analyse der formalen Struktur der Organisation bzw. des Unternehmens ist demnach angebracht, da hierüber zumindest das Gerüst beschrieben werden kann, in dem der Großteil der Anspruchsniveaus gefasst ist. Damit ist gemeint, dass die formale Struktur des Unternehmens einen Bezugs- und Kommunikationsrahmen bietet, auf den sich Entscheidungsträger zu jeder Zeit beziehen können, um ihre Entscheidungen zu objektivieren. Hierbei kann dem betrieblichen Rechnungswesen ein besonderer Stellenwert zugeschrieben werden, da es im Stande ist, die Komplexität ganzer Entscheidungsprozesse auf Zahlen zu reduzieren und darüber einen

122 March, James G.; Simon, Herbert A.: Organisation und Individuum. Wiesbaden 1976, S. 107–114.

123 Berghoff 2016, S. 53–55. Mit Hilfe der Koalitionstheorie können bspw. Investitionsentscheidungen erklärt werden, deren Nutzen sich nicht in einem unmittelbaren monetären Gewinn niederschlagen, wie z. B. eine Befreiung aus der Marktmacht eines Zulieferers über vertikale Integration. Ebd.

niederschwelligen Kommunikationsrahmen zu liefern, der innerhalb der gesamten Hierarchie eines Unternehmens verstanden werden kann.[124]

Das betriebliche Rechnungswesen ist folglich als ein zentraler Bestandteil unternehmerischer Entscheidungsfindung aufzufassen, da es die sonst divergierende Erwartungsbildung einzelner Entscheidungsträger bündelt. Dabei ist das Rechnungswesen als Teil derjenigen Informationen anzusehen, die innerhalb der Entscheidungstheorie überhaupt erst die Existenz einer Organisation begründen bzw. das Unternehmen als „Entscheidungsmaschine" konstituieren.[125] Auf der Ebene der Entscheidungsprozesse sind Informationen zwischen dem Entscheidungsgrund bzw. Entscheidungsanlass und der eigentlichen Entscheidung zu verorten und verändern dabei das Wissen der Entscheidungsträger und deren Erwartungen.[126] So wird ein Unternehmen bei der Preiserhöhung eines wichtigen extern bezogenen Produktes vor die Entscheidung gestellt, diese Erhöhung zu akzeptieren oder das Produkt zukünftig über Alternativen zu beziehen. Dabei nimmt das betriebliche Rechnungswesen als Informationsapparat wesentlichen Einfluss auf die Entscheidung. So können beispielsweise die im Unternehmen ermittelten Margen Auskunft darüber geben, bis zu welchem Höchstpreis nach neuen Zulieferern gesucht werden kann oder es kann gar eine interne Kalkulation erfolgen, um die Möglichkeit einer Eigenherstellung zu erörtern – in allen Fällen wird die Informationsbeschaffung jedoch den ursprünglichen Wissensstand der Entscheidungsträger verändern.

Die Informationsbeschaffung unterliegt dabei weiterhin der von Ronald Coase thematisierten Restriktion des Grenznutzens. Auf der Ebene der Entscheidungsprozesse ist es jedoch fraglich, ob die „optimale" Menge an Informationen überhaupt zu erreichen ist, wenn Entscheidungsträger neben der Restriktion des Grenznutzens gleichzeitig einer Zeitrestriktion unterliegen.[127] So werden Entscheidungsträger auf Grund des zeitlich begründeten Entscheidungsdrucks nicht in der Lage sein, alle nützlichen Informationen sammeln zu können. Mit dem Begriff der Temporalität ist eine weitere wichtige Komponente von Ent-

---

124 Die zugrundeliegende Annahme ist, dass es in Aushandlungsprozessen zwischen Entscheidungsträgern einen Unterschied macht, ob eine Entscheidung ausschließlich über ein Bauchgefühl oder über einen quantifizierbaren Mehrwert für das Unternehmen legitimiert werden kann. Dabei ist darauf hinzuweisen, dass auch die über das betriebliche Rechnungswesen generierten Daten auf Grund der Unsicherheit der Zukunft nicht zwangsläufig zu besseren Ergebnissen führen müssen.

125 Plumpe 2016b, S. 145. Nach Niklas Luhmann können Organisationen als informationsverarbeitende Systeme beschrieben werden, indem alle Operationen des Systems als Informationsverarbeitung definiert werden. Vgl. Luhmann 2011, S. 57.

126 Wessling, Ewald: Individuum und Information. Tübingen 1991, S. 37.

127 Unter optimaler Menge ist hierbei die Situation gemeint, in welcher der Nutzen einer Einheit Information gerade noch höher bzw. gleich hoch ist wie die Kosten der Information.

scheidungen angesprochen, die den Prozess des Entscheidens sowie das Bilden von Erwartungen auf vielfältige Weise beeinflusst. Mit zunehmender Lebensdauer eines Unternehmens steigt zunächst die Wahrscheinlichkeit, dass Entscheidungsprozesse durch gemachte Erfahrungen der Entscheidungsträger beeinflusst werden, indem vergangene Entscheidungen mit der aktuellen Entscheidungssituation verglichen werden und durch sie die Erwartungsbildung beeinflusst wird. Hierbei kann es zu Fällen kommen, in denen sich vergangene Entscheidungssituationen wiederholen und Entscheidungen in Routinen übertragen werden können.[128] Diese Übertragung hat zur Folge, dass diese Fälle in Unternehmen nicht länger als Entscheidungsanlässe wahrgenommen werden und folglich Informationsgewinnung und die daraus folgende Erwartungsbildung nicht benötigt werden.[129] Ferner unterliegen Informationen selbst ebenfalls dem Einfluss der Temporalität, da ihre Gültigkeit mit zunehmender Zeit unsicherer wird. Marktdynamiken sorgen etwa dafür, dass Preisinformationen nur für ein bestimmtes Zeitfenster aktuell sind und veraltete Daten demzufolge zu Fehlinvestitionen führen können. Neben der bereits beschriebenen Aufgabe der Erwartungsbildung unter Unsicherheit besteht für Entscheidungsträger in Unternehmen nun die zweite wesentliche Herausforderung darin, unter zunehmendem Entscheidungsdruck den geeigneten Zeitpunkt der Entscheidung zu identifizieren und gleichzeitig trotz der zukünftigen Unsicherheit eine Entscheidungssicherheit zu gewährleisten.[130] Der die Entscheidung auslösende Druck ist aber kein objektiv beobachtbares Kriterium, da sie im Zweifel herausgezögert werden kann. Folglich ist die Beobachtung zutreffend, dass sich Unternehmen „Organisationserhaltungszwängen" beugen und sich selbst unter Entscheidungsdruck setzen müssen, um ihre Existenz aufrechterhalten zu können.[131] Informationsgewinnung und Erwartungsbildung werden demnach so lange fortgeführt, bis der – unter Umständen selbst erzeugte – Entscheidungsdruck eine Entscheidung notwendig macht und nicht, bis der Grenznutzen der Informationsgewinnung erreicht wurde.

Entscheidungsfindung und die damit verbundene Erwartungsbildung bilden also die beiden Kernelemente eines Unternehmens. Beide unterliegen einer

128 Mit Reinhart Koselleck gesprochen fallen hier „Erfahrungsraum" und „Erwartungshorizont" ineinander: „Erwartungen, die auf Erfahrungen fußen, können, wenn sie eintreffen, nicht mehr überraschen." Vgl. Koselleck, Reinhart: Vergangene Zukunft. Frankfurt am Main 1984, S. 350–358.

129 Jedoch kann auch die Übertragung von Entscheidungen in Routinen mit Risiken behaftet sein, da Märkte einer steten Dynamik unterliegen. Vgl. Plumpe 2016b, S. 145.

130 Plumpe, Werner: Unternehmen. In: Gerold Ambrosius (Hg.): Moderne Wirtschaftsgeschichte. München 2006, S. 78.

131 Ebd., S. 79.

fiktionalen Komponente, da ein Entscheidungszeitpunkt festgelegt wird und die Erwartungsbildung hinsichtlich einer unsicheren Zukunft erfolgt. Es existieren jedoch Möglichkeiten, sowohl Entscheidungssicherheit zu erleichtern als auch die Unsicherheit innerhalb der Erwartungsbildung zu reduzieren. Ein Unternehmen kann dabei zwei Strategien verfolgen, indem es entweder auf seine Umwelt versucht einzuwirken, oder seine Anpassungsfähigkeit gegenüber dieser steigert. Beispielhaft steht für den ersten Fall die Möglichkeit der vertikalen Integration, um über diese die Abhängigkeit von Lieferanten zu reduzieren, während eine Verbesserung der Anpassungsfähigkeit erfolgen kann, indem Strukturen so gestaltet werden, „dass diese bei Auftreten signifikanter Umweltänderungen Reaktionen ohne nachteilige Verzögerung ermöglichen."[132] Bei dieser Kategorisierung ist das betriebliche Rechnungswesen innerhalb der zweiten Möglichkeit zu verorten, da eine quantitative Bewertung der innerbetrieblichen Prozesse zu einer Vergrößerung der Handlungsspielräume führen kann. Offensichtlich wird dies beispielhaft in solchen Fällen, in denen Fix- bzw. Gemeinkosten mit Hilfe eines differenzierten buchhalterischen Zugriffs in variable Kosten übertragen werden können und unprofitable Unternehmensteile schnell identifiziert werden.[133]

Wenn nun also das betriebliche Rechnungswesen als Teil der entscheidungsrelevanten Informationen zu betrachten ist, kann an dieser Stelle die These formuliert werden, dass Informationsgewinnung ein zentrales Instrument zur Erhöhung der Anpassungsfähigkeit von Unternehmen ist. Gleichzeitig übt die Informationsgewinnung ebenfalls Einfluss auf die Fähigkeit von Unternehmen aus, auf ihre Umwelt einzuwirken. Wenn durch Diversifikation oder die Kooperation mit anderen Organisationen die Abhängigkeit gegenüber der Umwelt verringert werden soll, gehen zumindest Diversifikationsprozessen fast immer buchhalterische Überlegungen voraus.[134] Ebenso steht Informationsgewinnung in engem Zusammenhang mit organisatorischen Maßnahmen zur Unsicherheitsreduktion wie dem Aufbau von Abteilungen, die wiederum der Informationsbeschaffung und -verarbeitung dienen und Teil der einleitend behandelten formalen Organisationsstruktur sind. Die Unterscheidung von gesteigertem Umwelteinfluss und erhöhter Anpassungsfähigkeit ist demnach nicht trennscharf,

---

132 Kieser und Walgenbach 2007, S. 434. Vgl. ebenfalls: Wessling 1991, S. 114–117.

133 Ein Beispiel für die Überführung von Fixkosten in variable Kosten kann bspw. das Anrechnen von Energiekosten auf einzelne Produkte sein, wodurch diese Kosten demnach nicht länger für das gesamte Unternehmen allgemein berechnet werden müssen. Siehe Kapitel 4.6.

134 Dies ist selbst dann der Fall, wenn Unternehmen vordergründig unwirtschaftliche Diversifikationen durchführen, um darüber eine größere Unabhängigkeit von Zulieferern zu erlangen. Siehe Kapitel 4.4.1.

da beide Strategien auf der Ebene der entscheidungsrelevanten Informationen miteinander verbunden sind.

Zusammenfassend lässt sich festhalten, dass sich Unternehmen im Kern über Entscheidungen konstituieren. Dass überhaupt entschieden werden muss, ist dabei auf die Unsicherheit der Entscheidungsträger gegenüber ihrer Zukunft zurückzuführen. Wie beschrieben, resultiert die Unsicherheit aus der Unvollständigkeit der den Individuen zur Verfügung stehenden Informationen. Diese müssen daher nach Wegen suchen, die mit Entscheidungen verbundene Unsicherheit zu reduzieren. Wie Ronald Coase beschreibt, führt die begrenzte Kenntnis der genauen Eigenschaften von Vertragsgegenständen zu Transaktionskosten, womit er wiederum die Existenz von Unternehmen erklärt. Indem Unternehmen dazu in der Lage sind, sich wiederholende Transaktionen zu bündeln, weisen sie Kostenvorteile gegenüber der Marktkoordination auf, auch wenn durch die Bearbeitung der Transaktionen innerhalb von Unternehmen Organisationskosten entstehen. Unternehmen werden deshalb nach Coase so lange Transaktionen internalisieren, bis die Summe von Organisations- und Transaktionskosten im Unternehmen die Höhe der Marktkosten erreicht hat. Die Annahmen von Coase wurden um das von Herbert Simon geprägte Konzept der begrenzten Rationalität erweitert, das in gewissem Sinne die von Coase für Unternehmen beschriebene Unmöglichkeit der vollständigen Informationsgewinnung auf die Ebene der Erwartungsbildung und Entscheidungsfähigkeit von Individuen überträgt. Die Arbeiten von Oliver Williamson zogen in die von Coase noch recht pauschal angelegte Transaktionskostentheorie eine weitere Ebene ein. Williamsons Leistung besteht darin, dass er mit Spezifität, Unsicherheit und Häufigkeit drei Kategorien benennt, mit deren Hilfe die Vorteilhaftigkeit einer Internalisierung von Transaktionen bewertet werden kann. Daneben erweitert er das Handlungsspektrum von Akteuren, indem er die Möglichkeit opportunistischen Handelns plausibilisiert. Die Ebene der Akteure ist ebenfalls für die formale Struktur von Unternehmen von Bedeutung, da hierüber Entscheidungsprämissen bereitgestellt werden, mit deren Hilfe die Entscheidungsunsicherheit reduziert werden kann. Dass sich diese Entscheidungsunsicherheit jedoch im Grunde genommen nur in der subjektiven Wahrnehmung der Entscheidungsträger reduzieren lässt, konnte im zweiten Teil des Kapitels dargestellt werden. Dies ist damit zu begründen, dass zukünftige Entwicklungen kaum vorhergesagt werden können und die Rationalität von Individuen – wie von Coase betont – begrenzt ist. Dennoch versuchen Akteure, die Unsicherheit über Informationsgewinnung zu reduzieren. Diese Möglichkeit der Unsicherheitsreduktion wiederum wird durch die Kosten der Informationen sowie die der Informationsgewinnung zugrundeliegende Temporalität begrenzt. Im Resultat führen beide Restriktionen zu einem subjektiven Entscheidungsdruck, der es nicht erlaubt, die optimale Menge an Informationen zu gewinnen, da bereits zu einem früheren Punkt entschieden werden muss. Auf Grund dieser Restriktionen ersetzen Entscheidungsträger den Punkt optimaler Informationsausstattung durch Anspruchsniveaus, die in Aushandlungsprozessen zwischen den einzelnen Entscheidungsträgern einer Organisation in Organisationsziele überführt werden und dadurch die zukünftigen Handlungen der Organisation bestimmen. Das betriebliche Rechnungswesen fungiert in diesem Kontext als Informationsapparat zur Unsicherheitsreduktion und ist demnach innerhalb der formalen Organisationsstruktur zu verorten bzw. als Entscheidungsprämisse zu charakterisieren. Die durch das betriebliche Rechnungswesen bereitgestellten Informationen sind dabei in der Lage, auf der Ebene der Transaktionskosten zu einer Verringerung der Informationskosten beizutragen, indem sie über quantitative Kennzahlen eine Vergleichbarkeit ermöglichen. Der Nutzen einer solchen Vergleichbarkeit wird im Falle von Make-or-Buy-Entscheidungen offenkundig, da hierbei das Rechnungswesen in der Lage ist, einen Großteil der entscheidungsrelevanten Informationen bereitzustellen. Gleichzeitig kann über das Rechnungswesen der Handlungsspielraum des Unternehmens vergrößert werden, indem über die Informationen detaillierter Kostenkalkulationen und Berechnungsmethoden Kostenträger identifiziert und nach Bedarf ausgeschaltet werden können. Werden also die über das betriebliche Rechnungswesen gewonnenen Daten als Informationen definiert, ist es plausibel anzunehmen, dass diesen Informationen bereits im Gründungszeitpunkt eines Unternehmens eine entscheidungsrelevante Bedeutung zukommt, da bereits dort die Quantifizierung der unternehmensinternen Prozesse eine wichtige Rolle spielt. Demnach müssten diese Informationen früh in Entscheidungen berücksichtigt werden und sich dadurch innerhalb der formalen Organisationsstruktur als Entscheidungsprämissen manifestieren. In der Folge beeinflussen die über das Rechnungswesen gewonnenen Informationen nicht nur die Entscheidungsfindung, sondern ebenfalls die Erwartungsbildung von Entscheidungsträgern maßgeblich. In dieser Auslegung der Neuen Institutionenökonomik ist demnach ein Widerspruch zu der von Chandler und Kocka einleitend dargestellten These auszumachen, die besagt, dass betriebswirtschaftliche Informationen in gründergeführten Unternehmen geringen Einfluss auf die Entscheidungsprozesse hatten. Zu der Klärung dieses Widerspruchs soll die vorliegende Arbeit beitragen.

1.4 Methode und Quellenlage

Die Untersuchung des Zusammenhangs zwischen dem betrieblichen Rechnungswesen sowie der mit ihm zusammenhängenden Erwartungsbildung und Entscheidungsfindung setzt eine Auseinandersetzung mit den Quellen auf zwei Ebenen voraus. So müssen sowohl die technische Entwicklung des Rechnungswesens analysiert als auch die Bedeutung und Verwendung der im Rechnungswesen ermittelten Informationen auf der Entscheidungsebene untersucht werden. Für die Quellenarbeit mit den Archivbeständen der Bayer AG (BAL) bedeutete dies, dass zunächst vor allem die seit dem Jahr 1881 überlieferten Protokolle des Aufsichtsrats im Mittelpunkt der Untersuchung standen, der bis zur Jahrhundertwende die zentrale Entscheidungsinstanz des Unternehmens war. Mit der Gründung des Dreibundes im Jahr 1904 traten dann weitere Entscheidungsgremien wie der Delegationsrat sowie der geschäftsführende Ausschuss hinzu, deren Protokolle ebenfalls herangezogen wurden. Organisatorische Veränderungen im Jahr 1906 führten bei Bayer schließlich unter anderem zu der Ablösung des Vorstandes durch ein Direktorium, dessen Protokolle gleichermaßen für die Analyse der betriebswirtschaftlichen Entwicklung des Unternehmens Relevanz besitzen.

Der demnach lückenlosen Überlieferung wichtiger Entscheidungsgremien stehen die in unterschiedlicher Güte vorliegenden Quellen zur Entwicklung des betrieblichen Rechnungswesens gegenüber. So liegen für die Gründungsjahre nur sporadisch Zahlenmaterial in Form von verschiedenen, jedoch nicht kontinuierlich erhaltenen Büchern der Unternehmensbuchhaltung sowie vereinzelte, ebenfalls Buchhaltungsinformationen enthaltende Kopierbücher der Unternehmenskorrespondenz vor. Mit der Gründung der Aktiengesellschaft und dem damit verpflichtenden Berichtswesen veränderte sich die Datenerhebung bei den Farbenfabriken grundsätzlich. So sind ab dieser Zeit Gewinn- und Verlustrechnungen, Bilanzen, Geschäftsberichte und eine Vielzahl weiterer Buchhaltungsinstrumente überliefert, die tiefgehende Interpretationen über die Weiterentwicklung der Informationsgewinnung zuließen. Ab der zweiten Hälfte der 1880er Jahre nahm die schriftliche Überlieferung derselben zu, weshalb ab diesem Zeitraum, vor allem jedoch ab den 1890er Jahren, eine zunehmende Zahl quantitativen Quellenmaterials zur Verfügung stand. Zuletzt half noch die bereits im Forschungsstand erwähnte unveröffentlichte Festschrift zum fünfzigsten Firmenjubiläum bei der Einordnung der in den Quellen überlieferten Sachverhalte.

Neben dem sowohl in quantitativer wie auch qualitativer Hinsicht herausragenden Bestand des Archivs der Bayer AG wurde zudem der zumindest für die

Farbenfabriken überschaubar ausfallende Quellenbestand im Historischen Archiv der Deutschen Bank (HADB) ausgewertet. Die Relevanz dieser Unterlagen ergibt sich daraus, dass die Deutsche Bank im Untersuchungszeitraum jede Kapitalerhöhung und Anleiheemission des Unternehmens durchführte, weshalb dort vor allem die jeweiligen Prospekte sowie weitere zusammenfassende Darstellungen über die Kapitalentwicklung eingesehen werden konnten.

Um innerhalb der vorliegenden Studie eine Vergleichbarkeit zu anderen Unternehmen zu schaffen, wurden zudem Bestände aus dem Unternehmensarchiv der BASF (BASF PB) sowie der im Hessischen Wirtschaftsarchiv (HWA) erst kürzlich erschlossene Bestand der Cassella AG herangezogen. Das für die BASF vorhandene Quellenmaterial ermöglichte eine gewisse Objektivierung der auf der Führungsebene Bayers diskutierten Sachverhalte, vor allem in Bezug auf die Alizarin-Krise. Darüber hinaus erlaubten drei unveröffentlichte Manuskripte des Vorstandsmitglieds Lothar Brunck („Brief an den Vorstand der Badischen Anilin- & Sodafabrik vom 21. Februar 1923") sowie des BASF-Mitarbeiters Walter Voigtländer-Tetzner („Geschichte der BASF – Kaufmännische Entwicklung" und „Chronik der BASF 1865–1940") Rückschlüsse auf eine Vielzahl von betriebswirtschaftlichen Kennzahlen sowie eine Bewertung der Beitrittsverhandlungen zum Dreibund im Jahr 1904 aus der Perspektive der BASF. Die Auswertung der umfangreichen Bestände der Cassella AG hingegen erwies sich als gewinnbringend, da das Unternehmen als Teil des Dreierverbandes in den Jahren 1904 bis 1916 zu einem der wichtigsten Konkurrenzunternehmen der Farbenfabriken zählte. Anhand der Cassella ließen sich so nicht nur die betriebswirtschaftlichen Unterschiede bei der Vorbereitung der jeweiligen Unternehmenszusammenschlüsse herausarbeiten, sondern ebenso der Entwicklungsstand des betrieblichen Rechnungswesens der Farbenfabriken gegenüber einem weiteren Konkurrenten abprüfen. Abschließend sei noch auf das situativ erfolgte Heranziehen zeitgenössischer Buchhaltungsliteratur verwiesen, welche Rückschlüsse über den Entwicklungsstand des betrieblichen Rechnungswesens der Farbenfabriken erlaubte.

Die Darstellung des für den Untersuchungszeitraum zeitgenössischen Forschungsstandes zum betrieblichen Rechnungswesen ist Inhalt des folgenden Kapitels. Im Anschluss soll die Entwicklungsgeschichte der Farbenfabriken anhand der drei einleitend identifizierten Zeiträume erfolgen. Beginnend mit der Gründungsgeschichte der Teerfarbenindustrie wird innerhalb des dritten Kapitels die Bedeutung des betrieblichen Rechnungswesens im Familienunternehmen „Friedrich Bayer & Co." zwischen den Jahren 1863 und 1885 untersucht werden. Im Folgekapitel (Kapitel 4) soll dann ergründet werden, welche Anforderungen die neue Unternehmensform der Aktiengesellschaft an das betriebliche Rechnungswesen stellte. Hierbei wird ebenfalls ein Schwerpunkt auf die

Unternehmensfinanzierung der Farbenfabriken zwischen den Jahren 1885 und 1904 gelegt. Die Finanzierung rückt vor allem dort in den Mittelpunkt der Untersuchung, wo sie unmittelbar durch das betriebliche Rechnungswesen beeinflusst wurde. Hierbei geht es demnach weniger um Kapitalerhöhungen oder die Ausgabe von Unternehmensanleihen, sondern um verschiedene Instrumente der Innenfinanzierung, deren Grundlage das betriebliche Rechnungswesen war. In dem den empirischen Teil abschließenden Abschnitt (Kapitel 5) werden dann die spezifischen Anforderungen untersucht, die ein Unternehmensverbund und die damit verbundene Koordinationsleistung an das betriebliche Rechnungswesen stellten. Auch dort wird die Unternehmensfinanzierung Bayers eine detaillierte Betrachtung erfahren, da sie den Zusammenschluss zum Dreibund erst ermöglichte. Abschließend wird erörtert, wie die bei den Farbenfabriken über den Betrachtungszeitraum aufgebaute betriebswirtschaftliche Expertise die Betriebsführung zunächst der Dreibund-Unternehmen und seit dem Jahr 1916 der Unternehmen der großen Interessengemeinschaft beeinflusste.

2 Die Entwicklung des betrieblichen Rechnungswesens

Die Einteilung des betriebswirtschaftlichen Rechnungswesens erfolgt nach heutiger Auffassung in die vier Gebiete Buchhaltung, Kostenrechnung, Planung sowie Statistik.[1] Wenngleich frühe Formen der Kostenrechnung zum Teil auf das 14. Jahrhundert datiert werden, wird nur der Buchhaltung eine vor das 19. Jahrhundert zurückreichende historische Relevanz zugesprochen. Die übrigen Bereiche, also Planung und Statistik, entwickelten sich hingegen erst im 20. Jahrhundert.[2] Grundlegend für die Entwicklung der Buchhaltung war die sich in Italien herausbildende Technik der doppelten Buchführung, die sich ausgehend von Venedig im Italien des Spätmittelalters verbreitete.[3] Dieses Buchführungssystem umfasste drei Bücher: Zunächst wurden im ersten Buch, dem Memorial, alle Geschäftsvorgänge chronologisch erfasst, dann in das Journal übertragen und abschließend nach Konten sortiert im Hauptbuch festgehalten. Sowohl Journal als auch das Hauptbuch waren in die Spalten Debet und Kredit unterteilt, in die Geldwerte der Geschäftsvorgänge eingetragen wurden. Gemäß der doppelten Buchführung geschah diese Eintragung zweifach, so dass bspw. die Summe eines Einkaufs sowohl im Warenkonto als Debet als auch im Geldkonto als Kredit verbucht werden musste. Das Schließen der Konten erfolgte durch den Abgleich von Kredit und Debet und die anschließende Übertragung der Differenzen bzw. Salden in das Gewinn- und Verlustkonto, über welches sich die Profitabilität der Unternehmung bewerten ließ.[4]

1 Vgl. Pleitgen 2005, S. 60.

2 Vgl. Dorn, Gerhard: Die Entwicklung der industriellen Kostenrechnung in Deutschland. Berlin 1961, S. 97.

3 Maßgeblich für die spätere Verbreitung der italienischen Buchhaltung war der 1494 von Luca Pacioli verfasste Text „particularis de computis et scripturis“, vgl. Gleeson-White, Jane: Double Entry. Crows Nest NSW 2011, S. 68–69. Dieter Schneider weist hingegen darauf hin, dass die Überlegungen Paciolis vor allem mathematischer Natur waren und seine wirtschaftlichen Überlegungen „weit hinter der damaligen kaufmännischen Praxis“ zurückblieben, vgl. Schneider, Dieter: Managementfehler durch mangelndes Geschichtsbewußtsein in der Betriebswirtschaftslehre. In: *Zeitschrift für Unternehmensgeschichte*, 29 (1984), S. 114–130, hier S. 118.

4 Vgl. Gleeson-White 2011, S. 69–81.

https://doi.org/10.1515/9783110742060-002

2.1 Entwicklung der Buchhaltungstheorie

Für die folgenden Jahrhunderte lassen sich nur wenige tiefgreifende Weiterentwicklungen der doppelten Buchführung beobachten. Die bereits im 15. Jahrhundert bekannten Buchhaltungstechniken wurden nur leicht verändert und erweitert, sodass die Vermutung naheliegt, dass das System den Ansprüchen der Unternehmungen über mehrere Jahrhunderte hinweg genügte.[5] Erst das Aufkommen industrieller Großunternehmen im 19. Jahrhundert und die aus ihrer Komplexität resultierende „Massenhaftigkeit des zu verbuchenden Zahlenmaterials" gaben einen wesentlichen Impuls für die Weiterentwicklung der Buchführung.[6] Die tradierten Buchführungssysteme wurden nun vor die Herausforderung gestellt, dass Unternehmen nicht länger nur einzelne Produkte herstellten, sondern sich unter ihrem Dach verschiedene Produktionsstätten für unterschiedliche Güter vereinten. Ebenso wenig eigneten sich die bekannten Buchhaltungstechniken für den rechnerischen Umgang mit großen Kapitalsummen, wie etwa für die Behandlung von Abschreibungen.[7] Einer der ersten Vorschläge zur Lösung dieser Problematik wurde 1865 von C. G. Gottschalk vorgebracht, der in seinen „Grundlagen des Rechnungswesens und ihre Anwendung auf industrielle Anstalten, insbesondere auf Bergbau, Hütten- und Fabrikbetrieb" einen Entwurf eines Rechnungswesens für Industriebetriebe lieferte. Das von Gottschalk vorgeschlagene Schema dieses industriellen Rechnungswesens beinhaltete neben bereits bekannten Büchern die wesentliche Neuerung eines zusätzlichen Betriebsbuches, das neben dem Geschäftsbuch geführt werden sollte.[8] Die Konten dieses Betriebsbuches sollten sowohl den Betriebsaufwand, die Produktion als auch die Gestehungskosten enthalten und ferner nach Bedarf die Feststellung des Betriebsgewinns oder Betriebsverlusts ermöglichen. Für die Erfassung dieser detaillierten Vorgaben hielt Gottschalk fest, dass Betriebskonten aufgestellt werden müssten, „soweit sich Konsumtion und Produktion nach den einzelnen Zweigen des Betriebes trennen" ließen.[9] Demnach sah der Vorschlag Gottschalks vor, der traditionellen Geschäftsbuchhaltung eine auf die

5 So führten seit dem 17. Jahrhundert Überlegungen von französischen, englischen sowie deutschen Autoren zu einer relativ großen Vielfalt an Gestaltungsmöglichkeiten der doppelten Buchführung, die sich jedoch vor allem auf die Anzahl und Trennung einzelner Bücher beschränkte. Vgl. Pleitgen 2005, S. 60–61.

6 Penndorf, Balduin: Geschichte der Buchhaltung in Deutschland. Leipzig 1913, S. 208.

7 Vgl. Kocka 1999, S. 139

8 Vgl. Penndorf 1913, S. 208.

9 Gottschalk, C. G.: Die Grundlagen des Rechnungswesens und ihre Anwendung auf industrielle Anstalten, insbesondere auf Bergbau, Hütten- und Fabrik-Betrieb. Leipzig 1865, zitiert nach Penndorf 1913, S. 208–209.

Herstellung von Gütern bezogene Betriebsbuchhaltung nebenzustellen, in der erstere die marktwirtschaftlichen Beziehungen quantifizierte, letztere hingegen der Bewertung innerbetrieblicher Prozesse diente.[10] Mit der fortschreitenden industriellen Durchdringung der Unternehmenslandschaft wurde die Thematik der Buchhaltung immer bedeutsamer. Wie Gottschalk widmete sich in der zweiten Hälfte des 19. Jahrhunderts eine zunehmende Zahl an Autoren dem neuen Feld der Betriebsbuchhaltung.[11] Eine institutionalisierte wissenschaftliche Auseinandersetzung mit den Problemstellungen des betrieblichen Rechnungswesens hingegen lässt sich erst mit den Gründungen der ersten deutschen Handelshochschulen um 1900 feststellen.[12] Auf institutioneller Ebene erwies sich zudem die Gründerkrise der frühen 1870er Jahre als ausschlaggebender Moment für die Entwicklung gesetzlicher Regelungen, die sich schließlich in der Aktienrechtsnovelle des Jahres 1884 niederschlugen, auf die im Verlauf dieses Kapitels eingegangen werden wird.[13]

Die Entwicklung des betrieblichen Rechnungswesens konnte bei denjenigen Unternehmen, deren Ursprung oder wesentliche Wachstumsphase in die Zeit der deutschen industriellen Revolution fiel, folglich nicht durch einen institutionengesteuerten Diskurs geleitet werden. Dies trifft sowohl auf eine Vielzahl der bedeutenden Unternehmen der deutschen chemischen Industrie wie Bayer, BASF oder Hoechst, jedoch ebenso auf den Großteil der Unternehmen der Montanindustrie zu.[14] Demzufolge liegt die Annahme nahe, dass sich das betriebliche Rechnungswesen in diesen Unternehmen weitgehend selbstständig und deshalb unterschiedlich entwickeln musste, da neben der fehlenden institutionellen Rahmung durch Hochschulen ebenfalls ein weitreichendes rechtliches Vakuum vorhanden war, dessen Füllung erst gegen Ende des Jahrhunderts zu

10 Zur Unterscheidung von Geschäfts- und Betriebsbuchführung, siehe Leitner, Friedrich: Die Selbstkosten-Berechnung industrieller Betriebe. Frankfurt a. M. 1930, S. 3.

11 Vgl. hierzu die aufgeführte Literatur in Kocka 1969.

12 Auf die Gründung der Handelshochschulen in Leipzig und Aachen 1898 folgten in den darauffolgenden Jahren Frankfurt und Köln (1901), Berlin (1906), Mannheim (1908) sowie München (1910). Vgl. Bellinger, Bernhard: Geschichte der Betriebswirtschaftslehre. Stuttgart 1967, S. 51. Jeffrey Fear und Chris Kobrak sehen die für Deutschland ausgemachte verhältnismäßig späte Entwicklung eines „wissenschaftlichen" Rechnungswesen als ein unmittelbares Resultat der starken humanistischen Prägung deutscher Universitäten. Unternehmensführung und Buchhaltung waren laut den Autoren nicht mit dem „bildungsbürgerlichen" Lehrplan der Universitäten zu vereinen. Vgl. Fear, Jeffrey; Kobrak, Christopher: Diverging Paths: Accounting for Corporate Governance in America and Germany. In: *Business History Review*, 80 (2006), S. 1–48, hier: S. 21–22.

13 Vgl. hierzu ausführlich Merkt, Hanno: Unternehmenspublizität. Tübingen 2001, S. 67–73.

14 Zur Montanindustrie vgl. Lindenlaub 2006 sowie die dort v. a. in Kapitel 1.6. zitierte Literatur.

einer Vereinheitlichung des betrieblichen Rechnungswesens bzw. seiner Bewertungsgrundlagen beitrug. Unterstrichen wird diese Annahme durch die Bewertung Albert Calmes', der im Vorwort seines 1906 erschienenen Werkes „Der Fabrikbetrieb. Die Buchhaltung, die Selbstkostenberechnung und die Organisation industrieller Betriebe" feststellte:

> Nur wenige Lehrbücher der Buchhaltung befassen sich mit den theoretischen Grundlagen der Fabrikbuchhaltung, und in diesen wird das Thema notwendigerweise sehr kurz behandelt; die Spezialwerke über Fabrikbuchhaltung aber sind entweder Monographien über die Buchhaltung einer bestimmten Fabrik – gleichsam Rezepte für die Anwendung irgend einer Buchhaltungsform auf einen bestimmten Industriebetrieb, welche nicht einmal als Prototypen für die Buchhaltung aller Fabriken derselben Branche gelten können, – oder es sind keine Fabrikbuchhaltungen, sondern in Wirklichkeit Lehrbücher der Buchhaltung, welche ihre Beispiele der Industrie, statt wie üblich dem Warenhandel entnehmen. Diese Werke geben keine Anleitung zur selbstständigen Anpassung der Grundsätze der Buchhaltung an die mannigfaltigen industriellen Produktionsverhältnisse. Die Selbstständigkeit aber ist für den Fabrikbuchhalter unentbehrlich; denn die Industrie stellt durch die immer komplizierter werdende Technik der Produktion und durch das unaufhörliche Streben nach einer vollkommeneren Ausnutzung der Abfälle beständig wachsende Anforderungen an die Anpassungsfähigkeit der Buchhaltung und der Kalkulation, denen das auf Schablone und Routine basierte Buchführen nicht zu genügen vermag. Es soll daher vor allem versucht werden, das Rechnungswesen der Industriebetriebe auf eine wissenschaftliche Basis zu stellen, und es vom Empirismus und der Tradition, die sich darin breitmachen, zu befreien.[15]

Calmes betonte anschaulich die noch unterentwickelte theoretische Auseinandersetzung mit den durch die Industrieunternehmen neu aufgekommenen Herausforderungen für die Betriebsbuchhaltung. Dabei war es offenbar sein erklärtes Ziel, zunächst einen einheitlichen Rahmen für das betriebliche Rechnungswesen zu schaffen, den Fabrikbuchhalter dann an die spezifischen Anforderungen ihrer Unternehmen anpassen können sollten. Als Resultat von Calmes' Überlegungen sollte ein industrielles Rechnungswesen stehen, welches es ermöglichen sollte, „das Produkt vom Rohstoff bis zum Fertigfabrikat durch die Stufen der Zwischenproduktion statistisch" verfolgen zu können.[16]

Den Rahmen zur Erfüllung dieser vollständigen Nachvollziehbarkeit stellten zum einen die Buchhaltung, die Calmes als „systematische Aufzeichnung der Vermögensbestandteile einer Wirtschaft und der in Geld schätzbaren ökonomischen Folgen der Veränderungen in diesen Vermögensbestandteilen" auffasste sowie zum anderen die Kalkulation, zu deren Aufgabe Calmes sowohl die Berechnung der Rentabilität als auch die Berechnung der Herstellungs- bzw.

---

15 Calmes, Albert: Der Fabrikbetrieb. St. Gallen 1906, S. V–VI.
16 Ebd., S. 2.

Selbstkosten zählte.[17] Letztere kämen in umfangreicher Weise zwar eigentlich nur in der Industrie vor, hätten dort jedoch eine solche Bedeutung erlangt, „dass man die Selbstkostenberechnung als einen besonderen Teil der industriellen Rechnungsführung" betrachte und daher der Buchhaltung die Kalkulation gegenüberstelle.[18] Calmes erkannte in der organisatorischen Trennung von Buchhaltung und Kalkulation einen „Dualismus", der zwangsläufig dazu führen würde, „dass beide Verwaltungen es unterlassen, die Ergebnisse ihrer respektiven Rechnungsführung zu vergleichen und gegenseitig zu kontrollieren."[19] Sein Vorschlag zielte demnach darauf ab, die Abteilungen nicht voneinander zu trennen, wodurch es der Buchhaltung ermöglicht werden sollte, die in der Kalkulation gemachten Berechnungen überwachen zu können. Eine vollständige Trennung von Buchhaltung und Kalkulation im industriellen Rechnungswesen sei „unlogisch, unwirtschaftlich und gefährlich, weil dadurch die Kalkulation, deren Resultate keiner Kontrolle unterzogen werden, die Zuverlässigkeit entbehrt."[20] Die gegenseitige Befruchtung der beiden Teilbereiche des industriellen Rechnungswesens charakterisierte Calmes präzise: „Die Buchhaltung ist die Grundlage und die Kontrolle der Kalkulation; diese ist die Ergänzung der Buchhaltung."[21]

2.2 Entwicklung der Kostenrechnungstheorie

Mit der Kalkulation beschrieb Calmes folglich eine durch das Aufkommen von Industriebetrieben notwendige Weiterentwicklung der jahrhundertealten Betriebsbuchhaltung hin zum industriellen Rechnungswesen. Dieser Entwicklung entsprechend hielt er eine eigenständige Kalkulation nicht für alle Sektoren geeignet und nahm „übrige wirtschaftliche Unternehmungen" wie Handelsunternehmen und Banken auf Grund ihres vergleichsweise rudimentären Bedarfs an Kalkulationsarbeiten von seinen Ausführungen aus.[22] Wenngleich, wie er-

17 Calmes, Albert: Der Fabrikbetrieb. St. Gallen 1906, S. 4.

18 Ebd., S. 5.

19 Ebd., S. 6.

20 Ebd., S. 7.

21 Ebd. Dass der von Calmes kritisierte Dualismus wohl noch weiterhin praktiziert wurde, zeigt, wie von Verena Pleitgen herausgearbeitet, seine auch noch in späteren Werken wiederholte Kritik. Vgl. Pleitgen 2005, S. 62.

22 „In den übrigen wirtschaftlichen Unternehmungen, wie im Handel und im Bankgewerbe, ist der Ausdruck Rechnungswesen hingegen gleichbedeutend mit Buchhaltung, weil die Kalkulation in diesen Erwerbswirtschaften keine solche Ausdehnung gewinnt, dass es nötig wäre, dieselbe von der Buchhaltung abzusondern.", Calmes 1906, S. 5.

wähnt, bereits das 14. Jahrhundert frühe Formen der Kostenrechnung kannte, ist die von Calmes gewählte Abgrenzung überzeugend, da sich eine empirisch beobachtbare Zunahme von Kostenrechnungsverfahren in Deutschland erst für die zweite Hälfte des 19. Jahrhunderts in Form einer steigenden Anzahl an überlieferten Kalkulationsverfahren feststellen lässt.[23] Diese Entwicklung ist vor dem Hintergrund der sich zur selben Zeit etablierenden Industriebetriebe keine Überraschung, da diese auf Grund ihrer Größe und der Komplexität der Herstellungsprozesse einen neuen Anspruch an innerbetriebliche Informationen erhoben, der zuvor – wie von Calmes selbst festgestellt – nicht notwendig war. Im Unterschied zur „traditionellen“ kleinen Unternehmung, deren Produktion häufig vom Unternehmer selbst überwacht wurde, waren Unternehmensleitung und Produktion in Großunternehmen hierarchisch getrennt.[24] Aus diesem Grund kam der Informationsgenerierung dort eine wichtigere Bedeutung zu, da sie der Unternehmensführung entscheidungsrelevante Daten zur Verfügung stellte, ohne dass eine Kenntnis der Produktionsebene erforderlich war.[25] Die Struktur des vorindustriellen Unternehmens, bei dem ein Großteil der Interaktion mit Akteuren außerhalb der Organisation stattfand (Lieferanten usw.), wurde in diesem Zuge durch Prozesse ersetzt, die jetzt innerhalb der Organisation stattfanden (vertikale Integration usf.). Die Bewertung dieser unternehmensinternen Prozesse hatte zunächst eine genaue Quantifizierung der Verarbeitungskosten zum Ziel, wodurch Aussagen über Kosten pro Stunde oder Kosten pro Gewichtseinheit getroffen werden konnten.[26] Folgt man der von Johnson formulierten Annahme, dass sich die entscheidungsrelevanten Informationen in den unternehmergeführten Kleinbetrieben im Wesentlichen in Preissignalen des Marktes widerspiegelten, bedeutete der Schritt in Richtung Großunternehmen einen Wegfall dieser Informationsbasis. Als Reaktion hierauf entwickelten sich unternehmensinterne Verrechnungspreise, auf deren Basis Herstellungsprozes-

23 Vgl. Dorn 1961, S. 97. Schneider hingegen verortet die Anfänge der deutschen Kostenrechnung in den Kameralwissenschaften des 18. Jahrhunderts, vgl. Schneider, Dieter: Entwicklungsschwerpunkte zur heutigen Kostenrechnung. In: Wolfgang Männel (Hg.): Handbuch Kostenrechnung. Wiesbaden 1992, S. 87. Jürgen Kocka führt die Entstehung der unternehmensorganisatorischen Literatur auf die Gründerkrise und die darauffolgende Depression zurück, da der Rentabilitätsverlust den Blick der Unternehmer auf Einsparungsmöglichkeiten gelenkt habe. Vgl. Kocka 1969, S. 338.

24 Vgl. hierzu Kocka 1969 sowie Chandler und Daems 1979.

25 Vgl. Boyns, Trevor; Edwards, John Edwards: The Development of Cost and Management Accounting in Britain. In: Christopher S. Chapman, Anthony G. Hopwood und Michael D. Shields (Hg.): Handbook of Management Accounting Research. Amsterdam, Boston 2007, S. 975.

26 Vgl. Johnson und Kaplan 1987, S. 6–7 Vgl. ebenfalls McWatters, Cheryl S.; Zimmerman, Jerrold L.: Management Accounting in a Dynamic Environment. New York 2016, S. 21.

se zu simulierten Marktkonditionen quantifiziert werden konnten, ohne dass die so bewerteten (Zwischen-)Produkte auf dem Markt angeboten wurden.[27]

Dieser Beobachtung entsprechend wurde die Notwendigkeit einer präzisen Kalkulation von deutschen Unternehmen lange Zeit nicht wahrgenommen. So konstatierte Eduard Roesky im Jahr 1878 für deutsche Maschinenfabriken, dass die wenigsten Unternehmen genaue Kalkulationen ihrer Produkte vornehmen lassen würden, da sie die Mehrkosten eines vergrößerten „Comptoirpersonals" scheuen würden.[28] Unter dem Eindruck der Gründerkrise und der Depression der 1870er Jahre unterstrich er die Forderung nach einer genauen Kalkulation der Unternehmen, indem er in der unvollkommenen industriellen Verwaltung einen Grund für die Krise ausmachte.[29] Die fehlerhafte Kalkulation führte nach Roesky zudem zu einer ineffizienten und bisweilen unrentablen Preisgestaltung, da sich diese ausschließlich an den Preisen der Konkurrenten orientierte und dabei unter völliger Unkenntnis der eigenen Profitabilität erfolgte:

> Der Fabrikant verkauft häufig seine Waare für den Preis seines Concurrenten und billiger und sagt sich, wenn der so billig sein kann, kannst du es auch sein, wobei es aber nicht selten vorkommt, dass der andere genau ebenso gedacht hat. Beide fabricieren denselben Gegenstand ohne zu wissen, ob ihnen dabei etwas übrig bleibt, anstatt ihn lieber fallen zu lassen und das schlechte Geschäft seinem Gegner zu überlassen, oder die Verhältnisse zu prüfen, unter denen sein Concurrent vielleicht billiger produciren kann.[30]

Folgt man der Beurteilung Roeskys, waren die von Konkurrenten gegebenen und somit durch den Markt vermittelten Preissignale noch Ende der 1870er Jahre die dominierende Informationsquelle für eine Vielzahl deutscher Unternehmen. Zwar bezieht er sich dabei vor allem auf Unternehmen der Maschinenbauindustrie, doch trifft die Diagnose, wie später gezeigt werden wird, ebenfalls auf das Chemieunternehmen Bayer zu.[31] In ähnlicher Weise urteilte Calmes knapp 30 Jahre später: Bei einer Orientierung an der Preisgestaltung von Konkurrenzunternehmen werde übersehen, „dass zwei verschiedene Fabriken wohl nie unter denselben Verhältnissen arbeiten, und dass Preise, welche für die eine vorteilhaft sind, für andere unter Umständen verlustbringend sein können."[32]

---

27 Vgl. Johnson 1991, S. 46.

28 Vgl. Roesky, Eduard: Die Verwaltung und Leitung von Fabriken speciell von Maschinen-Fabriken unter Berücksichtigung des gegenwärtigen Standes der deutschen Industrie mit besonderer Bezugnahme auf die Eisenbranche. Leipzig 1878, S. 7.

29 Vgl. Kocka 1969, S. 338.

30 Roesky 1878, S. 7.

31 Siehe Kapitel 3.

32 Calmes 1906, S. 3.

Ein Paradigmenwechsel in der Behandlung der Selbstkostenrechnung ging mit einem wachsenden Verständnis der durch ihre Verwendung ermöglichten Effizienzsteigerung der Betriebe einher. Gegen Ende des 19. Jahrhunderts scheint sich branchenübergreifend bei vielen Unternehmen die Auffassung durchgesetzt zu haben, dass eine marktinduzierte Preisgestaltung die eigenen Handlungsspielräume stark beschränken würde. So diskutierte beispielsweise das Direktorium der „Phoenix AG für Bergbau und Hüttenbetrieb" im Jahr 1877 angesichts niedriger Verkaufspreise die Möglichkeit, die Selbstkosten über einen „rationellen" Betrieb zu reduzieren.[33] Die zunehmende Bedeutung von Effizienzkriterien führte zu Beginn des 20. Jahrhunderts schlussendlich zu der Vorstellung, ein Unternehmen ausschließlich anhand von wissenschaftlich erhobenen Daten führen zu können. Diese Entwicklung wurde von einer großen Zahl an zunächst englischsprachiger Literatur beeinflusst, in der Autoren wie Frederick W. Taylor oder Alexander H. Church Maßnahmen zur Effizienzsteigerung beschrieben. Während sich der von Taylor geprägte Begriff des „scientific management" vor allem auf die Optimierung der Mitarbeitersteuerung konzentrierte, befasste sich Church mit der Relevanz der Kostenrechnung für Unternehmen.[34] Er erkannte in dieser nicht nur – wie bis dahin beinahe ausschließlich praktiziert – eine Möglichkeit zur Effizienzkontrolle der Herstellung einzelner Produkte, sondern vielmehr einen Weg, über die Summe der einzelnen Produkte die Gesamtprofitabilität des Unternehmens bewerten zu können. Die Ansätze Churchs setzten jedoch eine produktspezifische Allokation der Gemeinkosten voraus, womit ein Kostenfaktor angesprochen war, dem in Unternehmen offenbar erst ab dem beginnenden 20. Jahrhundert eine größere Bedeutung beigemessen wurde.[35] Im 19. Jahrhundert hingegen wurden Gemeinkosten zwar erfasst, jedoch in ihrer Summe pauschal anteilig auf einzelne Betriebe oder Produkte aufgeteilt – eine Praxis, die von Johnson und Kaplan zwar für amerikanische Unternehmen beobachtet wurde, jedoch für deutsche Unternehmen ebenfalls zutreffend zu sein scheint.[36]

Die Kostenrechnung war ebenfalls Kern der ersten Debatten der jungen Betriebswirtschaftslehre in Deutschland, die maßgeblich durch die Arbeiten Eugen Schmalenbachs und der von ihm im Jahr 1906 gegründeten „Zeitschrift für handelswissenschaftliche Forschung" beeinflusst wurden. In seiner 1899 veröffentlichten Arbeit „Buchführung und Kalkulation im Fabrikgeschäft" verwies

33 Wengenroth, Ulrich: Unternehmensstrategien und technischer Fortschritt. Göttingen u. a. 1986, S. 76.

34 Vgl. Taylor, Frederick W.: The Principles of Scientific Management. New York 1911.

35 Vgl. Johnson und Kaplan 1987, S. 52–55.

36 Vgl. Hesse, Jan-Otmar: Im Netz der Kommunikation. München 2002, S. 253–255, Pleitgen 2005, S. 66–67 sowie Calmes 1906, S. 15.

Schmalenbach, wie andere Autoren zuvor, auf die Bedeutung einer detaillierten Kostenerfassung: Unternehmer müssten genauer als ehemals wissen, welche Unkosten „durch die Übernahme einer Lieferverpflichtung entstehen, denn derjenige Konkurrent, welcher sie genauer zu taxieren weiß, ist uns überlegen, er übernimmt Aufträge, welche wir abschlagen und schlägt ab, was wir annehmen."[37] Schmalenbach betonte demnach die Entscheidungsrelevanz der in der Kalkulation generierten Informationen und verwies zudem auf ihre Fähigkeit, zwischen Unternehmen Wettbewerbsvorteile erwachsen zu lassen. Auch thematisierte Schmalenbach die bereits dargestellte Unterscheidung zwischen Buchhaltung und Kalkulation. So eigne sich die Buchhaltung bestenfalls dazu, zu ersehen, „was wir getan haben, nicht, was wir tun sollen."[38] Ziel der Kalkulation sei schließlich die „Metamorphose der Waren in Zahlen".[39] Eine für die Kalkulation essentielle Beobachtung Schmalenbachs war, dass verschiedene im Unternehmen anfallende Kosten unterschiedlich auf eine Veränderung der Produktionsmenge reagieren können, sich also in variable und fixe Kosten unterscheiden lassen.[40] Auf Grundlage dieser Unterscheidung entwickelte er eine Kategorisierung der Kostenarten in degressive, progressive, proportionale und Fixkosten, die er anschließend in die Gattungen primärer und sekundärer Unkosten weiter aufteilte und hierüber einen frühen Vorschlag der Deckungskostenrechnung lieferte.[41]

Auf die Diskussion über die Relevanz der Unkosten für unternehmerischen Erfolg ließ Schmalenbach im Laufe der ersten zwei Jahrzehnte des 20. Jahrhunderts Ausführungen über weitere Aspekte der Kostenrechnung folgen, etwa der

37 Schmalenbach, Eugen: Buchführung und Kalkulation im Fabrikgeschäft. In: *Deutsche Metallindustriezeitung*, 12 (1899), S. 4.

38 Ebd., S. 5.

39 Ebd., S. 21.

40 Die Unterscheidung zwischen variablen und fixen Kosten war dabei keineswegs neu, die Neuheit bestand eher in der von Schmalenbach gemachten Formalisierung. So datiert etwa Dieter Schneider frühe Formen dieser Unterscheidung bereits auf die vorchristliche Zeit. Vgl. Schneider 1992, S. 93 ff.

41 Vgl. Schmalenbach 1899, S. 8. Unter den degressiven bzw. progressiven Kosten ist ein unter- bzw. überproportionaler Anstieg von Kosten bei Produktionsvermehrung zu verstehen. Proportionale Kosten steigen entsprechend der Produktionserhöhung, Fixkosten hingegen werden von dieser nicht betroffen. Zur detaillierten Erläuterung der primären und sekundären Unkosten sowie des Deckungsbeitrags bzw. der Grenzkosten, vgl. Pfaff, Dieter u. a.: Eugen Schmalenbach (1899): Buchführung und Kalkulation im Fabrikgeschäft. In: Arbeitskreis Internes Rechnungswesen der Schmalenbach-Gesellschaft für Betriebswirtschaft (Hg.): Säulen der Kostenrechnung. München 2017, S. 56–57 sowie Göthlich, Stephan E.: Zur Ideengeschichte von Buchführung, Kostenrechnung und Controlling vor dem Hintergrund ihres historischen Kontexts 2007, S. 28.

Behandlung von Generalunkosten innerhalb der Bilanz von Aktiengesellschaften[42], der Technik der Ermittlung von Produktionskosten[43] bis hin zur Entwicklung einer ersten „Theorie der Produktionskosten-Ermittlung".[44] Wie von Verena Pleitgen festgestellt, wurde die theoretische Auseinandersetzung mit der Kostenrechnung durch Praxisberichte ergänzt, die einen nicht unbedeutenden Raum innerhalb der ersten zehn Jahresausgaben der Schmalenbach'schen Zeitschrift einnahmen.[45] Die Auseinandersetzung mit der Kostenrechnung blieb jedoch abgesehen von den Aufsätzen Schmalenbachs eine gelegentliche, ihre wissenschaftliche Fundierung erfolgte schließlich erst in der Zwischenkriegszeit.[46]

2.3 Entwicklung der Bilanztheorie

Neben den Bestrebungen zu einer Standardisierung der Kostenrechnung entwickelte sich in der zweiten Hälfte des 19. Jahrhunderts ebenfalls eine Debatte um die Notwendigkeit einheitlicher Bilanzierungsrichtlinien. Den ersten umfassenden Vorschlag für die Vereinheitlichung von Unternehmensbilanzen lieferte wohl Herman Veit Simon, der, motiviert durch die Aktienrechtsnovelle des Jahres 1884, mit seinem Werk „Die Bilanzen der Aktiengesellschaften und der Kommanditgesellschaften auf Aktien" im Jahr 1886 einen detaillierten Leitfaden für einen Großteil der in jener Zeit denkbaren Bilanzierungsfragen zur Verfügung stellte.[47] Aus dem Vorwort der Arbeit geht hervor, dass sich Simon, wie seine

42 Vgl. Schmalenbach, Eugen: Die Generalunkosten als Produktionskosten in der Bilanz der Aktiengesellschaft. In: *Zeitschrift für handelswissenschaftliche Forschung*, 2 (1907a/08), S. 161–172.

43 Vgl. Schmalenbach, Eugen: Die Technik der Produktionskosten-Ermittlung. In: *Zeitschrift für handelswissenschaftliche Forschung*, 2 (1907b/08), S. 201–212.

44 Vgl. Schmalenbach, Eugen: Theorie der Produktionskosten-Ermittlung. In: *Zeitschrift für handelswissenschaftliche Forschung*, 3 (1908a/09), S. 41–65.

45 Vgl. Pleitgen 2005, S. 72. Pleitgen führt die Fülle an Praxisberichten nicht zuletzt auf ein Preisausschreiben zurück, welches die Gesellschaft für wirtschaftliche Ausbildung in Frankfurt am Main über das Selbstkostenwesen industrieller Betriebe veranstaltet hatte. Ebd.

46 Vgl. Dorn, Gerhard: Geschichtliche Entwicklung der Kostenrechnung. In: Wolfgang Männel (Hg.): Handbuch Kostenrechnung. Wiesbaden 1992, S. 100.

47 Vgl. Hanf, Reinhardt: Veröffentlichte Jahresabschlüsse von Unternehmen im Deutschen Kaiserreich. Bedeutung und Aussagewert für wirtschaftshistorische Analysen. In: *Zeitschrift für Unternehmensgeschichte*, 23 (1978), S. 145–172, hier: S. 147. Dieter Schneider stellt bezüglich der Bedeutung des Buches Simons fest, dass mit diesem Werk „die Bilanztheorie als wissenschaftliche Teildisziplin" beginne. Schneider, Dieter: Entwicklungsstufen der Bilanztheorie. In: *Wirtschaftswissenschaftliches Studium* (1974), S. 158–164, hier: S. 161.

Zeitgenossen, vor allem auf die in Unternehmen praktizierte Bilanzierung stützte: „Ueberall habe ich versucht, die Prinzipien auf Grundlage der Praxis zu entwickeln, wenn ich die letztere auch nicht überall billigen konnte.“[48] Die starke Betonung der Vorbildfunktion der Praxis resultierte unter anderem daraus, dass den Aktiengesellschaften weder vor noch nach der Aktienrechtsnovelle des Jahres 1884 detaillierte Bilanzierungsvorgaben gemacht worden waren. Eine Ausnahme bildete die seit der Veröffentlichung des Allgemeinen Deutschen Handelsgesetzbuchs (ADHGB) im Jahr 1863 geführte Diskussion um die richtige Bewertung der in der Bilanz aufgeführten Vermögenswerte. Hintergrund der Debatte war die Frage, ob die Vermögenswerte am Bilanzstichtag zu Anschaffungspreisen oder Veräußerungspreisen aufgenommen werden sollten. Das ADHGB hatte hierzu bloß die missverständliche Richtlinie vorgegeben, dass die Bewertung nach dem „beizulegenden Wert“ zu erfolgen hatte, diesen jedoch nicht weiter spezifiziert.[49] Wenngleich das Reichsoberhandelsgericht im Jahr 1873 den Verkaufswert als Bewertungsgrundlage festlegte, revidierte es dieses Urteil wiederholt in späteren Einzelfallentscheidungen, weshalb diese Bilanzierungsfrage nicht eindeutig geklärt war.[50]

Die Aktienrechtsnovelle des Jahres 1884 zielte vor allem auf eine stärkere Haftung und Kontrolle der Vorstände durch Generalversammlung und Aufsichtsrat ab, in bilanzieller Hinsicht hingegen schrieb sie als wichtigste Neuerung die Bewertung des Inventarvermögens nach dem Niederstwertprinzip vor.[51] Darüber hinaus wurden Aktiengesellschaften zu einer gesetzlichen Reservebildung verpflichtet, für die sie fünf Prozent ihres Nettogewinns so lange in einen in der Bilanz ausgewiesenen Reservefonds einzuzahlen hatten, bis sich die Höhe dieses Fonds auf zehn Prozent des Aktienkapitals belief.[52] In Bezug auf die Abschreibungshöhe jedoch, die für eine Standardisierung der Bilanzierung als vermutlich wichtigste Grundlage gelten muss, machte die Aktienrechtsnovelle keine Vorgaben. Hierdurch ergaben sich für die Unternehmen erhebliche Bilanzierungsfreiheiten, die eine Vergleichbarkeit der Bilanzen auf Grund der durch die Abschreibungen ermöglichte Bildung stiller Reserven unmöglich machte.[53] Die Vergleichbarkeit zwischen den Bilanzierungspraktiken

48 Simon, Hermann Veit: Die Bilanzen der Aktiengesellschaften. Berlin u. Leipzig 1886, S. VI.

49 Vgl. Schneider 1974, S. 160.

50 Vgl. Walb, Ernst: Zur Dogmengeschichte der Bilanz von 1861–1919. In: Unbekannt (Hg.): Festschrift für Eugen Schmalenbach 1933, S. 6–7.

51 Vgl. Passow, Richard: Die Aktiengesellschaft. Jena 1922, S. 354–355, Lindenlaub 2006, S. 298–299, Spoerer 1995, S. 163 sowie Wischermann, Clemens; Nieberding, Anne: Die institutionelle Revolution. Stuttgart 2004, S. 259–267.

52 Vgl. Passow 1922, S. 273–274.

53 Vgl. hierzu ausführlich Spoerer 1995, S. 159–161.

der Unternehmen erschwerte darüber hinaus das Fehlen einer einheitlichen Bilanzterminologie, das sich selbst innerhalb einer Branche beobachten ließ. Auf Ebene der Einzelunternehmen verhinderte die freie Festlegung der Abschreibungssätze die Bilanzkontinuität, wodurch selbst die Jahresabschlüsse derselben Firma in zwei aufeinanderfolgenden Jahren nur bedingt zu einer Beurteilung des Unternehmenswachstums herangezogen werden konnten. Schließlich beeinträchtigte auch die häufige Veränderung des formalen Aufbaus der Bilanzen ihre Nachvollziehbarkeit.[54]

Bemerkenswert ist, dass selbst die preußische Einkommenssteuerreform der Jahre 1891/93 offenbar keine Anreize zur Vereinheitlichung der Bilanzierungspraktiken gab. Die sogenannten Miquel'schen Steuerreformen führten zwar erstmalig eine Besteuerungsgrundlage für Aktiengesellschaften ein, doch orientierte sich diese ausschließlich an den veröffentlichten Bilanzen sowie Gewinn- und Verlustrechnungen.[55] Somit war die Besteuerungsgrundlage leicht durch die sich aus den Abschreibungssätzen ergebenden Bilanzierungsspielräume der Unternehmen beeinflussbar. Zwar war es der Steuerbehörde möglich, Inventuren anzufordern oder Einblick in die Buchführung zu nehmen, doch wurde von dieser Möglichkeit erst in der Zwischenkriegszeit vermehrt Gebrauch gemacht.[56] Ihre Begründung könnte diese Passivität der Steuerbehörden darin gefunden haben, dass es sich bei den Buchhaltungs- und Bilanzierungspraktiken der Unternehmen, wie geschildert, in gewisser Weise um Hoheitswissen handelte, das für externe Bilanz- und Betriebsprüfer vermutlich schwer zu ergründen war.

Wenngleich sich während der 1890er und 1900er Jahre einzelne Autoren intensiv mit Bilanzierungsfragen auseinandersetzten, stand hierbei weniger die Vereinheitlichung der Bilanz im Mittelpunkt der Debatte, sondern die Feststellung des eigentlichen Bilanzzwecks. Hierbei diskutierten die Autoren im Wesentlichen über die Frage, ob es sich bei der Bilanz um eine Vermögens- oder Verdienstübersicht handele.[57] Auch in dieser Diskussion lieferte Schmalenbach wichtige Impulse und vertrat dabei die eindeutige Auffassung, dass der Bilanz die Funktion einer Verdienstbilanz zukomme.[58] Seine Argumentation baute Schmalenbach unter anderem auf den bereits mehrmals angesprochenen Frei-

54 Vgl. Hanf 1978, S. 148.

55 Vgl. Maatz: Das preussische Einkommensteuergesetz vom 24. Juni 1891 in der Rechtsprechung des Oberverwaltungsgerichts. In: *FinanzArchiv*, 16 (1899), S. 177–236, hier: S. 183 sowie Mathiak, Walter: Das preußische Einkommensteuergesetz von 1891 im Rahmen der Miquelschen Steuerreform 1891/93. Berlin 2011, S. 191.

56 Vgl. Mathiak 2011, S. 136–137.

57 Vgl. hierzu ausführlich Walb 1933.

58 Vgl. ebd., S. 50.

räumen der Unternehmen hinsichtlich der Abschreibungshöhe auf. Aus diesen Freiheiten leitete Schmalenbach die Feststellung ab, dass es sich bei den Unternehmensbilanzen nicht um Vermögensübersichten handeln könne, da die Bilanzposten wie Anlagen, Immobilien und Maschinen selbst dann nicht zu ihrem eigentlichen Wert angesetzt würden, wenn man sie eigentlich dazu einsetzen könnte.[59] Die Bilanz sei demnach, so lautete die Schlussfolgerung, „nur eine solche Vermögensübersicht, wie man sie haben muß, um den Jahresgewinn zu ermitteln."[60] Schmalenbach schaltete sich spätestens von 1908 an wiederholt in die Bilanzdebatten ein: So befasste er sich, wie bereits erwähnt, unter anderem mit der Bilanzierung der Generalkosten und der Frage, inwieweit die sogenannten Generalunkosten – also Kosten, welche nicht eindeutig einem Produkt zugeordnet werden konnten – bilanziell als Unkosten aufgeführt oder anteilig dem Inventarvermögen abgezogen werden durften. Hierbei handelte es sich laut Schmalenbach um „eine der vielen zweifelhaften Fragen des Bilanzrechts", womit er wohl eine treffende Zustandsbeschreibung der Bilanztheorie der Vorkriegszeit lieferte.[61] Die Antwort auf die gesetzlichen und praktischen Bilanzierungsprobleme lieferte Schmalenbach schließlich mit den im Jahr 1919 veröffentlichten „Grundlagen dynamischer Bilanzlehre", die jedoch erst nach dem Untersuchungszeitraum dieser Arbeit ihre Rezeption fanden.[62]

2.4 Zwischenfazit

Die wesentliche Triebkraft für die Entwicklung der theoretischen Betriebswirtschaftslehre ist während der zweiten Hälfte des 19. und im frühen 20. Jahrhundert hauptsächlich in den Unternehmen auszumachen. Wenngleich sich die Ursprünge einer theoretischen Auseinandersetzung, wie im Falle der doppelten Buchführung, auf das Spätmittelalter zurückdatieren lassen, erfuhr die Weiterentwicklung der Buchhaltungs-, Kosten- oder Bilanzierungstheorien bis in die zweite Hälfte des 19. Jahrhunderts keine wesentlichen Impulse. Die dann eintretenden Veränderungen sind vor dem Hintergrund der Industrialisierung der deutschen Staaten gewiss wenig überraschend. In der Folge veröffentlichte eine zunehmende Zahl von Autoren, welche zumeist selbst praktisch in Unternehmen tätig waren, Handbücher und Leitfäden zunächst zur Buchhaltung, seit

---

59 Schmalenbach, Eugen: Die Abschreibung. In: *Zeitschrift für handelswissenschaftliche Forschung*, 3 (1908/09), S. 81–88, hier: S. 81.

60 Ebd., S. 82.

61 Schmalenbach 1907a, S. 161.

62 Schmalenbach, Eugen: Grundlagen dynamischer Bilanzlehre. In: *Zeitschrift für handelswissenschaftliche Forschung*, 13 (1919), S. 1–60.

den 1870er Jahren dann in steigendem Umfang ebenfalls zu Fragen der Kostenrechnung und Bilanzierung. Das Aufkommen der Kostenrechnungs- und Bilanzierungsliteratur kann dabei als eine unmittelbare Reaktion auf die Gründerkrise und die Depression der 1870er Jahre aufgefasst werden, die der „unternehmensorganisatorischen Literatur" – und damit ebenfalls der Buchhaltungsliteratur – eine neue Konjunktur verliehen.[63]

Die Entwicklung der theoretischen Betriebswirtschaftslehre während der zweiten Hälfte des 19. und des frühen 20. Jahrhunderts wurde demnach eindeutig durch Empiriker geprägt. Die Ursachen hierfür sind erstens in dem Fehlen einer die Diskurse leitenden Institution auszumachen, die mit den Handelshochschulen um die Jahrhundertwende zwar entstand, deren Einfluss auf die Entwicklung der Betriebswirtschaftslehre jedoch zunächst gering war. Zweitens existierten bis in die Zwischenkriegszeit auch von gesetzlicher Seite wenige Vorgaben – ein Umstand, aus dem die Unternehmen jener Zeit offenbar große Handlungs- und Entscheidungsspielräume schöpften. Eine erste Bemühung zur Ordnung der Diskurse ist in der von Eugen Schmalenbach gegründeten „Zeitschrift für handelswissenschaftliche Forschung" zu sehen, deren Einfluss auf die Entwicklung der theoretischen Betriebswirtschaftslehre zumindest in der späteren Literatur als bedeutend eingeschätzt wird. Ob und wann sich die theoretischen Überlegungen zur Betriebswirtschaftslehre von ihrem starken Bezug auf die Empirie loslösten und die von den Empirikern vertretene „best practice" durch eine allgemein gültige und auf alle Unternehmen anwendbare Theorie, vielleicht sogar eine Wissenschaft, ersetzt wurde, wird auch in der heutigen Forschung zur Betriebswirtschaftslehre kontrovers diskutiert.[64] Für Schmalenbach hingegen war der Charakter seiner Ausführungen klar. Die wesentlichste Frage sei, so stellte Schmalenbach 1912 fest, „ob Handelswissenschaft, Handelstechnik oder überhaupt die ganze Privatwirtschaftslehre *Kunstlehre* oder *Wissenschaft*" sein solle.[65] Die Wissenschaft sei, so führte er weiter aus, philosophisch gerichtet, während die Kunstlehre technologisch gerichtet sei. Aus dieser Unterscheidung lässt sich ableiten, dass Schmalenbach die Kunstlehre im

63 Kocka 1969, S. 338.

64 Vielsagend schlug der renommierte Betriebswissenschaftler Christian Homburg noch im Jahr 2007 für die BWL die Definition einer „empirischen Wissenschaft" vor. Besonders bemerkenswert ist, dass Homburg in der betriebswirtschaftlichen Forschung „der letzten Jahrzehnte" eine entscheidende Entwicklung in Richtung der empirischen Forschung feststellt. Vgl. Homburg, Christian: Betriebswirtschaftslehre als Empirische Wissenschaft – Bestandsaufnahme und Empfehlungen. In: *Schmalenbachs Zeitschrift für betriebswirtschaftliche Forschung*, 59 (2007), S. 27–60.

65 Schmalenbach, Eugen: Die Privatwirtschaftslehre als Kunstlehre. In: *Zeitschrift für handelswissenschaftliche Forschung*, 6 (1911/12), S. 304–316, hier: S. 305. Hervorhebungen aus Zitat.

Sinne einer angewandten Wissenschaft verstanden wissen wollte. In der Auffassung Schmalenbachs gebe die Kunstlehre eine praktische Anleitung, die Wissenschaft hingegen bliebe auf der Sphäre der Theorie verhaftet:

> [Der] Umstand, daß man die Schlachtpläne, die man entworfen, ausführen kann oder muß, oder anders ausgedrückt, daß man Schlachtpläne entwirft für den Gebrauch, dieser Umstand ist für die Entwicklung der privatwirtschaftlichen Kunstlehre von ungemein wesentlicher Bedeutung. Und aus diesem Grunde vornehmlich bin ich überzeugt, daß die privatwirtschaftliche Wissenschaft die privatwirtschaftliche Kunstlehre an wissenschaftlichen Leistungen entfernt nicht erreicht.[66]

Die Vorteile der angewandten gegenüber der theoretischen Betriebswirtschaftslehre erkannte Schmalenbach demnach in der Möglichkeit ihrer unmittelbaren Anwendung, wodurch er in gewisser Weise den Bogen zu der eben geschilderten Entstehungsgeschichte der betriebsorganisatorischen Literatur schlug.

66 Schmalenbach, Eugen: Die Privatwirtschaftslehre als Kunstlehre. In: *Zeitschrift für handelswissenschaftliche Forschung*, 6 (1911/12), S. 313.

3 Das quantifizierte Familienunternehmen

Die Untersuchung der Relevanz betriebswirtschaftlicher Informationen für die Entscheidungsprozesse eines Unternehmens der chemischen Industrie setzt ein grobes Verständnis der Entstehungsgeschichte dieser Industrie voraus. Daher sollen in diesem Kapitel zwei Anliegen verfolgt werden: Zum einen sollen die spezifischen Rahmenbedingungen aufgezeigt werden, welche die Gründung und Entwicklung der Teerfarbenindustrie und infolgedessen der Farbenfabriken Friedrich Bayer & Co. ermöglichten und zugleich trotz der industrieweit sehr ähnlichen Startbedingungen bei den einzelnen Unternehmen zu unterschiedlichen Unternehmensstrategien führten. Zum anderen setzt die Auseinandersetzung mit dem betrieblichen Rechnungswesen ebenso ein schematisches Verständnis der Wertschöpfungsketten dieser Industrie voraus, da die für diese Wertschöpfung relevanten Produkte eine wiederkehrende Rolle in den Entscheidungsprozessen der Unternehmensführung Bayers spielten.

3.1 Voraussetzungen der deutschen chemischen Industrie

Im Jahr 1856 reichte der britische Chemiker William Henry Perkin das erste Patent für einen Teerfarbstoff ein. Kurze Zeit später gründete er ein Unternehmen, um die Entdeckung dieses violetten Farbstoffes „Mauvein" wirtschaftlich zu verwerten, wodurch er zugleich den Grundstein für die chemische Industrie legte. Während die Bedeutung dieser Entdeckung für die spätere Entwicklung der internationalen chemischen Industrie nicht geschmälert werden sollte, so wäre es andererseits ebenso falsch, sie zu einer Art Urknall für ebendiese zu erheben. Dies lässt sich vor allem damit begründen, dass der Beginn der chemischen Industrie in starkem, geradezu koevolutionären Zusammenhang mit den Entwicklungen der Textilproduktion zu sehen ist. Die vor allem in Großbritannien ab dem späten 18. Jahrhundert rasant wachsende Baumwollproduktion hatte bereits lange vor Perkin zu Innovationen geführt, die aus heutiger Sicht in den Bereich der Chemie fallen.

Das durch die Industrielle Revolution ausgelöste enorme Wachstum der Textilproduktion befeuerte eine Nachfrage nach Farbstoffen, die zwischen dem späten 18. Jahrhundert und dem Ersten Weltkrieg pro Kopf um das Fünf- bis Sechsfache anstieg. Während der absolute Verbrauch von Seide und Wolle mehr oder weniger konstant blieb, stieg der Anteil des Baumwollverbrauchs in diesem Zeitraum auf rund vier Fünftel des Gesamtkonsums für Textilstoffe an.[1]

1 Vgl. Engel 2009, S. 212.

https://doi.org/10.1515/9783110742060-003

Auf Grund ihrer natürlichen grauen Farbe existierten Anreize, die Baumwolle durch Färben optisch aufzuwerten. Hierfür wurde sie in die wässrige Lösung einer farbgebenden Substanz getaucht und in Handarbeit für die gleichmäßige Färbung der Stoffe gesorgt.[2] Der Färbeprozess setzte das Bleichen des Gewebes voraus, das noch bis in das 18. Jahrhundert hinein mit dem Verfahren der sogenannten Rasenbleiche erfolgte. Eine Verbesserung erfuhr diese Methode seit dem Jahr 1741, durch den Einsatz von Schwefelsäure bzw. Soda, wodurch die Dauer des Bleichprozesses auf wenige Wochen verkürzt werden konnte.[3] Die Unsicherheit der Rohstoffversorgung mit natürlichem Soda veranlasste die französische Akademie der Wissenschaften im Jahr 1775 zur Auslobung eines Preisgeldes für die Entdeckung einer effizienten Sodasynthese, welche schließlich dem Arzt und Chemiker Nicolas Leblanc über das Zusammenschmelzen von Glaubersalz, Kohle und Kalkstein gelang.[4] Leblanc patentierte das Verfahren 1791 und eröffnete im darauffolgenden Jahr eine eigene Fabrik zur Sodaproduktion.[5] Seit den 1780er Jahren ermöglichte zudem das Bleichen mit Chlor bzw. wässrig gelöstem Chlorgas einen wesentlich effektiveren Umgang mit Textilien, da mit Hilfe dieses chemischen Bleichverfahrens auf die sowohl zeit- als auch flächenintensive Rasenbleiche verzichtet werden konnte, wodurch ein kritischer Punkt der aufstrebenden Textilproduktion mit Hilfe verbesserter chemischer Verfahren beseitigt werden konnte.[6]

Als für die Entwicklung der späteren Teerfarbenindustrie bedeutend erwies sich ein Ende der 1820er Jahre von der in der elsässischen Textilindustriestadt Mühlhausen ansässigen „Société industrielle de Mulhouse“ ausgelobter Wettbewerb zur chemischen Analyse des Krapps. Im Zusammenhang dieses Preisausschreibens konnten zum ersten Mal die Inhaltsstoffe Alizarin und Purpurin aus dem Farbstoff isoliert werden.[7] Die Analyse und Verbesserung bekannter natürlicher Stoffe mit Hilfe von Chemikalien etablierte sich in der ersten Hälfte des 19. Jahrhunderts und wurde dabei zu einem bedeutenden Teil von den Anforderungen der wachsenden Textilindustrie vorangetrieben. Beschränkte sich die chemische Herangehensweise zunächst jedoch vor allem auf Hilfsprodukte und die für den eigentlichen Färbeprozess nötigen Vorbehandlungen, wurde das Potential chemischer Verbesserungen bald auch bei den eigentlichen Farbstoffen

2 Vgl. Travis 1993, S. 13.
3 Vgl. Osteroth 1985, S. 36–37.
4 Vgl. Engel 2009, S. 98–99.
5 Vgl. Osteroth 1985, S. 37–38.
6 Vgl. Engel 2009, S. 98.
7 Vgl. Morris und Travis 1992, S. 3.

wahrgenommen.[8] Dieses Potential war nicht zuletzt dadurch gegeben, dass die zumeist aus Färberpflanzen gewonnenen Naturfarbstoffe teilweise seit Jahrtausenden bekannt waren und Produktionsverbesserungen höchstens in Hinblick auf die Verarbeitung und Kultivierung der Farbstoffe erzielt worden waren. Die beim Bleichen gemachten Erfahrungen mit chemischen Verfahren führten seit dem ausgehenden 18. Jahrhundert zu einer genaueren Auseinandersetzung mit den Substanzen der natürlichen Farbstoffe. Dabei ging es in erster Linie um die Bestimmung ihrer chemischen Zusammensetzung, die über Destillierung, Filtrierung und Kristallisation erzielt werden sollte. Größere Erfolge konnten seit dem frühen 19. Jahrhundert verzeichnet werden, als Farbpflanzen mit chemischen Substanzen wie Schwefelsäure behandelt wurden, wodurch einerseits neue Farbstoffe entwickelt und andererseits eine qualitativ bessere Ausbeute bei bereits bekannten Farbstoffen erreicht werden konnten.[9]

Die chemische Analyse der Rohstoffe führte zwangsläufig zu einer Reihe von Entdeckungen, deren folgende Darstellung sich ausschließlich auf solche beschränkt, welche für die Entstehung der Teerfarbenindustrie relevant waren. Die Existenzgrundlage dieser Industrie war der Steinkohlenteer, ein Nebenprodukt der die Eisenproduzenten beliefernden Kokereien sowie der im späten 18. Jahrhundert aufkommenden Leuchtgasindustrie. Zur Gewinnung des Gases verwendete diese das Verfahren der trockenen Destillation durch Verkokung von Steinkohle, eine Kuppelproduktion, in welcher neben dem gewünschten Gas ebenfalls Koks, Gaswasser sowie Steinkohlenteer anfielen.[10] Während aus dem Gaswasser Ammoniak für die Düngemittelerzeugung und chemischen Betriebe gewonnen werden konnte und der Koks als Brennstoff genutzt wurde, blieb der Teer als nicht nutzbarer Abfall zurück. Dem auf Halden gelagerten Teer wurde auf Grund seines üblen Geruchs eine umweltschädigende Wirkung zugeschrieben, weshalb der Druck auf die Gasanstalten und Kokereien wuchs, sich diesem Problem anzunehmen.[11] Zugleich zog der Steinkohlenteer das Interesse von Chemikern auf sich – ein Umstand, der wohl dem Pioniergeist dieser Zeit zuzu-

8 Hier tritt der Verfasser der Schlussfolgerung Alexander Engels bei, der diese Wechselwirkung zwischen Wissenschaft und Produktionsverfahren plausibel darstellt. Vgl. Engel 2009, S. 98–99.

9 Vgl. Engel 2012, S. 11.

10 Aus 1.000 kg Steinkohle ließen sich über das Destillationsverfahren grob 134 kg Leuchtgas, 692 kg Koks, 120 kg Gaswasser bzw. Ammoniakwasser sowie 54 kg Steinkohlenteer gewinnen. Vgl. Müller-Fürstenberger 1995, S. 226. Eine leicht abweichende, aber detailliertere Aufstellung der Bestandteile inkl. Derivate und deren monetäre Bewertung findet sich bei Henseling, Karl Otto; Sadlinger, Anselm: „Eine Welt voll märchenhaften Reizes ...“. In: Arne Andersen und Gerd Spelsberg (Hg.): Das Blaue Wunder. Köln 1990, S. 97.

11 Vgl. Andersen 1999, S. 86.

schreiben ist, der schon in den vorangegangenen Jahrzehnten die bereits beschriebenen Fortschritte beim Umgang mit Chemikalien, Textilien und Farbstoffen hervorbrachte. Gerade die 1820er und 1830er Jahre waren durch enorme Fortschritte bei der Untersuchung des Steinkohlenteers gekennzeichnet, von denen zuvorderst die Erkenntnisse des Chemikers Friedlieb Ferdinand Runge zu erwähnen sind. Runge, der 1822 mit einer Arbeit über den Farbstoff Indigo promoviert wurde und im selben Jahr das Purpurin aus der Krappwurzel isolierte, trat 1832 als technischer Direktor in die „Chemische Produktenfabrik Oranienburg" ein und beschäftigte sich dort mit einer systematischen Auswertung des Steinkohlenteers. Im darauffolgenden Jahr entdeckte er in diesem unter anderem die Inhaltsstoffe Phenol (Karbolsäure), Benzol und Anilin (Kyanol), aus letzterem gewann er mit dem Anilinschwarz den ersten synthetischen Teerfarbstoff überhaupt.[12] Runge war sich der wirtschaftlichen Bedeutung seiner Entdeckung bewusst, jedoch ließ sich die kaufmännische Leitung des Unternehmens nicht von dieser überzeugen.[13]

Auf den Erkenntnissen Runges aufbauend unterzog der deutsche Chemiker August Wilhelm Hofmann den Steinkohlenteer genaueren Analysen. Hofmann, der seit 1836 bei Justus von Liebig studiert hatte und später sein Assistent wurde, stellte in seiner 1843 veröffentlichten Dissertation unter anderem den Beweis an, dass das von Runge entdeckte Kyanol eine identische Zusammensetzung von Kohlenstoff, Wasserstoff und Stickstoff aufwies wie das 1825 durch Otto Unverdorben aus dem natürlichen Farbstoff Indigo (spanisch: añil) isolierte Krystallin, wodurch er den Zusammenhang zwischen dem Farbstoff und dem Steinkohlenteer bewiesen hatte.[14] Hofmann wurde 1845 als Direktor in das neugegründete „Royal College of Chemistry" in London berufen, wo er die Forschung am Steinkohlenteer fortführte und im selben Jahr ein Verfahren entwickelte, mit dem sich größere Mengen Benzol aus dem Teer gewinnen ließen.[15] Im Jahr 1847 beauftragte Hofmann den im Royal College angestellten Chemiker Charles Blachford Mansfield mit der bis dahin detailliertesten Analyse des

---

12 Bereits 1825 entdeckte der britische Physiker Michael Faraday Benzol als flüssigen Überrest des Leuchtgases, vgl. Haber 1958, S. 81. August Wilhelm Hofmann schreibt Runge in seiner Dissertation die Entdeckung von insgesamt sechs Stoffen im Steinkohlenteer zu: „Er entdeckte in demselben nicht weniger als sechs verschiedene Körper, welche er mit folgenden, von hervorstechenden Eigenschaften und Abstammung hergeleiteten Namen bezeichnet: Kyanol, Leukol, Pyrrol, Karbolsäure, Rosolsäure, Brunolsäure." Hofmann, August Wilhelm von: Chemische Untersuchungen der Basen im Steinkohlen-Theeröl. In: *Annalen der Chemie und Pharmacie* (1843), S. 37–86, hier: S. 38.

13 Vgl. Priesner, Claus: „Runge, Friedlieb Ferdinand". In: Neue Deutsche Biographie 22 (2005), S. 263–264 [Online-Version].

14 Vgl. Hofmann 1843, S. 66–76.

15 Vgl. Osteroth 1985, S. 72.

Steinkohlenteers, an deren Ende etwa 20 Bestandteile des Teers identifiziert werden konnten.[16] Mansfield arbeitete darüber hinaus die Herstellung von Nitrobenzol aus dem von Hofmann im Steinkohlenteer identifizierten Benzol heraus, womit die letzte Komponente zur Herstellung von Anilin gefunden worden war.[17] Das durch Nitrierung des Benzols unter Beigabe von Schwefel- und Salpetersäure hergestellte Nitrobenzol konnte durch Destillation zu Anilin reduziert werden – ein Verfahren, das den Grundstein für die einleitend erwähnte Entdeckung des synthetischen Farbstoffes „Mauvein" durch Perkin legte.[18]

William Henry Perkin nahm 1853 sein Studium bei Hofmann auf und wurde dort mit der Aufgabe betraut, auf Grundlage des Steinkohlenteers einen Weg zur synthetischen Herstellung des Tropenmedikaments Chinin zu entwickeln.[19] Die Nachfrage nach diesem Heilmittel hatte in Verbindung mit hohen Preisen eine Vielzahl von Chemikern zu der Suche nach einem chemischen Substitut motiviert, nicht zuletzt A. W. Hofmann selbst, dessen gemeinsam mit Justus von Liebig entwickeltes „Amorphe Chinin" kommerziell scheiterte.[20] Durch Versuche mit Anilin erhielt Perkin schließlich eine violette Lösung, die gute Färbeeigenschaften für Seide besaß und sich gemessen an natürlichen Farbstoffen durch eine gute Lichtechtheit auszeichnete.[21] Einer wirtschaftlichen oder industriellen Umsetzung seiner Entdeckung, die vorerst den Namen „aniline purple" erhielt, standen jedoch sowohl die hohen Rohstoffpreise als auch die Schwierigkeit im Wege, den im Labor in geringen Mengen hergestellten Farbstoff in eine industrielle Massenproduktion zu skalieren.[22] Anilin wurde nicht in großen Mengen hergestellt und war dementsprechend teuer, zugleich wurde die zur Herstellung des Farbstoffes notwendige Oxidation des Anilins mit Kaliumdichromat ausgelöst, eine zu dieser Zeit ebenfalls teure Chemikalie.[23] Um sich der Bedeutung seiner Entdeckung zu versichern, schickte Perkin eine Probe des Farbstoffes einem ihm bekannten Färberunternehmen, das den möglichen wirtschaftlichen Wert des Farbstoffes bestätigte, gleichzeitig jedoch darauf hinwies, dass die Anwendung nur auf Seide Erfolg versprechen würde.[24] Die positiven

16 Vgl. Haber 1958, S. 81.

17 Vgl. Henseling und Sadlinger 1990, S. 96.

18 Vgl. Travis 1993, S. 35.

19 Vgl. Wetzel 1991, S. 46.

20 Vgl. Travis 1990, S. 55. Die genaue Darstellung des amorphen Chinins ist beschrieben in Liebig, Justus von: On Amorphous Quinine As It Exists in the Substance Known in Commerce As Quinoidine. In: *Provincial Medical and Surgical Journal*, 10 (1846), S. 265–267, hier: S. 265.

21 Vgl. Travis 1993, S. 36.

22 Vgl. Nieto-Galan 2001, S. 182.

23 Vgl. Haber 1958, S. 82.

24 Vgl. Travis 1993, S. 37.

Rückmeldungen veranlassten Perkin dann vermutlich, seine Entdeckung im August 1856 zum Patent anzumelden und im Oktober desselben Jahres aus dem Royal College of Chemistry auszuscheiden.[25] Im darauffolgenden Jahr begann Perkin schließlich gemeinsam mit seinem Vater und Bruder die industrielle Umsetzung seiner Entdeckung und gründete die Fabrik Perkin & Sons, die ab Dezember 1857 den violetten Farbstoff als „Tyrian Purple“ in den Verkauf brachte.[26] Bei der Fabrikation konnte Perkin auf keine Vorbilder zurückblicken, weshalb der Bau von Apparaturen und die Optimierung der Fertigungsanlagen im Mittelpunkt der Gründungsjahre standen und in deren gelungenen Umsetzung – gewiss neben der reinen Entdeckung des Farbstoffes – wohl der zentrale Grund für den Unternehmenserfolg auszumachen ist. Die Skalierung der Produktion wurde durch den Umstand erschwert, dass die benötigten Chemikalien weiterhin kaum nachgefragt wurden und daher hochpreisig blieben.[27] Zwar gelang es dem Unternehmen seinen Farbstoff in größerem Umfang zu fabrizieren, doch ließen sich die teuren Chemikalien zunächst nur auf Kosten der Farbstoffqualität substituieren. Bei der Markteinführung war das „Tyrian Purple“ dennoch so teuer, dass nur einzelne Seidenfäden damit gefärbt werden konnten, die anschließend in Gewebe eingearbeitet wurden. Perkins Produkt kam zugute, dass Violett von 1857 an in der französischen und später in der europäischen Oberklasse zur Trendfarbe wurde und somit für eine konstante und auf Grund der Kaufkraft der Oberschicht eher preisunelastische Nachfrage gesorgt war.[28] Ein durch Perkin in Frankreich fehlerhaft angemeldetes Patent führte dort zu Nachahmern, die dem Farbstoff den populären Namen „Mauvein“ nach der Malvenblüte gaben. Vermutlich auf Grund der mangelnden Kenntnis bezüglich der Skalierung der Produktion kam es bei der Imitation der Mauvein-Produktion immer wieder zu Fehlern. Zwar wurden hierdurch zufällig neue Arten von Anilinfarben entdeckt, ihre Produktion war jedoch schwer zu wiederholen.[29]

Wenngleich das Mauvein für Perkin ein kommerzieller Erfolg wurde, blieb dem Unternehmen der wirklich große Absatzmarkt, der Markt für Baumwolle,

---

25 Vgl. Andersen 1999, S. 86. Es hat den Anschein, dass Hofmann Perkins Entscheidung ambivalent betrachtete: Einerseits hielt er wohl nicht viel von praktischer Wissenschaft, d. h. Wissenschaft, die in Unternehmen Anwendung fand, anderseits sah er lt. Travis die Möglichkeit, durch die Unternehmensgründung günstiger an bis dahin sehr teure Chemikalien für sein Laboratorium zu gelangen. Vgl. Travis 1993, S. 49.

26 Vgl. ebd.

27 Vgl. Perkin, W. H.: The Origin of the Coal-Tar Colour Industry, and the Contributions of Hofmann and his Pupils. In: *Journal of the Chemical Society, Transactions*, 69 (1896), S. 596–637, hier: S. 607.

28 Vgl. Garfield, Simon: Lila. Berlin 2001, S. 73–74.

29 Vgl. Engel 2009, S. 102–103.

weiterhin verschlossen. Darüber hinaus handelte es sich bei dem angebotenen Violett um eine Farbe, für die abseits der Mode keine wirkliche Nachfrage existierte. Anders verhielt es sich mit dem 1859 von dem Franzosen François-Emmanuel Verguin entdeckten Farbstoff Anilinrot, das als „Fuchsin“ Bekanntheit erlangte.[30] Im Gegensatz zum Mauvein konnte das Fuchsin auf eine breite Nachfrage blicken, da es einerseits Wolle färbte, andererseits durch seine rote Farbe einen weitaus größeren Markt ansprach. Das Unternehmen, das Verguin beschäftigte, „Renard Frères et Franc.“, patentierte die Entdeckung im Jahr 1859 sowohl in Paris als auch in London. Die im Patent beschriebene Herstellung war so simpel[31], dass Konkurrenzunternehmen zwischen 1859 und 1861 über zwanzig Patente zur Herstellung von Anilinrot anmeldeten.[32] Renard Frères klagte gegen die Patente und bekam in allen Fällen Recht. Konsequenz der Urteile war, dass Renard Frères für die Fuchsinproduktion faktisch ein Monopol zugestanden wurde, das durch ein Stoffpatent abgesichert war.[33] Durch diese Art des Patents konnte jeder alternative Herstellungsprozess mit anderen Chemikalien als Patentverletzung belangt werden, wodurch Renard Frères im Resultat zwar hohe Gewinne erwirtschaftete, es im Unternehmen jedoch kaum Anreize für eine Verbesserung des Herstellungsprozesses gab. Die einzige nennenswerte Innovation ist im Jahr 1860 auszumachen, als Arsensäure das zuvor verwendete Zinnchlorid als Reagens für Anilin ablöste und eine effizientere Produktion des Fuchins erlaubte.[34] Abgesehen hiervon verwaltete das 1863 in die Aktiengesellschaft „La Fuchsine“ umgewandelte Unternehmen ausschließlich sein Monopol.[35]

Die innovationshemmende Gesetzeslage in Frankreich führte dazu, dass Renard Frères bereits in der zweiten Hälfte der 1860er Jahre gegenüber ausländischen Teerfarbenunternehmen sowohl in Bezug auf die Ausbeute als auch die Preisgestaltung nicht mehr wettbewerbsfähig war.[36] Zu den Konkurrenten ge-

30 Vgl. Wetzel 1991, S. 47.

31 Bei der Herstellung wurde Anilin mit Zinnchlorid in emaillierten Eisentöpfen erhitzt und später mit einfachem Wasser aufgelöst und durch das Hinzufügen von Salz ausgefällt. Vgl. Hornix 1992, S. 70.

32 Vgl. ebd., S. 71.

33 Das Gegenstück zum Stoffpatent ist das Verfahrenspatent, das die Herstellung eines Produktes über andere Verfahren gestattet und patentierbar macht. Diese Art der Patentierung wurde in dem 1877 verabschiedeten Preußischen Reichspatentgesetz angewendet, auf das später eingegangen werden wird.

34 Vgl. Henseling und Sadlinger 1990, S. 85–93.

35 Vgl. Hohenberg 1967, S. 36.

36 Im Jahr 1865 lag die Ausbeute der Fuchsin-Produktion bei Renard Frères bei 15,5 % der Ausgangsstoffe, während ausländische Unternehmen bereits eine Ausbeute von 30 % erzielten. Vgl. Heymann, Bernhard: Die erfinderische Tätigkeit der Farbenfabriken auf dem Gebiete der

hörten neben den britischen mittlerweile ebenfalls deutsche Unternehmen, die im Jahr 1860 die Produktion von Teerfarbstoffen aufnahmen.[37] Dass die Herstellung der Teerfarbstoffe die britischen und französischen Grenzen mittlerweile überschritten hatte, spiegelte sich in der Ausstellerliste der 1862 in London stattgefundenen Weltausstellung wider: Dort präsentierten neben neun britischen und zwölf französischen ebenfalls sieben deutsche Aussteller ihre Anilinfarben.[38] In einer ersten Gründungswelle entstanden in Deutschland mit Friedr. Bayer & Co. (1863), Meister, Lucius & Co. (1863, seit 1867 Meister, Lucius & Brüning, hier: Farbwerke Hoechst), der Badischen Anilin- und Sodafabrik AG (1865, davor Sonntag, Engelhorn und Clemm (1863) und Chemische Fabrik Dykerhoff, Clemm & Comp. (1861)) sowie der Actien-Gesellschaft für Anilinfabrication (1867) bereits jene Unternehmen, die in den in dieser Arbeit geschilderten Entwicklungen die zentralen Rollen einnehmen werden. Bei allen vier Unternehmen gelang der Einstieg in das Geschäft der Teerfarbenherstellung über die Produktion von Fuchsin, nicht zuletzt, da im Zuge der Patentstreitigkeiten um Renard Frères bzw. La Fuchsine eine Vielzahl der Produktionsgeheimnisse an die Öffentlichkeit gelangt war.[39] Darüber hinaus hatte A. W. Hofmann im Jahr 1858 ein eigenes Verfahren zur Herstellung von Anilinrot entwickelt und publiziert.[40] In einem detaillierteren Aufsatz von 1862 benannte er den Farbstoff erstmals als Rosanilin und ging darüber hinaus ausführlich auf die wirtschaftliche Bedeutung seiner Entdeckung ein. Bezogen auf die Veröffentlichung des Jahres 1858 hielt er fest:

> Notwithstanding many efforts, I failed in obtaining the new colouring matter in a state fit for analysis, and for the time abandoned the inquiry. Industry, however, was not long in discovering new and much more appropriate methods for the production of crimson aniline dye. [...] It was M. Verguin who first prepared this colour upon a large scale by the action of tetrachloride of tin on aniline. Since that time the production of the aniline-crimson has become an important industry, which, in the hands of Messrs. Simpson, Maule

Teerfarbenindustrie. In: Farbenfabriken vorm. Friedrich Bayer & Co. (Hg.): Geschichte und Entwicklung der Farbenfabriken vorm. Friedr. Bayer & Co. Elberfeld in den ersten 50 Jahren. München 1918, S. 11.

37 Das 1860 gegründete Unternehmen „Karl G. R. Oehler" gilt als das erste Unternehmen, das in Deutschland synthetische Farbstoffe (Fuchsin) aus Steinkohlenteer produzierte. Vgl. Collin, Gerd: Geschichte der Steinkohlenteerchemie. Hamburg u. a. 2009, S. 29 und Reinhardt und Travis 2000, S. 129.

38 Vgl. Travis 1993, S. 74.

39 Vgl. Wetzel 1991, S. 48.

40 Vgl. Hofmann, August Wilhelm von: Notes of Research on the Poly-Ammonias. – No. V. Action of Bichloride of Carbon on Aniline. In: *Proceedings of the Royal Society of London*, 9 (1859), S. 284–286, hier: S. 285.

> and Nicholson in this country, of Messrs. Renard frères in France, has rapidly attained to colossal proportions.[41]

Neben Mauvein und Fuchsin etablierte sich Anilinblau als dritter wichtiger synthetischer Farbstoff. Eine Besonderheit des Anilinblaus war seine Gewinnung über die Behandlung von Fuchsin mit Salzsäure, wodurch das Fuchsin zu End- und Zwischenprodukt zugleich wurde.[42] Erneut nahm Renard Frères als erstes Unternehmen die umfangreiche Produktion des Farbstoffes auf, ebenso war es erneut Hofmann, der den Herstellungsprozess unter Anwendung des von ihm entdeckten Rosanilins nachvollzog und im Jahr 1863 veröffentlichte.[43] Wie zuvor im Falle des Fuchsins stand demnach nun ebenfalls die Herstellung des Anilinblaus den zahlreichen neugegründeten Teerfarbenunternehmen offen.[44] Zu dem öffentlich zugänglichen Wissen um die Fuchsin- und Anilinblauproduktion trat die bereits beschriebene verhältnismäßig einfache Herstellung der Farbstoffe, die nur Anilin oder Fuchsin sowie ein Reagens voraussetzte; für Fuchsin war dies seit dem Jahr 1862 Arsen, für Anilinblau wurde Fuchsin erneut mit Anilin erhitzt – ein, wie Hofmann formulierte, „process of great simplicity".[45]

In Summe lassen sich folglich für den Markt für synthetische Farbstoffe geringe Eintrittsbarrieren feststellen, deren Überwindung sich im Umkehrschluss auf zwei Voraussetzungen zurückführen lässt: zum einen auf die Fähigkeit, die öffentlich zugänglichen Quellen lesen und verstehen zu können, zum anderen auf den Zugriff auf die für die Produktion notwendigen Grundstoffe, allen voran auf Anilin. Es ist daher naheliegend, dass sich die Gründer der oben genannten Unternehmen alle entweder auf wissenschaftlicher oder kaufmännischer Ebene mit Farbstoffen oder Chemikalien auseinandergesetzt hatten. So bestand das Gründungsgespann Hoechsts aus dem Chemiker und Sohn eines Textilunternehmers Eugen Lucius, dem Chemiker Adolf Brüning, dem Kaufmann Carl Friedrich Wilhelm Meister sowie Ludwig August Müller, ebenfalls ein Kaufmann und angeheirateter Onkel Lucius'.[46] Unter den Gründungsmitgliedern der BASF

---

41 Vgl. Hofmann, August Wilhelm von: Notes of Researches on the Poly-Ammonias. – No. XX. On the Colouring Matters produced from Aniline. In: *Proceedings of the Royal Society of London*, 12 (1862), S. 1–13, hier: S. 3–5.

42 Vgl. Pohl et al. 1983, S. 43.

43 Die Herstellung des Anilinblau über Fuchsin führte in Frankreich dazu, dass Renard Frères über das Fuchsin-Monopol zugleich auch das Monopol für Anilinblau innehatte, wodurch ein innovatives Moment auch bei diesem Farbstoff vollständig blockiert wurde.

44 Vgl. Hofmann, A. W.: Researches on the Colouring Matters Derived from Coal-Tar. – II. On Aniline-Blue. In: *Proceedings of the Royal Society of London*, 13 (1863), S. 9–14.

45 Ebd., S. 9.

46 Bäumler 1989, S. 16–19.

sowie der AGFA fanden sich ähnliche Personenkonstellationen mit sowohl kaufmännischen sowie technischen bzw. wissenschaftlichen Hintergründen.[47]

Ende der 1860er Jahre änderten sich die Rahmenbedingungen der Teerfarbenproduktion mit der Entdeckung des synthetischen Alizarinfarbstoffs durch die deutschen Chemiker Carl Graebe und Carl Liebermann grundlegend. Die die Anfangsjahre der Industrie prägenden Innovationen waren aus empirischen Entdeckungen hervorgegangen, bei denen bekannte Farb- oder Grundstoffe mit weiteren Chemikalien in Verbindung gebracht wurden und so zu neuen Farbstoffen führten.[48] Mit der Entwicklung des synthetischen Alizarins gelang es Chemikern zum ersten Mal, einen wirtschaftlich bedeutenden Farbstoff – das in der Krappwurzel vorhandene rotfärbende Alizarin – gezielt vollständig zu substituieren. Dafür griffen Graebe und Liebermann auf den bereits durch die Entdeckung des Anilins bekannten chemischen Zusammenhang zwischen Farbstoffen und Steinkohlenteer zurück. Eine chemische Herleitung des Alizarins über den Steinkohlenteer war bereits seit den 1850er Jahren verfolgt worden, doch scheiterte die Synthese an dem noch nicht ausgereiften theoretischen Instrumentarium. Falsche Annahmen bezüglich der atomaren Zusammensetzung des Alizarins führten dazu, dass das Äquivalent des Farbstoffs im Steinkohlenteerderivat Naphthalin verortet wurde, und nicht, wie 1868 durch Graebe und Liebermann bewiesen wurde, im Anthracen.[49]

Zentral für diese Entdeckung Graebes und Liebermanns war die 1858 von dem deutschen Chemiker Friedrich August Kekulé veröffentlichte Strukturtheorie des molekularen Aufbaus organischer Verbindungen.[50] In dieser Theorie beschrieb Kekulé erstmals die Neigung von Atomen mit anderen Atomen Verbindungen entsprechend ihrer Wertigkeit bzw. Valenz einzugehen, wobei die Wertigkeit die maximale Anzahl an möglichen Verbindungen bestimmte.[51] Zudem übertrug er seine Annahmen in ein graphisches Modell, das eine genaue Darstellung der Verbindungen zwischen den einzelnen Atomen erlaubte. Für eine

47 Zur BASF siehe Hippel, Wolfgang von: Auf dem Weg zum Weltunternehmen (1865–1900). In: Werner Abelshauser (Hg.): Die BASF. München 2003, S. 19–27. Zu AGFA siehe Haber 1958, S. 136.

48 Als Beispiel eignet sich die beschriebene Entdeckung des Anilinblaus, da dort der bekannte Farbstoff Fuchsin erneut mit seinem Grundstoff Anilin in Reaktion gebracht wurde, wodurch aus dem roten Farbstoff ein blauer entstand.

49 Vgl. Graebe, Carl; Liebermann, Carl: Ueber Alizarin und Anthracen. In: *Berichte der Deutschen Chemischen Gesellschaft*, 1 (1868), S. 49–51.

50 Der Begriff der chemischen Struktur bzw. Strukturformel wurde erst 1861 von Alexander M. Butlerow eingeführt. Vgl. Henseling und Sadlinger 1990, S. 108.

51 Die Strukturtheorie Kekulés war dabei nicht unumstritten und konkurrierte mit anderen Modellen, welche erst später als unzutreffend identifiziert wurden. Vgl. Marsch, Ulrich: Zwischen Wissenschaft und Wirtschaft. Paderborn u. a. 2000, S. 52–53.

gezielte Synthese war die seit 1831 verwendete Summenformel nicht ausreichend, da diese zusätzlich zur Kenntnis der genauen Anzahl der Atome ebenfalls das Wissen über die strukturelle Verknüpfung des Moleküls voraussetzte.[52]

Auf der Strukturtheorie aufbauend formulierte Kekulé 1865 eine Annahme über den Aufbau des Benzols. Er entwarf die Struktur des Benzol-Moleküls als Ring, in welchem Kohlenstoffatome über abwechselnd einwertige und zweiwertige Verknüpfungen miteinander verbunden waren. Neben der Einfachheit ihrer Darstellung erlaubte die Benzolringtheorie erstmals eine genaue Beschreibung organischer Verbindungen mit einer großen Anzahl an Kohlenstoffatomen. Diese Verbindungen, unter ihnen das für die Entwicklung der synthetischen Farbstoffe wichtige Benzol, Naphthalin und Anthracen, konnten in der Zeit vor Kekulés Theorie nicht genau definiert werden, weshalb die Benzolringtheorie das theoretische Gerüst für die spätere Entwicklung des synthetischen Alizarins lieferte.[53] Dementsprechend griffen auch Graebe und Liebermann bei ihrer Beweisführung explizit auf die Benzolringtheorie Kekulés zurück:

> Weil nun ferner das Benzol C_6H_6, das Naphthalin $C_{10}H_8$ und das Anthracen $C_{14}H_{10}$ eine Reihe von Kohlenwasserstoffen bilden, die sich durch die Differenz C_4H_2 unterscheiden, so ist es sehr wahrscheinlich, dass das Anthracen in derselben Weise aus drei Benzolringen besteht, wie das Naphthalin aus zweien gebildet ist.[54]

Die erfolgreiche synthetische Herstellung des Alizarins gelang Graebe und Liebermann schließlich durch Oxidation von Anthracen zu Anthrachinon und der anschließenden Behandlung mit Brom.[55] Für die Teerfarbenindustrie war der entdeckte Syntheseweg jedoch uninteressant, da es sich sowohl bei Anthracen wie auch bei Brom um seltene und somit teure Produkte handelte. Anders als die Anilinfarben war das synthetische Alizarin ein vollkommenes Substitut eines etablierten und wirtschaftlich bedeutenden Naturfarbstoffes, weshalb das entscheidende Kriterium für den Erfolg des Produktes in den Herstellungskosten auszumachen war. Gleichzeitig versprach ein preisgünstigerer Verkauf des synthetischen Alizarins die Möglichkeit der vollständigen Marktübernahme des neben dem Indigo wichtigsten Naturfarbstoffs, da die sonstigen Produkteigenschaften identisch waren. Die potentielle wirtschaftliche Bedeutung ihrer Entdeckung war Graebe und Liebermann offensichtlich unmittelbar bewusst:

---

52 Vgl. Osteroth 1985, S. 87–89.

53 Vgl. Travis 1993, S. 167.

54 Graebe und Liebermann 1868, S. 50.

55 Vgl. Graebe, Carl; Liebermann, Carl: Ueber Anthracenderivate. In: *Berichte der Deutschen Chemischen Gesellschaft*, 1 (1868), S. 186–189.

> Von welcher Wichtigkeit unsere Entdeckung für die Krappindustrie sein wird, wenn es gelingt dieselbe technisch verwendbar zu machen, brauchen wir nicht ausführlich hervorzuheben. Der enorme Verbrauch von Krapp in der Kattundruckerei, die großen Strecken fruchtbaren Bodens, die zu dessen Anbau nöthig sind, sprechen hinreichend klar für die Bedeutung, welche ein neuer Industriezweig erlangen würde, der auf der künstlichen Darstellung des Alizarins aus einem Bestandtheil des Steinkohlentheeröls beruht.[56]

Da Anthracen als Derivat des Steinkohlenteers bei entsprechender Nachfrage leichter in großen Mengen zu produzieren war, bestand die zentrale Herausforderung für eine industrielle Überführung der Alizarinsynthese in der Substitution des teuren Broms. Trotz der bekannten Schwächen des entdeckten Syntheseweges meldeten Graebe und Liebermann ihre Entdeckung 1868 in Frankreich, Österreich, Russland, Großbritannien sowie Preußen und weiteren deutschen Staaten zum Patent an und verhandelten bald mit Unternehmen bezüglich der Lizensierung der von ihnen entwickelten Alizarinsynthese. Nachdem erste Gespräche mit Hoechst gescheitert waren, verkauften Graebe und Liebermann ihre Patente am 29. Mai 1869 an die BASF. Als Verkaufssumme erhielten die Chemiker für 14 Jahre drei Prozent der gesamten Alizarin-Profite des Unternehmens.[57]

Weiterhin offen blieb das Problem der zu teuren Herstellung des Alizarins, das jedoch bereits im darauffolgenden Monat von mehreren Unternehmen zugleich gelöst werden konnte. Zunächst waren es Graebe und Liebermann selbst, die am 15. Juni 1869 in Preußen gemeinsam mit dem Forschungsdirektor der BASF, Heinrich Caro, einen neuen Syntheseweg zum Patent anmeldeten.[58] Caro hatte eine Synthese unter Behandlung von Anthrachinon mit Sulfonsäure entwickelt, die auf die Verwendung des teuren Broms verzichtete – ein Verfahren, das in ähnlicher Form bereits Mitte Mai 1869 bei Hoechst entwickelt, dort allerdings geheim gehalten und daher nicht zum Patent angemeldet worden war. In Großbritannien gelangte William Henry Perkin ebenfalls zur Alizarinsynthese über Sulfonsäure. Bei dem Versuch, sein Verfahren am 26. Juni 1869 in London zu patentieren, stellte sich heraus, dass Caro, Graebe und Liebermann bereits einen Tag zuvor ein beinahe identisches Verfahren zum Patent vorangemeldet hatten. Da die deutschen Chemiker aufgefordert waren, für die Bestätigung des Patentes noch weitere Experimente nachzuliefern, ergab sich für Perkin die Möglichkeit alle erforderlichen Unterlagen schneller einzureichen und so das Patent bewilligt zu bekommen. Perkin und die BASF einigten sich in darauffolgenden Verhandlungen auf eine Aufteilung des Weltmarktes für den neuen

56 Graebe, Carl; Liebermann, Carl: Ueber künstliche Bildung von Alizarin. In: *Berichte der Deutschen Chemischen Gesellschaft*, 2 (1869), S. 14.

57 Vgl. Travis 1993, S. 176–177.

58 Vgl. hierzu ausführlich Reinhardt und Travis 2000, S. 140–156.

Farbstoff, die Perkin das alleinige Verwertungsrecht für Großbritannien und der Badischen die europäischen Absatzmärkte sowie den nordamerikanischen Markt zugestand. Schlechter erging es der BASF hinsichtlich des preußischen Patentes. Dieses wurde mit der Begründung abgelehnt, das neue Sulfonsäureverfahren unterscheide sich zu wenig von der bereits patentierten Synthese über Brom.[59] Dabei handelte es sich um eine Entscheidung mit weitreichenden Konsequenzen für das Unternehmen, da es nun ein Patent für ein wirtschaftlich unrentables Verfahren hielt. Die industriell tatsächlich verwertbare Synthese jedoch stand plötzlich allen deutschen Teerfarbenunternehmen zur Verfügung, da die für die Patentierung notwendigen Dokumentationen veröffentlicht wurden.[60] Während Perkin als weltweit erstes Unternehmen im Jahr 1869 eine Tonne und 1871 bereits 220 Tonnen synthetisches Alizarin produzierte, lag die gesamtdeutsche Produktion im selben Jahr erst bei 15 Tonnen.[61] Trotz der anfänglichen Dominanz Perkins kann die Produktion des synthetischen Alizarins als letzte große Innovationsleistung der britischen Teerfarbenindustrie gewertet werden. Das in Deutschland offen zugängliche Patent führte einerseits zu einer Welle von Neugründungen von Alizarinfabriken, andererseits nahmen bereits bestehende (Teer-)Farbenunternehmen wie Bayer die neue Farbstoffgattung schnell in das eigene Produktportfolio auf. Im Resultat ging die Innovationsleistung in den 1870er Jahren auf die deutschen Unternehmen über, da der aus den niedrigen Markteintrittsbarrieren resultierende enorme Konkurrenzdruck die Unternehmen zu Produktionsverbesserungen zwang, um weiterhin am Markt bestehen zu können. Im Zuge des sich hieraus ergebenden Preiswettbewerbs fiel der Kilopreis des synthetischen Alizarins in den Jahren 1869 bis 1877 von 270 Mark auf 40 Mark.[62] Durch den rapiden Preisverfall war darüber hinaus die zwischen der BASF und Perkin vereinbarte Marktaufteilung hinfällig geworden. Wenngleich das Unternehmen Perkins noch hohe Gewinne abwarf, war das britische Monopol durch die stark wachsenden und günstigeren Exporte der deutschen Teerfarbenindustrie bedroht.[63] Ende 1873 verkaufte Perkin schließlich sein noch immer profitables Unternehmen, da die Wettbewerbsfähigkeit nur unter hohen Investitionen aufrecht zu erhalten gewesen wäre.[64] Der Versuch der

59 Vgl. Travis 1993, S. 177–183.

60 Vgl. Henseling und Sadlinger 1990, S. 112.

61 Zahlen zu Perkin, siehe Beer 1959, S. 40–41. Zahlen zu Deutschland siehe Henseling und Sadlinger 1990, S. 112.

62 Vgl. Andersen 1999, S. 91.

63 Um das bestehende Einfuhrverbot von synthetischem Alizarin zu umgehen, deklarierten deutsche Unternehmen ihre Exporte als Krapp oder andere natürliche Farbstoffe. Vgl. Travis 1993, S. 192.

64 Vgl. Garfield 2001, S. 132–133.

neuen Eigentümer, den sinkenden Gewinnen des Unternehmens mit Preissteigerungen zu begegnen sowie die durch Perkin patentierten Alizarinfarbstoffe an Konkurrenzunternehmen wie Bayer zu lizensieren, führte zu einer noch weiter steigenden Nachfrage nach deutschem Alizarin und der endgültigen Dominanz seiner Hersteller.[65]

Grundlegend sei an dieser Stelle noch erwähnt, dass das Aufkommen der synthetischen Farbstoffe keineswegs zu einem plötzlichen Nachfragerückgang bei den natürlichen Farbstoffen führte. Der Übergang von natürlichen zu synthetischen Farbstoffen folgte eher einer Kontinuität als einem Bruch und verlief innerhalb der Logik des alten technischen Systems, weshalb beide Farbstoffgattungen lange Zeit nebeneinander existierten.[66] Eine Ausnahme hierbei war sicherlich das synthetische Alizarin, das als vollkommenes Substitut des Krapps innerhalb weniger Jahre zum Niedergang des Naturproduktes führte. Der landwirtschaftliche Krappanbau war nur bei einem Verkaufspreis von über 60 Mark pro Kilo profitabel – eine Schwelle, die, wie gerade beschrieben, bereits im Laufe der 1870er Jahre durch das synthetische Konkurrenzprodukt deutlich unterschritten werden konnte.[67] Die einfache Anwendbarkeit der synthetischen Farbstoffe rief eine Abwehrhaltung bei etablierten Färbereien hervor, da die traditionelle, auf Erfahrungswissen gründende Expertise der Färbermeister obsolet zu werden drohte. Die Schwierigkeit, durch Mischung von natürlichen Produkten an Farbstoffe mit einer möglichst reinen Färbung zu gelangen, wurde durch die von vornherein sehr hohe Reinheit der synthetischen Farbstoffe aufgebrochen, wodurch schlecht ausgebildete Färber plötzlich konkurrenzfähig wurden und gleichzeitig eine breite Farbpalette anbieten konnten, die zuvor ein Alleinstellungsmerkmal kundiger Färbermeister gewesen war.[68] Bei der Überwindung dieser Abwehrhaltung kam den in der Mitte des 19. Jahrhunderts aufkommenden semi-synthetischen Farbstoffen eine besondere Bedeutung zu, da sie die Vorzüge einer chemischen Behandlung bereits bekannter Naturfarbstoffe aufzeigten und somit die spätere Akzeptanz der reinen Teerfarbstoffe auf Seiten der Färbereien erleichterten.[69]

65 Travis 1993, S. 199–202.

66 Vgl. Nieto-Galan 2001, S. 182.

67 Vgl. Reckel, Sylvia: Von „Teufelsfarbe", „Scharlachtüchern", „Waidjunkern" und „Schönfärbern". In: Arne Andersen und Gerd Spelsberg (Hg.): Das Blaue Wunder. Köln 1990, S. 78.

68 Vgl. Nieto-Galan 2001, S. 190.

69 Der bedeutendste semi-synthetische Farbstoff war vermutlich Pikrinsäure. Diese wurde durch die Behandlung natürlicher Farbstoffe mit Salpetersäure gewonnen und seit 1849 in Unternehmen in England und Frankreich hergestellt. Vgl. Travis 1990, S. 63–66 sowie Nieto-Galan 2001, S. 187.

Die Färbeeigenschaften der Teerfarbstoffe waren denen der natürlichen Farbstoffe zwar häufig überlegen – vor allem in Bezug auf die Farbbrillanz –, doch waren sie lange Zeit ebenfalls teurer als ihre natürlichen Pendants. Innerhalb der Preisskala der verschiedenen Naturfarbstoffe bewegten sich die Preise für Teerfarbstoffe auf einem durchschnittlichen Niveau, weshalb das Massenprodukt Baumwolle zunächst weiterhin mit günstigeren Naturstoffen gefärbt wurde. Es dauerte bis zum Ende des 19. Jahrhunderts, bis die günstigsten Naturfarbstoffe auch preislich unterboten werden konnten. Fast korrespondierend dazu verhielten sich die Marktanteile der synthetischen Farbstoffe: Hatten die Teerfarben im Jahr 1872 einen Marktanteil von rund 38 Prozent, fiel dieser zunächst bis zum Jahr 1878 auf unter 20 Prozent und stieg im Anschluss bis 1882 auf 50 Prozent an. Nach einem dreijährigen starken Rückgang des Marktanteils stieg derselbe seit dem Jahr 1885 mehr oder weniger kontinuierlich und erreichte schließlich im Jahr 1913 eine Höhe von rund 71 Prozent.[70] Die Produktion von synthetischen Farbstoffen garantierte folglich in den Gründungsjahren der deutschen Teerfarbenindustrie keinen wirtschaftlichen Erfolg. Hinzu kam das öffentlich zugängliche Wissen über neue Produktionsprozesse, das den Konkurrenzdruck noch weiter verschärfte. Es überrascht daher nicht, dass eine große Anzahl von Teerfarbenunternehmen im Verlaufe der 1870er Jahre Bankrott ging.[71]

3.2 Die Unternehmensgründung im Kontext der betriebswirtschaftlichen Informationsgewinnung

Unter den erwähnten großen Teerfarbenunternehmen bildete Bayer eine Ausnahme, da keiner der beiden Gründer über ein akademisches Wissen der Chemie verfügte.[72] Friedrich Bayer (1825–1880) entstammte einer Familie mit einer Vergangenheit in der Textilindustrie und hatte sich 1845 in Barmen als Kaufmann selbstständig gemacht und seinen Schwerpunkt auf den Handel mit natürlichen Farbstoffen und die für das Färben notwendigen Hilfsprodukte gelegt.[73] Die Standortfaktoren waren für eine solche Unternehmung günstig: Das

70 Die Daten zum Farbstoffmarkt sind der Studie von Alexander Engel entnommen und geben nur einen Bruchteil der Erkenntnisse wieder. Vgl. Engel 2009, S. 190–215, hier v. a. S. 191.

71 Vgl. Pinnow 1938a, S. 41.

72 Im Vergleich zu dem Großteil der im Verlauf der 1860er Jahre entstandenen Teerfarbenunternehmen war Bayer hingegen wohl keine Ausnahme, sondern eher der typische Fall einer von großen Profitchancen motivierten Kaufmannsgründung. Vgl. Beer 1975, S. 107.

73 Der Vater von Friedrich Bayer war Seidenwirker, der Großvater Weber und der Urgroßvater Färber und Tuchhändler. Vgl. Treue, Wilhelm: Unternehmer und Finanziers, Chemiker und

Ballungsgebiet um Elberfeld und Barmen (dem heutigen Wuppertal) zählte gut 330.000 Einwohner und hatte sich seit der Frühindustrialisierung als ein Zentrum der deutschen Textilindustrie etabliert, in der um 1861 rund 68 Prozent der Beschäftigten der Region tätig waren.[74] Von 1839 an absolvierte Friedrich Bayer eine Ausbildung in einem Handelsgeschäft für chemische Produkte, das Chemikalien für die Textilfärbung wie Schwefelsäure oder Soda vertrieb.[75] Nachdem er sich 1845 selbstständig gemacht hatte, etablierte Friedrich Bayer in den Jahren bis zur Gründung des Teerfarbenunternehmens ein Vertriebsnetzwerk, das hauptsächlich Kunden im Wuppertal sowie der näheren Umgebung versorgte, aber ebenfalls auf Spediteure in Antwerpen und Rotterdam für das Ausland zurückgriff. Ab der Mitte der 1850er Jahre hatte das Unternehmen eine Größe erreicht, die Bayer in die Lage versetzte, über seine Spediteure Farbstoffe in der Größenordnung von Schiffsladungen umsetzen zu können und darüber hinaus ebenfalls in die Verarbeitung der natürlichen Farbstoffe zu investieren.[76] Im Jahr 1860 finden sich schließlich in den Kopierbüchern Friedrich Bayers Hinweise auf den Handel mit „Anilin Violett", womit vermutlich Mauvein gemeint war; im darauffolgenden Jahr nahm er zudem den Vertrieb von „Anilin Roth", also vermutlich Fuchsin, auf.[77] Über sein internationales Vertriebsnetz war Friedrich Bayer folglich sehr schnell in Kontakt mit den neuen synthetischen Teerfarbstoffen gekommen und erkannte vermutlich ebenfalls die guten Profitmöglichkeiten dieser Farbstoffe. Im Jahr 1861 begann Friedrich Bayer mit ersten Versuchen für eine Herstellung von Fuchsin. Hierbei arbeitete er mit Friedrich Weskott (1821–1876) zusammen, dem Besitzer einer 1849 gegründeten Textilfärberei, der folglich wie Bayer über Expertise im Bereich der Farbstoffe verfügte. Nachdem 1862 erste größere Mengen Fuchsin hergestellt werden konnten, erweiterten Bayer und Weskott die Versuche auf andere Anilinfarbstoffe wie Anilinblau und Parme (Violett). Im Jahr 1863 wurde schließlich die bis dahin nur experimentell vorangetriebene Herstellung von Teerfarbstoffen in das selbst-

Ingenieure in der Chemischen Industrie im 19. Jahrhundert. In: Herbert Helbig (Hg.): Führungskräfte der Wirtschaft. Limburg/Lahn 1977, S. 240.

74 Vgl. Plumpe 2016a, S. 28.

75 Vgl. Hendrichs, Franz: „Bayer, Friedrich". In: Neue Deutsche Biographie 1 (1953), S. 677f. [Online-Version].

76 Lt. seines Kopierbuchs besaß Friedrich Bayer im Jahr 1860 Anteile an drei Farbstoffmühlen, die zur Verfeinerung von Farbhölzern genutzt wurde. Vgl. BAL 1/4, Kopierbuch 6.11.1860 – 18.3.1861.

77 Für Anilin-Violett, vgl. BAL 1/4, Kopierbuch 6.11.1860 – 18.3.1861, S. 40: Friedrich Bayer an J. Häring, 10. November 1860. Für Anilin-Rot vgl. BAL 1/4, Kopierbuch 6.11.1860 – 18.3.1861, S. 652: Friedrich Bayer an Dahl & Co., 31. Januar 1861.

ständige Unternehmen Friedr. Bayer & Co. ausgegliedert, während sowohl Bayer als auch Weskott zunächst weiter an ihren eigenen Unternehmen festhielten.

3.2.1 Anilin-Farbstoffe

Die Unternehmensstrategie blieb in den ersten Jahren undurchsichtig. Zwischen 1863 und 1866 griffen die Gründer vollständig auf die Infrastruktur ihrer Stammunternehmen zurück: Die Produktion der Farbstoffe erfolgte auf dem Fabrikgelände der Färberei Weskotts, während der Vertrieb über ein Farbstofflager Friedrich Bayers in Heckinghausen (Barmen) abgewickelt wurde.[78] Auch konnte das neue Unternehmen auf das etablierte Vertriebsnetz Friedrich Bayers zurückgreifen. Die Bestandskunden Bayers akzeptierten die neuen synthetischen Farbstoffe jedoch nicht ohne Weiteres: Die Färbereien waren zum Großteil Familienunternehmen, in denen das Fachwissen über Generationen weitergegeben wurde, weshalb Friedrich Bayer diese vor Ort in den Produktionsstätten von den Vorzügen der synthetischen Farbstoffe überzeugen musste.[79] Über diese Art des Direktvertriebs, die später professionalisiert und in die Unternehmensstrategie integriert wurde, sorgten die Unternehmensgründer für eine weitreichende Nachfrage nach ihren Produkten:

> Aus Belgien (größtenteils für Frankreich), England, Magdeburg, Berlin laufen so viele Aufträge ein, dass wir flott beschäftigt sind, der Umschlag in Anilin-Farben beträgt im vorigen Monat rund rs 8500 [...]. Das [!] mein Violett wohl in den nächsten Tagen, dagegen Scharlach und Orange noch warten, bis wir einen Chemiker haben, woran wir am suchen sind, denn wir beabsichtigen jetzt auch eine eigene Oelfabrik anzulegen.[80]

Wenngleich der Absatz der Anilinfarbstoffe bereits von Beginn an exportorientiert war, taten sich besonders im Handel mit England Schwierigkeiten auf, da sich Bayer auf Grund des dort geltenden Patentrechtes bei dem Verkauf seiner Farbstoffe Anilinrot und -blau mit Klagen konfrontiert sah. Das englische Stoffpatent für Fuchsin-Rot lag bei dem Unternehmen Simpson, Maule & Nicholson und wurde von diesem in Gerichtsprozessen mit Vehemenz verteidigt, weshalb Friedrich Bayer das Risiko einer Klage als „etwas gefährlich“ einschätzte und konstatierte: „Wir wissen in der Tat nicht, wie wir uns unter diesen Verhältnis-

78 Vgl. Weskott, Friedrich: Friedr. Bayer & Co. – 1. August 1863 bis 30. Juni 1881. In: Farbenfabriken vorm. Friedrich Bayer & Co. (Hg.): Geschichte und Entwicklung der Farbenfabriken vorm. Friedr. Bayer & Co. Elberfeld in den ersten 50 Jahren. München 1918, S. 3.

79 Vgl. ebd., S. 4.

80 BAL 1/4, Kopierbuch 19.3.1864 – 29.7.1864, S. 116: Friedrich Bayer an FF. Lutz, 09. April 1864.

sen benehmen sollen, wir wollen hoffen, dass Sie [die Anilinfarben, FS] ohne Anfechtung bleiben werden [...], sonst werden wir uns wie bisher auf das Schmuggeln verlassen müssen."[81] Die Absatzmöglichkeiten auf dem bedeutenden englischen Textilmarkt müssen demzufolge so verlockend gewesen sein, dass es für ein aufstrebendes Unternehmen wie Bayer nicht hinnehmbar war, sich den dortigen gesetzlichen Rahmenbedingungen zu beugen. Als das für England geltende Fuchsin-Patent 1865 auslief, war Bayer eines der ersten deutschen Unternehmen, das auf den dortigen Markt drängte.[82] Es kann zudem angenommen werden, dass sich der Export auf den französischen Markt ähnlich darstellte, da auch dort das Patentrecht Erfindungen über ein Stoffpatent schützte. Der im Zitat erwähnte Verweis darauf, dass Bestellungen aus Belgien zum Großteil für Frankreich gedacht seien, unterstreicht diese Annahme.

Auch den Umstand, das Unternehmen ohne eine akademische Expertise in der Chemie gegründet zu haben, hatte Friedrich Bayer als Problem identifiziert. Zudem erkannte er den Mehrwehrt einer eigenen Produktion von Anilin, um über eine vertikale Integration der Produktion dieses Grundstoffes vermutlich einen zusätzlichen Handlungsspielraum bei der Preisgestaltung der Anilinfarbstoffe zu erlangen.[83] Noch im selben Monat schrieb Friedrich Bayer an den Chemiker Ernst Hilgenberg, dessen Dienste er sich für sein Unternehmen sichern wollte. Fr. Bayer & Co. fabriziere „Fuchsin Violett und Blau in großen Quantitäten" und stünde „auf der gewünschten Höhe", so Friedrich Bayer in seinem Brief, doch würde das Unternehmen durch die Einstellung eines Chemikers „in den Stand gesetzt werden, die neueren Farbstoffe auch immer frühzeitig herstellen zu können."[84] Zusätzlich sollte der einzustellende Chemiker den Aufbau einer eigenen Anilinfabrikation beaufsichtigen: „Sodann beabsichtigen wir, unser Anilin-Oel selbst zu fabrizieren, und müssten Sie imstande sein, die Fabrik darin selbstständig errichten zu können."[85] Insgesamt verhandelte Bayer zwischen März und April 1864 offenbar mit fünf verschiedenen Chemikern und

81 BAL 1/4, Kopierbuch 19.3.1864 – 29.7.1864, S. 970 ff.: Passavant, 27. Juli 1864.

82 Vgl. Murmann 2003, S. 118.

83 Anilinöl und Anilin bzw. Rohanilin werden noch synonym gebraucht, da das über die Reduktion von Nitrobenzol gewonnene Rohanilin eine ölige Konsistenz besitzt und häufig von Zeitgenossen als Anilinöl bezeichnet wurde. Es handelt sich hierbei um eine mit Toluidin „verunreinigte" Form des Anilins, das durch die Behandlung von Benzol mit Salpetersäure entsteht. Diese „Verunreinigung" war Voraussetzung für die Herstellung des Fuchsins, weshalb dem Anilinöl in den 1860er Jahren eine weitaus größere Bedeutung zukam als dem eigentlichen Anilin. Vgl. o. A.: Anilin. In: Hermann Julius Meyer (Hg.): Meyers Konversations-Lexikon 1888, S. 590 sowie Henseling und Sadlinger 1990, S. 87.

84 BAL 1/4, Kopierbuch 19.3.1864 – 29.7.1864, S. 160: Friedrich Bayer an Ernst Hilgenberg, 15. April 1864.

85 Ebd.

stellte schließlich im Mai 1864 sowohl Hilgenberg also auch W. Hempel ein, einen „zweiten experimentierenden Chemiker, welcher sich nur im Laboratorium mit Erfindungen von neuen Farben beschäftigen" sollte. [86] Beide Chemiker wurden jedoch bereits nach kurzer Zeit wieder entlassen: Ging der Entlassung Hilgenbergs ein nicht näher beschriebener Vorfall voraus, hatte sich Hempel wohl nach außen als Fabrikleiter dargestellt und seine Experimente innerhalb eines Jahres keine verwertbaren Erkenntnisse hervorgebracht.[87]

Im Jahr 1864 zählte Bayer zwischen zwölf und 25 Mitarbeiter.[88] Es ist darüber hinaus denkbar, dass das Unternehmen auf Arbeiter der Weskott'schen Färberei zurückgegriffen haben könnte, da die Farbstoffproduktion wie bereits erwähnt dort angesiedelt war. Die enorme Bedeutung des Fuchsins führte 1863 zur ersten Neuorganisation der Produktionsanlagen, in deren Zusammenhang die Fuchsin-Produktion ausgegliedert und am Ort des bisherigen Kontors und Farbstofflagers an anderer Stelle in Barmen errichtet wurde.[89] Die Herstellung von Fuchsin und den daraus gewonnenen Farben war somit lokal von den Produktionsstätten der sonstigen Anilinfarben getrennt, wenngleich Anilinöl ebenfalls für die Herstellung von Fuchsin benötigt wurde.[90] Am alten Standort für Anilinfarben wurden weiterhin solche Farbstoffe produziert, deren Herstellung nicht über eine Weiterverarbeitung von Fuchsin erfolgte.

Die Aufteilung auf zwei Produktionsstandorte wurde auch beibehalten, als das Unternehmen im September 1866 die erste Konzession für eine „Anilin-Farben-Fabrik" sowie für die Produktion der „Anilinfarben Roth, Violett u. Blau" auf einem Grundstück in Elberfeld beantragte, unweit der bisherigen Standorte in Barmen.[91] War der erste Umzug der Anilinfabrikation im Jahr 1863 noch ein Umbau eines bereits vorhandenen Grundstücks gewesen, konnte die im Oktober 1866 genehmigte Fuchsin-Fabrik vom Grundriss geplant werden. Mit der

86 BAL 1/4, Kopierbuch 19.3.1864 – 29.7.1864, S. 459: Passavant, 12. Mai 1864.

87 BAL 1/4, Kopierbuch 19.3.1864 – 29.7.1864, S. 954: Friedrich Bayer an Ernst Hilgenberg, 23. Juli 1864 sowie BAL 1/4, Kopierbuch 1.6.1865 – 6.9.1865, S. 148: Friedrich Bayer an W. Hempel senior, 24. Juni 1864.

88 Es sind nur Mitarbeiterzahlen aus den Jahren 1863 (12) und 1867 (25) bekannt. Da die Produktionsmenge in den 1860er Jahren jährlich anstieg und die Produktion von Farbstoffen arbeitsintensiv war, ist nicht davon auszugehen, dass die Mitarbeiterzahl Mitte des Jahres 1864 unter der von 1863 gelegen haben kann. Vgl. Schlösser, Dr: Die Geschichte der Barmer Betriebe. In: Farbenfabriken vorm. Friedrich Bayer & Co. (Hg.): Geschichte und Entwicklung der Farbenfabriken vorm. Friedr. Bayer & Co. Elberfeld in den ersten 50 Jahren. München 1918, S. 247.

89 BAL 1/4, Vorgeschichte der Farbenfabriken vormals Friedr. Bayer & Co. 1860–1881, S. 2.

90 Wie in Kapitel 3.1. erwähnt, wurde Anilinblau durch eine erneute Reaktion von Fuchsin mit Anilin gewonnen.

91 BAL 20/2, Konzession zur Herstellung von Fuchsin, 1866–1876, hier: Beschreibung der zu errichtenden Anilin-Farben-Fabrik, 5. September 1866.

Fertigstellung der Anlage stieg die Anzahl der Arbeiter in der Fuchsin-Produktion auf 25 und erreichte damit die Größe der Anilinfarbenproduktion.[92] Darüber hinaus richtete das Unternehmen offenbar spätestens im Jahr 1865 eine eigene Fabrikation von Nitrobenzol und Anilin ein.[93] Die Produktionsmenge des Anilin, das zuvor aus Frankreich beschafft worden war, konnte zu Beginn den Bedarf vermutlich nicht vollständig decken, weshalb das Produkt unter anderem bei der 1861 in Köln-Ehrenfeld gegründeten Fabrik J. W. Weiler zugekauft werden musste.[94] Weiler war auf die Produktion von Vor- und Zwischenprodukten spezialisiert und eines der ersten deutschen Unternehmen, das Anilin herstellte. Bemerkenswert ist, dass Weiler erst zwischen 1865 und 1867 die Eigenproduktion von Nitrobenzol aufnahm und dieses Vorprodukt zuvor ebenfalls aus Frankreich importiert hatte.[95] Folglich kaufte Bayer Anilinöl von einem Konkurrenten, während das Unternehmen selbst bereits über eine vollständig integrierte Anilinproduktion verfügte. Mit dem Zukauf von Nitrobenzol und Anilin aus England, Frankreich, Belgien und später von Weiler verfolgte Bayer eine Rohstoffbeschaffungsstrategie, die einem Großteil der deutschen Teerfarbenindustrie gemein war.[96]

92 Verg et al. 1988, S. 30.

93 Dass Bayer selbst Anilin herstellte wird stellenweise verneint, vgl. hierzu: Murmann 2003, S. 108; Pinnow 1938a, S. 27 Hausdörfer: Geschichte der Grünfabrik. In: Farbenfabriken vorm. Friedrich Bayer & Co. (Hg.): Geschichte und Entwicklung der Farbenfabriken vorm. Friedr. Bayer & Co. Elberfeld in den ersten 50 Jahren. München 1918, S. 193 Bayer, Richard: Die Entstehung und Entwicklung der Farbenfabriken Bayer. o. O. o. J., S. 12. Allerdings ist es unklar, welche Art von Anilin jeweils gemeint ist.

94 BAL 1/4, Kopierbuch 1.6.1865 – 6.9.1865, S. 496: Friedrich Bayer an J. W. Weiler, 05. August 1865. Die Beschaffung des Anilins aus Frankreich wird in BAL 1/4, Passavant Bradford 08. Mai 1864 beschrieben.

95 Das bei Weiler für die Produktion benötigte Nitrobenzol wurde zunächst aus Frankreich und England bezogen, seit 1865/67 dann selbst hergestellt. Vgl. Scheinert, Wolfgang: Joseph Wilhelm Weiler, Julius Weiler und das Anilin: Zur Entwicklungsgeschichte der deutschen Teerfarbenindustrie und der chemischen Technik vor dem Ersten Weltkrieg. In: *Zeitschrift für Unternehmensgeschichte*, 33 (1988), S. 217–231, hier: S. 217–219.

96 Vgl. Travis 1993, S. 143.

Tab. 3.1: Ausbeute der Anilinproduktion, 1865–1870, in Pfund (= 500g).[97]

	Benzin Verbrauch	Nitrobenzol Produktion	Nitrobenzol Verbrauch	Anilin Produktion	Ausbeute Nitrobenzol aus 100 Benz.	Veränderung (Nitrobenzol aus Benzol, in Prozent)	Ausbeute Anilin aus 100 Nitro-benzol	Veränderung (Anilin aus Nitrobenzol, in Prozent)	Ausbeute Anilin aus 100 Benzol	Veränderung (Anilin aus Benzol, in Prozent)
1865	434.490	571.600	556.839	323.000	131,50	–	58,00	–	76,29	–
1866	522.920	693.659	697.663	399.877	132,60	0,8	57,31	- 1,2	76,02	- 0,4
1867	535.660	740.512	738.195	290.293	138,20	4,2	52,87	- 7,7	73,06	- 3,9
1868	543.146	757.354	763.471	475.551	139,40	0,8	62,28	17,7	86,81	18,8
1869	618.800	874.670	889.370	566.610	141,34	1,3	63,73	2,3	90,07	3,8
1870	556.500	786.750	767.950	486.584	141,37	0,02	63,36	- 0,6	89,57	- 0,6

97 Tabelle entnommen aus: BAL 16/1.14, Finanzwesen: Lagerbestände Rohmaterialien, S. 73. Veränderungsquoten nach eigener Berechnung.

Die in der Lagerbuchhaltung für Anilin erfassten Daten zum Rohmaterialverbrauch deuten auf ein zunehmendes Erkenntnisinteresse der Unternehmensleitung bezüglich der betrieblichen Prozesse hin und geben erste Hinweise auf die Etablierung einer betrieblichen Kostenrechnung im Verlaufe der 1860er Jahre. Zunächst kann der Materialverbrauch für die Produktion von Anilin ab Februar 1863 nachvollzogen werden. Hierbei wurden die für die Reduktion von Nitrobenzol zu Anilin verbrauchten Grundstoffe – Eisen, Essigsäure und Nitrobenzol – tageweise chronologisch erfasst und die hergestellte Menge an Anilin festgehalten.[98] Dazu korrespondierend wurden die an Kunden versandten Mengen an Anilin notiert.[99] In beiden Fällen erfolgte die Erfassung ausschließlich in Mengenangaben (Pfund); eine Profitabilitätsberechnung scheint dementsprechend innerhalb der Lagerbuchhaltung noch keine Rolle gespielt zu haben. Mit der im Jahr 1865 begonnenen Eigenproduktion von Nitrobenzol veränderte sich auch der Anspruch an die von der Lagerbuchhaltung erfassten Informationen. So wurde neben der Herstellung von Anilin aus Nitrobenzol nun auch die Herstellung von Nitrobenzol aus Benzol mit den jeweiligen Reagenzien erfasst, wodurch sich der gesamte Herstellungsprozess vom Ausgangsgrundstoff Benzol bis zum Endprodukt Anilin quantifizieren ließ (Tabelle 3.1).

Hinzu kamen Veränderungen auf der formalen Ebene der Buchhaltung: Der Rohmaterialverbrauch wurde von 1865 an nicht länger ausschließlich absolut, d. h. in seiner chronologischen Form erfasst, sondern relational, indem die Ausbeute der Herstellung bezogen auf die Ausgangsstoffe dargestellt wurde. Hierbei wurden einerseits die Effizienz der Herstellung von Nitrobenzol aus Benzol sowie der Herstellung von Anilin aus Nitrobenzol, und andererseits die Effizienz der gesamten Produktion von Anilin aus Benzol analysiert.

Betrachtet man die beiden Herstellungsschritte getrennt voneinander, werden unterschiedliche Grade der Effizienzsteigerung deutlich. Obwohl Bayer die Produktion von Nitrobenzol erst 1865 aufnahm, lassen sich aus der Tabelle von Beginn an kontinuierliche Steigerungen von durchschnittlich 1,5 Prozent pro Jahr in der Ausbeute festhalten. Dem entgegen steht eine rückläufige Ausbeute bei der Gewinnung von Anilin aus Nitrobenzol, die zwischen 1865 und 1867 um insgesamt knapp neun Prozentpunkte schrumpfte – und das bei einem Verfahren, mit dem die Produzenten im Unternehmen seit spätestens 1863 vertraut waren. Eine Erklärung hierfür lässt sich aus der Quellenlage nicht rekonstruieren. Die deutliche Produktionssteigerung von Anilin zwischen 1867 und 1868 hingegen lässt sich mit großer Wahrscheinlichkeit indirekt auf den bereits erwähnten Aufbau einer eigenständigen Fuchsin-Fabrik in Elberfeld Ende 1867 zurückfüh-

98 Vgl. exemplarisch: BAL 16/1.14, Finanzwesen: Lagerbestand Rohmaterialien, S. 1 ff.
99 Vgl. BAL 16/1.14, Finanzwesen: Lagerbestand Rohmaterialien, S. 42 ff.

ren. Mit dem Neubau ging neben einer Ausweitung der Produktion ebenfalls eine erhebliche Effizienzsteigerung bei der Anilinausbeute einher, die zwischen 1867 und 1868 bezogen auf Benzol um 17,7 Prozent, bezogen auf Benzol um 18,8 Prozent anstieg. Ursächlich hierfür war eine Vergrößerung der Anilinfabrikation an ihrem ursprünglichen Standort in Barmen.[100] Aus den im Unternehmen erfassten Daten für den Rohmaterialverbrauch geht zudem hervor, dass die von Bayer hergestellte Menge an Nitrobenzol im Jahr 1865 nicht vollständig aufgebraucht wurde, sondern ein Überschuss in Höhe von 14.761 Pfund verzeichnet werden konnte. Eine Produktion von zusätzlichem Anilin wäre demnach theoretisch möglich gewesen. Da sich jedoch für 1865 nur die Gesamtjahresproduktion an Anilin nachvollziehen lässt, wären Produktionsschwankungen innerhalb des Jahres oder ein Verkauf des Grundstoffes Nitrobenzol an andere Unternehmen mögliche Erklärungen für die Notwendigkeit von Zukäufen.

Neben der Auflistung der Ausbeuten und der Beurteilung ihrer Effizienz erstellten die Mitarbeiter der Lagerbuchhaltung detaillierte Tabellen, in denen die Mengen aller für die Herstellung eines Produktes verwendeten Grundstoffe aufgeführt wurden. Hierbei normierten sie jeweils einen der Grundstoffe und ordneten die weiteren verwendeten Stoffe relational zu. Für die Anilinfabrikation des Jahres 1868 wurden nach diesem Verfahren die Verbrauchswerte für Benzol, Nitrobenzol, Anilin, Salpetersäure sowie Schwefeltrioxid (SO_3)[101] jeweils auf den Wert 1000 normiert und der Verbrauch der übrigen Stoffe dazu in Relation gesetzt (Tabelle 3.2). Zudem wurde die Menge an „Abfallsäure“ sowie die Anzahl der für ihren Transport benötigten Korbflaschen festgehalten.[102]

100 Vgl. Weskott 1918, S. 3.
101 Schwefeltrioxid wurde als Reduktionsmittel für die Anilinherstellung verwendet.
102 Der Herstellungsprozess von Anilin wird wie folgt beschrieben: „Man kam jedoch schon bald auf den Gedanken, die Nitrobenzolfabrikation so zu leiten, dass man in Tontöpfen Salpetersäure und Benzol oder in eisernen Gefässen Salpeterschwefelsäure und Benzol in zwei getrennten, möglichst gleichmässig regulierten Strahlen einlaufen liess und dann das Nitrobenzol [...] abzuscheiden. Das zur Reduktion gelangende Nitrobenzol wurde nicht destilliert, sondern direct nach dem Verfahren von Béchamp mit Eisenspähnen und Essigsäure (auch Salzsäure) reduziert.“ BAL 7/A.4.1, Werk Elberfeld: Geschichte der Barmerfabrikation, S. 16–17.

Tab. 3.2: „Verbrauchs-Produktions-Tabelle sämtlicher zur Anilinfabrication gehörigen Ingredienzien nach den Ausbeuten vom Jahre 1868 (Anilin) u. 1867 (Salpetersäure)".[103]

Benzin	**1000**	704,2	1335,8	555,2	757,4	605,9
Nitrobenzol	1420	**1000**	1612,9	788,3	1075,4	860,3
Anilin	880,4	620	**1000**	488,8	666,8	533,4
SO^3	1801,1	1268,3	2045,7	**1000**	1364,1	1091,2
Abfallsäure	2341,4	1648,8	2659,2	1300	1773,3	1418,6
Zahl der Korbfl.	11 ½	8	13	6 ½	8 ½	7
Salpetersäure	1320,3	929,7	1499,5	733,0	**1000**	800
Salpeter	1650,3	1162,1	1874,3	916,2	1250	**1000**
Abfalls. zu NO^5	1687,8	1188,3	1916,8	937,0	1278,3	1022,6

Beide der aufgeführten Tabellen deuten auf eine zunehmende Bedeutung von Effizienzkriterien für die Unternehmensführung hin. Diese Annahme wird durch die Tatsache unterstützt, dass die Tabellen nicht einmalig angefertigt wurden, sondern die Lagerbuchhaltung im Verlauf der 1860er Jahre von einer einfachen sowie chronologischen zu einer detaillierten und relationalen Erfassung überging, deren Weiterentwicklung sich ebenfalls bis in die 1870er Jahre hinein nachverfolgen lässt. Da sich die Bedeutung dieser Informationen für Entscheidungsprozesse der Unternehmensführung jedoch nicht aus den Quellen rekonstruieren lässt, kann diese hier nur angenommen werden. Zunächst war eine genaue Kenntnis der verwendeten Stoffe notwendig, um eine gleichbleibende Qualität in der Farbenproduktion gewährleisten zu können, da bereits leichte Veränderungen innerhalb der Zusammensetzung einen erheblichen Einfluss auf die Farbnuance nehmen konnten. Die Lagerbuchhaltung diente dementsprechend in erster Linie der Kontrolle der verwendeten Materialien; monetäre Bewertungen des Verbrauchs blieben während der 1860er Jahre die Ausnahme. Dies änderte sich mit dem Jahr 1870: In der Lagerbuchhaltung ging man nun dazu über, die verbrauchten Mengen an Grundstoffen (Schwefeltrioxid und Nitrat) mit deren Einkaufspreisen gegenzurechnen, um im Resultat die durchschnittlichen Herstellungs- bzw. Gestehungskosten zu ermitteln.[104] Die Einkaufspreise wurden dabei zunächst monatlich berechnet und anschließend jährlich gemittelt. Da Benzin, Schwefeltrioxid und Nitrat von verschiedenen Lieferanten zu unterschiedlichen Preisen bezogen wurden, bleibt die ge-

103 Tabelle entnommen aus: BAL 16/1.14, Finanzwesen: Lagerbestände Rohmaterialien, S. 75. Es handelt sich hierbei um einen Ausschnitt der Gesamttabelle.

104 Vgl. BAL 16/1.14, Finanzwesen: Lagerbestände Rohmaterialien, S. 85.

naue Berechnungsgrundlage der monatlichen Herstellungskosten jedoch unklar. Grundsätzlich kann diese neuartige Verwendung von relationalen Bewertungskriterien als wesentliches Element der Entwicklung der Kostenrechnung Bayers interpretiert werden und fügt sich in die Annahme ein, dass die ersten Formen der industriellen Kostenrechnung vor allem die Bewertung von Verarbeitungskosten zum Ziel hatten.[105] Zeitlich korrespondiert die Entwicklung der Kostenrechnung bei Bayer in etwa mit den in Kapitel 2 beschriebenen Entwicklungsstufen, allerdings lassen sich explizite Strategien zur Selbstkostenreduzierung, wie sie bspw. für die Phoenix AG überliefert sind, in den 1870er Jahren bei Bayer noch nicht ausmachen.[106]

Einordnend ist an dieser Stelle festzuhalten, dass sich das Unternehmen Bayer bereits früh mit der Notwendigkeit der Anilinproduktion befasste. Die in den kommenden Jahrzehnten größten Konkurrenten des Unternehmens, BASF und Hoechst, integrierten die Anilinproduktion in den Jahren 1865 (1861) bzw. 1869 in ihre Unternehmen.[107] Die BASF strebte darüber hinaus eine völlige Unabhängigkeit von Grundstoffeinkäufen an. Diese wurden in ihren Vorgängerunternehmen über den 1853 gegründeten Verein Chemischer Fabriken Mannheim getätigt, der in den 1860er Jahren eine Größe erreicht hatte, die das Diktieren der regionalen Marktpreise einer Vielzahl von Grundstoffen erlaubte.[108] Auf die Gründung der BASF im April 1865 folgte bereits im Oktober die Produktion von Salpeter- und Arsensäure, von 1866 an ebenfalls von Schwefelsäure, Soda, Ätznatron, Sulfat, Salzsäure und Chlorkalk – Produktionszweige, die bei Bayer teilweise erst Jahrzehnte später aufgebaut wurden.[109] Anders als die BASF konnte Bayer allerdings bereits in den Gründungsjahren auf ein breites, nicht monopolisiertes Lieferantennetzwerk für Grundstoffe zurückgreifen, das sich sowohl aus regionalen wie ausländischen Unternehmen zusammensetzte.

Ein Großteil des von Bayer hergestellten Anilins wurde für die Herstellung von Fuchsin verwendet, dessen Tagesproduktion sich kurze Zeit nach Unter-

---

105 Vgl. Johnson und Kaplan 1987, S. 7–8.

106 Vgl. Wengenroth 1986, S. 76.

107 Wie in Kapitel 3.1. erwähnt, war die BASF 1865 aus der „Chemische(n) Fabrick Dyckerhoff, Clemm & Comp." hervorgegangen, die mit ihrer Gründung die Produktion von Anilinöl aufgenommen hatte. Mitte des Jahres 1861 betrug die wöchentliche Produktion von Anilin 4.500 kg und lag somit bei einer akkumulierten Jahresproduktion von 234.000 kg, während Bayer im ersten Jahr der Anilinherstellung 1865 rund 161.500 kg produzierte. Die Hoechster Anilinölfabrik ging 1869 in Betrieb und produzierte im Januar 1870 rund 15.000 kg Anilin. Zur BASF vgl. Hippel 2003, S. 24–26, zu Hoechst vgl. Pinnow, Hermann: Zur Erinnerung an die 75. Wiederkehr des Gründungstages der Farbwerke vorm. Meister, Lucius & Brüning. München 1938b, S. 28.

108 Vgl. Haber 1958, S. 45–46.

109 Vgl. Hippel 2003, S. 33.

nehmensgründung etwa auf 20 bis 25 Pfund täglich belief und für dessen Herstellung etwa Kosten in Höhe von einem Taler und 24 Sgr. pro Pfund veranschlagt wurden.[110] Dem entgegen stand ein Verkaufspreis von rund 20 Talern, der sich jedoch auf Grund der enormen Konkurrenz auf dem deutschen Fuchsin-Markt bereits im Laufe des Jahres 1864 auf nur noch sieben Taler verringerte.[111] Auf den Preisrückgang reagierte die Unternehmensführung mit den bereits geschilderten Maßnahmen der vertikalen Integration der Anilinherstellung, der Ausgründung einer eigenständigen Fuchsin-Sparte im Jahr 1863 sowie der Errichtung einer auf die ausschließliche Herstellung von Fuchsin ausgerichteten Fabrik im Jahr 1867. Vor dem Hintergrund dieser organisatorischen Maßnahmen war das Unternehmen in der Lage, die tägliche Fuchsin-Produktion bis 1867 auf eine Menge von 200 bis 250 Pfund zu erhöhen.[112] Bis zu diesem Jahr war der Preis des Farbstoffes auf rund 90 Prozent des Einstandspreises gefallen, stabilisierte sich jedoch auf diesem niedrigen Niveau. Ähnliche Preisverringerungen betrafen ebenfalls einen Großteil der weiteren Farbstoffe.[113] In Hinblick auf die Vertriebsstrategie des Unternehmens lässt sich beobachten, dass neue Farbstoffe mit sehr hohen Margen eingeführt wurden, die binnen weniger Monate, teilweise auch innerhalb weniger Tage, stark reduziert werden konnten. So wurde der rötlich-violette Farbstoff Primula nach seiner Entwicklung im Mai 1864 zunächst für 40 Taler, wenige Tage später bereits für 30 Taler angeboten und kostete schließlich im Juli 1865 nur noch zehn Taler.[114] Allerdings wurden den Agenten keineswegs einheitliche Preise mitgeteilt, die Schwankungen innerhalb der jeweiligen Preislisten konnten bis zu 50 sgr. betragen.[115] Der Zusammenhang zwischen der Produktionsausweitung einerseits und dem Preisverfall andererseits legt den Rückschluss nahe, dass die sich schnell vergrößernde Produktionsmenge als Unternehmensstrategie zur Kostenreduzierung über Skaleneffekte verstanden werden kann.[116] Diese Annahme wird durch die Tatsache unterstrichen, dass konkurrierende Farbenproduzenten wie das ebenfalls in Barmen angesiedelte Unternehmen Carl Jäger ähnlich starke Produktionsaus-

110 Schlösser 1918, S. 247. Für die Herstellungskosten, siehe Pohl et al. 1983, S. 107.

111 Vgl. BAL 1/4, Factura Buch Jan. 1861 – Jan. 1863, S. 643–650. Für Zahlen von 1864, vgl. BAL 1/4, Kopierbuch 19.3.1864 – 29.7.1864, S. 531: Friedrich Bayer an A. Buscher, Hattingen.

112 Vgl. Pinnow 1938a, S. 18–19.

113 Pohl et al. 1983, S. 102–108.

114 Vgl. BAL 1/4, Kopierbuch 19.3.1864 – 29.7.1864, S. 531: Friedrich Bayer an A. Buscher, Hattingen, sowie ebd. Kopierbuch 1.6.1865 – 6.9.1865, S. 494: Friedrich Bayer an Ibels, 4.8.1865.

115 Vgl. exemplarisch BAL 1/4, Kopierbuch 1.6.1865 – 6.9.1865, S. 419, Friedrich Bayer an Josef Worm, 27.7.1865 sowie ebd., S. 502/3: Friedrich Bayer an Hindenburg, 5.8.1865.

116 Diese Auffassung wird implizit von Pinnow 1938a, S. 18–19 vertreten.

weitungen durchführten.[117] Bayer befand sich folglich in den 1860er Jahren in einem hochkompetitiven Markt, der sich vor allem durch eine große Ungewissheit bzgl. der Verkaufserlöse auszeichnete, da Margen neuer Farbstoffe innerhalb kürzester Zeit zusammenschrumpfen konnten. Mit der Produktionsausweitung ging zudem die Notwendigkeit von Verfahrensverbesserungen einher, über die eine effizientere Verwertung der Rohmaterialien erreicht werden sollte. Diese konnte in Bezug auf die Herstellung von Anilin ohne Zweifel bewirkt werden, die vermutlich wiederum zu einem preissenkenden Effekt auf die nachgelagerte Herstellung von Fuchsin und den auf Fuchsin basierenden weiteren Farbstoffen führte. Im Jahr 1870 wurden diese Effizienzbestrebungen weiter intensiviert, indem eine Anlage zur Rückgewinnung der im Fuchsin-Prozess benötigten Arsensäure errichtet wurde. Die Herstellung des Fuchsins zeichnete sich durch eine bemerkenswert schlechte Stoffbilanz aus, nach der noch im Jahr 1885 nur 24 Prozent des verwendeten Anilins tatsächlich in den Farbstoff umgewandelt werden konnten. Erste effizienzsteigernde Maßnahmen zielten dementsprechend auf Arsensäure als teuerstes Reagenz ab: In Kooperation mit zwei weiteren Teerfarbenunternehmen, Oeler und Tillmanns, errichtete Bayer im rund 20 km von Barmen entfernten Haan eine Fabrik zur Regeneration von Arsensäure aus der bei der Fuchsin-Herstellung als Nebenprodukt anfallenden arsenigen Säure.[118]

Die Herstellung von Anilinfarben wurde schließlich seit 1871 ebenfalls in einer neuen Fabrik weitergeführt, wodurch sich das Unternehmen Bayer vollständig von der Infrastruktur der Weskott'schen Lohnfärberei trennte. Wenngleich die Produktion der Anilinfarben im Jahr 1871 stark ausgeweitet wurde, zeigte sich die Unternehmensführung angesichts der Absatzzahlen besorgt. „Das ganze Anilin-Geschäft ist überhaupt im vorigen Jahre für den Fabrikanten ein sehr ungünstiges gewesen", schrieb Friedrich Bayer im Februar des Jahres 1872 an einen Kunden und hielt in Hinblick auf den starken Konkurrenzdruck fest, dass er nicht glaube, „daß eine Fabrik existiert, welche darin ein gutes Resultat erzielt" habe.[119] Ursächlich für die spezifisch schlechte Lage des Anilinfarbengeschäftes war die Erwartungshaltung der Unternehmensführung hinsichtlich der zukünftigen Entwicklung des Marktes gewesen. Angesichts hoher Verkaufspreise hatte diese langfristige Rohstoffverträge geschlossen, deren Vorteilhaftigkeit sich auf Grund eines starken Preisverfalls der Rohstoffe im Laufe des Jahres

117 Vgl. Pohl et al. 1983, S. 79–80.

118 Duisberg, Carl: Selbsterlebtes und Schlussbetrachtungen. In: Farbenfabriken vorm. Friedrich Bayer & Co. (Hg.): Geschichte und Entwicklung der Farbenfabriken vorm. Friedr. Bayer & Co. Elberfeld in den ersten 50 Jahren. München 1918, S. 594.

119 Vgl. BAL 1/4, Kopierbuch 3.2.1872 – 18.12.1875, S. 169: Friedrich Bayer an Unbekannt, 3.2.1872.

1871 zu einem Verlustgeschäft entwickelte.[120] Die negativen Resultate wurden – wie von Friedrich Bayer angemerkt – durch die Marktlage des Anilingeschäfts weiter verstärkt, da der Deutsch-Französische Krieg bei den stark importabhängigen deutschen Unternehmen zu bestenfalls stagnierenden Betriebsergebnissen führte.[121]

Tab. 3.3: Kalkulation für Alkaliblau 2B, 1872.[122]

Menge	Stoff	Preis pro Pfund	Gesamtpreis
24 Pfd.	Fuchsin	$2\frac{1}{4}$ Thr	54,-.-
72 Pfd.	Anilin	Sgr. 18.-	43,6.-
3 Pfd.	Natron caust.	Sgr. 8.-	–,24.-
5 Pfd.	Eisessig	Sgr. 20.-	3,10.-
$\frac{2}{3}$ Pfd.	Benzosäure	3 Thr	2,–.-
180 Pfd.	Salzsäure	Sgr. 1.-	1,24.-
Arbeitslohn incl. Wasserlöslichmachen			6,–.-
Kohlen und Verschleiss			4,–.-
			Thr. 115,4.-
Retour			
24 Pfd.	Anilin	Sgr. 15.-	**Thr. 12**
7 Pfd.	Blau für 1B	$2\frac{1}{6}$ Thr	**15,4.- Thr** **27,4.-**
Ergeben 18 Pfd. Schmelze roh $4\frac{9}{10}$			**88.-**
15 Pfd.	Schmelze	$4\frac{9}{10}$	**Thr. 73,15.-**
108 Pfd.	Schwefelsäure	Sgr. 3	**Thr. 3.-7.6**
7 Pfd.	Lauge caust.	Sgr. 4	**Thr -.28.-**
$10\frac{1}{2}$ Pfd.	Soda caust.	$3\frac{1}{3}$	**Thr -.10.6**
			78.1.-
Rendement 18 Pfd. Alkaliblau 2B			
1 Pfd		4.10.-	
Emballage		-.5.-	
10%		-.13.-	
			Thr 4.28.-

120 Vgl. BAL 1/4, Kopierbuch 3.2.1872 – 18.12.1875, S. 169: Friedrich Bayer an Unbekannt, 3.2.1872.

121 Vgl. hierzu exemplarisch die Geschäftsentwicklung der BASF: Abelshauser 2003, S. 641.

122 BAL 7/A.4.1, Werk Elberfeld: Geschichte der Barmerfabrikation, S. 22–23.

Auf Grund der vor dem Jahr 1881 schwierigen Quellenlage sind für die frühen Anilinfarbstoffe nur wenige Kalkulationen überliefert, die Rückschlüsse auf den Entwicklungsstand des betrieblichen Rechnungswesens erlauben. Für die Ermittlung der Herstellungskosten des „Alkaliblau 2B", eines Farbstoffs, der durch Behandlung von Anilinblau mit konzentrierter Schwefelsäure entsteht, wurden beispielsweise die verbrauchten Grundstoffe zunächst in ihrer Menge erfasst und anschließend der Einkaufspreis ermittelt (Tabelle 3.3).

Der für Anilin veranschlagte Pfundpreis von 18 Silbergroschen lag dabei über dem unternehmensinternen Gestehungspreis für Rohanilin bzw. Anilinöl, das auf Grund seiner Verwendung für die Fuchsin-Herstellung mittlerweile als „Anilin für Rot" bezeichnet wurde. Dieser belief sich für das Jahr 1872 auf zwischen elf und zwölf Silbergroschen.[123] Neben dem „Anilin für Rot" existierte jedoch eine weitere Variante, das sogenannte „Anilin für Blau", dessen Herstellung einen weiteren Arbeitsschritt voraussetzte, folglich teurer war und für die Herstellung von Alkaliblau 2B verwendet wurde.[124] Neben der Kostenaufstellung gibt die Tabelle Aufschluss über die Arbeitskosten der Herstellung, wenngleich Angaben zur benötigten Arbeitszeit oder der Anzahl der Arbeiter fehlen. Darüber hinaus sind sowohl der für das Erhitzen der Reaktion benötigte Kohleverbrauch als auch eine Bewertung für den Verschleiß der Apparate festgehalten worden. Letztere ist dabei als eine Form der Abschreibungsrate zu verstehen, wenngleich unklar ist, welche Abschreibungsmethode oder Bemessungsgrundlage Anwendung fanden bzw. auf welche Geräte sich die Abschreibungen überhaupt bezogen. Verglichen mit anderen Selbstkostenkalkulationen dieser Zeit, etwa den für das Jahr 1873/74 von Krupp überlieferten Herstellungskosten von Bessemerstahl, erscheint die Kalkulationsmethode Bayers bezogen auf die Grundstoffe gleichwertig, während der Energieverbrauch sowie Abschreibungen noch weniger detailliert bewertet wurden.[125] Neben der Erfassung der verbrauchten Stoffe weist die Kalkulation erstmals eine Bewertung von rückgewonnenen Produkten auf. Die geringere Bewertung des als „Retour" verbuchten Anilins legt die Interpretation nahe, dass es sich hierbei um ein im Vergleich zu seinem Ursprung minderwertiges Produkt gehandelt haben muss. Andere Rückstände konnten wohl für einen weiteren Farbstoff, vermutlich „Alkaliblau 1B", wiederverwendet werden. Die monetäre Bewertung der wiedergewonnenen Stoffe floss unmittelbar in die Gestehungskosten mit ein und verringerte diese. Die Taxierung dieser Stoffe erfolgte jedoch nicht über den Absatzpreis, sondern

123 Vgl. Angaben zum Preis für Rohanilin in BAL 16/1.14, Finanzwesen: Lagerbestände Rohmaterialien, S. 93.

124 BAL 7/A.4.1, Werk Elberfeld: Geschichte der Barmerfabrikation, S. 23.

125 Vgl. Wengenroth 1986, S. 96.

nunmehr über unternehmensinterne Verrechnungspreise, womit sich ein wesentliches Merkmal der industriellen Selbstkostenrechnung bei Bayer erstmals identifizieren lässt.

Neben den beschriebenen Kostenfaktoren Abschreibungen, Energie (Kohle) sowie Arbeitskosten wurden zudem pauschal zehn Prozent auf die Herstellungskosten aufgeschlagen. Identische Aufschläge finden sich ebenfalls bei anderen Produkten, weshalb die Annahme getroffen werden kann, dass es sich bei diesen Abzügen um die Verteilung von Generalspesen bzw. Fixkosten handelte.[126] Für die frühen 1880er Jahre hielt der spätere Leiter der technischen Buchhaltung und Vorstandsmitglied Fritz Nobbe fest:

> Die Fabrikationsspesen (Löhne, Reparaturen, Dampf, etc.) wurden durch prozentualen Aufschlag, der jährlich durch Gegenüberstellung der Summe des gesamten Rohmaterialienverbrauchs mit der der Total-Betriebsunkosten ermittelt wurde, gedeckt. Dass eine auf diesen Unterlagen aufgebaute Rechnung nur den bescheidensten Ansprüchen auf Genauigkeit entsprechen konnte, ist einleuchtend, aber bei den enorm hohen Verkaufspreisen der ersten Anilin-Farbstoffe genügten diese Kalkulationen vollkommen.[127]

Entgegen der im Rückblick formulierten Aussage Nobbes unterschied sich jedoch die Kalkulation von Löhnen und Reparaturen einerseits sowie weiterer Spesen andererseits, wie der zitierten Kostenaufstellung für Alkaliblau 2B zu entnehmen ist. Ferner ist die Pauschalisierung bezüglich der hohen Margen der ersten Anilin-Farbstoffe zu hinterfragen, da die Preise bereits zu Beginn der 1870er Jahre unter dem zunehmenden Konkurrenzdruck litten. Zweifelsohne ist jedoch der Feststellung zuzustimmen, dass die wenigen überlieferten Kalkulationsarbeiten der ersten rund 15 Jahre des Unternehmens sehr ungenau waren. Fraglich bleibt daher, weshalb die Unternehmensleitung nicht nach Wegen suchte, mittels einer genaueren Kostenanalyse zu besseren Betriebsergebnissen zu gelangen. Eine Ursache hierfür könnte schlicht in der Tatsache auszumachen sein, dass die Produktion noch vollständig durch die Unternehmensgründer überwacht wurde. So könnte es sein, dass die überlieferte Verschriftlichung der Kalkulation demnach nur einen Bruchteil der, wenn man so will, „kalkulatorischen Expertise" der Unternehmensführung widerspiegelte, da eine Formalisierung der Kalkulation auf Grund der direkten Kontrolle der Produktion als nicht notwendig erachtet wurde. Eine weitere Ursache für die rudimentäre Kostenerfassung ist sicherlich darüber hinaus in der sich seit den 1870er Jahren rasanten Verbreitung der Alizarin-Farbstoffe auszumachen, deren Profitabilität die Lö-

126 So unter anderem für eine überlieferte Herstellung des Anilinfarbstoffes Safranin.
127 Nobbe, Fritz: Die technische Buchhaltung. In: Farbenfabriken vorm. Friedrich Bayer & Co. (Hg.): Geschichte und Entwicklung der Farbenfabriken vorm. Friedr. Bayer & Co. Elberfeld in den ersten 50 Jahren. München 1918, S. 493.

sung der problematischen Situation des Anilin-Geschäfts durch buchhalterische Verbesserungen weniger dringlich machte.

3.2.2 Alizarin-Farbstoffe

Die im Jahr 1869 gemachte Entdeckung und schnelle Verbreitung des Alizarins sorgte bei Bayer für neue Absatzmöglichkeiten jenseits der Anilinfarben.[128] Nachdem das Wissen über seine Herstellung auf Grund des mangelhaften Patentschutzes schnell Verbreitung erfahren hatte, gelang es der Unternehmensführung, im Jahr 1869 mit Eduard Tust einen bereits mit der Behandlung des natürlichen Alizarins vertrauten Mitarbeiter des Konkurrenzunternehmens „Gebrüder Gessert" abzuwerben, den man anschließend mit der Forschung am synthetischen Alizarin betraute. Die 1871 aufgenommenen und bald erfolgreichen Versuche einer eigenen Alizarin-Herstellung mündeten schließlich im Juni 1872 in der Errichtung einer eigenständigen Alizarin-Fabrik.[129] Aus dem Aufbau der Alizarin-Produktion ergaben sich darüber hinaus Konsequenzen auf Ebene der Unternehmensführung. Während die Eigentumsverhältnisse der Anilinfabrik hälftig zwischen Weskott und Bayer aufgeteilt waren, jedoch ohne eine rechtliche Absicherung in Form eines Gesellschaftsvertrages, erfolgte die Gründung der Alizarin-Fabrik durch einen eben solchen. Neben den Unternehmensgründern Friedrich Bayer und Friedrich Weskott hielten laut Gesellschaftsvertrag vom 10. Februar 1872 ebenfalls Carl Rumpff, August Siller und Eduard Tust je ein Fünftel der Anteile an der Alizarin-Fabrikation.

Während August Siller bereits seit Mitte der 1860er Jahre im Unternehmen tätig und mit der Leitung der Anilinfabrikation betraut war, war Carl Rumpff vor seinem Eintritt als Teilhaber kein Mitarbeiter in der Produktion des Unternehmens gewesen. Er hatte stattdessen in den 1860er Jahren die erste Teerfarbenfabrik der USA mitbegründet, deren Rohmaterialausstattung zum Großteil von Bayer geliefert worden war.[130] Nach seiner Rückkehr nach Deutschland heiratete Rumpff 1871 die älteste Tochter Friedrich Bayers. Darüber hinaus war August Siller mittlerweile der Schwiegersohn Friedrich Weskotts geworden, weshalb die Teilhabe Rumpffs und Sillers an der Alizarin-Fabrik unter familienstra-

128 Zur Entwicklungsgeschichte des Alizarin, siehe Kapitel 3.1.

129 Rose: Alizarinrot oder Entwicklung der Alizarinfabrikation. In: Farbenfabriken vorm. Friedrich Bayer & Co. (Hg.): Geschichte und Entwicklung der Farbenfabriken vorm. Friedr. Bayer & Co. Elberfeld in den ersten 50 Jahren. München 1918, S. 291. Zur Gründung der Alizarin-Fabrik, siehe Weskott 1918, S. 4.

130 Pinnow 1938a, S. 28–29 sowie Verg et al. 1988, S. 36.

tegischen Gesichtspunkten verstanden werden kann.[131] Bemerkenswert ist, dass der Gesellschaftsvertrag zwar eine Verteilung der in der Alizarin-Fabrik gemachten Gewinne auf alle fünf Gesellschafter festhielt, Eduard Tust jedoch im Verlustfall nicht belangt werden sollte, gleichzeitig jedoch vom Mobilien- und Immobilienbesitz der Fabrik ausgeschlossen war.[132] Hintergrund dieser Sonderstellung war wohl, dass Tust auf Grund seines bei Gebrüder Gessert erworbenen und bei Bayer eingebrachten Wissens eine zentrale Rolle im Aufbau der Alizarin-Fabrikation zukam. Sich seiner Bedeutung bewusst, hatte Tust zu Beginn der 1870er Jahre mit der Gründung eines eigenen Unternehmens zur Alizarin-Herstellung gedroht, weshalb er ebenfalls als Gesellschafter beteiligt wurde.[133] Folglich lag das Kapital der Alizarin-Fabrikation ausschließlich in den Händen der Familien Bayer und Weskott, während dem außenstehenden Eduard Tust ein Fünftel der Gewinne zukam. Trotz einer im Vergleich zu den Konkurrenten BASF und Hoechst zu Beginn noch minderwertigen Qualität des Alizarins sah sich Bayer nach der Markteinführung seines Produktes einer schnell steigenden Nachfrage gegenüber. In Bezug auf Qualitätsprobleme des von Bayer produzierten Alizarins lässt die von Friedrich Bayer für die frühen 1870er Jahre überlieferte Korrespondenz darauf schließen, dass es vor allem ausländische Kunden waren, die das Produkt reklamierten – zum Überdruss Friedrich Bayers, der über eine beanstandete Lieferung an seinen Agenten Lutz in London schrieb, dass er sich „von der Qualität jeder Sendung selbst überzeugt“ habe.[134]

Während der noch bis in die erste Hälfte des Jahres 1872 andauernden Versuchsphase produzierte das Unternehmen bis zu 100 Pfund Alizarin täglich, nach Fertigstellung der Alizarin-Fabrik im Juli 1872 stieg die Tagesproduktion zehnprozentiger Alizarin-Paste[135] bis 1874 auf 500 bis 600 Pfund bzw. 250 bis 300 kg an.[136] Der durchschnittliche Verkaufspreis des Jahres lag bei rund neun Mark pro kg zehnprozentiger Paste, woraus sich wiederum für Bayer ein entsprechender Jahresumsatz von 900.000 Mark bzw. 300.000 Talern ergab.[137] Der

131 Vgl. Nieberding, Anne: Dezentrale Zentralisation. Entscheidungsfindung bei den Farbenfabriken vorm. Friedr. Bayer & Co. In: Clemens Wischermann (Hg.): Unternehmenskommunikation deutscher Mittel- und Großunternehmen. Münster 2003, S. 258.

132 BAL 2/10, Notarieller Akt vom 15.09.1879 betr. Auseinandersetzung der Erben Friedrich Weskott mit der Firma Friedr. Bayer & Co. Barmen.

133 Pinnow 1938a, S. 33–34.

134 BAL 1/4, Kopierbuch 3.2.1872 – 18.12.1875, Friedrich Bayer an Lutz, London, S. 207.

135 Für eine bessere Applikation im Färbeprozess wurden die Farbstoffe in Form von Pasten verkauft, die einen bestimmten Prozentsatz an reinem Alizarin enthielten.

136 Vgl. Rose 1918, S. 291.

137 Vgl. Rose 1918, S. 293.

überlieferte Gewinn der Alizarin-Fabrik betrug für das Jahr 1874 117.585 Taler, folglich belief sich die Umsatzrendite auf etwas über 39 Prozent.[138]

Die entgegen der Wahrnehmung Friedrich Bayers offenbar doch minderwertige Qualität des hergestellten Alizarins veranlasste Carl Rumpff im Jahr 1874 dazu, den Chemiker Dr. Schaal, einen Mitarbeiter der Anilinfabrik, der zuvor in der Elberfelder Gewerbeschule die Darstellung von Alizarin untersucht hatte, mit der Revision des Betriebes zu beauftragen. Dieser stellte erhebliche Mängel in praktisch allen Produktionsschritten fest, in deren Resultat eine unrentable Herstellung des Farbstoffes stand. In Reaktion hierauf stellten die Farbenfabriken die Produktion des Alizarins auf ein Kalkverfahren um, das einerseits weniger gesundheitsschädlich war, andererseits weniger Grundstoffe verbrauchte, wodurch „täglich ca. 100 Taler an wollenden Presstüchern, Salzsäure und sehr viel Waschwasser erspart" werden konnten.[139] Durch die Rationalisierung und Verbesserung der technischen Maßnahmen konnte in der Alizarin-Produktion eine wesentlich bessere Qualität erzielt werden.[140]

Eine Überlieferung der Buchhaltung der Alizarin-Fabrik existiert erstmalig für das Jahr 1873 in Form des „Geheimbuchs der Alizarinfabrik". Da dort ausschließlich die Konten der Gesellschafter aufgeführt wurden, erlaubt das Buch keine Rückschlüsse auf die Kostenrechnung des Unternehmens, doch ermöglicht es Aussagen über den Ertrag der Fabrikation. So weist das Geheimbuch für das Jahr 1873 zunächst einen Verlust von 46.997 Talern auf, der mit Einlagen der Anteilseigner ausgeglichen werden musste. Wenngleich der Gesellschaftsvertrag für Eduard Tust vorsah, dass dieser Verlustfälle finanziell nicht zu verantworten habe, steuerte er wie alle Anteilseigner ein Fünftel der benötigten Summe bei. Bereits im darauffolgenden Jahr erhielten die Gesellschafter ihre Einlagen mit einer Verzinsung von fünf Prozent zurück. In Summe schüttete die Alizarin-Fabrik im Jahr 1874 Gewinne in Höhe von 14.849 Talern an jeden Gesellschafter aus, exklusive der getilgten verzinsten Einlagen. Ein Vergleich mit dem erstmals für das Jahr 1874 überlieferten Hauptbuch des Unternehmens macht deutlich, dass in dessen Bilanz nur zwei Fünftel der Gewinne der Alizarin-Fabrik übertragen wurden. Der Posten „Alizarin Fabrik" wurde darin mit einer Summe von 29.699 Talern (ca. 90.000 Mark) erfasst, was den Anteilen von Friedrich Bayer und Friedrich Weskott entsprach. Die Alizarin-Fabrik existierte demnach als völlig eigenständiger Betrieb, dessen Gewinne nur teilweise in die Gesamtbilanz des Hauptunternehmens „Friedr. Bayer & Co." einflossen (vgl.

138 BAL 16/3.1, Finanzwesen: Geheimbuch Alizarinfabrik Fr. Bayer, 1873–1878, S. 1.
139 Vgl. Rose 1918, S. 292.
140 Vgl. Hückstädt, Harald: Carl Rumpff und Carl Duisberg. In: *Unser Werk – Werkzeitschrift der Farbenfabriken Bayer Aktiengesellschaft*, 18/53 (1967), S. 385–396, hier: S. 387.

Abbildung 3.1). Diese wies für dasselbe Jahr einen Gewinn von etwas mehr als 38.000 Talern (114.000 Mark) aus. Es stammten folglich knapp 80 Prozent des Gewinnes aus der Beteiligung an der Alizarin-Produktion.[141] Den schnellen Bedeutungszuwachs der Alizarin-Farbstoffe belegen die für die Fabrikation überlieferten Gewinne des Folgejahres 1875, in welchem die Beteiligungen Bayers und Weskotts bereits 267.541 Mark bei einem Anteil des Alizarins am Gesamtgewinn von 97 Prozent erbrachten. Schon in den Jahren 1876 und 1877 schrumpften die im Alizarin-Geschäft verzeichneten Gewinne jedoch auf 86.548 Mark bzw. 32.121 Mark, trugen jedoch weiterhin den Großteil zu den Unternehmensgewinnen bei.[142] Wie bereits erwähnt, führte der zunehmende Konkurrenzkampf auf dem Markt für Alizarin-Farben im Verlaufe der 1870er Jahre zu einem rapiden Preisverfall. Lag der Marktpreis für zwanzigprozentige Alizarin-Paste im Jahr 1873 noch bei 18 Mark, betrug er 1877 nur noch 6,50 Mark und fiel in den Folgejahren weiter.[143] Die Produktionsmenge der Farbenfabriken sank also weniger stark als der Rückgang der Gewinne vermuten lässt, jedoch befand sich das Unternehmen trotz allem in einer wirtschaftlich schlechten Lage.

Der Tod des Unternehmensgründers Friedrich Weskott im Oktober 1876 machte eine Neuorganisation der Eigentümerstruktur der Anilin- und Alizarin-Fabriken notwendig. Hierfür mussten zunächst die zuvor von Weskott und Bayer besessenen Anilinfabriken buchhalterisch neu bewertet werden, da die Eigentumsverhältnisse an dieser Fabrik rechtlich nie festgehalten worden waren.[144] Vor diesem Hintergrund kam es zu einer formalen Neugründung des Unternehmens. Aus dessen Hauptbuch geht hervor, dass „die Immobilien, Maschinen und Geräthschaften“ am 31. Dezember 1876 mit einer Summe von 459.427 Mark bewertet wurden. Die „Firma“, wie es weiter heißt, übernahm dieselbe auf Grund von „Abschätzungen“ für 300.000 Mark, woraus Abschreibun-

141 Vgl. BAL 16/3.2, Finanzwesen: Geheimbuch Fr. Bayer, 1874–1881, S. 1. Der übrige Gewinn resultierte aus dem „Gewinn- und Verlustkonto“, die Anilinproduktion scheint in diesem Jahr keine Gewinne abgeworfen zu haben. Darüber hinaus kamen sechs Prozent des Unternehmensgewinns aus einer Beteiligung an der in den 1860er Jahren von Carl Rumpff betreuten US-amerikanischen „The Albany Aniline & Chemical Company of New York“, vgl. Morris und Travis 1992, S. 28.

142 Vgl. BAL 16/3.2, Finanzwesen: Geheimbuch Fr. Bayer, 1874–1881, S. 1–3.

143 Vgl. Rose 1918, S. 293.

144 Vgl. hierzu BAL 2/10, Notarieller Akt vom 15.09.1879 betr. Auseinandersetzung der Erben Friedrich Weskott mit der Firma Friedr. Bayer & Co. Barmen.

gen in Höhe von 159.427 Mark resultierten.[145] Der in die Bücher neu aufgenommene Wert der Anilinfabrik lag dabei höher als der eigentlich aus der Abschätzung resultierende Wert von 270.880,67 Mark.[146] Da die Grundlage der Abschätzung nicht zu rekonstruieren ist, bleibt an dieser Stelle nur festzuhalten, dass die Fabrik über ihrem eigentlichen Wert in die Bilanz aufgenommen wurde.

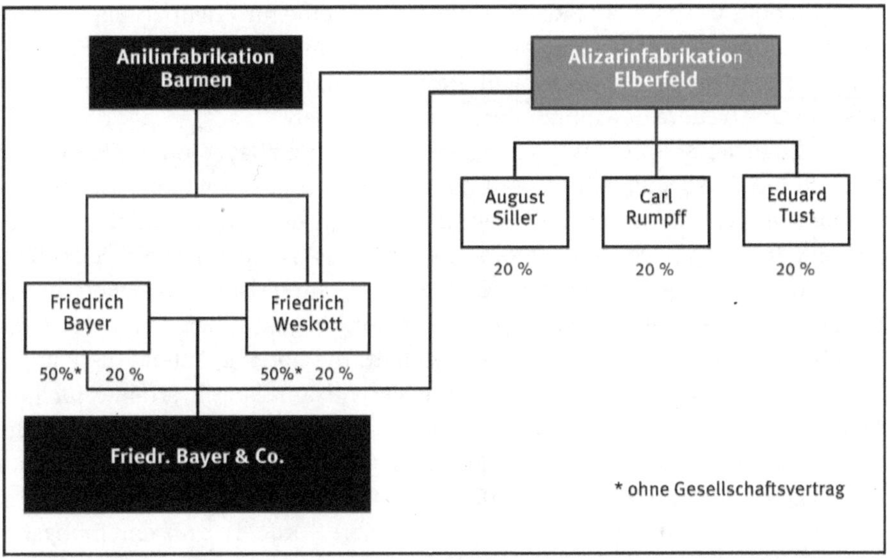

Abbildung 3.1: Organigramm der Gesellschafter Bayers, 1872–1876.[147]

Aus der Bilanz geht zudem hervor, dass Friedrich Bayer im Jahr der Reorganisation beim Barmer Bank Verein eine „hypothecarische Sicherstellung“ in Höhe von 250.000 Mark aufnahm. Friedrich Bayer hatte für 79.713,54 Mark aufzukommen, die Hälfte der Abschreibungssumme. Insgesamt betrug das sich auf seinem Konto befindende Kapital abzüglich der Hypothekensumme 264.197,41 Mark. Dem entgegen standen Kosten in Höhe von 226.561,52 Mark, die dementsprechend ohne die Aufnahme der Hypothek hätten ausgeglichen werden können. Da sich das von Friedrich Bayer im Unternehmen investierte

145 Vgl. BAL 16/3.2, Finanzwesen: Geheimbuch Fr. Bayer, 1874–1881, S. 2.

146 Vgl. BAL 2/10, Notarieller Akt vom 15.09.1879 betr. Auseinandersetzung der Erben Friedrich Weskott mit der Firma Friedr. Bayer & Co. Barmen.

147 Daten aus BAL 16/3.1, Finanzwesen: Geheimbuch Alizarinfabrik Fr. Bayer, 1873–1878, S. 1, sowie BAL 16/3.2, Finanzwesen: Geheimbuch Fr. Bayer, 1874–1881, S. 1. Anteile nach eigener Berechnung.

Kapital auf dann nur noch 37.635,69 Mark belaufen hätte, kann angenommen werden, dass die Aufnahme der Hypothek finanziellen Engpässen des Unternehmenseigners vorbeugen sollte. Dies ist umso wahrscheinlicher, als sich das von Weskott im Unternehmen verbliebene Kapital nur auf etwas über 100.000 Mark belief.[148] Die aus dem Tod Weskotts resultierenden außerordentlichen Belastungen trafen das Unternehmen in einer wirtschaftlich angespannten Situation, weshalb eine Risikominderung als eine für Friedrich Bayer naheliegende Strategie interpretiert werden kann. Als eine prospektiv zusätzliche Belastung stand zudem die noch nicht erfolgte Neubewertung der Alizarin-Fabrik aus, die eine weitere Gewinnminderung erwarten ließ.

Im Zuge der Neuorganisation wurden mit Friedrich Bayer jun. und Friedrich Weskott jun. die beiden Söhne der Unternehmensgründer Teilhaber an der Anilinfabrik. Innerhalb der neuen Eigentümerstruktur der Fabrik entfielen 25 Prozent auf Friedrich Bayer senior sowie jeweils 18,75 Prozent auf seinen Sohn Bayer junior, seinen Schwiegersohn Carl Rumpff, auf Friedrich Weskott junior sowie den Schwiegersohn von Weskott senior, August Siller. Somit hielt die Familie Bayer 62,5 Prozent am Anilingeschäft, die übrigen Anteile die Familie Weskott. Die buchhalterische Aufteilung der Alizarin-Fabrik erfolgte im Jahr 1878 und brachte, wie zuvor die Neuorganisation der Anilinfabrik, erhebliche Abschreibungen mit sich, in deren Zuge der Wert der Fabrik von 634.376,49 Mark auf zunächst 380.361,96 Mark herabkorrigiert wurde, dann aber mit einem Wert von 450.000 Mark bilanziert wurde. Der Abschreibungsbetrag von 184.376,49 Mark wurde gemäß dem noch wirksamen Gesellschaftsvertrag unter den vier Gesellschaftern Bayer, Weskott, Siller und Rumpff aufgeteilt, während Eduard Tust auf Grund seiner Sonderstellung von einer Zahlung befreit war. Auch in der neuen Eigentümerstruktur der Alizarin-Fabrik dominierte die Familie Bayer, wenngleich sich die Verteilung mit 55 Prozent zu 30 Prozent auf Grund der Anteile Eduard Tusts etwas unterschied. Die Neuorganisation der Alizarin-Fabrik bedeutete zudem, dass seit dem Jahr 1878 die Umsätze der Fabrik zentral im Hauptbuch des Unternehmens gebucht wurden und nicht wie zuvor ausschließlich die Anteile Bayers und Weskotts Berücksichtigung fanden, wodurch alle Geschäfte des Unternehmens erstmals in einem Hauptbuch zusammengefasst wurden (Abbildung 3.2).

148 Vgl. BAL 16/3.2, Finanzwesen: Geheimbuch Fr. Bayer, 1874–1881, S. 10–11.

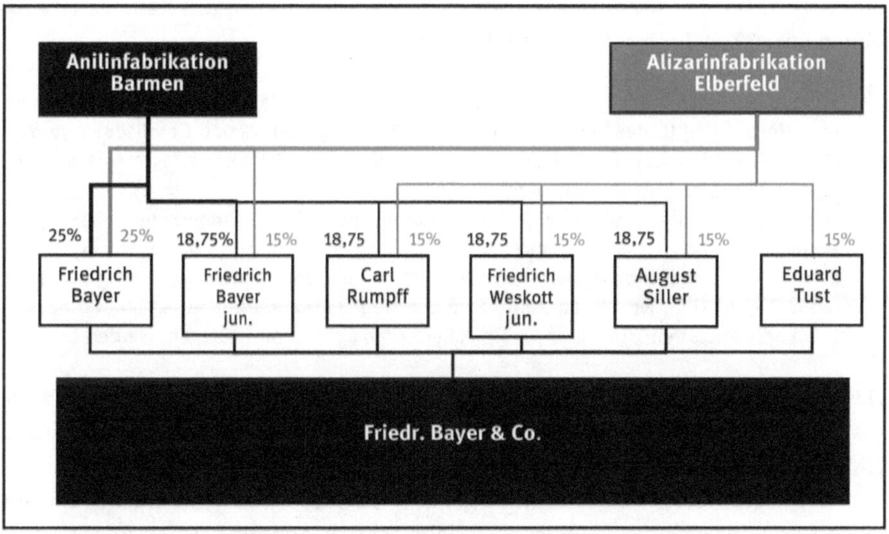

Abbildung 3.2: Organigramm der Gesellschafter nach 1878.[149]

Der Preisverfall auf dem Markt für Alizarin-Farben führte zu einer Konzentration auf Anbieterseite. Die großen Gewinnaussichten der frühen 1870er Jahre hatten zu einer Vielzahl von Firmengründungen geführt, 1875 existierten allein in der unmittelbaren Nachbarschaft Bayers sieben weitere Alizarin-Fabriken.[150] Vor dem Hintergrund des Konkurrenzkampfes reduzierte sich diese Zahl zum Ende des Jahrzehnts auf nur noch zwei.[151] Eines der insolvenzgehenden Unternehmen war Gebrüder Gessert, das im Zuge der Gründerwelle nunmehr als „Chemische Industrie Actiengesellschaft Elberfeld" firmierte. Im Rahmen des Liquidationsprozesses wurde das Unternehmen am 3. Januar 1877 versteigert und von Carl Rumpff für 640.000 Mark aufgekauft. Wenngleich Rumpff den Ankauf aus seinem Privatvermögen finanzierte, schrieb Friedrich Bayer sen. am 6. Januar 1877 an einen Lieferanten: „Das Etablissement der Chem. Actien Gesellschaft ist diese Woche durch öffentliche Versteigerung u. für die Summe von M.

149 Daten aus BAL 16/3.2, Finanzwesen: Geheimbuch Fr. Bayer, 1874–1881. Anteile nach eigener Berechnung.

150 Vgl. Pohl, Hans; Schaumann, Ralph: Wissenschaft und Technik in der chemischen Industrie der Rheinlande während der industriellen Revolution. In: Hans Pohl (Hg.): Wirtschaft, Unternehmen, Kreditwesen, soziale Probleme. Stuttgart 2005, S. 214.

151 Flechtner, Hans-Joachim: Die Elberfelder Farbenfabriken. In: Vorstand der Farbenfabriken Bayer AG (Hg.): Beiträge zur hundertjährigen Firmengeschichte 1863–1963. Leverkusen 1964, S. 8.

640.000 in uns. Besitz übergegangen."[152] Weitere Details zum Kauf gehen aus einem kurze Zeit später verfassten Brief hervor:

> Wir haben Ihnen auch noch die Mittheilung zu machen, daß durch Ankauf im Namen uns. Herrn Rumpff, das ganze Etablissement der Chem. Ind. Actien Gesellschaft vormals Gebr. Gessert in Elberfeld in unseren Besitz übergegangen ist, zum Preis von M. 640.000 u. sehr günstigen Kaufsbedingungen.
> Der ganze Complex schließt ca. 250.000 Quadrat, heißt Land, sämmtliche Gebäude, Maschinen, Geräthschaften, Verbindungen ein, u. ist in jeder Hinsicht als wünschens- u. preiswerthes Eigenthum zu betrachten. Die genannte Gesellschaft, welche seit ca. 2 Monaten in Liquidation, wird ihren Actionären auf die [...] eingezahlten M. 3.000.000 nur 10–12% zurückerstatten können, ihren Bankcreditoren aber zu null gemacht werden.[153]

Dass Rumpff diesen Kauf zunächst aus privaten Mitteln tätigte und den Betrieb erst einige Jahre später auf das Unternehmen Bayer überschrieb, ist in vielerlei Hinsicht interessant. Auf der Ebene der Unternehmensstrategie war der Aufkauf von Gebrüder Gessert zweifelsohne riskant, da das Unternehmen stark auf die Produktion der sich unter Preisdruck befindenden Alizarin-Farben ausgerichtet war. Die wirtschaftlich angespannte Lage äußerte sich ebenfalls in der Tatsache, dass Bayer im November 1877 die Produktion seiner Alizarin-Farbstoffe verringern musste. Um bereits eingegangene Bestellungen dennoch bedienen zu können, mussten 10.000 Pfund Farbstoff vom Konkurrenten Hoechst zugekauft werden.[154] Der Zeitpunkt des Aufkaufs Gesserts fiel zudem in die Periode der Neuorganisation des Unternehmens Bayer, die auf Grund der Erbschaftsregulierung Weskotts ohnehin mit hohen außerplanmäßigen Kosten verbunden war und Friedrich Bayer zur Aufnahme der Hypothek veranlasst hatte. Inklusive der belasteten Hypothek belief sich das Unternehmenskapital Bayers im Jahr 1876 auf 867.764,46 Mark, im Folgejahr auf nur noch 515.706,73 Mark. Die für Gessert gezahlte Summe überstieg folglich die Netto-Bilanzsumme des Unternehmens deutlich, weshalb ein Kauf aus Unternehmensmitteln ausgeschlossen war. Zudem scheint ein kreditfinanzierter Kauf nicht realisierbar gewesen zu sein, da das Unternehmen bereits durch die Hypothek mit 250.000 Mark Fremdkapital

---

152 BAL 16/1.30, Privatkopierbuch Friedrich Bayer: Friedrich Bayer an Herrn Schobloch, 6. Januar 1877, S. 4.

153 BAL 16/1.30, Privatkopierbuch Friedrich Bayer: Friedrich Bayer an Unbekannt, undatiert [vermutlich Januar 1877, FS], S. 7. Interessanterweise lässt sich aus diesem Zitat ableiten, dass im Zuge der Unternehmensliquidation Fremdkapitalgeber (Banken) vor Eigenkapitalgebern (Aktionären) bedient wurden. Dies entspricht der auch heute gültigen Vorrangigkeit von Fremd- gegenüber Eigenkapital. Vgl. Schmidt, Reinhard H.; Terberger, Eva: Grundzüge der Investitions- und Finanzierungstheorie. Wiesbaden 2006, S. 20–22.

154 BAL 16/1.30, Privatkopierbuch Friedrich Bayer: Friedrich Bayer an Herren Meister, Lucius u. Brüning, 10. November 1877.

belastet war, was einer Fremdkapitalquote von knapp 50 Prozent im Jahr 1877 entsprach.[155] Rumpff ging mit dem Kauf von Gessert folglich ein hohes persönliches Risiko ein, auch da zum Kaufzeitpunkt die Zukunft des Unternehmens Bayer keineswegs gesichert war.

Gessert hatte seit 1870 Alizarin in großem Maßstab produziert und erreichte 1871 einen Absatz in Höhe von 15.000 kg Alizarin-Paste, im Jahr 1874 betrug die Produktion rund 400.000 kg.[156] Zwar war es Bayer im Zuge der 1874 von Dr. Schaal durchgeführten Revision der Alizarin-Fabrik gelungen, die Herstellungsmenge und Qualität des Alizarins zu steigern, doch betrug der Absatz 1874 nur etwas mehr als 100.000 kg.[157] Es drängt sich folglich die Frage auf, weshalb es Gessert trotz der im Vergleich zu Bayer besseren Vorbedingungen nicht gelang, den Rückgang der Alizarin-Preise zu überstehen. Gessert verfügte früh über ein qualitativ überlegenes Produkt, produzierte ein Vielfaches an Alizarin und besaß eine im Vergleich zu Bayer doppelt so große Produktionsstätte.[158] Das Unternehmen galt zudem mit Hoechst und dem britischen Unternehmen Perkin & Sons in den frühen 1870er Jahren im Bereich des synthetischen Alizarins als Qualitätsführer, noch bevor die BASF ein konkurrenzfähiges Produkt auf den Markt bringen konnte.[159] Zudem werden zwei zentrale Innovationen für die Herstellung von hochwertigem synthetischem Alizarin – die Reaktion in Druckkesseln sowie die Verwendung von Kaliumchlorat –, mit deren Hilfe die Alizarin-Ausbeute von zuvor 30 auf 90 Prozent erhöht werden konnte, ebenfalls Gessert zugeschrieben.[160] Die Ursache für den Niedergang des Unternehmens scheint demnach weniger auf der Produktions-, sondern auf der Führungsebene zu verorten zu sein. Auf eine Misswirtschaft des Unternehmens deutet neben den oben zitierten geringen Rückzahlungen an die Aktionäre der Umstand hin, dass die Aktiengesellschaft nur einmalig eine Dividende von acht Prozent ausschüttete und im Oktober 1874 erstmals zum Verkauf angeboten wurde – einem Jahr,

155 Vgl. BAL 16/3.2, Finanzwesen: Geheimbuch Fr. Bayer, 1874–1881, S. 2–3.

156 Vgl. Arnold, Tim: „Ein leichter Geruch nach Fäulnis und Säure...“. In: Arne Andersen und Gerd Spelsberg (Hg.): Das Blaue Wunder. Köln 1990, S. 157 sowie Grothe, H.: Ueber das künstliche Alizarin von Gebrüder Gessert in Elberfeld. In: *Polytechnisches Journal*, 1871 (1871), S. 421–422.

157 Vgl. Rose 1918, S. 291.

158 Vgl. BAL 3/2, An- und Verkauf von Immobilien: Erwerb der Firma Gessert, Elberfeld am 3.1.1877.

159 Vgl. Reinhardt und Travis 2000, S. 151. Die Vorreiterstellung der Gebr. Gessert wird ebenfalls durch die von Reinhardt und Travis gemachte Aussage unterstützt, dass das von der BASF produzierte Alizarin erst durch die Hilfe eines ehemaligen Mitarbeiters Gesserts von 1876 an konkurrenzfähig wurde. Vgl. ebd., S. 155.

160 Vgl. Hornix 1992, S. 85. Zur Ausbeute, vgl. Wichelhaus, H.: Sitzung vom 27. November 1916. In: *Berichte der Deutschen Chemischen Gesellschaft*, 49 (1916), S. 2748–2751, hier: S. 2748.

das in Hinblick auf die oben erwähnte Absatzmenge eigentlich wirtschaftlich erfolgreich hätte sein müssen.[161] Mit der notwendigen finanziellen Unterstützung durch Carl Rumpff konnte somit ein Unternehmen übernommen werden, dessen technische Fortschrittlichkeit und hohe Produktionskapazität nun in den Farbenfabriken aufgingen. Die Übertragung der Gessert'schen Fabrik auf das Unternehmen Bayer erfolgte im Jahr 1879 und somit ein Jahr nach der Neuorganisation der Alizarin-Fabrik.[162] Am 24. März 1879 wurde die Übertragung der Fabrik durch die Unternehmensleitung bestätigt und Rumpff für „seine Freunde in Groß Britanien eine Bonification von Mark fünf und siebenzig Tausend zahlbar pro 1. April 1880 zugestanden", womit die Agentur Bryce & Rumpff gemeint war, wie aus mehreren Bilanzeinträgen hervorgeht.[163] Neben der Gessert'schen Fabrik erwarb Rumpff wohl ebenfalls die Alizarin-Fabrik Schöneberg u. Hufschmidt, deren Grundstück sich zwischen Bayer und der ehemaligen Fabrik der Gebrüder Gessert befand und die 1873 eine Konzession zur Herstellung von Alizarin erhalten hatte.[164] Im Zuge der Expansion verneunfachte sich der Gewinn mit Alizarin-Farbstoffen zwischen 1877 und 1878 von 80.304,40 Mark auf 722.939,33 Mark – und dies trotz weiter fallender Preise.[165]

Auf Grund der finanziellen Rahmenbedingungen des Ankaufs des Unternehmens Gebr. Gessert ist nicht eindeutig festzustellen, ob die Unternehmensführung in Person von Friedrich Bayer tatsächlich so risikoavers handelte, wie bisher in der Literatur angenommen.[166] Die durch den Tod Friedrich Weskotts notwendige Neuorganisation des Unternehmens war mit außerplanmäßigen und hohen Kosten verbunden, die Friedrich Bayer unter anderem mit einer Aufnahme von Fremdkapital ausgleichen musste. Die 1877 durch Carl Rumpff für

---

161 BAL 3/2, An- und Verkauf von Immobilien: Erwerb der Firma Gessert, Elberfeld am 3.1.1877.

162 BAL 3/2, An- und Verkauf von Immobilien: Erwerb der Firma Gessert, Elberfeld am 3.1.1877. Auf Grund der enormen Umsatzsteigerung bei gleichzeitig sinkenden Preisen liegt jedoch die Annahme nahe, dass die Anlage der Gebr. Gessert bereits 1878 in das Betriebsergebnis von „Friedr. Bayer & Co." einfloss.

163 BAL 16/1.30, Privatkopierbuch Friedrich Bayer: Ohne Titel, 24. März 1879. Bereits in der Bilanz der Alizarin-Fabrik des Jahres 1877 findet sich ein Übertrag in Höhe von 76.000 Mark, die dem Privatkonto Carl Rumpffs zugebucht wurde. Von Rumpffs Privatkonto erfolgte mit dem Jahresabschluss 1878 sodann die Übertragung auf das Konto von Bryce & Rumpff. Vgl. BAL 16/3.2, S. 21, sowie BAL 16/3.1, S. 6.

164 Vgl. Girtler, Ludwig: Die Ingenieur-Abteilung. In: Farbenfabriken vorm. Friedrich Bayer & Co. (Hg.): Geschichte und Entwicklung der Farbenfabriken vorm. Friedr. Bayer & Co. Elberfeld in den ersten 50 Jahren. München 1918, S. 500.

165 Vgl. Vgl. BAL 16/3.2, Finanzwesen: Geheimbuch Fr. Bayer, 1874–1881, S. 3–6. Jahresgewinn 1877 nach eigener Berechnung.

166 Vgl. u. a. Verg et al. 1988, S. 36 sowie Murmann 2003, S. 123.

Gessert gezahlte Kaufsumme konnte folglich nicht aus dem Kapital des Unternehmens gedeckt werden. Dies ist plausibel, nicht zuletzt, da es sich bei Gessert nicht nur um ein im Vergleich zu Bayer größeres, sondern in seiner Produktionsweise auch fortschrittlicheres Unternehmen handelte. Auf Grund der stetig fallenden Alizarin-Preise handelte es sich im Resultat demnach durchaus um eine hochriskante Investition, für die sich jedoch auf Grund der spezifischen finanziellen Rahmenbedingungen die Frage nach der Risikobereitschaft Friedrich Bayers nicht stellen kann. Fest steht, dass Carl Rumpff wegen der im Jahr 1874 auf seinen Impuls hin erfolgten Revision der Alizarin-Fabrik sowie des zunächst aus privatem Vermögen getätigten Ankaufs der Gessert'schen Fabrik zentralen Anteil daran hatte, dass das Unternehmen Bayer die wirtschaftlich herausfordernde zweite Hälfte der 1870er Jahre überstehen konnte.[167]

3.2.3 Unternehmensstrategie an ihren Grenzen: Patentgesetzgebung 1877

Die Unternehmensstrategie Bayers war in den 1860er und 1870er Jahren geprägt von der Verbesserung extern gemachter Erfindungen. Weder im Bereich der Erforschung von Anilin- noch von Alizarin-Farben zeigte sich das Unternehmen innovativ, im Gegenteil: In beiden Fällen ist Bayer als „second-mover" zu charakterisieren. Während der Wissenstransfer der Anilinfarbenherstellung nicht eindeutig zu rekonstruieren ist, kann die Wissensgenerierung im Falle der Alizarin-Farben als ein beinahe klassisches Beispiel eines Trittbrettfahrerproblems beschrieben werden. Durch die gescheiterte Patentanmeldung seitens der BASF konnte eine Vielzahl von Unternehmen unmittelbar auf das Wissen einer wirtschaftlichen Alizarinherstellung zugreifen. Die kurzfristigen Monopolgewinne, welche die BASF als „first-mover" theoretisch so lange hätte abschöpfen können, bis das Patent abgelaufen wäre, konnten folglich nicht erzielt werden.[168] Unternehmen wie Gebr. Gessert und Hoechst, die über ein wissenschaftlich ausgebildetes Personal verfügten, waren schnell in der Lage ein qualitativ hochwertiges Produkt herzustellen und dies, ohne wie die BASF zuvor in Forschung investiert zu haben.[169]

167 Vgl. hierzu die Feststellung Werner Plumpes, der einen Konkurs des Unternehmens in den 1870er Jahren ohne das Eingreifen Rumpffs für wahrscheinlich hält. Plumpe 2016a, S. 61.

168 Zur Theorie der „first-mover advantages" sowie den „free-rider effects", siehe Lieberman, Marvin B.; Montgomery, David B.: First-Mover Advantages. In: *Strategic Management Journal*, 9 (1988), S. 41–58.

169 Bei Hoechst handelt es sich insofern um einen Sonderfall, als dort ein eigenes, wirtschaftlich rentables Verfahren zur Alizarin-Herstellung entwickelt worden war. Vgl. Kapitel 3.1.

Bei Bayer hingegen mangelte es an wissenschaftlicher Expertise. Da sowohl die zur Alizarin-Herstellung benötigten Apparate wie auch die für die Reaktion benötigten Stoffe bekannt waren, konnte Bayer dennoch im Jahr 1872 eine zunächst erfolgversprechende Produktion aufbauen. Als bereits 1874 die Nachfrage nach dem Bayer'schen Alizarin auf Grund von Qualitätsproblemen sank, konnte die Produktion im Zuge der von Dr. Schaal durchgeführten Revision wesentlich verbessert werden. Mit der Übernahme der Gessert'schen Fabrik im Jahr 1877 wurde dann ein im Bereich der Alizarin-Produktion lange führendes Unternehmen aufgekauft, dessen Herstellungsverfahren von Bayer übernommen wurde. Die Strategie des Unternehmens zeichnete sich folglich dadurch aus, sich in krisenhaften Situationen auf externe Expertise zu verlassen – mit Ergebnissen, die die Firmenleitung offenbar zunächst zufriedenstellten (vgl. Tabelle 3.4). Die von der Unternehmensführung getroffenen Entscheidungen bezogen sich folglich auf Prozessoptimierungen und nicht auf die Möglichkeit, eigene Produkte zu entwickeln. Dies wird durch die Überlieferung unterstrichen, dass das Unternehmen Bayer im Verlaufe der 1870er Jahre einzelne Produktionsschritte sukzessive verbesserte sowie die Regeneration wichtiger Grundstoffe etablieren konnte.[170] Diese Unternehmensstrategie, von Murmann treffend als „copy, improve and make it cheap" beschrieben, beruhte demzufolge darauf, dass die industrielle Überführung der zentralen Erfindungen der 1860er und 1870er Jahre mit niedrigen, in Bezug auf den Wissenstransfer sogar mit kaum existenten Markteintrittsbarrieren versehen war.[171]

Tab. 3.4: Gewinne der Alizarin-Fabrikation bei Friedrich Bayer & Co, 1874–1880.[172]

Jahr	Gewinn Alizarinfabrik	Alizarinpreis (Paste 20 %, in Mark)	Ereignis
1874	74.247,85	17	Revision Dr. Schaal
1875	668.853,60	14	
1876	216.345,85	10	
1877	80.304,40	6,5	Übernahme Gessert
1878	722.939,33	5,2	
1879	872.272,27	5,2	
1880	412.928,08	4,8	

170 Vgl. Rose 1918, S. 291–293.
171 Murmann 2003, S. 109.
172 Gewinne entnommen aus BAL 16/3.2, Finanzwesen: Geheimbuch Fr. Bayer, 1874–1881. Bei den Gewinnen handelt es sich um den „Netto-Nutzen" vor Zahlung von Tantiemen. Preise entnommen aus Rose 1918, S. 293.

Die für ein auf Verfahrensverbesserungen spezialisiertes Unternehmen wie Bayer günstigen Rahmenbedingungen änderten sich schlagartig mit der Verabschiedung des ersten einheitlichen deutschen Reichspatentgesetzes im Mai 1877.[173] Das Patentgesetz legte eine Schutzdauer von maximal 15 Jahren fest, was bedeutete, dass nunmehr für Forschung ein finanzieller Anreiz geboten wurde. Im Unterschied zu den englischen und französischen Patentgesetzen sah das deutsche statt eines Stoffschutzes einen Verfahrensschutz vor. Somit ließ sich nicht das Endprodukt, sondern nur das zu diesem Endprodukt führende Verfahren patentieren. Durch diese Gesetzeslage stand es Unternehmen offen, die Herstellung bereits bekannter und etablierter Farbstoffe über andere Reaktionswege zu untersuchen.[174] Wesentlich beeinflusst wurde diese Form des Patentschutzes durch die in Frankreich und England gemachten Erfahrungen. So hatten die Schicksale der Pionierunternehmen Renard Frères und Perkin & Sons, die im Verlaufe der 1860er respektive 1870er Jahre trotz ihrer ursprünglichen Monopolstellung in Konkurs gegangen waren, die innovationshemmende Wirkung eines Stoffpatentes aufgezeigt.[175] Dennoch gab es auch Teerfarbenunternehmer, die sich gegen das Patentgesetz aussprachen. So erkannte Adolf von Brüning, ein Gründer Hoechsts, gerade in der Absenz eines Patentgesetzes die Begründung für den Erfolg der deutschen Unternehmen. Darüber hinaus äußerte sich Brüning skeptisch gegenüber der Expertise des Patentamtes, da sich die preußische Behörde im Falle des Alizarin-Verfahrens als unfähig herausgestellt habe.[176] Brüning rekurrierte hiermit auf die von der BASF bei der 1869 erfolgten Patentierung des Alizarins gemachte Erfahrung.[177] Interessanterweise war die von Brüning als Antithese angeführte BASF einem Patentgesetz gegenüber positiv eingestellt. Heinrich Caro, Forschungsdirektor des Unternehmens, sah in ihm eine Möglichkeit, der in der chemischen Industrie weitverbreiteten Imitationsstrategie Einhalt zu gebieten.[178] Somit nahmen die beiden führenden Teerfarbenunternehmen der 1870er Jahre in Bezug auf das Patentgesetz konträre

173 Vgl. für die Entstehungsgeschichte des Patentgesetzes die Studie Margrit Seckelmanns: Seckelmann, Margrit: Industrialisierung, Internationalisierung und Patentrecht im deutschen Reich, 1871 – 1914. Frankfurt a. M. 2006. Dort v. a. S. 107–180.

174 Vgl. Kuczynski, Thomas: Die Stellung der deutschen Teerfarbenindustrie zum Stoff- und Verfahrenspatent in der Zeit bis zum zweiten deutschen Patentgesetz von 1891. In: *Jahrbuch für Wirtschaftsgeschichte*, 11 (1970), S. 115–140, hier: S. 121–126.

175 Vgl. hierzu Kapitel 3.1.

176 Vgl. Schmauderer 1971, S. 158.

177 Vgl. Kapitel 3.1.

178 Caro, Heinrich: Ueber die Entwicklung der Theerfarben-Industrie. In: *Berichte der Deutschen Chemischen Gesellschaft*, XXV (1893), S. 955–1105, hier: S. 1020. Heinrich Caro war selbst Gründungsmitglied des 1856 gegründeten Vereins Deutscher Ingenieure (VDI), der die Entwicklung des Patentgesetzes wesentlich beeinflusste. Siehe Schmauderer 1971, S. 155.

Positionen ein – und dies trotz der Tatsache, dass sich in den Unternehmensleitungen beider Unternehmen Chemiker befanden und bereits Forschungsexpertise vorhanden war, wie das Beispiel der Alizarin-Synthese zeigt.

Die mit dem Patentgesetz verbundene Hoffnung Caros auf die Eindämmung der Nachahmungsindustrie bezog sich sicherlich ebenfalls auf das Unternehmen Bayer, dessen Alizarin-Gewinn trotz des Erlasses des Patentgesetzes auch im Jahr nach der Übernahme der Gessert'schen Produktion weiter wuchs (vgl. erneut Tabelle 3.4). Der Gewinn aus Alizarin- und Anilingeschäft belief sich im Jahr 1879 auf 1.157.923,80 Mark und betrug somit rund ein Viertel des Jahresgewinns der BASF (4.396.000 Mark).[179] Zwar war Bayer noch kein Konkurrent auf Augenhöhe, doch hatte sich der Gesamtgewinn des Unternehmens im Jahr vor der Expansion noch auf ein Zehntel des Jahresgewinns der Badischen belaufen.[180] Durch den massenhaften, günstigen Verkauf einer qualitativ guten Ware war Bayer folglich auf dem Weg, zu einem ernstzunehmenden Konkurrenten zu erwachsen. Die Notwendigkeit, eine eigene Forschungsexpertise aufzubauen, scheint in dieser Zeit durch den wirtschaftlichen Aufschwung des Unternehmens überlagert worden zu sein. Diese Annahme kann einerseits dahingehend unterstützt werden, dass die zum Zeitpunkt der Verabschiedung des Patentgesetzes bereits bekannten und für den Umsatz Bayers zentralen Farbstoffe nicht rückwirkend patentiert werden konnten.[181] Das Unternehmen war andererseits in der Lage, über die Lizensierung von extern gemachten Erfindungen seinen Kunden weiterhin Neuheiten anbieten zu können: Die Verabschiedung des Patentgesetzes bedeutete eine Kommodifizierung der Erfindungen, die nun als Ware zwischen Erfindern und Unternehmen gehandelt werden konnten. Die erste buchhalterisch erfasste Lizensierung scheint dabei nicht in der dominierenden Alizarin-, sondern in der mittlerweile deutlich kleineren Anilinsparte erfolgt zu sein. So weisen die Bilanzen der Jahres 1878 bis 1880 eine „Tantième" in Höhe von zehn Prozent an Dr. Otto Olshausen aus, einen Chemiker, der zwischen 1877 und 1880 bei Bayer angestellt war und zuvor bei den Anilinfarbenunternehmen Oehler und Kalle gearbeitet hatte.[182] Mit der Beteiligung Olshau-

---

179 Gewinne Bayer entnommen aus BAL 16/3.2, Finanzwesen: Geheimbuch Fr. Bayer, 1874–1881, S. 8–9. Gewinne BASF siehe Abelshauser 2003, S. 641.

180 Vgl. BAL 16/3.2, Finanzwesen: Geheimbuch Fr. Bayer, 1874–1881, S. 2.

181 Die Unmöglichkeit einer rückwirkenden Patentierung ergab sich aus dem Umstand, dass bei der Patentanmeldung die Neuheit des zu patentierenden Verfahrens nachgewiesen werden musste. Vgl. Murmann 2003, S. 87 sowie Marsch 2000, S. 55. Grundlegend zudem Fleischer, Arndt: Patentgesetzgebung und chemisch-pharmazeutische Industrie im deutschen Kaiserreich. Stuttgart 1984.

182 Vgl. Engel, Michael: „Olshausen, Otto". In: Neue Deutsche Biographie 19 (1999), S. 529–530 [Online-Version].

sens verzwölffachte sich der Gewinn der Anilinsparte zwischen 1877 und 1878 und verdoppelte sich erneut im darauffolgenden Jahr. Aus der überlieferten Kündigung des Chemikers geht hervor, dass dieser vor allem mit der Herstellung von Kaiserroth und Scharlach betraut war, beides Produkte der Anilinsparte.[183] Wenngleich diese während der Wirkungszeit Olshausens beträchtliche Gewinnsteigerungen verzeichnete, war der Verkauf des Kaiserroths über die gesamte Dauer defizitär. Die Herstellung dieses Farbstoffes, dessen Produktion neben der Anilin- und Alizarinfabrik seit 1879 als eigenständige „Kaiserroth Fabrik" buchhalterisch geführt wurde und davor innerhalb des Postens „Anilinfabrik" festgehalten worden war, verursachte zwischen 1877 und 1879 Verluste in Höhe von insgesamt 21.373,09 Mark.[184] Die beträchtliche Gewinnbeteiligung Olshausens muss folglich aus anderen Gründen gerechtfertigt gewesen sein, naheliegenderweise durch das von ihm eingebrachte Wissen um die Produktion des Scharlachs. Dies ist plausibel, da es sich bei diesem Produkt wohl nicht ausschließlich um einen Farbstoff handelte, sondern im Unternehmen alle Azofarbstoffe zunächst als Scharlach-Farbstoffe zusammengefasst wurden. Auf dies deuteten mehrere, in der Unternehmensfestschrift anlässlich des 50. Firmenjubiläums überlieferte Zitate von Mitarbeitern hin, etwa des Chemikers und späteren IG-Farben-Vorstands Carl Hagemann: „Mit Echtgelb extra [...], Bordeaux G [...] und dem Diazofarbstoff Echtviolett bläulich erschöpft sich die Anzahl der im Jahre 1878–1890 hergestellten Azofarben der Scharlachfabrik."[185] Die von Hagemann gemachte Datierung der ersten Azofarbstoffe fällt dementsprechend mit der Anstellungszeit Olshausens zusammen.

Dass die Azofarbstoffe zunächst als Teil der Anilinfarbenherstellung erfasst wurden, ist nicht überraschend, da diese neue Farbstoffgattung über eine Weiterbehandlung von Anilin hergestellt wurde.[186] Zwar datiert die erste Entdeckung von Azofarbstoffen durch den deutschen Chemiker Peter Grieß bereits auf das Jahr 1858, doch fanden sie erst im Jahr 1878 ihren Weg in die Produkt-

183 BAL 16/1.30, Privatkopierbuch Friedrich Bayer: Unternehmen Friedrich Bayer an Dr. Otto Olshausen, 21. Juni 1880, S. 244.
184 Vgl. BAL 16/3.2, S. 4, 9, 41.
185 Hagemann, Carl: Technische Entwicklung der Azofarben. In: Farbenfabriken vorm. Friedrich Bayer & Co. (Hg.): Geschichte und Entwicklung der Farbenfabriken vorm. Friedr. Bayer & Co. Elberfeld in den ersten 50 Jahren. München 1918, S. 173, später ebenfalls auf S. 178, Schmidt, Robert E.: Die Alizarinfarbstoffe. In: Ebd., S. 72 sowie Fürth, F.: Das Farbenlager. In: Ebd., S. 302.
186 Vgl. Osteroth 1985, S. 97–100.

portfolios einzelner Unternehmen.[187] Nachdem die BASF in diesem Jahr mit den Farbstoffen „Azo-Gelb", „Azo-Orange" und „Echtrot für Wolle" Farbstoffe dieser Kategorie in ihr Angebot aufnahm und ihr zugleich das überhaupt erste Reichspatent auf einen Azofarbstoff gewährt wurde, folgten noch im selben Jahr Hoechst mit den „Ponceau"-Farben sowie Bayer mit dem „Croceinorange G", einem von Peter Grieß entwickelten Farbstoff.[188] Unklar ist, welche Art der Entlohnung Grieß für seine Erfindung erhielt, jedoch scheint diese nicht über Tantieme geregelt worden zu sein, da eine solche in der Bilanz erfasst worden wäre. Neben dem Croceinorange G erlangte Bayer zudem eine Lizenz auf ein Verfahren zur Sulfierung von Amidoazobenzol, das 1878 von Friedrich Grässler patentiert worden war. Die auf Grundlage dieses Verfahrens bei Bayer hergestellten Farbstoffe Bordeaux G und „Scharlach BX" wurden 1879 eingeführt.[189]

Wenngleich die Azofarbstoffe auf Grund ihrer hohen und leicht herbeizuführenden Variationsmöglichkeiten zur dominierenden Farbstoffgattung der 1880er Jahre werden sollten, vollzog sich die Markterschließung Ende der 1870er Jahre noch so schleppend, dass die Produktion Bayers auf zehn Prozent der Anfangszeit zurückgefahren werden musste.[190] Der überschaubare Erfolg dieser Farbstoffgattung spiegelt sich ebenfalls in dem für die Scharlachfabrik erstmals 1880 separat erfolgten Jahresabschlusses wider, der einen Gewinn in Höhe von 4.308,33 Mark aufwies und somit nur rund ein Prozent der Alizarin-Gewinne desselben Jahres betrug.[191] Die von der Unternehmensführung Bayers verfolgte Strategie gestand der Lizensierung externer Erfindungen eine eindeutige Vorrangigkeit gegenüber dem Aufbau einer eigenen Grundlagenforschung zu. Die Bandbreite der Lizensierungsmöglichkeiten erschöpfte sich dabei nicht auf der Ebene einzelner Farbstoffe, sondern ermöglichte darüber hinaus, wie im Falle Grässlers, die Herstellung patentierter Grundstoffe, über deren Weiterentwicklung eine Vielzahl von neuen Farbstoffen hergestellt werden konnte. Die zeitliche Nähe der Entwicklung der Azofarbstoffe und der Verabschiedung des Reichspatentgesetzes legt zudem die Vermutung nahe, dass es für das Unter-

---

187 Zur Entstehungsgeschichte der Azofarbstoffe, vgl. die ausführliche Darstellung bei Anthony S. Travis. Vgl. Travis 1993, S. 214–217.

188 Vgl. Verg et al. 1988, S. 56–58.

189 Vgl. Jansen, Johannes: Wissenschaftliche Entwicklung der Azofarben. In: Farbenfabriken vorm. Friedrich Bayer & Co. (Hg.): Geschichte und Entwicklung der Farbenfabriken vorm. Friedr. Bayer & Co. Elberfeld in den ersten 50 Jahren. München 1918, S. 135. Der Kontakt zu Grässler wurde über das Unternehmen Kalle & Co. vermittelt, das im Gegenzug vergünstigte Lizenzen auf von Bayer hergestellte Produkte erhielt. Vgl. BAL 16/1.30, Privatkopierbuch Friedrich Bayer: Unternehmen Friedrich Bayer an Herren Kalle & Co, 28. März 1881, S. 330.

190 Vgl. Müller-Fürstenberger 1995, S. 237–238.

191 Vgl. BAL 16/3.2, S. 41.

nehmen Bayer zu dieser Zeit noch verhältnismäßig einfach war, extern gemachte Erfindungen einzukaufen. So lässt sich für die Jahre nach der Reichspatentgesetzgebung für die gesamte deutsche Teerfarbenindustrie eine Verschiebung der Forschungskompetenz von den Universitäten in die Unternehmen beobachten, die nicht nur mit monetären Anreizen lockten, sondern auch wegen der vergleichsweise guten Kapitalausstattung nicht selten bessere Forschungsbedingungen boten.[192]

Die Akquirierung wissenschaftlichen Personals gestaltete sich für die Unternehmensführung Bayers schwieriger als für die großen Konkurrenten BASF und Hoechst. Wie bereits mehrmals erwähnt, gehörten in beiden Unternehmen akademisch ausgebildete Chemiker zu den Gründungsmitgliedern, die ausgezeichnete Kontakte zu Universitäten und ihrem akademischen Nachwuchs unterhielten. Die wenigen, von Bayer rekrutierten Chemiker hingegen befassten sich vor allem mit Verfahrensverbesserungen, nicht mit Grundlagenforschung.[193] Dabei verschlechterten sich die Rahmenbedingungen Bayers mit der Wende zu den 1880er Jahren zunehmend: Der Gewinn der Alizarin-Sparte halbierte sich in den Jahren 1879 und 1880, der der Anilin-Fabrik sank um ein Drittel. Der zunächst durch den Konkurrenzkampf befeuerte Preisverfall der Alizarin-Farben fand nun eine weitere Ursache in der Preisentwicklung des Grundstoffes Anthracen. Dieses war weiterhin ein zum Großteil aus England importiertes Produkt, dessen Angebot die Nachfrage der Teerfarbenunternehmen noch weit übertraf.[194] Der große Konkurrenzdruck auf dem Markt für Alizarin-Farben führte dazu, dass die billigen Grundstoffpreise unmittelbar an die Kundschaft weitergegeben werden mussten und somit nicht der Marge der Unternehmen zugutekamen.

Die aus der fehlenden Grundlagenforschung hervorgehende Unterlegenheit Bayers gegenüber der Konkurrenz offenbarte sich bereits kurze Zeit nach Verabschiedung des Reichspatentgesetzes. Während es vor 1877 für ein Unternehmen verhältnismäßig unwichtig war, ob es eine innovierende oder imitierende Strategie verfolgte, da die bedeutenden Entdeckungen ohnehin früher oder später Verbreitung fanden, konnte nun zum ersten Mal Grundlagenforschung unmittelbar ökonomisch verwertet werden. Die BASF etwa, die zeitgleich mit dem Patentgesetz ihr erstes Laboratorium zur Grundlagenforschung gründete, meldete mit ihrem „Methylenblau" im Dezember 1877 das überhaupt erste Reichspatent

192 Vgl. Marsch 2000, S. 57–58.

193 Vgl. Plumpe 2016a, S. 61.

194 Versmann schätzte 1876 die Produktionsmenge für reines Anthracen allein für England auf 1.400 Tonnen, während die ihm bekannten europäischen Teerfarbenunternehmen im selben Jahr rund 600 Tonnen, im Folgejahr rund 1.000 Tonnen verbrauchten. Vgl. Versmann, Frederick: On Anthracene Production. In: *The Chemical News and Journal of Physical Science*, 34 (1876), S. 210–211, hier: S. 210. Vgl. hierzu ebenfalls Travis 1993, S. 200–201.

auf einen Teerfarbstoff an.[195] Von den ersten fünf zwischen Dezember 1877 und April 1878 für Teerfarbstoffe erteilten Reichspatenten entfielen drei auf die BASF und jeweils eines auf Hoechst und AGFA, die erste Patentanmeldung Bayers hingegen datiert auf den März 1881.[196] Neben den bereits erwähnten Gründen – keine dringende finanzielle Notwendigkeit einerseits, das Fehlen von Fürsprechern auf Leitungsebene andererseits – findet sich in der Literatur ein weiteres Argument für die späten Forschungsbemühungen Bayers. So hielt das Unternehmen vergleichsweise lange an einem Meistersystem fest, welches als innovationshemmend aufgefasst werden kann. Den Betriebsmeistern kam eine leitende Funktion auf der Produktionsebene zu, jedoch ohne, dass diese auf ein wissenschaftlich fundiertes Verständnis der Produktion zurückgreifen konnten. Es handelte sich vielmehr um Praktiker, die nach dem Prinzip von „trial-and-error" handelten und darüber ein Erfahrungswissen aufbauten, dessen Exklusivität sich unmittelbar in ihrer Vergütung widerspiegelte und bis in die beginnenden 1880er Jahre erhalten werden konnte.[197] Mit einem Jahresgehalt von bis zu 6.000 Mark zählten die Betriebsmeister zu den bestbezahlten Mitarbeitern des Unternehmens und stiegen in Person von Eduard Tust und August Siller im Zuge der Gründung der Alizarin-Fabrikation in die Unternehmensführung auf.[198] Aus der Buchhaltung des Unternehmens lässt sich zudem für die zweite Hälfte der 1870er Jahre eine steigende Bedeutung der Angestellten der kaufmännischen Abteilung ausmachen. So erhielt der Leiter des Hauptkontors und Prokurist Ferdinand Kedenburg von 1878 an eine Tantieme in Höhe von einem Prozent auf die Gewinne der Alizarin- und Anilinfabrik, ab 1879 ist zudem ein Salair in Höhe von 20.000 Mark angegeben. In diesem Jahr belief sich die an Kedenburg ausgeschüttete Summe auf 31.579,24 Mark und somit auf ein Vielfaches der im Nachhinein von dem späteren Direktor Carl Duisberg als „respektable Summe" beschriebenen höchsten Vergütung der Betriebsmeister.[199] Im Folgejahr erhielt mit Wilhelm Schulten ein weiterer Prokurist eine Gewinnbeteiligung in derselben Höhe.[200]

195 Heinrich Caro, dessen Arbeit zuvor sowohl in der Grundlagenforschung als auch in der Prozessoptimierung zu verorten war, wurde Ende 1877 zum Forschungsdirektor ernannt, wodurch seine Arbeit vom Alltagsgeschäft der BASF offiziell getrennt wurde. Vgl. Homburg 1992, S. 99.

196 Homburg 1992, S. 107–108. Wie von Homburg festgestellt, handelte es sich bei dem von AGFA patentierten Farbstoff nicht um eine eigene Forschungsleistung, sondern um eine externe Entdeckung. Zum Bayer-Patent, vgl. Verg et al. 1988, S. 60.

197 Vgl. Plumpe 2016a, S. 61–64, Homburg 1992, S. 104 sowie Wetzel 1991, S. 216.

198 Duisberg 1918, S. 601.

199 Vgl. ebd. sowie BAL 16/3.2, Finanzwesen: Geheimbuch Fr. Bayer, 1874–1881, S. 36.

200 Vgl. BAL 16/3.2, Finanzwesen: Geheimbuch Fr. Bayer, 1874–1881, S. 6–9.

Aus den soeben aufgeführten Details lässt sich für den Übergang des Unternehmens Bayer in die 1880er Jahre folgendes Bild zeichnen: Auf Grundlage der offen zugänglichen Verfahren zur Herstellung von synthetischen Anilin- und Alizarin-Farben wirtschaftete das Unternehmen in den 1860er und vor allem während der ersten Hälfte der 1870er Jahre überwiegend erfolgreich, während die Gewinne jedoch bedingt durch den enormen Konkurrenzdruck des Alizarin-Geschäftes im Verlaufe des Jahrzehntes stark schwankten. Wenngleich die Jahre nach dem Gründerkrach 1873 als Krisenjahre gelten, wies die Teerfarbenindustrie auf Grund der wirtschaftlichen Bedeutung der neuen synthetischen Alizarin-Farben weiterhin stabile Wachstumsraten auf.[201] Auf der organisatorischen Ebene brachten zunächst der Aufbau der Alizarin-Fabrik sowie der Tod Friedrich Weskotts wesentliche Veränderungen. Zusätzlich belasteten die Neuorganisation der Unternehmensanteile und die damit verbundenen Abschreibungen das Kapital des Unternehmens, und dies gerade zu jenem Zeitpunkt, als sich durch die Insolvenz der Alizarin-Fabrik Gebr. Gessert eine Möglichkeit zur Expansion bot. Der zunächst privat getätigte und später auf das Unternehmen überschriebene Aufkauf der Gessert'schen Fabrik durch Carl Rumpff verhalf Bayer schließlich dazu, sich um 1880 als drittgrößtes Teerfarbenunternehmen hinter der BASF und Hoechst zu positionieren.[202] Anders als seine beiden großen Konkurrenten hatte die Unternehmensführung Bayers den strategischen Schwerpunkt auf eine möglichst effiziente und kostensparende Produktion gelegt. Bis zur Verabschiedung des Reichspatentgesetzes 1877 war diese Strategie mit einem komparativen Kostenvorteil verbunden gewesen, da Bayer nur in Produktverbesserungen investieren musste, nicht jedoch in Forschung mit ungewissen Verwertungsaussichten. Die vermutlich herausragende Bedeutung der für die Umsetzung dieser Strategie zentralen kaufmännischen Abteilung spiegelte sich in der Vergütung Ferdinand Kedenburgs und Wilhelm Schultens wider, die Ende der 1870er Jahre die bestbezahlten Angestellten des Unternehmens waren. Wenngleich die Verabschiedung des Reichspatentgesetzes die Etablierung einer eigenen Forschungskompetenz retrospektiv als wirtschaftlich existenzielle Notwendigkeit erscheinen lässt, können zumindest für die ausgehenden 1870er Jahre keine Bestrebungen in diese Richtung ausgemacht werden.

201 Vgl. hierzu Pohl et al. 1983, S. 82 sowie Redlich 1914, S. 28. Zu den Auswirkungen des Gründerkrachs, vgl. Plumpe, Werner: Wirtschaftskrisen. München 2017, S. 65–69.
202 Vgl. Homburg 1992, S. 104.

3.3 Die Krisenjahre: Auf dem Weg zur Aktiengesellschaft

Eine für die Unternehmensentwicklung bedeutende Zäsur setzte der Tod Friedrich Bayers im Mai des Jahres 1880. Zwischen den Eigentümerfamilien Weskott und Bayer kam es in der Folge erneut zu Auseinandersetzungen bezüglich der Neuorganisation der Unternehmensanteile. Im Unterschied zu den nur wenige Jahre zuvor, vor dem Hintergrund des Todes Friedrich Weskotts geregelten Eigentumsverhältnissen wurde das Unternehmen nun in eine Kommanditgesellschaft auf Aktien (KGaA) umgewandelt, deren Eigentümer sich nun nicht länger ausschließlich auf die Gründerfamilien und Eduard Tust beschränkten.[203] Die Gesellschaftsform der Kommanditgesellschaft hatte im Sinne des Allgemeinen Deutschen Handelsgesetzbuches (ADHGB) mindestens aus einem persönlich haftenden Gesellschafter sowie einer beliebigen Anzahl von Kommanditisten zu bestehen, deren Haftung sich jedoch auf das durch sie eingebrachte Kapital beschränkte.[204] Während Friedrich Bayer jun. die persönliche Haftung übernahm, wurden die Witwe Friedrich Bayers und die bisherigen Gesellschafter Friedrich Weskott junior, Carl Rumpff, Eduard Tust und August Siller Kommanditisten des neuen Unternehmens. Darüber hinaus traten nunmehr die Agenturen Bryce & Rumpff aus Glasgow, Bachmann & Seippel aus Hamburg, Schoppe und Stoltzenberg aus Hamburg, Alexander Loebell aus Moskau und die beiden Prokuristen Ferdinand Kedenburg und Wilhelm Schulten ebenfalls in die Teilhaberschaft des Unternehmens ein.[205] Das gezeichnete Kommanditkapital belief sich zunächst auf 5,4 Millionen Mark, wovon je 650.000 Mark von den sechs Teilhabern der Vorgängergesellschaft eingebracht wurden.[206] Die Agentur Bachmann & Seippel beteiligte sich mit 500.000 Mark, Alexander Loebell und Wilhelm Schulten mit je 200.000 Mark sowie Ferdinand Kedenburg und die Agentur Schoppe & Stoltzenberg mit jeweils 50.000 Mark. Carl Rumpff war als Teilhaber an der schottischen Agentur Bryce & Rumpff in doppelter Funktion in der Gesellschaftsgründung involviert und zeichnete dementsprechend neben den obli-

203 Im Vergleich zur Aktiengesellschaft erlaubte die Unternehmensform der KGaA dennoch eine weitaus stärkere Kontrolle der Eigentümerstruktur. Aus ähnlichen Gründen wählte im Jahr 1890 auch das Unternehmen Siemens & Halske zunächst die Form der Kommanditgesellschaft. Im Jahr 1897 erfolgte dort dann die Umwandlung zur Aktiengesellschaft. Vgl. Feldenkirchen, Wilfried: Siemens. München 1995, S. 61–62.

204 Hierin lag der wesentliche Unterschied zur reinen Aktiengesellschaft, für deren Gründung kein persönlich haftender Gesellschafter notwendig war. Vgl. ADHGB vom 05.06.1869, Artikel 150 sowie Artikel 207.

205 BAL 2/14, Statuten und Satzungen der Bayer AG: Statut der Farben-Fabriken Friedr. Bayer & Co., Elberfeld vom 11. Juni 1881 mit Wirkung ab 1. Januar 1882.

206 Julie Bayer als Witwe Friedrich Bayers, Friedrich Bayer jun., Friedrich Weskott jun., Carl Rumpff, Eduard Tust, August Siller.

gatorischen 650.000 Mark eine zusätzliche Summe von 500.000 Mark im Namen seiner Agentur, wodurch er mehr als ein Fünftel der Kapitalsumme zur Verfügung stellte. Die Aufteilung des Kapitals erfolgte über 1.080 Aktien im Wert von je 5.000 Mark.[207]

Das ehemalige Unternehmen Friedrich Bayer & Co. mit den Fabriken in Elberfeld und Barmen wurde im Zuge der Übertragung auf die neue Kommanditgesellschaft mit 3,9 Millionen Mark bewertet. In einer Mitteilung an die Hamburger Commerz- und Discontobank vom 2. Juli 1881 erläuterte Friedrich Bayer jun. weitere Details der Neugründung:

> Anschließend an die Zeilen unserer Vorgängerin vom 30ten vor. Monats u. das gleichzeitig gesandte Circulair, gestatten wir uns heute Ihnen über unser Verhältniß zu der früheren Firma Friedr. Bayer & Co. einige Mittheilungen zu machen. Die Umwandlung wurde wünschenswerth hauptsächlich um mit den Erben des verstorbenen Herrn Bayer eine zufriedenstellende Auseinandersetzung zu erzielen, sodann auch überhaupt, um den großen Grund u. Fabrik Besitz beweglich und zerlegbar zu machen. In folge dessen ist dann auch der größte Theil des Kapitals von 5.400.000 Mark – nämlich 3.900.000 – von den alten Associes gezeichnet worden, der Rest von einigen wenigen intimen Geschäftsfreunden u. uns. Procuristen, so daß keine Actie an den Markt gebracht worden ist. Die neue Firma ist also um 1½ Millionen stärker geworden, sonst aber in keiner Weise verändert.[208]

Die Umwandlung des Unternehmens in eine KGaA brachte folglich eine wesentliche Veränderung in der Eigentümerstruktur mit sich. Berücksichtigt man die doppelte Investition Rumpffs, hielten die Familien Weskott und Bayer mit 3.750.000 Mark knapp 70 Prozent des Unternehmens, das nun unter dem Namen „Farbenfabriken vorm. Friedr. Bayer & Co." firmierte.[209] Innerhalb der Gründerfamilien entfielen wiederum 2.450.000 Mark bzw. rund 65 Prozent auf die Familie Bayer, wovon allein 1.150.000 Mark von Carl Rumpff gezeichnet wurden. Da laut dem Statut der Kommanditgesellschaft jede Aktie mit einem Stimmrecht verbunden war, nahm Rumpff folglich innerhalb der Unternehmensführung eine Sonderstellung ein.[210] Somit veränderten sich die Eigentumsverhältnisse zwischen den Familien geringfügig in Richtung einer bedeutenderen Rolle der Familie Bayer. Anders als es die Logik einer Erbregelung jedoch würde vermuten lassen, ging nicht Friedrich Bayer junior als dominierende Per-

207 BAL 16/1.30, Finanzwesen: Privatkopierbuch Friedrich Bayer, 1876–1883, S. 349.

208 BAL 16/1.30, Finanzwesen: Privatkopierbuch Friedrich Bayer, 1876–1883, Friedrich Bayer Privatim an die Commerz u. Disconto Bank in Hamburg, 2. Juli 1881, S. 371.

209 Zum 1. Juli 1881 erfolgte die Umbenennung in „Farbenfabriken Friedr. Bayer & Co.", spätestens 1883 lief das Unternehmen unter dem Namen „Farbenfabriken vorm. Friedrich Bayer & Co.", vgl. BAL 2/14, Statuten und Satzungen der Bayer AG von 1881 sowie 1883.

210 Vgl. BAL 2/14, Statuten und Satzungen der Bayer AG von 1881, § 31, S. 13.

sönlichkeit aus der Reorganisation der Farbenfabriken hervor, sondern Carl Rumpff – und dies, obwohl Friedrich Bayer als persönlich haftendem Gesellschafter die Geschäftsleitung übertragen wurde. Interessant ist diese Bedeutungsverschiebung zwischen Bayer jun. und Rumpff in Hinblick auf die Ausgestaltung der „property rights" und der damit verbundenen Entscheidungshoheit im Unternehmen. Über seine doppelte Beteiligung agierte Rumpff faktisch als Großaktionär des Unternehmens und übte – wie noch thematisiert werden wird – wiederholt richtungsweisenden Einfluss auf die Entscheidungen der Unternehmensführung aus. Gesetzlich haftbar für diese Entscheidungen und nach außen sichtbarer Unternehmensvertreter blieb jedoch Friedrich Bayer – Verfügungsrechte und Entscheidungshoheit konzentrierten sich demnach nicht, wie für Familienunternehmen üblich, in der Person des Unternehmensgründers oder seines Nachfolgers.

Die neue Organisationsform der Kommanditgesellschaft sah zudem die Einrichtung eines Vorstandes sowie Aufsichtsrates vor. Der Vorstand, der laut Statut aus mindestens zwei persönlichen Gesellschaftern bestehen sollte, wurde von Friedrich Bayer und Friedrich Weskott bekleidet. Da in Paragraph 1 des Statuts nur Friedrich Bayer als persönlich haftender Gesellschafter aufgeführt wird, ist das Statut an dieser Stelle widersprüchlich.[211] Mit den Aufgaben des Aufsichtsrats, welcher die „Ueberwachung der Geschäftsführung durch den Vorstand in allen Zweigen der Verwaltung" sicherstellen sollte, wurden Eduard Tust, August Siller sowie Carl Rumpff betraut, der den Vorsitz des Organs übernahm – auf Grund der gerade geschilderten hohen Kapitalbeteiligung und dem damit einhergehenden Einfluss Rumpffs ist die Objektivität der statutarisch gewünschten Überwachung jedoch zumindest in Frage zu stellen.[212] Die Umwandlung des Unternehmens in eine Kommanditgesellschaft hatte folglich keinen Einfluss auf die personelle Konstellation der Führungsebene. Neu war jedoch, dass die Organisation der Unternehmensführung nun nicht länger ausschließlich intern erfolgen konnte, sondern gesetzlichen Vorgaben unterlag. So konnte bspw. der Unternehmensvorstand nur noch auf Vorschlag des Aufsichtsrates durch die Generalversammlung ernannt werden, die persönlich haftenden Gesellschafter waren zudem gesetzlich gesehen ebenfalls Geschäftsführer des Unternehmens. Dem durch die Generalversammlung gewählten Aufsichtsrat wurden weitreichende Rechte zugestanden, wie unter anderem die Beschlussfassung über die „Errichtung von Zweigniederlassungen und Agenturen" sowie

211 Denkbar ist, dass Friedrich Weskott in diesem Zusammenhang ebenfalls persönliche Haftung übernahm, jedoch ist dies aus der Quellenlage nicht ersichtlich.

212 Vgl. BAL 2/14, Statuten und Satzungen der Bayer AG von 1881, sowie BAL 11/3, Aufsichtsrat: Schriftwechsel, Einladungen, Protokolle: 1. Aufsichtsrath-Sitzung am 9. Juli 1881, S. 1.

die Entscheidungen über die Anstellung neuer Mitarbeiter, deren Anstellungsdauer drei Jahre bzw. deren Gehalt die Summe von mehr als 3.000 Mark jährlich überstieg. Ferner war der Aufsichtsrat dazu befugt, über die „Verwendung der disponiblen Gesellschaftsgelder" zu entscheiden.[213] Mit dieser Befugnis wurde die Möglichkeit bezeichnet, Unternehmensgewinne entweder den Mitgliedern der Unternehmensführung als Tantieme auszuzahlen, Reservestellungen vorzunehmen oder Gewinne als „Superdividende" an die Aktionäre auszuschütten. Wie in Paragraph 17 zur Verteilung der Unternehmensgewinne festgehalten wurde, trat diese Wahlmöglichkeit jedoch erst nach der Zahlung einer feststehenden Dividende von fünf Prozent auf das eingezahlte Grundkapital ein. Zudem war die Zahlung von Tantiemen an den Vorstand, Mitglieder des Aufsichtsrats und die „Beamten der Gesellschaft" auf einen maximalen Anteil von 20 Prozent des Überschusses limitiert.[214] Außer im Falle der Überweisungen an den Reservefonds sah die Ausschüttungsstruktur demnach immer eine doppelte bis dreifache Begünstigung der Teilhaber des vormaligen Unternehmens vor, da sich sowohl Vorstand als auch Aufsichtsrat ausschließlich aus diesen rekrutierten. Zwar profitierten im Falle der Superdividende auch die weiteren Kommanditisten vom Unternehmenserfolg, doch waren diese nur geringfügig beteiligt. In Summe diente die Struktur der Kommanditgesellschaft weiterhin vor allem der Besitzsicherung der Eigentümerfamilien. Auffällig ist dabei der große Einfluss, den das Statut dem Aufsichtsrat zugestand. Wenngleich die Trennung von Vorstand und Aufsichtsrat zu dieser Zeit wenig scharf war und keineswegs der heutigen Auffassung der beiden Organe entsprach, so scheinen die Befugnisse des Aufsichtsrats der Farbenfabriken dennoch vergleichsweise weitreichend gewesen zu sein.[215] Diese Sonderstellung des Aufsichtsrats könnte dabei als ein Ausdruck der hohen Kapitalbeteiligung Rumpffs interpretiert werden, die sich empirisch jedoch nicht belegen lässt.

Die Gründung der Farbenfabriken vorm. Friedr. Bayer & Co. ging aus buchhalterischer Sicht mit einem geänderten Rechnungsjahr einher. War die Gewinn- und Verlustrechnung zuvor zum kalendarischen Jahresende erfolgt, wurden die Bücher nun zum 30. Juni abgeschlossen. Da im Geschäftsjahr 1880/81 ein Jahresabschluss bereits zum 31. Dezember 1880 erfolgt war, die Kommanditgesellschaft sich jedoch zum 1. Juli 1881 gründete, wurde nur das erste Halbjahr des Jahres 1881 bilanziert. Hierin wies die Anilinfabrik einen Nutzen von 166.083,62 Mark auf, die Scharlachfabrik hatte ihren Gewinn mit

213 Vgl. BAL 2/14, Statuten und Satzungen der Bayer AG von 1881, § 30, S. 12.

214 Vgl. BAL 2/14, Statuten und Satzungen der Bayer AG von 1881, § 17, S. 7.

215 Zum Verhältnis von Aufsichtsrat und Vorstand vgl. Wischermann und Nieberding 2004, S. 259–267.

39.997,04 Mark im Vergleich zum gesamten Vorjahr bereits so gut wie verzehnfacht. Den guten Ergebnissen dieser beiden Fabriken stand jedoch ein Verlust der Alizarin-Fabrik in Höhe von 34.885,47 Mark entgegen, womit der sich bereits 1880 abzeichnende negative Trend fortsetzte, dessen Ursache weiterhin in den sinkenden Preisen des Farbstoffs zu verorten war. Hatte der Preis im Vorjahr noch bei 4,80 Mark pro Kilo zwanzigprozentiger Alizarin-Paste gelegen, schlossen die Farbenfabriken im Juni 1881 mit der Elberfelder Färberei J. C. Duncklenberg einen Vertrag über die Alizarin-Lieferungen für das Jahr 1882 „zum Preise von Dreiundneunzig (93) Pfennig pro Pfund 10 %", umgerechnet 3,68 Mark pro Kilo zwanzigprozentiger Paste.[216] Darüber hinaus gewährte man dem Kunden eine Klausel für den Fall, dass Konkurrenten den Preis unterbieten würden:

> Falls innerhalb des Jahres 1882 Sie für einen Posten von mindestens 100 Faß von unserer Concurrenz – nämlich der Badischen Anilin u. Sodafabrik, Ludwigshafen, den Farbwerken vorm. M. L. & B., Höchst, Herrn Carl Neuhaus hier, der Herren Carl Leverkus Söhne in Leverkusen – billigere Offerten als 93 ₰ erhalten für ebenbürtige [...] Waare, wir unseren Preis auch reducieren müssen, wobei uns jedoch dann freistehen soll, eventuell auf Lieferung zu verzichten.[217]

Die explizite Nennung der Konkurrenten lässt die Interpretation zu, dass es sich bei diesen Unternehmen um diejenigen gehandelt haben muss, die den Absatzmarkt Bayers am stärksten bedrohten. Neben der BASF und Hoechst waren dies die Elberfelder Firma Carl Neuhaus sowie das Unternehmen Carl Leverkus und Söhne aus Wiesdorf, das Anfang der 1870er Jahre die Produktion von Alizarin aufgenommen hatte.[218] Der Preisverfall der Alizarin-Farben wurde weiter durch den Umstand verstärkt, dass mit der Wende in die 1880er Jahre das seinerzeit durch Perkin genommene Patent auf Alizarin in England erlosch, weshalb binnen kurzer Zeit eine große Anzahl von englischen Unternehmen auf den Markt drängte. Der nun auch immer stärker international ausgerichtete Preiskampf führte schlussendlich dazu, dass die Alizarin-Hersteller ihre Preise unterhalb der Herstellungskosten ansetzen mussten.[219] So erfolgten laut Geschäftsbericht der BASF im Jahr 1881 Preiskorrekturen im Februar und erneut im August, so „daß der Artikel bei den damaligen Rohmaterialpreisen schließlich ziemlich der

216 BAL 16/1.30, Finanzwesen: Privatkopierbuch Friedrich Bayer, 1876–1883, Friedr. Bayer & Co. an J. C. Duncklenberg, 13. Juni 1881, S. 368.
217 Ebd.
218 Vgl. Henneking 1994, S. 446.
219 Vgl. Redlich 1914, S. 49.

Grenze der Rentabilität nahe kam".[220] Zu der ohnehin schon schwierigen Gemengelage kam, dass die englischen Gasanstalten – die noch immer die Hauptlieferanten der deutschen Teerfarbenindustrie waren – mit Beginn der 1880er Jahre ihre Verfahren zur Gasherstellung auf solche Weise umstellten, dass eine bedeutend geringere Menge an Steinkohlenteer als Nebenprodukt anfiel. So zahlten Unternehmen für 100 kg Benzol, dem für die Herstellung von Anilin- und Azofarbstoffen weiterhin zentralen Rohstoff, im April des Jahres 1879 durchschnittlich 150 Mark, zwei Jahre später bereits 180 Mark. Den Höhepunkt erreichte die Preissteigerung des Benzols im April 1883 mit einem Preis von 300 Mark pro 100 kg; der Preis hatte sich folglich binnen vier Jahren verdoppelt.[221] Den unsicheren Rahmenbedingungen entsprechend verhielt sich der Aufsichtsrat der Farbenfabriken, der am 9. Juli 1881 den Beschluss fasste, vorerst auf Anthracenkäufe zu verzichten und den Prokuristen Wilhelm Schulten mit einer Analyse des englischen Marktes zu beauftragen.[222] Auf Grund der vorherrschenden Konkurrenzsituation konnten die Teerfarbenunternehmen auf eine Veränderung der Rohstoffpreise nicht mit einer Preissteigerung ihrer Produkte reagieren. Da die Farbstoffe der individuellen Hersteller verhältnismäßig leicht durch Konkurrenzprodukte substituierbar waren, hätten andere Unternehmen bei einer Preissteigerung folglich den Anreiz gehabt, ihre Produkte weiterhin zu den niedrigen Preisen anzubieten und dadurch die Nachfrage auf sich zu konzentrieren.[223]

3.3.1 Unternehmensstrategische Sicherheit: Die Alizarin-Konvention

Da die Preise für Alizarin nunmehr ein Niveau erreicht hatten, das für eine Vielzahl der Produzenten die Herstellung zu Nullgewinnen oder darunter bedeutete, wurde der Ausweg über eine Kooperation gesucht. Die am 5. September 1881 vereinbarte Alizarin-Konvention sah eine Aufteilung des internationalen Aliza-

---

220 BASF UA, Geschäftsbericht 1881.

221 Vgl. Kockerscheidt, J. Wilhelm: Über die Preisbewegung chemischer Produkte. Jena 1905, S. 119.

222 Vgl. BAL 11/3, Aufsichtsrat: Schriftwechsel, Einladungen, Protokolle: 1. Aufsichtsrath-Sitzung am 9. Juli 1881, S. 1.

223 Die Situation der Alizarin herstellenden Unternehmen gleicht folglich dem Beispiel des „strategischen Spiels" der Spieltheorie. Das Abweichen von der vorherrschenden Strategie hätte im Falle der Preiserhöhung ein Ausscheiden aus dem Markt bedeutet. Eine Preissenkung hingegen wäre theoretisch möglich gewesen, hätte jedoch so lange aufrechterhalten werden müssen, bis die übrigen Alizarin-Hersteller aus dem Markt ausgeschieden wären. Vgl. zum Thema Spieltheorie Besanko, David: Economics of Strategy. Hoboken, NJ 2010, S. 34–36 sowie Pindyck, Robert; Rubinfeld, Daniel: Mikroökonomie. München, Boston, Mass. 2009, S. 622–655.

rin-Marktes zwischen den größten deutschen und einigen wenigen ausländischen Herstellern vor.[224] Neben der Regulierung der Absatzmärkte wurde zudem der ruinöse Preiskampf aufgehalten, indem sich die Unternehmen auf eine einheitliche Preisgestaltung einigten. In die Konvention traten neben den Farbenfabriken, der BASF und Hoechst ebenfalls die zuvor als starke Konkurrenten wahrgenommenen Unternehmen Carl Neuhaus sowie Leverkus und Söhne ein, weiter die Unternehmen Gauhe & Co, Brönner, das englische Unternehmen Burt, Boulton & Haywood sowie Arzberger Schöpff & Co. Die Kontingentierung der Anteile, die nach Umsatz erfolgte, sah für die Unternehmen Bayer, BASF und Hoechst jeweils zehn Teile des Gesamtumsatzes vor, gefolgt von Carl Neuhaus mit sechs, Boulton & Haywood mit fünf, Leverkus & Söhne sowie Gauhe mit jeweils 3,5 Anteilen, Brönner mit zwei Anteilen sowie Arzberger & Schöpf mit einem Anteil am Gesamtumsatz.[225] Die Quanten, die sich zunächst auf eine tägliche Produktionsmenge von insgesamt 51.000 Kilogramm zehnprozentiger Alizarin-Paste und somit für Bayer auf einen Anteil von 10.000 Kilo beliefen, bezogen sich ebenfalls auf den internationalen Verkauf für Europa inklusive Polen, Finnland und Russland, während der BASF der bedeutende US-amerikanische Markt auf Grund eines existierenden Patentanspruchs allein zugestanden wurde.[226] Für die Verkaufspreise wurde ein Preiskorridor von mindestens zwei Mark und höchstens vier Mark pro Kilogramm zehnprozentiger Paste festgelegt, woraus sich im Vergleich zu den noch im Juni aufgerufenen Preisen mindestens eine Verdoppelung ergab.[227] Mit der Überwachung der Konvention wurde ein „unparteiischer Controllbeamter, der keiner Fabrik nahe steht“ betraut. Dieses Amt war neben seiner Kontrollfunktion ebenfalls dazu befugt, Konventionalstrafen in Höhe von bis zu 200.000 Mark auszusprechen.[228] Da für das maximale Ausreizen der durch die Konvention möglichen Margen eine Kontrolle der

224 Bayer o. J., S. 15.

225 BAL 19/A.16, Bildung einer Alizarin-Konvention. In der Literatur wird noch das Moskauer Unternehmen Rabeneck als Konventions-Mitglied genannt. Dieses war zwar kein Gründungsmitglied der Konvention, trat jedoch vermutlich kurze Zeit nach deren Etablierung ein. Folglich belief sich die Summe der Konventionsanteile zunächst auf 51, dann auf 52 Anteile. Vgl. Rose 1918, S. 293, Doermer, Otto: Die Konventionen und ihr Einfluss auf die Entwicklung der Farbenfabriken. In: Farbenfabriken vorm. Friedrich Bayer & Co. (Hg.): Geschichte und Entwicklung der Farbenfabriken vorm. Friedr. Bayer & Co. Elberfeld in den ersten 50 Jahren. München 1918, S. 511, Pinnow 1938a, S. 46 sowie Travis 1993, S. 202.

226 Vgl. BAL 19/A.16, Bildung einer Alizarin-Konvention. Vgl. ebenfalls Hippel 2003, S. 95.

227 Vgl. Pinnow 1938a, S. 42. Travis ermittelt für September 1881, also unmittelbar vor Inkrafttreten der Konvention, einen Alizarin-Preis von zwei Mark pro Kilo zehnprozentiger Paste. Vgl. Travis 1993, S. 201.

228 BAL 16/1.30, Privatkopierbuch von Friedrich Bayer: König und Kedenburg an Bachmann & Seippel Hamburg, 8 September 1881, S. 404–405.

Rohstoffzufuhr unabdingbar war, schlossen sich die Konventionsmitglieder gleichzeitig zu einer Einkaufsgemeinschaft für Anthracen zusammen, deren Einfluss auf das Preisniveau des Grundstoffs jedoch begrenzt blieb.[229]

Das Zustandekommen der Alizarin-Konvention erlaubt zwei wichtige Beobachtungen bezüglich der Farbenfabriken Bayer. Die erste betrifft die Stellung der Farbenfabriken innerhalb des Wettbewerbsumfelds: Verglichen mit der BASF und Hoechst waren die Farbenfabriken weiterhin das deutlich kleinere Unternehmen, doch hatten sie zumindest auf dem Feld der Alizarin-Farben offenbar eine solche Bedeutung erlangen können, dass sie dort mit den großen Konkurrenten auf Augenhöhe agieren konnten. Der Vergleich der Gewinn- und Verlustrechnungen sowie Bilanzen der drei Unternehmen für das Geschäftsjahr 1880, dem letzten Jahr bevor die Konvention zum Tragen kam, verdeutlicht die eigentlich gravierenden Unterschiede zwischen ihnen. Während die BASF als größtes Unternehmen einen Jahresgewinn von 5.776.845,02 Mark bei einer Bilanzsumme von 24.937.880 Mark aufwies, verzeichnete Hoechst einen Jahresgewinn von 1.977.087,97 Mark, die Bilanzsumme betrug dort 12.674.040 Mark. Bei Bayer hingegen stand einem Jahresgewinn von 545,459,15 Mark eine Bilanzsumme von angenommenen[230] 3.900.000 Mark entgegen.[231] Auch in Bezug auf die Kapitalrentabilität, also das Verhältnis von Gewinn zu Kapital, zeigten sich die Farbenfabriken der Konkurrenz unterlegen, verglichen mit Hoechst jedoch nur knapp (vgl. Tabelle 3.5).

Tab. 3.5: Nettogewinne, Bilanzsummen und Kapitalrentabilität der Unternehmen Bayer, BASF und Hoechst im Jahr 1880 (in Mark).[232]

	Nettogewinn	Bilanzsumme	Kapitalrentabilität
Bayer	545.459,15	3.900.000	14 %
BASF	5.776.845,02	24.937.880	23 %
Hoechst	1.977.087,97	12.674.040	15,6 %

229 Vgl. Doermer 1918, S. 512.

230 Da Bayer seine Bilanzsumme erstmalig im Geschäftsjahr 1881/82 veröffentlichte, wurde die im Zuge der Gründung der Kommanditgesellschaft erfolgte Bewertung des Unternehmens angenommen. Weil diese erst im Juni 1881 erfolgte, lag der Wert des Unternehmens Ende 1880 vermutlich noch unterhalb dieser Summe, woraus sich eine höhere Rentabilität ergeben würde.

231 Zahlen für die BASF siehe BASF UA, Geschäftsbericht 1881, für Hoechst siehe BAL 16/1.30, Finanzwesen: Privatkopierbuch Friedrich Bayer, 1876–1883, o.S, für Bayer siehe BAL 16/3.2, Finanzwesen: Geheimbuch Fr. Bayer, 1874–1881, S. 6–9.

232 Ebd., Rentabilität nach eigener Berechnung.

In der Produktion von Alizarin-Farben erwirtschafteten die Farbenfabriken einen Nettogewinn von 394.346,32 Mark, womit diese Produktionssparte etwa 72 Prozent zum Unternehmensgewinn beitrug. Wenngleich sich die Nettogewinne für Alizarin für die BASF und Hoechst nicht rekonstruieren lassen, ist davon auszugehen, dass die relative Bedeutung des Alizarins bei beiden Unternehmen auf Grund des bereits zu diesem Zeitpunkt höheren Grades der Integration und Diversifikation geringer gewesen sein muss.[233] So sind für die BASF zumindest „Factura-Beträge" überliefert, aus denen die Bruttogewinne der einzelnen Produkte hervorgehen. Diese betrugen im Jahr 1880 für Alizarin 6.562.910,53 Mark, für Anilin 5.634.601,96 Mark sowie für Grundstoffe wie u. a. Soda 894.188,54 Mark. Die Gesamtsumme der Fakturabeträge belief sich auf 14.254.101,88 Mark. Zwar war demzufolge Alizarin auch für die BASF das bedeutendste Produkt jener Zeit, doch trug es mit einem Anteil von 46 Prozent weitaus weniger zum Gesamtergebnis des Unternehmens bei.[234]

Der für die drei Unternehmen unterschiedliche Stellenwert des Alizarins leitet über zu der zweiten Beobachtung. Zwei Mitglieder der Unternehmensführung Bayers, Ferdinand Kedenburg und Hermann König, schrieben kurz nach dem Zustandekommen der Konvention an die Kommanditisten Bachmann und Seippel in Hamburg, dass die Einigung nicht ohne Probleme vonstattengegangen sei. So sei sie erst nach dreiwöchigen Verhandlungen erfolgt, in denen es schlussendlich Carl Neuhaus gewesen sei, „welchem der Ruhm gebührt, die sonst so unwilligen Herren der Bad. Anil. u. Sod. Fabrik und der Farbwerke M. L. u. B. dahin gebracht zu haben, sich einverstanden zu erklären". Der Grund der Auseinandersetzung seien die den einzelnen Unternehmen zugestandenen Quanten gewesen, bei denen es schwer gewesen sei, „die Ansprüche der Obenstehenden Fabriken [BASF und Hoechst, FS] zu befriedigen."[235] Erwägt man hier die Produktportfolien der beiden Unternehmen und trifft die Annahme, dass die mit geringeren Anteilen bedachten Unternehmen wie Carl Neuhaus und Leverkus & Söhne auch in übriger Hinsicht unbedeutender waren, so liegt

233 Wie erwähnt, produzierte und verkaufte die BASF bereits seit ihrer Gründung im Jahr 1865 eine Vielzahl von Vorprodukten, Hoechst nahm 1880 ebenfalls die Produktion anorganischer Säuren auf. Vgl. Reinhardt 1997, S. 41 sowie Pinnow 1938b, S. 46. Reinhardt weist ebenfalls darauf hin, dass eine klare Abgrenzung zwischen funktionaler Integration und produktmäßiger Diversifizierung im Falle der chemischen Industrie besonders schwierig sei, da die nicht selbst benötigten hergestellten Vorprodukte (Integration) häufig verkauft wurden (Diversifikation). Zur Definition der Begriffe der „funktionalen Integration" und „Diversifizierung", siehe Kocka 1975, S. 204.

234 Vgl. BASF UA, Geschäftsbericht 1881: „Einige Notizen zum Ludwigshafener Geschäftsabschluss pro 1880."

235 BAL 16/1.30, Privatkopierbuch von Friedrich Bayer: König und Kedenburg an Bachmann & Seippel Hamburg, 8 September 1881, S. 404–405.

die Interpretation nahe, dass sowohl für die BASF als auch für Hoechst die Dringlichkeit einer Absprache im Alizarin-Geschäft weniger akut war. Zwar war das Alizarin auch in diesen beiden Unternehmen das wichtigste Produkt, ein Rückgang der Preise wäre für die Unternehmen auf Grund ihrer Diversifikation jedoch weniger gravierend gewesen, jedenfalls nicht existenziell bedrohlich. Daher sprach sich ein Teil der Führungsebene der BASF dafür aus, den Preisverfall des Alizarins weiter hinzunehmen und so „durch ihre [die BASF, FS] gut durchgearbeitete und immer weiter verbesserte Fabrikation sowie durch die überlegene Güte ihrer Ware jeden Wettbewerb an die Wand zu drücken."[236] Schlussendlich einigten sich die Mitglieder der Unternehmensführung der BASF doch auf einen Eintritt in die Konvention, wenngleich die beiden Vorstandsmitglieder Friedrich Engelhorn und Gustav Siegle noch innerhalb der späteren Konventionssitzungen von ihren Stimmrechten in divergierender Weise Gebrauch machten, was wiederum zu starken Irritationen und einer Ermahnung seitens des Aufsichtsrates des Unternehmens führte.[237]

Vor dem Hintergrund der konträren Wahrnehmung des Mehrwertes der Konvention ist dann auch die Bemerkung der BASF in ihrem Geschäftsbericht des Jahres 1882 wenig überraschend, dass man erst „nach ernster Prüfung aller Verhältnisse" in die Konvention eingetreten sei, als man zudem die „Überzeugung gewonnen hatte, daß auch im Kreise der Consumenten eine Stabilisierung der Preise als nicht unerwünscht betrachtet werde, wenn nur die durch den maßlosen Preisdruck geschaffene Unsicherheit im Einkauf entsprechend gehoben würde." Neben der monetären Vorteilhaftigkeit der Absprache verweist der Geschäftsbericht zudem auf den durch die Konvention ermöglichten Wissenstransfer, der dabei geholfen habe „unser Fabrikat [...] zu vervollkommnen." Insgesamt habe die BASF ein über den „momentanen Nutzen der Convention" hinausreichendes Resultat erzielt, welches „auch für den Fall, daß die Convention in Bälde ihr Ende erreichen sollte" eine Beruhigung des Alizarin-Geschäftes bedeute.[238] Dass der Geschäftsbericht auf Grund seiner Außenwirkung nicht den höchsten Anspruch an Neutralität erwarten lässt, schmälert dabei nicht die zugrundeliegende Aussage, dass der Konventionseintritt bei der BASF gut legitimiert werden musste und sich keineswegs von selbst verstand.

Die für die BASF und die Farbenfabriken Bayer unterschiedliche monetäre Bedeutung der Alizarin-Konvention wird durch einen Vergleich der Bilanzen

236 BASF UA PB/A901: Voigtländer-Tetzner, Chronik der BASF, S. 301.

237 Vgl. BASF UA, PB/C112: Protokoll-Buch des Aufsichtsrates 1873–1884, 52. Sitzung am 24. Oktober 1882.

238 BASF UA, Geschäftsbericht 1880, Einige Notizen zum Ludwigshafener Geschäftsabschluss pro 1880.

des Geschäftsjahres 1881 bzw. 1881/82 weiter unterstrichen. Im ersten Jahr der Konvention verzeichnete Bayer einen Nettogewinn[239] von 1.787.717,30 Mark vor Abschreibungen, wovon 1.245.434,82 aus dem Alizarin-Geschäft beigetragen wurden. Im Vergleich zum Geschäftsjahr 1880 hatte sich folglich der Nettogewinn des Unternehmens mehr als verdreifacht, wesentlich beeinflusst durch eine Vervierfachung des Nettogewinns der Alizarin-Sparte. Im Vergleich dazu erwirtschaftete die BASF im Geschäftsjahr 1882 einen Nettogewinn von 7.214.811,92 Mark, was einem Zuwachs von knapp 25 Prozent entspricht. Betrachtet man das Gewinnwachstum der beiden Unternehmen absolut, verbuchte das gesamte Unternehmen Bayer zwischen 1880 und 1881/82 einen zusätzlichen Gewinn von 1.238.258,15 Mark, während die BASF einen Mehrgewinn von 1.437.966,77 Mark erwirtschaftete. Zwar werden die erheblichen Unterschiede der Wachstumsquoten dadurch etwas relativiert – zumal alle Produktgruppen in den Gesamtgewinn der beiden Unternehmen einflossen –, doch deuten die prozentualen Zuwächse der Farbenfabriken auf eine starke Abhängigkeit hin, die zwar einerseits ein enormes und durch die Konvention abgesichertes Unternehmenswachstum ermöglichte, das Unternehmen jedoch andererseits anfällig für Veränderungen innerhalb der Konvention machte. Eine Auflösung derselben, die für die Geschäftsleitung der BASF offenbar als realistisches Szenario wahrgenommen wurde, hätte für die Farbenfabriken Bayer eine Unsicherheit bezüglich rund 70 Prozent der Unternehmensgewinne bedeutet.[240]

Um die monetären Konsequenzen einer Konventionsauflösung abzuschwächen stand den Farbenfabriken statutengemäß die Möglichkeit einer Reservebildung offen. Trotz des aus dem hohen Gewinnanteil des Alizarins resultierenden Klumpenrisikos fasste die Unternehmensführung Bayers im Geschäftsjahr 1882 den Beschluss, nur 30.000 Mark des sich vor Abschreibungen auf 1.783.717,30 Mark belaufenden Nettogewinns im Reservefonds zurückzustellen. Die Summe der Abschreibungen, Gehaltszahlungen, Reiseauslagen usw. belief sich in diesem Jahr auf 553.173,06 Mark, wodurch sich ein zu verteilender Gewinn von 1.230.544,24 Mark ergab. Auf der im Oktober 1882 abgehaltenen Generalversammlung beschlossen die Kommanditisten die Verteilung einer Tantieme in Höhe von 12,5 Prozent „an den Vorstand, die Mitglieder des Aufsichtsraths und die Beamten der Gesellschaft".[241] Da die im Statut festgehaltene Verzinsung

239 Hierbei handelte es sich um die aus den Alizarin-, Anilin- und Scharlachfabriken erwirtschafteten Gewinne, von denen im Anschluss noch die Abschreibungen, Gehälter usw. des Gesamtunternehmens abgezogen wurden.

240 Vgl. für Geschäftszahlen Bayer BAL 15/BA.2, Gewinn und Verlustkonto der Farbenfabriken vorm. Friedr. Bayer, S. 1, für Geschäftszahlen BASF vgl. BASF UA, Geschäftsbericht 1882.

241 BAL 14/2, Protokolle der Generalversammlung: Ordentliche General-Versammlung zu Elberfeld am Samstag, den 21. Oktober 1882.

des Aktienkapitals von fünf Prozent als vorrangig gegenüber allen anderen Ausschüttungen festgehalten wurde, erfolgte die Berechnung der Tantiemezahlungen in Bezug auf den zu verteilenden Gewinn abzüglich 270.000 Mark (fünf Prozent des Aktienkapitals von 5,4 Millionen Mark) und belief sich folglich auf die Summe von 120.068 Mark.[242] Für die übrigen 840.476,24 Mark wurde sodann die Verteilung einer Superdividende in Höhe von 15 Prozent des Aktienkapitals festgelegt, also 810.000 Mark. Abzüglich der bereits erwähnten Zahlung von 30.000 Mark in den Reservefonds ergab sich ein Übertrag auf das Folgejahr von 476,24 Mark.[243] Die Ausschüttungspolitik der Farbenfabriken Bayer war demnach stark auf eine Vergütung der Eigentümer ausgerichtet. Geht man davon aus, dass es vor allem die Mitglieder des Vorstandes und Aufsichtsrates waren, die durch die Tantiemenausschüttung von 12,5 Prozent begünstigt wurden, und dass die Schnittmenge zwischen den Mitgliedern dieser Organe und den mit der Dividendenzahlung bedachten Kommanditisten erheblich war, so wurde im Resultat beinahe der gesamte Jahresgewinn des Unternehmens an die Eigentümer ausgezahlt. Die Logik des Vorgängerunternehmens, in dem die Gewinne der einzelnen Fabriken ebenfalls ausschließlich an die Eigentümerfamilien ausgezahlt wurden, wurde also in der Kommanditgesellschaft weitergeführt. Angesichts der beinahe zu vernachlässigenden Reservesumme von 30.000 Mark – welche einer Reservequote von knapp 2,5 Prozent entsprach – kann eine langfristige bzw. risikominimierende Unternehmensstrategie an dieser Stelle nicht festgestellt werden.[244]

Wenngleich die BASF im Geschäftsjahr 1882 eine Dividende in Höhe von 25 Prozent zahlte, betrug die dort in den Reservefonds übertragene Summe zehn Prozent des Nettogewinns. Im Gegensatz zu den Farbenfabriken war diese Quote jedoch statutarisch festgelegt und die Zahlungen hatten so lange zu erfolgen, bis die Summe des Reservefonds ein Drittel bzw. später zehn Prozent der Höhe des Aktienkapitals erreicht hatte.[245] Denkbar ist, dass die BASF als Aktiengesellschaft einem anderen Rechtfertigungsdruck bezüglich der Nachhaltigkeit der Unternehmensstrategie ausgesetzt war. In der Generalversammlung waren nicht nur die Eigentümer vertreten, sondern die Anteile ebenfalls im Besitz Mannheimer Kaufleute, diverser Chemieunternehmen und Unternehmen aus

242 Vgl. BAL 2/14, Statuten und Satzungen der Bayer AG von 1881, § 17, S. 7.

243 Vgl. für Geschäftszahlen Bayer BAL 15/BA.2, Gewinn und Verlustkonto der Farbenfabriken vorm. Friedr. Bayer, S. 1.

244 Die Praxis der „Privatentnahmen" ist ebenfalls für eine Vielzahl von Unternehmen der Montanindustrie überliefert, die teilweise eine Ausschüttungsquote von 95 % des Reingewinns aufwiesen. Vgl. hierzu Lindenlaub 2006, S. 369.

245 Vgl. Voigtländer-Tetzner, Walter: Die kaufmännische Entwicklung der BASF, 1865–1940, S. 105–106.

dem Kundenkreis, woraus sich eventuell eine stärker risikoaverse Ausschüttungspolitik ergab.[246] Da Bayer ebenfalls Mitte der 1880er Jahre die Umwandlung in eine reine Aktiengesellschaft vollzog, kann diese Hypothese im nachfolgenden Kapitel am Beispiel der Farbenfabriken überprüft werden. Auch die in der Literatur verbreitete Interpretation, die enormen Höhen der Dividendenzahlung auf den wirtschaftlichen Erfolg der Unternehmen der chemischen Industrie zurückführen, müsste demnach in Bezug auf die Aktionärs- bzw. Eigentümerstruktur sowie auf die Reservepolitik eine differenziertere Betrachtung erfahren.[247]

Die für die Farbenfabriken zentrale Bedeutung der Alizarin-Farbstoffe nahm in den Folgejahren weiter zu (vgl. Tabelle 3.6). Im Geschäftsjahr 1882/83 betrug der Gewinn des Unternehmens 2.050.931,87 Mark vor Abschreibungen und Tantiemen, der Beitrag der Alizarin-Sparte belief sich hierbei auf 1.500.370 Mark. Bemerkenswert ist, dass die Gewinnsteigerung des Gesamtunternehmens von 1.787.171,30 Mark im Jahr 1882 auf 2.050.931,87 Mark im Jahr 1883 beinahe ausschließlich auf die Mehreinnahmen der Alizarin-Sparte zurückzuführen war. Die aus der Anilin- sowie Scharlach-Fabrik beigetragenen Gewinne erhöhten sich zwischen den beiden Geschäftsjahren nur marginal, entsprechend stieg die relative Bedeutung der Alizarin-Fabrik von 70 auf 73 Prozent weiter an. Die Herstellung der Anilin- und Azofarbstoffe war durch das bereits geschilderte verknappte Angebot an Benzol jenseits der Profitabilitätsgrenze angelangt, da – ähnlich dem Alizarin-Markt – die Teerfarbenunternehmen auf Grund der Konkurrenzsituation trotz Fabrikationsfortschritten nicht in der Lage waren, die Farbstoffpreise an die Rohstoffpreise anzupassen, ja noch nicht einmal zu stabilisieren. Als Konsequenz stellte Friedrich Bayer jun. im Oktober 1882 in einem Brief an die Kölner Handelskammer fest, „daß bei Bezahlung heutiger Anilinpreise an einen kostendeckenden Verkauf noch lange nicht zu denken“ sei.[248]

Wie im Jahr zuvor genehmigte die Generalversammlung eine Tantiemenzahlung in Höhe von 12,5 Prozent sowie die Zahlung einer über die statutengemäße reguläre Dividende von fünf Prozent hinausgehende Superdividende in Höhe von 15 Prozent. Dem Reservefonds wurde die Summe von 100.000 Mark

---

246 Hippel 2003, S. 32. Wie ebenfalls von Hippel geschildert, verhinderte der Aufsichtsrat in mehreren Fällen sogar die Herausgabe gedruckter Bilanzen bis zur Aktienrechtsnovelle 1884. Dennoch müssen den Aktionären diese zumindest auf den Generalversammlungen zur Verfügung gestellt worden sein, weshalb die Hypothese der stärkeren Risikoaversion weiterhin tragfähig bleibt. Vgl. ebd., S. 103.

247 Vgl. etwa Andersen 1999, S. 98 oder Wetzel 1991, S. 230–231.

248 BAL 16/1.30, Privatkopierbuch von Friedrich Bayer: Friedrich Bayer an Cöll. Handelskammer, 6. Oktober 1882, S. 590–591.

zugeführt, woraus sich eine gesteigerte Reservequote von rund 4,9 Prozent des Reingewinns ergab. Als tantiemefreier Übertrag wurden 27.041,24 Mark in das Folgejahr überschrieben.[249]

Tab. 3.6: Jahresgewinne der Farbenfabriken vorm. Friedr. Bayer & Co. und der Produktionssparten Alizarin, Azo und Anilin, 1881–1885 (in Mark).[250]

Geschäftsjahr	Brutto-Gewinn[1]	Gewinn Alizarin-Fabrik	Anteil an Bruttogewinn	Gewinn Azo-Fabrik	Anteil an Bruttogewinn	Gewinn Anilin-Fabrik	Anteil an Bruttogewinn
1881/82	1.783.717,30	1.245.434,82	70 %	243.937,30	14 %	294.345,18	16 %
1882/83	2.050.931,87[2]	1.500.370,90	73 %	244.956,73	12 %	305.128,00	15 %
1883/84	1.382.404,89[3]	1.079.057,06	78 %	159.303,53	12 %	117.003,06	8 %
1884/85	1.190.955,10[4]	700.632,61	59 %	308.169,08	26 %	109.710,98	9 %

1 Vor Abschreibungen und Dividenden.
2 Davon 476,24 Mark Gewinnvortrag aus 1881/82.
3 Davon 27.041,24 Mark Gewinnvortrag aus 1882/83.
4 Davon 72.482,43 Mark Gewinnvortrag aus 1883/84.

Erwähnenswert ist zudem, dass die Bilanz Sonderabschreibungen sowohl auf Gebäude als auch auf Maschinen und Geräte in Höhe von 20.069,27 Mark respektive 64.955,75 Mark auswies. Dieser Vorgang war im Oktober 1883 im Aufsichtsrat verhandelt worden und es sollte der Generalversammlung vorgeschlagen werden, „außer den statutmäßigen 5% noch ca. 20.000 M extra abzuschreiben, ferner auf Maschinen und Geräth außer statutmäßigen 10% circa 65.000 M extra."[251] Trotz der erforderlichen Genehmigung durch die Generalversammlung lassen sich im überlieferten Protokoll der ebenfalls im Oktober abgehaltenen Versammlung keine Hinweise auf die Sonderabschreibungen finden.[252] Die Begründung für die Sonderabschreibung ist folglich nicht zu rekonstruieren, doch sind an diesem Beispiel einige grundsätzliche Punkte der Abschreibungspolitik des Unternehmens festzumachen. Im Unterschied zu einer Vielzahl anderer Aktiengesellschaften boten die Farbenfabriken durch die in den Statuten festge-

249 Vgl. BAL 15/BA.2, Gewinn und Verlustkonto der Farbenfabriken vorm. Friedr. Bayer, S. 2.
250 Bayer Geschäftsberichte 1881–1885, Anteile eigene Berechnung.
251 Vgl. BAL 11/3, Aufsichtsrat: Schriftwechsel, Einladungen, Protokolle: 22. Aufsichtsrath-Sitzung am 4. October 1883, S. 17.
252 Vgl. BAL 14/2, Protokolle der Generalversammlung: Ordentliche General-Versammlung, 20. Oktober 1883.

haltene Höhe der Abschreibungen ein vergleichsweise hohes Maß an Transparenz.[253] Die in Paragraph 16 beschriebenen Grundsätze der Bilanzaufstellung sahen für Gebäude eine jährliche Abschreibungsquote von fünf Prozent sowie auf „Maschinen, Geräthschaften und sonstige Mobilien" eine jährliche Quote von zehn Prozent vor. Die Inventarbewertung der „Rohproducte, Halbfabrikate und Waarenvorräthe" erfolgte zum „Selbstkostenpreis, mit dem Vorbehalt, dass bei Conjuncturen ein dem reellen Werth entsprechender Abschlag erfolgen kann."[254] Die Inventarbewertung entsprach damit den weit gefassten gesetzlichen Vorschriften des ADHGB, die eine Bewertung der „Vermögensstücke und Forderungen" nach dem Wert vorsahen, „welcher ihnen zur Zeit der Aufnahme beizulegen ist."[255] Dieser Bewertung nach „Zeitwert" wurde, wie erwähnt, mit der Aktienrechtsnovelle des Jahres 1884 die Maßgabe des „Niederstwertprinzips" zur Seite gestellt.[256] Dieses verpflichtete Aktiengesellschaften dazu, zwischen „Anschaffungs- bzw. Herstellungskosten oder dem Zeitwert" diejenige Variante zu wählen, welche für die Bewertung des Inventars den niedrigsten Wert auswies.[257] Im Falle der Farbenfabriken Bayer führte diese Neubewertung zu erheblichen Bilanzkorrekturen, auf die in Kapitel 3.3.4. detailliert eingegangen wird.

Mit den außerplanmäßigen Abschreibungen stand den Unternehmen ein Mittel zur Verfügung, nicht voraussehbare schnelle Wertverluste ihres Bilanzkapitals buchhalterisch erfassen zu können. Die Ursachen hierfür konnten unterschiedlich sein und reichten von einer starken Abnutzung von Maschinen, ihrer technischen Überholung bis hin zur Abschreibung von solchen Gerätschaften,

253 Laut Reinhardt Hanf hatte „nur eine kleine Minderheit von Aktiengesellschaften [...] in ihre Statuten Bestimmungen über die Höhe der Abschreibungen aufgenommen." Hanf 1978, S. 161.

254 BAL 2/14, Statuten und Satzungen der Bayer AG: Statut von 1881, § 16, S. 6.

255 ADHGB vom 05.06.1869, Artikel 31.

256 Die Aktienrechtsnovelle des Jahres 1884 zielte vornehmlich auf die Korrektur der Fassung des Aktiengesetzes des Jahres 1870 ab. Das Gesetz des Jahres 1870 hatte die Gründung von Aktiengesellschaften von der staatlichen Genehmigungspflicht enthoben und auf Grund der einfacheren Voraussetzungen zu einer Welle von Neugründungen geführt. Zwar wurde die staatliche Genehmigungspflicht nicht wieder eingeführt, die gesetzlichen Vorgaben der Aktiengesellschaft jedoch deutlich spezifiziert. Vgl. Quick, Reiner: Die Entstehungsgeschichte der aktienrechtlichen Pflichtprüfung in Deutschland. In: *Zeitschrift für Unternehmensgeschichte*, 35 (1990), S. 217–236, hier: S. 220–222 sowie Wischermann und Nieberding 2004, S. 257–267. Eugen Schmalenbach beschrieb die Begründung der Aktienrechtsnovelle plastisch: „Dieses Gesetz war ein etwas spät geborenes Kind der Entrüstung, die in den Jahren nach 1873 sich gegen die Mißstände im Aktienwesen richtete." Schmalenbach 1907a, S. 163–164. Siehe hierzu ebenfalls Kapitel 2.

257 Vgl. Hanf 1978, S. 155 sowie Schmalenbach 1907a, S. 163.

die auf Grund von Nachfrageverschiebungen nicht länger benötigt wurden.[258] Neben dieser offensichtlichen Begründung nutzten Unternehmen zudem Abschreibungen als Möglichkeit zur Bildung stiller Reserven. Hierbei wurde das Betriebskapital über hohe reguläre oder außerplanmäßige Abschreibungen bilanziell auf solche Weise verringert, dass der tatsächliche Wert des Unternehmens über dem in der Bilanz veröffentlichten lag.[259] Wenngleich die Anwendung dieser Praxis für die chemische Industrie für die Jahrhundertwende überliefert ist, kann sie im vorliegenden Fall der Jahresbilanz der Farbenfabriken nicht nachgewiesen werden.[260] Auf Grund der positiven Geschäftsentwicklung wäre eine Bildung stiller Reserven jedoch nicht überraschend gewesen, da sich gerade Jahre mit hohen Erträgen für eine solche Reservebildung eigneten.[261] Die Gewinnsteigerung des Geschäftsjahres 1882/83 hätte demnach zur Bildung einer stillen Reserve genutzt werden können, da neben der Reservestellung zusätzlich die Dividendenzahlung des Unternehmens im Vergleich zum Vorjahr hätte konstant gehalten werden können und folglich den Eigentümern des Unternehmens kein objektiver Nachteil entstanden wäre.[262] Dennoch ist eine außerordentliche Abschreibung auf Grund fabrikationsspezifischer Faktoren wahrscheinlicher. Diese Annahme wird durch die im September 1883 seitens der Direktion der BASF an den Aufsichtsrat ausgesprochene und in der darauffolgenden Aufsichtsratssitzung im Dezember wiederholte Warnung unterstrichen, die Bilanz der zweiten Jahreshälfte 1883 werde auf Grund der „derzeitigen Preisverhältnisse“ sowie „außerordentliche[r] Abschreibungen an Bauten und Apparaten“ von 3.950.000 Mark auf 2.590.000 Mark herabzusetzen sein.[263] Ferner lässt diese Äußerung der Direktion der Badischen die Interpretation zu, dass die Ursache der Sonderabschreibungen bei den Farbenfabriken Bayer und der BASF auf Grund ihrer zeitlichen Nähe eher in industrieweiten als in unternehmensspezifischen Gründen zu suchen war.

258 Vgl. Hanf 1978, S. 160.
259 Vgl. Passow 1922, S. 276–278.
260 Vgl. Hanf 1978, S. 162.
261 Vgl. ebd., S. 161.
262 Dies würde der Beobachtung Hanfs entsprechen, dass Abschreibungen vor allem als „ein Mittel zur Stabilisierung der Gewinnausschüttung auf einem gleichmäßigen Niveau und zur Reservebildung“ genutzt wurden. Hanf 1978, S. 161. Dieses Argument scheint jedoch auf den Fall der Farbenfabriken nur bedingt zuzutreffen, da ohnehin alle Aktionäre über die internen Prozesse des Unternehmens Kenntnis hatten, weshalb die „Fassade“ einer konstanten Dividendenausschüttung nicht benötigt wurde. Die für Aktiengesellschaften übliche Informationsasymmetrie zwischen Geschäftsführung und Aktionären spielte dementsprechend kaum eine Rolle.
263 BASF UA, PB/C112: Protokoll-Buch des Aufsichtsrates 1873–1884, 65. Sitzung am 10. Dezember 1883.

Trotz der für die Unternehmensführung der Farbenfabriken Bayer sehr erfreulichen Entwicklung des Geschäftsjahres 1882/83 war das Unternehmen seinen Konkurrenten Hoechst und der BASF weiterhin unterlegen. Aus der für das Jahr 1882 erstmalig seitens des Kontrollbeamten der Alizarin-Konvention erfolgten vollständigen Jahresabrechnung der Quanten ergab sich, dass die BASF in diesem Jahr 287.500 Kilo mehr Alizarin abgesetzt hatte, als ihr ihrem Anteil nach zugestanden hätte. Weniger dramatisch stellte sich die Lage bei den Farbwerken Hoechst dar, die jedoch mit einem Plus von 89.300 Kilogramm ebenfalls deutlich mehr verkauft hatten, als in der Konvention vereinbart. Die Farbenfabriken Bayer hatten hingegen 127.800 Kilo weniger abgesetzt als vorgesehen. Da es sich bei den Quanten um ein sensibles und wiederkehrend kontrovers diskutiertes Thema handelte, waren die Regeln für den Abweichungsfall klar vorgegeben. Laut Konventions-Vertrag waren die Mitglieder dazu verpflichtet, einem Minderablieferer „auf Antrag das nicht abgesetzte Quantum pro rata ihrer Betheiligung abzunehmen.“[264] Der Preis der Ausgleichstransfers wurde dabei auf den Mindestpreis der Konvention festgelegt, zudem erhielt das abnehmende Unternehmen einen zusätzlichen Rabatt von sechs Prozent. Dieser Rabatt war dementsprechend gleichbedeutend mit einer Strafzahlung des Minderablieferers, da der Verkauf unterhalb der eigentlichen Minimalgrenze abgeschlossen werden musste. Im vorliegenden Falle erklärte sich die BASF gegenüber den Farbenfabriken bereit, 60.000 kg des Bayer'schen Alizarins abzunehmen, für die übrigen 68.000 kg suchte man nach einem weiteren Abnehmer. [265]

Die Diskrepanz zwischen der Leistungsfähigkeit und der Quantenverteilung wurde selbstverständlich auch von den betreffenden Unternehmen wahrgenommen und führte seitens der BASF zu Beginn des Jahres 1883 zur Kündigung der Konvention. Grundsätzlich hatte die Badische im Jahr 1882 trotz der Überproduktion stark von der Alizarin-Konvention profitiert, da entgegen einer im Vergleich zum Jahr 1881 kaum gesteigerten Produktionsmenge die Gewinne deutlich angestiegen waren und die Preisschwankungen, die zuvor noch ein wesentliches Merkmal des Alizarin-Marktes gewesen waren, größtenteils aufgehoben wurden.[266] Die Kündigung war vor allem durch die Unzufriedenheit mit den kleineren Konventions-Mitgliedern motiviert, die in der Wahrnehmung der Unternehmensleitung der BASF ihr Stimmrecht gegen die Interessen der großen Firmen nutzten. Gustav Siegle hatte sich gegenüber den Mitgliedern der Bayer'schen Unternehmensleitung dahingehend geäußert, „daß er principiell nicht

264 BAL 19/A.16, Bildung einer Alizarin-Konvention.

265 Vgl. BAL 16/1.30, Privatkopierbuch von Friedrich Bayer: Unbekannt an Carl Rumpff, 23. Januar 1883, S. 636–637.

266 Vgl. BASF UA PB/A901: Voigtländer-Tetzner, Chronik der BASF, S. 303.

gegen eine Verlängerung sei, daß er in eine solche aber nur einwilligen werde, wenn dagegen Abhilfe geschaffen, daß die Badische durch Beschlüsse der kleineren Fabrikanten majorisiert würde."[267] Die starke Stellung, welche die BASF auf Grund ihrer vertikal integrierten Alizarin-Produktion besaß, bedeutete gleichzeitig eine entsprechende Verhandlungsmacht innerhalb der Konvention. Die kleineren Unternehmen, zu denen faktisch alle Firmen ohne eigene Produktion von Vorprodukten gehörten, mussten sich folglich den Forderungen der BASF beugen oder sie riskierten, ihre Wettbewerbsfähigkeit im freien Markt vollständig aufgeben zu müssen. Entsprechend einigten sich die Alizarin-Mitglieder im März 1883 auf eine Verlängerung der Konvention zu den Bedingungen des Marktführers.

Die erstmalige Neuverhandlung des Konventions-Vertrages im Frühjahr 1883 führte nur zu einer kurzweiligen Stabilisierung des Marktes. Bereits zum 1. Mai 1883 beriefen die Farbwerke Hoechst und die BASF gemeinsam eine Sondersitzung der Konvention ein, da sie die Preise für den Farbstoff „sofort" zu reduzieren ersuchten.[268] Anlass dieser Dringlichkeit waren die sich im Laufe des Jahres zu Ungunsten der Konvention verändernden Rahmenbedingungen. Die Mitglieder der Alizarin-Konvention hatten bei Vertragsabschluss beabsichtigt, die Marktmacht des Kartells nicht voll auszureizen, sondern über eine moderate Preisstrategie die Margen für die Firmen zwar relativ gering ausfallen zu lassen, dadurch jedoch gleichzeitig potentiellen Konkurrenten den Anreiz für Neugründungen zu nehmen.[269] Auf dem britischen Markt verfolgten die kartellierten Firmen hingegen eine weitaus aggressivere Strategie und kündigten für Ende 1882 eine Preiserhöhung an. Als Reaktion auf diese Ankündigung schlossen sich schottische Türkischrot-Färbereien mit Unternehmen aus Manchester mit dem Ziel zusammen, die Alizarin-Sparte des einzigen englischen Konventions-Mitglieds Burt, Boulton & Haywood aufzukaufen. Die erfolgreiche Übernahme wurde auf einer im Dezember 1882 abgehaltenen Konventionssitzung angekündigt und erfolgte zum 1. Juli 1883, darüber hinaus garantierte das im Zuge der Übernahme neugegründete Unternehmen „British Alizarine Company", sich bis zum 31. Dezember 1883 an den existierenden Konventions-Vertrag zu halten.[270] Als Reaktion auf eine zu starke Ausnutzung der Monopolstellung reagierten die englischen Kunden also mit der Gründung einer eigenen, in Kundenhand liegenden Fabrikation von Alizarin, die innerhalb der Konvention agierte.

267 BAL 16/1.30, Privatkopierbuch von Friedrich Bayer: Schulten/König an Carl Rumpff, 26. Januar 1883, S. 640–641.

268 BAL 16/1.30, Privatkopierbuch von Friedrich Bayer: Friedrich Weskott an Carl Rumpff, 23. April 1883, S. 686.

269 Vgl. Bayer o. J., S. 15.

270 Vgl. Travis 1993, S. 209 sowie S. 295.

Ihrer Gründungsmotivation entsprechend übte die British Alizarine Co. innerhalb der Konvention Druck auf die Preisgestaltung aus und sprach sich wiederholt für eine Reduzierung der Preise aus. In Anbetracht dieser Forderungen äußerte sich Friedrich Weskott im April 1883 gegenüber Carl Rumpff und stellte die Überlegung an, ob man „dem Drängen der Schotten, die ja doch nur auf weitere Reduction hinarbeiten" nachgeben, oder sich für eine Aufrechterhaltung eines „anständigen Preises bis zum Ende dieses Jahres" aussprechen sollte.[271] Da die British Alizarine Co. ihre Mitgliedschaft in der Konvention zunächst nur bis Ende 1883 garantiert hatte, standen die übrigen Firmen vor der Abwägung, weiter an hohen Preisen festzuhalten und dadurch den mit großer Wahrscheinlichkeit erfolgenden Austritt des englischen Konkurrenten zu riskieren, oder dessen Drängen nachzugeben. Bei der BASF zeichnete der britische Markt zwischen 1877 und 1888 für rund ein Viertel des Gesamtumsatzes verantwortlich, bei den anderen Konventions-Firmen wird die Bedeutung dieses Marktes ähnlich groß gewesen sein.[272] Vor diesem Hintergrund ist der seitens der BASF und Hoechst geäußerte Vorschlag einer sofortigen Preisreduzierung zu verorten, dem sich schlussendlich die weiteren Konventions-Unternehmen anschlossen. Der Maximalpreis für Alizarin wurde auf vier Mark pro Kilogramm zwanzigprozentiger Paste festgesetzt, dem entgegen standen bei den Farbenfabriken Bayer für das Geschäftsjahr 1882/83 Herstellungskosten in Höhe von durchschnittlich 3,53 Mark.[273]

Neben der British Alizarine Co. drängte mit dem Schweizer Unternehmen Bindschedler & Busch ein weiterer ausländischer Konkurrent auf den internationalen Alizarin-Markt, dessen Aktivitäten die Konvention durch die Preisreduktionen ebenfalls aufzuhalten versuchte. Nach der Mitte 1883 durchgeführten Preisänderung stellte man bei den Farbenfabriken jedoch ernüchtert fest, dass sich Bindschedler „durch unsere letzte Preisermäßigung noch lange nicht (hat, FS) lahm legen lassen."[274] Von Bindschedler ging insofern eine besondere Bedrohung aus, als dass es dem Unternehmen gelungen war, mit der Böhmischen Färberei Brass einen der seinerzeit größten Abnehmer für Alizarin für sich zu gewinnen, ebenso wie einige Färbereien im Wuppertal, der unmittelbaren Nachbarschaft der Farbenfabriken.[275]

271 BAL 16/1.30, Privatkopierbuch von Friedrich Bayer: Friedrich Weskott an Carl Rumpff, 23. April 1883, S. 686.

272 Vgl. Voigtländer-Tetzner, Walter: Die kaufmännische Entwicklung der BASF, 1865–1940, S. 69.

273 Vgl. Doermer 1918, S. 512.

274 BAL 16/1.30, Privatkopierbuch von Friedrich Bayer: Hermann König an Unbekannt, Juni 1883, S. 730–731.

275 Vgl. Rose 1918, S. 293.

Die sich weiter zu Ungunsten der Konvention entwickelnden Rahmenbedingungen veranlassten ihre Mitglieder bereits im November 1883 zu einer grundlegenden Reform der Richtlinien des Kartells. Neben dem zunehmenden Konkurrenzdruck von außen waren erneut die für die führenden Unternehmen als problematisch wahrgenommenen Quanten Auslöser der Neuverhandlungen. So hatte Hoechst im Oktober 1883 60.000 kg Alizarin weniger verkauft als im Quantum vorgesehen, die BASF hingegen mit 290.000 kg erneut eine bedeutende Menge über ihrem Quantum verkauft. Anders als im Falle der Minderlieferung der Farbenfabriken Bayer im Jahr 1882 musste Hoechst jedoch keine Ausgleichslieferung an die BASF tätigen, die statutengemäß zum Mindestpreis abzüglich eines Rabatts von sechs Prozent hätte erfolgen müssen. Die BASF, die ohnehin bereits weit über ihrem Quantum produzierte, hätte durch eine Abnahme nur weitere Überkapazitäten aufgebaut. Die Konvention beschloss also die Ausgleichslieferungen auszusetzen, „damit einestheils die Badische durch ihre großen Bezüge der Convention nicht zu sehr benachtheiligt würde und anderntheils damit die Höchster wieder auf eine ihrer würdigen Stellung kämen." Neben den rein ökonomischen Gründen spielte für diese Entscheidung demnach ebenfalls eine mögliche Kränkung der Hoechster Unternehmensführung eine zentrale Rolle, da befürchtet wurde, dass „sonst das Ende der Convention bald def. wäre, da Höchst eine solche Uebervortheilung seitens der Badischen sich nicht gefallen lassen würde."[276]

Die Neuregelung des Konventions-Vertrages konzentrierte sich in diesem Sinne vor allem auf die Quantenverteilung, die nun nicht mehr statisch festgeschrieben war, sondern dynamisch für jedes Quartal im Voraus angepasst wurde. Zudem war es den Unternehmen nun gestattet, zehn Prozent mehr abzuliefern, als vertragsgemäß vereinbart war. Mehrlieferer waren in der ursprünglichen Fassung des Konventions-Vertrages stark bevorzugt worden, indem sie von den Minderlieferern Ausgleichslieferungen zum Mindestpreis und zusätzlich sechs Prozent Rabatt erhielten. In der Revision des Konventions-Vertrages entfiel nun einerseits die Rabattklausel, andererseits musste ein Mehrlieferer „ausserdem noch 5 % Strafe zahlen – so daß er 11 % mehr dafür bezahlt wie früher."[277] Es drängt sich die Frage auf, weshalb die führenden Unternehmen BASF und Hoechst, die in der Vergangenheit größtenteils weit über ihren Anteilen verkauft hatten, diesen vordergründig zu ihren Ungunsten verfassten Vertragsänderungen zustimmten. Allerdings gewährte die nun verhältnismäßig

276 BAL 16/1.30, Privatkopierbuch von Friedrich Bayer: Böttinger und König an Carl Rumpff, 1. November 1883, S. 952–953.
277 Ebd.

kurzfristig mögliche Änderung der Quanten den Unternehmen eine höhere Flexibilität hinsichtlich Absatzschwankungen, die durch das Aufkommen neuer Konkurrenten wahrscheinlicher geworden waren.

Zusätzlich hatten die führenden Unternehmen für den Fall einer sehr guten Konjunktur eine Sicherheitsklausel ausgehandelt, die ihnen die Möglichkeit einer Überproduktion in Höhe von zehn Prozent einräumte. Eine solche Flexibilität kam vor allem solchen Unternehmen zugute, die auf Grund der eigenen Herstellung von Grundstoffen kurzfristig auf sich verändernde Nachfragekonstellationen reagieren konnten, also der BASF und Hoechst. Der ursprüngliche Konventions-Vertrag hatte zwar für diese Unternehmen keine Strafen vorgesehen, doch ergab sich aus den fixierten Quanten und der Verpflichtung zu Ausgleichslieferungen stets das Risiko für den Aufbau von Überkapazitäten, die in Zeiten zunehmender Konkurrenz nicht ohne weiteres abgesetzt werden konnten – ein Fall, der in der ursprünglichen Logik der Konvention, in der Konkurrenten kaum eine Rolle spielten, nicht bedacht worden war. Mit der Neuverhandlung des Kartell-Vertrages war zudem eine erneute Preisreduzierung verbunden. Das Ziel dieser Reduzierung wurde diesmal explizit benannt: „[Es] würde eine solche Abmachung Bindschedler hart treffen, der mit den gewöhnlichen Marken [Alizarin, FS] so viel zurück müsste und keinen Ersatz durch dessen Waare bekäme, so daß seine Kunden nicht mehr viel Vortheil hätten bei Ihnen [!] zu kaufen.“[278] Die externe Bedrohung der Konvention durch ausländische Unternehmen wurde demzufolge trotz wiederholter Preisanpassungen weiterhin als akut wahrgenommen.

3.3.2 Organisatorische Weichenstellung: Aktiengesellschaft und Kapitalerhöhung

Neben den aus den veränderten Rahmenbedingungen der Alizarin-Konvention hervorgehenden Unsicherheiten zeichnete sich das Jahr 1883 für die Farbenfabriken Bayer vor allem durch tiefgreifende organisatorische Veränderungen aus. Im Januar beschloss der Aufsichtsrat die Erhöhung des Aktienkapitals auf „7 bis 7½ Millionen Mark“ mit einer Ausgabe der neuen Aktien zum 1. Juli 1883.[279] In der aus diesem Anlass für den Februar einberufenen außerplanmäßi-

278 BAL 16/1.30, Privatkopierbuch von Friedrich Bayer: Böttinger und König an Carl Rumpff, 1. November 1883, S. 952–953. Mit gewöhnlichen Marken war vor allem das Alizarinrot gemeint. Mehrere Teerfarbenunternehmen hatten sog. Spezialmarken auf den Markt gebracht, die als Farben mit besonderen Eigenschaften mit einem Preisaufschlag verkauft wurden.

279 BAL 11/3, Aufsichtsrat: Schriftwechsel, Einladungen, Protokolle: 14. Aufsichtsrath-Sitzung am 31. Januar 1883, S. 12.

gen Generalversammlung wurde das Vorgehen weiter spezifiziert, indem die Summe der Kapitalerhöhung auf 2,1 Millionen Mark festgesetzt wurde, womit ein Aktienkapital in Höhe von insgesamt 7,5 Millionen Mark avisiert wurde.[280] Hintergrund der angestrebten Kapitalerhöhung war, dass die noch immer als Kommanditgesellschaft auf Aktien bestehende Farbenfabrik für den 1. November 1883 die Umwandlung in eine Aktiengesellschaft plante. Mit dieser Umwandlung ging eine Vielzahl von Veränderungen des Statuts einher, das nunmehr gemäß des ADHGB nur noch die Organe des Vorstandes, Aufsichtsrates und der Generalversammlung vorsah, während die Position des persönlich haftenden Gesellschafters, die zuvor durch mindestens einen der Gründersöhne ausgeübt worden war, obsolet wurde. Im Zuge der Reorganisation traten diese in den Aufsichtsrat über, der weiterhin unter der Leitung Carl Rumpffs stand. Die Direktion des Unternehmens übernahmen ab Oktober 1883 Henry Theodore Böttinger, wie Carl Rumpff ein Schwiegersohn des verstorbenen Friedrich Bayer seniors, sowie Hermann König, der 1880 in die Farbenfabriken eingetreten war und von 1881 an als Prokurist regelmäßig an den Aufsichtsratssitzungen teilnahm.[281] Im Gegensatz zu König sowie allen anderen Mitgliedern der Führungsebene blickte Böttinger nicht auf eine Karriere im Unternehmen zurück, sondern war der erste „Externe", der eine Position innerhalb derselben bekleidete. Die Verbindung zum Unternehmen reichte jedoch auch bei Böttinger über die familiäre Beziehung hinaus: Der Vater Böttingers hatte bis zu seiner Rückkehr nach Deutschland als chemischer Leiter einer englischen Brauerei gearbeitet, der Nachfolger auf dieser Stelle war der bereits erwähnte und für die Entwicklung der Azofarbstoffe zentrale Peter Grieß.[282] So kannten sich Grieß und Henry Böttinger seit Böttingers Kindertagen in England und pflegten ein freundschaftliches Verhältnis. Nach Böttingers Berufung in die Direktion der Farbenfabriken trat Grieß bis zu seinem Tode im Jahr 1888 mehrmals in beratender Funktion in Erscheinung und zeigte sich an wesentlichen Fortschritten bei der Entwicklung der Azofarbstoffe beteiligt, von denen die Farbenfabriken vor allem in der zweiten Hälfte der 1880er Jahre stark profitierten.[283] Denkbar ist, dass Böttinger bereits bei dem Ankauf des Patents für Croceinorange G eine vermittelnde Rolle gespielt hatte.[284]

280 BAL 14/2, Protokolle der Generalversammlung: Außerordentliche General-Versammlung, 24. Februar 1883.

281 Vgl. Pinnow 1938a, S. 46.

282 Vgl. Verg et al. 1988, S. 56.

283 Vgl. Heymann 1918, S. 13–14. Zur Person Böttingers vgl. die jüngst von Josef Wilhelm Knoke veröffentlichte Biographie, Knoke 2019.

284 Vgl. Kapitel 3.2.3.

Neben den erwähnten Änderungen des Gesellschaftsstatuts wurde auf der außerordentlichen Generalversammlung ebenfalls die praktische Umsetzung der Kapitalerhöhung bestimmt. Die zusätzliche Kapitalsumme von 2,1 Millionen Mark wurde zunächst auf 2.100 Aktien im Nennwert von je 1.000 Mark aufgeteilt, wovon laut einer Verpflichtungserklärung 1.080.000 Mark zum 1. November 1883 durch die Teilhaber der Kommanditgesellschaft gezeichnet werden mussten.[285] Zusätzlich wurde die Gruppe der Aktionäre um wenige Mitglieder erweitert, darunter der künftige Direktor Henry Böttinger sowie das für die Farbenfabriken als Kunde bedeutende Färbereiunternehmen von J. C. Duncklenberg. Die restliche Kapitalsumme von 1.020.000 Mark, die zunächst in das Portefeuille des Unternehmens übertragen wurde, sollte durch eine sich aus den Mitgliedern der Unternehmensführung zusammensetzende Kommission in den freien Verkauf gebracht werden.[286] Für die Emission der ungezeichneten Aktienpapiere bestimmte die Kommission schließlich im November 1883 die Deutsche Bank. Zur Einführung der Wertpapiere an der Berliner Börse gründete diese ein Aktiensyndikat, in das die im Portefeuille befindlichen Wertpapiere eingebracht wurden.[287] Zusätzlich zu den ungezeichneten Aktien beauftragten die Eigentümer der Farbenfabriken die Bank mit der Emission weiterer 845 Wertpapiere aus ihren persönlichen Beständen, wodurch sich die Gesamtsumme der durch das Syndikat zu emittierenden Aktien schließlich auf 1,8 Millionen Mark bzw. 1800 Aktien belief. Die übrigen 300.000 Mark wurden seitens der jeweiligen Eigentümer für eine Emission nicht zur Verfügung gestellt, darunter die Anteile der Witwe Friedrich Bayers sowie J. C. Duncklenbergs (vgl. Tabelle 3.7).

285 Der Nennwert der Aktien sollte sich ursprünglich auf 500 Mark belaufen. Da in der im Juli 1884 in Kraft tretenden Aktienrechtsnovelle ein minimaler Nennwert von 1.000 Mark festgeschrieben wurde, kann spekuliert werden, ob Bayer bereits im Vorjahr von dieser Vorschrift in Kenntnis war. Vgl. Burhop, Carsten: The Underpricing of Initial Public Offerings at the Berlin Stock Exchange, 1870–96. In: *German Economic Review*, 12 (2010), S. 11–32, hier: S. 15–16.

286 Vgl. BAL 14/2, Protokolle der Generalversammlung: Außerordentliche General-Versammlung, 24. Februar 1883, Revers.

287 Der Wert der ungezeichneten Aktien hatte sich zwischenzeitlich von 1.020.000 Mark auf 955.000 Mark verringert, da Wertpapiere in Höhe von 65.000 Mark bereits vorzeitig zum Kurswert von 150 % verkauft werden konnten. Vgl. BAL 15/A.2, Aktiensyndikat: o. S.

Tab. 3.7: Aktionärsstruktur der Farbenfabriken bei Gründung der Kommanditgesellschaft auf Aktien im Juli 1881 sowie bei der Kapitalerhöhung im November 1883 (in Mark).[288]

	Kommanditgesellschaft auf Aktien 1881	Kapitalerhöhung 1883	Davon 1883 in Aktiensyndikat eingebracht
Witwe Friedrich Bayer	650.000	71.000	-
Carl Rumpff	650.000	226.000	202.000
Friedrich Bayer jun.	650.000	109.000	109.000
Friedrich Weskott	650.000	110.000	110.000
August Siller	650.000	110.000	110.000
Eduard Tust	650.000	110.000	110.000
Bachmann & Seippel	500.000	110.000	110.000
Bryce & Rumpff	500.000	-	-
Wilhelm Schulten	200.000	44.000	44.000
Alexander Loebell	200.000	45.000	-
Schoppe & Stoltzenberg	50.000	10.000	10.000
Ferdinand Kedenburg[1]	50.000	-	-
Henry T. Böttinger	-	40.000	40.000
J. C. Duncklenberg	-	80.000	-
Albert Hülsenbusch[2]	-	10.000	-
Hermann König	-	5.000	-
Sonstige	-	65.000	-
FFB	-	955.000	955.000
Total	5.400.000	2.100.000	1.800.000

1 Ferdinand Kedenburg schied 1883 aus dem Unternehmen aus und nahm daher nicht an der Kapitalerhöhung teil. Vgl. Pinnow 1938a, S. 44.
2 Albert Hülsenbusch war mit Schoppe & Stoltzenberg die älteste Agentur der Farbenfabriken. Vgl. Weskott 1918, S. 4.

Für die Emission gab das Syndikat der Deutschen Bank einen Mindestkurs von 132 Prozent vor. Im Unterschied zu späteren Kapitalerhöhungen, bei denen die Deutsche Bank sich verpflichtete, die Aktien zu einer vorgegebenen Höhe voll zu zeichnen und die Kapitalsumme einzuzahlen, verblieb das Risiko der Aktien-

288 Zahlen entnommen aus verschiedenen Dokumenten in BAL 15/A.2, Aktiensyndikat. Eigene Zusammenstellung.

platzierung in diesem Falle beim Syndikat.[289] Aus der Aktionärsstruktur des Jahres 1883 ging erneut Carl Rumpff als zentrale Figur des Unternehmens hervor. Rumpff stellte mit 202.000 Mark rund 31 Prozent der personenbezogenen Aktien, sein Anteil am Grundkapital des Unternehmens belief sich mit 1.376.000 Mark auf ca. elf Prozent der 7,5 Millionen Mark.[290] Zugleich offenbart sich eine hohe Konsistenz zwischen den Anteilseignern der Kommanditgesellschaft und jenen der späteren Aktiengesellschaft. Es dominierten weiterhin die Familien der Unternehmensgründer, die Anteile der im Zuge der Kapitalerhöhung neu hinzugekommenen Eigentümer fielen mit insgesamt 200.000 Mark kaum ins Gewicht.

Mit der Kapitalerhöhung verfolgte die Unternehmensführung zwei Ziele: Zum einen sollten die zusätzlichen Mittel dazu genutzt werden, zwei auf den Unternehmensgrundstücken lastende Hypotheken aufzulösen, zum anderen war die Verwendung der Geldmittel „zum Verstärken der Betriebsmittel und zur Erweiterung der Fabrikanlagen bestimmt, welche durch den gesteigerten Absatz, insbesondere durch die starke Nachfrage nach dem der Fabrik patentierten [...] Crocein-Scharlachs und anderen Anilin-Farben nothwendig geworden" war.[291] Dem Zitat folgend identifizierte die Unternehmensführung der Farbenfabriken das Gebiet der Azofarbstoffe, zu denen das „Croceinscharlach" zählte, als zukünftiges Wachstumssegment. Das Croceinscharlach war im Jahr 1881 als erstes eigenes Forschungsergebnis aus den Farbenfabriken hervorgegangen und im selben Jahr mit vier Zusatzpatenten am Kaiserlichen Patentamt angemeldet worden.[292] Die mit dem Absatz des Farbstoffs verbundene Erwartungshaltung wurde jedoch bald durch den Umstand getrübt, dass die AGFA kurze Zeit nach den Farbenfabriken mit dem Farbstoff Ponceau ein Produkt in den Handel brachte, dessen Herstellung sich nur durch die Verwendung eines einzigen Hilfsstoffs von der des von Bayer patentierten Croceinscharlachs unterschied. Die Unternehmensführung der Farbenfabriken reagierte und zog vor Gericht, scheiterte jedoch Ende 1884 schließlich vor dem Reichsgericht, da der Patentanspruch unzureichend formuliert worden war. Das Patent wurde in Folge als nichtig erklärt und der AGFA der Verkauf ihres Farbstoffes weiterhin gestat-

---

289 Vgl. hierzu Kapitel 4.3.2. sowie zu den Kapitalerhöhungen der Farbenfabriken grundsätzlich Dahlem, Markus: Die Professionalisierung des Bankbetriebs. Essen 2009, S. 284.

290 Aus Gründen der Veranschaulichung wurde das noch nicht gezeichnete Aktienkapital von 955.000 Mark dem Grundkapital hinzugerechnet. Die Anteile Carl Rumpffs beinhalteten weiterhin sowohl seine privaten Einlagen wie auch die Einlage der Agentur Bryce & Rumpff.

291 BAL 15/A.2, Aktiensyndikat: o. S. Wenngleich die Datierung und der Hintergrund der Quelle nicht genannt ist, kann sie mit Sicherheit in das Jahr 1883 verortet werden, da mehrmals das Jahr 1882 als Vorjahr benannt wird.

292 Vgl. Verg et al. 1988, S. 56–61.

tet.[293] Hier offenbarte sich erneut die schon an mehreren Stellen dieser Arbeit geschilderte personelle Unwucht zwischen kaufmännischer und technisch-chemischer Expertise, welche die Farbenfabriken im Vergleich zu anderen großen Chemieunternehmen weiterhin aufwiesen. Wie Carl Duisberg, dessen Eintritt in das Unternehmen in die Zeit des Prozesses vor dem Reichsgericht fiel, für den Prozessverlauf festhielt, hatte die Unternehmensleitung das Schicksal des Prozessausgangs in die Hände des Rechtsanwalts Dr. Alexander Katz, „der nichts von Chemie verstand" sowie Eduard Tust gelegt, „dem Autodidakten [...], dem früheren Meister und späteren Teilhaber der Firma, der sich handwerksmässig einige Kenntnisse auf diesem Gebiet angeeignet hatte." Wäre der Prozess von Chemikern begleitet worden, so schlussfolgerte Duisberg, wäre er „sicherlich gewonnen worden."[294]

3.3.3 Handlungsspielräume und Autonomieverlust

Für die Durchführung der Kapitalerhöhung forderte die Deutsche Bank eine hohe Transparenz der Farbenfabriken bezüglich ihrer Geschäftslage. Neben einer genauen Auskunft über die Vertragsinhalte der Alizarin-Konvention erwartete sie die Beantwortung eines ausführlichen Fragenkatalogs, in dem unter anderem die Darlegung von Details über Hypotheken-Verhältnisse, Rohmaterialien und deren Bezugsquellen und eine Auflistung der Kreditoren gewünscht wurde. Diese Informationen dienten einerseits der Deutschen Bank selbst, andererseits sollten sie im Wertpapierprospekt sowie den Börsengang begleitenden Zeitungsartikeln Verwendung finden. Während ein Großteil der Informationen problemlos an die Deutsche Bank weitergegeben werden konnte, verneinte die Unternehmensführung der Farbenfabriken zunächst genaue Auskünfte bezüglich der Alizarin-Konvention und verwies darauf, zuerst Rücksprache „mit unserem I. Vorsitzenden Herrn Carl Rumpff" halten zu wollen.[295]

Im Dezember 1883 schrieben die jüngst ernannten Direktoren der Farbenfabriken, Henry Böttinger und Hermann König, an den stellvertretenden Verwaltungsratsvorsitzenden der Deutschen Bank, Freiherr Eduard von der Heydt, man habe „trotz nochmaliger Berathung keinen Weg gefunden, dem Wunsch der Deutschen Bank zu entsprechen."[296] Böttinger und König verwiesen auf den

293 Vgl. Heymann 1918, S. 13.
294 Duisberg 1918, S. 591.
295 BAL 15/A.2, Aktiensyndikat: Privatim Fragebogen Deutsche Bank.
296 Zur Person Eduard v. d. Heydts, siehe Gall, Lothar (Hg.): Die Deutsche Bank. München 1995. Von der Heydt war zudem Teilhaber der Elberfelder Privatbank „von der Heydt, Kersten

Vertrag der Alizarin-Konvention, der die Mitglieder dazu verpflichtete, „gegen ausserhalb der Convention stehende [!] sowohl die Bedingungen und Inhalt als auch die in den Sitzungen vorkommenden Beschlüsse geheim zu halten."[297] Da die von der Deutschen Bank geforderten Informationen über die Alizarin-Konvention explizit für die Veröffentlichung in Zeitungsartikeln gedacht waren, wäre der entsprechende Paragraph des Vertrages verletzt worden. Einen eleganten Ausweg fanden die Direktionsmitglieder dann in der direkten Kommunikation mit von der Heydt, da dieser neben seiner Funktion innerhalb der Deutschen Bank im Zuge der Syndikatsgründung im November 1883 ebenfalls als Repräsentant des Geldhauses Mitglied des Aufsichtsrats der Farbenfabriken geworden war.[298] Gegenüber von der Heydt verspürte man auf Grund seiner Position „nicht nur das Recht sondern die Verpflichtung", ihn über „Alles" zu unterrichten, weshalb die Direktoren ihm die Grundlagen der Alizarin-Konvention mitteilten.[299] Böttinger und König unterstrichen gegenüber von der Heydt die Brisanz der Mitteilung, indem sie darauf verwiesen, dass die Alizarin-Konvention mit einer kurzen Frist von drei Monaten jederzeit gekündigt werden könne, weshalb man von ihm größtmögliche Diskretion erbat. Besonders misstrauisch zeigte sich die Direktion der Farbenfabriken in Bezug auf Paul Jonas, der als Vorstandsmitglied der Deutschen Bank den Börsengang der Farbenfabriken begleitete. Jonas hatte trotz der ablehnenden Haltung der Farbenfabriken wiederholt auf eine Veröffentlichung von Details über das Alizarin-Kartell gedrungen, weshalb Böttinger und König es nun dem Ermessen von der Heydts überließen, diesem nur „das allernothwendigste und soweit sie dies für richtig halten mitzuteilen." Die herrschende Verunsicherung gegenüber der Stabilität der Konvention veranlasste die Unternehmensführung ferner zu der Bitte, in Veröffentlichungen bezüglich des Börsengangs den potentiellen Aktionären keinerlei Garantien für den Fortbestand der Konvention oder die Aufrechterhaltung der hohen Dividendenzahlungen zu geben. Die enorme monetäre Bedeutung der Alizarin-Konvention schlug sich demnach ebenfalls in der Kommunikation mit der Deutschen Bank nieder. Dass diese Abhängigkeit wohl auch der Deutschen Bank nicht verborgen bleiben konnte, verleitete die Direktoren Bayers vermutlich zu der abschließenden und relativierenden Bemerkung, das Geschäft der Farbenfabriken habe seine hervorragende Stellung bereits vor der Konvention

& Söhne", einer der Hausbanken der Farbenfabriken. Vgl. Knoke, Josef-Wilhelm: Der Unternehmer und Wirtschaftsbürger Henry Theodor von Böttinger 1848–1920. Düsseldorf 2016, S. 87.

297 BAL 16/1.30, Privatkopierbuch von Friedrich Bayer: Böttinger u. König an Eduard v. d. Heydt, 21. Dezember 1883, S. 1004–1007.

298 Vgl. BAL 11/3, Aufsichtsrat: 27. Aufsichtsrath-Sitzung am 27. November 1883, S. 20.

299 BAL 16/1.30, Privatkopierbuch von Friedrich Bayer: Böttinger u. König an Eduard v. d. Heydt, 21. Dezember 1883, S. 1004.

eingenommen und man habe „das feste Vertrauen, dass selbst nach eventueller Kündigung der Convention dies auch weiter der Fall sein wird.“[300] Die Warnung, dass eine weiterhin hohe Ausschüttungsquote im Falle der Konventionskündigung nicht garantiert werden könne, deutet zumindest auf eine realistische Einschätzung der Unternehmenssituation hin.

Als für die Fragestellung dieser Arbeit besonders aufschlussreich erweist sich eine im Zuge des Börsengangs angefertigte Absatzprognose des Alizarins für die Jahre 1883 bis 1885. Wenngleich sich aus der Korrespondenz mit der Deutschen Bank eine Unsicherheit bezüglich des Fortbestehens der Konvention ableiten lässt, kalkulierten die Farbenfabriken verständlicherweise unter der Erwartung ihrer weiteren Existenz.[301] So wurde zunächst das Geschäftsjahr 1882/83 als Referenzjahr angegeben. Im ersten Semester des Geschäftsjahres hatten die Farbenfabriken einen Großteil ihrer Alizarin-Produktion zum „vollen Preis“ von 5,55 Mark abgesetzt, einen Teil von 16,42 Prozent hingegen zu einem Preis von 3.235 Mark, woraus sich ein Durchschnittspreis für das in 1882 liegende Halbjahr von 5,16 Mark ergab.[302] Für die ersten vier Monate des ersten Halbjahres lag der volle Preis weiterhin bei 5,55 Mark, jedoch wurde nun mit einem Abzug von fünf Prozent kalkuliert. Diese Preisminderung resultierte vermutlich aus einer Klausel des Konventions-Vertrages, die ab Januar 1883 eine Rabattierung von fünf Prozent vorsah.[303] Abgesetzt wurden zwischen Januar und April 1883 96,56 Prozent zum vollen Preis und 3,54 Prozent zum verringerten Preis

300 BAL 16/1.30, Privatkopierbuch von Friedrich Bayer: Böttinger u. König an Eduard v. d. Heydt, 21. Dezember 1883, S. 1004–1007.

301 Der Verfasser der Kalkulation ist aus der Quelle nicht zu ermitteln. Otto Doermer, einer der wichtigen späteren Juristen der Farbenfabriken, schreibt das Kalkulationspapier Henry Böttinger zu: „Böttinger arbeitete sich speziell in die Konventionsangelegenheiten ein und nahm mit Rumpff die Konventionssitzungen wahr. Sehr interessant ist eine von seiner Hand herrührende Aktennotiz über den Alizaringewinn in den Jahren 1882/83, 83/84 und 84/85.“ Doermer 1918, S. 512. Diese Zuschreibung der Autorenschaft ist glaubhaft, da die Kalkulationsarbeiten bis Mitte der 1880er Jahre durch die Unternehmensleitung selbst durchgeführt wurden. Vgl. Bayer o. J., S. 8–9.

302 Der Preisunterschied zu dem im Vertrag der Alizarin-Konvention niedergeschriebenen Preiskorridor von zwei bis vier Mark (s. Kapitel 3.3.1.) ergab sich daraus, dass diese Vorgabe auf den Verkauf zehnprozentiger Paste zielte, sich die vorliegende Kalkulation hingegen auf zwanzigprozentige Paste bezog. Entsprechend belief sich der Konventions-Preis für zwanzigprozentige Paste auf vier bis acht Mark, pendelte sich jedoch offenbar schnell bei rund 5,50 Mark ein.

303 Laut dem Kalkulationsblatt erhöhte sich die Rabattierung ab Januar 1884 auf zehn Prozent, vgl. BAL 15/A.2, Aktiensyndikat: Konfidentielle Betriebskalkulation. Den einzigen Hinweis, dass es sich bei dem prozentualen Abzug um eine Rabattierung handelte, liefert folgendes Zitat des Alizarin-Chemikers Dr. Rose: „Man begnügte sich mit einer mässigen Heraufsetzung des Verkaufspreises auf Mk. 5.50 mit 10% Rabatt, um die Entstehung neuer Konkurrenz

von nun 3,205 Mark. Dem vergleichsweise großen Absatz zum Vollpreis entsprechend erhöhte sich der durchschnittliche Verkaufspreis auf 5,19 Mark. Aus der auf der Sondersitzung der Alizarin-Konvention beschlossenen Reduzierung ergab sich für die letzten beiden Monate des Geschäftsjahres, also Mai und Juni 1883, ein voller Preis von 4,05 Mark abzüglich fünf Prozent, woraus ein Durchschnittspreis von 3,85 Mark resultierte. Für das gesamte Geschäftsjahr ergab sich entsprechend ein Durchschnittspreis von 4,95 Mark, abzüglich einer dreiprozentigen „Agentenprovision" stand ein Jahresdurchschnitt von 4,80 Mark.[304] Aus der überlieferten Kalkulation lässt sich folglich ableiten, dass sich der Absatzpreis für Alizarin binnen des Geschäftsjahres drei Mal änderte.

Dem Jahresdurchschnittspreis von 4,50 Mark standen ermittelte Herstellungskosten von 3,53 Mark entgegen. Zur Berechnungsgrundlage führt das Kalkulationspapier aus: „Bei der Annahme eines 5-Monatlichen Vorraths (d. h. daß das Alizarin erst 5 Monate nach der Fabrikation zum Verkauf kommt) stellte sich der durchschnittl. Fabrikationspreis pro 1882/83er Verkaufsperiode auf 3,53 Mark." Die durchschnittliche Lagerzeit von fünf Monaten brachte für die Kostenberechnung die besondere Herausforderung, dass sich die Bewertung des verbrauchten Rohmaterials zwischen dem Zeitpunkt der Herstellung und dem Zeitpunkt des Verkaufs verändern konnte. Hieraus ergaben sich zwei mögliche Anpassungen der Lagerbewertung: Einerseits konnte eine Preisreduzierung des Alizarins dazu führen, dass das zu höherem Wert bilanzierte alte Alizarin teilweise abgeschrieben werden musste, andererseits bedeutete eine Preiserhöhung des Alizarins entsprechend höhere Margen auf das zu günstigeren Bedingungen hergestellte Produkt. Aus dem für die Farbenfabriken überlieferten Jahresdurchschnittspreis von 4,50 Mark und dem durchschnittlichen Fabrikationspreis von 3,53 Mark leitet der Verfasser – vermutlich Henry Böttinger – einen „Brutto-Nutzen" von 1,27 Mark ab, der aus einem Jahresabsatz in Höhe von 991.446 Kilo zwanzigprozentiger Alizarin-Paste hervorging. Statt des sich aus diesem Verhältnis ergebenden Gesamtnutzens von 1.259.136,42 Mark weist die Kalkulation jedoch einen „effectiven Brutto-Nutzen" von 1.500.370 Mark auf, mit einem entsprechenden neuen Gewinn von 1,51 Mark pro Kilogramm Alizarin. Als Begründung wurde angegeben, dass der Unterschied einerseits mit „der Differenz der prompten Verkäufe gegen Lager" und andererseits mit „der Differenz der Bilanz-Aufnahme" zu erklären sei.[305]

---

zu vermeiden." Die sich aus den Quellen ableitende schrittweise Erhöhung des Rabatts wird von Rose hingegen nicht erwähnt. Vgl. Rose 1918, S. 294.

304 BAL 15/A.2, Aktiensyndikat: Konfidentielle Betriebskalkulation.

305 Ebd.

Im Unterschied zum Geschäftsjahr 1882/83 konnte der Verfasser des Kalkulationsblattes für das darauffolgende Jahr nicht länger auf vollständig vorhandene Informationen zurückgreifen. So standen für das Betriebsjahr 1883/84 nur die Daten für die ersten acht Monate zur Verfügung, weshalb die Absätze ab März bis einschließlich Juni prognostiziert werden mussten. Den überlieferten Daten nach verblieb der Preis für Alizarin in der zweiten Jahreshälfte 1883 bei 4,05 Mark abzüglich fünf Prozent Rabatt, also bei einem Durchschnittspreis von 3,85 Mark. Im Januar 1884 wurde die Rabattierung von fünf auf zehn Prozent angehoben, der Verkaufspreis blieb konstant bei 4,05 Mark. Entsprechend verringerte sich der Durchschnittspreis auf 3,64 Mark. Für die ersten acht Monate des Geschäftsjahres ergab sich hieraus ein durchschnittlicher Verkaufspreis von 3,80 Mark. Abzüglich der Agentenprovision in Höhe von drei Prozent ergab die Kalkulation einen endgültigen Durchschnittspreis von 3,69 Mark. Die Herstellungskosten der ersten acht Monate beliefen sich auf 2,96 Mark, woraus sich ein Gewinn von 73 Pfennig pro Kilo Alizarin ableitete.[306] Aus den überlieferten Angaben lässt sich ermitteln, dass sich die Herstellungskosten für Alizarin in den Geschäftsjahren 1882/83 bis 1883/84 von 3,53 Mark auf 2,96 Mark verringerten, einem Rückgang von 16 Prozent entsprechend. Die Ersparnis in den Herstellungskosten lässt sich zum Teil auf einen Preisrückgang des für die Herstellung des Alizarins zentralen Rohstoffs Anthracen zurückführen. Nachdem sich die Preise des Steinkohlenteerderivates in den Jahren 1882 und 1883 auf einem konstant hohen Niveau befunden hatten, halbierte sich der Verkaufspreis im Laufe des Jahres 1884.[307] Dass dieser Rückgang die Herstellungskosten des Alizarins nicht im gleichen Maße beeinflusste, kann dadurch begründet werden, dass die Preise der übrigen Vorprodukte wie Chromkali, Schwefelsäure oder kaustisches Soda mehr oder weniger konstant blieben und sich höchstens minimal vergünstigten.[308] Der Rückgang der Marge von 1,27 Mark auf 73 Pfennig fiel mit ca. 42 Prozent entsprechend hoch aus. Die in der Alizarin-Konvention vereinbarte Preisreduzierung konnte folglich nur zum Teil über sinkende Rohstoffpreise kompensiert werden und ging vor allem zu Lasten der Gewinnspanne der Produzenten.

Die Prognose bezüglich der letzten vier Monate des Geschäftsjahres ging von einem weiteren Rückgang des Konventionspreises aus. Für die Monate März und April wurde mit einem Durchschnittspreis von 2,83 Mark inkl. Rabatt, für Mai und Juni mit einer weiteren Reduzierung auf 2,70 Mark inkl. Rabatt ge-

306 Vgl. BAL 15/A.2, Aktiensyndikat: Konfidentielle Betriebskalkulation.

307 Vgl. Voigtländer-Tetzner, Walter: Die kaufmännische Entwicklung der BASF, 1865–1940, S. 91a.

308 Vgl. BAL 15/A.2, Aktiensyndikat: Konfidentielle Betriebskalkulation.

rechnet. Die negative Prognose wurde vermutlich dadurch beeinflusst, dass die BASF am 16. Januar 1884 ihren Austritt aus der Alizarin-Konvention zum 16. März 1884 erklärt hatte.[309] Auf Drängen der anderen Mitglieder wurde eine mögliche Wiederaufnahme bereits am 15. Februar 1884 im Vorstand der Badischen diskutiert, jedoch festgehalten, dass die Verlängerung nur in Form einer „Kampfconvention" in Frage käme. Diese sollte es dem Unternehmen gestatten, „unsere Fabrikationsfähigkeit möglichst auszunützen" und die Badische von der Pflicht befreien, „minderwerthige Conventionswaare" übernehmen zu müssen.[310] Die Vorschläge der Leitung der BASF, die das Unternehmen bedeutend bevorteilt hätten, wurden seitens der übrigen Konventions-Mitglieder abgelehnt. Ein Gegenentwurf des Kontrollbeamten der Konvention wurde hingegen von der BASF mit der Begründung abgewiesen, sie trüge den „berechtigten Ansprüchen und Interessen des Unternehmens zu wenig Rechnung." Das Ludwigshafener Unternehmen zeigte sich nun dennoch kompromissbereit. Ein zentrales Anliegen der BASF war es, dass die Kompensationen zwischen Minder- und Mehrlieferern zu Gunsten der Mehrlieferer ausfallen sollten.[311] Im März 1884 einigten sich die Mitglieder der Konvention schließlich darauf, dass die Verrechnung zwischen den Minder- und Mehrlieferern „in Geld und nicht in Waare bis zu einem bestimmten neutralen Preis" erfolgen sollte. Der letzte Streitpunkt blieb die Festlegung des neutralen Preises: Diejenigen Unternehmen, die sich häufig auf der Seite der Mehrlieferer fanden, forderten höhere Kompensationspreise als die potentiellen Minderlieferer zu zahlen bereit waren.[312] Die Farbenfabriken Bayer zeigten sich einverstanden mit den Vorschlägen der BASF, sah man sich doch weiterhin gemeinsam mit der Badischen und Hoechst als maßgebendes Unternehmen der Konvention. Für die für den 24. März 1884 in London anberaumte abschließende Konventions-Sitzung lautete die Vorgabe, dass Bayer „allem zustimmen könne, was die Badische und die Farbwerke Höchst nicht besser stellt wie uns."[313] Die Frage nach der Höhe des Ausgleichspreises blieb noch bis zur Londoner Sitzung ungeklärt. Während die BASF einen Preis von 2,52 Mark pro Kilogramm Alizarin als angemessen erach-

309 BASF UA, PB/C12, Protokolle der Vorstandssitzungen Januar 1884 bis Juli 1885: Erste Sitzung am 14. Januar 1884.

310 BASF UA, PB/C12, Protokolle der Vorstandssitzungen Januar 1884 bis Juli 1885: Zweite Sitzung am 15. Februar 1884.

311 BASF UA, PB/C12, Protokolle der Vorstandssitzungen Januar 1884 bis Juli 1885: Vierte Sitzung am 10. März 1884.

312 BASF UA, PB/C12, Protokolle der Vorstandssitzungen Januar 1884 bis Juli 1885: Fünfte Sitzung am 19. März 1884.

313 BAL 11/3, Aufsichtsrat: Schriftwechsel, Einladungen, Protokolle: 31. Aufsichtsrath-Sitzung am 21. März 1884, S. 27.

tete, drängte ein Großteil der Konvention auf eine Maximalhöhe von 2,43 Mark.[314] Schließlich einigten sich die Mitglieder in London auf eine Verlängerung der Konvention.[315]

Wenngleich sich die genaue Höhe des endgültigen Ausgleichspreises aus den vorliegenden Quellen nicht rekonstruieren lässt, wird er in der zuvor verhandelten Spanne zwischen 2,43 Mark und 2,52 Mark je Kilogramm zwanzigprozentiger Alizarin-Paste gelegen haben. Die zähen Verhandlungen über einen Preisunterschied von neun Pfennig deuten auf eine zunehmend knappe Kalkulation des Alizarin-Verkaufs hin – eine Annahme, die durch die überlieferten Preisprognosen der Farbenfabriken unterstrichen wird. Tatsächlich lag der interkonventionale Ausgleichspreis unterhalb der für die ersten acht Monate des Geschäftsjahres 1883/84 in den Farbenfabriken errechneten Herstellungskosten von 2,96 Mark. Der in der Prognose überschätzte Preisverlauf der Alizarin-Farbstoffe führte ebenso zu falschen Annahmen bezüglich des Jahresumsatzes: Ging die Prognose von einem Jahresprofit für Alizarin von 1.391.364 Mark aus, belief sich der in der Bilanz tatsächlich ausgewiesene Gewinn auf nur 1.079.057,06 Mark. Wie bei anderen Aktiengesellschaften üblich, veröffentlichten Aufsichtsrat und Direktion der Farbenfabriken im Geschäftsjahr 1883/84 erstmals einen Jahresbericht. Darin erklärten diese, die Alizarin-Fabrik habe einem andauernden Rückgang der Preise zu begegnen gehabt, „bedingt einestheils durch niedrigere Rohmaterialpreise, anderentheils durch die Nothwendigkeit der Begegnung neuer Concurrenzfabriken."[316] Trotz der zunehmenden Herausforderung, mit Alizarin überhaupt noch Gewinne erzielen zu können, wuchs die Bedeutung des Teerfarbstoffes weiter an. Die Gewinn- und Verlustrechnung des Unternehmens wies für die Alizarin-Fabrik nunmehr einen Gewinnanteil von 78 Prozent aus, zugleich sank der Gewinn der Sparte im Vergleich zum vorherigen Geschäftsjahr um ein Drittel (vgl. erneut Tabelle 3.6). Die weitere Zunahme des Gewinnanteils des Alizarins war darin begründet, dass die Gewinne der Anilin- und Azo-Sparte nicht wie in den Jahren zuvor stagnierten, sondern ebenfalls stark rückläufig waren und sich im Falle des Anilins sogar halbierten. Ursächlich für den starken Gewinnrückgang war die Preisentwicklung des Rohstoffs Benzol, dessen Bezugskosten, über deren Höhe man sich 1882 noch beklagt hatte, im Laufe der Jahre 1883 und 1884 rapide fielen.[317] Entsprechend

314 BASF UA, PB/C12, Protokolle der Vorstandssitzungen Januar 1884 bis Juli 1885: Fünfte Sitzung am 19. März 1884.

315 BAL 11/3, Aufsichtsrat: Schriftwechsel, Einladungen, Protokolle: 32. Aufsichtsrath-Sitzung am 8. April 1884, S. 28.

316 BAL, Geschäftsbericht Farbenfabriken vorm. Friedr. Bayer & Co.: Bericht des Aufsichtsrathes und des Vorstandes über das dritte Betriebsjahr 1883/84.

317 Vgl. BAL 15/A.2, Aktiensyndikat: o. S.

hielt der Aktionärsbericht fest, dass, wenngleich sich der mengenmäßige Absatz in diesen Farbstoffen gegenüber dem Vorjahr nicht verändert habe, der Nutzen trotzdem zurückgeblieben sei, „weil der enorme und anhaltende Rückgang der Benzolpreise ein so beträchtliches Sinken der Preise von Anilinfarben mit sich brachte, dass der Fabrikationsnutzen durch die früher schon eingegangenen Rohmaterial-Contracte wesentlich beeinträchtigt wurde."[318] Auch bei der BASF führten die schwankenden Rohstoffpreise zu Schwierigkeiten hinsichtlich der Erwartungsbildung. Zwar stellte das Unternehmen eine Vielzahl der Grundstoffe selbst her, die aus dem Steinkohlenteer gewonnenen Ausgangsprodukte jedoch – also Benzol und Anthracen – mussten weiterhin eingekauft werden. In seinem Bericht für das Jahr 1884 hielt der Vorstand fest: „Die rückläufige Bewegung der Preise sämmtlicher Rohprodukte, welche schon im Jahre 1883 eine sehr beträchtliche gewesen, hat sich fortgesetzt und in noch stärkerem Masse die Werthe der Produkte der Theerfarben-Industrie ungünstig beeinflusst." Die sinkenden Preise hätten zudem dazu geführt, dass die Unternehmen ihre Produkte schnellstmöglich abgestoßen und dadurch den Preisverfall weiter beschleunigt hätten. Die ungünstige Situation habe zur Folge gehabt, dass bei der Aufnahme des Inventars Abschreibungen in einem solch hohen Maße erforderlich gewesen seien, „dessen Wiederkehr in ähnlichem Umfange kaum erwartet werden darf."[319]

Am Ende des Geschäftsjahres 1883/84 befanden sich die Farbenfabriken Bayer in einer sich zunehmend verschlechternden Situation. Die Alizarin-Konvention, die zum Zeitpunkt ihrer Gründung 1881 einen Ausweg aus dem ruinösen Preiswettbewerb der Teerfarbenunternehmen bedeutet hatte, entwickelte sich innerhalb weniger Jahre zu einer unternehmensstrategischen Sackgasse. Auf Grund der Tatsache, dass das Alizarin rund drei Viertel der gesamten Unternehmensgewinne ausmachte, wurden die Handlungsspielräume der Unternehmensführung durch das Kartell massiv eingeschränkt. Dem durch die BASF und Hoechst wiederholt ausgeübten Druck zur Preissenkung stand man dabei weitgehend machtlos gegenüber. Dies scheint die Unternehmensführung der Farbenfabriken dazu veranlasst zu haben, den Vorgaben der beiden Konkurrenzunternehmen zu folgen, da man trotz der sinkenden Margen immerhin mit einem kleinen Gewinn kalkulieren konnte. Das Auseinanderbrechen der Konvention hingegen hätte eine nicht-prognostizierbare Unsicherheit bedeutet, zumal die weiterhin deutlich leistungsfähigeren Konkurrenten die Preise wohl unter die Rentabilitätsgrenze Bayers hätten drücken können. Erschwerend trat hinzu, dass das Unternehmen auf Grund des Preisverfalls des Benzols in seinen

318 BAL, Geschäftsbericht Farbenfabriken vorm. Friedr. Bayer & Co., Betriebsjahr 1883/84.
319 BASF UA, Geschäftsbericht 1884.

beiden übrigen Sparten, den Azo- und Anilinfarbstoffen, ebenfalls mit Gewinnrückgängen konfrontiert war. Ausdruck der sich verschlechternden Gesamtlage war, dass die Dividendenzahlung im Geschäftsjahr 1883/84 von 20 auf acht Prozent heruntergekürzt werden musste.[320] Dieser auf den ersten Blick erhebliche Rückgang der Dividende wird durch die im Laufe des Geschäftsjahres erfolgte Kapitalerhöhung etwas relativiert, da sich die Dividendenzahlung nun auf die höhere Kapitalsumme von 6.595.500 Mark berechnete.[321] Bezogen auf das ursprüngliche Aktienkapital von 5,4 Millionen Mark hätte sich die Dividende auf knapp zehn Prozent belaufen, was einer Halbierung der Ausschüttungsquote entsprochen hätte.

Während der Gewinnbeitrag des Alizarins bei Bayer zwischen 1882 und 1884 von 70 auf 78 Prozent anstieg, sank dieser bei der Badischen Anilin- und Sodafabrik im selben Zeitraum von knapp 50 auf ca. 35 Prozent – eine Verminderung, die aus einem relativen Bedeutungszuwachs der Anilinfarbensparte resultierte.[322] Dieser war im Wesentlichen auf die zunehmende Bedeutung der Azo- und Naphthol-Farben zurückzuführen, deren Produktion bei der BASF bereits 1877 resp. 1879 aufgenommen wurde und dort schnell einen größeren Stellenwert einnahm, als dies bei den Farbenfabriken der Fall war.[323] Entsprechend verringerte sich die Dividende der BASF im Jahr 1884 zwar ebenfalls, doch nur von 18 auf 14 Prozent.[324] Eine weitere Ursache für die Gewinnbelastung der Farbenfabriken ist zudem in einer veränderten Reservepolitik der Unternehmensleitung auszumachen. War dem Reservefonds in den Geschäftsjahren 1881/82 und 1882/83 jeweils ein Festbetrag von 30.000 Mark bzw. 100.000 Mark zugewiesen worden, ging man nun zu einer am Gesamtgewinn orientierten, prozentualen Zuweisung über. Im Jahresabschluss 1883/84 wurden dementsprechend mit 70.477,16 Mark genau zehn Prozent des Reingewinns in den Reservefonds des Unternehmens überführt.[325] Neben den regulär aus dem Reingewinn zurückbehaltenen 200.477,16 Mark wurden zudem 30.500 Mark aus „Agios auf begebene Actien der II. Emission“ aus den im Laufe des Geschäftsjahres „unter

320 BAL, Geschäftsbericht Farbenfabriken vorm. Friedr. Bayer & Co., Betriebsjahr 1883/84.

321 Die Kapitalsumme errechnet sich wie folgt: Zusätzlich zu den in Kapitel 3.3.2. erwähnten 65 Aktien im Wert von 65.000 Mark wurden im Laufe des Geschäftsjahres 1883/84 weitere 50 Aktien (50.000 Mark) „unter der Hand zu verschiedenen Kursen begeben.“ Somit belief sich das nicht-gezeichnete und zur Emission freigegebene Aktienkapital auf 905.000 Mark bzw. 905 Aktien. Zuzüglich der erwähnten 6.595.000 Mark ergibt sich folglich die vollständige Kapitalsumme von 7.500.000 Mark. Vgl. BAL 15/A.2, Aktiensyndikat: Prospect der Deutschen Bank über die Farbenfabriken vorm. Friedr. Bayer & Co. zu Elberfeld, 28. Januar 1885.

322 Vgl. Hippel 2003, S. 99.

323 Vgl. ebd., S. 68 sowie S. 98.

324 Vgl. BASF UA, Geschäftsbericht 1884.

325 Vgl. BAL, Geschäftsbericht 1883/84.

der Hand zu verschiedenen Kursen“ begebenen Aktien im Nennwert von 115.000 Mark mit dem Reservefonds verrechnet.[326] Dieser Agiogewinn war auf Grund seines Ursprungs jedoch nicht Teil des Betriebsgewinns und wurde daher nicht in der Gewinn- und Verlustrechnung erfasst. Die Summe des Reservefonds der Farbenfabriken Bayer belief sich somit auf 230.977,16 Mark bzw. auf 3,5 Prozent des Aktienkapitals von 6.595.000 Mark.[327] Die Reservequote des Unternehmens lag damit weiterhin deutlich unter jener der BASF, die für das Jahr 1884 eine Reserve in Höhe von etwas über 15 Prozent des Aktienkapitals auswies.[328]

Mit der prozentualen Orientierung der Reservesumme griff die Unternehmensführung der Farbenfabriken einem zentralen Anliegen der im Juli 1884 erfolgenden Revision des Aktiengesetzes vor. Dort wurde die zuvor als freiwillig definierte Bildung eines Reservefonds nun zur „Deckung eines aus der Bilanz sich ergebenden Verlustes“ vorgeschrieben. In diesen sollten jährlich mindestens fünf Prozent des Reingewinns so lange einfließen, als „der Reservefonds den zehnten oder den im Gesellschaftsvertrage bestimmten höheren Teil des Gesamtkapitals nicht überschreitet.“[329] Die neue Gesetzeslage hatte eine entsprechende Änderung der Unternehmensstatuten zur Folge, in denen ab dem Geschäftsjahr 1884/85 neue Richtlinien bezüglich der Gewinnverteilung festgeschrieben wurden. Neben der bereits in den vorhergehenden Statuten festgelegten Dividendenzahlung von fünf Prozent des Aktienkapitals wurde nun ebenfalls die Reservebildung in Höhe von „mindestens 5% des Reingewinns“ statutarisch fixiert.[330] Auf Grund dieser Bestimmung wurden die flexiblen Ausschüttungsmöglichkeiten – die Vergütung der Führungsebene sowie die Superdividende – nun auch gegenüber dem Reservefonds nachrangig behandelt. Vor dem Hintergrund der sich in diesem Geschäftsjahr weiter zuspitzenden Geschäftslage wurde diese statutarisch festgelegte Rangfolge der Gewinnverteilung jedoch erst 1886 teilweise, 1887 dann in vollem Umfang umgesetzt.

3.3.4 Krisenhöhepunkt 1884/85

Die Mitgliedschaft an der Alizarin-Konvention hatte die Handlungsmöglichkeiten der Unternehmensführung im Verlauf des Geschäftsjahres 1883/84 zuneh-

326 Vgl. BAL, Geschäftsbericht 1883/84 sowie HADB SG31/009: Prospect der Deutschen Bank über die Farbenfabriken vorm. Friedr. Bayer & Co. zu Elberfeld, 28. Januar 1885.

327 Vgl. BAL, Geschäftsbericht 1883/84.

328 Vgl. BASF UA, Geschäftsbericht 1884.

329 ADHGB vom 18.07.1884, Artikel 185b. Vgl. ebenfalls Nieberding 2003a, S. 259–267.

330 BAL 14/2, Protokolle der General-Versammlung: Ordentliche General-Versammlung, 27. Oktober 1884.

mend eingeschränkt. Wenngleich der Gewinnrückgang des Gesamtgeschäfts im darauffolgenden Rechnungsjahr 1884/85 insgesamt weniger dramatisch ausfiel, verzeichnete die Alizarin-Sparte erneut überproportional hohe Einbußen. Der aus dem Produktionszweig resultierende Gewinn hatte sich innerhalb von zwei Jahren mehr als halbiert und belief sich zum Zeitpunkt des Jahresabschlusses 1885 auf nur noch 700.632,61 Mark.[331] Da die Alizarin-Absätze der Farbenfabriken wegen des durch die Konvention garantierten Quantums über den gesamten Zeitraum größtenteils konstant blieben, ist der Gewinnrückgang beinahe ausschließlich auf die wiederholten Preisreduzierungen zurückzuführen. Ein Mehrabsatz an Alizarin hatte auf Grund der komplexen Regularien der Konvention ohnehin keinen monetären Mehrwert für die Unternehmen, sondern führte seit der im März 1884 erfolgten Neuverhandlung des Konventions-Vertrages zu einer negativen Sanktionierung.[332] In diesem Sinne verwies die Direktion der Farbenfabriken in ihrem Jahresbericht darauf, dass der Absatz des Alizarins im Vergleich zum Vorjahr in solch einem Maße vergrößert worden sei, dass sich die Verkäufe über das ganze Jahr hindurch über dem durch die Konvention zugestandenen Quantum bewegt hätten. Auf Grund der Überlieferung sei man jedoch dazu gezwungen gewesen, an die Konvention „einen Beitrag von circa 86.000 Mark zu bezahlen, die zu Lasten unseres Gewinn- und Verlust-Contos aufgeführt sind."[333]

Die durch die Konvention induzierte Einschränkung der Entscheidungsspielräume der Unternehmensführung wurde folglich um eine zusätzliche Komponente erweitert. Sie beschränkte sich nicht mehr nur auf die Tatsache, dass die Farbenfabriken auf Grund ihrer vergleichsweise hohen Abhängigkeit von den Alizarin-Farbstoffen und ihrer strukturellen Unterlegenheit gegenüber der BASF und Hoechst innerhalb der Konvention auf die Vorgaben und Preisvorstellungen der Konkurrenten nur noch reagieren konnten. Die starke Fokussierung auf die Herstellung der Alizarin-Farbstoffe führte nun zusätzlich dazu, dass die hohe Leistungsfähigkeit des Unternehmens entgegen der marktwirtschaftlichen Logik keine monetär verwertbaren komparativen Vorteile hervorrief, sondern diese im Gegenteil weitere Verluste bedeutete.

Im Unterschied zu den vorangegangenen Jahren blieb der Preis der Alizarin-Farben im Jahr 1884 zunächst stabil – und dies trotz wiederkehrender Auseinandersetzungen zwischen den Mitgliedern der Konvention. So erklärten zunächst die Farbwerke Hoechst am 15. November 1884 ihren Austritt zum 15. Ja-

331 BAL 15/BA.2, Gewinn- und Verlustkonto der Farbenfabriken vorm. Friedr. Bayer & Co: Gewinn- und Verlust-Conto 1884/85, S. 6.

332 Vgl. Kapitel 3.3.3.

333 BAL, Geschäftsbericht 1884/85.

nuar 1885. Der Aufsichtsrat der Farbenfabriken ließ in einer Stellungnahme festhalten, dass sich Bayer „nach reichlicher Ueberlegung“ einer Erneuerung der Konvention freundlich gegenüberstelle, dass man jedoch ebenfalls die Notwendigkeit erkenne, „die von unserer Firma innerhalb der Convention besessenen Rechte strengstens aufrecht zu erhalten.“[334] Die beinahe gleichgültige Reaktion auf eine existenzielle Bedrohung des wichtigsten Produktzweigs des Unternehmens ist zunächst überraschend, doch ging man auf der Führungsebene wegen der in der Konvention gemachten Erfahrungen wohl von einer baldigen Rücknahme der Kündigung zu geänderten Konditionen aus. Als dies „entgegen aller Erwarthungen“ im Januar 1885 noch immer nicht geschehen war, stellte sich der Aufsichtsrat der Farbenfabriken auf ein Ende der Konvention ein. Für den Fall der Freigabe der Alizarin-Preise wurde zunächst als Priorität ausgegeben, die bestehende Kundschaft zu erhalten. Um ein Abwandern zu Konkurrenzunternehmen zu verhindern, sollte ein Zirkular an die Kundschaft mit dem Versprechen versandt werden, „jederzeit mit der Concurrenz Schritt zu halten.“ Diese Form der Preisgarantie war ohne Zweifel gewagt bis fahrlässig, stellte man im Unterschied zur BASF oder Hoechst doch noch immer keine Vor- oder Zwischenprodukte selbst her. Für die Zeit nach der Konvention rechnete die Unternehmensführung mit einem Alizarin-Preis von ungefähr 2,20 Mark pro Kilo mit der Option auf zehnprozentigen Rabatt. Dieser Preis lag rund 20 Pfennig unterhalb des im März 1884 vereinbarten innerkonventionalen Ausgleichspreises und rund 40 Pfennig unter dem Ende des Jahres 1884 gültigen Verkaufspreis von 2,60 Mark.[335]

Durch ein erneutes Heranziehen der im März 1884 im Zusammenhang des Aktiensyndikats verfassten Kalkulationspapiere lässt sich an dieser Stelle die Schwierigkeit der Erwartungsbildung bezüglich der Preisentwicklung des Alizarins verdeutlichen. Dort ging der Verfasser für das Betriebsjahr 1884/85 von einem durchschnittlichen Verkaufspreis von drei Mark abzüglich eines zehnprozentigen Rabatts aus. Unter Abzug der Agentenprovision gibt die Kalkulation einen durchschnittlichen Verkaufspreis von 2,62 Mark an, die Herstellungskosten wurden mit durchschnittlich 2,12 Mark berechnet. Demzufolge wurde mit einer Marge von 50 Pfennig pro Kilo Alizarin kalkuliert. Bezogen auf die Rohmaterialpreise verweist der Autor der Kalkulationspapiere zudem darauf, dass diese „heutig fest contrahiert“ seien, also zum Zeitpunkt der Kalkulation für das Jahr 1884/85 bereits vertraglich vereinbart worden waren.[336] Entspre-

334 BAL 11/3, Aufsichtsrat: 36. Aufsichtrsrath-Sitzung, 22. November 1884.

335 BAL 11/3, Aufsichtsrat: 37. Aufsichtsrath-Sitzung, 2./5. Januar 1885. Verkaufspreis vgl. Rose 1918, S. 294.

336 Alles entnommen aus BAL 15/A.2, Aktiensyndikat: Konfidentielle Betriebskalkulation.

chend geringen Spielraum muss das Unternehmen in Bezug auf eine Reduzierung der Herstellungskosten gehabt haben. Es kann daher davon ausgegangen werden, dass die im Januar 1885 hinsichtlich der Auflösung der Konvention gemachte Preisprognose von 2,20 Mark sehr nahe an den Herstellungskosten des Farbstoffs lag – und gewiss weit jenseits der noch 1884 an die Deutsche Bank übermittelten Preiserwartung.

Die langfristig vereinbarten Rohstoffverträge bedeuteten für die Farbenfabriken einen weiteren Wettbewerbsnachteil gegenüber den rückwärtsintegrierten Firmen BASF und Hoechst. Das Unternehmen konnte einerseits weniger flexibel auf sich verändernde Marktsituationen reagieren, andererseits bestand das Risiko, dass ein Preisverfall der Rohstoffe zwischen Vertragsabschluss und Auslieferungen zu Verlusten in Form von Abschreibungen führen konnte. Die Farbenfabriken, die nachweislich einen Großteil ihrer Rohstoffversorgung von anderen Unternehmen bezogen, mussten für 1884/85 entsprechend festhalten:

> Die Natur unseres Geschäftes zwingt uns grössere Vorräthe an Rohmaterialien zu halten, und der anhaltende und beispiellose Rückgang der Preise fast sämtlicher Rohproducte bis in die neuste Zeit hinein trifft uns daher diesmal um so empfindlicher als wir die ganze Differenz zwischen dem Einkaufs- und dem Tagespreis zur Zeit der Inventarisierung dem verflossenen Geschäftsjahr zur Last zu bringen hatten, wodurch wir genöthigt waren einen ganz wesentlichen Betrag unseren Vorräthen im Voraus abzuschreiben.[337]

Die angesprochene Extrabelastung der „ganze[n] Differenz“ rührte daraus, dass die im Juli 1884 in Kraft getretene Aktienrechtsnovelle eine Inventarbewertung nach dem Niederstwertprinzip vorschrieb (vgl. Kapitel 2 und 3.3.1.), die zu einer Neubewertung aller Roh- und Halbfabrikate sowie Fertigprodukte führte. Am 15. Mai 1885 erstattete Hermann König im Aufsichtsrat Bericht über die schwierige Geschäftslage und gab an, dass wegen der „durch das neue Actien-Gesetz uns dictierten Extra-Abschreibungen“ das Geschäftsergebnis deutlich geringer ausfallen würde, aber nach Abzug der Abschreibungen sowie offener Prozesskosten „nach oberflächlicher Schätzung eine Dividende von 7 bis 5½ % hierab ohne Garantie zu erwarten“ sei.[338]

337 BAL, Geschäftsbericht 1884/85.

338 BAL 11/3, Aufsichtsrat: 42. Aufsichtsrath-Sitzung, 15. Mai 1885. Die erwähnten Prozesskosten resultierten aus dem in Kapitel 3.3.2. beschriebenen Rechtsstreit der Farbenfabriken gegen die AGFA bezüglich der Verwendung des Croceinscharlachs. Daneben führten die Farbenfabriken in den USA einen Prozess gegen das dort gültige Alizarin-Patent der BASF, der schlussendlich in einer Aufhebung des dortigen Monopols derselben mündete. Beide Prozesse belasteten das Jahresergebnis 1884/85 mit insgesamt 90.256,90 Mark. Bezüglich des erfolgreichen Prozesses gegen die BASF, siehe Travis 1993, S. 210.

Tatsächlich hätte der für 1884/85 ausgewiesene Nettogewinn von 278.132,70 Mark eine Dividendenzahlung von ca. 3,7 Prozent[339] erlaubt, jedoch veranlassten wesentliche Veränderungen auf dem Alizarin-Markt die Unternehmensführung zu einer Abkehr von der bisherigen Ausschüttungsstrategie: Nachdem sich die Mitglieder der Alizarin-Konvention im Januar 1885 wenige Tage vor ihrer Beendigung doch noch auf eine Verlängerung derselben einigen konnten, kam es bereits im April 1885 seitens der BASF und Hoechst zu einer erneuten Forderung nach einer „erheblichen Preisreduction" zur „wirksamen Bekämpfung der Schweizer u. Englischen Alizarin-Concurrenz". Die Unternehmensführung der Farbenfabriken sah die Profitabilität ihres wichtigsten Produktes zum wiederholten Male bedroht und erteilte für die Konventions-Verhandlungen die Vorgabe, „eine Preisherabsetzung wenn irgend möglich vermieden zu sehen, oder aber wenn dieselbe nicht zu umgehen, doch eine Herabsetzung des Neutral-Preises unter allen Umständen auf das Energischste zu bekämpfen."[340]

Der geringe Handlungsspielraum, welcher den Alizarin-Produzenten in Hinblick auf die sich bereits nahe den Herstellungskosten befindenden Alizarin-Preise zur Verfügung stand, war Mitte des Jahres 1885 vermutlich vollständig ausgeschöpft. Dementsprechend kam es im Juli zur endgültigen Kündigung des Kartells. Dass diese sowohl durch Hoechst als bemerkenswerterweise auch durch Bayer erfolgte, könnte als Hinweis darauf gedeutet werden, dass die Verhandlungsbereitschaft der Farbenfabriken bezüglich der Preisuntergrenze erreicht war, Hoechst auf Grund seiner vertikalen Integration jedoch auf eine weitere Reduzierung drängte. Eine zwischen der BASF und Hoechst getroffene Vereinbarung sah für den Kündigungsfall vor, dass der Austritt eines der beiden Unternehmen für das andere ebenfalls die Verpflichtung der Kündigung nach sich zog, weshalb sich alle drei großen Alizarin-Produzenten der Kündigung zum 8. August 1885 anschlossen.[341] Erstaunlicherweise wich die Unternehmensführung Bayers nicht von ihrer Erwartungshaltung hinsichtlich der Preisentwicklung im freien Markt ab und hielt an der bereits im Januar getroffenen

339 Das Aktienkapital war mittlerweile auf 7,5 Mio. Mark erhöht worden, die Berechnung der Dividendenhöhe wurde durch den Verfasser dieser Studie entsprechend angepasst.

340 BAL 11/3, Aufsichtsrat: 42. Aufsichtsrath-Sitzung, 15. Mai 1885.

341 Im Vorstandsprotokoll der BASF wurde am 17. Juli festgehalten, dass „die Alizarin-Convention seitens der Farbwerke in Hoechst und der Farbenfabriken in Elberfeld gekündigt worden sei u. wir uns dieser Kündigung infolge unseres Privatabkommens mit Hoechst hätten anschließen müssen." Vgl. BASF UA, PB/C12, Protokolle der Vorstandssitzungen Januar 1884 bis Juli 1885: Zehnte Sitzung, 17. Juli 1885. Im Aufsichtsratsprotokoll der Farbenfabriken Bayer heißt es, die Kündigung sei von den Farbenfabriken, der BASF und Hoechst ausgesprochen worden. Vgl. BAL 11/3, Aufsichtsrat: 44. Aufsichtsrath-Sitzung, 4. August 1885.

Preisprognose von 2,20 Mark fest. Überhaupt änderte sich zwischen der im Januar im Aufsichtsrat diskutierten und im August tatsächlich verfolgten Strategie wenig. Die Entscheidungsprämisse für den Vorstand lautete zu versuchen, „den Absatz des Alizarins auf der normalen Höhe von 11.000 Kilo zu erhalten u. für diese Zeit zu genanntem Zweck dem Preis der Concurrenz zu folgen" – eine angesichts der Potenz der Konkurrenzunternehmen weiterhin riskante Vorgabe.[342]

Die noch im Mai 1885 abgegebene Dividendenprognose der Farbenfabriken war auf Grund der Kündigung der Alizarin-Konvention nicht nur hinfällig geworden, im Gegenteil: Die neu entstandene Unsicherheit bezüglich der weiteren Entwicklung des Alizarin-Marktes bewegte die Unternehmensführung dazu, den Jahresgewinn 1884/85 nicht auszuschütten, sondern den vollen Überschuss von 278.132,70 Mark als „Special-Reserve für uns im kommenden Jahre am Alizarin-Geschäft drohende Verluste zu stellen".[343] Dass Bayer sein Geschäftsjahr im Unterschied zu seinen Konkurrenten weiterhin zum 30. Juni beendete, bedeutete in diesem Fall einen Vorteil. So lag die Kündigung der Konvention zeitlich zwischen der Beendigung des Geschäftsjahres und der für Oktober 1885 einberufenen Hauptversammlung der Aktionäre, weshalb man einerseits vergleichsweise schnell Entscheidungen bezüglich der zukünftigen Unternehmensstrategie treffen konnte, andererseits bereits Informationen über die Preisentwicklung des Alizarins zur Verfügung standen. So gab die Direktion Bayers gegenüber der Generalversammlung an, dass die Preise im Zeitraum seit der Aufstellung der Bilanz (also zwischen dem 30. Juni und dem 31. Oktober 1885) bedeutend gefallen seien und „wie vorauszusehen war [...] der Betrieb zur Zeit kein lohnender" sei.[344] In der Tat fielen die Preise für Alizarin unmittelbar nach Auflösung der Konvention zunächst auf 1,80 Mark, um dann im Jahr 1886 mit 1,50 Mark pro Kilogramm ihren Tiefpunkt zu erreichen.[345] Eine Produktion des Farbstoffs war – wenn überhaupt – nur noch denjenigen Unternehmen möglich, die den Preisverfall über den Verkauf anderer Produkte kompensieren konnten – eine entsprechend hohe Zahl an Unternehmen schied daher aus dem Markt aus.[346] Der Vorstand der BASF, deren Geschäftsjahr mit dem Kalenderjahr 1885 endete, hielt in seinem Bericht für die erst am 30. April 1886 abgehaltene Generalversammlung fest, dass sich nach der Kündigung der Konvention ein „scharfer Concurrenzkampf entsponnen" und zu Preisherabsetzungen geführt

---

342 BAL 11/3, Aufsichtsrat: 44. Aufsichtsrath-Sitzung, 4. August 1885.

343 BAL Geschäftsbericht 1884/85, Bericht der Direction.

344 Ebd.

345 Vgl. Rose 1918, S. 294.

346 Vgl. Redlich 1914, S. 49.

habe, die „den Nutzen auf ein geringstes Mass herabdrückten. Minder günstig situirte [!] Fabriken dieser Branche haben sich schon zur Einstellung ihres Betriebes veranlasst.“[347]

Bemerkenswerterweise gaben die jeweiligen Jahresberichte Bayers für das Geschäftsjahr 1884/85 und der BASF für das Geschäftsjahr 1885 an, dass der Absatz in Alizarin in beiden Unternehmen beinahe konstant geblieben sei. Die Farbenfabriken erklärten „nunmehr vollauf beschäftigt“ zu sein und einen bestimmten Anteil am Verkauf bis 1886 vertraglich abgesichert zu haben, während man bei der BASF konstatierte, dass sich trotz einer Herabsetzung der Preise die „Werthsumme unseres Absatzes“ auf Grund einer starken Mengenausweitung „nur ganz unerheblich vermindert habe.“[348] Das Urteil der Farbenfabriken über die zukünftige Entwicklung fiel dementsprechend doppeldeutig aus, da man einerseits den Betrieb der Alizarin-Farben als unrentabel einschätzte, die Produktion aber gleichzeitig in vollem Umfang aufrechterhielt. Die Voraussetzungen unterschieden sich dabei jedoch erheblich. So gelang es den Farbenfabriken im Unterschied zur BASF keineswegs, den wertmäßigen Absatz des Alizarins aufrecht zu erhalten. Für das darauffolgende Geschäftsjahr 1885 wies das Gewinn- und Verlustkonto für die Alizarin-Fabrik einen Verlust in Höhe von 244.534,76 Mark auf, gleichbedeutend mit einer annähernd vollständigen Inanspruchnahme der Rückstellungen aus dem Jahr 1884/85 – eine Dividende konnte, wie im Geschäftsjahr zuvor, nicht gezahlt werden. Die erfolgreiche Kompensation der Verluste aus dem Alizarin-Geschäft war durch den Umstand begünstigt worden, dass die Generalversammlung im Oktober 1885 einer Verlegung des Geschäftsjahres zugestimmt hatte. Dieses fiel seit 1886, „ähnlich wie dies bei den meisten unserer Concurrenzfabriken der Fall ist“, mit dem Kalenderjahr zusammen, weshalb für das zweite Semester des Jahres 1885 eine gesonderte Bilanz aufgestellt werden musste.[349] Vor diesem Hintergrund wurden die in nur einem Halbjahr erlittenen Verluste des Alizarin-Geschäfts gegen die „Spezial-Reserve für Alizarin“ angerechnet, die sich wiederum aus der Rückstellung des vollständigen Jahresgewinns 1884/85 ergeben hatte.[350]

Dank der im vorausgehenden Geschäftsjahr verbuchten Rückstellung wies die Alizarin-Fabrik daher auch für das zweite Semester 1885 einen Gewinn aus. Dieser resultierte jedoch ausschließlich aus der buchhalterischen Auflösung der Rückstellung von 278.132,70 Mark, welche mit dem Verlust von 244.534,76 Mark

347 BASF UA, Geschäftsbericht 1884.
348 Vgl. BAL Geschäftsbericht 1884/85 sowie BASF UA, Geschäftsbericht 1885.
349 BAL Geschäftsbericht 1884/85: Bericht des Aufsichtsraths sowie BAL 14/2, Protokolle der Generalversammlung: General-Versammlungs-Protokoll vom 31. October 1885.
350 Ebd.

verrechnet wurde, woraus sich dann der entsprechende Gewinn von 33.597,94 Mark ergab (Tabelle 3.8).[351] Selbstverständlich hatte der faktische Verlust der Alizarin-Sparte erheblichen Einfluss auf die relativen Gewinnbeiträge der weiteren Produktsparten der Farbenfabriken, die sich bilanziell nunmehr für die Azofarbstoffe auf 47 Prozent sowie für die Anilinfarbstoffe auf 45 Prozent beliefen, tatsächlich jedoch darüber lagen.[352] Die zunehmende Bedeutung dieser beiden Farbstoffgruppen war dabei nicht ausschließlich dem verlustreichen Alizarin-Geschäft geschuldet, sondern ebenfalls durch Fortschritte im Absatz begünstigt worden.

351 Erstaunliches fördert an dieser Stelle ein Vergleich der an die Generalversammlung übermittelten Gewinn- und Verlustrechnung (GuV) mit einer unternehmensintern erstellten GuV zu Tage. So wies die veröffentlichte GuV (389.369,09 Mark) einen um 40.708,87 Mark geringeren Gewinn auf als ihr internes Pendant (430.077,96 Mark). Interessant ist diese Differenz vor allem in Hinblick auf die Kommunikation der Direktion der Farbenfabriken, die in ihrem, der veröffentlichten GuV beiliegenden Bericht erörterte, dass das Unternehmen „in Folge der weiteren nothwendigen Abschreibungen auf Rohmaterialien sowie auch des noch anhaltenden Rückgangs des Alizarinpreises einen obige Rückstellung [die der Spezialreserve, FS] noch übersteigenden Verlust in dieser Abteilung zu konstatiren" habe. Laut der internen GuV des Unternehmens überstieg der Betrag der Spezialreserve jedoch, wie erwähnt, den Verlust der Alizarin-Fabrikation um 33.597,94 Mark. Im Betrag identisch mit der Differenz der beiden GuV-Rechnungen ist in der internen GuV der Posten „Benzol-Conto" mit dem Verweis auf „Abschreibungen auf die Vorräthe am 31. December". Da es sich bei Benzol nicht um ein Rohprodukt der Alizarin-, sondern der Anilin- und Azofarbstoffe handelte, ist die Argumentation der Geschäftsführung daher nicht plausibel. Unklar bleibt, weshalb die Sonderabschreibungen auf Benzol unerwähnt blieben, bzw. der Jahresgewinn des zweiten Semesters 1885 „künstlich" reduziert wurde. Denkbar wäre einerseits, dass eine Kommunikation einer weiteren Sonderabschreibung die Aktionäre des – mittlerweile börsennotierten – Unternehmens zusätzlich verunsichert hätte. Andererseits eröffnete die Existenz des Reservekontos der Unternehmensführung ggf. einen eleganten Weg, notwendige Abschreibungen verdeckt vorzunehmen, da die zurückgestellte Summe ohnehin dem Geldkreislauf des Unternehmens entzogen worden war. Hierbei weist der Vorgang eine Ähnlichkeit zu späteren Reservemaßnahmen auf, die in Kapitel 4 eine eingehende Betrachtung erhalten werden. Zur öffentlichen GuV siehe BAL, Geschäftsbericht 1885. Zur unternehmensinternen Bilanz, siehe BAL 15/BA.2, Gewinn- und Verlustkonten: Gewinn- und Verlust-Conto 1885.

352 An dieser Stelle sei ein kontrafaktisches Gedankenspiel erlaubt: Unter der Annahme, dass der vollständige Jahresgewinn 1884/85 nicht als Spezial-Reserve rückbehalten, sondern vollständig als Dividende ausgeschüttet worden wäre, hätte sich das Jahresergebnis des zweiten Semesters auf 151.945,26 Mark gestellt. Da sich allein die Generalspesen des Semesters auf 214.783,01 Mark beliefen, hätte der Verzicht auf die Rückstellung daher vermutlich den Bankrott der Farbenfabriken Bayer bedeutet.

Tab. 3.8: Jahresgewinne der Farbenfabriken vorm. Friedr. Bayer & Co und der Produktionssparten Alizarin, Azo und Anilin, 1884/85–1889 (in Mark).[353]

	Bruttogewinn	Nettogewinn	Gewinn Alizarin-Fabrik	Anteil an Bruttogewinn	Gewinn Azo-Fabrik	Anteil an Bruttogewinn	Gewinn Anilin-Fabrik	Anteil an Bruttogewinn
1884/85	1.190.955,10	278.132,70[1]	700.632,61	59 %	308.169,08	26 %	109.710,98	9 %
1885	430.077,96	12.775,74	33.597,94	8 %	202.979,67	47 %	193.500,35	45 %
1886	1.600.092,21	748.507,91[2]	270.520,92	17 %	909.577,76	57 %	298.293,88	19 %
1887	2.395.580,61	1.251.978,66[3]	347.985,87	15 %	1.324.675,87	55 %	575.490,22	24 %
1888	2.935.084,99	1.676.977,39[4]	331.941,01	11 %	1.565.150,48	53 %	639.841,36	22 %
1889	3.715.027,12	2.244.345,70[5]	486.345,76	13 %	1.982.858,01	53 %,	281.001,07	8 %

1 Davon 72.482,43 Mark Gewinnvortrag aus 1883/84. Vollständig als Reserve für Alizarin-Fabrik einbehalten.
2 Davon 12.775,74 Mark Gewinnvortrag aus 1885.
3 Davon 69.503,67 Mark Gewinnvortrag aus 1886.
4 Davon 68.695,03 Mark Gewinnvortrag aus 1887.
5 Davon 44.142,81 Mark Gewinnvortrag aus 1888.

353 BAL Geschäftsberichte 1884/85–1889 sowie BAL 15/BA.2, Gewinn- und Verlustkonto der Farbenfabriken vorm. Friedr. Bayer & Co., 1882–1923. Anteile eigene Berechnung.

Trotz der nachträglich gescheiterten Patentierung des Croceinscharlachs hatte das Unternehmen im Bereich der Azofarbstoffe eine Anzahl vielversprechender Farbstoffe entwickeln können, allen voran die von Carl Duisberg entdeckten späteren Massenprodukte „Benzopurpurin 4B“ und „Benzoazurin“.[354] Die enorme Nachfrage nach diesen Farbstoffen begründete sich durch die Tatsache, dass sie Wolle direkt färbten, wodurch der langwierige Bleichprozess obsolet wurde.[355] Mit Duisberg vollzogen die Farbenfabriken ebenfalls einen Strategiewechsel hinsichtlich der Aufgaben der im Unternehmen angestellten Chemiker. Zwar belief sich deren Zahl im Jahr 1881 auf zwölf, doch waren diese weiterhin der Unternehmensstrategie der Produktverbesserung verpflichtet. Die Festanstellung Duisbergs kann daher zu Recht als Zäsur aufgefasst werden, da mit ihm – wenngleich erst legitimiert durch die Entdeckung der absatzstarken Farbstoffe – der erste Chemiker ausschließlich mit der Farbstoff-Forschung betraut wurde.[356] Dass das Jahr 1885 auf Grund der Entdeckung des Benzopurpurins später durch den Betriebsführer der Azo-Abteilung, Dr. Johannes Jansen, als das „wichtigste Jahr in der Entwicklung der Azo-Betriebe der Farbenfabriken“ bezeichnet wurde, ist in erster Linie auf die wirtschaftliche Bedeutung dieser Farbstoffgruppe zurückzuführen.[357] Auf diese deutet bereits der Bilanzgewinn der Azo-Fabrik des Geschäftshalbjahres 1885 hin, der sich trotz der weiterhin sinkenden Rohstoffpreise – und obwohl nur die Verkäufe eines Halbjahres berücksichtigt wurden – bereits auf zwei Drittel des Azo-Gewinns des Geschäftsjahres 1884/85 belief. Gleichzeitig kann die Aussage auch in Hinblick auf die relative Bedeutung der Azofarbstoffe im Verhältnis zu dem bis dahin dominanten Alizarin so interpretiert werden, als dass der glückliche Zeitpunkt der Entdeckung des Benzopurpurins geradezu den Ausweg aus der schwersten Krise des Unternehmens bedeutete.

Eine weitere Ausprägung fand die Unternehmenskrise in den mit dem Börsengang der Farbenfabriken verbundenen Schwierigkeiten. Die im November 1883 durch die Gründung des Aktiensyndikats eingeleitete Aktienemission des Unternehmens wurde schließlich mit der Einführung der Papiere an der Berli-

354 Die Anstellung Duisbergs sowie zwei weiterer Chemiker ging zum wiederholten Male auf eine Privatinvestition Carl Rumpffs zurück. Dieser zahlte den drei Wissenschaftlern zunächst Forschungsaufenthalte an Universitäten (im Falle Duisbergs in Straßburg), wo sie Auftragsforschung für die Farbenfabriken durchführten. Zwar scheiterte Duisberg zunächst an den zu hohen Erwartungen Rumpffs, doch waren seine später dort gemachten Entdeckungen im Bereich der Azofarbstoffe so überzeugend, dass Duisberg am 24. September 1884 fest bei den Farbenfabriken angestellt wurde. Siehe hierzu ausführlich Plumpe 2016a, S. 50–87.

355 Pinnow 1938a, S. 67–71.

356 Vgl. Plumpe 2016a, S. 63.

357 Jansen 1918, S. 136.

ner Börse im Februar 1885 vollzogen. Somit fiel die Zeichnung des Unternehmens kurz vor die Zeit der wirtschaftlich größten Unsicherheit – ein Umstand, der auch die Entwicklung des Börsenkurses maßgeblich beeinflusste. Der Kurs der Farbenfabriken stellte sich bei seiner Einführung zunächst auf zwischen 118 und 119 Prozent und der Deutschen Bank gelang es, bis Juni 1885 Aktien im Nominalwert von 1.222.000 Mark bzw. dem Kurswert entsprechenden 1.444.649,65 Mark zu emittieren.[358] Die positive Kursentwicklung ist insofern nachvollziehbar, als dass die Erwartungen der Aktionäre hauptsächlich auf vergangenen Rahmenbedingungen beruhten. So verwies der von der Deutschen Bank veröffentlichte Prospekt explizit auf die Dividendenhöhe der vorausgehenden drei Jahre, welche sich auf 20 Prozent, 20 Prozent sowie acht Prozent belaufen hatten.[359] Da weitere große Unternehmen der Teerfarbenindustrie ähnliche Renditen aufwiesen, muss eine Investition in eine ihrer führenden Fabriken entsprechend als lukrativ wahrgenommen worden sein. In diesem Sinne erklärte ein aus Anlass der Börseneinführung in der „Berliner Börsen-Zeitung" veröffentlichter Artikel, die Farbenfabriken zählten zu den „hervorragendsten Vertretern" des noch jungen, jedoch wirtschaftlich bedeutenden Wirtschaftszweigs der Teerfarbenindustrie. Zudem gebe die – zu diesem Zeitpunkt noch existierende – Alizarin-Konvention eine Garantie dafür, dass es einerseits nicht zu Überproduktionen auf diesem Gebiet kommen könne, andererseits die Konkurrenz neu entstehender Fabriken zu vernachlässigen sei, würde sie doch die „grossen capital- und productionskräftigen Gesellschaften überhaupt am wenigsten treffen."[360] Interessanterweise wurde diese Argumentation im Zuge der Vorbereitung des Börsengangs ebenfalls von der Unternehmensführung der Farbenfabriken gegenüber der Deutschen Bank genutzt. Neben dem bereits erwähnten Fragenkatalog zur Gestaltung des Aktienprospekts verlangte die Deutsche Bank in Hinblick auf die den Börsengang begleitenden Zeitungsartikel eine Stellungnahme bezüglich zu erwartender „Schwierigkeiten, welche dem Entstehen von weiteren Concurrenzen entgegenstehen". Als Antwort formulierte die Führung Bayers, die zu überwindenden Schwierigkeiten für neue Konkurrenten würden sich „am eclatantesten" daran zeigen, dass seit Bestehen der Konvention „blos [!] eine neue Fabrik mit einem theilweisen Erfolg errichtet worden" sei.[361]

358 BAL 15/A.2, Aktiensyndikat: Abrechnung Aktiensyndikat zum 30. Juni 1885.

359 Vgl. HADB SG31/009: Prospect der Deutschen Bank über die Farbenfabriken vorm. Friedr. Bayer & Co. zu Elberfeld, 28. Januar 1885.

360 Berliner Börsen-Zeitung, 30. Januar 1885, aus: BAL 15/A.1, Aktienangelegenheiten.

361 Vgl. BAL 15/A.2, Aktiensyndikat: Für den Prospect. Vermutlich handelte es sich hierbei um das in den Konventionssitzungen wiederholt thematisierte Schweizer Unternehmen Bindschedler & Busch, das 1884 in Chemische Industrie Basel (Ciba) umbenannt wurde.

Mit der Veröffentlichung des Ergebnisses des Geschäftsjahres 1884/85 sahen sich die Investoren jedoch dazu gezwungen, ihre positive Einstellung gegenüber den Zukunftsaussichten der Farbenfabriken zu revidieren. Ein erstes Indiz der sich verändernden Erwartungshaltung potentieller Investoren ist darin auszumachen, dass die Deutsche Bank nicht in der Lage war, alle ihr durch das Syndikat bereitgestellten Wertpapiere zu emittieren, sondern zum 30. Juni 1885 den Nichtverkauf von Aktien im Wert von 408.000 Mark bekannt geben musste. Da die Hauptversammlung erst zum 31. Oktober 1885 einberufen wurde, ist unklar, zu welchem Zeitpunkt die Aktionäre über die bedrohliche Lage des Unternehmens in Kenntnis waren. Zunächst wird jedoch die sich ab Juli 1885 verbreitende Nachricht über die Auflösung der Alizarin-Konvention zu einer steigenden Unsicherheit bezüglich der Entwicklung des Unternehmens geführt haben, die spätestens mit der Veröffentlichung des Geschäftsberichts im Oktober 1885 zu einem Kursverfall der Unternehmenspapiere auf 90 Prozent des Nominalwertes führte.[362] Da ein weiterer Kursverlust als wahrscheinlich galt – Zeitungen wie die Berliner „Allgemeine Börsenzeitung“ empfahlen Mitte November 1885 den Verkauf der Aktien, da die „Verteilung einer Dividende [...] auf Jahre hinaus mehr wie zweifelhaft“ erschien[363] – schlossen sich die Hauptaktionäre der Farbenfabriken mit der Deutschen Bank im Oktober 1885 zu einem weiteren Syndikat zusammen, dessen Ziel die „Regulierung des Kurses“ sein sollte.[364] Die Regulierung sollte mittels Aktienrückkäufen durch die Syndikatsmitglieder erfolgen, also handelte es sich im weitesten Sinne um eine Stabilisierung des Kurses durch das Unternehmen selbst, wenngleich gewiss ein Teil des Vermögens der Hauptaktionäre auf dem Spiel stand. Diese verständigten sich, eine Menge von bis zu 600 der sich zu diesem Zeitpunkt im Umlauf befindenden 1.222 Aktien des Unternehmens vorübergehend aufzukaufen, um weiteren Panikverkäufen vorzubeugen und den Aktienkurs zu stabilisieren.[365] Die Tatsache,

362 BAL 15/A.1, Aktienangelegenheiten: Aktienkapitalbewegungen 1881–1926. Der von Pinnow beschriebene Rückgang auf 700 Mark kann aus den Quellen nicht hergeleitet werden, erscheint aber auf Grund der lückenhaften Überlieferung des Aktienkurses ebenfalls denkbar. Vgl. Pinnow 1938a, S. 64.

363 Allgemeine Börsen-Zeitung, 18. November 1881. Zitiert nach Doermer 1918, S. 513.

364 HADB S224.

365 Vgl. BAL 15/A.2, Aktiensyndikat: Vertrag vom Oktober 1885. Im Unterschied zum Aktiensyndikat des Jahres 1883 brachten die Mitglieder jedoch selbst keine Aktien in das „Nebensyndikat“ ein. Es handelte sich vielmehr um eine Art Kapitalgesellschaft, deren Haftung prozentual auf die Syndikatsmitglieder aufgeteilt war. Unter diesen entfiel ein Anteil von 33,8 % auf Carl Rumpff, 9,65 % auf Eduard Tust, jeweils 6,75 % auf August Siller und Friedrich Weskott, 6,15% auf Friedrich Bayer, 4,6 % auf Henry Böttinger, 3,8 % auf Wilhelm Schulten sowie 0,9 % auf Eduard Schoppe. Die Deutsche Bank war mit 27,6 % beteiligt. Erneut war es also Carl Rumpff, der das höchste Risiko trug.

dass die Laufzeiten beider Syndikate vertraglich auf die Dauer bis zum Ende des Jahres 1886 vereinbart worden waren, deutet auf die Hoffnung einer schnellen Besserung der Unternehmensgewinne hin. Die Nominalbewertung der Wertpapiere erreichte der Aktienkurs jedoch erst im Sommer 1887, als die Farbenfabriken im Geschäftsjahr 1886 nach zwei Jahren erstmals wieder eine Dividende zahlten.[366]

3.3.5 Strategien zur Krisenbewältigung: Informationsgewinnung und vertikale Integration

Vor dem Hintergrund der schweren Unternehmenskrise Mitte der 1880er Jahre entwickelte die Unternehmensführung eine Vielzahl von Bewältigungsstrategien, die grob unter den Begriffen effizienzsteigernde Informationsgewinnung sowie vertikale Integration zusammengefasst werden können. In Hinblick auf letztere spielte wohl bereits die im Jahr 1883 begonnene Kapitalerhöhung eine bedeutende Rolle. Der unternehmensstrategische Fokus der ersten zwanzig Jahre hatte zunächst – mit Ausnahme der sehr frühen Aufnahme der Anilinproduktion – auf der möglichst effizienten Produktion der Endprodukte gelegen. Die Erhöhung des Grundkapitals bedeutete dem Bayer-Chronisten Hermann Pinnow zufolge einen vergrößerten Handlungsspielraum bezüglich Investitionen in vorgelagerte Produktionsschritte. Entsprechend weist Pinnow darauf hin, dass ein Großteil der für die Produktion von Grundstoffen benötigten Einrichtungen unmittelbar nach der Umstrukturierung der Farbenfabriken in eine Aktiengesellschaft entstand.[367] Zwar muss diese Aussage in Hinblick auf die Dividendenstrategie relativiert werden – die Farbenfabriken hätten bei einer nicht so stark auf die kurzfristigen Interessen der Anteilseigner ausgerichteten Unternehmensstrategie vermutlich bereits früher in vorgelagerte Produktionsschritte investieren können –, doch zeigen die auf Ebene des Aufsichtsrats geführten Diskussionen bezüglich der Herstellung von Vorprodukten in der Tat eine zeitliche Korrelation mit dem durch die Kapitalerhöhung ermöglichten finanziellen Spielraum. Dennoch sollte der Umfang der von Pinnow beschriebenen Maßnahmen zur Vergrößerung nicht überschätzt werden. Wie aus den Investitionsquoten der Farbenfabriken hervorgeht (Abbildung 3.3), blieb sowohl die Zunahme der Immobilien als auch die des Maschinenbestandes in den Jahren 1881 bis 1885 weitestgehend konstant und vervielfachte sich erst im Jahr 1886, als große Geldsummen in den Aufbau der Azofarben-Produktion flossen.

366 Vgl. BAL 15/A.1, Aktienangelegenheiten: Aktienkapitalbewegungen 1881–1926.
367 Vgl. Pinnow 1938a, S. 51.

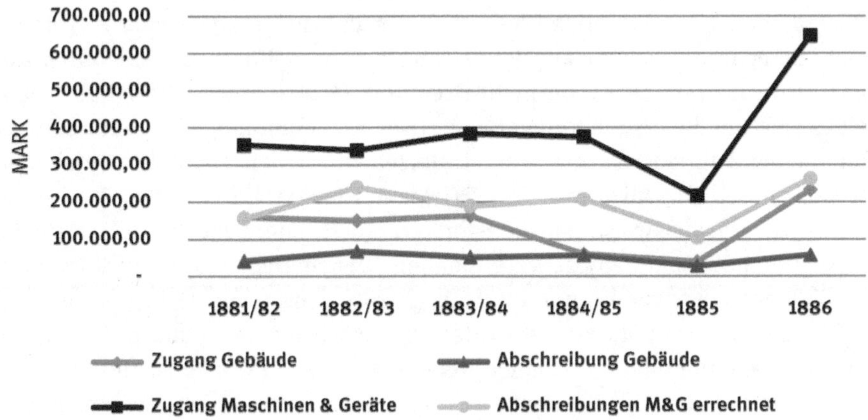

Abbildung 3.3: Investitionssummen für Gebäude sowie Maschinen und Geräte, 1881/82–1886 (in Mark).[368]

So finden sich im Protokoll des Aufsichtsrates die überhaupt ersten Hinweise auf eine Integration vorgelagerter Produktionsschritte im April 1884, wenige Monate nach der „internen" Kapitalerhöhung in Höhe von 1.195.000 Mark. Beschlossen wurde hierbei die Anschaffung eines „Thelen'schen Apparates zur Caustificierung von Natron", für welchen Bayer neben den zunächst nicht erwähnten Kosten der eigentlichen Apparatur eine „einmalige Licenz von 1.500 Mark an die Chem. Fabrik Rhenania" zu entrichten hatte.[369] Zu diesem Zeitpunkt mussten die Farbenfabriken sowohl calciniertes als auch kaustisches Soda in großen Mengen ankaufen, im Falle des calcinierten Sodas wurde der Jahresbedarf für 1885 auf zwei bis drei Millionen Kilo veranschlagt.[370] Aus Perspektive des Unternehmens ergab der Einkauf beider Produkte wenig Sinn, da sich das calcinierte Soda unter Verwendung des erwähnten Thelen'schen Apparates zu kaustischem Soda weiterverarbeiten ließ. Vor dem Hintergrund der Lizensierung des Apparates veranlasste der Aufsichtsrat deshalb eine Art Mach-

368 Zahlen basierend auf BAL 15/BA.2, Gewinn- und Verlustkonto der Farbenfabriken vorm. Friedr. Bayer & Co., 1881/82 bis 1886. Eigene Berechnungen.
369 BAL 11/3, Aufsichtsrat: 32. Aufsichtsrath-Sitzung am 8./15./17. April 1884. Sowohl das calcinierte Soda (bzw. wasserfreie Soda) als auch das kaustische Soda (Ätznatron) waren wichtige Bestandteile der Alizarin-Herstellung. Über den Thelenschen Apparat, auch Thelen-Pfanne genannt, wurde Sodalauge zu kaustischem Soda verdampft. Vgl. Hornix 1992, S. 78–79 sowie Rüsberg, F.: Fünfzig Jahre Kali-Chemie Aktiengesellschaft. Darmstadt 1949, S. 39.
370 Vgl. BAL 11/3, Aufsichtsrat: 32. Aufsichtsrath-Sitzung am 8./15./17. April 1884, S. 28–31.

barkeitsstudie hinsichtlich einer eigenen Herstellung des kaustischen Sodas. Im Juni 1885 berichtete Friedrich Weskott dem Aufsichtsrat, „daß nach vorgenommener Berechnung sich die aus der calc. Soda hergestellte caust. Soda unter Annahme von 15 % Amortisation nicht über 20 ½ M. stellen wird.“[371] Hierbei handelt es sich um die erste überlieferte „fiktive“ Kalkulation der Rentabilität einer potentiellen Fabrikation, die – im Unterschied zu den zuvor beschriebenen Preisprognosen für Alizarin – eine Vielzahl weiterer Variablen in Rechnung stellte, wie beispielsweise den Rohstoffverbrauch, Energiekosten oder Arbeitslöhne. Der mit der Prognose verbundenen Unsicherheit wurde man insofern zum Teil gerecht, als dass mit einer Abschreibungsrate von 15 Prozent ein um fünf Prozentpunkte höherer Wert veranschlagt wurde als statutarisch vorgesehen war. Die ermittelten maximalen Herstellungskosten von 20,50 Mark wurden nun als Grundlage für eine Make-or-Buy-Entscheidung herangezogen, indem man den Lieferanten diesen Preis, der rund 3,50 Mark unterhalb des durchschnittlichen Preises von 1883/84 lag, als Maximalpreis mitteilte.[372] Für den Fall, dass die Lieferanten der Preisvorstellung der Farbenfabriken nicht entgegenkommen würden, genehmigte der Aufsichtsrat eine Kreditaufnahme von 40.000 Mark für den Aufbau einer neuen Fabrikationsanlage.[373] Als ein entsprechendes Angebot nicht einging, fasste der Aufsichtsrat den Entschluss, „jetzt definitiv mit den Einrichtungen zur Caustificierung der calc. Soda“ zu beginnen.[374]

Die im Januar 1885 getroffene Entscheidung zur vertikalen Integration der Sodaproduktion fiel in das schwierige Geschäftsjahr 1884/85. Der Zeitpunkt erlaubt es jedoch, den Entschluss zum Aufbau der Vorproduktproduktion als Entscheidung zur Risikominimierung zu interpretieren, da sie wenige Tage vor dem schon beschlossenen Ende der Alizarin-Konvention getroffen wurde.[375] Im Falle der – im Entscheidungszeitpunkt als wahrscheinlich angenommenen – Auflösung der Konvention zum 15. Januar 1885 hätte sich die Unternehmensführung durch die Produktion des kaustischen Sodas eine Möglichkeit verschafft, die Herstellungskosten des Alizarins zu reduzieren. Die Vorteilhaftigkeit der Entscheidung galt gewiss umso mehr innerhalb der erneuerten Konvention, da

---

371 BAL 11/3, Aufsichtsrat: 33. Aufsichtsrath-Sitzung am 25. Juni 1884, S. 32.

372 Vgl. BAL 11/3, Aufsichtsrat: 36. Aufsichtsrath-Sitzung am 22. November 1884, S. 37. Zum Durchschnittspreis des Geschäftsjahres 1883/84, siehe BAL 15/A.2, Aktiensyndikat: Konfidentielle Betriebskalkulation.

373 Vgl. BAL 11/3, Aufsichtsrat: 35. Aufsichtsrath-Sitzung am 3. October 1884, S. 35.

374 BAL 11/3, Aufsichtsrat: 33. Aufsichtsrath-Sitzung am 2./5. Januar 1885, S. 37.

375 Zur Erinnerung: Die Alizarin-Konvention wurde seitens der Farbwerke Hoechst zum 15. Januar 1885 gekündigt, die Auflösung der Konvention jedoch wenige Tage vor Ablauf der Frist aufgehoben. Siehe Kapitel 3.3.4.

jede Kostenreduzierung bei fixierten Preisen immer eine Erhöhung der Margen bedeutete. Entsprechend unterstrich die Direktion die Bedeutung der Neuanlage in ihrem Jahresbericht: „Die von uns im verflossenen Geschäftsjahre vorgenommenen Neubauten und Vergrösserungen bestehen im Wesentlichen in der Anlage einer neuen Fabrik zur Caustifizierung der von uns in so bedeutenden Quantitäten verbrauchten Soda.“[376]

Neben der eigenen Herstellung von kaustischem Soda befasste sich die Unternehmensführung seit August 1884 ebenfalls mit der Aufnahme einer Chromregeneration, einem Verfahren zur Rückgewinnung von Anthracen unter Verwendung von Chromkali. Friedrich Bayer erkannte in der Regeneration eine Möglichkeit, „bei dem nächsten möglicherweise eintretenden Concurrenzkampf das Fabrikationserträgnis durch eine [...] Ersparnis in Rohmaterial günstig zu stellen“.[377] Anders als im Falle des kaustischen Sodas handelte es sich bei der Überlegung hinsichtlich der Aufnahme der Chromregeneration nicht um ein klassisches Beispiel der Rückwärtsintegration. Vielmehr ging es um ein potentielles „Insourcing“ eines ausgelagerten Produktionsschrittes, da die Rückstände des durch die Farbenfabriken verbrauchten Anthracens durch das Unternehmen P. Römer regeneriert und im Anschluss erneut an die Farbenfabriken geliefert wurden. Im Falle der Chromregeneration stand der Unternehmensführung der Farbenfabriken ein größerer Handlungsspielraum hinsichtlich der Produktionsaufnahme offen, da Römer im Oktober 1885 seinerseits das Angebot machte, die zur Regeneration notwendigen Lokalitäten gegen eine jährliche Gebühr von 15.000 Mark zur Verfügung zu stellen.[378] Da die hohe Investitionssumme von 134.000 Mark angesichts der wirtschaftlichen Lage des Unternehmens Ende 1885 in keiner Weise zu rechtfertigen war, musste die Entscheidung zwischen Miete oder weiterer Inanspruchnahme der Dienstleitung fallen. Schlussendlich hielt die Unternehmensleitung an der Auslagerung der Herstellung fest, ließ sich jedoch vertraglich die Möglichkeit zusichern, „Versuche bezüglich Selbstregeneration anzustellen, um ein klares Bild für spätere Zeiten zu schaffen.“[379]

Die durch die zusätzliche Liquidität der Kapitalerhöhung ermöglichte Integration der Produktion von Vor- und Zwischenprodukten konzentrierte sich folglich zunächst ausschließlich auf Produkte der Alizarin-Herstellung. Da die an der Konvention beteiligten Konkurrenzunternehmen in immer kürzeren Abständen eine Verringerung der Verkaufspreise forderten, war die Entscheidung zur Senkung der Herstellungskosten des Farbstoffes in jeder Weise vorteilhaft,

376 BAL Geschäftsbericht 1884/85, Bericht der Direction.
377 BAL 11/3, Aufsichtsrat: 34. Aufsichtsrath-Sitzung am 2./5. Januar 1885, S. 33.
378 Vgl. BAL 11/3, Aufsichtsrat: 47. Aufsichtsrath-Sitzung am 30. October 1885, S. 56.
379 Ebd.

da sie für den Fall weiterer Preisreduzierungen den Farbenfabriken noch eine Gewinnspanne einräumten. Im Falle einer Stabilisierung der Preise bedeutete eine Reduzierung der Herstellungskosten zudem komparative Vorteile in der Kostenstruktur – Entscheidungsspielräume, welche den großen Mitbewerbern der Farbenfabriken, BASF und Hoechst, wohl bekannt waren. Eine zunehmende Bedeutung erlangte die Herstellung von Vor- und Zwischenprodukten dann schließlich mit der Produktion von Azo-Farben. Setzte die erste Generation dieser Farbstoffe mit der Croceinsäure sowie dem „Schäffer'schen Salz" nur die Verwendung zweier neuer Zwischenprodukte voraus, machten die das Produktportfolio Ende 1886 erweiternden Farbstoffe eine größere und erstmals räumlich eigenständige Herstellung von Zwischenprodukten erforderlich. Die in diesem Zuge gegründete „Zwischenprodukts-Abteilung" bedeutete den ersten organisatorisch sichtbaren Schritt in Richtung einer größeren Produktionstiefe, wenngleich sich diese vor allem auf Zwischenprodukte und noch nicht auf die Herstellung bedeutender Vorprodukte wie etwa Schwefelsäure konzentrierte.[380]

Die Bestrebungen der Unternehmensführung der Farbenfabriken hinsichtlich einer Vergrößerung der Produktionstiefe können auf Grund ihres Beginns im Jahr 1884 nicht unmittelbar als Krisenreaktion interpretiert werden, waren aber sicherlich eine Konsequenz des sich immer weiter verengenden Handlungsspielraums innerhalb der Alizarin-Konvention. Eindeutig der Unternehmenskrise zuzuschreiben ist hingegen die einführend ebenfalls als Bewältigungsstrategie charakterisierte Konzentration auf eine effizienzsteigernde Informationsgewinnung. Aus Anlass der schlechten Betriebsergebnisse der Geschäftsjahre 1884/85 und 1885 wurden die Standorte der Farbenfabriken im Januar 1886 erstmals einer ausführlichen Revision unterzogen. Das Aufsichtsratsmitglied Eduard Tust, der als ehemaliger Leiter der Alizarin-Fabrikation auf eine gewisse Expertise zurückgreifen konnte, stellte erhebliche Mängel im wirtschaftlichen Umgang mit dem Farbstoff fest. Neben dem Befund, dass rund 20 Prozent der Arbeiter entbehrt werden könnten, bemerkte Tust ebenfalls, „daß auch sonst durch Sparsamkeit und Ordnungssinn größere Summen gespart werden können." Für die weiteren Fabrikationszweige stellte Tust ebenfalls Mängel fest, gab aber an, für ein gewichtiges Urteil auf diesen Gebieten „zu wenig orientiert" zu sein.[381]

Angesichts der wirtschaftlichen Lage des Unternehmens waren die Feststellungen Tusts brisant, da sie mit den in der Alizarin-Fabrik festgestellten Miss-

380 Bamann, Hans; Stange, O.: Geschichte der Zwischenprodukts-Abteilung II. In: Farbenfabriken vorm. Friedrich Bayer & Co. (Hg.): Geschichte und Entwicklung der Farbenfabriken vorm. Friedr. Bayer & Co. Elberfeld in den ersten 50 Jahren. München 1918, S. 121.

381 BAL 11/3, Aufsichtsrat: 49. Aufsichtsrath-Sitzung am 30./31. Januar 1886, S. 62–66.

ständen auf eben jenes Produkt abzielten, dessen schlechte Konjunktur für die Misere des Unternehmens verantwortlich war. Friedrich Bayer, dem die technische Leitung aller Produktionsbetriebe oblag, erkannte in den von Tust gemachten Vorwürfen gar ein „Mißtrauensvotum gegen die technische Leitung“, das ihn dazu verpflichte, „gleichfalls seine Haltung als Director niederzulegen.“[382] Bayer gab zuvor noch zu Protokoll, dass die Herstellungskosten des Alizarins in den Jahren 1882 bis 1885 erheblich gesunken seien, und dies nicht nur auf sinkende Rohstoffpreise zurückzuführen, sondern vor allem durch die unter seiner Leitung erzielten Materialersparnisse ermöglicht worden sei.[383] Das an dieser Stelle zu Tage tretende Gewicht des Urteils des Aufsichtsrates muss an dieser Stelle erneut hervorgehoben werden, nicht zuletzt, da mit der Aktienrechtsnovelle 1884 dem Aufsichtsrat eine Einmischung in das operative Geschäft untersagt worden war.[384] Verstärkt wird diese Auffassung durch das Urteil der „grauen Eminenz“ der Farbenfabriken Carl Rumpff, der sich hinsichtlich der Überreaktion Friedrich Bayers zu der Aussage hinreißen ließ,

> daß bei ruhiger Ueberlegung Herr Bayer finden würde – in den ganzen Verhandlungen, welche bezügl. Reorganisation der Fabriken stattgefunden hätten, von einem persönli-

382 Die Trennung der Leitungsebene in einen kaufmännischen (Böttinger und König) und technischen (Bayer und Weskott) Bereich war in Großunternehmen üblich. Vgl. Siegrist, Hannes: Vom Familienbetrieb zum Managerunternehmen. Göttingen 1981, S. 67 sowie einordnend Franz, Heike: Zwischen Markt und Profession. Göttingen 1998, S. 19.

383 BAL 11/3, Aufsichtsrat: 49. Aufsichtsrath-Sitzung am 30./31. Januar 1886, S. 62–66. Friedrich Weskott verkündete in dieser Sitzung aus gesundheitlichen Gründen ebenfalls seinen Rücktritt aus dem Direktorium, sein Austritt erfolgte am 27. Mai 1887. Die Kündigung Friedrich Bayers hingegen hatte keinen Bestand; er schied erst 1911 aus dem Vorstand aus und blieb bis zu seinem Tod 1920 Mitglied des Aufsichtsrates. Vgl. BAL 11/3, Aufsichtsrat: 61. Aufsichtsrath-Sitzung am 26. Mai 1887, S. 107.

384 Nieberding 2003a, S. 260. Aus Anlass der Aktienrechtsnovelle war es zum 31. Januar 1885 zu einer Neubesetzung des Vorstandes und des Aufsichtsrats gekommen. Um ihre Aufgaben als technische Leiter weiter fortführen zu können, wechselten Friedrich Weskott und Friedrich Bayer aus dem Aufsichtsrat in den Vorstand, dem weiterhin ebenfalls Henry Böttinger und Hermann König angehörten. Der Vorsitz des Aufsichtsrats oblag wie zuvor Carl Rumpff, weitere Mitglieder waren Eduard Tust, August Siller, der frühere Prokurist und Aktionär Wilhelm Schulten sowie der stellvertretende Verwaltungsratsvorsitzende der Deutschen Bank, Eduard von der Heydt. Im Februar 1885 erfolgte die offizielle Zuteilung der Verantwortungsbereiche: Die technische und kaufmännische Leitung der Farbenfabriken wurde auf je zwei Vorstandsmitglieder aufgeteilt (Bayer/Weskott resp. Böttinger/König), innerhalb des Aufsichtsrates oblag Siller und Tust die Überwachung der Fabrikation, Rumpff, Schulten und v. d. Heydt kontrollierten die kaufmännischen Geschäfte. Darüber hinaus sollte sich Carl Rumpff mit Fragen der Alizarin-Konvention befassen, während Wilhelm Schulten noch die Zusatz-Aufsicht über die Buchführung und Kalkulation anvertraut wurde. Vgl. BAL 11/3, Aufsichtsrat: Abschrift über Neuorganisation der AG sowie ebd.: 40. Aufsichtsrath-Sitzung am 26. Februar 1885, S. 41.

> chen Mißtrauens-Votum gegen die bisherige technische Direction nirgends die Rede gewesen sei, sondern es sich nur um die Berathung sachlicher Vorschläge gehandelt habe, welche Reformen eingeführt werden könnten, um unsere Fabriken concurrenzfähiger zu machen, da nachweislich verschiedene unserer Concurrenten Geld verdienten u. dies bei uns nicht der Fall sei.[385]

Die Unternehmensführung orientierte sich demnach explizit an den Strategien der erfolgreichen Konkurrenten, die auch während der Alizarin-Krise Profite erwirtschaftet hatten. Während die Krisenresistenz dort jedoch im Wesentlichen auf die Diversifikation des Produktportfolios zurückzuführen war, sah Carl Rumpff die Aufdeckung von Einsparpotentialen, wie sie durch die Revision erfolgte, als Möglichkeit, die Kostenstruktur der Farbenfabriken gegenüber ihren Wettbewerbern zu verbessern. Sowohl die angestrebte größere Produktionstiefe als auch die Bestrebungen hinsichtlich einer effizienteren Produktion konnten dabei unmittelbar durch die Entscheidungen der Unternehmensführung beeinflusst werden und waren somit das Mittel der Wahl hinsichtlich der wirtschaftlichen Stabilisierung des Unternehmens. Angesichts der mit einer größeren vertikalen Integration verbundenen Kosten stand hierbei jedoch die Optimierung der bereits im Unternehmen stattfindenden Prozesse zunächst im Vordergrund, die ebenfalls kurzfristigere Erfolge versprach. Im Gegensatz hierzu stand die Entdeckung neuer erfolgreicher Farbstoffe, deren potentielle Gewinne die Einsparpotentiale um ein Vielfaches übersteigen konnten, aber eben nicht kontrollierbar waren. Dies galt umso mehr, da eine Grundlagenforschung mit den Arbeiten Carl Duisbergs gerade erst begonnen hatte, während sich bei der BASF und Hoechst bereits seit Ende der 1870er Jahre einzelne Chemiker mit dieser Art von Forschung befassten, aus deren Beschäftigung spätestens mit Beginn der 1880er Jahre eigenständige Laboratorien entstanden.[386]

Der Logik der Kostenkontrolle folgend beauftragte der Aufsichtsrat die Direktion mit der Anfertigung monatlicher Übersichtslisten über die wirtschaftliche Lage des Unternehmens sowie der Aufstellung von Halbjahresbilanzen, „um den Ertrag jeden Semesters ungefähr bestimmen zu können“.[387] Ebenfalls wurde die Revision der Fabriken in Form mehrerer ständiger Kommissionen institutionalisiert, sodass der Unternehmensleitung eine zunehmende Menge an betriebsinternen Informationen zur Verfügung stand. Der Wunsch des Aufsichtsrats nach einer größeren Transparenz der Unternehmensprozesse war begründet: Die Kalkulationen der Herstellungskosten einzelner Farbstoffe wurden bis in die Mitte der 1880er Jahre von den Direktoren selbst durchgeführt und

385 BAL 11/3, Aufsichtsrat: 49. Aufsichtsrath-Sitzung am 30./31. Januar 1886, S. 66.
386 Vgl. Homburg 1992, S. 98–103.
387 BAL 11/3, Aufsichtsrat: 52. Aufsichtsrath-Sitzung am 7. April 1886, S. 76.

nur in jährlichen Intervallen angepasst, zumeist im Rahmen der Bilanzlegung. Durch Produktionsverbesserungen erzielte Vergünstigungen der Herstellungskosten flossen demnach nicht unmittelbar in die Preisgestaltung der Produkte ein, ebenso wenig wie Veränderungen der Rohstoffpreise.[388] Die Unternehmensführung musste sich daher zum Zeitpunkt des Jahresabschlusses wiederholt mit außerplanmäßigen Abschreibungen auseinandersetzen, da Wertminderungen des Inventars im laufenden Geschäftsjahr nicht erfasst wurden. Trotz der mittlerweile erreichten Unternehmensgröße – die Zahl der Mitarbeiter belief sich Mitte der 1880er Jahre auf ca. 600[389] – überwachte die Unternehmensführung die Produktionsebene weiterhin zu einem Großteil selbst, die Bedeutung von Kosteninformationen war entsprechend des direkten Informationsflusses zwischen Produktions- und Entscheidungsebene – wie in den einleitenden Bemerkungen zu dieser Arbeit angenommen – gering.[390]

Ebenso rudimentär wie die Kostenkalkulation der einzelnen Produkte erfolgte die Berechnung der allgemeinen Fabrikationskosten. Hierfür wurden die Beträge für Löhne, Reparaturen und Energieverbrauch zusammengefasst und in ihrer Summe als „Total-Betriebsunkosten“ dem vollständigen Rohmaterialverbrauch eines Geschäftsjahres gegenübergestellt.[391] Das sich hierdurch berechnete relative Kostenverhältnis wurde dann prozentual den Herstellungskosten für jedes Produkt hinzugerechnet. Laut dem späteren Leiter der technischen Buchhaltung Fritz Nobbe war eine kontinuierliche und detailliertere Kostenkalkulation bis in die 1880er Jahre hinein nicht notwendig, da die Kosten gegenüber den enormen Margen der frühen Teerfarbstoffe zu vernachlässigen gewesen seien.[392]

Die von Nobbe gelieferte Begründung war jedoch spätestens 1885 auf Grund des starken Rückgangs der Gewinnspannen hinfällig. Entsprechend lässt sich die Einstellung eines ausschließlich mit Kalkulationsarbeiten betrauten Mitarbeiters im November 1885 als unmittelbare Reaktion auf die immer stärkere Annäherung von Herstellungs- und Verkaufspreisen deuten. Mit der Rekrutierung Dr. Hermann Wattenbergs wurde bei den Farbenfabriken erstmals eine kontinuierliche Berechnung der Herstellungskosten eingeführt, die von 1886 an quar-

388 Bayer o. J., S. 8–9.

389 Vgl. BAL 1/5.2, Geschichtliche Entwicklung der Bayer AG: Die geschichtliche Entwicklung der Farbenfabriken von 1863–1906, S. 1.

390 Vgl. hierzu Kapitel 1 sowie erneut Kocka 1969. Zum Zusammenhang zwischen Unternehmensgröße und Informationsfluss auf Entscheidungs- und Produktionsebene vgl. ebenfalls Boyns und Edwards 2007, S. 975–976.

391 Diese Berechnung wurde bereits in Kapitel 3.2.1 in Bezug auf die Kalkulation von „Alkaliblau 2 B“ beschrieben.

392 Nobbe 1918, S. 493.

talsmäßig zusammengestellt wurden. Bemerkenswerterweise handelte es sich bei Wattenberg nicht um einen kaufmännischen Angestellten, sondern um einen Carl Rumpff „empfohlenen älteren Chemiker, der sozusagen als Oberkontrolleur alle Betriebe kalkulatorisch überwachen sollte. Da er keine Ahnung von Farbenfabrikation hatte [...] musste er sich auf eine rein rechnerische Kontrolle und Einführung einer regelmäßigen Kalkulation beschränken."[393] Diese Kalkulation erfolgte anhand von neu eingeführten Fabrikbüchern, in welche die Betriebsführer täglich die verbrauchten Rohmaterialien sowie die Ausbeuten zu notieren hatten. Zur quartalsmäßigen Berechnung der Herstellungskosten wurden diese Bücher dann ausgewertet und mit den von der Buchhaltung zur Verfügung gestellten Rohmaterialpreisen abgeglichen. Die Verwendung dieser Art von Fabrikbüchern bzw. der Fabrikbuchhaltung zur Kostenbestimmung war keineswegs innovativ, da sie bereits für das ausgehende 18. Jahrhundert überliefert ist, war aber – wie alle durch die Farbenfabriken eingeführten differenzierten Kontrollmaßnahmen – bis Mitte der 1880er Jahre wohl nicht notwendig gewesen.[394] Ein zwar nicht explizit überlieferter, aber vermutlich nicht zu unterschätzender Aspekt der Fabrikbücher war, dass die Betriebsführer durch das eingeführte Berichtswesen Rechenschaft hinsichtlich der gelieferten Informationen ablegen mussten, woraus sich eine neue Qualität der individuellen Verantwortung ergab.[395] Durch die Einführung der Betriebsbücher konnten Leistungsschwankungen innerhalb der Betriebe zumindest quartalsweise aufgedeckt und die entsprechenden Personalentscheidungen getroffen werden. In dieser Hinsicht kann die Einführung der Fabrikbücher implizit als Reaktion auf die in ihrem Ergebnis überraschende Revision der Alizarin-Fabrik zu Beginn des Jahres 1886 gesehen werden, zumal der daraus resultierende Rücktritt Friedrich Bayers auf seine von ihm wahrgenommene Verantwortlichkeit für die schlechten Betriebsergebnisse zurückzuführen ist. Mit der Einführung der Fabrikbücher wurde diese Verantwortlichkeit formal auf die Betriebsführer übertragen.

Der aus dieser kontinuierlichen Datenerhebung resultierende Mehrwert einer genauen Quantifizierung der Unternehmensprozesse veranlasste die Unternehmensführung bereits im Mai 1886 dazu, die Einrichtung einer eigenständi-

393 Duisberg 1918, S. 606.

394 Vgl. Coenenberg, A. G.; Schoenfeld, H. M. W.: The Development of Managerial Accounting in Germany: A historical Analysis. In: *The Accounting Historians Journal*, 17 (1990), S. 95–112, hier: S. 96.

395 Auf diesen Zusammenhang deutet ebenfalls die etymologische Verbindung zwischen Rechnungswesen und Rechenschaft hin, die im Englischen noch offensichtlicher ist (accounting/accountability). Vgl. hierzu ebenfalls die Bemerkung Jeffrey Fears, dass Buchhaltungs- und Informationssysteme der Beschreibung des Verhältnisses zwischen Strategie, Organisation, Information und Verantwortlichkeit (accountability) dienen. Fear 2005, S. 35–36.

gen Abteilung zur Verbrauchsüberwachung zu genehmigen. Aufgabe der „Rohmaterial-Kontrolle“ war es, die von Wattenberg zur Kalkulation benötigten Daten auf ihre Richtigkeit zu prüfen. Hierfür wurden durch Fritz Nobbe, dem Leiter der Rohmaterialkontrolle, eigene Kontrollbücher angelegt, in denen die von den Betriebsführern eingetragenen Verbrauchszahlen mit den Inventarbeständen und Einkäufen des Unternehmens abgeglichen wurden. Entstand in diesem Vergleich eine Differenz, erfolgte dann in Zusammenarbeit mit dem Betriebsführer eine Richtigstellung der Fabrikbücher. Erst wenn die Zahlen aus der Fabrikbuchhaltung mit den Nobbe vorliegenden Informationen übereinstimmten, wurden diese an die Kalkulationsabteilung Wattenbergs zu weiteren Berechnungen übergeben.[396] Neben der Bedeutung der Datenerhebung selbst erkannte die Führung der Farbenfabriken folglich schnell eine Notwendigkeit darin, die Qualität der erhobenen Daten sicherzustellen. Bei der Rohmaterialkontrolle handelte es sich somit um die erste Abteilung des Unternehmens, deren Aufgabe nicht in der Beschaffung, sondern in der Überprüfung der im Unternehmen gesammelten Informationen lag.[397] Im Sinne des theoretischen Zugriffs dieser Arbeit bedeutete der Aufbau der Rohmaterial-Kontrolle somit eine Investition, die ausschließlich der Unsicherheitsreduktion hinsichtlich der eigenen Herstellungskosten diente. Im Kern sollte die durch die sichergestellte Güte der Informationen verbesserte Kenntnislage hinsichtlich der eigenen Kostenstrukturen es der Unternehmensführung erleichtern, Entscheidungen bezüglich der Fortführung oder Revision einzelner Produktionsprozesse zu treffen.[398] In das Jahr 1886 fiel neben dem Aufbau der Rohmaterialkontrolle ebenfalls die Einrichtung einer quartalsmäßigen Rendementsberechnung. Zielsetzung dieser Abteilung war die vierteljährliche Berechnung der Bruttogewinne sämtlicher verkaufter Produkte, wofür „den Fakturenbeträgen die Unkosten für Verpackung, Fracht, Zoll, Agenten-Provisionen und Spesen sowie die Selbstkostenpreise gekürzt wurden.“[399] Sowohl die Abteilung der Rohmaterial-Kontrolle als auch die Abteilung der Rendementsberechnung waren organisatorisch zunächst der Buchhaltung untergeordnet.

396 Vgl. Nobbe 1918, S. 493.

397 Ein Jahr zuvor war auch bei Thyssen eine eigenständige Abteilung zur Betriebsprüfung institutionalisiert worden. Dort lag der Schwerpunkt jedoch stärker auf dem Zahlungsverkehr der einzelnen Abteilungen. Vgl. Fear 2005, S. 157.

398 Niklas Luhmann folgend kann an dieser Stelle ebenso vom Aufbau von organisatorischer Eigenkomplexität bzw. sekundärer Komplexität zur Komplexitätsreduktion der Entscheidungen gesprochen werden. Vgl. Luhmann 2011, S. 222.

399 Messner, Georg: Geschichte der Buchhaltung. In: Farbenfabriken vorm. Friedrich Bayer & Co. (Hg.): Geschichte und Entwicklung der Farbenfabriken vorm. Friedr. Bayer & Co. Elberfeld in den ersten 50 Jahren. München 1918, S. 489.

Exemplarisch für das Rechnungswesen der Farbenfabriken der 1880er Jahre muss das für den Zeitraum von 1885 bis 1887 überlieferte Kalkulationsbuch der französischen Dependance in Flers bei Roubaix stehen, da Kalkulationspapiere aus den deutschen Betrieben nicht überliefert sind.[400] Im Juli 1885 beginnend, erfolgte die Berechnung der Herstellungskosten dort nach folgendem Schema (Tabelle 3.9):

Tab. 3.9: Fabrikationsrechnung der Filiale Flers für Crocein-Orange, Juli 1885.[401]

Fabrikation pro Juli 85		**Preis kg (Franc)**	**Preis kg (Mark)**	**Gesamtpreis (Franc)**	**Gesamtpreis (Mark)**
40 kg	Anilinoel für Blau		1,83		73,20
140 kg	Salzsäure	0,05		7,-	5,60
32 kg	salpetriges Natron		0,6035		19,31
365 kg	Eis	0,0675		24,64	19,71
105 kg	Schäffer'sches Salz		1,51		158,55
40 kg	Ammoniak	0,04650		18,60	14,88
24 kg	Soda	0,01775		4,26	3,41
					294,66
			50 % Spesen auf M. 136,11		**68,06**
					362,72
			Ausbeute 144 kg = 2,52 p. kg		

Die Preise der zur Herstellung der Produkte benötigten Rohmaterialien wurden ebenso wie die Berechnungsgrundlage der Spesen in monatlichen Intervallen aktualisiert. Hierin offenbart sich ein Widerspruch zu den von der Unternehmensführung der Farbenfabriken in der Heimat eingeführten Maßnahmen zu

400 Die Niederlassung in Flers existierte seit 1882 und war vor allem wegen einer patentrechtlichen Notwendigkeit gegründet worden, da nur in Frankreich produzierte Güter dort Patentschutz erlangen konnten. Entsprechend steht die Gründung der Filiale in unmittelbarem Zusammenhang mit der Produktion des Croceinscharlachs, der ersten Patentanmeldung der Farbenfabriken. Das Portfolio der französischen Filiale beschränkte sich konsequenterweise zu Beginn auf die Herstellung dieses Farbstoffs. Vgl. Pinnow 1938a, S. 58 sowie Burgdorf, C.: Geschichte der Fabrik Flers. In: Farbenfabriken vorm. Friedrich Bayer & Co. (Hg.): Geschichte und Entwicklung der Farbenfabriken vorm. Friedr. Bayer & Co. Elberfeld in den ersten 50 Jahren. München 1918, S. 257.

401 BAL 9/C.3, Werk Flers, Produktionskalkulation für Farbstoffe 1885–1887, S. 5. Die unterschiedliche Bewertung der Rohstoffpreise in Mark und Franc deutet darauf hin, dass die Grundstoffe sowohl in Frankreich als auch in Deutschland beschafft wurden.

einer kontinuierlichen Erfassung der Herstellungsprozesse, da eine solche zumindest in der französischen Filiale offenbar nicht nur quartalsmäßig, sondern sogar monatlich erfolgte. Eine Erklärung hierfür kann auf Grund der fehlenden Überlieferungen der deutschen Fabriken nur vermutet werden, könnte jedoch auf die späte Gründung der Filiale in Verbindung mit der zunächst sehr begrenzten Zahl der in Flers produzierten Farbstoffe zurückzuführen sein. Diese belief sich zunächst auf acht Farbstoffe und zwei Zwischenprodukte, wurde 1885 aber um die Herstellung von Benzopurpurin 1B und Azoblau erweitert.[402] Vor dem Hintergrund der späten Gründung war die Unternehmensführung einerseits möglicherweise bereits für die Notwendigkeit einer konstanten Kostenübersicht sensibilisiert, andererseits war die Kontrolle der Herstellungsprozesse durch den geringen Produktionsumfang vergleichsweise leicht. Daneben könnte die Informationsbeschaffung gerade bei ausländischen Filialen eine gewichtigere Rolle gespielt haben, da die dortige Produktion nicht persönlich durch die Unternehmensführung kontrolliert werden konnte. Eine detaillierte Kostenerfassung diente somit ebenfalls der Bewertung der Leistungsfähigkeit „aus der Ferne".[403]

Für Flers ist ebenfalls die Berechnung des Spesensatzes für die Herstellung von „Napthol-Sulfosäure-Crystallen" überliefert, die als „Schäffer'sches Salz" als Ausgangsprodukt für die in der Filiale produzierten Crocein-Produkte dienten. Für das Betriebsjahr 1885/86 wurden die Spesen auf der Grundlage des vorausgegangenen Geschäftsjahres berechnet, also 1884/85. Dem geldwerten Rohmaterialverbrauch des Jahres 1884/85 in Höhe von 31.950 Mark stellte man dabei die Posten „Betriebs-Unkosten", „Antheil an Generalspesen" sowie „Antheil an Amortisation" in Höhe von 15.237 Mark gegenüber, wodurch sich ein Verhältnis von „47,6 % durchsch." ergab. Durch Aufrunden wurde der Spesensatz dann auf „50 % pro 1885/86" festgesetzt.[404] Die Spesenberechnung der oben tabellarisch dargestellten Herstellung von Crocein-Orange wird auf dieselbe Art erfolgt sein. Nicht zu rekonstruieren ist, auf welcher Grundlage die Anteile an den Generalspesen bzw. der Amortisation berechnet wurden. Zweifelsfrei feststellen lässt sich jedoch, dass auch die Berechnung der Spesen in Flers differen-

402 Vgl. BAL 9/C.1, Werk Flers, Allgemeines: Flers 1882 bis 1907 (25 Jahre), S. 1–2.

403 Diese Annahme beruht auf einer von Matthews, Boyns und Edwards verfassten Studie zum britischen Chemieunternehmen Albright & Wilson. Mit der Expansion des Unternehmens in die Vereinigten Staaten und Kanada identifizieren die Autoren steigende Anforderungen hinsichtlich der Überwachung der Filialen, die vor allem über Entwicklungen des Rechnungswesens erreicht wurden. Vgl. Matthews, Mark; Boyns, Trevor; Edwards, John Richard: Chandlerian Image or Mirror Image? Managerial and Accounting Control in the Chemical Industry: the Case of Albright & Wilson, c.1892 to c.1923. In: *Business History*, 45 (2003), S. 24–52.

404 BAL 9/C.3, Werk Flers, Produktionskalkulation für Farbstoffe 1885–1887, S. 1.

zierter durchgeführt wurde als für die deutsche Hauptfiliale geschildert. Es wurde nicht – wie von Nobbe beschrieben – der Rohmaterialverbrauch eines ganzen Jahres den Total-Unkosten gegenübergestellt, sondern anscheinend bereits zumindest rudimentär der der Herstellung des einzelnen Produktes zugeschriebene Verbrauch berücksichtigt. An der Pauschalität der Herangehensweise änderte dies zunächst wenig: Für alle 1885 hergestellten Farbstoffe wurde trotz des differenzierteren Ansatzes ein Spesensatz von 50 Prozent veranschlagt.[405]

3.4 Zwischenfazit

In Hinblick auf die Fragestellung der Arbeit lassen sich für die ersten gut 20 Jahre der Unternehmensgeschichte Bayers folgende wichtige Punkte festhalten. Während der Anfangsjahre spielte eine Datenerhebung im Sinne eines betrieblichen Rechnungswesens eine geringe, für die Entscheidungsfindung wohl gar keine Rolle. Ursächlich hierfür waren zunächst die enormen Handelsspannen, welche aus dem Verkauf der ersten Generation der Teerfarbstoffe, der in Großbritannien kommerzialisierten Anilinfarben, resultieren konnten. Die Höhe der Marge wurde dadurch begünstigt, dass das Wissen um die Herstellung der Farbstoffe auf Grund einer Vielzahl von Veröffentlichungen weitestgehend frei kursierte und die Produktion selbst keinen großen Kapitaleinsatz voraussetzte. Weiter trat hinzu, dass sich die Möglichkeiten einer Patentierung von Farbstoffen in den deutschen Staaten stark unterschieden, diese in den meisten Fällen jedoch nicht durchführbar war. Der geschäftliche Hintergrund der Gründer der Farbenfabriken Bayer begünstigte zudem einerseits den unmittelbaren Zugang zu den Informationsflüssen über die synthetischen Farbstoffe, andererseits konnte die Produktion dieser schnell in die bereits existierenden Geschäfte implementiert werden. Ferner profitierte das junge Unternehmen von dem breiten Vertriebsnetzwerk, das sich Friedrich Bayer als Farbenhändler aufgebaut hatte.

Die Rahmenbedingungen änderten sich auch mit der Einführung der Alizarin-Farbstoffe anfänglich nicht. Wenngleich die für die Entdeckung dieser Farbstoffe verantwortlichen Unternehmen BASF und Hoechst Bestrebungen in Richtung eines rechtlichen Schutzes ihrer Erfindungen unternahmen, scheiterten diese nicht nur, sondern eröffneten einer großen Anzahl von Konkurrenzunternehmen erst die Möglichkeit der Produktion dieser lukrativen Farbstoffe. Im Unterschied zu den Anilinfarbstoffen bedeutete die Synthese des Alizarins den ersten gezielten und erfolgreich durchgeführten, künstlichen Nachbau eines viel nachgefragten Naturfarbstoffs, des Färberkrapps. Die Möglichkeit, diesen wirt-

405 Vgl. BAL 9/C.3, Werk Flers, Produktionskalkulation für Farbstoffe 1885–1887.

schaftlich bedeutenden Farbstoff nun künstlich und damit günstig und in gleicher Qualität herstellen zu können, sicherte den Alizarin-Herstellern ihre Existenzgrundlage über die gesamte Dauer der 1870er Jahre. Für die Farbenfabriken erlangte das Alizarin eine solch herausragende Bedeutung, dass aus der Herstellung dieses Farbstoffs zu Beginn der 1880er Jahre über drei Viertel der Unternehmensgewinne resultierten. Das im Jahr 1877 verabschiedete Reichspatentgesetz spielte in den produktstrategischen Überlegungen des Unternehmens zunächst keine Rolle, da die Herstellung der gewinnbringenden Alizarin-Farbstoffe dadurch nicht gefährdet wurde. Entsprechend verzichtete die Unternehmensleitung auf den Aufbau einer eigenen Forschungskompetenz, wie sie spätestens ab dem Ende der 1870er Jahre für die wichtigen Wettbewerber Hoechst und BASF beobachtbar ist. Dass das Patentgesetz Erfindungen in gewisser Weise kommodifizierte und handelbar machte, eröffnete für forschende Unternehmen die Möglichkeit, die mit dem Aufbau dieser Forschungskompetenzen verbundenen Investitionen zu amortisieren. Gleichzeitig ermöglichte die Kommerzialisierung aber auch Unternehmen wie den Farbenfabriken Bayer, extern gemachte Erfindungen zu lizensieren und darüber dennoch von den Gewinnmöglichkeiten neuer Farbstoffe zu profitieren. Die Strategie der Farbenfabriken konzentrierte sich folglich auf eine möglichst günstige und qualitativ hochwertige Produktion des Alizarins, bei dessen Preisgestaltung man auf Grund der – im Vergleich zu den Unternehmen, die Laboratorien zur Grundlagenforschung unterhielten – vermutlich geringen Fixkosten einen größeren Spielraum hatte.

Der Erwartungshorizont der Unternehmensführung scheint dabei begrenzt gewesen zu sein, da er sich offenbar vollständig auf das Alizarin als ertragsstarkes Produkt konzentrierte. Die Wettbewerbsfähigkeit der Farbenfabriken war nur so lange sichergestellt, wie die komparativen Kostenvorteile der günstigen Alizarin-Herstellung wirkten. Der Verzicht auf Investitionen in Forschung war daher riskant, da aus eben dieser neue, hochprofitable Produkte entstehen konnten – und im Falle der Azofarbstoffe dann auch entstanden. Die Kostenvorteile konnten sich demzufolge schnell zu Kostennachteilen entwickeln, da eine Lizensierung langfristig stets teurer als eine eigene Erfindung war – und überhaupt die Voraussetzung erfüllt sein musste, dass sich der Hersteller des Produktes zu einer Lizenzgabe bereiterklärte.

In Bezug auf die Unternehmensstrategie der Farbenfabriken drängt sich folglich der Eindruck auf, dass das Hauptinteresse der Anteilseigner in der Maximierung der gegenwärtigen Gewinnspanne lag und die Entscheidungen im Unternehmen so getroffen wurden, dass diese Gewinnmaximierung kurzfristig sichergestellt wurde. Demnach spielten mittel- oder langfristige Ziele keine Rolle in den Entscheidungsprozessen, vielmehr ging es stets um die Optimierung der existierenden Produktion. Diese Optimierung beinhaltete jedoch keine Auseinandersetzung mit einer Verbesserung der Informationsgenerierung im Unternehmen, sondern vollzog sich ausschließlich auf Ebene der Produktverbesserung. Auch die sowohl von der BASF als auch von Hoechst vorangetriebene Vergrößerung der Produktionstiefe durch die Herstellung von Vor- und Zwischenprodukten lässt sich für Bayer nicht feststellen, wenngleich diese sowohl eine größere Autonomie bei der Preisgestaltung als auch die Eröffnung zusätzlicher Absatzmärkte bedeutet hätte. In diese Logik lässt sich dann auch die Dividendenpolitik des Unternehmens verorten, die zu einer fast vollständigen Ausschüttung der Unternehmensgewinne an die Anteilseigner führte, die sich ausschließlich aus Angehörigen der Gründerfamilien oder langjährigen Geschäftspartnern zusammensetzten. Anders als dies für andere Familienunternehmen festgestellt worden ist, schienen die die Unternehmensführung dominierenden Familien Weskott und Bayer bis in die Mitte der 1880er Jahre hinein demnach keine langfristige Perspektive hinsichtlich der Unternehmensentwicklung verfolgt zu haben.[406]

Auch die Beurteilung der Aktivitäten Carl Rumpffs, der während der 1870er und 1880er Jahre eine bemerkenswerte Rolle auf der Entscheidungsebene der Farbenfabriken spielte, kann in gewisser Weise als Antipode zu der sonst risikoavers handelnden und an einer kurzfristigen Gewinnmaximierung interessierten Unternehmensführung gesehen werden. Rumpff war – häufig zunächst auf eigene Kosten – im Wesentlichen an all jenen Entscheidungen beteiligt, welche die Entwicklung des Unternehmens in dieser Zeit maßgeblich beeinflussten. Dabei erkannte er wohl deutlicher und frühzeitiger als alle anderen Mitglieder der Geschäftsleitung heraufziehende Marktveränderungen: Er trieb zunächst die starke und zuerst durch sein eigenes Kapital finanzierte Ausweitung der Alizarin-Produktion Ende der 1870er Jahre voran, die den Farbenfabriken einige Jahre später die führende Stellung innerhalb der Alizarin-Konvention ermöglichte. Ebenfalls war Rumpff durch seine Doppelfunktion als Aufsichtsratsvorsitzender und Eigentümer der am Unternehmen beteiligten Agentur Bryce & Rumpff Hauptaktionär der Farbenfabriken und in dieser Rolle entscheidend an der Kapitalerhöhung der Farbenfabriken beteiligt. Diese wiederum ermöglichte dem

406 Kocka hält für Gründer und Eigentümer deutscher Familienunternehmen fest: „Sie besaßen eine langfristige Perspektive, die es ihnen erlaubte, kurzfristige Mißerfolge und sogar persönliche Nachteile zu Gunsten von langfristigen Erfolgen, Kontinuität und Sicherheit ihres Geschäftes auf sich zu nehmen. Ihre Tendenz, soviel wie möglich vom Erwirtschafteten zu reinvestieren statt zu konsumieren (wenn einmal ein gewisser Lebensstandard erreicht war), erinnert durchaus an die Selbstfinanzierungspolitik späterer Manager." Kocka 1975, S. 224. Diese These Kockas trifft demnach nicht auf die Gründerfamilien der Farbenfabriken zu, da diese eine kurzfristige Unternehmensstrategie verfolgten, welche die „Kontinuität und Sicherheit" des Unternehmens – vermutlich durch das Ausschalten der Beobachtungsmechanismen – riskierten.

Unternehmen eine Vergrößerung der Produktionstiefe. Das wohl prominenteste Beispiel seiner selbstbestimmten Handlungen ist jedoch ohne Zweifel die Einstellung Carl Duisbergs, die kurzfristig den Einstieg in die erfolgreichen Azo-Farbstoffe ermöglichte und langfristig die Grundlagenforschung innerhalb des Unternehmens etablieren sollte.

Die Sicherheit der Mitgliedschaft an der Alizarin-Konvention scheint den Entscheidungsdruck innerhalb der Unternehmensführung geradezu überlagert zu haben. Das wichtigste Produkt der Farbenfabriken, dessen Preisverfall zu Beginn des Jahrzehnts zu einer ernsten Bedrohung geworden war, führte nun zu einer stetigen Erhöhung der Unternehmensgewinne und gestattete den Anteilseignern den wiederholten Empfang hoher Dividendenzahlungen. Die Garantie konstanter Umsätze sorgte nicht für eine Umorientierung der Geschäftsführung in Richtung der Erschließung neuer Absatzmärkte, sondern rief eine Komplexitätsreduktion hinsichtlich der Erwartungsbildung hervor. Hiermit ist gemeint, dass die sonst für Unternehmen wesentliche Aufgabe der Marktbeobachtung wegen der durch die Konvention suggerierten Sicherheit obsolet wurde und somit keine Entscheidungen hinsichtlich einer Preis- oder Mengenpolitik bzw. einer strategischen Neuausrichtung getroffen werden mussten.[407] Dieser Umstand traf für die Farbenfabriken in besonderem Maße zu, da dort das „entscheidungshemmende“ Moment auf Grund des herausragenden Gewinnanteils des Alizarins besonders groß war. Die Unternehmen Hoechst und BASF agierten trotz ihrer Mitgliedschaft in der Alizarin-Konvention weitaus dynamischer, indem sie die vertikale Integration ihrer Produktion vorantrieben (Hoechst) oder ihre Produktportfolien durch den Verkauf der Azo-Farbstoffe weiter diversifizierten (BASF). Die Ursache hierfür könnte gewiss ebenfalls in der Eigentümerstruktur ihre Begründung finden, da die BASF bereits seit ihrer Gründung, Hoechst ebenfalls seit 1880 als Aktiengesellschaften einer größeren Bandbreite von Interessen gegenüberstanden, zugleich aber über die Möglichkeiten verfügten, durch Kapitalerhöhungen verhältnismäßig schnell Mittel zur Vergrößerung der Produktionstiefe oder des Produktportfolios bereitstellen zu können.[408]

407 Die innovationshemmende Wirkung einer Kartellierung ist von Levenstein ebenfalls für das amerikanische Chemieunternehmen „The Midland Chemical Company“, einem Vorgängerunternehmen der Dow Chemical, herausgearbeitet worden. Das Unternehmen, das um 1900 den Verkauf von Brom über ein Kartell abwickeln ließ, weist ebenso Parallelen in Hinblick auf die Gewinnverteilung auf: „The Midland Chemical Company continued to produce bromides, selling them through the cartel, but engaged in little or no further research and development and reinvested little of its profits.“ Levenstein 1991, S. 76.

408 Hoechst nutzte bspw. die durch die 1881 erfolgte Kapitalerhöhung bereitgestellten Mittel für den Aufbau von Produktionsanlagen zur Herstellung anorganischer Grundstoffe wie

Der aus der Kartellierung hervorgehende wirtschaftliche Aufschwung der Farbenfabriken führte ebenfalls dazu, dass betriebsinterne Potentiale zur Effizienzsteigerung nicht erkannt wurden. Anders formuliert identifizierte die Unternehmensführung Bayers die Möglichkeiten der vertikalen Integration und Prozessverbesserungen der bestehenden Produktion erst, als die wirtschaftliche Bedrohung durch die Alizarin-Krise akut wurde.[409] Die Mitte der 1880er Jahre vergleichsweise spät eingeleitete vertikale Integration von Zwischenprodukten sowie die auf der Ebene der Unternehmensführung angestoßenen Pläne zur Optimierung der bereits bestehenden Produktionsprozesse können folglich als krisenbedingter „Blick nach innen" interpretiert werden, der in den Folgejahren zu einer wesentlichen Zunahme von Datenmaterial führte, das zu einem Alleinstellungsmerkmal der Farbenfabriken werden sollte.[410]

Schwefelsäure, die seit 1881/82 im Bleikammerverfahren gewonnen wurde. Vgl. Haber 1958, S. 132–133 sowie Hohenberg 1967, S. 45.

409 Dieses Phänomen ähnelt einem von Cyert und March mit dem Begriff des „organizational slack" beschriebenen Phänomen. Die Autoren beschrieben hierbei unter anderem den Fall einer Boomphase einer Organisation, an die sich die Erwartungshaltung der Organisationsmitglieder nur mit zeitlicher Verzögerung anpassen kann. In Folge entsteht eine Diskrepanz zwischen tatsächlich genutzten und potentiell verfügbaren Ressourcen, die auf Grund ihrer Nichtverwendung kein Teil des Allokationsprozesses der Organisation werden. In Krisenzeiten dienen diese Ressourcen dann als Puffer, indem die zuvor potentiell vorhandenen aber nicht genutzten Ressourcen tatsächlich mobilisiert werden: „Slack operates to stabilize the system in two ways: (1) by absorbing excess resources, it retards upwards adjustment of aspiration during relatively good times; (2) by providing a pool of emergency resources, it permits aspirations to be maintained (and achieved) during relatively bad times." Cyert und March 1992, S. 37–38.

410 Entsprechend deckt sich die von der Unternehmensführung Bayers gezeigte Reaktion mit der von Verena Pleitgen vertretenen These, die Weiterentwicklungen des betrieblichen Rechnungswesens vornehmlich als Krisenreaktion zu sehen. Vgl. Pleitgen 2005, S. 18. In gewisser Hinsicht wurde diese Interpretation bereits von Jürgen Kocka geliefert, der in der Gründerkrise und der darauffolgenden Depression ein wesentliches Moment für die Entstehung unternehmensorganisatorischer Literatur erkannte. Vgl. Kocka 1969, S. 338. Die These einer kriseninduzierten Entwicklung des betrieblichen Rechnungswesens findet sich ebenso bei Kleinschmidt 2000.

4 Die quantifizierte Aktiengesellschaft

Wie im vorausgegangenen Kapitel dargestellt, vollzog sich der Übergang von einem Familienunternehmen zu einer Aktiengesellschaft bei den Farbenfabriken keineswegs nahtlos. Statt der direkten Umgründung des Unternehmens in eine Aktiengesellschaft erfolgte zunächst die Gründung einer Kommanditgesellschaft auf Aktien, in deren Zuge die Besitzverhältnisse zwar auf außenstehende Anteilseigner ausgeweitet wurden, diese sich jedoch ausschließlich aus weiteren Mitarbeitern des Unternehmens und engen Geschäftspartnern rekrutierten. In Hinblick auf die in der Einleitung dieser Arbeit dargestellten Wandlungen der Unternehmensform können die Farbenfabriken während der ersten Hälfte der 1880er Jahre demnach am ehesten als Entwicklungsstufe zwischen einem Eigentümer- und Angestellten-Unternehmen aufgefasst werden, also einer „entrepreneurial enterprise“ im Chandler'schen Sinne.[1] Spezifisch für die Farbenfabriken bedeutete dieser Sonderfall, dass man einerseits der Publizitätspflicht einer Aktiengesellschaft unterlag, welche die Veröffentlichung von Unternehmensbilanzen sowie Gewinn- und Verlustrechnungen notwendig machte, andererseits jedoch die Kontrolle über das Unternehmen noch fast vollständig von den Gründerfamilien ausgeübt wurde.[2] Auf Grund dieser direkten Kontrolle der Produktions- durch die Leitungsebene waren die an das betriebliche Rechnungswesen gestellten Anforderungen noch rudimentär und der Informationsfluss zwischen den beiden Ebenen situativ und nicht permanent. Eine permanente Datenerhebung kann höchstens in der Buchhaltung ausgemacht werden, da die durch diese Abteilung gesammelten Informationen beispielsweise für das Erstellen der Jahresbilanz notwendig waren. Vor dem Hintergrund der Aktienrechtsnovelle des Jahres 1884 und der im Jahr 1885 durchgeführten Kapitalerhöhung der Farbenfabriken ist davon auszugehen, dass sich die an das betriebliche Rechnungswesen gestellten Anforderungen ab dieser Zeit erhöhten. Wenngleich die Leitung des Unternehmens auch nach der Aktienemission und der mit ihr verbundenen zunehmenden Streuung der Unternehmensanteile noch in der Hand der Gründerfamilien lag, führte die Ausbreitung des Kapitalbesitzes für das Unternehmen insofern zu neuen Rahmenbedingungen, als erstmals eine „externe“ Interessengruppe an Einfluss auf das Unternehmen gewann – mit unmittelbaren Konsequenzen für das betriebliche Rechnungswesen.

1 Vgl. Kocka 1975, S. 206.

2 Zur Veröffentlichungspflicht der Aktiengesellschaften, vgl. Burhop 2010, S. 14–15.

https://doi.org/10.1515/9783110742060-004

4.1 Produktdifferenzierung: Die Herstellung pharmazeutischer Produkte

Die Aufnahme von pharmazeutischen Präparaten in das Produktportfolio der Farbenfabriken bildete den vorläufigen Schlusspunkt der Krisenbewältigung der 1880er Jahre. Mit dem Aufbau einer Pharmazeutischen Abteilung erschloss sich das Unternehmen eine von den Teerfarben völlig unabhängige Kundengruppe, womit die erste über die Farbstoffproduktion hinausgehende Diversifizierung vollzogen wurde. Der Einstieg in den Markt folgte dabei zunächst strategischen Überlegungen, erhielt jedoch durch produktionsspezifische Rahmenbedingungen starken Aufwind. Bereits im Oktober 1886, dem Jahr der Überwindung der Alizarin-Krise, wurde auf Ebene des Aufsichtsrats die „Fabrikation antipyritischer Mittel" diskutiert. Der Plan sah die Einrichtung einer „Versuchsstation" vor, in welcher zunächst täglich zehn Kilogramm „Acetanilid" hergestellt werden sollten.[3] Die fiebersenkende Wirkung des Anilin-Derivates Acetanilid war erst im Sommer 1886 „durch einen glücklichen Zufall" von den Straßburger Chemikern Arnold Cahn und Paul Hepp entdeckt und im August 1886 unter dem Titel „Das Antifebrin, ein neues Fiebermittel" veröffentlicht worden.[4] Die Aufnahme der Produktion von Antifebrin war für die Farbenfabriken mit wenig Risiko verbunden, da die für die Herstellung benötigten Grund- und Zwischenprodukte ohnehin bereits im Produktionskreislauf der Farbenherstellung zirkulierten – die Verbindung war so eng, dass Eduard Tust im Aufsichtsrat besonderen Wert darauf legte, die pharmazeutischen Versuche „ganz abgeschieden von der Farbstoff-Fabrikation zu verlegen, um nicht durch Farbstoff-Partikelchen die Reinheit der medicinischen Producte zu gefährden."[5] Den niedrigen Investitionskosten entsprechend nahmen ebenfalls Konkurrenten wie der Anilinfarbenhersteller Kalle & Co. die Produktion auf, der das Produkt im Jahr der Entdeckung 1886 auf den Markt brachte.[6] Das Vorgehen der Konkurrenz wurde

3 BAL 11/3, Aufsichtsrat: 57. Aufsichtsrath-Sitzung am 5. October 1886, S. 90.

4 Vgl. Duisberg, Carl: Zur Geschichte der Entdeckung des Phenacetins (1913). In: Carl Duisberg (Hg.): Abhandlungen, Vorträge und Reden aus den Jahren 1882–1921. Berlin u. a. 1923, S. 333 sowie Cahn, Arnold; Hepp, Paul: Das Antifebrin, ein neues Fiebermittel. In: *Centralblatt für Klinische Medicin*, 7 (1886), S. 561–564. Cahn und Hepp beabsichtigten eigentlich die Analyse der antiseptischen Wirkung von Naphthalin, bekamen jedoch von einem Apotheker irrtümlicherweise statt des Naphthalins Acetanilid geliefert, dessen fiebersenkende Wirkung sie entdeckten. Vgl. Sneader, Walter: Drug Discovery. Hoboken, N.J 2005, S. 438.

5 Die Möglichkeit, aus Steinkohleteerderivaten industriell pharmazeutische Produkte herstellen zu können, war bereits seit dem Jahr 1883 bekannt, als Hoechst das Antipyrin auf den Markt brachte. Vgl. Pinnow 1938a, S. 88.

6 Vgl. Wimmer 1994, S. 220.

durch die Direktion Bayers beobachtet und in den im Unternehmen angestellten Versuchen dahingehend eine Chance erkannt, „womöglich unsere Firma mit in den Rang der in genannten Mitteln vorwärts schreitenden Fabriken einzustellen."[7]

Die Experimente sollten sich jedoch nicht nur auf das bereits bekannte und von Kalle produzierte Acetanilid konzentrieren, sondern ebenfalls die antiseptische Wirkung des „Dianisidin" untersuchen.[8] Dieses Ausgangsprodukt der blauen Azo-Marken der Farbenfabriken „Azo-Blau" und „Benzoazurin" war auf Grund des wirtschaftlichen Erfolges der Farbstoffe in großen Mengen hergestellt worden, in der Produktion jedoch insofern problematisch, als dass bei dieser eine große Menge des Abfallproduktes „Paranitrophenol" anfiel.[9] Die Untersuchung des Paranitrophenols wurde durch Carl Duisberg vorangetrieben, der sich die Darstellung eines dem Acetanilid, also dem Grundstoff des Antifebrins, ähnlichen Derivates erhoffte. Mit der Aufgabe wurde Oscar Hinsberg betraut, der als „externer Chemiker" zwar von den Farbenfabriken angestellt war, jedoch einen Großteil seiner Arbeitszeit im Laboratorium der Universität Freiburg verbrachte. In Zusammenarbeit mit dem dort lehrenden Chemieprofessor Alfred Kast entwickelte Hinsberg schließlich eine Substanz, die sich in klinischen Tests nicht nur als wirksam erwies, sondern darüber hinaus weniger Nebenwirkungen als das Hoechster Antipyrin und das von Kalle hergestellte Antifebrin hatte.[10] Die Aufnahme der Produktion des als „Phenacetin" benannten Schmerzmittels wurde am 19. Februar 1888, also etwa eineinhalb Jahre nach der Entdeckung und folgenden Markteinführung des Antifebrins, im Aufsichtsrat der Farbenfabriken diskutiert. Neben der Herstellung des Phenacetins wurde in dieser Sitzung ebenfalls die Fabrikation zweier weiterer pharmazeutischer Mittel „in Ueberlegung gegeben": des Narkosemittels „Methylenchlorid", das als Substitut des Chloroforms dienen sollte sowie des Schlafmittels „Sulfonal".[11]

7 BAL 11/3, Aufsichtsrat: 57. Aufsichtsrath-Sitzung am 5. October 1886, S. 90.

8 Ebd.

9 Vgl. Duisberg 1923a, S. 332.

10 Plumpe 2016a, S. 79.

11 Hinsichtlich der Entdeckung des Sulfonals existieren widersprüchliche Überlieferungen. Die Substanz war wohl spätestens 1886 durch den ebenfalls in Freiburg wirkenden Professor für Medizinische Chemie, Prof. Eugen Baumann, entdeckt, ihre „schlafbringende" Wirkung jedoch – erneut durch Alfred Kast – erst 1888 veröffentlicht worden (Vgl. Rosenthaler, L.: Neue Arzneimittel organischer Natur. Berlin, Heidelberg 1906, S. 29 sowie Kast, Alfred: Sulfonal, ein neues Schlafmittel. In: *Berliner klinische Wochenschrift*, 25 (1888), S. 309–314). Bereits im April 1887 gab Carl Rumpff gegenüber dem Aufsichtsrat jedoch bekannt, man habe von Dr. Leuckhardt eine Lizenz „auf das von ihm angemeldete Thiophenol-Patent" erworben (BAL 11/3, Aufsichtsrat: 60. Aufsichtsrath-Sitzung am 29./30. April 1887, S. 109). Bei dem Thiophenol, auch Phenylmercaptan, handelt es sich um den Ausgangsstoff des Sulfonals, weshalb die Ver-

Während man von der Herstellung des Methylenchlorids auf Grund seiner Nebenwirkungen und der problematischen Überführung in eine industrielle Produktion sofort Abstand nahm, befand sich das Sulfonal – trotz eines bereits seit Frühjahr 1887 lizensierten Verfahrens zur Fabrikation des für die Herstellung des Sulfonals benötigten Mercaptans – noch „völlig im Versuchsstadium". Das Phenacetin hingegen habe sich „vorzüglich als Fiebermittel, wie als Neuralgicum bewährt, so daß dessen regelmäßige Fabrikation im Umfange von circa 20 Kilo pro Tag aufzunehmen sei."[12] Für den Aufbau der Fabrikationsanlagen stellte der Aufsichtsrat der Direktion einen Betrag von 15.000 Mark zur Verfügung. Auf Grund der produktionstechnischen Nähe zu den bisher hergestellten Teerfarbstoffen fiel die Investitionssumme entsprechend gering aus; in Hinblick auf den Netto-Jahresgewinn des Vorjahres 1887 von 1.251.978,66 Mark war sie geradezu zu vernachlässigen und der Aufbau der Produktionsanlage für das Unternehmen mit wenig Risiko verbunden.[13]

Wenngleich sich die Rohstoffbasis des Unternehmens mit der Aufnahme der Phenacetin-Produktion kaum änderte, unterschied sich die Absatzorganisation wesentlich von derjenigen der Teerfarbstoffe. Die Hürde waren hier nicht länger die Färbereien, sondern ein staatlich streng reguliertes, da konzessioniertes Apothekenwesen. Die Ähnlichkeiten in der Kundschaft bestanden höchstens in der anfänglichen Abneigung gegenüber den industriell gefertigten Produkten. Wie die Färberei war das Arzneimittelwesen ausschließlich auf Erfahrungswissen aufgebaut und alle Heilmittel unterlagen der Apothekenpflicht, welche die Herstellung und den Vertrieb pharmazeutischer Produkte den Apothekern als Privileg zugestand.[14] Die Art und Anzahl der herstellbaren Arzneimittel wiederum war ebenfalls gesetzlich in Form des Arzneimittelbuchs geregelt worden. Bis zur Mitte des 19. Jahrhunderts waren darin alle Arzneimittel mit ihren Herstellungsverfahren niedergeschrieben, wodurch eine einheitliche Qualität der Produkte gewährleistet werden sollte. Das Arzneimittelbuch schuf demnach einen völlig einheitlichen und transparenten Wissenskodex, der gesetzlich durch die Konzessionspflicht gesichert wurde und das Eindringen von Wettbewerbern verhinderte. Dabei bezog sich ein Teil der im Arzneimittelbuch

mutung nahe liegt, dass die Farbenfabriken bereits im Frühjahr 1887 Kenntnis über das Herstellungsverfahren dieses Produktes hatten. Eine weitere Herausforderung der Produktion war, dass der Herstellungsweg des Sulfonals bereits kurze Zeit nach seiner Entdeckung durch Alfred Kast veröffentlicht wurde, weshalb eine Vielzahl von Unternehmen die Produktion aufgriff (Vgl. Wimmer 1994, S. 114).

12 BAL 11/3, Aufsichtsrat: 65. Aufsichtsrath-Sitzung am 19. Februar 1888, S. 121.

13 BAL 15/BA.2, Gewinn- und Verlustkonto der Farbenfabriken vorm. Friedr. Bayer & Co., 1882–1923, S. 17.

14 Vgl. Nieberding, Anne: Unternehmenskultur im Kaiserreich. München 2003b, S. 44.

festgehaltenen Wissensbestände auf die Herstellung von Chemikalien, die anschließend zu pharmazeutischen Mitteln weiterverarbeitet wurden. Mit der in der zweiten Hälfte des 19. Jahrhunderts einsetzenden Verlagerung der Produktion dieser Chemikalien in Richtung der chemischen Industrie setzte ein Bedeutungsverlust des Arzneimittelbuches ein: Als die Apotheker feststellten, dass die chemische Industrie Chemikalien in großer Reinheit herstellen konnte, gingen sie zum Kauf der benötigten Halbfertig- und Fertigpräparate über. Durch diesen Prozess verlor das Arzneimittelbuch seinen Status als exklusives Wissenskompendium und sein Inhalt widmete sich nun immer mehr der nachträglichen Analyse der vertriebenen Stoffe.[15]

Die in der chemischen Industrie ab den 1880er Jahren einsetzende Produktion von pharmazeutischen Endprodukten entzog sich insofern der etablierten Kategorisierung des Arzneimittelbuchs, als dass die Apotheker vollständig aus dem Produktionsprozess herausgehalten wurden und die chemische Zusammensetzung der Mittel nur den Herstellerunternehmen bekannt war. Entsprechend wurden die ersten industriellen Arzneimittel in Abgrenzung zu den transparenten und demnach seriösen Arzneimitteln des Apothekenwesens den sogenannten Geheimmitteln zugeordnet – Mittel, deren Zusammensetzung den Apothekern nicht bekannt war und die aus diesem Grund als unwissenschaftlich galten:[16] „Das Geheimmittel war verpönt, da es außerhalb des Apothekenbereichs Konkurrenz bedeutete. Es hatte einen schlechten Ruf, es galt als unseriös und fremd der Apothekentradition."[17] Spätestens im letzten Jahrzehnt des 19. Jahrhunderts kam es zu einer stärkeren Differenzierung zwischen den Fertigarzneimitteln: Die industriell gefertigten Produkte erhielten nun als sogenannte Spezialitäten eine Daseinsberechtigung und existierten neben den Geheimmitteln und den traditionell hergestellten Arzneimitteln.[18]

Die Entscheidung zur Aufnahme der Phenacetin-Produktion wurde seitens der Direktion der Farbenfabriken mit der Absicht verbunden, dieses und „eventuell spätere Producte in einer möglichst rationellen Weise und schnell in den Verkauf zu bringen." Vor diesem Hintergrund habe man, so äußerte sich Henry Böttinger gegenüber dem Aufsichtsrat, bereits Verträge mit großen „Droguen-Häusern zwecks Uebernahme des Allein-Verkaufs in verschiedenen Ländern abgeschlossen." Die Länderliste erstreckte sich von Österreich, dem Nahen Osten, Spanien und Italien über das koloniale England und Russland, später kamen

15 Vgl. Wimmer 1994, S. 25 sowie S. 56–58.

16 Vgl. ebd., S. 227.

17 Ernst, Elmar: Das „industrielle" Geheimmittel und seine Werbung. Würzburg 1975, S. 24, zitiert nach Nieberding 2003b, S. 44.

18 Nieberding 2003b, S. 44.

noch Frankreich, die Vereinigten Staaten sowie die Schweiz hinzu.[19] Nicht explizit erwähnt hingegen wurde der Verkauf im Deutschen Reich, vermutlich da dieser wegen der starken Restriktionen nicht einfach über Agenturen erschlossen werden konnte. Auf Grund der in dieser Hinsicht sehr lückenhaften Überlieferung ist die nationale Markterschließungsstrategie für das Phenacetin nicht einwandfrei zu rekonstruieren.[20] Überliefert ist jedoch, dass die Unternehmensleitung die „Ärztewelt“ als Schlüssel zur Markterschließung identifizierte. Neue Präparate wurden renommierten Kliniken und Medizinern zur Verfügung gestellt, die anschließend ihre Erkenntnisse veröffentlichten. Diese Publikationen wurden dann im Unternehmen gebündelt und als Broschüren lanciert, sodass sich eine an Konsumenten orientierte Vertriebsstrategie im Sinne eines „demand-pull“ etablierte.[21] Zum Zweck der Sensibilisierung der Ärzte gegenüber den neuen Produkten der Farbenfabriken genehmigte der Aufsichtsrat im April 1888 erstmals ein Budget für „Reclamezwecke“ in Höhe von 10.000 Mark – die dem Vertrieb zugeteilte Summe belief sich folglich auf zwei Drittel der zuvor für den eigentlichen Aufbau der Phenacetin-Fabrikation bewilligten Mittel.[22]

---

19 BAL 11/3, Aufsichtsrat: 65. Aufsichtsrath-Sitzung am 19. Februar 1888, S. 121 sowie ebd., 67. Aufsichtsraths-Sitzung am 5. Mai 1888, S. 132.

20 Die Dresdner Agentur Gehe & Co. wird in der Literatur (Bayer o. J., S. 36, Haber 1958, S. 135, Nieberding, Anne: „Stillstand ist Rückschritt“. Kundenkommunikation in der Pharma-Industrie um 1900 am Beispiel der Farbenfabriken vorm. Friedr. Bayer & Co. In: Clemens Wischermann (Hg.): Unternehmenskommunikation deutscher Mittel- und Großunternehmen. Münster 2003, S. 225) mehrmals als erste nationale Vertriebsorganisation bezeichnet. Die Agentur war zeitweise der bedeutendste Großhändler für pharmazeutische Produkte und lieferte sowohl an kleinere Handelsunternehmen als auch direkt an Apotheken (Vgl. Cramer, Tobias: Building the „World's Pharmacy“. Köln 2012, S. 13). Zwar wird die Agentur im Protokoll des Aufsichtsrats explizit erwähnt, jedoch nur für die Länder „Oesterreich, Levante, Spanien u. Portugal u. Italien“ (BAL 11/3, Aufsichtsrat: 65. Aufsichtsrath-Sitzung am 19. Februar 1888, S. 121).

21 Vgl. Hoffmann, Felix: Die Pharmazeutische Verkaufs-Abteilung. In: Farbenfabriken vorm. Friedrich Bayer & Co. (Hg.): Geschichte und Entwicklung der Farbenfabriken vorm. Friedr. Bayer & Co. Elberfeld in den ersten 50 Jahren. München 1918, S. 439. Zur Theorie des „demand-pull“ und des gegensätzlichen „supply-push“, siehe Kotler, Philip; Armstrong, Gary; Harris, Lloyd C.; Piercy, Nigel F.: Grundlagen des Marketing. Hallbergmoos 2016, S. 691–693. So folgt in der für den britischen Markt veröffentlichten Broschüre „‚Sulfonal-Bayer‘ – the new Hypnotic“ auf eine kurze Einführung der Entstehungsgeschichte des Arzneimittels das Kapitel „Abstracts of the publications hitherto written on ‚Sulfonal Bayer‘“, in welcher Mediziner zunächst ihre (positive) Meinung über das Produkt äußern. Auf diese folgen dann detaillierte „Fallstudien“ über Patienten, die bspw. unter Alkoholismus, Demenz, Epilepsie und weiteren, zumeist Nervenkrankheiten leiden und die Linderung, die diese Patienten durch die Verwendung von Sulfonal erhalten. Vgl. Farbenfabriken vorm. Friedrich Bayer & Co.: „Sulfonal-Bayer“ – the new Hypnotic, undatiert.

22 Vgl. BAL 11/3, Aufsichtsrat: 65. Aufsichtsrath-Sitzung am 19. Februar 1888, S. 121.

Einen Monat später fiel im Aufsichtsrat die Entscheidung für die Herstellung des mittlerweile produktionsreifen Sulfonals. Die Voraussetzungen der Aufnahme der Produktion waren insofern problematisch, als dass sich eine Vielzahl von Unternehmen das Verkaufsrecht an dem Produkt von den Erfindern Eugen Baumann und Alfred Kast hatte sichern können.[23] Die zwischen den Farbenfabriken sowie Kast und Baumann getroffene Vereinbarung sah eine zehnprozentige Gewinnbeteiligung an den Nettoerträgen des Präparates vor, ebenso wie Bonuszahlungen in Höhe von je 5.000 Mark für den Verkauf der ersten „Meilensteine" von 100 und 300 Kilogramm Sulfonal.[24] Folglich hielt die Unternehmensleitung zunächst auch im Bereich der pharmazeutischen Produkte an der bewährten Lizensierungsstrategie fest, mit der Ausnahme, dass sich in dieser Produktgattung erstmals eine Kooperation zwischen dem Unternehmen und einer Universität (Freiburg) entwickelte, wie sie sich bei den konkurrierenden Teerfarbenunternehmen BASF und Hoechst bereits in den 1870er Jahren herausgebildet hatte.[25] Der erfolgreiche Verkauf der in einer „kleinen Einrichtung" produzierten Menge führte offenbar schnell zu einer steigenden Nachfrage nach Sulfonal, die dem Aufsichtsrat Anlass „zu[r] berechtigten Hoffnungen auf einen größeren regelmäßigen Absatz" gab. In Folge bewilligte der Aufsichtsrat nicht nur den Aufbau von Fabrikationsanlagen für eine Tagesproduktion von 20 Kilogramm Sulfonal, sondern stellte der Direktion „zur raschsten Förderung der Sache vertrauensvoll einen Betrag von 50.000 Mark unter Vorbehalt der später zu erfolgenden Specification über Verwendung verausgabter Gelder."[26]

Dieser seitens des Aufsichtsrats geäußerten Forderung nach einer nachträglichen Spezifikation der Gelderverwendung war ein Disput zwischen der Direktion und dem Aufsichtsrat vorangegangen. Grundsätzlich setzten gewünschte Investitionen in den Aufbau von Neuanlagen die Zustimmung des Aufsichtsrates voraus, die – so stellte es sich im April 1888 heraus – nicht konsequent eingeholt worden war. Henry Böttinger gestand in seiner Funktion als Vorstandsmitglied gegenüber dem Aufsichtsrat ein, dass statt der in den Jahren 1886 und 1887 protokollarisch bewilligten Summe von 150.000 Mark „de facto ein bedeutend höherer Betrag über 600.000 Mark in toto für Neuanlagen verausgabt worden" war. Als Reaktion auf dieses geradezu klassische Beispiel eines Prinzipal-Agenten-Problems veranlasste der Aufsichtsrat zum einen die Einrichtung einer Kommission zur Überprüfung der erheblichen Mehrausgaben, zum anderen

23 Vgl. Plumpe 2016a, S. 86.
24 BAL 11/3, Aufsichtsrat: 67. Aufsichtsraths-Sitzung am 5. Mai 1888, S. 132.
25 Vgl. Engel 2009, S. 285.
26 BAL 11/3, Aufsichtsrat: 67. Aufsichtsraths-Sitzung am 5. Mai 1888, S. 132.

wurde die Budgetverwendung als ständiger Tagesordnungspunkt für alle zukünftigen Aufsichtsratssitzungen festgelegt. Hierüber sollte der Aufsichtsrat „in jeder Sitzung von der Direction genaue Details über diejenigen Beträge“ erhalten, „welche seit der letzten Sitzung für Neuanlagen verausgabt worden“ waren.[27] Zwar stellte die Kommission fest, dass die Mehraufwendungen „keineswegs unnützerweise verausgabt worden seien und sich auch für die Folge im Betriebe ersprießlich zeigen werden“, doch hielt der Aufsichtsrat an der genaueren Kontrolle des Ausgabeverhaltens der Direktion fest. Als die Direktion neben den für den Aufbau der Sulfonal-Fabrikation bereits bewilligten 50.000 Mark zusätzlich „discretionair“ die Bereitstellung weiterer 60.000 Mark beantragte, genehmigte der Aufsichtsrat diese Ausgabe zwar ebenfalls, spezifizierte die Dokumentierung der Ausgaben jedoch weiter, indem der Vorstand angewiesen wurde, „separate Bücher über alle vom Aufsichtsrath gethätigten Bewilligungen zu führen, und die Vorlage dieser Bücher künftig ein ständiger Punkt der Tages-Ordnung sein soll, um dem Aufsichtsrat die Uebersicht zu verschaffen, was und wie viel bis dato a conto der Bewilligung verausgabt worden.“[28]

Auf die durch den Aufsichtsrat nicht beobachtbaren Mehrausgaben („hidden-actions“) der Direktion reagierte dieser also im Sinne der Agenturtheorie, indem er mit der Einrichtung einer Kommission sowie der Einführung eines ständigen Tagesordnungspunktes Kontrollmechanismen zur Überwachung der Direktion etablierte.[29] Vor diesem Hintergrund bedeutete die pauschale Bereitstellung der für die Ausweitung der Sulfonal-Produktion benötigten Geldmittel zwar einen Bruch mit den gerade erst etablierten Regelungen, doch war dieser angesichts der erwarteten Gewinne wohl zu rechtfertigen. Der Aufbau der Sulfonal-Produktion verlief trotz der bewilligten Mittel nicht reibungslos. Der Eigengeruch des Ausgangsstoffs des Sulfonals, des bereits erwähnten Mercaptans, veranlasste die Barmer Behörden bereits im Sommer 1888 zur Schließung der Produktionsstätte, wodurch es zu einem zeitweiligen Erliegen der Produktion kam. Nachdem die Unternehmensleitung zunächst die Fabrikation provisorisch nach Elberfeld und in die bereits in den 1870er Jahren genutzte und nun „für ein billiges Geld genehmigte“ Chemische Fabrik Station Haan verlagert hatte, zog man die Produktion schlussendlich, „um uns jedoch gegen eine immerhin nicht unmögliche Wiederkehr behördlicher Unannehmlichkeiten zu sichern,“ nach Schelploh in die Lüneburger Heide um.[30]

27 BAL 11/3, Aufsichtsrat: 66. Aufsichtsraths-Sitzung am 3. April 1888, S. 127.
28 BAL 11/3, Aufsichtsrat: 67. Aufsichtsraths-Sitzung am 5. Mai 1888, S. 133.
29 Vgl. Kapitel 1.3. sowie Jensen und Meckling 1976.
30 BAL 11/3, Aufsichtsrat: 68. Aufsichtsraths-Sitzung am 4. Juli 1888, S. 137. Vgl. ebenfalls Schlösser 1918, S. 250.

Für die Farbenfabriken äußerst gewinnbringend erwies sich die eigenständig durchgeführte Patentierung des Sulfonals auf dem nordamerikanischen Markt. Das geistige Eigentum am Sulfonal lag weiterhin bei den Professoren Baumann und Kast, entsprechend mussten die Farbenfabriken für das Überlassen des exklusiven Verkaufsrechts in den USA einen möglichst großen finanziellen Anreiz bieten. Im Unterschied zu dem bisherigen Lizensierungsvertrag, bei dem Bayer ein Lizenznehmer unter vielen war, garantierte man den Erfindern für den amerikanischen Markt eine Gewinnbeteiligung von 20 Prozent (statt zehn Prozent) sowie darüber hinausgehend „für je 20 Mark des Brutto-Verkaufspreises, soweit derselbe 60 Mark pro Kilo übersteigt, eine Lizenzgebühr von 1 Mark pro Kilo".[31] Die ausgedehnte Lizensierung des Sulfonals führte gegen Ende der 1880er Jahre zu einem sich intensivierenden Preiswettbewerb, in welchem die Farbenfabriken auf Grund des geschützten Absatzes in Nordamerika einen vergleichsweise großen Handlungsspielraum besaßen. Die sich zuspitzende Konkurrenzsituation fand unter anderem darin ihren Ausdruck, dass der Vorstand der Farbenfabriken die Lieferantenverträge mit Verpflichtungsklauseln versah. So berichtete Henry Böttinger dem Aufsichtsrat über einen mit einer Kasseler Firma für die Lieferung von Mercaptan abgeschlossenen Vertrag, dass dieser hauptsächlich dazu vereinbart worden sei, „um dieselbe (Firma, FS) zu verpflichten, die Concurrenz von Riedel u. a. nicht mit diesem Product zu versehen und auch während der nächsten 8 Monate nicht selber Sulfonal zu fabrizieren." In derselben Aufsichtsratssitzung ging Böttinger ferner auf den allgemeinen Zustand des Sulfonal-Marktes ein. So sei eine Preissenkung auf 150 Mark pro Kilogramm auf Grund des von der Firma J. D. Riedel ausgeübten Preisdrucks notwendig geworden und ein Markteintritt weiterer Konkurrenten denkbar. Angesichts des zunehmenden Wettbewerbs, so führte Böttinger aus, seien „bereits Verhandlungen mit der Concurrenz im Gange, um durch Abschluß einer Preisconvention weiteren Schleudereien vorzubeugen." Die Chemische Fabrik auf Actien vormals E. Schering, ein weiterer Konkurrent auf dem Sulfonal-Markt, wollte die Direktion darüber hinaus zu einer vollständigen Einstellung ihrer Sulfonal-Fabrikation bewegen, um dem Unternehmen dann die benötigten Mengen des Arzneimittels zur Verfügung zu stellen.[32] Die Verhandlungen führten am 27. Oktober 1888 zum Abschluss der Sulfonal-Konvention zwischen den Farbenfabriken, dem Berliner Unternehmen J. D. Riedel, der Chemischen Fabrik vorm. Hofmann u. Schoetensack in Ludwigshafen, dem Mühlheimer Unternehmen M. Leonhardt & Co. sowie der Chemischen Fabrik auf Actien (Schering), welche man offenbar schlussendlich nicht zur Aufgabe der Pro-

31 BAL 11/3, Aufsichtsrat: 68. Aufsichtsraths-Sitzung am 4. Juli 1888, S. 137.
32 BAL 11/3, Aufsichtsrat: 69. Aufsichtsraths-Sitzung am 9. Oktober 1888, S. 140.

duktion hatte bewegen können. Ähnlich der Alizarin-Konvention beinhalteten die getroffenen Vereinbarungen bezüglich des Sulfonals sowohl eine Preis- als auch eine Mengenfixierung. Das Abkommen sah hierbei eine prozentuale Verteilung der Verkaufsberechtigungen vor, aus der die Farbenfabriken als dominierendes Unternehmen mit 38 Prozent der Anteile hervortraten.[33] Darüber hinaus sicherten die weiteren Konventions-Mitglieder den Farbenfabriken die Anerkennung des amerikanischen Sulfonal-Patentes vertraglich zu.[34]

Das Vorgehen der Unternehmensführung der Farbenfabriken folgte also erneut einer Kartellierungs-Strategie, jedoch mit zwei wesentlichen Unterschieden zur Alizarin-Konvention. Erstens führte der Besitz des amerikanischen Patentes zu einer vergleichsweise großen Verhandlungsmacht. Diese wurde zudem dadurch verstärkt, dass die Farbenfabriken das bei weitem größte Unternehmen innerhalb der Konvention waren. So belief sich das Aktienkapital des Unternehmens Schering – das wie Riedel aus dem Apothekenwesen hervorging – im Jahr 1884 mit 2,4 Millionen Mark auf weniger als die Hälfte der Kapitalsumme der Farbenfabriken.[35] Beide Unternehmen hatten frühzeitig in andere Segmente diversifiziert: Während Riedl sich als Großhändler für pharmazeutische Produkte auf der Vertriebsstufe etabliert hatte, produzierte Schering seit den 1870er Jahren eine Vielzahl von Chemikalien, die vor allem in der aufkommenden Photographie Verwendung fanden.[36] Als zweite wesentliche Unterscheidung ist zu nennen, dass der Druck zur Konventionsbildung keineswegs mit der Situation des Alizarin-Marktes der ausgehenden 1870er und beginnenden 1880er Jahre vergleichbar war. Zum Zeitpunkt der Kartellierung hatte sich das Sulfonal noch kein Jahr im Portfolio der Farbenfabriken befunden und blieb trotz der Preisrückgänge ein hochprofitables Produkt. Carl Duisberg, der nach ihrer Gründung die Leitung der Pharmaproduktion übernommen hatte, kalkulierte im Mai 1889 mit Gestehungskosten zwischen 28 bis 30 Mark exklusive Verkaufs- und Generalspesen.[37] Selbst für den wahrscheinlichen Fall, dass die bei Abschluss der Konvention im Oktober 1888 veranschlagten Herstellungskosten noch höher gewesen sein sollten, hatte das Produkt kurz vor der Konventions-Vereinbarung einen Preis von 150 Mark pro Kilogramm erzielt. Der Konventionspreis wird folglich ebenfalls in diesem Rahmen gelegen haben.

---

33 Die weiteren Anteile verteilten sich auf Riedel mit 20 % sowie jeweils 14 % für die Unternehmen Schering, Hofmann u. Schoetensack und Leonhardt & Co. Vgl. Vgl. BAL 11/3, Aufsichtsrat: 70. Aufsichtsraths-Sitzung am 8. Februar 1889, S. 145.

34 Vgl. BAL 11/3, Aufsichtsrat: 70. Aufsichtsraths-Sitzung am 8. Februar 1889, S. 145.

35 Vgl. Bartmann, Wilhelm: Zwischen Tradition und Fortschritt. Frankfurt am Main 2001, S. 379.

36 Vgl. Cramer 2012, S. 12.

37 Vgl. Plumpe 2016a, S. 849.

Vor dem Hintergrund der starken Verhandlungsposition übernahmen die Farbenfabriken schließlich das bereits von der BASF und Hoechst aus der Alizarin-Konvention bekannte Handlungsmuster: Als Reaktion auf einen beobachteten Nachfragerückgang nach Sulfonal schlug Duisberg in Absprache mit Carl Rumpff der Konvention eine drastische Preissenkung vor. Die dahinterliegende Intention war jedoch weniger die vollständige Auflösung der Konvention, als vielmehr eine Schutzhaltung gegenüber neu auf den Markt drängenden Unternehmen einzunehmen, „damit die ausser der Konvention stehenden Fabriken sich nicht erst einnisten, sondern wir sie mit noch schärferen Waffen sofort zur Mutlosigkeit zwingen".[38] Die Parallelen zur Alizarin-Konvention sind offenkundig, nicht zuletzt, da sich auch innerhalb der Sulfonal-Konvention die weiteren Mitgliedsunternehmen mit Vehemenz gegen eine Reduzierung des Konventionspreises aussprachen. Schließlich scheiterte die Sulfonal-Konvention am Ungleichgewicht der Unternehmen in Bezug auf ihre Freiräume bei der Preisgestaltung – die Farbenfabriken reduzierten ihren Verkaufspreis unmittelbar nach Konventionsauflösung auf 50 bis 60 Mark.[39]

4.2 Personal- und Produktentscheidungen

Die Ende der 1880er Jahre auf Ebene des Aufsichtsrats wiederkehrend geführten Diskussionen über die verschiedenen pharmazeutischen Produkte verdeutlichten mehr die Erwartungshaltung gegenüber den zukünftigen Absatzmöglichkeiten dieser Sparte, als dass sie ihre damalige finanzielle Bedeutung für die Farbenfabriken widerspiegelten. Dort dominierten weiterhin die Azo-Farbstoffe: Im Geschäftsjahr 1888, dem ersten, in dem Gewinne der pharmazeutischen Abteilung in den Gesamtgewinn einflossen, erwirtschaftete die Azo-Fabrik einen Überschuss von 1.565.150,48 Mark und trug damit etwas mehr als die Hälfte (53 Prozent) zum Brutto-Gewinn vor Abzug der Generalspesen und Abschreibungen bei.[40] Der Verkauf der Arzneimittel führte im Falle des Phenacetins zu einem Gewinn von 49.573,93 Mark (1,7 Prozent Anteil am Brutto-Gewinn), während das Konto der Sulfonal-Fabrikation nur einen kleinen Gewinn von

38 BAL AS, Carl Duisberg an Henry Böttinger, 23.4.1889, zitiert nach Plumpe 2016a, S. 86.
39 Vgl. ebd., S. 87.
40 Im Geschäftsjahr 1887 waren die pharmazeutischen Produkte zwar bereits erfasst worden, das „Conto für Medicinal-Producte" wies jedoch einen Verlust von 6.115,61 Mark auf (Vgl. BAL 15/BA.2, Gewinn- und Verlustkonto der Farbenfabriken: Gewinn- und Verlustkonten des Geschäftsjahre 1887, S. 17). Dieser floss nicht in die offizielle Bilanz ein, sondern es wurde der Jahresgewinn ohne Kenntlichmachung um dieselbe Summe gekürzt. Auf diesen Vorgang wird am Ende dieses Kapitels detailliert eingegangen.

3.546,77 Mark (0,1 Prozent) aufwies. Diese genaue Nachvollziehbarkeit der Umsatzbeiträge einzelner Produkte wurde durch eine Veränderung des Buchhaltungssystems ermöglicht. Bis einschließlich des Geschäftsjahres 1885 wies die intern verfasste und nicht veröffentlichte Gewinn- und Verlustrechnung die Umsätze nach ihrem fabrikationsörtlichen Ursprung aus, d. h. alle Gewinne wurden der Scharlach-, Alizarin- oder Anilinfabrik zugerechnet (im Falle der Anilinfabrik ergab sich insofern ein Unterschied, als dass die Fabriken in Barmen und Elberfeld separat angegeben wurden). Mit dem Geschäftsjahr 1886 wurde diese fabrikorientierte Erfassung auf eine produktspezifische umgestellt, in welcher die Gewinne der „Waaren-Conten" der einzelnen Produkte aufgeführt wurden. Hierdurch wies die Ertragsseite der GuV nicht länger nur die vier Fabriken als Posten aus, sondern fächerte sich u. a. in die Warenkonten Alizarin, Scharlach, Fuchsin, Braun, Neugrün, Violet, und Methylgrün auf, daneben wurden die Umsätze der beiden Filialen der Farbenfabriken in Frankreich (Flers) und Russland (Moskau) ebenfalls einzeln aufgeführt.[41]

Die Restrukturierung der Buchhaltung fügt sich zeitlich in die im vorausgehenden Kapitel beschriebenen Optimierungsbestrebungen der Unternehmensführung ein. Wenngleich sich die genauen Beweggründe der Neuorganisation nicht rekonstruieren lassen, ist zumindest überliefert, dass das „grosse Hauptbuch" des Unternehmens auf Grund der „fortschreitenden Entwicklung des Geschäftes" im Jahr 1886 in zwei, im darauffolgenden Jahr in drei Bücher aufgeteilt werden musste. Ebenfalls machten offenbar die 1885 eingeführten „Benzidin-Farben" eine „Detaillierung der Arbeiten" im Bereich der Lagerbuchhaltung notwendig.[42] Eine gesetzliche Vorgabe zur genauen Angabe der Gewinn- und Verlustkonten existierte indes nicht. Die der Generalversammlung vorgelegte öffentliche GuV fasste in diesem Sinne – wie auch bei anderen Aktiengesellschaften, namentlich der BASF oder Krupp – alle Produktionsgewinne in einem einzigen Posten „Fabrikationsnutzen per Jahr" zusammen, die erhobenen Informationen über die Gewinnanteile der einzelnen Produkte standen folglich ausschließlich unternehmensintern zur Verfügung.[43] Diese produktspezifische Erfassung bedeutete für die Unternehmensführung ein höheres Maß an Flexibilität hinsichtlich der Entscheidungsprozesse, da diese nun gezielt auf einzelne Erzeugnisse gelenkt werden konnten.

41 Vgl. BAL 15/BA.2, Gewinn- und Verlustkonto der Farbenfabriken: Gewinn- und Verlustkonten der Geschäftsjahre 1885 (S. 8–9) sowie 1886 (S. 14–15).

42 Messner 1918, S. 490.

43 Vgl. BAL, Geschäftsberichte: Geschäftsbericht 1886. Die BASF fasste ihre Gewinne für 1886 in einem „Waaren-Conto" zusammen und gab dafür nur eine Summe an. Vgl. BASF UA, Geschäftsbericht 1886. Krupp wies die Produktgewinne über das „Conto-Fabrikate" aus. Vgl. Pleitgen 2005, S. 284.

Von der stetigen Zunahme der unternehmensinternen Informationen profitierte unter anderem die in der Nachwirkung der Unternehmenskrise institutionalisierte Revisions-Kommission. Bei der Besprechung des vorläufigen Geschäftsergebnisses des Jahres 1887 stellte Carl Rumpff auf einer im Februar 1888 abgehaltenen Aufsichtsratssitzung fest, dass auf Grund der mangelhaften Erträge der Alizarin-Fabrik sowie falsch bewerteter und ungünstig kontrahierter Vorräte des Farbstoffes vorsichtshalber 150.000 Mark „zur eventuellen Abschreibung" für das Jahr 1888 zurückgestellt werden müssten. Der Aufsichtsrat beauftragte sodann die während der Alizarin-Krise gegründete Revisions-Kommission mit der Prüfung der Produktionsstätte.[44] Auf der darauffolgenden Sitzung im April 1888 wurde dann der „volle Ernst der Sachlage" dargestellt: Die Alizarin-Produktion lieferte aus unerklärlichen Gründen täglich einen hohen Verlust, die Ausbeute fiel zwischen 800 und 1.000 Kilogramm geringer aus „als früher regelmäßig der Fall war".[45] Der Verdacht der Kommission traf den Leiter der Alizarin-Fabrik, Auerbach, der in Folge des Austritts Friedrich Weskotts aus dem Unternehmen an diese Stellung gelangt war. Einige Monate später, im Juli 1888, hatte sich noch immer keine Verbesserung der Ausbeute „dieses wichtigen Fabrikzweiges" eingestellt, der – trotz der mittlerweile dominierenden Bedeutung der Azofarbstoffe sowie der schlechten Konjunkturen des Produktes – noch immer den zweithöchsten Anteil zu den Gesamtgewinnen des Unternehmens beisteuerte.[46] Als Alternativbesetzung für die Leitung der Alizarin-Abteilung schlug Carl Rumpff den Chemiker Dr. Heinrich Rose vor, der bis Ende 1886 diese Abteilung bei den Farbwerken Hoechst geführt hatte. Die Gehaltsforderung Roses in Höhe von 15.000 Mark jährlich war außerordentlich hoch und bewegte sich praktisch auf der Ebene der Vergütung des Vorstandes, dessen Grundgehalt Ende 1886 ebenfalls auf 15.000 Mark festgesetzt, erfolgsabhängig jedoch auf bis zu 20.000 Mark (exklusive der in der Generalversammlung vereinbarten Jahrestantiemen) steigen konnte.[47] Die Einigung mit Rose erfolgte schließlich zu einem Gehalt von 12.000 Mark sowie einer Gewinnbeteiligung in

44 BAL 11/3, Aufsichtsrat: 65. Aufsichtsraths-Sitzung am 19. Februar 1888, S. 123.

45 BAL 11/3, Aufsichtsrath: 66. Aufsichtsraths-Sitzung am 3. April 1888, S. 127.

46 Im Jahr 1887, also dem aus Perspektive der Unternehmensleitung jüngsten abgeschlossenen Geschäftsjahr, verhielten sich die Gewinnanteile am Gesamtgewinn (vor Spesen und Abschreibungen) von 2.395.580,61 Mark wie folgt: Azofarbstoffe 1.324.675,87 Mark (55 %), Alizarin 347.985,80 Mark (14,5 %), an dritter Stelle „Waaren-Conto Neugrün" mit 93.595,50 Mark (ca. 4 %). Vgl. BAL 15/BA.2, Gewinn- und Verlustkonto: GuV 1887, S. 16.

47 Zur Direktionsvergütung, vgl. BAL 11/3, Aufsichtsrat: 57. Aufsichtsraths-Sitzung am 5. Oktober 1886. Die Gehälter der Direktoren wurden das nächste Mal im Juli 1888 angepasst und auf ein Festgehalt von 30.000 Mark inklusive einer „Repräsentations-Zulage" von 3.000 Mark sowie einer jährlichen Tantieme nach Maßgabe der Statuten erhöht. Vgl. Ebd.: 73. Aufsichtsraths-Sitzung am 19. Juli 1889.

Höhe von einem Prozent des Reingewinns der Alizarin-Fabrik.[48] Das Gehalt Carl Duisbergs – der ja, wenn man so will, mit der Entwicklung seiner Azofarbstoffe eher dem Unternehmen den Weg in die Zukunft bereitete als Heinrich Rose mit den bereits seit rund zwanzig Jahren hergestellten Alizarin-Farben – belief sich seit dem 1. Januar 1887 mit 6.000 Mark nur auf die Hälfte, wenngleich das außerordentlich gute Geschäft mit den Azofarbstoffen ihm im Jahr 1886 Tantiemen in Höhe von 7 bis 8.000 Mark bescherte und er für 1887 mit einer Verdoppelung dieser Tantiemen rechnen konnte.[49] Über die Ursache der sich unter Auerbach rapide verschlechterten Alizarin-Ausbeute äußerte sich Heinrich Rose später:

> In den Jahren 1887 und 1888 trat eine Periode ein, welche nicht anders als die einer gewissen Verwirrung bezeichnet werden kann, ausgehend von dem Umstande, dass die Führung des Betriebes bei aller Bewertung der wissenschaftlichen Grundlagen die einfache Klarheit praktischer Anschauung vermissen liess. Man suchte den Fehler in den verzwicktesten Dingen, aber nicht dort, wo er lag: in dem äusserlich so schönen, in Wirklichkeit aber ganz unreinen, sublimierten Chinon und in der Nichtbeachtung technischer und maschineller Unzulänglichkeiten, welche die erdrückenden Unkosten verursachte.[50]

Ohne zu sehr in die prozesstechnischen Details zu gehen hatte das Problem darin bestanden, dass die hohe Qualität des von den Farbenfabriken eingekauften Rohanthracens nicht länger zu den Produktionsprozessen der Alizarin-Fabrik passte. Die Reinheit des Rohproduktes war mittlerweile so hoch, dass die Reinigung des Anthracens – die seit der Aufnahme der Produktion stets der erste Arbeitsschritt gewesen war – nun nicht länger erforderlich war und nicht nur Kosten verursachte, sondern sogar zu einer Verschlechterung der Qualität des Anthracens führte.[51] Die Erkenntnis Roses führte dementsprechend auch zu Personalentscheidungen in der Leitung der Chinon- bzw. Anthracen-Fabrik, die auf seine Veranlassung hin umbesetzt wurde.[52] Auerbach schließlich, der neben

---

48 Vgl. BAL 11/3, Aufsichtsrat: 68. Aufsichtsraths-Sitzung am 4. Juli 1888, S. 125.

49 Duisberg war mit 2,5 % am Reingewinn seiner Erfindungen beteiligt und rechnete für das Jahr 1887 mit einer Endsumme von 20 bis 21.000 Mark. Vgl. Plumpe 2016a, S. 69. Die Gewinnbeteiligung Roses an dem Nettogewinn der gesamten Alizarin-Fabrik hätte sich 1888, dem Jahr seiner Anstellung (kontrafaktisch, da Rose erst im Sommer eintrat), auf 12.000 Mark, zuzüglich der Tantieme von einem Prozent (rund 3.320 Mark) auf ca. 15.320 Mark belaufen. Vgl. BAL 15/BA.2, Gewinn- und Verlustkonto: GuV 1888, S. 19.

50 Rose 1918, S. 295.

51 Ebd.

52 „Nachdem Herr Dr. Rose den Wunsch ausgesprochen auch in der speciellen Leitung der Chinonfabrik einen Wechsel eintreten zu lassen, ist mit Dr. Afinger folgender Vertrag geschlossen: Dauer 5 Jahre vom 1. November ab (event. 1. October), Jahres-Gehalt 5.000 M. p. a. mit Tantième von 1% des Rein-Gewinns der Alizarinfabrikation mit 1.500 M. Minimum garantiert." BAL 11/3, Aufsichtsrat: 69. Aufsichtsraths-Sitzung am 9. October 1888, S. 140.

seiner Funktion als Leiter der Alizarin-Fabrikation ebenfalls Prokurist des Unternehmens war und eine entsprechend bedeutende Stellung innehatte, wurde gegen Zahlung einer Abfindungssumme von 20.000 Mark zum 1. November 1888 entlassen.[53]

Die an dieser Stelle erfolgte Darstellung einer Personalentscheidung sollte vor allem dazu dienen, die sich seit Mitte der 1880er Jahre zunehmend verbesserte Erfassung unternehmensinterner Prozesse zu illustrieren. Mit der Revisions-Kommission hatte die Unternehmensleitung ein Gremium zur Problembewältigung institutionalisiert, dessen Gutachten – auf Grundlage von quantitativ erhobenen Daten – den Ausgangspunkt für Entscheidungen bot. Vor dem Hintergrund der größeren Transparenz bezüglich der sich im Unternehmen vollziehenden Prozesse konnten Anomalien früher erkannt und Maßnahmen zu deren Behebung eingeleitet werden. Die Revisions-Kommission generierte zwar selbst keine quantitativen Daten, nutzte diese aber zur Effizienzüberprüfung. Für diese Beobachtung ist es dabei unerheblich, ob die genutzten Daten ein Produkt der seit der zweiten Hälfte der 1880er Jahre vorangetriebenen Effizienzbestrebungen waren oder die Kommission auf Informationen zurückgriff, die – was in Bezug auf die seit Beginn durch die Buchhaltung durchgeführte Quantifizierung des „Outputs" von Fabrikanlagen sicher zutreffend ist – schon zuvor im Unternehmen erfasst wurden. Neu war die Kausalität zwischen Information und Entscheidung: Die Diskrepanz zwischen einem von der Unternehmensleitung bestimmten Optimum und der Realität wurde durch quantitative Daten aufgedeckt und führte anschließend zu einer Entscheidung, mit welcher die Behebung dieser Diskrepanz erreicht werden sollte.

Im Falle der Alizarin-Fabrikation waren die Resultate der Personalentscheidungen von wirtschaftlichem Erfolg geprägt. Während sich der Gewinn des Farbstoffs in den Geschäftsjahren 1887 und 1888 von 347.985,80 Mark auf 331.914,01 Mark rückläufig entwickelte, stand im Resultat des Geschäftsjahres 1889 ein Gewinn von 486.345,76 Mark.[54] Vermutlich fiel die tatsächliche Profita-

53 Vgl. BAL 11/3, Aufsichtsrat: 70. Aufsichtsraths-Sitzung am 8. Februar 1889, S. 148. Auch kann die detailliert geschilderte Problematik der Alizarin-Herstellung der Personalentscheidung um Auerbach eine weitere Facette hinzufügen: So erinnert sich Duisberg, dass ein von Auerbach gemachter Fehler darin bestand, dass dieser „der Direktion zeigen wollte, dass man auch mit billigerem, aber unreinem Anthrachinon [einem Produkt aus der Oxidation von Anthracen mit Chromsäure, FS] gute Ausbeuten an Alizarin und gutes Alizarin darstellen konnte. Bei der Verfolgung dieses technisch total verkehrten Grundsatzes geriet er aber derartig in die Tinte, dass die Alizarinfabrik statt besser immer ungünstiger arbeitete." Duisberg 1918, S. 596. Hier liegt somit die Vermutung nahe, dass Auerbach eine Alternative zu der beschriebenen stetigen Verteuerung des Anthracens suchte, indem er günstigere, aber unreine Produkte verwendete.

54 Vgl. BAL 15/BA.2, Gewinn- und Verlustkonto. GuV der Jahre 1887–1889.

bilitätssteigerung noch wesentlich höher aus, denn die Preise für das Rohmaterial Anthracen hatten sich im Laufe des Jahres 1888 deutlich gesteigert und zu einer spürbaren Verteuerung der Herstellungskosten geführt, da die Preiserhöhung auf Grund der weiterhin angespannten Konkurrenzsituation nicht an die Kunden weitergegeben werden konnte. In Anbetracht der erneut schwindenden Margen unterbreitete Carl Rumpff der BASF den Vorschlag, auf Grund der „auf dem wiedrigsten [!] Punkte stehen gebliebenen Alizarin-Preise gegenüber den auf das Doppelte gestiegenen Anthracen-Werten" erneut eine Kooperation der großen Alizarin-Hersteller ins Auge zu fassen. Schließlich stellte Rumpff jedoch fest, dass „ein offenes Hand in Hand gehen der großen Firmen bezüglich der Zukunft des Geschäftes" nicht zu erzielen gewesen sei.[55] Die starken Schwankungen der Rohstoffpreise stellten die Direktion der Farbenfabriken insofern vor Probleme, als dass der Aufsichtsrat auf Grund der während der Alizarin-Krise gemachten Erfahrungen eine vorsichtige Einkaufsstrategie ausgegeben hatte. Ein wesentlicher Krisenfaktor war seinerzeit die langfristige Kontrahierung der Rohstofflieferungen gewesen, die sich in den immer wieder eintretenden Fällen von rückläufigen Rohstoffpreisen unmittelbar auf die Produktmargen auswirkte und zudem die Entscheidungsspielräume des Unternehmens – die ja durch die Alizarin-Konvention ohnehin stark eingeschränkt waren – weiter verringerte.

Vor diesem Hintergrund war der Aufsichtsrat mittlerweile dazu übergegangen, für die Rohstoffbeschaffung Maximalpreise vorzugeben, deren Überschreitung schriftlich genehmigt werden musste. Die starke Einflussnahme des Aufsichtsrats auf das Tagesgeschäft war keineswegs unüblich und durch die Aktienrechtsnovelle des Jahre 1884 legitimiert worden. Ihm oblag seitdem die Genehmigung der Bilanzen und Gewinnverteilungsvorschläge, worüber eine direkte Kontrolle der Handlungen des Vorstands bzw. der Direktion ermöglicht wurde. Diese direkte Kontrolle konnte so weitreichend sein, dass der Aufsichtsrat direkt auf die strategischen Entscheidungen des Vorstandes einwirkte. Er steckte den Rahmen ab, „innerhalb dessen sich der das operative Geschäft führende Vorstand zu bewegen hatte."[56] Nach dieser Logik handelte ebenfalls der Aufsichtsrat der Farbenfabriken: Nach seiner Vorgabe durften Kaufverträge, wie gesagt, nur zu einem festgelegten Maximalpreis abgeschlossen werden. Darüber hinaus sollten sie einen Zeithorizont von acht bis zehn Monaten im Voraus abdecken, um sicherzustellen, dass das Unternehmen „gegen die Eventualität einer kommenden Hausse [...] gesichert bleibt."[57] Der marktwirtschaftlichen Logik entsprechend konnte diese Vorgabe jedoch in solchen Fällen außer

55 BAL 11/3, Aufsichtsrat: 66. Aufsichtsraths-Sitzung am 3. April 1888, S. 127.
56 Wischermann und Nieberding 2004, S. 266.
57 BAL 11/3, Aufsichtsrat: 57. Aufsichtsraths-Sitzung am 5. October 1886, S. 89.

Kraft gesetzt werden, in denen die günstigen Preise der Rohmaterialbeschaffung eine längerfristige Vereinbarung vorteilhaft erscheinen ließen.

Die Einkaufsstrategie war dementsprechend stark an die Erwartungsbildung der Unternehmensführung hinsichtlich der Preisentwicklungen gekoppelt. Im März 1887 diskutierte der Aufsichtsrat eine plötzliche Preissteigerung des Anthracens, welche „durch großen Speculationskauf theils seitens der Badischen, theils seitens englischen Speculanten" hervorgerufen worden war. In Reaktion hierauf konstatierte Carl Rumpff „mit Befriedigung die außerordentlich günstige Lage unserer Firma die, in Besitz großer Vorräthe u. genügender Contracte auf spätere Abnahme, von dieser Wendung der Dinge, selbst wenn die Hausse länger anhalten sollte, in absehbarer Zeit absolut nicht nachteilig beeinflußt wird." Das Unternehmen sei, so das Aufsichtsratsprotokoll weiter, auf Grund großer Alizarin-Verträge für 1887 und teilweise das Jahr 1888 „zu billigen Preisen gebunden". Wenngleich man die Vorräte als völlig ausreichend wahrnahm, genehmigte der Aufsichtsrat den Ankauf weiterer „2–300 tons" des Rohstoffs wegen der im „Verhältniß zu früheren Jahren immer noch sehr billigen zur Zeit bestehenden Anthracenpreise[n]". Angesichts der als vorteilhaft wahrgenommenen Kostenstruktur gestattete der Aufsichtsrat ebenfalls eine Auflockerung der Vorgaben auf Vertriebsseite, indem „guten älteren und treuen Kunden" Vertragsabschlüsse für das Jahr 1888 auf Basis der günstigen Verkaufspreise erlaubt wurden.[58]

Entgegen der Erwartungen der Unternehmensführung erhöhte sich der Preis für Anthracen in einer solchen Geschwindigkeit, dass der Ankauf des Rohstoffs nicht zu den vom Aufsichtsrat vorgegebenen Preisen erfolgen konnte:

> Nachdem die in der Aufsichtsrathsitzung vom 7. und 8. März a. c. der Direction ertheilte [!] Limite zum weiteren Ankauf von 2–300 tons Anthracen [...] seit dieser Sitzung von der Direction durch den gestiegenen Markt für den Artikel in keiner Weise hat durchgebracht werden können, und weil es in Folge des Verlaufs des Anthracen-Marktes nicht rathsam erscheint, mit neuen Ankäufen bis zum letzten Termin des Aufbrauchens sämmtlicher Vorräthe zu warten – wo unsere Firma dann absolut gezwungen sein wird zu Einkäufen zu schreiten – erklären sich unterzeichnende Mitglieder des Aufsichtsraths hierdurch einverstanden, der Direction die Limite für den Ankauf obenerwähnten Quantums [...] zu erhöhen.[59]

Die Direktion brachte sich insofern selbst in Schwierigkeiten, als dass sie – der Genehmigung des Aufsichtsrats entsprechend – bereits bis in das Jahr 1888 reichende Verträge für Alizarin-Lieferungen in der Annahme abgeschlossen hatte, das Anthracen weiterhin zu günstigen Konditionen einkaufen zu können. Hier-

58 BAL 11/3, Aufsichtsrat: 59. Aufsichtsraths-Sitzung am 7. und 8. März 1887, S. 101.
59 BAL 11/3, Aufsichtsrat: 62. Aufsichtsraths-Sitzung am 6. und 7. Juni 1887, S. 108.

durch waren dem Unternehmen nunmehr „ziemlich bedeutende Obligios“ entstanden, weshalb die Direktion eine weitere Anhebung des maximalen Einkaufspreises erbat. Völlig gegensätzlich zu der noch im März 1887 herrschenden Wahrnehmung ergab sich nun doch eine Knappheit im Anthracen, dessen Vorrat laut Kalkulation der Direktion bei einem „Normal-Consum [...] für eine Fabrikation von 8 – 8 ½ Monaten“ ausreichend war.[60] Zwar war die oben erwähnte Vorgabe des Aufsichtsrats erfüllt, durch die Lagerhaltung stets eine Produktion für acht bis zehn Monate gewährleisten zu können, doch standen dieser Lagerhaltung mittlerweile Lieferverpflichtungen in solcher Höhe gegenüber, dass das Unternehmen zu ungünstigen Einkäufen gezwungen wurde. Da davon auszugehen ist, dass die Lieferverträge für Alizarin zu Festpreisen abgeschlossen wurden, näherten sich folglich die Herstellungskosten immer mehr den Absatzpreisen an. Obwohl die Direktion in den darauffolgenden beiden Monaten die Einkaufslimits sogar überschritt, konnte die benötigte Menge des Rohstoffs weiterhin nicht beschafft werden. Der Aufsichtsrat stellte daraufhin fest, dass die Vorräte in Verbindung mit den „übrigen schwebenden Abschlüssen in Anthracen im schlimmsten Falle nur knapp zur Deckung unserer Maximal-Lieferungs-Verbindlichkeiten zu Alizarin ausreichen“ würden. Wenngleich die Preise für Anthracen weiter stiegen, genehmigte der Aufsichtsrat den Ankauf weiterer 2–300 Tonnen des Rohstoffs und erhöhte, „um ein etwaiges Blanco-Risiko zu vermeiden“, die Preisobergrenze weiter.[61]

Schlussendlich trug die von den unerwartet steigenden Rohstoffpreisen getriebene Einkaufspolitik dazu bei, dass Carl Rumpff im Februar 1888 die bereits in Bezug auf die Einstellung Heinrich Roses erwähnte Bildung einer Sonderreserve in Höhe von 150.000 Mark für das Geschäftsjahr 1888 vorschlug. Neben der beschriebenen „schlechten Fabrikation und [des schlechten] Rendements“ der Alizarin-Fabrik – die ja vermutlich durch Rose behoben werden konnten – führte Rumpff zur Begründung der Notwendigkeit der Reservebildung an, dass das Anthracen zu teuer eingekauft und Alizarin zu günstig kontrahiert worden sei, und diese schlechten Verträge teilweise bereits für das Jahr 1889 abgeschlossen worden waren.[62] Folglich hatte die Erwartungshaltung des Vorstands hinsichtlich der Preisindikatoren für Anthracen dazu geführt, dass es entgegen der vorgegebenen vorsichtigen Ein- und Verkaufspolitik zu – ex post betrachtet – voreiligen Abschlüssen von langfristigen Kundenverträgen gekommen war. Der durch den Aufsichtsrat eingeführte Kontrollmechanismus in Form der Preisobergrenzen und der explizit notwendigen Genehmigung einer Überschrei-

60 BAL 11/3, Aufsichtsrath: Aufsichtsrath-Sitzung am 6. und 7. Juni 1887, S. 109.
61 BAL 11/3, Aufsichtsrath: Aufsichtsrath-Sitzung am 26. August 1887, S. 113.
62 Vgl. BAL 11/3, Aufsichtsrath: 65. Aufsichtsraths-Sitzung am 19. Februar 1888, S. 123.

tung derselben wurde insofern ausgehebelt, als dass der Vorstand durch die Preisentwicklung des Anthracens in Verbindung mit den bestehenden Lieferverpflichtungen unter einen solchen Entscheidungsdruck geraten war, dass der Aufsichtsrat die Obergrenzen wiederholt zu Ungunsten der Rentabilität des Unternehmens erhöhen musste. Unklar ist, ob die Kontrollmechanismen hierbei die Lage eventuell weiter verschlimmerten, indem sie die Reaktionszeit der Direktion durch die Genehmigungspflicht verlangsamten.

Vor dem Hintergrund wiederkehrender Diskussionen um den Lagerbestand des Anthracens und der immer wieder revidierten Aussagen diesbezüglich erfolgte im Januar 1888 eine detaillierte statistische Erhebung über die „Vorräthe und laufende Verträge in Anthracen“. Erneut reagierte die Unternehmensführung also auf eine bestehende Unsicherheit mit einer Erhebung quantitativer Daten. Die im Rahmen der Statistik gelieferten Informationen ergaben für die Unternehmensführung sodann die Notwendigkeit,

> unsere seit einigen Monaten beobachtete Zurückhaltung vom Einkauf aufzugeben, weil auch durch inzwischen weiter gethätigte Alizarin-Abschlüsse (pro 1888 u. einzelne pro 1889) die disponiblen Quantitäten Anthracen eventuell nicht ganz zu Befriedigung der möglicherweise später an uns herantretenden Lieferungs-Maximal-Verbindlichkeiten ausreichen würden.[63]

Grundsätzlich stellte man durch die Erhebung nur fest, was ohnehin bereits bekannt war, nämlich, dass das lagernde Anthracen nicht zur Deckung der bereits vereinbarten Lieferverträge ausreichte. Allerdings legitimierte die Untersuchung der Alizarin-Verträge den Wechsel der Einkaufsstrategie und entlastete die Entscheidungsträger von einer gewissen Komplexität: Faktisch galt zwar die Prämisse der Zurückhaltung, formal gefasst in den Preisobergrenzen, doch war die vorsichtige Strategie bereits mehrmals durch das Heraufsetzen dieser Grenze ausgesetzt worden. Die statistische Erhebung bot folglich die Gelegenheit, einerseits die in der Vergangenheit erfolgte Veränderung der Obergrenzen nachträglich zu rechtfertigen, andererseits reduzierte der Aufsichtsrat die Entscheidungskomplexität bezüglich zukünftiger Rohmaterialverträge, indem er die abwartende Haltung aufgab. Vor diesem Hintergrund beschloss die Mehrheit des Aufsichtsrats weitere Einkäufe zu tätigen, damit die Alizarin-Fabrik „alsdann die Ruhe u. Sicherheit des ungestörten, vollen Arbeitens bis zum Ende des ganzen Jahres“ haben sollte. In Bezug auf weitere Abschlüsse von Alizarin-Verkäufen für die Jahre 1888 und 1889 hingegen mahnte der Aufsichtsrat zu weiterer Zurückhaltung.

63 Vgl. BAL 11/3, Aufsichtsrat: 65. Aufsichtsraths-Sitzung am 19. Februar 1888, S. 124.

Dem Vorstand wurde folglich keineswegs freie Hand gelassen, nicht zuletzt, da die von Rumpff als Sonderreserve veranschlagten 150.000 Mark für die schlussendliche Bilanzlegung auf 200.000 Mark heraufkorrigiert werden mussten – eine Summe, die rund 57 Prozent der überhaupt im Alizarin-Geschäft erwirtschafteten Gewinne entsprach.[64] Interessanterweise führte man das eingerichtete „Conto für Reservestellung auf Inventurwerthe per 1887", wie bei der bereits einige Jahre zuvor erfolgten Sonderreserve für Verluste im Alizarin-Geschäft, nur in der intern aufgestellten Gewinn- und Verlustrechnung auf.[65] Im Resultat betrug der intern berechnete Brutto-Jahresgewinn 2.395.580,61 Mark, der offiziell den Aktionären mitgeteilte Gewinn hingegen nur 2.189.645 Mark. Die Differenz von 206.115,61 Mark resultierte einerseits aus den Reservelegungen für die Wertkorrektur des Alizarins, andererseits unterschlug die Direktion in Abstimmung mit dem Aufsichtsrat einen Verlust der pharmazeutischen Abteilung in Höhe von 6.115,61 Mark.[66] Umso bemerkenswerter ist vor diesem Hintergrund der ebenfalls im Geschäftsbericht enthaltene „Bericht der Direction", welcher bezüglich der Alizarin-Farben vermeldete, „dass auch im neuen Geschäftsjahr [also 1888, FS] unsere Alizarin-Verkäufe gleich günstige sind und dass wir unseren Bedarf an Rohmaterialien rechtzeitig gedeckt und reichlich gesichert haben."[67] Zwar kann über die Ursache dieser Schönung nur spekuliert werden, doch hätte eine erneute schlechte Nachricht – gerade im Feld der vermutlich ohnehin unter Beobachtung stehenden Alizarin-Farben – das erst kürzlich wiedergewonnene Vertrauen der Aktionäre aufs Spiel setzen können. Man entschied sich also dafür, dem Geschäftsbericht den notwendigen positiven Ton zu verleihen. Darauf deutet ebenfalls das Fazit des Direktionsberichtes hin, wo „erfreuliche Gesammtresultate" sowie „die besten Hoffnungen für dieses Jahr" konstatiert wurden. Statt mit schlechten Nachrichten wurden die Aktionäre mit einer erneut steigenden Dividende von nunmehr sieben Prozent bedacht. Darüber hinaus schlug der Aufsichtsrat der Generalversammlung die bilanzielle Verminderung des Betriebskapitals in Form einer Sonderabschreibung vor:

> Wir erachten Angesichts [!] der durch Aufnahme der Fabrikation so vieler neuer Produkte auch im vergangenen Jahre nothwendig gewesenen Vermehrung unserer Anlagen eine Extra-Amortisation auf Gebäude- und Maschinen-Conto für angeraten. Hierdurch und durch die weitere Dotierung unseres Reservefonds II wird es uns ermöglicht, die Stärkung

64 Die Buchung der Reserve schmälerte buchhalterisch nicht den Gewinn der Alizarin-Fabrik, da sie als allgemeines Debet-Konto erfasst wurde und somit als Kostenfaktor dem Bruttogewinn aller Fabriken abgezogen wurde.

65 Vgl. Kapitel 3.3.4.

66 BAL 15/BA.2, Gewinn- und Verlustkonto der Farbenfabriken vorm. Friedr. Bayer & Co., 1882–1923: GuV 1887.

67 BAL Geschäftsbericht 1887, Bericht der Direction.

> unserer Betriebsmittel aus eigenen Kräften zu erzielen und eine Vermehrung unseres Actien-Kapitals zu vermeiden.[68]

Nach Abzug der Generalspesen, Falliten (also auf Grund der Zahlungsunfähigkeit von Kunden abgeschriebene Summen) sowie Abschreibungen ergab sich für das Jahr 1887 ein Netto-Gewinn von 1.182.474,99 Mark, zuzüglich der aus dem Vorjahr vorgetragenen Summe von 69.503,67 Mark. Mit der schlussendlich genehmigten Sonderabschreibung in Höhe von 300.000 Mark verringerte die Unternehmensführung den zur Verteilung gebrachten Gesamtgewinn demnach um rund ein Viertel. Zudem überwies man statutengemäß – und seit der Aktienrechtsnovelle 1884 gesetzeskonform – fünf Prozent des Netto-Gewinns (51.123,75 Mark) an den ordentlichen Reservefonds, wodurch letztendlich der Unternehmensführung nur die Summe von 892.854,91 Mark zur Verteilung der Dividende offenstand. Zwangsläufig führte die Sonderabschreibung folglich zu einer Verringerung der Dividende, da praktisch vier Prozent des Aktienkapitals von der Ausschüttung ausgenommen wurden.[69] Das oben zitierte Argument der „Stärkung der Betriebsmittel“ muss die Anteilseigner, die ja weiterhin zum Großteil aus den Mitgliedern der Gründerfamilien bestanden, folglich überzeugt haben; für die Unternehmensführung bedeutete diese Form der Finanzierung eine Erleichterung, da auf die Ausschüttung eines Teiles der Dividenden verzichtet werden konnte und das fehlende Kapital nicht über eine Kapitalerhöhung zurückgeholt werden musste.[70] In den ebenfalls zitierten „Reservefonds II“ stellte man einen weiteren Betrag in Höhe von 135.000 Mark zurück. Dieser Fonds war bereits im Vorjahr 1886 mit einem Initialbetrag von 215.000 Mark eingerichtet worden und sollte dem Unternehmen als Zusatzreserve dienen. Im Unterschied zum „Reservefonds I“ handelte es sich dabei nicht um eine gesetzliche Vorgabe, sondern um eine freiwillige Reservebildung. Die beiden Reservefonds unterschieden sich rechtlich insofern voneinander, als dass das Aktienrecht seit dem Jahr 1884 klare Vorgaben für die Reservebildung von Aktiengesellschaften machte. Neben der Vorgabe, jährlich fünf Prozent des Nettogewinns an den Reservefonds überweisen zu müssen, durfte dieser ausschließlich zur Beseitigung einer Unterbilanz verwendet werden.[71] Infolge dieser strengen gesetzlichen Regelungen schufen die Farbenfabriken und andere Aktiengesellschaften im Jahr 1884 zusätzliche freiwillige Reservefonds, über deren Verwendung sie frei bestimmen konnten.[72] Im Unterschied zum gesetzli-

68 BAL Geschäftsbericht 1887: Bericht des Aufsichtsrathes.
69 Vgl. ebd.
70 Dieser Gedanke findet sich bei Spoerer 1995, S. 161.
71 Vgl. Kapitel 3.3.3.
72 Vgl. Passow 1922, S. 275–276.

chen Reservefonds besaß der freiwillig gebildete Fonds jedoch keine Vorrangigkeit bei der Gewinnverteilung innerhalb des Jahresabschlusses. Konkret sah die Hierarchie nach Ermittlung des Nettogewinns zunächst die Überweisung an den ordentlichen bzw. gesetzlichen Reservefonds vor, dann die Tantiemenzahlung an Aufsichtsrat, Direktion und Beamten, dann die Dividendenzahlung und erst als letzten Posten die Überführung an das „Reserve-Conto II".[73] Auch die BASF veränderte in den Geschäftsjahren 1884 und 1885 ihre Reservebildung den neuen gesetzlichen Vorgaben entsprechend. Im Jahr 1884 beliefen sich die aus den Erträgnissen der Jahre 1873 bis 1883 zurückgestellten Reserven auf insgesamt 2.518.311,36 Mark bzw. rund 15 Prozent des Aktienkapitals. Im darauffolgenden Jahr unterteilte man dann die Reservekonten in eine ordentliche Reserve in Höhe von 1.650.000 Mark und ein „Außerordentliche[s] Reserve-Conto", dessen Höhe 1.111.859,26 Mark betrug. Damit war die BASF den gesetzlichen Vorgaben insofern gerecht geworden, als dass sich die Höhe der „ordentlichen Reserve" auf zehn Prozent des Aktienkapitals belief.[74]

4.3 Reservebildung und Entscheidungsspielraum

Die gesetzliche Vorgabe einer Mindestreservehöhe konnte bei den Farbenfabriken erst im Jahr 1889 erfüllt werden. Die Erfüllung war dabei im Wesentlichen ein Nebeneffekt einer weiteren Kapitalerhöhung. Entgegen der ursprünglichen Ankündigung des Aufsichtsrates – der ja die 1887 erfolgte Sonderabschreibung mit der Absicht begründet hatte, auf zukünftige Kapitalerhöhungen verzichten zu können – beschloss dieser am 2. April 1889 die Ausgabe von 1.500 neuen Aktien, gleichbedeutend mit einer Erhöhung des Grundkapitals von 7,5 Millionen Mark auf 9 Millionen Mark.[75] Erneut beauftragte man die Deutsche Bank mit der Emission und fasste einen Ausgabekurs von 145 Prozent bzw. 1.450 Mark pro Aktie ins Auge. Die faktische Kapitalerhöhung hätte sich folglich auf 2.175.000 Mark belaufen, wodurch sich rechnerisch ein Agio in Höhe von 675.000 Mark ergab.[76] Obwohl sich das Unternehmen im Vergleich zum Zeitpunkt seiner vorausgegangenen Kapitalerhöhung in einem wesentlich solideren Zustand befand, brachte Carl Rumpff den Aufsichtsrat und Vorstand hinsichtlich der Kapitalverwendung auf Linie. Er ließ protokollarisch den Beschluss festhalten, dass das neue Kapital

73 Vgl. BAL, Geschäftsbericht 1887: Bericht des Aufsichtsrathes.

74 Vgl. erneut Kapitel 3.3.3., BASF UA, Geschäftsbericht der Jahre 1884 und 1885 sowie ADHGB vom 18.07.1884, Artikel 185b.

75 Vgl. BAL 11/3, Aufsichtsrat: 71. Aufsichtsraths-Sitzung am 2. April 1889, S. 150.

76 BAL 14/2, Protokolle der General-Versammlung: Ordentliche General-Versammlung, 16. Mai 1889.

ausschließlich zur Tilgung der auf dem Unternehmen lastenden Hypotheken, „Banquiers-Schulden", Depositen und Privatguthaben sowie dem Ankauf der auf dem Nachbargrundstück der Farbenfabriken gelegenen „Römer'schen Fabrik" zu verwenden sei. Die Direktion und der Aufsichtsrat, mahnte Rumpff, sollten sich nicht dazu verleiten lassen, das Geld „zu größeren nicht speciell nothwendigen Anlagen zu verwenden".[77] In Einklang mit der Forderung Rumpffs halbierte sich der auf der Passivseite aufgeführte Posten der „diversen Creditoren" im Zuge der Kapitalerhöhung in den Jahren 1888 und 1889 von etwa drei auf 1,5 Millionen Mark, darüber hinaus wurde eine seit der Alizarin-Krise auf dem Elberfelder Grundstück lastende Hypothek in Höhe von 375.000 Mark gelöscht.[78] Der Ankauf der Fabrik von Paul Römer, einem Zulieferer des Unternehmens, belastete die Bilanz im Geschäftsjahr 1889 mit 391.300 Mark.[79] Folglich belief sich die Summe der offensichtlich nachvollziehbaren Bilanzveränderungen auf rund 2.266.300 Mark und überstieg demnach den durch die Kapitalerhöhung erlösten Betrag, weshalb davon auszugehen ist, dass ebenfalls Mittel aus dem Cashflow des Unternehmens herangezogen worden waren.

Das durch die Kapitalerhöhung tatsächlich erzielte Agio lag mit 604.125 Mark nahe an den Erwartungen und wurde dem gesetzlichen Reservefonds zugeführt, „wodurch derselbe", so die Direktion in ihrem Geschäftsbericht des Jahres 1889, „M. 1.222.098,62 erreicht und somit die gesetzliche Höhe überschritten hat, so dass weitere Überweisungen an denselben nicht mehr stattzufinden haben."[80] Im Gegensatz zur ersten Kapitalerhöhung erfolgte die Ausgabe der Wertpapiere 1889 ohne Schwierigkeiten und wurde vollständig gezeichnet. Da man diesmal auf die Bildung eines Aktiensyndikats verzichtete, kann davon ausgegangen werden, dass sich die Aktionärsstruktur um zusätzliche externe bzw. für die Unternehmensführung anonyme Anteilseigner erweiterte, bzw., anders formuliert, die Gründungsaktionäre zumindest nicht vollständig an der Kapitalerhöhung partizipierten. Diese Annahme wird ebenfalls dadurch unterstrichen, dass die Deutsche Bank hinsichtlich der Emission notierte, „M. 1.500.000 neue Aktien" ausgegeben zu haben, sodass alle Wertpapiere in den Verkauf gelangten.[81] Um die Mehrheitsbeteiligung der Gründungsmitglieder jedoch sicherzustellen, gründeten diese ein „Nicht-Verkaufs-Konsortium", durch welches Aktien im Wert von nominal fünf Millionen Mark von der Emission ausgeschlossen wurden.[82]

77 Vgl. BAL 11/3, Aufsichtsrat: 71. Aufsichtsraths-Sitzung am 2. April 1889, S. 150.
78 Vgl. BAL Geschäftsberichte 1888 und 1889.
79 Vgl. zur Lieferantenbeziehung zwischen Römer und den Farbenfabriken Kapitel 3.3.5.
80 BAL Geschäftsberichte, Geschäftsbericht 1889: Bericht der Direction.
81 HADB S224.
82 Ebd.

Tab. 4.1: Sonderabschreibungen und Dotierung der Reservefonds der Farbenfabriken (in Mark), 1886–1894.[83]

Geschäfts-jahr	Netto-Gewinn	Sonderabs-chreibungen	Netto-Gewinn nach Sonder-abschreibungen	An Reserve-fonds I	An Reserve-fonds II	Dividende (%)	Dividende/ Netto-Gewinn nach SA.[1]	Dividende	Grundkapital
1886	749.057,91	-	749.057,91	62.572,84	215.000,-	4 %	40 %	300.000,-	7.500.000,-
1887	1.182.474,99	300.000,-	882.474,99	59.123,75	135.000,-	7 %	59 %	525.000,-	7.500.000,-
1888	1.676.997,39	500.000,-	1.176.997,39	83.849,87	-	12 %	76 %	900.000,-	7.500.000,-
1889	2.244.345,70	350.000,-	1.894.345,70	604.125,00	-	15 %	71 %	1.350.000,-	9.000.000,-
1890	2.443.297,75	500.000,-	1.943.297,75	-	-	17 %	79 %	1.530.000,-	9.000.000,-
1891	2.213.726,76	200.000,-	2.013.726,76	-	-	18 %	80 %	1.620.000,-	9.000.000,-
1892	2.276.671,78	250.000,-	2.026.671,78	-	-	18 %	80 %	1.620.000,-	9.000.000,-
1893	2.336.156,40	300.000,-	2.036.156,40	-	-	18 %	80 %	1.620.000,-	9.000.000,-
1894	2.385.380,47	300.000,-	2.085.380,47	-	-	18 %	78 %	1.620.000,-	9.000.000,-
Summe		**2.700.000,-**		**1.122.098,62**	**350.000,-**				

1 SA = Sonderabschreibungen.

83 Zahlen zusammengestellt aus: BAL Geschäftsberichte 1886–1894, Netto-Gewinne nach Abschreibungen sowie Quotienten nach eigener Berechnung.

Insgesamt wies der gesetzliche Reservefonds der Farbenfabriken nach der erfolgreichen zweiten Kapitalerhöhung eine Summe von 1.122.098,62 Mark auf, der freiwillig eingerichtete Reservefonds belief sich auf 350.000 Mark. Dementgegen stand die ab dem Geschäftsjahr 1887 eingeführte Praxis der außerplanmäßigen Abschreibung, welche die öffentliche Reservebildung ab 1889 offenbar vollständig ablöste. Nach der bereits erwähnten Sonderabschreibung von 300.000 Mark im Geschäftsjahr 1887 wurden jährlich Summen in Höhe von zwischen 200.000 und 500.000 Mark zusätzlich zu den statutarisch festgelegten Amortisationen abgeschrieben. Die Summe der getätigten Sonderabschreibungen belief sich bis zum Jahr 1894 auf insgesamt 2,7 Millionen Mark (Tabelle 4.1). Für die Bilanzsumme wiesen die Farbenfabriken für dasselbe Geschäftsjahr den Betrag von 18.369.827,71 Mark aus.[84]

Nach der erfolgten Aufstockung der gesetzlich geforderten Reservesumme standen der Unternehmensführung zur Bildung disponibler Reserven folglich sowohl die öffentlich nachvollziehbare Überweisung an den Reservefonds II offen als auch die über die Sonderabschreibungen ermöglichte Legung einer nichtöffentlichen bzw. stillen Reserve. Das oben zitierte Argument der Unternehmensführung der Farbenfabriken, über Sonderabschreibungen eine „Stärkung der Betriebsmittel" erzielen zu können, deutet auf ein Verständnis dieser Art der Reservelegung hin. Mit dem Argument der Sonderabschreibung minderte die Unternehmensführung den bilanzmäßigen Reingewinn und überführte die Abschreibungssumme in ihre Verfügungsgewalt, da sie der Kontrolle der Generalversammlung sowie der Öffentlichkeit entzogen wurde.[85] Hierbei ist jedoch zu betonen, dass die Generalversammlung über die Höhe der Sonderabschreibung explizit in Kenntnis gesetzt wurde, während man bei der BASF offenbar das subtilere Mittel der stillen Reservelegung über konstante Abschreibungsquoten praktizierte.[86] Von einer aus dieser Praxis erwachsenden Informationsasymmetrie zwischen Prinzipal (Generalversammlung) und Agent (Vorstand und Aufsichtsrat), welche häufig ein grundlegendes Element der stillen Reservebildung bildet, kann bei den Farbenfabriken also nicht wirklich ge-

84 Vgl. BAL Geschäftsberichte, Bilanz-Conto am 1. Januar 1895.

85 Vgl. hierzu Passow 1922, S. 276–278.

86 Vgl. BASF UA, Geschäftsberichte 1887 bis 1894. Die BASF hatte im Jahr 1903 stille Reserven in Höhe von insgesamt 18.595.008,49 Mark akkumuliert, weshalb davon auszugehen ist, dass diese Reservepraxis in den 1880er Jahren bereits durchgeführt wurde. Diese erfolgte jedoch dort nicht über das Mittel der Sonderabschreibungen, sondern wurde vor allem durch eine jährliche, statutarisch vorgegebene Abschreibungsquote herbeigeführt (Vgl. BAL 4/A.10, IG: Bilanzzahlen und Statistiken als Unterlagen für die Vereinigung der deutschen Fabriken 1902–1904: Aufstellung der offenen und stillen Reserven der BASF am 31. Dezember 1903). Auf die Reservehöhe und -bildung wird in Kapitel 5.2. ausführlich eingegangen werden.

sprochen werden, zumal weiterhin ein Großteil des Aktienbesitzes in der Hand von in irgendeiner Weise an der Unternehmensführung beteiligten Personen lag, die somit aus Sicht der Agenturtheorie als Prinzipal und Agenten in Personalunion fungierten.[87]

Eine durch die übermäßige Abschreibung von Anlagegütern herbeigeführte Legung stiller Reserven bedeutete bilanztechnisch, dass die entsprechenden Anlagen bereits im Jahr ihrer Bilanzaufnahme bzw. wenige Jahre später so weit abgeschrieben wurden, dass ihr bilanzieller Wert unter ihrem tatsächlichen Wert lag. Für Unternehmen handelte es sich hierbei um ein Mittel der Innenfinanzierung, da die geldwerte Differenz zwischen konstanter und sofortiger Abschreibung dem Unternehmen in den Folgejahren so lange zur Verfügung stand, bis das jeweilige Anlagegut durch eine reguläre und kontinuierliche Abschreibungspraxis ebenfalls abgeschrieben worden wäre. Das Mittel der Sonderabschreibung generierte folglich keinen Wert, sondern wirkte nur gewinnverschiebend, da die Höhe der Abschreibung in beiden Fällen die Anschaffungskosten nicht überschreiten durfte.[88] Zur praktischen Umsetzung stellt Mark Spoerer fest, dass es sich bei der überhöhten Abschreibung des Anlagevermögens um eine der „quantitativ bedeutendsten Formen" bei der Legung stiller Reserven handelt und präzisiert:

> ‚Überhöht' bedeutet in diesem Zusammenhang, daß die kalkulatorische Wertminderung die tatsächliche übersteigt. Dadurch wurde der Buchwert der Anlagen zu Lasten des Gewinns unter den echten Restwert gedrückt. [...] Bilanztechnisch gesehen handelt es sich bei diesen Unterbewertungen um Bilanzverkürzungen. Im Extremfall führte die Anwendung dieser [...] Methoden dazu, daß Unternehmen ihr gesamtes Anlagevermögen auf 1-RM-Merkposten abschreiben. [...] Diese Abschreibungspraxis war nicht nur erlaubt, sondern galt als Ausweis solider Unternehmensführung. So wurden die 1-RM-Konten sogar als ‚Stolz der Aktiengesellschaft' bezeichnet. Die Bildung freier Reserven galt demgegenüber oft als unseriös.[89]

Wenngleich Spoerer diese Beobachtung für den Untersuchungszeitraum von 1925 bis 1941 macht, scheint die grundlegende Auffassung bezüglich der Vorteilhaftigkeit dieser Bilanzierungsmethode bereits in den 1880er Jahren eine ähnliche gewesen zu sein. Ab dem Geschäftsjahr 1888 verzichtete die Unternehmensführung der Farbenfabriken vollständig auf die Bildung weiterer offener Reserven zu Gunsten ihres stillen Komplementärs und äußerte sich diesbezüglich im Jahresbericht: „Den Bestand unseres auf 350.000 Mark angewachsenen Reservefonds II haben wir Ihnen nicht weiter zu erhöhen vorgeschlagen, weil

87 Vgl. zur Prinzipal-Agent-Problematik Spoerer 1995, S. 161.
88 Vgl. ebd., S. 160.
89 Spoerer 1996, S. 67.

wir glauben, dass derselbe einstweilen genügend dotirt [!] ist.“[90] Bemerkenswert ist, wie früh die Farbenfabriken Bayer den Aufbau stiller Reserven als Instrument der Innenfinanzierung für sich entdeckten. So vermutet Spoerer zwar, dass eine stille Reservebildung bei deutschen Industrieunternehmen bereits während der 1890er Jahre einsetzte, stellt aber ebenso fest, dass diese Form der Innenfinanzierung noch in den 1920er Jahren „auf gesamtwirtschaftlicher Ebene [...] eine wesentlich geringere Rolle [spielte], als von den Zeitgenossen angenommen worden war.“[91] Selbst für britische Industrieunternehmen, deren Rechnungswesen im Rahmen der in der Einleitung dieser Arbeit erwähnten „Accounting History“ im internationalen Vergleich wohl am besten erforscht worden ist, ist die konsequente Bildung stiller Reserven vor allem als Phänomen des 20. Jahrhunderts beschrieben worden.[92] Als zentrales empirisches Problem wird dort zudem festgestellt, dass die Praxis der Bildung stiller Reserven für eine Zahl von Industrieunternehmen zwar überliefert ist, sich die Höhe dieser Reserven jedoch in den wenigsten Fällen rekonstruieren lässt. Auf der Ebene des Vergleichs wird die Untersuchung der Reservebildung zudem dadurch erschwert, dass Unternehmen selbst innerhalb einer Industrie selten einheitliche Bilanzierungsmethoden verwendeten. Die Indizien für die Legung stiller Reserven, etwa die Abschreibungsquoten oder die Bewertung von Anlagevermögen, unterschieden sich bisweilen erheblich voneinander.[93]

Die Legung stiller Reserven wurde bei den Farbenfabriken in den Jahren 1887 bis 1894 über Abschreibungen auf dem Konto für „Maschinen und Geräthe“, teilweise ebenfalls über das Konto „Gebäude“ sowie später über das Vorrats-Konto erreicht. Die Verrechnung der Sonderabschreibung erfolgte dabei zusätzlich zu den statutarisch festgehaltenen zehn Prozent auf „Maschinen, Geräthschaften und sonstigen Mobilien“ bzw. fünf Prozent auf Gebäude. Die ab dem Geschäftsjahr 1887 eingeführte Praxis der Sonderabschreibungen bewirkte, dass sich die Bilanzsumme des Kontos für Maschinen und Geräte zwischen den Jahren 1887 und 1894 trotz konstanter Zugänge beinahe halbierte (Tabelle 4.2). Die Geschwindigkeit der Wertminderung wurde durch die Abschreibungspraxis der Farbenfabriken begünstigt, da in dieser – wie bei vielen Unternehmen dieser Zeit üblich – der Restbuchwert und nicht der Anschaffungs- oder Herstellungswert

90 BAL Geschäftsbericht 1888.

91 Spoerer 1995, S. 162.

92 Edwards, John Richard; Boyns, Trevor: Accounting Practice and Business Finance: Some Case Studies from the Iron and Coal Industry 1865–1914. In: *Journal of Business Finance & Accounting*, 21 (1994), S. 1151–1178, hier S. 1164.

93 Marriner, Sheila: Company Financial Statements as Source Material for Business Historians. In: *Business History*, 22 (1980), S. 203–235, hier S. 214–216.

die Berechnungsgrundlage bildete.[94] Hierdurch verlangsamte sich zwar entgegen der Realität die Abnutzung der Geräte gegen Ende der Nutzungszeit, doch gestattete diese Praxis eine schnelle Abschreibung von Vermögenswerten.[95]

Tab. 4.2: Verrechnung der Sonderabschreibungen am Beispiel des Kontos „Maschinen und Geräthe" der Farbenfabriken, 1887–1894 (in Mark).[96]

Geschäftsjahr	Zugänge M&G (Bilanz)	Abschreibungen M&G (Bilanz)	Bilanzsumme M&G (Bilanz)	Sonder-abschreibungen
1887	417.538,57	278.163,88	2.503.492,92	300.000,-
1888	160.814,91	236.430,78	2.127.877,05	500.000,-
1889	323.118,50	202.542,00	1.822.878,14	350.000,-
1890	520.565,07	220.330,91	1.982.978,16	500.000,-
1891	359.286,10	202.978,95	1.826.810,51	200.000,-
1892	399.511,28	270.917,70	1.872.723,04	250.000,-
1893	102.984,75	295.668,67	1.565.453,87	300.000,-
1894	372.391,45	436.566,77	1.282.588,56	300.000,-
Geschäftsjahr		**Abschreibungen M&G (errechnet)**	**Bilanzsumme M&G (errechnet)**	**Anteilige Sonder-abschreibung (errechnet)**
1887		578.163,88	2.203.492,92	300.000,00
1888		662.006,19	1.702.301,64	425.575,41
1889		342.767,14	1.682.653,00	140.225,14
1890		532.805,71	1.670.503,36	312.474,80
1891		353.598,75	1.744.129,46	82.681,05
1892		385.502,95	1.758.137,79	114.585,25
1893		514.357,66	1.346.763,88	218.689,99
1894[1]		-	-	-

1 Auf Grund einer Veränderung in der Bilanzaufstellung können von 1895 an keine Aussagen hinsichtlich der Abschreibungshöhe des Maschinen- und Gerätekontos getroffen werden, da ab diesem Geschäftsjahr die Abschreibungssumme für alle Abschreibungsquellen zusammengefasst angegeben wurde. Die detaillierten Angaben werden jedoch zur Kalkulation der Zahlen für 1894 benötigt, da sich die Differenz nur aus einem Vergleich der im jeweiligen Folgejahr

94 Wie bei Simon überliefert entsprach das Vorgehen der Farbenfabriken in Bezug auf die Abschreibungspraxis der zeitgenössischen Auffassung. Vgl. Simon 1886, S. 381.

95 Hanf 1978, S. 160.

96 Zahlen errechnet aus: BAL Geschäftsberichte 1887–1894, zudem BAL 15/BA.2, Gewinn- und Verlustrechnungen der Jahre 1887 bis 1894.

ausgewiesenen und tatsächlich erfolgten Abschreibungen errechnen lässt. Zur Erläuterung, siehe Fußnote 97.

Da die Sonderabschreibung durch die Generalversammlung genehmigt werden musste, konnte sie in den veröffentlichten Geschäftsberichten auf den jeweiligen Abschreibungskonten noch nicht berücksichtigt werden. Die anteilige Anrechnung auf die einzelnen Konten erfolgte entsprechend erst nach der Veröffentlichung der Geschäftsberichte, weshalb die tatsächliche Aufteilung der Abschreibungssummen auf die verschiedenen Konten durch den Verfasser rekonstruiert werden musste.[97]

Die Rekonstruktion der Abschreibungspraxis ergibt zunächst, dass der Großteil der durch die Generalversammlung genehmigten Sonderabschreibungen zu Wertminderungen auf dem Konto „Maschinen- und Geräthe“ (M&G) führte. Der Anteil des Kontos an der totalen Wertminderung lag 1887 bei 100 Prozent, verringerte sich im Folgejahr auf 85 Prozent und betrug zwischen 1889 und 1893 durchschnittlich etwas mehr als 50 Prozent. Eine explizite Begründung für die zu Beginn stark einseitige Belastung des M&G-Kontos lieferte die Unternehmensführung nicht. Argumentierte der Aufsichtsrat im Jahr 1887 damit, dass durch die Sonderabschreibungen eine Kapitalerhöhung abgewendet werden könne, so verwies er im Folgejahr auf die „kaufmännischen Grundsätze der Vorsicht“.[98] In den Folgejahren waren die Sonderabschreibungen normale Praxis geworden und bedurften keiner weiteren expliziten Begründung.

Ein Erklärungsansatz für die sich auf andere Konten ausweitende Abschreibungspraxis liefert eventuell das Gesellschaftsstatut der Farbenfabriken. Mit der Kapitalerhöhung des Jahres 1889 ging eine Abänderung des Paragraphen 16 des Statuts einher, der zuvor eindeutige Vorgaben hinsichtlich der Abschreibungsquoten geliefert hatte. So waren statutengemäß auf Gebäude fünf Prozent abzuschreiben, auf „Maschinen, Gerätschaften und sonstige Mobilien“ hatte eine Abschreibung in Höhe von zehn Prozent zu erfolgen, wenngleich sich der

97 Eine Rekonstruktion der tatsächlichen Verteilung der Sonderabschreibungen hat sich als kompliziert erwiesen. So geht aus einem Vergleich der Bilanzzahlen der Jahre 1887 und 1888 hervor, dass sich die Summe des „Maschinen- und Geräthekontos“ (M&G-Konto) zwischen den beiden Jahren von 2.503.492,92 Mark auf 2.127.877,05 Mark verringert hat. Tatsächlich wurden für das Jahr 1888 auf dem M&G-Konto Zugänge von 160.814,91 Mark sowie Abschreibungen in Höhe von 236.430,78 Mark angegeben, woraus eine Bilanzsumme von 2.427.877,05 Mark hätte errechnet werden müssen. Die Differenz ist durch Sonderabschreibung begründet: Diese verringerte die Bilanzsumme des M&G-Kontos nachträglich um 300.000 Mark auf 2.203.492,92 Mark, wodurch sich unter Hinzuziehung der Zugänge und Abschreibungen eine Bilanzsumme von schlussendlich 2.127.877,05 Mark ergibt – der Betrag, der tatsächlich im Folgejahr als Bilanzsumme des M&G-Kontos ausgewiesen wurde. Entsprechend fallen auch die Rechnungen für die weiteren Jahre aus.

98 BAL Geschäftsbericht 1888, Bericht des Aufsichtsraths.

Aufsichtsrat das Recht vorbehielt, in Absprache mit dem Vorstand „eine Erhöhung der Abschreibungsprocente bei Maschinen und Geräthschaften zu beschliessen."[99] Seit dem Jahr 1889 jedoch gab Paragraph 16 nur noch vor, dass die Bilanz „nach den gesetzlichen Vorschriften und nach kaufmännischen Grundsätzen aufzustellen" sei.[100] Statutengemäß konnten die Farbenfabriken die Sonderabschreibungen folglich nur auf dem Konto für Maschinen und Geräte verbuchen, da nur für dieses eine Ausnahmeklausel für höhere Abschreibungssummen existierte. Diese Praxis der stark einseitigen Abschreibung wurde in dem Moment aufgegeben, als das Statut hinsichtlich der Abschreibungshöhe keine klaren Vorgaben mehr beinhaltete; so konnte nun ebenfalls vom Gebäude- und Vorrats-Konto abgeschrieben werden.

Dabei ist zu bemerken, dass eine statutarische Festlegung der Abschreibungsquoten in der Praxis der Unternehmen vergleichsweise selten vorkam, weshalb die Farbenfabriken sich in dieser Hinsicht eher „normalisierten", als dass sie eine Ausnahmeerscheinung darstellten.[101] Ebenfalls zu erwähnen ist an dieser Stelle noch, dass sich in den vorliegenden Aufzeichnungen über die Farbenfabriken keine Hinweise auf eine veranschlagte Nutzungsdauer der Apparate finden lassen. Sollte dies den tatsächlichen Gegebenheiten entsprochen haben, so handelte es sich bei dem statutarisch festgelegten Abschreibungszins wohl um eine zwar auf Erfahrungswerten beruhende, doch zugleich relativ willkürliche Festlegung. Der heutigen Begründung von Abschreibungen, nämlich die Gebrauchszeit eines Vermögenswertes buchhalterisch zu erfassen, konnte man hierdurch nur teilweise gerecht werden, mehr noch: Die pauschale Abschreibungshöhe führte zwangsläufig dazu, dass es in solchen Fällen, in denen die Abschreibungssumme den tatsächlichen Werteverzehr überstieg, zwangsläufig zur Bildung stiller Reserven kam.[102] Die fehlende Orientierung der Abschreibungshöhe an der tatsächlichen Wertminderung ist damit zu begründen, dass das Instrument der Abschreibung von Unternehmen vor allem als Finanzierungsmöglichkeit gesehen wurde, und eben nicht – wie nach heutiger Definition – als buchhalterische Erfassung des Verschleißes.[103]

---

99 BAL 2/14, Statuten und Satzungen der Bayer AG: Statut vom 31.10.1885.

100 BAL 2/14, Statuten und Satzungen der Bayer AG: Statut vom 16.05.1889.

101 Vgl. Passow, Richard: Die Bilanzen der privaten und öffentlichen Unternehmungen. Leipzig, Berlin 1923, S. 76.

102 Vgl. ebd.

103 Vgl. Hanf 1978, S. 161–162. In diesem Sinne beschreibt auch Volker Hentschel für die Maschinenfabrik Esslingen während der zweiten Hälfte des 19. Jahrhunderts wiederholte Auseinandersetzungen zwischen Unternehmensleitung und Aktionären darüber, ob Abschreibungen als Kosten oder als versteckte bzw. zurückgelegte Gewinne zu behandeln seien. Vgl. Hentschel 1977, S. 91–92. Die eigentliche Begründung der Abschreibungen, nämlich die buchhalte-

Die Höhe der Sonderabschreibungen scheint sich bei den Farbenfabriken zunächst – aus naheliegenden Gründen – am Netto-Gewinn des Unternehmens orientiert zu haben, passte sich jedoch offenbar seit 1889/1890 stärker an die Dividendenerwartung der Aktionäre an (Abbildung 4.1).[104] Einleitend ist festzuhalten, dass die vergleichsweise höchsten Sonderabschreibungen in den ertragsreichsten Jahren erfolgten. Zwar fiel der Gewinn des Jahres 1888 retrospektiv noch vergleichsweise gering aus, doch muss er aus Perspektive der Unternehmensführung einerseits als Bestätigung der Bewältigung der Krise der 1880er Jahre wahrgenommen worden sein, andererseits legte vermutlich das im Vergleich zum Vorjahr erzielte Gewinnwachstum von knapp 42 Prozent in Verbindung mit der beschriebenen neu ausgegebenen vorsichtigen Unternehmensstrategie eine solch hohe Reservebildung nahe. Der nach der überwundenen Alizarin-Krise einsetzende Aufschwung des Unternehmens führte zunächst in den Jahren 1886 bis 1888 zu einer Verdreifachung des Dividendensatzes von vier auf zwölf Prozent. Im darauffolgenden Geschäftsjahr erhöhte sich die Dividende zwar nur auf 15 Prozent, doch bedeutete dies keineswegs einen Bruch mit der Ausschüttungspolitik, sondern fand seine Begründung in der Kapitalerhöhung. Entgegen der nachvollziehbaren Annahme, Unternehmen müssten sich vor einer Aktienemission in Hinblick auf die Ertragssituation besonders günstig darstellen, schrieben die Farbenfabriken im Geschäftsjahr 1888, also unmittelbar vor der Kapitalerhöhung auf neun Millionen Mark, die hohe Summe von 500.000 Mark ab.[105]

rische Berücksichtigung der Abnutzung von Anlagekapitalien, war zu dieser Zeit jedoch ohne Zweifel bekannt. Vgl. hierzu die im Jahr 1868 formulierten Ausführungen des damaligen „Professors für Wirtschaftslehre“ Arwed Emminghaus in Emminghaus, Arwed: Allgemeine Gewerkslehre. Bergisch Gladbach 2009, S. 317.

104 Dies entspricht einer ebenfalls von Mark Spoerer gemachten Beobachtung hinsichtlich der Legung stiller Reserven: „Vom tatsächlich erzielten Gewinn wurde einfach nur soviel ausgewiesen, wie für die Zahlung einer aus Sicht der Aktionäre akzeptablen Dividende notwendig war.“ Spoerer 1995, S. 161. Im Vergleich zu US-amerikanischen Unternehmen war dieses Zufriedenstellen der Aktionäre durch das in Deutschland geltende Dividendenrecht manifestiert, weshalb Jeffrey Fear und Chris Kobrak in den gesetzlichen Vorgaben einen Anreiz zur Legung stiller Reserven erkennen. Vgl. Fear und Kobrak 2006, S. 9.

105 Vgl. hierzu, erneut, Spoerer 1995, S. 161. Da ohne die Sonderabschreibungen die Ausschüttungsquote von zwölf auf 18 % hätte erhöht werden können, kann gemutmaßt werden, ob die mit der Dividendenerhöhung einhergehende zwangsläufige Kursminderung der Wertpapiere seitens der Unternehmensführung nicht gewollt wurde.

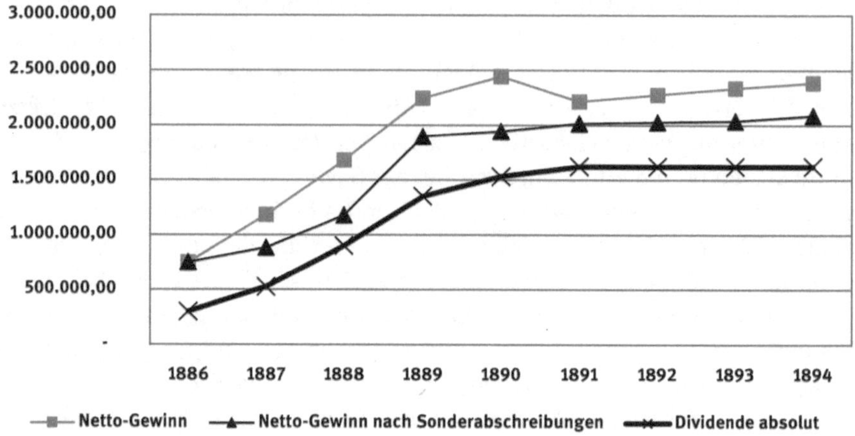

Abbildung 4.1: Nettogewinne und Nettogewinne nach Sonderabschreibungen der Farbenfabriken im Verhältnis zu Dividendensummen, 1886–1894.[106]

Entsprechend der steigenden Ausschüttungsquoten erhöhte sich ebenfalls die Relation von Dividende und Nettogewinn: Betrug diese, bedingt durch die gesetzliche Verpflichtung zur Reservebildung, im Jahr 1886 noch 40 Prozent, stieg der Anteil der Dividenden korrespondierend zum Bedeutungsverlust der offenen Reserven bis 1889 auf über 70 Prozent an.

Das innerhalb der Zeitspanne von 1886 bis 1894 ertragreichste Geschäftsjahr 1890 nutzte die Unternehmensführung zu einer erneuten Sonderabschreibung in Höhe von 500.000 Mark, erhöhte jedoch die Dividendensumme gleichzeitig von 1.350.000 Mark auf 1.530.000 Mark. Mit einem Verhältnis von Nettogewinn (inkl. Sonderabschreibungen) zu Dividendenzahlungen von 79 Prozent erreichte man in diesem Jahr offenbar eine Art gewünschtes Optimum, denn sowohl die prozentuale Dividendenausschüttung als auch die Nettogewinne nach Abschreibungen blieben in den nächsten Jahren mit kleinen Varianzen beinahe konstant. Folglich pendelte sich das Dividenden-Nettogewinn-Verhältnis ebenfalls zwischen 78 und 80 Prozent ein. An dieser Stelle muss die Relevanz dieser Beobachtung betont werden, da sie Interpretationen der Gewinnverteilungsstrategie der Unternehmensführung erlaubt. So scheint die Leitung der Farbenfabriken zwischen 1890 und 1894 die Strategie verfolgt zu haben, über das Mittel der Sonderabschreibungen stets einen Nettogewinn von ca. zwei Millionen Mark auszuweisen, der wiederum die Zahlung einer Dividende von 18 Prozent gestat-

106 Zahlen entnommen aus BAL Geschäftsbericht 1886 bis 1894, „Netto-Gewinn nach Sonderabschreibungen“ nach eigener Berechnung.

tete. Da diese beiden Variablen sozusagen feststanden, scheint die Höhe der Sonderabschreibungen durch die Differenz zwischen tatsächlichem und dem zur Zufriedenstellung der Aktionäre benötigten Reingewinn bestimmt worden zu sein. Dieser Logik entsprechend orientierte sich die Dividendenquote seit 1890 nicht länger am Nettogewinn, sondern am Nettogewinn abzüglich der Sonderabschreibungen (vgl. erneut Abbildung 4.1).

Die Sonderabschreibung diente folglich der „Glättung“ des Gewinnverlaufs und ermöglichte gleichbleibende Gewinnausweise und dementsprechend konstante Dividendenzahlungen.[107] Die Abschreibungspraxis ist daher keineswegs nur als ein Instrument der Unternehmensleitung zu interpretieren, um der Abnutzung der Produktionsanlagen gerecht zu werden, sondern ist im Gegenteil vor allem als, wie von Reinhardt Hanf treffend formuliert, „Mittel zur Stabilisierung der Gewinnausschüttung auf einem gleichmäßigen Niveau und zur Reservebildung“ zu sehen.[108] Diese Annahme kann dadurch unterstützt werden, dass die in der Gewinnverteilung übrig bleibenden und auf das Folgejahr über das Konto „Vortrag auf Folgejahr“ übertragenen Summen in den Jahren 1886 bis 1889 zunächst von 69.503,67 Mark auf 34.415,91 Mark zurückgingen, sich dann seit dem Jahr 1890 jedoch konstant erhöhten und im Geschäftsjahr 1893 die Summe von 102.466,26 Mark erreichten. Allein durch die Ausschüttung dieses Betrags hätte die Dividende in diesem Geschäftsjahr um einen Prozentpunkt auf insgesamt 19 Prozent erhöht werden können – eine Ausschüttungsquote, die ebenfalls im Folgejahr durch die Heranziehung des Übertrags von 136.418,33 Mark hätte erreicht werden können.[109]

Zusammengefasst liegt daher der Schluss nahe, dass die Unternehmensführung der Farbenfabriken die Prämisse der stillen Reservebildung zu Lasten der Ausschüttungsquote verfolgte. Die Abschreibungshöhe kann zudem als prozyklisches Instrument zur Reservebildung verstanden werden, da die Höhe der Erträge die Abschreibungshöhe wesentlich beeinflusste. Dies bedeutete, dass die Farbenfabriken in besonders ertragreichen Geschäftsjahren einen entsprechend hohen Anteil des Gewinns durch das Instrument der Sonderabschreibungen

107 Vgl. die hierzu passende Analyse Balduin Penndorfs: „Sehr häufig wird der Gewinn als Bemessungsgrundlage für Abschreibungen verwendet, es wird also in guten Jahren mehr abgeschrieben als in schlechten. Veranlaßt wird dieses Verfahren meist durch das Bestreben, gleichmäßige Dividenden zu verteilen, was sich nur durch ungleiche Abschreibungen erzielen läßt.“ Penndorf, Balduin: Einführung in die Fabrikbuchhaltung. Berlin u. a. 1925, S. 51. Vgl. ebenfalls die ähnliche, wenngleich wertende Feststellung Richard Passows: „Besonders in Jahren, in denen hohe Gewinne erzielt sind, wächst die Neigung, die stillen Reserven zu erhöhen und damit einen Teil des Gewinnes zu verstecken.“ Passow 1923, S. 72.

108 Hanf 1978, S. 161.

109 Vgl. die entsprechenden Geschäftsberichte der Jahre 1886 bis 1894.

von der Verteilung ausnahmen.[110] Unerheblich für die Verfolgung der Strategie scheint zudem gewesen zu sein, dass die Konkurrenzunternehmen BASF und Hoechst in dieser Zeit weitaus höhere Dividenden zahlten.[111] Die Statuten der BASF gestatteten der Unternehmensführung jedoch insofern vergleichsweise große Handlungsspielräume, als dass die Abschreibungsquoten nicht fixiert waren, sondern eine Höhe von mindestens fünf und maximal 15 Prozent betragen durften. Die Tatsache, dass die Badische zwischen den Geschäftsjahren 1884 und 1894 durchweg die Maximalquote abschrieb, deutet ebenfalls auf die Bildung stiller Reserven hin.[112] Diese Annahme wird durch eine überlieferte Feststellung des Aufsichtsrats der Badischen bestätigt, nach der die Prosperität des Geschäftes wesentlich auf Abschreibungen in einem bedeutenden Umfang beruht habe, die wiederum eine Stabilität und Gleichmäßigkeit des Geschäftsergebnisses garantierten. Somit seien dem Geschäft die nötigen Mittel zu Verbesserungen und Erweiterungen der Anlagen zugeführt worden, „ohne daß das Aktien-Kapital vermehrt zu werden brauch[t]e".[113] Dass die BASF das bilanzpolitische Potential ihrer auf „Stabilität und Gleichmäßigkeit des Geschäftsergebnisses" ausgerichteten Reservelegung nicht in der selben Tiefe ausschöpfte wie dies bei den Farbenfabriken der Fall war, verdeutlicht ein Vergleich der veröffentlichten Gewinnverläufe der beiden Unternehmen (Abbildung 4.2). Hier ist zunächst festzustellen, dass sich die in der Bilanz veröffentlichten Gewinne der BASF und der Farbenfabriken in der langfristigen Tendenz ähnlich verhielten, die Volatilität des Gewinnausweises der Badischen hingegen deutlich größer war. Der BASF gelang es demnach offenbar nicht, die aufgebauten stillen Reserven in Jahren mit schlechter Unternehmenskonjunktur in einem solchen Umfang zur Auflösung zu bringen, dass die Gewinnrückgänge im besten Falle hätten kaschiert werden können.

---

110 Vgl. zur prozyklischen Abschreibungspraxis Hanf 1978, S. 161.

111 Die Dividendenzahlungen der BASF fielen im Vergleichszeitraum wie folgt aus: 14 % (1888), 12 % (1885), 15 % (1886), 16 % (1887), 16,66 % (1888), 20 % (1889), 22 % (1890), 22 % (1891), 27 % (1892), 27 % (1893), 25 % (1894). Vgl. BASF UA, Geschäftsberichte 1884–1894. Die Dividendenzahlungen für Hoechst beliefen sich auf: 10 % (1884), 5 % (1885), 8 % (1886), 14 % (1887), 16 % (1888), 22 % (1889), 25 % (1890), 26 % (1891), 26 % (1892), 28 % (1893), 28 % (1894). Vgl. Haber 1958, S. 175.

112 Vgl. hierzu die 1922 getroffene Feststellung Richard Passows: „Bisweilen führen übrigens schon die Bestimmungen des Statuts zu stillen Reserven, nämlich dann, wenn ein bestimmter Prozentsatz für die Abschreibung festgesetzt und dieser Prozentsatz größer ist als die tatsächliche Wertminderung." Passow 1922, S. 278. Die Bildung stiller Reserven konnte selbstverständlich ebenfalls aus der Anwendung wiederholter und fester Abschreibungsquoten entstehen, sobald diese über dem tatsächlichen Wertverzehr lagen.

113 BASF PB, C 113 (Altsignatur), Aufsichtsratsprotokoll vom 10.11.1899. Zitiert nach Hippel 2003, S. 104.

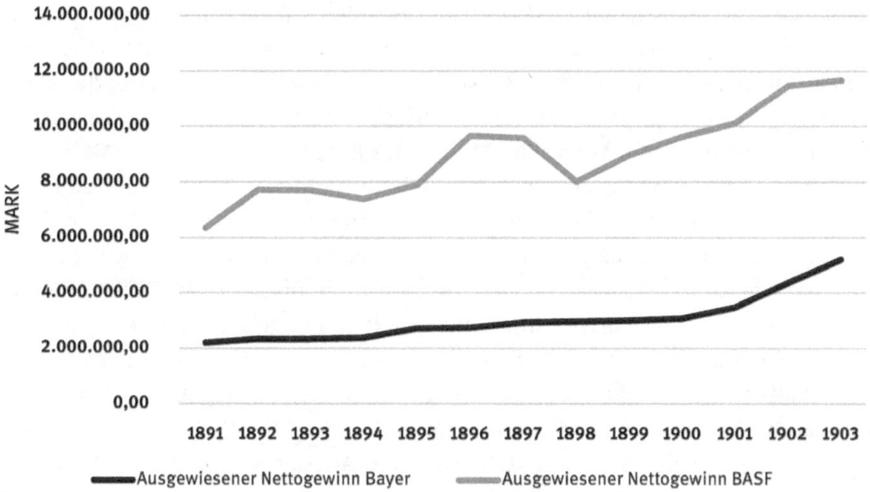

Abbildung 4.2: Gewinnverläufe Bayer und BASF, 1891–1903.[114]

Stattdessen wiesen die in den Jahren 1893 und 1894 veröffentlichten Zahlen eine leichte, die im Jahr 1898 veröffentlichten Zahlen hingegen eine erhebliche Abnahme der Gewinne auf. Für den starken Gewinnrückgang des Jahres 1898 machte der Vorstand der BASF in seinem Jahresbericht mehrere Faktoren verantwortlich, etwa die hohen Investitionen in die Produktion des synthetischen Indigos sowie eine schlechte wirtschaftliche Lage in mehreren Textilzweigen. Das Betriebsergebnis sei zudem durch einen Preisrückgang bei den wichtigen Rohmaterialien Benzol und Anthracen negativ beeinflusst worden, da die Neubewertung der Vorräte einerseits zu erheblichen Abschreibungen geführt, andererseits einen starken Preisrückgang der Endprodukte zur Folge gehabt habe. Zuletzt gab die Direktion an, dass stark steigende Kohlepreise den Unternehmensgewinn weiter beeinträchtigt hätten.[115] Die Preissenkung der Endprodukte fand ebenfalls Erwähnung im Geschäftsbericht der Farbenfabriken. Doch wenngleich das Jahr 1898 auch bei den Farbenfabriken den stärksten relativen Gewinnrückgang der gesamten 1890er Jahre aufwies, gelang es dem Unternehmen auf Grund seiner vielfältigen bilanzpolitischen Maßnahmen, den Anteilseignern in der Bilanz einen weiteren Anstieg der Unternehmensgewinne zu präsentieren.[116]

114 Zahlen entnommen aus den jeweiligen Geschäftsberichten in BAL sowie BASF UA PB.

115 BASF UA, Geschäftsbericht 1898: Bericht des Vorstandes.

116 Die erwähnten bilanzpolitischen Maßnahmen erfahren in Kapitel 4.5. eine ausführliche Beschreibung.

Ein weiterer Unterschied zwischen den Gewinnthesaurierungsstrategien ist in der Legung öffentlicher Reserven auszumachen: Während diese bei den Farbenfabriken mit Erreichen der gesetzlich vorgeschriebenen Höhe vollständig eingestellt wurden, führte die BASF weiterhin jährlich zehn Prozent der Unternehmensgewinne an den „außerordentlichen Reservefonds" ab, der im Jahr 1894 mit einem Betrag von 5.154.471,48 Mark bereits 31 Prozent des Aktienkapitals ausmachte – exklusive der vermutlich vorhandenen stillen Reserven.[117] Im Vergleich hierzu hatten die Farbenfabriken über das Instrument der Sonderabschreibungen bis zum Jahr 1894 einen Betrag von 2,7 Millionen Mark in die stille Reserve überführt. Addiert mit den Beträgen des öffentlichen Reservefonds II verfügten die Farbenfabriken über eine gesetzlich ungebundene Reservesumme von 3.050.000 Mark, rund 34 Prozent des Aktienkapitals. Die Tatsache, dass das Instrument der Sonderabschreibung auf Grund der Unklarheit seiner Verwendung gewiss nicht bedenkenlos mit einer öffentlichen Reservelegung gleichgesetzt werden kann, mindert zwar die Aussagekraft dieses Befundes; er erlaubt jedoch zumindest die Interpretation, dass die beiden Unternehmen trotz grundsätzlich unterschiedlicher Thesaurierungsstrategien, die sich im Wesentlichen durch ihren Grad der Bilanzehrlichkeit unterschieden, tendenziell zu ähnlichen Ergebnissen gelangten.

Eine Vergleichbarkeit der Abschreibungspraktiken der drei Unternehmen Bayer, BASF und Hoechst kann am ehesten über das Verhältnis der Buch- zu den Anschaffungswerten des Anlagevermögens erreicht werden (Tabelle 4.3). Trotz der nachweislich unterschiedlichen Abschreibungsmethoden hatten sowohl die Farbenfabriken als auch die BASF bis zum Jahr 1894 rund zwei Drittel ihrer Anschaffungswerte abgeschrieben.[118] Bei Bayer resultierten die Wertminderungen daraus, dass die Sonderabschreibungen zu einer schnellen Erhöhung der Amortisationsquoten führten. Waren diese bis zum Jahr 1888 für „Maschinen und Geräte" statutarisch auf zehn Prozent festgesetzt gewesen, nahmen die Abschreibungsquoten durch die Verrechnung der Sonderabschreibungen in den Jahren 1888 bis 1894 Werte von zwischen 18 und 34 Prozent an, wodurch sie deutlich über dem seitens der BASF festgelegten Höchstwert von 15 Prozent lagen. Entsprechend dieser Beobachtung betrug der Anteil der Buch- an den Anschaffungs-

117 Vgl. hierzu BASF UA PB/A901, Voigtländer-Tetzner, Chronik der BASF, S. 308 sowie BASF UA, Geschäftsbericht 1894. Zwischen 1873 und 1885 konnte der Reservefonds des Unternehmens durch den Beschluss einer außerordentlichen Generalversammlung aufgelöst und dessen Betrag auf die Aktionäre verteilt werden. Diese Bestimmung wurde im Zuge einer 1885 erfolgten Statutenrevision gestrichen. Vgl. Voigtländer-Tetzner, Walter: Die kaufmännische Entwicklung der BASF, 1865–1940, S. 109.

118 Diesen Wert ermittelt ebenfalls Hippel in der Unternehmensgeschichte der BASF, allerdings für das Jahr 1900. Vgl. Hippel 2003, S. 102.

werten bei Bayer im Geschäftsjahr 1887, dem letzten Jahr, in dem die Farbenfabriken offenbar statutarisch abschrieben, noch 73 Prozent, bei der BASF hingegen bereits 30 Prozent und lag demnach sogar unterhalb des Anteils des Jahres 1894.[119] Als in der Bilanzminderung führend erwiesen sich die Farbwerke Hoechst, deren Buchwerte im Jahr 1894 nur ein Viertel der ursprünglichen Anschaffungskosten betrugen.[120] Im Rahmen der vorliegenden Arbeit war nicht zu rekonstruieren, welche Abschreibungsmethode bei Hoechst Anwendung fand.

Tab. 4.3: Verhältnis von Buch- zu Anschaffungswerten des Anlagevermögens der Unternehmen Bayer, BASF und Hoechst im Jahr 1894 (in Mark).[121]

Geschäftsjahr 1894	Anschaffungswerte	Buchwerte	Verhältnis Buch- zu Anschaffungswert
Bayer	9.276.624,03	2.852.717,94	31 %
BASF[1]	34.763.008,47	11.183.305,00	32 %
Hoechst[2]	24.415.000,00	5.635.000,00	23 %

1 Im Gegensatz zu Bayer und Hoechst beinhaltete die Bilanzsumme der BASF ebenfalls das Grundstückskonto. Die Bilanzsumme müsste folglich um den Betrag der Grundstücke gekürzt werden, jedoch ließ sich dieser nicht rekonstruieren. Bei den Farbenfabriken Bayer lag die Bilanzsumme für alle Grundstücke inklusive der ausländischen Filialen in Frankreich und Russland (auch die BASF besaß auf Grund von Patent- und Zollbestimmungen je eine Filiale in diesen Ländern) im Jahr 1894 bei 1.830.386,87 Mark. Auch auf der Seite der Buchwerte muss auf diese Differenz hingewiesen werden, da auf dem Grundstücks-Konto nur die ursprünglichen Anschaffungspreise aufgeführt wurden und nur in Ausnahmefällen abgeschrieben werden konnten. Vgl. hierzu Passow 1922, S. 278. Aus diesem Umstand resultiert jedoch, dass das Verhältnis zwischen Anschaffungs- und Buchwert im Fall der BASF auch ohne das Grundstücks-Konto ähnlich ausfallen würde.
2 Die Bilanz- und Buchwerte der Farbwerke Hoechst wurden von Haber gerundet.

Bei den Diskussionen um die Abschreibungs-, bzw. allgemeiner formuliert die Bilanzpolitik ist noch darauf hinzuweisen, dass es sich bei dieser Art der Innenfinanzierung trotz der konstanten Wertminderungen der Buchwerte um kein

119 Zahlen aus BAL Geschäftsberichte, Geschäftsbericht 1887 sowie UA Geschäftsberichte, Geschäftsberichte 1884. Anteile nach eigenen Berechnungen.
120 Auf diesen Umstand weist ebenfalls Haber hin, der zudem angibt, dass das Verhältnis zwischen Anschaffungs- und Buchwert bei Hoechst im Laufe der 1890er Jahre auf Grund der kapitalintensiven Forschungen zur Indigo-Synthese auf drei zu eins anstieg. Vgl. Haber 1958, S. 174.
121 Vgl. BAL Geschäftsberichte, Geschäftsbericht 1894 sowie BASF PB UA Geschäftsberichte, Geschäftsbericht 1894 und schließlich Haber 1958, S. 175. Anteile nach eigenen Berechnungen.

Mittel zur langfristigen Finanzierung handelte. Zwar wurden Gewinne über das Instrument der Sonderabschreibung für das jeweilige Jahr verringert, doch bezogen sich die Abschreibungen faktisch im Endeffekt immer auf die Anschaffungskosten, die – unabhängig von der Art der Abschreibung – die maximale Abschreibungshöhe vorgaben.[122] Die überproportionale Minderung der Buchwerte resultierte ebenfalls aus der Notwendigkeit, dass gerade die Unternehmen der chemischen Industrie einerseits mit einer schnellen Abnutzung ihrer Apparate rechnen mussten, andererseits mit einer technischen Überholung derselben.[123] Über das Instrument der Sonderabschreibungen konnten daher Anlagegüter im Zweifel bereits im Anschaffungsjahr vollständig abgeschrieben werden, wodurch sich der Jahresgewinn zwar vergleichsweise stark verringerte, die Abschreibung der betroffenen Apparate aber in den Folgejahren nicht weiter gewinnmindernd wirken konnte. Die Verwendung des Mittels der Sonderabschreibung führte im Fallbeispiel des Geräte- und Maschinenkontos der Farbenfabriken entsprechend dazu, dass die Abschreibungssummen beinahe konstant über den Summen der in dem jeweiligen Geschäftsjahr neu hinzugekommenen Apparate lagen (Abbildung 4.3).

In der Konsequenz verringerte sich in der abgebildeten Periode der Buchwert des Maschinen- und Gerätekontos, da auf dem Konto die Abgänge überwogen. Eine Ausnahme hiervon bildet die Periode zwischen den Jahren 1889 und 1892, in der die Höhe der Amortisationen weitestgehend deckungsgleich mit den Zugängen war und die Veränderungen in der Bilanzsumme des M&G-Kontos entsprechend gering ausfielen. Ursächlich hierfür waren vermutlich die bereits erwähnten statutarischen Veränderungen, die seit dem Jahr 1889 eine Anrechnung der Sonderabschreibungen auf andere Konten ermöglichten und dadurch eine eventuell ungewollte, zu einseitige Bilanzverringerung des M&G-Kontos verhinderten.

122 Vgl. Spoerer 1995, S. 160 sowie Spoerer 1998, S. 353–354.

123 Vgl. Grabower, Rolf: Die finanzielle Entwicklung der Aktiengesellschaften der deutschen chemischen Industrie und ihre Beziehungen zur Bankenwelt. Leipzig 1910, S. 15. Ebenfalls Kaku, Sachio: Die finanzielle Entwicklung der deutschen Teerfarbenunternehmen in den Jahren von 1880 bis 1913. In: *Scripta Mercaturae*, 23 (1989), S. 132–166, hier: S. 143.

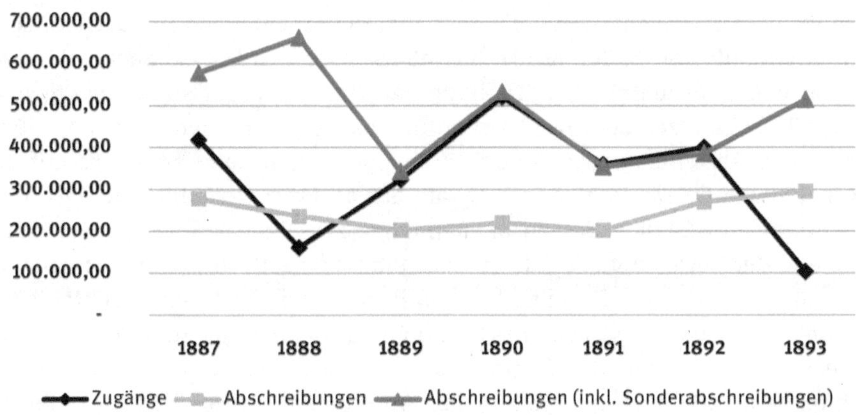

Abbildung 4.3: Maschinen- und Gerätekonto der Farbenfabriken: Zugänge und Abschreibungen, 1887–1893.[124]

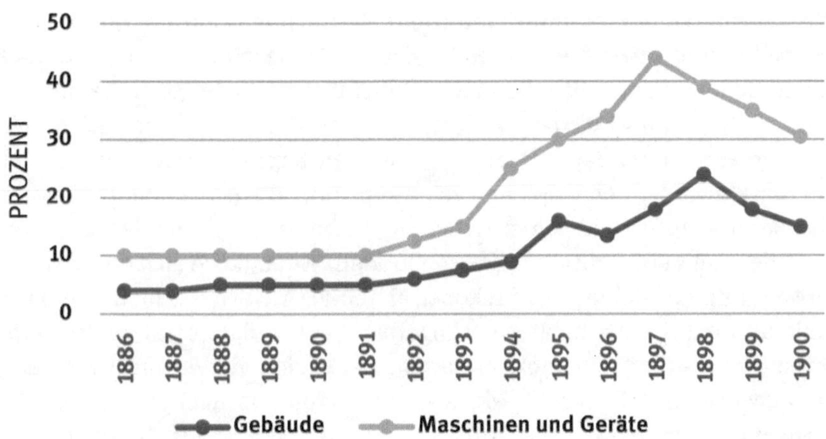

Abbildung 4.4: Abschreibungsquoten der ordentlichen Abschreibungen der Farbenfabriken, 1886–1900.[125]

124 Zahlen errechnet aus: BAL Geschäftsberichte 1887–1894, zudem BAL 15/BA.2, Gewinn- und Verlustrechnungen der Jahre 1887 bis 1894.

125 Zahlen entnommen aus BAL 10/1.2, Statistik: Stand der Fabriken.

Die Kausalität zwischen der Statutenänderung und der Abschreibungspraxis wird insofern etwas entkräftet, als dass sich die ordentlichen Abschreibungen erst im Verlaufe der 1890er Jahre erhöhten, dann jedoch fast exponentiell. Ausgehend von einer marginalen Erhöhung der Raten von fünf auf sechs Prozent für Gebäude bzw. zehn auf 12,5 Prozent für Maschinen und Geräte im Jahr 1892, stiegen die Abschreibungsquoten für Gebäude in den Folgejahren bis auf 24 Prozent sowie für Maschinen und Geräte auf 44 Prozent (Abbildung 4.4). Die Vermutung hinsichtlich des Zusammenhangs zwischen der Statutenveränderung und der Verteilung der Sonderabschreibungen soll jedoch an dieser Stelle wiederholt werden, da die zeitliche Übereinstimmung nicht von der Hand zu weisen ist. Denkbar wäre, dass die Unternehmensleitung die Statutenänderung gezielt in Hinblick auf das Instrument der Sonderabschreibungen vornahm, während eine Erhöhung der ordentlichen Abschreibungen zunächst nicht beabsichtigt war.

Zusammenfassend kann festgehalten werden, dass der Finanzierungsbedarf der Farbenfabriken auch in den späten 1880er und frühen 1890er Jahren ausschließlich aus Eigenkapital gedeckt werden konnte. Zusätzlich zu dem bereits etablierten Instrument der Kapitalerhöhung erweiterte die Unternehmensführung die Bandbreite ihrer Finanzierungsstrategien nun um die ordentliche Reservebildung sowie die Abschreibung von Anlagegütern und der daraus resultierenden Legung stiller Reserven. Dabei unterschieden sich die drei Strategien vor allem im Grad der Verfügungsfreiheit der Unternehmensführung: So handelte es sich bei der im Mai 1889 erfolgten Kapitalerhöhung um 1,5 Millionen Mark zwar um den nominal höchsten individuellen Kapitalzufluss, doch war dieser – auf Grund seiner Genehmigungspflicht – zumindest nach außen an eindeutige Verwendungszwecke gebunden. Wenngleich sich die tatsächliche Verwendung der Gelder nicht rekonstruieren lässt, wies die Bilanz im Jahr der Kapitalerhöhung ein erheblich verringertes Gläubigerkonto auf, ebenso erfolgte die Löschung einer Hypothek. In Summe belief sich die Verringerung der Konten auf etwa 1,9 Millionen Mark, weshalb davon auszugehen ist, dass die im Rahmen der Kapitalerhöhung zufließenden Mittel direkt oder indirekt zu dieser Reduzierung beitrugen.[126]

Die von den Farbenfabriken seit dem Jahr 1886 verfolgte Praxis der Innenfinanzierung über Abschreibungen führte zu zusätzlichen, jedoch öffentlich nicht nachvollziehbaren Finanzreserven. Bereits im Jahr der Kapitalerhöhung betrug die Summe der ordentlichen, statutarisch durchgeführten Abschreibungen sowie der seit 1887 vorgenommenen Sonderabschreibungen rund 1.775.000 Millionen Mark. Obgleich der tatsächliche Wertverzehr der Anlagegüter im Unterneh-

126 Vgl. BAL Geschäftsberichte 1888 sowie 1889.

men nicht thematisiert wurde, lag der durch die Innenfinanzierung generierte Betrag vermutlich bereits in der Nähe der Summe der Kapitalerhöhung, wodurch die Bedeutung dieser Finanzierungsquelle offensichtlich wird. Dies gilt umso mehr für die Folgejahre, in denen jeweils mindestens zehn Prozent der gesamten Kapitalsumme abgeschrieben wurden. Die geldwerten Abschreibungen beliefen sich demnach bis 1894 auf jährlich zwischen 500.000 und knapp einer Million Mark.[127] Die in diesem Kapitel ausführlich dargestellte Abschreibungspraxis der Farbenfabriken deutet darauf hin, dass sich der Cashflow des Unternehmens im Wesentlichen auf diese Finanzierungsquelle stützte. Tatsächlich schütteten die Farbenfabriken seit dem Geschäftsjahr 1890 stets rund 80 Prozent des Nettogewinns (nach Abzug der Sonderabschreibungen) als Dividende aus, nur ein Bruchteil des Gewinns wurde als Übertrag auf das Folgejahr überschrieben. Dabei verfolgte die Unternehmensführung seit der Mitte der 1880er Jahre eine im Vergleich zu den Vorjahren vorsichtige Dividendenpolitik, die zudem stets mit teilweise beachtlichen Sonderabschreibungen einherging. Mit der Dividendenhöhe von 18 Prozent scheint die Unternehmensführung zu Beginn der 1890er Jahre ein Ausschüttungsniveau identifiziert zu haben, welches die Erwartungshaltung der Aktionäre über mehrere Jahre erfüllte.[128] In den Folgejahren wurde daher ein Großteil der Differenz zwischen Gewinn- und „fixierter“ Dividendensumme als Sonderabschreibung gebucht und kam somit dem Betriebskapital des Unternehmens zugute. Folglich wurde die wenig vorsichtige Ausschüttungspraxis der frühen 1880er Jahre zu Gunsten einer über Abschreibungen ermöglichten Gewinnthesaurierung aufgegeben.[129] Die öffentliche Reservelegung als drittes Finanzierungsinstrument war zwar durch den Gesetzgeber als zentrales Thesaurierungsmittel angedacht, spielte für die Farbenfabriken jedoch eine zu vernachlässigende Rolle; nach der Reservelegung von insgesamt 350.000 Mark in den Jahren 1886 und 1887 blieb der „Reservefonds II“ bis zum Jahr 1902 unverändert.

---

127 BAL 10/1.2, Statistik: Stand der Fabriken.

128 Diese Ausschüttungsstrategie identifiziert auch Wilfried Feldenkirchen für das Unternehmen Siemens & Halske: „Allgemein bestand bei S & H auch nach der Umwandlung in eine Aktiengesellschaft das Bestreben, nicht über einen gewissen Dividendensatz hinauszugehen.“ Feldenkirchen 1995, S. 390.

129 Eine zeitlich parallele Beobachtung macht Hentschel für die Maschinenfabrik Esslingen AG: „Erst 1885 begannen Vorstand und Aufsichtsrat, eine anfangs infolge extrem niedriger Gewinne bescheidene, dann immer nachdrücklichere Politik der Gewinnthesaurierung. Die innerbetriebliche Reserven- und Kapitalbildung erhielt nun eindeutig den Vorrang vor der Dividende.“ Im Unterschied zu den Farbenfabriken Bayer waren in Esslingen jedoch Banken stark in die Entscheidungsprozesse der Unternehmensführung involviert, die eine nachhaltige Geschäftspolitik forderten. Hentschel 1977, S. 96.

Die Vorgabe für die seit den ausgehenden 1880er Jahren beobachtbare, äußerst vorsichtige Unternehmensstrategie hatte der Aufsichtsrat bereits 1888 vor dem Hintergrund einer Debatte über zukünftige Finanzierungsmodelle formuliert:

> In der Discussion [...] wurde jedoch vielfach die Ansicht geäußert, daß es doch vielleicht die – namentlich im Interesse des Besitzstandes der Actionaire selbst – richtigere Politik sein würde, diese allen Herren wünschenswerthe Stärkung der allgemeinen Position unserer Firma bei den z. Zt. fortdauernd bestehenden günstigen Geschäfts-Verhältnissen auf einem andern Wege fertig zu bringen, und zwar durch eine sehr conservative Bilanzierung der nächsten 3–4 Jahre, wenn auch dabei für diesen Zeitraum die Dividende etwas kleiner ausfallen würde.[130]

Wenngleich diese explizite Erklärung der Unternehmensziele einen Zeithorizont von drei bis vier Jahren vorgab, sollte die Prämisse der „conservative[n] Bilanzierung" die Entscheidungsprozesse der Unternehmensführung noch bis in das frühe 20. Jahrhundert hinein begleiten und bei allen wesentlichen unternehmerischen Weichenstellungen herangezogen werden. Die Prämisse des vorsichtigen Umgangs mit dem Unternehmenskapital behielt auch nach dem plötzlichen Tod Carl Rumpffs im Juni 1889 zunächst weiter Geltung, der als Aufsichtsratsvorsitzender wiederholt den vorsichtigen und nachhaltigen Umgang mit den Geldmitteln des Unternehmens angemahnt hatte.[131] In Hinblick auf das Machtverhältnis zwischen Aufsichtsrat und Direktion scheint das Ableben Rumpffs einen Wendepunkt bedeutet zu haben. Nachfolger von Rumpff als Aufsichtsratsvorsitzender wurde August Viefhaus, der sich jedoch aus der Unternehmensleitung heraushielt und dadurch keineswegs eine so dominante Rolle einnahm, wie dies Rumpff während der 1870er und 1880er Jahre getan hatte.[132] Gerade in den durch die Alizarin-Krise geprägten Jahren nach 1885 war es Carl Rumpff, der Missverhältnisse im Unternehmen zunächst aufdeckte und seine Vorstellungen hinsichtlich deren Behebung gegenüber dem Unternehmensvorstand auch durchzusetzen vermochte. Bei der Bewältigung der Herausforderungen der 1890er Jahre jedoch, in denen der Umzug des Unternehmens nach Leverkusen

---

130 BAL 11/3, Aufsichtsrat: 69. Aufsichtsrath-Sitzung am 9. October 1888, S. 140.

131 Zuvor war es bereits zu weiteren Veränderungen auf Ebene des Aufsichtsrats gekommen: Im Oktober 1888 war der vormalige Repräsentant der Deutschen Bank im Aufsichtsrat, Eduard v. d. Heydt, durch Paul Jonas ersetzt worden. Jonas war im Vorjahr nach Meinungsverschiedenheiten mit dem Vorstandssprecher Georg Siemens aus dem Vorstand der Deutschen Bank ausgeschieden, blieb dem Geldhaus jedoch als Mitglied des Aufsichtsrats erhalten. Vgl. Helfferich, Karl: Georg von Siemens. Berlin 1923, S. 208–213. Gemeinsam mit Viefhaus und Jonas bildeten Ernst von Eynern und Eduard Tust den Aufsichtsrat. Vgl. Hartmann 2010, S. 53.

132 Vgl. Plumpe 2016a, S. 122, sowie Hartmann 2010, S. 55.

als zentral herauszustellen ist, gingen die wesentlichen Impulse von der Direktion aus, der Aufsichtsrat trat hingegen nur selten als korrigierende oder mahnende Instanz auf.

4.4 Betriebsverlegung nach Leverkusen

4.4.1 Standortfinanzierung

Die von der Unternehmensführung der Farbenfabriken verfolgten Effizienzbestrebungen kumulierten ab den 1890er Jahren im Aufbau eines neuen Unternehmensstandortes in Leverkusen. Federführend bei der Planung des Standortes war Carl Duisberg, der der Unternehmensführung im Januar 1895 seine „Denkschrift über den Aufbau und die Organisation der Farbenfabriken zu Leverkusen" vorlegte. Duisberg, seit 1888 einer der vier Prokuristen des Unternehmens, lieferte mit dieser Schrift eine Antwort auf das seit Ende der 1880er Jahre dringend werdende Platzproblem des Unternehmens.[133] Die Standorte in Elberfeld und Barmen boten auf Grund ihrer Lage im beengten Wuppertal kaum Expansionspotential, zumal die wenigen verfügbaren Grundstücke nur zu außerordentlich hohen Preisen zu erwerben waren, weshalb die Direktion in einer im Oktober 1891 abgehaltenen Aufsichtsratssitzung den Bau neuer Anlagen dort auch gänzlich ausschloss. Zwar hatte man mit dem Ankauf der Römer'schen Fabrik noch im Jahr 1889 ein unmittelbar an das Gelände der Farbenfabriken grenzendes Grundstück erwerben können, doch war auch dort bereits ein „größerer Theil [...] occupirt". Als zu erschließenden Expansionsraum identifizierten Direktion und die „höheren technischen Beamten einstimmig" Grundstücke in Rheinnähe, „wegen Billigkeit des Grund u. Bodens, günstiger Abwässer-Abfuhr und sonstiger günstiger Transportverhältnisse".[134] Im Rahmen der Aufsichtsratssitzung gab Henry Böttinger zu Protokoll, dass sich der Farbenunternehmer Carl Leverkus an ihn bezüglich einer Offerte zur Übernahme seiner am Rheinufer gelegenen Alizarin-Fabrik gewandt habe, die der Aufsichtsrat unter Vorbehalt eines annehmbaren Preises akzeptierte. Beim Ankauf des Leverkus'schen Grundstücks ging es der Unternehmensführung jedoch noch keineswegs um eine vollständige Standortverlagerung, sondern zunächst um eine Verlegung der „größere Lokalitäten beanspruchenden und dabei weniger technisch peniblen Halbfabrikat-Betriebe". Entsprechend beabsichtigte die Geschäftsleitung vorerst nur die Chinon-Fabrik an den Rhein zu verlegen, in welcher die für die

133 Plumpe 2016a, S. 129.

134 BAL 11/3, Aufsichtsrat: 83. Aufsichtsraths-Sitzung am 30./31. Oktober 1891, S. 197.

Alizarin-Herstellung benötigte Anthracenreinigung durchgeführt wurde.[135] Durch die Verlegung der Zwischenproduktherstellung erhoffte man sich zudem Synergieeffekte mit der bereits vor Ort eingerichteten Alizarin-Fabrik, doch stellte sich bald heraus, dass die Farbenfabriken „wahrscheinlich nichts oder nur wenig aus der Leverkus'schen Methode werden profitieren können".[136] Die Hoffnung der Unternehmensleitung gründete darauf, dass das von Leverkus produzierte Alizarinrot einen ausgezeichneten Ruf genoss, jedoch zeigte sich bei einer Untersuchung der Fabrikationsanlagen, dass die herausragende Qualität des Farbstoffs auf einem unrentablen Verfahren basierte:

> Das schöne Alizarinrot wurde nur dadurch erzielt, daß man das Fertigprodukt noch einer sehr kostspieligen Reinigung unterwarf. Die Verluste, die diese Alizarinfabrik hatte, müssen je kg noch weit größer gewesen sein, als die unsrigen. Damit war ja auch die Bereitwilligkeit des Verkaufs und der verhältnismäßig niedrige Preis erklärlich.[137]

Tatsächlich belief sich der Kaufpreis mit 425.000 Mark in etwa auf dieselbe Summe, die die Farbenfabriken zwei Jahre zuvor für das Nachbargrundstück P. Römers in Elberfeld gezahlt hatten. Ein wesentlicher Unterschied zwischen den beiden Kaufprozessen ist in der buchhalterischen Erfassung auszumachen: Wies man den Ankauf der Römer'schen Fabrik in der Bilanz des Jahres 1889 als den eigenständigen Posten „Zahlung für eine angekaufte benachbarte Fabrik" aus, überführte man die Leverkusener Anlage direkt in die jeweiligen Bilanzposten.[138] Für die bilanzielle Behandlung wurde im Aufsichtsratsprotokoll festgehalten, dass die Kaufsumme der Fabrik auf Grund ihrer im Dezember 1891 erfolgten Protokollierung vollständig „in der 1891er Bilanz auf den drei Conti Grundstücke, Gebäude und Maschinen vertheilt zu erscheinen" habe.[139] Die Bemerkung der Vollständigkeit der Bilanzerfassung ist insofern interessant, als dass sich die bilanziell ausgewiesenen Zugänge der drei Konten im Geschäftsjahr 1891 auf insgesamt 488.433,77 Mark beliefen. Auf Grund dieses Betrages sind für die Bilanzaufnahme der Leverkusener Fabrik zwei Szenarien denkbar. Sollte der Kaufpreis von 425.000 Mark tatsächlich vollständig in die Bilanz eingeflossen sein, hätte sich die Restsumme der Erhöhung der Anlagekonten auf nur noch 63.433,77 Mark belaufen, was eine erhebliche Abschreibung des sonstigen Anlagevermögens bedeutet hätte. Alternativ könnte angenommen werden, dass die Fabrik in Leverkusen bereits zum Zeitpunkt der Bilanzaufnahme

135 Vgl. BAL 11/3, Aufsichtsrat: 83. Aufsichtsraths-Sitzung am 30./31. Oktober 1891, S. 193.

136 BAL 11/3, Aufsichtsrat: 84. Aufsichtsraths-Sitzung am 23. Januar 1892, S. 203. Ebenfalls: Plumpe 2016a, S. 130.

137 Vgl. Bayer o. J., S. 40.

138 BAL Geschäftsbericht 1889.

139 BAL 11/3, Aufsichtsrat: 84. Aufsichtsraths-Sitzung am 23. Januar 1892, S. 203.

eine gewisse Abschreibung erfuhr, wodurch sich die in der Bilanz erfassten Zugänge sowohl aus der Abschreibung des „alten“ Anlagevermögens als auch der teilweisen Abschreibung der neuerworbenen Fabrik zusammengesetzt hätten.[140]

Wenngleich das neue Grundstück in Leverkusen zunächst nur der Auslagerung einzelner Produktionsstätten dienen sollte, erweiterten die Farbenfabriken die Baufläche durch Ankäufe in den Folgejahren sukzessive; bereits kurze Zeit nach dem Ankauf des Grundstücks verdoppelte sich die Leverkusener Fläche. Durch den Kauf des Geländes sei man, so hielt es die Direktion in ihrem Jahresbericht 1891 fest, in die Lage versetzt „je nach Bedürfniss Theile unserer Elberfelder und Barmer Fabrikation nach Leverkusen zu verlegen, wie auch die Selbstproduction von uns benöthigter Rohmaterialien eventuell aufzunehmen.“[141] Im Folgejahr 1892 begründete der Aufsichtsrat den Sonderabschreibungsbetrag von 250.000 Mark mit bedeutenden Mehrausgaben, welche durch große Neuanlagen in Leverkusen entstanden seien.[142] Dabei ist zu bemerken, dass sich die Höhe der Sonderabschreibungen bereits in den Jahren vor dem Ankauf der Leverkus’schen Fabrik auf einem ähnlichen Niveau befunden hatte, jedoch zu dieser Zeit noch für die Stärkung der Betriebsmittel gerechtfertigt worden war. Demnach könnte angenommen werden, dass die Unternehmensführung der Farbenfabriken den Ankauf in Leverkusen gegenüber den Aktionären als neue Legitimation für die Sonderabschreibungen nutzte. Diese Annahme wird dadurch unterstrichen, dass die Farbenfabriken in ihrer Bilanz bereits Summen für die in Leverkusen zu errichtenden Bauten aktiviert hatten und somit von der späteren Gewinnverteilung – in der ja erst die Höhe der Sonderabschreibungen festgelegt wurde – ausschlossen. So findet sich in der internen, dem Aufsichtsrat im April 1892 vorgelegten vorläufigen Bilanz für das Geschäftsjahr 1891 eine „Reserve für Transferierungs-Kosten der Chinonfabrik nach Leverkusen“ in Höhe von 100.000 Mark, welche in der später veröffentlichten Bilanz nicht erwähnt wurde. Exemplarisch für dieses Jahr lohnt ein Blick auf die Diskrepanz zwischen interner und veröffentlichter Jahresbilanz. Im Rahmen der Vorlage der Bilanz des Geschäftsjahres gab die Direktion gegenüber dem Aufsichtsrat zunächst die Bruttogewinn-Summe in Höhe von 3.343.255,79 Mark an. Nach Abzug der Spesen, Abschreibungen etc. resultierte hieraus ein Netto-Gewinn in Höhe von 2.254.056,52 Mark. Hinsichtlich der angegebenen Summen gab die Direktion an: „Diese Rein-Gewinne bezw. Fabrikations-Nutzen sind entstanden, nachdem vorher von dem behufsmäßigen Gewinn

140 Vgl. BAL Geschäftsbericht 1891, Zugangssumme nach eigener Berechnung.
141 BAL Geschäftsbericht 1891: Bericht der Direction.
142 BAL Geschäftsbericht 1892: Bericht des Aufsichtsraths.

noch folgende Posten abgesetzt wurden". Die anschließende Auflistung der Direktion enthielt neben dem bereits erwähnten Posten für die Chinon-Fabrik weitere Angaben über Sonderabschreibungen auf „Apparate u. Geräthe" im Betrag von 100.000 Mark, die Dotierung eines Reservekontos „für Conjunctur-Verluste auf pro 1892 abgeschlossene Rohmaterial-Contracte" in Höhe von 180.000 Mark, eine Erhöhung des „Delcredere-Contos für die Filialen" von 50.000 Mark sowie weitere Rückstellungs- und Reservemaßnahmen, die sich in Summe auf den Betrag von 650.000 Mark beliefen.[143] Folgt man der Argumentation der Direktion bedeutet dies, dass sowohl der eigentliche Brutto- als auch Nettogewinn faktisch um diese Summe höher ausgefallen waren, die Bilanz jedoch um den Betrag der Thesaurierungsmaßnahmen gekürzt wurde. Der wenig transparente Charakter der veröffentlichten Jahresbilanz überrascht an dieser Stelle gewiss nicht, da diese ausschließlich der rudimentären Information der Aktionäre dienen sollte und keinem detaillierten Einblick in die Betriebsinterna. Interessant ist der Vergleich jedoch deshalb, da er der im Vorkapitel identifizierten Thesaurierungsstrategie der Farbenfabriken weitere Facetten hinzufügt. So findet sich eine ganze Bandbreite von Reservemaßnahmen, die offenbar einerseits Investitionen dienten, andererseits eindeutig der Reservebildung. So sicherte das „Delcredere-Conto" der Filialen die Farbenfabriken vor eventuellen Forderungsausfällen ab, ebenso wie der verhältnismäßig große Betrag von 180.000 Mark als Reserve für Inventarabwertungen gebildet wurde. Trifft man die stark vereinfachte Annahme, dass die im Geschäftsjahr 1891 veranschlagte Sonderabschreibung von 200.000 Mark ausschließlich der Reservelegung diente, summiert sich der Gesamtbetrag der Rücklagen allein in diesem Jahr auf 850.000 Mark und damit auf rund ein Viertel des gesamten Nettogewinns.

Ein identisches Vorgehen wählte der Vorstand dann im Folgejahr 1892. Hier gab er zu Protokoll, man habe es „in Rücksicht auf die sehr günstigen Betriebs-Ergebnisse des Jahres 1892" für notwendig erachtet, „von der ersten behufsmäßig ermittelten Rohgewinnziffer noch einen Betrag von ins Gesammt 420.000 Mark als Abschreibungen auf Gebäude, Maschinen u. Geräthe in Elberfeld/Barmen und Filialen abzusetzen."[144] Diese Abschreibungen, die zusätzlich zu den ordentlichen, prozentualen Abschreibungszinsen sowie der der Generalversammlung vorgeschlagenen und damit öffentlichen Sonderabschreibung von 250.000 Mark durchgeführt wurden, reduzierten erneut den Bruttogewinn des Unternehmens, noch bevor es zu irgendwelchen Gewinnverteilungen gekommen war. Damit beeinflusste der Vorstand unmittelbar die relativ am Nettogewinn des Unternehmens orientierten Vergütungen wie die Dividendenzah-

143 BAL 11/3, Aufsichtsrat: 85. Aufsichtsrath-Sitzung am 9. April 1892, S. 206.
144 BAL 11/3, Aufsichtsrat: 88. Aufsichtsraths-Sitzung am 7. April 1893, S. 218.

lung oder die Tantiemenzahlungen an den Aufsichtsrat, Vorstand und führende Beamte. Offen bleibt an dieser Stelle, weshalb der Vorstand diese völlig intransparente Form der Zusatzabschreibung wählte. Denkbar ist, dass ein regulärer Ausweis der Gewinne – der in diesem Falle ja um 480.000 Mark höher ausgefallen wäre – Begehrlichkeiten auf Seiten der Aktionäre geweckt hätte. Wäre die Sonderabschreibung wie üblich als regulärer Posten der Gewinnverteilung vorgeschlagen worden, hätte sich dieser in Summe auf 730.000 Mark und somit nicht nur auf über 30 Prozent des Nettogewinns des Unternehmens belaufen, sondern ebenfalls auf knapp die Hälfte des Dividendenbetrags – ein Umstand, der den Anteilseignern gerade in Hinblick auf die durch den Vorstand festgestellten „sehr günstigen Betriebsergebnisse“ wohl schwer zu vermitteln gewesen wäre.

Trotz der offenbar herausragenden Bedeutung der Reservestrategie sah sich das Unternehmen im Geschäftsjahr 1891 mit dem Problem konfrontiert, den aus Dividenden- und Tantiemenzahlungen resultierenden Geldbedarf nicht durch das verfügbare Barvermögen decken zu können. Den Zahlungsverpflichtungen von rund zwei Millionen Mark stand ein Betrag an „disponiblen Baar-Mitteln, Bankguthaben und Portefeuillebestand“ in Höhe von etwa 700.000 Mark entgegen.[145] Zum Ausgleich der Differenz der zur Ausschüttung benötigten Mittel griff der Aufsichtsrat auf Depotbestände zurück, welche die Farbenfabriken durch eine ebenfalls 1891 durchgeführte Anleiheemission gebildet hatten.[146] Die Diskussion bezüglich der Notwendigkeit einer weiteren Kapitalvermehrung reichte bis in den Oktober des Jahres 1890 zurück, als im Aufsichtsrat ein neuer Mittelbedarf von bis zu drei Millionen Mark identifiziert wurde. Weitere Überlegungen verschob man zunächst auf Grund der noch nicht als akut wahrgenommenen Dringlichkeit auf das Jahr 1891, darunter die zentrale Entscheidung, ob der neue Kapitalbedarf durch eine weitere Aktienemission oder die Ausgabe einer Anleihe gedeckt werden sollte.[147] Nachdem im Januar der Beschluss zu Gunsten einer Anleihe in Höhe von drei Millionen Mark getroffen[148] und somit auf eine weitere Aktienausgabe „im Interesse unserer Aktionäre“ verzichtet worden war[149], erfolgte die Ausgabe der Anleihe durch die Deutsche Bank schließlich im Mai 1891. Von der erlösten Summe flossen 1,5 Millionen Mark unmittelbar in den „Betriebsfonds“, denselben Betrag legte man mit einer Verzinsung von vier Prozent für ein Jahr bei der Deutschen Bank an und nutzte diesen schließlich

145 Vgl. BAL 11/3, Aufsichtsrat: 85. Aufsichtsrath-Sitzung am 9. April 1892, S. 206.
146 Vgl. ebd., S. 210.
147 Vgl. BAL 11/3, Aufsichtsrat: 79. Aufsichtsrath-Sitzung am 14. October 1890, S. 178.
148 Vgl. BAL 11/3, Aufsichtsrat: 80. Aufsichtsrath-Sitzung am 21. Januar 1891, S. 182.
149 BAL Geschäftsbericht 1890, Bericht der Direction.

im Folgejahr zur Begleichung der erwähnten verschiedenen Zahlungsverpflichtungen.[150] Interessant hierbei ist, dass der benötigte Kapitalbedarf wohl ebenfalls durch eine Reduzierung der Dividende hätte gedeckt werden können, die Unternehmensleitung jedoch die Reservelegung und konstante Dividendenzahlung offenbar prioritär auffasste; man hatte die Ausgabe der Anleihe ja unter anderem damit begründet, im Interesse der Aktionäre zu handeln, weshalb eine Dividendenkürzung womöglich zu Glaubwürdigkeitsproblemen geführt hätte. Ein Novum war jedoch, dass die Farbenfabriken mit der Ausgabe der Anleihe erstmals von der Strategie der Selbstfinanzierung abwichen und dies auch bewusst taten.

Zwar begründete die Expansion nach Leverkusen die Anleiheemission nicht – die Diskussion und Ausgabe datierten beide vor das Angebot Carl Leverkus' –, doch war die Verwendung der Gelder dann sicherlich wesentlich durch die für den Ankauf des Grundstücks benötigten Mittel beeinflusst worden. So verzeichnete das Grundstückskonto der Farbenfabriken zwischen 1891 und 1894 einen Zuwachs von insgesamt 509.750,92 Mark, verglichen mit Gesamtzugängen von 471.793,43 Mark in den vorausgehenden zehn Jahren, also den Jahren 1881 bis 1890. Treibender Faktor dieser Entwicklung waren Grundstücksankäufe in Leverkusen, die bis zum Jahr 1894 zu einer Vergrößerung der Grundstücksfläche auf 278 Morgen bzw. rund 70 Hektar führten und Kosten in Höhe von rund 400.000 Mark verursachten.[151] Mit den Immobilienkäufen verband der Unternehmensvorstand die Überlegungen, mittelfristig weitere Produktionsstätten nach Leverkusen umzusiedeln. In diesem Sinne stellte Henry Böttinger dem Aufsichtsrat ein Jahr nach dem Ankauf der Leverkus'schen Fabrik bereits einen Generalplan für das gesamte Gelände vor. Trotz der detaillierten Ausführungen Böttingers und wenngleich mit der Salicylsäure-Fabrikation[152] ein erster Betrieb

---

150 Vgl. BAL 11/3, Aufsichtsrat: 82. Aufsichtsrath-Sitzung am 9. Mai 1891, S. 192.

151 Im Rahmen des Ankaufs des Leverkusener Grundstücks berichtete Henry Böttinger: „Angekauft sind ferner noch 64 Morgen Ackerland, im Preise von 1.050–1.800 Mark pro Morgen variierend“ (BAL 11/3, Aufsichtsrat: 84. Aufsichtsraths-Sitzung am 23. Januar 1892, S. 203). Der Mittelwert dieser Preise (1.425 Mark) wurde durch den Verfasser als Durchschnittspreis der weiteren Landkäufe angenommen. Explizit wurde im Dezember 1892 ein weiterer Ankauf von 50–53 Morgen zu je 1.350 Mark entschieden, jedoch für zukünftige Ankäufe bereits mit steigenden Preisen kalkuliert, weshalb der Mittelwert plausibel erscheint (Vgl. BAL 11/3, Aufsichtsrat: 87. Aufsichtsraths-Sitzung am 2. Dezember 1892, S. 213).

152 Die Salicylsäure fand als Ausgangsprodukt bei einer Vielzahl von pharmazeutischen Produkten und Farbstoffen Verwendung und wurde seit dem Jahr 1891 in großem Umfang produziert (Vgl. Schlösser 1918, S. 251). Das bedeutendste, auf der Salicylsäure basierende Endprodukt war die Acetylsalicylsäure, die unter dem Markennamen Aspirin seit 1899 produziert wurde (Vgl. Wimmer 1994, S. 148–149). Vgl. ebenfalls die umfassende Studie von Charles C. Mann, Mann 1993.

als Kandidat für einen Umzug von Barmen nach Leverkusen ausgemacht worden und die Kalkulation der Anlage mit Kosten von 150.000 Mark bereits erfolgt war, verzichtete die Direktion zu diesem Zeitpunkt noch auf die Verfassung konkreter Bauanträge, für die zunächst die Zustimmung des Aufsichtsrats hätte eingeholt werden müssen.[153]

Hinsichtlich der buchhalterischen Bewertung des neuen Standortes ergaben sich für die Farbenfabriken neue Handlungsspielräume. So verfolgte der Aufsichtsrat die Absicht, die von Elberfeld nach Leverkusen verlegte Chinon-Fabrikation in der Bilanz „mit einem Werth aufzunehmen, welche dem Elberfelder betreffenden Bestand am 1. Januar 1893 entsprechen wird, eine etwaige durch Mehranlagen sich ergebende Differenz aus den Erträgnissen des Jahres 1892 abzuschreiben."[154] Faktisch tat der Aufsichtsrat also so, als hätte das Unternehmen die bestehenden Gebäude und Apparate in Elberfeld ab- und in Leverkusen wieder aufgebaut. Die Differenz der Neubauten und ggf. neu angeschafften Apparate zu den bereits gebrauchten Mobilien in Elberfeld wurde dabei direkt abgeschrieben, wodurch der Buchwert der neuen Chinon-Anlage vermutlich deutlich unter dem tatsächlichen Wert der Anlage lag. Im Resultat stand auch hier die Bildung stiller Reserven.

Die über die Gewinnthesaurierungsstrategie der Farbenfabriken zurückgestellten Mittel gaben der Direktion des Unternehmens im November 1893 schließlich die Sicherheit, die Selbstherstellung von Grundstoffen auch bei den Farbenfabriken voranzutreiben. Das Bestreben in Richtung einer größeren Produktionstiefe begründete die Direktion mit dem zunehmenden Wettbewerb im Farbstoffsegment, in welchem das Unternehmen auf Grund der zwischen den Grundstoffherstellern existierenden Konventionen und den sich aus diesen ergebenden hohen Rohstoffpreisen auf lange Sicht nicht würde bestehen können. Das Vorgehen der seit nunmehr langer Zeit integrierten Unternehmen Hoechst und BASF, der „großen und mächtigen Cuncurrenten", so führte die Direktion gegenüber dem Aufsichtsrat aus, würde „zu deutlich die Wege [aufzeigen, FS], welche unsere Firma nachgemach auch wandeln müsse, um sich auf die Dauer auf ihrer bisherigen Höhe und Concurrenzfähigkeit zu erhalten." Der durch die Selbstherstellung gewonnene Handlungsspielraum bezüglich der Preisgestaltung der Endprodukte galt der Direktion als erstrebenswert, nicht zuletzt, da „die genannten beiden Fabriken einen großen Theil ihres Jahresverdienstes der eigenen Rohmaterialfabrikation [zu, FS] verdanken" hatten.[155]

153 Vgl. BAL 11/3, Aufsichtsrat: 87. Aufsichtsraths-Sitzung am 2. Dezember 1892, S. 213–14. Vgl. hierzu ausführlich Kapitel 4.1.

154 BAL 11/3, Aufsichtsrat: 87. Aufsichtsraths-Sitzung am 2. Dezember 1892, S. 214–15.

155 BAL 11/3, Aufsichtsrat: 90. Aufsichtsrath-Sitzung am 17. November 1893, S. 226–227.

Die plötzlich drängenden Autonomiebestrebungen der Farbenfabriken speisten sich nicht nur aus dem Unterlegenheitsgefühl gegenüber der Konkurrenz, sondern waren ebenfalls durch auftretende Probleme in der Rohstoffversorgung motiviert. Im Vorjahr, 1892, war der Liefervertrag für Schwefelsäure mit der Chemischen Fabrik Rhenania abgelaufen, einer innerhalb des Rheinisch-Westfälischen Schwefelsäuresyndikats kartellierten Soda- und Schwefelsäurefabrik, die seit spätestens 1886 durchgehend den Jahresbedarf der Farbenfabriken gedeckt hatte.[156] Die Überlegungen hinsichtlich der Selbstproduktion standen dabei nicht unmittelbar in Verbindung mit dem neu angekauften Terrain in Leverkusen. Bereits 1890 hatte der Aufsichtsrat den Aufbau einer Produktionsanlage für rauchende Schwefelsäure, einem Grundprodukt, das vor allem für die Alizarin-Herstellung verwendet wurde, auf dem neu erworbenen Grundstück der Römer'schen Fabrik diskutiert, verzichtete im Dezember 1891 jedoch schließlich auf die Einrichtung, nachdem die Rhenania ein verbessertes Angebot vorgelegt hatte und sich die Unternehmen auf einen Liefervertrag über fünf Jahre einigten.[157] Eine wichtige Beobachtung hierbei ist, dass die Farbenfabriken ihren Rohstoffbedarf bei so grundlegenden Rohstoffen wie (rauchender) Schwefelsäure nicht nach Bedarf deckten und im Jahresverlauf nachkauften, sondern die Lieferverträge stets eine Mindestlaufzeit von einem Jahr aufwiesen und im Voraus für die Folgejahre abgeschlossen wurden. Hierdurch war einerseits eine einheitliche Kalkulationsgrundlage sichergestellt, andererseits hatten die Farbenfabriken als Großkunden einen Anspruch auf besondere Rabattierungen. Innerhalb der im Jahr 1892 einsetzenden Diskussion hinsichtlich der Selbstherstellung der Schwefelsäure spielten diese Vorteile eine gewichtige Rolle, da sie der Direktion als Argument gegen eine Integration der Grundstoffproduktion dienten. Den kaufmännischen Direktoren Hermann König und Henry Böttinger waren die ungünstigen Rahmenbedingungen bewusst, nicht zuletzt, da der Direktor der Rhenania ihnen noch einmal verdeutlicht hatte, wie teuer sich allein die Rohstoffbeschaffung gestalten würde. Das Schwefelsäure-Syndikat bezog die benötigte schwefelige Säure als Nebenprodukt der im Umkreis von Aachen gelegenen Zinkhütten „sozusagen gratis" – eine Bezugsquelle, die den Farbenfabriken auf Grund exklusiver Vertragsbeziehungen zwischen den Hütten und dem Syndikat nicht zur Verfügung stand.[158] Für die Farbenfabriken blieb als einzige Lieferquelle nur der Ankauf der vergleichsweise teuren spani-

156 Vgl. hierzu die verschiedenen in den Aufsichtsrat protokollierten Rohmaterialabschlüsse in BAL 11/3, Aufsichtsrat: 48. Aufsichtsrath-Sitzung am 20. Januar 1886, S. 61, 58. Aufsichtsrath-Sitzung am 15./16. Dezember 1886, S. 97, 66. Aufsichtsrath-Sitzung am 3. April 1888, S. 127.
157 Vgl. BAL 11/3, Aufsichtsrat: 83. Aufsichtsraths-Sitzung am 30./31. Oktober 1891, S. 199.
158 Duisberg 1918, S. 630.

schen Pyrite. Nicht zuletzt wegen der schwierigen Liefersituation war es den Farbenfabriken faktisch unmöglich, die Herstellungskosten des Schwefelsäuresyndikats zu unterbieten, weshalb innerhalb der Unternehmensführung die Aufnahme einer eigenen Produktion der Schwefelsäure zwischen technischer und kaufmännischer Leitung kontrovers diskutiert wurde. Es handelte sich dabei also nicht um eine klassische Make-or-Buy-Entscheidung, da die quantifizierbaren Argumente eindeutig gegen eine Integration des Grundstoffes sprachen. Im Endeffekt ging es daher um eine Kosten-Nutzen-Abwägung zwischen gesteigerten Herstellungskosten einerseits – bei denen ja ebenfalls die zum Aufbau der Fabrikation benötigten Mittel amortisierend einflossen – sowie gesteigerten Handlungsspielräumen bzw. einer „Autonomiewahrung" andererseits.[159] Vor diesem Hintergrund einigte sich der Vorstand der Farbenfabriken zunächst auf einen Kompromiss, indem er die Rhenania zu einer Reduzierung der Verkaufspreise aufforderte und diese Forderung mit einem Ultimatum versah. Als eine Verbesserung des Angebots entgegen der Erwartungen der Unternehmensführung ausblieb, sah sich diese in der Konsequenz mit der Notwendigkeit eines zügigen Aufbaus einer eigenen Herstellung konfrontiert.[160]

Die Diskussion über die Selbstherstellung der anorganischen Grundstoffe verdeutlicht die Absicht der Unternehmensführung, trotz der in Leverkusen entstehenden Anlagen weiterhin am Elberfelder Standort festhalten zu wollen. So waren Leverkusener Anlagen offenbar in ihrer ursprünglichen Planung nicht zur Deckung des Elberfelder Bedarfs bestimmt, für welchen die Direktion noch weiterhin auf ein Einlenken der Chemischen Fabrik Rhenania hoffte: „Bezüglich der Herstellung des Elberfelder Schwefelsäure-Bedarfs soll erst später Beschluß gefasst werden, indem vorerst noch ein gütliches Uebereinkommen mit der Chem. Fabrik Rhenania zwecks Weiterlieferung dieses Quantums zu civilen Preisen versucht wird."[161]

Die Direktion entwarf den Plan, in Leverkusen Anlagen für die Herstellung von Schwefelsäure, Salz- und Salpetersäure sowie Chlor einzurichten. Auf Grund der „gegenwärtig vorzügliche[n]" finanziellen Situation des Unternehmens fühlte man sich zudem in der Lage, im selben Zuge vor Ort eine neue Produktionsanlage für Alizarin errichten zu können, ebenso wie den neuen Stand-

159 Plumpe 2016a, S. 132. Als weiteres Argument für die Integration kann eine These William Lazonicks angeführt werden. Laut Lazonick bedeutet eine Integration auch die Umwandlung variabler Kosten in Fixkosten, da Lieferbeziehungen durch kapitalintensive Eigenproduktionen ersetzt werden können. Hierdurch entstehe eine Planungssicherheit hinsichtlich konstanter „flow of inputs of requisite quality". Lazonick, William: Business organization and the myth of the market economy. Cambridge 1994, S. 134.

160 Vgl. Duisberg 1918, S. 630.

161 BAL 11/3, Aufsichtsrat: 90. Aufsichtsrath-Sitzung am 17. November 1893, S. 226–227.

ort über eine neue Eisenbahnstrecke mit dem wichtigen Bahnhof in Mühlheim zu verbinden. Der Kostenanschlag für das Gesamtunterfangen wurde mit 2,4 Millionen Mark und die Bauzeit mit zweieinhalb Jahren angegeben. Bezüglich der Finanzierung gab die Direktion an, diese sei auf Grund des glänzenden Geschäftsergebnisses „ohne irgend welche größere Schwierigkeiten“ zu bewerkstelligen: Der Bausumme standen flüssige Mittel in Höhe von 3,2 Millionen Mark entgegen, die sich aus einer Depotsumme von 1,6 Millionen Mark, 800.000 Mark disponibler Bankguthaben sowie mindestens 800.000 Mark aus dem Jahresüberschuss des Unternehmens zusammensetzten. Da aus diesen Mitteln ebenfalls 2,3 Millionen Mark für die für das Geschäftsjahr 1893 fälligen Dividenden, Tantiemen und Gratifikationen abgezogen sowie weitere 180.000 Mark für Zinszahlungen der ausgegebenen Anleihe rückgestellt werden mussten, standen dem Unternehmen faktisch nur rund 700.000 Mark für die Bauvorhaben zur Verfügung. Die Finanzierungslücke schien die Direktion jedoch nicht weiter beunruhigt zu haben:

> [...] so hätten wir für eine 2-jährige Restbauperiode nach der Generalversammlung 94 noch ein Capital von circa 1 ¾ Millionen Mark im Ganzen zu decken, wovon ein größerer Teil durch Extra-Abschreibungen u. Reservestellungen für Verlegung der Elberfelder Betriebe nach Leverkusen in die Bilanzen pro 31. December 1894 u. 1895 einzustellen seien, u. der Rest aus den uns zur Verfügung stehenden Bankocrediten u. durch Vergrößerung von Privat-Depots jederzeit ohne Schwierigkeiten beschafft werden können ohne daß – was bei so weit tragenden Projecten die Hauptsache sei – die Nothwendigkeit an unsere Firma herantreten würde, das Actien-Capital zu vermehren oder zu einer zweiten größeren Anleihe zu schreiten.[162]

Die beschriebene finanzielle Situation des Unternehmens könnte eine Erklärung für das Selbstbewusstsein liefern, welches die Unternehmensführung gegenüber der Rhenania in Bezug auf die Preisverhandlungen um den Verkaufspreis der Schwefelsäure zeigte. So standen Bayer die außerordentlich üppig wahrgenommenen Mittel nicht nur für den Aufbau der anorganischen Produktionsanlagen zur Verfügung, sondern erlaubten es dem Unternehmen wohl im Endeffekt auch, die aus der Selbstherstellung resultierenden höheren Gestehungskosten nicht als Hindernis zu sehen. Vor diesem Hintergrund ist auch der wiederholt gescheiterte Versuch der Direktion der Rhenania zu erklären, die Geschäftsführung der Farbenfabriken zu einem Umdenken zu bewegen. Carl Duisberg, der sich von der technischen Unternehmensseite kommend stark für eine Selbstherstellung ausgesprochen hatte, schrieb im Rahmen der Verhandlungen an Friedrich Bayer jun., er sei durch sie „in unserer beidseitigen Meinung bestärkt worden, dass es unbedingt das Richtigste ist, wenn wir die Schwefelsäu-

162 BAL 11/3, Aufsichtsrat.: 90. Aufsichtsrath-Sitzung am 17. November 1893, S. 227–228.

refabrikation aufnehmen, selbst wenn wir keinen Groschen dabei profitieren."[163]

Die Prämisse der „konservativen Bilanzierung", die der Aufsichtsrat Ende der 1880er Jahre gesetzt hatte, ermöglichte nun die Bereitstellung eines Großteils der für den Aufbau des Leverkusener Standortes veranschlagten Mittel und damit das technische Aufschließen zu den großen Konkurrenten Hoechst und BASF. Die Bereitstellung erfolgte dabei zu einem wesentlichen Teil über das Instrument der Sonderabschreibungen, welches die Unternehmensführung – wie das Zitat eindeutig aufzeigt – als ein Mittel der Innenfinanzierung sah. Als dem Aufsichtsrat im März 1894 die Gewinn- und Verlustrechnung für das Geschäftsjahr 1893 vorgelegt wurde, veranlasste derselbe im Sinne dieser Finanzierungspolitik eine Vielzahl von Abschreibungen und Reservestellungen. Unter anderem verfügte der Aufsichtsrat eine „über die gewöhnlichen Prozentsätze von 5 resp. 10 %" hinausgehende Sonderabschreibung auf Gebäude sowie Maschinen und Geräte in Höhe von 200.000 Mark, „die Vertheilung dieser Summe der Direction anheim gebend."[164] Die Maßnahme ist deshalb so bemerkenswert, da offenbar die Höhe der ordentlichen Abschreibungen an den Kapitalbedarf angepasst wurde – ein weiterer Beleg dafür, dass die Unternehmensführung der Farbenfabriken hierin faktisch eine Finanzierungsquelle sah. Auch wurde das ursprünglich mit 100.000 Mark für den Umzug der Chinon-Fabrik eingerichtete Reserve-Conto für Transferierung auf nunmehr 400.000 Mark erhöht. Für die buchhalterische Erfassung dieser Reservelegung hielt der Aufsichtsrat fest, dass der Betrag als ein Unterkonto des sogenannten Inventur-Reserve-Contos gebucht werden solle, „weil es nicht correct u. praktisch erscheint, in der zu publicierenden Bilanz die genannte Summe von einer der herkömmlichen Summen im Debet (resp. von Activ-Position) als Transferierungs-Reserve in Abzug zu bringen."[165] Der Aufsichtsrat verzichtete folglich bewusst auf eine öffentlich nachvollziehbare Angabe der Reservelegung. Diese wäre als solche auf der Debet-Seite der Gewinn- und Verlustrechnung erfolgt, wie es bspw. bereits im Jahr 1889 im Zuge des Ankaufs der Römer'schen Fabrik der Fall gewesen war.

Der bereits durch die Maßnahmen des Aufsichtsrates verringerte Bruttogewinn wurde dann – wie seit dem Geschäftsjahr 1891 üblich – seitens der Direktion um weitere Reservebeträge reduziert. Wie im Vorjahr verwies diese gegenüber dem Aufsichtsrat darauf, dass der Betrag des Bruttonutzens errechnet worden sei, nachdem „auf die gesammten Anlagen pro 1893 an Gebäuden u.

163 BAL AS, Carl Duisberg an Friedrich Bayer jun., 21.8.1893. Zitiert nach Plumpe 2016a, S. 132.

164 BAL 11/3, Aufsichtsrat: 91. Aufsichtsrath-Sitzung am 31. März 1894, S. 232.

165 Ebd.

Maschinen [...] Abschreibung bezw. Verbuchung auf Ersatz u. Verschleiß von M. 498.466,97 stattgefunden“ habe. Neben der Abschreibung gab der Vorstand an, im Zuge einer „vorsichtigen Bewertung“ die Inventarsumme für Rohmaterialien und Halbfabrikate um 100.000 Mark sowie für Fertigprodukte um 300.000 Mark im Wert verringert zu haben.[166] Die durch die Direktion und den Aufsichtsrat durchgeführten Abschreibungs- und Reservemaßnahmen beliefen sich im Geschäftsjahr 1893 auf eine Höhe von insgesamt 1.684.152,40 Mark. Dies führte dazu, dass der der Generalversammlung später zur Verteilung vorgelegte Nettogewinn mit 2.421.353,07 Mark beinahe nur noch die Hälfte des tatsächlich erwirtschafteten Nettogewinns von 4.105.505,47 Mark betrug. Hierdurch wurden faktisch die nicht in der Unternehmensführung involvierten Anteilseigner bezüglich der Innenfinanzierung im Unklaren gelassen, mehr noch: Der Aufsichtsrat gab in seinem Jahresbericht gegenüber den Aktionären an, dass auf Grund der Betriebsverlagerung des Unternehmens und der daraus folgenden Entwertungen der alten Fabriken in Barmen und Elberfeld erneut eine Sonderabschreibung in Höhe von 300.000 Mark nötig sei, und bat um entsprechende Genehmigung. Wenngleich der Umzug des Unternehmens nach Leverkusen gewiss Abschreibungen in den alten Standorten rechtfertigte, drängt sich angesichts der Vielzahl von weiteren Reservemaßnahmen der Eindruck auf, dass die Unternehmensführung ihre Finanzierungsmittel über die genehmigungspflichtige Sonderabschreibung weiter vergrößerte.

Die im Unternehmen gebildeten Finanzreserven genügten zunächst auch für eine im April 1895 durch den Aufsichtsrat genehmigte Verlagerung weiterer Produktionsstätten nach Leverkusen. Die Direktion stellte im Zuge der neuveranschlagten Gebäude fest, dass die finanziellen Mittel des Unternehmens ausreichten, „um außer der Vollzahlung der Dividenden, Tantiemen u. Gratificationen noch für absehbare Zeit gesteigerten Anlagebedürfnissen ohne Inanspruchnahme von Crediten oder Aufnahme neuer Anleihe-Capitalien völlig gerecht werden zu können.“[167] Bemerkenswert ist diese Aussage insofern, als dass sich der Kostenvoranschlag der für die in Leverkusen zusätzlich zu errichtenden Neuanlagen auf 1.710.000 Mark belief und damit auf über zwei Drittel der erst im Vorjahr genehmigten Summe von 2,4 Millionen Mark. Ihre Berechtigung fand die Zusatzausgabe darin, dass die Unternehmensführung nun endgültig die vollständige Verlegung des Betriebes nach Leverkusen beschlossen hatte.[168]

166 BAL 11/3, Aufsichtsrat: 91. Aufsichtsrath-Sitzung am 31. März 1894, S. 232.
167 BAL 11/3, Aufsichtsrat: 94. Aufsichtsrath-Sitzung am 10. April 1895, S. 248.
168 Für die 1895 genehmigten Neubauten rechnete die Unternehmensführung mit einer Bauzeit von zwölf bis 18 Monaten. Da die Produktion während der Bauperiode in den alten Standorten Elberfeld und Barmen weiter aufrechterhalten werden musste, kalkulierte Henry Böttinger dort mit weiteren Kosten von zwischen 3 und 400.000 Mark, die „trotz der vorstehenden

Daher enthielt der Kostenvoranschlag neben Ausgaben für weitere Produktionsanlagen ebenfalls Kalkulationen für Arbeiter- und Beamtenwohnungen (450.000 Mark), eine Zentralwerkstatt (200.000 Mark) sowie eine Eisfabrik (200.000 Mark), also vornehmlich infrastrukturelle Vorhaben.[169] In diesem Zusammenhang ist ebenfalls der im Vorjahr genehmigte Bau einer eigenen Gasfabrik in Leverkusen zu erwähnen. Das dort benötigte Gas war zu Beginn über die Nachbarfabrik Carl Leverkus & Söhne[170] bezogen worden, doch zeichnete sich im November 1894 ab, dass der zunehmende Bedarf der Farbenfabriken auf mittelfristige Sicht durch diese Bezugsquelle nicht mehr gedeckt werden konnte. In Hinblick auf die Leistungsfähigkeit der Gasfabrik entschied sich die Unternehmensführung dazu, diese zunächst auf die Hälfte der bereits in Elberfeld eingerichteten Gasanstalt zu beschränken, hielt sich jedoch die Option einer Vergrößerung der Produktion auf das Elberfelder Niveau offen. Die Entscheidung zu Gunsten einer eigenen Produktion wurde im Falle der Gasherstellung eindeutig dadurch begünstigt, dass die Farbenfabriken für die Selbstherstellung einen Gestehungspreis von 4,6 Pfennig pro Kubikmeter antizipierten, während man das Gas noch zum Kubikmeterpreis von sieben Pfennig von Leverkus bezog. Der Entscheidungsprozess um die Gasherstellung erlaubt folglich die Beobachtung, dass Bayer offenbar zu Beginn in infrastruktureller Hinsicht von der benachbarten Fabrik Carl Leverkus' profitierte, die Unternehmensführung dann jedoch im Zuge der Vergrößerung des Standortes die Produktion von zuvor extern bezogenen Betriebsstoffen in das Unternehmen integrierte.

Über die Bedeutung der Selbstherstellung von Betriebsstoffen war im Unternehmen bereits seit den späten 1880er Jahren wiederholt diskutiert worden. So verwies Henry Böttinger schon im Juni 1887 für Elberfeld auf die Vorteilhaftigkeit einer eigenen Elektrizitäts-Anlage sowie einer über die Grabung eigener Brunnenanlagen ermöglichten autonomen Wasserversorgung.[171] Im Juli 1889 schlug Böttinger dem Aufsichtsrat dann den Aufbau einer eigenen Eisproduktionsanlage vor, eines Betriebsstoffs, der vor allem für die Herstellung von Azofarbstoffen benötigt wurde. Die erforderliche Summe von 100.000 Mark genehmigte der Aufsichtsrat ohne Auflagen, doch überstieg der Eisbedarf bereits im Oktober 1890 wegen einer Vielzahl neueingeführter Produkte die Produktionskapazität der neuen Anlage „bei Weitem". Auf Grund des nicht zu prognostizierenden Mehrverbrauchs verzichtete die Unternehmensführung auf eine Vergrö-

Betriebsverlegung" entstehen würden. BAL 11/3, Aufsichtsrat: 94. Aufsichtsrath-Sitzung am 10. April 1895, S. 249.

169 BAL 11/3, Aufsichtsrat: 94. Aufsichtsrath-Sitzung am 10. April 1895, S. 248.

170 Das Unternehmen Carl Leverkus existierte nach der Übernahme der Alizarin-Sparte durch die Farbenfabriken weiterhin als Ultramarin-Fabrik. Vgl. hierzu Duisberg 1918, S. 631.

171 BAL 11/3, Aufsichtsrat: 62. Aufsichtsrath-Sitzung am 6. und 7. Juni 1887, S. 110.

ßerung der Anlage und entschied sich bis zur eindeutigen Bedarfsklärung zu einer „anderweitigen Deckung des uns fehlenden Eisquantums".[172] Die Klärung dieser Frage scheint im November 1893 erfolgt zu sein, als Böttinger gegenüber dem Aufsichtsrat die „Nothwendigkeit der rationelleren Ausnutzung unserer vorhandenen Anlagen durch [...] Anschaffung einer zweiten Eismaschine" verdeutlichte. Nur dadurch sei es möglich,

> den sich immens steigernden Bedarf namentlich der Scharlach-Fabrik [Azo-Fabrik, FS], durch eigene Erzeugung ganz zu bewältigen, und in den Sommer-Monaten, wo der Verbrauch am Stärksten, den mit colossalen Gewichtsverlusten verknüpften und nur zu theuren Preisen möglichen Ankauf von anderer Seite ganz zu vermeiden.[173]

Den Herstellungspreis des selbsterzeugten Eises taxierte Böttinger auf maximal 30 Pfennig pro Zentner, wodurch dieser deutlich unter dem für die Jahre 1889/90 überlieferten Einkaufspreis von 80 Pfennig lag – die von Böttinger erwähnten bedeutenden Transportverluste nicht einberechnet.

Als besonders aufschlussreich für den in dieser Arbeit untersuchten Zusammenhang zwischen quantitativen Informationen und Entscheidungsprozessen erweist sich eine ebenfalls im November 1893 geführte Debatte bezüglich der Selbstversorgung mit Grundwasser. Seit dem Jahr 1887 durchgeführte Bohrversuche hatten zunächst zu keinem zufriedenstellenden Resultat geführt, weshalb die Unternehmensführung der Farbenfabriken Bohrungen nach einem neuen Verfahren veranlasste. Wenngleich sich diese als vielversprechend herausstellten, verzichtete die Direktion darauf, dem Aufsichtsrat den Aufbau einer neuen Anlage zur Genehmigung vorzulegen. Den Verzicht begründete sie damit, dass sich allein die Kosten der für die Anlage in Frage kommenden Grundstücke auf 180.000 Mark belaufen würden, „und dieser Erwerb die Gesammtkosten [!] der ganzen Anlage an Grund u. Boden, Bauten, Maschinen u. Rohrleitungen auf 4 bis 500.000 Mark gebracht hätte." Angesichts des enormen Kapitalbedarfs des Leverkusener Standortes habe man von dem Bauvorhaben Abstand genommen, „weil auch der Gestehungspreis des Wassers durch das zu verzinsende grosse Capital sich anstatt auf 2½ Pfennig nach anfänglicher Berechnung auf 4–4½ Pfennig pro Cubikmeter gestellt hätte."[174]

---

172 BAL 11/3, Aufsichtsrat: 73. Aufsichtsrath-Sitzung am 19. Juli 1889, S. 159 sowie ebd., 79. Aufsichtsrath-Sitzung am 14. October 1890, S. 180.
173 BAL 11/3, Aufsichtsrat: 90. Aufsichtsrath-Sitzung am 17. November 1893, S. 222.
174 Ebd., S. 225.

Diese Feststellung des Vorstandes belegt, dass auf Ebene der Unternehmensführung bereits eine Vorstellung von Opportunitätskosten existierte.[175] So wurden offenbar bei der Berechnung der Herstellungskosten die dem Unternehmen durch die Investition der veranschlagten 4 bis 500.000 Mark entgehenden Zinseinnahmen berücksichtigt, was die Entscheidungsfindung maßgeblich beeinflusste. So nahm der Vorstand schließlich Abstand von dem Aufbau der neuen Wasseranlage und schloss stattdessen einen neuen Liefervertrag mit der Stadt Elberfeld über eine Laufzeit von zehn Jahren ab. Bemerkenswert hierbei ist, dass der Vertrag einen Einkaufspreis von zunächst 18 Pfennig pro Kubikmeter vorsah, der sich im Laufe der Zeit jedoch bis auf sieben Pfennig reduzieren konnte.[176] Der Bezugspreis war somit zu Beginn rund viermal höher als der veranschlagte Preis der Selbstherstellung inklusive entgangener Zinseinkünfte. Die Entscheidung, die Wasserversorgung des Elberfelder Standortes weiterhin durch die städtische Infrastruktur sicherzustellen, folgte also keinem unmittelbaren ökonomischen Kalkül, sondern vermutlich eher einer Abwägung hinsichtlich der zunehmenden Bedeutung Leverkusens. Die für den Aufbau der Wasseranlage veranschlagte Investitionssumme hätte rund 20 Prozent der ebenfalls im November 1893 genehmigten Kosten der Leverkusener Säureproduktion betragen, eine zu diesem Zeitpunkt vermutlich als zu riskant wahrgenommene Doppelbelastung. Durch den externen Bezug des Wasserbedarfs erhielt sich die Unternehmensführung der Farbenfabriken folglich zumindest kurzfristig einen größeren Handlungsspielraum, indem sie auf die mit dem Aufbau einer eigenen Wasserversorgung verbundenen Fixkosten verzichtete und die Wasserkosten weiterhin variabel blieben, auch wenn sie vergleichsweise hoch waren.

4.4.2 Neuorganisation und Maßnahmen zur Effizienzsteigerung

Die im April 1895 beschlossene zweite Ausbauphase in Leverkusen und die damit einhergehende Aufgabe der Standorte in Elberfeld und Barmen waren maßgeblich durch die bereits erwähnte Denkschrift Carl Duisbergs beeinflusst worden. Vor allem die Berücksichtigung infrastruktureller Bauten wie der Zentralwerkstatt, der Eisfabrik sowie der Arbeiter- und Beamtenwohnungen fußte auf seinen Ideen, deren Umsetzung sich jedoch nicht nur in der Durchführung des vorgelegten „Generalplans" erschöpfte. Die Vorstellung Duisbergs ging

175 Zum Konzept der Opportunitätskosten, siehe Becker, Selwyn W.; Ronen, Joshua; Sorter, George H.: Opportunity Costs-An Experimental Approach. In: *Journal of Accounting Research*, 12 (1974), S. 317.

176 BAL 11/3, Aufsichtsrat: 90. Aufsichtsrath-Sitzung am 17. November 1893, S. 225.

über eine reine Bedarfsdeckung des Unternehmens hinaus und beschränkte sich dementsprechend nicht auf rein infrastrukturelle Überlegungen, sondern gab diesen einen organisatorischen und effizienzoptimierenden Rahmen. Im Zuge der Genehmigung der zweiten Ausbauphase hielt der Aufsichtsrat fest, dass sich die vorgeschlagenen Anlagen nicht nur an „de[m] von Dr. Duisberg in dankenswerther Weise ausgearbeiteten Generalplan" anlehnen würden, sondern ebenfalls an den „in dessen Brochüre niedergelegten Principien."[177]

Duisberg erkannte in Leverkusen die einmalige Gelegenheit, die unübersichtlichen, da organisch gewachsenen Strukturen in Elberfeld und Barmen aufzulösen und in eine von Grund auf neue Form zu überführen. Für die alten Standorte des Unternehmens stellte Duisberg in der Rückschau fest, diese seien „im allgemeinen höchst primitiv und irrationell" gewesen, weshalb sich ein Großteil seiner Denkschrift vor allem dem Aspekt der rationellen Produktion widmete.[178] Die Denkschrift, die Duisberg zu einer Zeit verfasste, als er noch nicht Teil der Unternehmensführung im engeren Sinne war, sollte in gewisser Weise ihre Legitimation in der Gegensätzlichkeit zu den alten Strukturen finden. So leitet er sie mit der Feststellung ein, dass der Umzug und die Neuerrichtung der Betriebe in Leverkusen „nicht auf Grund momentaner, wenn auch sorgfältiger Erwägungen erfolgen" dürften, sondern anhand „eines einheitlichen, gründlich vorbereiteten Plans" geschehen müssten.[179] Dabei war diese Notwendigkeit zuvor ebenfalls von Henry Böttinger erkannt worden, der, wie bereits erwähnt, dem Aufsichtsrat bereits im Dezember 1892 einen Generalplan für den Ausbau des Leverkusener Grundstücks vorgelegt hatte.[180] Wenngleich dieser seinerzeit jedoch durch das Kontrollgremium nur zur Kenntnis genommen worden war und zu keiner praktischen Umsetzung geführt hatte, beinhaltete der Plan Böttingers bemerkenswerterweise ebenfalls Überlegungen hinsichtlich einer infrastrukturellen Optimierung des Standortes:

> Herr Böttinger legt dem Aufsichtsrath einen General-Lageplan des ganzen Terrains in Leverkusen vor, worin als General-Ideen für die zukünftigen Betriebe die gedachten Straßenzüge, Canäle, sowie die sucessive im Laufe der Jahre zu errichtenden Gebaulichkeiten für Rohmaterial-, Farben- u. Pharmaceutische Fabrikation eingezeichnet sind, sowie auch die Lager- u. Verwaltungsgebäude.[181]

---

177 BAL 11/3, Aufsichtsrat: 90. Aufsichtsrath-Sitzung am 17. November 1893, S. 225–26.

178 Duisberg 1918, S. 603.

179 Duisberg, Carl: Denkschrift über den Aufbau und die Organisation der Farbenfabriken zu Leverkusen (Januar 1895). In: Carl Duisberg (Hg.): Abhandlungen, Vorträge und Reden aus den Jahren 1882–1921. Berlin u. a. 1923b, S. 387.

180 Vgl. Kapitel 4.4.1.

181 BAL 11/3, Aufsichtsrat: 87. Aufsichtsraths-Sitzung am 2. Dezember 1892, S. 213–14.

Da eine detaillierte Überlieferung des Böttinger Generalplans nicht existiert, kann an dieser Stelle nur angenommen werden, dass sich dieser vermutlich vor allem auf die baulichen Aspekte des neuen Standortes konzentrierte und nicht den von Duisberg mitgelieferten organisatorischen „Überbau" beinhaltete. Gleichzeitig verdeutlicht die Überlieferung jedoch, dass durchaus bereits Pläne für einen kontrollierten Aufbau Leverkusens existierten. Unklar bleibt, wie geordnet sich der Aufbau Leverkusens zwischen den beiden Generalplänen, also zwischen Dezember 1892 und Januar 1895, tatsächlich vollzog. Fest steht jedoch, dass der sich in Entwicklung befindende Standort von Duisberg kritisch gesehen wurde, da sich dort nach seiner Auffassung Verhältnisse wie in Elberfeld abzeichneten.[182]

Der von Duisberg gelieferte Plan wich, wie gesagt, zunächst nicht von den Forderungen Böttingers ab. Die von Böttinger erdachten Straßenzüge und Kanäle sollten die Infrastruktur sowohl für bestehende als auch für „im Laufe der Jahre" hinzukommende Fabriken sicherstellen, nach Duisberg sollte das zur Verfügung stehende Terrain „schon heute, wenn auch nur ideell, so doch planmäßig in Abschnitte zerlegt" werden, die dann den einzelnen Betrieben zugeteilt bzw. späteren reserviert werden sollten.[183] Für diese Parzellen sah Duisberg dann ein an Effizienzkriterien ausgerichtetes Straßen- und Kanalsystem vor. Ergänzt wurden die transporttechnischen Überlegungen mit dem bereits im Bau befindlichen Anschluss des Leverkusener Standortes an das Eisenbahnnetz sowie einer fabrikinternen Kleinbahn für den Warenaustausch zwischen den Fabriken. Für die Anordnung der einzelnen Abteilungen hatte Duisberg die Vorstellung, dass die Herstellungslogik der einzelnen Produkte ebenfalls örtlich Ausdruck finden sollte. Exemplarisch für die Alizarin-Herstellung veranschaulicht, sollte das Rohanthracen über den Rhein angeliefert werden und sich im Prozess seiner Weiterverarbeitung immer weiter vom Fluss entfernen, bis es schließlich als Alizarin-Farbstoff das am entgegengesetzten Ende der Fabrik gelegene Farbenlager erreichte.

Das durch das Straßen- und Kanalsystem entworfene Schachbrettmuster nutzte Duisberg sodann zur gedanklichen Überleitung in Richtung des bereits angesprochenen organisatorischen „Überbaus". Aus der räumlichen Trennung ergab sich eine Unterteilung der Fabrik in sieben Abteilungen. Neben den etablierten Alizarin-Farbstoffen, Anilin-Farben und pharmazeutischen Produkten sah Duisberg zudem eine Abteilung für anorganische Produkte wie Schwefel-, Salpeter oder Salzsäure, eine Abteilung für den „Werkstättenbetrieb" sowie eine Verwaltungs- und Verkehrs-Abteilung vor. Als siebtes Element sollte eine

182 Vgl. hierzu Plumpe 2016a, S. 134.
183 Duisberg 1923b, S. 387.

eigenständige Abteilung für organische Zwischenprodukte entstehen, da er dort die Dringlichkeit erkannte, „von der bisher bei uns üblichen Art, die Zwischenprodukte in den Farbstoffbetrieben mit zu fabrizieren, abzugehen und dieselben der Kontrolle der Qualität, der Vereinfachung der Darstellung und der Verbilligung wegen zu einem Zwischenproduktsbetriebe zu vereinigen.“[184]

Den Abteilungen vorstehen sollte ein „das gesamte wissenschaftliche und technische Gebiet beherrschende[r], energische[r] Abteilungsvorstand“, der wiederum der Direktion gegenüber die Verantwortung dafür tragen sollte, „dass in der Abteilung alles vorschriftsmässig verläuft, dass die Betriebe in der billigsten und rationellsten Weise geleitet werden und dass zur Darstellung der verschiedenen Produkte nur die besten und billigsten Methoden unter Benutzung der zweckentsprechenden Apparate zur Anwendung kommen.“[185] Der Plan Duisbergs sah zudem vor, dem Abteilungsvorstand, sobald die Abteilung eine gewisse Größe erreicht hatte, ebenfalls einen kaufmännischen Beamten zur Erfüllung von Buchhaltungsaufgaben zur Seite zu stellen. Die darin mitschwingende Bedeutung der betriebswirtschaftlichen Erfassung der Produktionsprozesse fand ebenfalls in der Forderung Duisbergs ihren Ausdruck, den Verbrauch aller Betriebsstoffe genau zu quantifizieren. Der Konsum von Gas, Wasser, Druckluft, Kohle, Dampf, Elektrizität etc. sollte durch geeignete Messinstrumente erfasst und monatlich den Betriebsführern, die hierarchisch eine Ebene unter den Abteilungsleitern angeordnet waren, mitgeteilt werden. Darüber hinaus sollten „alle Zahlen über Ersatz und Verschleiss, Reparatur, Neuanlagen etc.“ ebenfalls monatlich bekannt gegeben werden, „damit dieselben [die Betriebsführer, FS] Ersparnisse und Verbesserungen nach dieser Richtung machen können.“[186] Die Ausführungen Carl Duisbergs beinhalteten auch eine klare Vorstellung über den hierarchischen Aufbau des Unternehmens, der sich von der Ebene der Direktion über die Abteilungsleiter, die Betriebsleiter, die Werksmeister und Aufseher schließlich auf die unterste Ebene der Arbeiter erstreckte.[187] Diese von Duisberg angedachte Hierarchisierung in Verbindung mit der Angliederung wichtiger Beamter auf Abteilungsebene interpretiert Werner Plumpe als Frühform eines divisionalen Unternehmens (M-Form), da die einzelnen Abteilungen in gewisser Hinsicht bereits Strukturen eigenständiger Sparten aufwiesen.[188]

184 Duisberg 1923b, S. 389.

185 Ebd., S. 393.

186 Ebd.

187 Vgl. Hartmann 2010, S. 65.

188 Vgl. Plumpe 2016a, S. 137. Die Beschreibung des Übergangs von einer zentralisierten, funktional gegliederten Unternehmensform (U-Form) zu einer dezentralisierten, divisionalen Unternehmensform (M-Form) basiert im Wesentlichen auf den Ausführungen Alfred D. Chandlers. Vgl. Chandler 1962. Zum Überblick ebenfalls Berghoff 2004, S. 67–70.

Fasst man die in der Denkschrift zusammengetragenen Vorstellungen zusammen, steht in der Summe das Duisberg'sche Leverkusen in der Tat als ein, wie ebenfalls von Plumpe interpretiert, „Ausdruck einer infrastrukturellen Vision wie einer technokratischen Obsession".[189] Für die Fragestellung der Arbeit ist vor allem Duisbergs Obsession relevant, da sein technokratischer Anspruch nicht zuletzt darin bestand, die Produktionskosten bis auf das kleinste Detail herunter zu brechen und hierdurch eine genaue Kontrolle dieser Kosten sicherzustellen. Duisbergs Plan beinhaltete also miteinander verzahnte architektonische, infrastrukturelle und betriebsorganisatorische Elemente, die in ihrer Summe neue Grundlagen für zukünftige Entscheidungsprozesse und buchhalterische Praktiken schufen.

4.4.3 Unerwartete Mehrkosten und neue Finanzierungspolitik

Trotz der gestiegenen Ansprüche an den Aufbau Leverkusens ging der kaufmännische Direktor Hermann König im Oktober 1895 weiterhin davon aus, dass die Kosten des neuen Standortes aus Eigenkapital würden gedeckt werden können. Voraussetzung hierfür, so König, sei eine Beibehaltung der „conservativen Politik der Firma mit Bezug auf reichlich Abschreibungen", die es dem Unternehmen ermöglichen würde, mindestens bis zum Frühjahr des Jahres 1897 auf Bankkredite oder eine Kapitalerhöhung verzichten zu können. Der seit Ende der 1880er Jahre geltenden Prämisse der konservativen Thesaurierungspolitik folgend veranlasste der Vorstand für das Geschäftsjahr 1895 Abschreibungen und „Werthreductionen" in Höhe von insgesamt knapp 2,5 Millionen Mark, die man erneut bereits vor Abzug der restlichen Kosten von dem zu verteilenden Bruttogewinn abzog. Die höchste Einzelabschreibung von 938.864,39 Mark erfolgte für „Neubauten u. Neuanlagen an Maschinen und Geräthen", weshalb davon auszugehen ist, dass der Vorstand erneut das in Leverkusen entstandene Anlagevermögen zu großen Teilen abschrieb.[190] Neben den Thesaurierungsmaßnahmen des Vorstandes beschloss der Aufsichtsrat seinerseits ebenfalls Vermehrungen bzw. Dotierungen neuer, nicht-öffentlicher Reservekonten. So wurde die für Rechtsstreitigkeiten eingerichtete „Proceßreserve" auf Grund schwebender Prozesse von rund 100.000 Mark auf 300.000 Mark erhöht, ebenso wie die Inventur-Reserve „wegen der überall vergrößerten Vorräthe u. Läger" von 1,1 Millionen auf 1,3 Millionen und die „Delcredere-Reserve" für Außenstände von

189 Plumpe 2016a, S. 135.
190 BAL 11/3, Aufsichtsrat: 97. Aufsichtsrathssitzung am 1. April 1896, S. 259.

400.000 Mark auf 500.000 Mark. Hinzu kam die Einrichtung einer „Eisenbahnbau-Reserve für Leverkusen" in Höhe von 200.000 Mark.[191]

Bezüglich der Gesamtsumme der Abschreibungs- und Reservebildungsmaßnahmen wurde im Aufsichtsratsprotokoll festgehalten, dass sich der Reingewinn „von M. 3.552.723,70 auf Netto M. 2.860.863,50" verminderte, dessen Verteilung dann an die Generalversammlung weitergegeben wurde.[192] Faktisch verringerten die ersten, durch den Vorstand durchgeführten Maßnahmen den Bruttogewinn des Unternehmens von 8.006.246,35 Mark auf 5.540.533,49 Mark. Der aus letzterer Summe berechnete Nettogewinn betrug dann zunächst 3.552.723,70 Mark und wurde durch die seitens des Aufsichtsrats durchgeführten Reservelegungen weiter auf 2.860.863,50 Mark reduziert. Ohne die verschiedenen Abschreibungs-, Wertminderungs- und Reservelegungsmaßnahmen hätte der Nettogewinn des Unternehmens im Jahr 1895 – unter Annahme gleichbleibender Kosten – 6.018.436,56 Mark betragen können und damit mehr als das Doppelte des später tatsächlich ausgewiesenen Nettogewinns. Ein Aufrechterhalten der Ausschüttungspolitik des Unternehmens, das auch in diesem Geschäftsjahr die Dividendenquote von 18 Prozent auf das Aktienkapital beibehielt, wäre unter diesem Gewinnausweis vermutlich nicht zu rechtfertigen gewesen. Mehr noch: Erneut beantragte die Direktion gegenüber der Generalversammlung die Genehmigung einer Sonderabschreibung, diesmal im bis dahin höchsten Gesamtbetrag von 600.000 Mark:

> Die grossen Neuanlagen in Leverkusen und Verlegung hiesiger Betriebe dorthin, die Erweiterung der Canalisations- und sonstigen allgemeinen nicht direct productiven Anlagen ebendaselbst und schliesslich der bevorstehende Bau der Eisenbahn nach Mühlheim machen es besonders wünschenwerth, in diesem Jahre für Extra-Abschreibungen einen höheren Betrag und zwar von ca. 600.000 Mk. zu verwenden.[193]

Zuzüglich der genehmigten Sonderabschreibung belief sich die Gesamtsumme der Reserve- und Abschreibungsmaßnahmen im Geschäftsjahr 1895 damit auf rund 3,75 Millionen Mark, wodurch sich in Bezug auf den Bruttogewinn von acht Millionen Mark eine außerordentlich hohe Gesamtreservequote von knapp 47 Prozent ergab.

Trotz der rigorosen Reservepolitik und entgegen der Annahme Hermann Königs, die Betriebsverlegung nach Leverkusen bis mindestens zum Jahr 1897 aus Mitteln der Innenfinanzierung bestreiten zu können, sah sich das Unternehmen seit dem Herbst 1896 mit einer jenseits der Erwartungen liegenden finanzi-

191 BAL 11/3, Aufsichtsrat: 97. Aufsichtsrathssitzung am 1. April 1896, S. 259.
192 Ebd.
193 BAL Geschäftsbericht 1895, Bericht der Direction.

ellen Beanspruchung konfrontiert. König konstatierte, dass die „wesentliche Vermehrung des ganzen Geschäfts im Verein mit dem Aufwand für neue Anlagen in Leverkusen" derartig stark geworden seien, dass sich die „disponiblen Mittel (inclusive 1.800.000 Mark Depots bei der Deutschen Bank welche für Zahlung von Dividenden und Tantiemen Verwendung finden sollen) seit Anfang Januar d. J. um 1½ Millionen Mark" verringert hätten. Angesichts der weiterhin aus dem Ausbau Leverkusens herrührenden, erheblichen Belastungen des Unternehmens schloss König, dass die Frage nach einer Kapitalvermehrung sich nun nicht mehr auf das Jahr 1897 würde verschieben lassen. Die im Aufsichtsrat geführte Diskussion mündete letztlich in dem Beschluss, vorerst auf eine Kapitalerhöhung zu verzichten und die Entscheidung auf den Herbst zu vertagen. Für die Überbrückung des Kapitalmangels beabsichtigte die Unternehmensführung die Aufnahme von „Privatdepots unter Verzinsung zu 5% p. a." sowie die eventuelle Aufnahme von Bankkrediten.[194] Wenngleich die Finanzierungsquelle „Privatdepots" nicht weiter beschrieben wurde, handelt es sich hierbei vermutlich um Privateinlagen, die entweder durch die Anteilseigner selbst oder dem Unternehmen nahestehende Personen eingebracht wurden.[195]

Die Entscheidung zur Kapitalerhöhung fiel dann tatsächlich im Herbst 1896. Die Baukosten in Leverkusen hatten zu diesem Zeitpunkt bereits die aus dem Gewinn bereitgestellten Mittel um eine Million Mark überschritten und diese Summe „von den disponiblen Mitteln der Gesellschaft absorbirt [!]", weshalb die Direktion die Notwendigkeit einer Kapitalerhöhung als nun unumgänglich identifizierte. Der Vorschlag des Vorstandes sah die Ausgabe neuer Aktienpapiere im Nominalwert von drei Millionen Mark vor. Die Emission der Papiere sollte erneut von der Deutschen Bank übernommen werden, welche „vorerst 2 Millionen zum Course von 197½% unter Rückerstattung unserer sämmtlichen bei der Emission gehabten Auslagen" übernahm. Die Aufnahme der restlichen Summe von einer Million Mark legte die Unternehmensführung der Generalversammlung zwar ebenfalls bereits zur Genehmigung vor, verschob den Ausgabe-

194 BAL 11/3, Aufsichtsrat: 97. Aufsichtsrathssitzung am 1. April 1896, S. 260.

195 Zu Privateinlagen, siehe Schöttler, Jürgen; Spulak, Reinhard: Technik des betrieblichen Rechnungswesens. München 2003, S. 202. Aus heutiger Sicht handelte es sich dabei vermutlich um Einlagen stiller Gesellschafter. Darauf deutet hin, dass die Einlagen nicht als Eigenkapital behandelt wurden, sondern vermutlich auf dem Creditoren-Konto gebucht wurden. Insgesamt flossen dem Unternehmen über diese Finanzierungsquelle rund 900.000 Mark zu (Vgl. BAL 11/3, Aufsichtsrat: 99. Aufsichthsratssitzung am 14. Oktober 1896, S. 266). Das Creditoren-Konto verdoppelte sich in den Geschäftsjahren 1895 und 1896 von 2.316.246,16 Mark auf 4.850.401,70 Mark. Dabei muss jedoch berücksichtigt werden, dass die zweite Finanzierungsquelle – die Aufnahme von Bankkrediten – ebenfalls auf dem Creditoren-Konto gebucht wurde. Vgl. BAL Geschäftsberichte 1895 sowie 1896.

termin jedoch vorerst. Nachdem eine außerordentlich einberufene Generalversammlung die Kapitalerhöhung am 10. November 1896 genehmigt hatte, erfolgte die Einzahlung der Gesamtsumme durch die Deutsche Bank zum 30. November 1896. Die Bank übernahm die vollständige Emission der Aktienpapiere, wodurch sowohl das Kursrisiko als auch das Risiko der Aktienplatzierung vollumfänglich bei ihr lagen.[196] Die tatsächliche Börsenzeichnung durch die Deutsche Bank erfolgte im Februar 1897. Auf Grund des mit der Bank vertraglich vereinbarten Ausgabekurses von 197,5 Prozent betrug die dem Unternehmen tatsächlich zufließende Summe 3.950.000 Mark. Das Agio von 1.950.000 Mark, das sich nach Abzug von Steuern noch auf 1.644.720 Mark belief, stand dem Unternehmen nach gesetzlichen Vorgaben nicht zur freien Verfügung, sondern musste dem gesetzlichen Reservefonds zugeführt werden. Dieser erhöhte sich in diesem Zuge von 1.222.098,62 Mark entsprechend auf 2.856.818,62 Mark.[197] In dem die Emission begleitenden Prospekt gab die Bank als Begründung der Kapitalerhöhung an, diese würde zur „Verstärkung der Betriebsmittel der Gesellschaft und Vergrösserung des Unternehmens durch Neubauten von Fabrikanlagen in Leverkusen, sowie zwecks Erbauung einer Eisenbahn von Mühlheim nach Leverkusen“ erfolgen. Für den Bau der Eisenbahn sei dabei ein Betrag von 800.000 Mark vorgesehen, während die Restsumme zu etwa gleichen Teilen auf den Bau von Neuanlagen sowie die Verstärkung der Betriebsmittel entfallen würde.[198]

Die jenseits der Erwartungen liegenden Baukosten für Leverkusen verdeutlichte der Vorstand gegenüber dem Aufsichtsrat anhand einer Auflistung der seit dem 1. Januar 1896 ausgeführten und in Ausführung begriffenen Neubauten, deren Gesamtkosten das Ingenieur-Büro auf knapp drei Millionen Mark kalkulierte. Für die Jahre 1897 und 1898 gab die Direktion zudem „unter Vorbehalt späterer Ratification“ einen weiteren Kapitalbedarf von 3.305.000 Millionen Mark an. Die Aufstellung, so ließ sie festhalten, illustriere „am Besten das bedeutende Geldbedürfnis der Firma“. Schlussendlich zeigte sich der Aufsichtsrat mit den Baukosten einverstanden und genehmigte ebenfalls „das Plus der Anlagen über früher bereits vorgelegene u. beschlossene Einzel-Bewilligungen“.[199] Die teilweise erheblichen Unterschiede zwischen den genehmigten Kostenvoranschlägen und den später tatsächlich eintretenden Kosten veranlassten den Aufsichtsrat im Dezember 1897, das Ingenieur-Büro mit einer detaillierten Auflistung der aus dem zurückliegenden Geschäftsjahr resultierenden Nachforde-

196 Vgl. hierzu Dahlem 2009, S. 284.
197 Vgl. BAL Geschäftsbericht 1896, Bericht der Direction.
198 HADB SG31/009: Prospekt der Kapitalerhöhung 1897.
199 BAL 11/3, Aufsichtsrat: 99. Aufsichtsrathssitzung am 14. Oktober 1896, S. 267–268.

rungen zu beauftragen. Wenngleich ein Großteil der Neubauten im Rahmen der für diese bewilligten Mittel blieb, überstieg der Betrag der Nachforderungen in Einzelfällen sogar die ursprünglich genehmigte Totalsumme. Angesichts der Schwierigkeit einer realistischen Kostenkalkulation und der damit erinhergehenden Unklarheit bezüglich des Kapitalbedarfs äußerte sich die Direktion hinsichtlich der finanziellen Lage des Unternehmens weniger selbstbewusst als in den Jahren zuvor. Vielmehr sprach diese die Hoffnung aus, „daß es bei dem verhältnismäßig nicht sehr raschen Fortgang unserer Anlagen, möglich werden sollte, diesen Bedarf [den Geldbedarf, FS] aus den laufenden verfügbaren Mitteln der Gesellschaft während des nächsten Jahres zu decken".[200]

Die Geschwindigkeit der Betriebsverlegung nach Leverkusen, die vor allem Mitte der 1890er Jahre enorme Summen verschlang, schien die Unternehmensführung offenbar bisweilen überfordert zu haben. Angesichts des gewaltigen Kapitalbedarfs war ein Festhalten an der oft zitierten konservativen Finanzierungspolitik ab diesem Zeitpunkt nicht mehr möglich, weshalb die Direktion nun ebenfalls eine Inanspruchnahme von Bankkrediten „in mäßigem Umfang" für notwendig hielt, „so daß mit der Ausgabe der in letzter außerordentlicher General-Versammlung noch bewilligten 12ten Million des Actien-Capitals vielleicht bis Anfang des Jahres 1899 zugewartet werden kann."[201] Die vereinzelt deutlich werdende Getriebenheit der Unternehmensführung wurde im April des Jahres 1898 schließlich durch die Direktion explizit: Bei routinemäßigen Besprechungen über den Stand der Anlagen in Leverkusen gab diese ihr Bedauern darüber zu Protokoll, dass sich die Fertigstellung der bereits durch den Aufsichtsrat genehmigten Anlagen trotz aller getroffenen Vorkehrungen nur langsam bewerkstelligen lasse. Bemerkenswerterweise gab die Direktion als Begründung an, die Aufgaben seien „zu viele u. die Schwierigkeit der Beschaffung genügender Arbeitskräfte [...] so bedeutend, daß eine wesentliche Beschleunigung" sich nicht ermöglichen lasse.[202]

Zu der ohnehin schon schwierigen Lage, in die sich das Unternehmen auf Grund des mit hoher Geschwindigkeit vorangetriebenen Aufbaus der Leverkusener Fabrik gebracht hatte, traten nun auch Finanzierungsprobleme. Ebenfalls während der im April 1898 abgehaltenen Aufsichtsratssitzung gab die Direktion zu Protokoll, dass sich die finanzielle Lage des Unternehmens in den vorausgegangenen vier Monaten wesentlich schlechter dargestellt habe als zuvor angenommen. Die Mehrausgaben hätten dazu geführt, dass „ein Betrag von über 2 Millionen Mark von unseren flüssigen Mitteln absorbiert" worden sei. Den Ein-

200 BAL 11/3, Aufsichtsrat: 102. Aufsichtsrathssitzung am 11. Dezember 1897, S. 278.
201 Ebd.
202 BAL 11/3, Aufsichtsrat: 103. Aufsichtsrathssitzung am 6. April 1898, S. 282.

nahmen von 3,6 Millionen Mark standen Ausgaben in Höhe von 5.227.000 Mark gegenüber, welche die Direktion nach den Posten Betriebszwecke (3.077.000 M.), Verkaufszwecke (912.000 M.), Anlagenzwecke (715.000 M.), Privatzahlungen (254.000 M.) sowie Patenterwerb und sonstige Auslagen (269.000 M.) aufschlüsselte. Die Direktion verwies darauf, dass sie einen Einnahmenausfall in dieser Höhe und in solch kurzer Zeit nicht habe voraussehen können. Offenbar handelte es sich bei dem Gewinnrückgang um ein industrieweites Phänomen. Wie bereits an anderer Stelle erwähnt, gab der Vorstand der BASF in seinem Geschäftsbericht des Jahres 1898 an, dass mehrere „Zweige der Textil-Industrie, welche den Absatz unserer Farbstoffe in erster Linie beeinflusst, [...] unter einer starken Depression" stünden.[203] Angesichts der angespannten wirtschaftlichen Lage gab die Unternehmensführung der Farbenfabriken erneut die Ausgabe der noch ausbleibenden Kapitalerhöhung von einer Million Mark zur Diskussion.[204] Die Genehmigung zur Emission der letzten Aktien-Tranche erfolgte schließlich im August 1898, die Ausgabe derselben dann einen Monat später.[205] Das durch die Ausgabe erzielte Agio von 818.476,80 Mark nach Steuern führte man, wie gesetzlich vorgeschrieben und bereits bei Einzahlung der ersten Tranche erfolgt, dem Reservefonds I zu, der dadurch eine Gesamthöhe von 3.755.295,42 Mark erreichte. Gegenüber der Generalversammlung hielt die Direktion fest, dass die Beträge der beiden Reservefonds – die im Reservefonds II zurückgelegte Summe betrug weiterhin 350.000 Mark – sich nun auf 34,2 Prozent des Aktienkapitals belaufen würden.[206] Hierdurch übertraf man ebenfalls bei weitem die gesetzlich vorgegebene Reservehöhe von zehn Prozent des Aktienkapitals, in diesem Fall von 1,2 Millionen Mark.

Nicht überliefert ist, weshalb die Erhöhung des Aktienkapitals so lange hinausgezögert wurde, obwohl die Direktion in der Zwischenzeit mehrmals einen gesteigerten Kapitalbedarf anzeigte. Eine Verzögerung der Kapitalerhöhung auf Grund eines zu niedrigen Aktienkurses kann hierbei sehr wahrscheinlich ausgeschlossen werden, da dieser in der beobachteten Periode neue Höchstwerte erreichte.[207] Stattdessen griff die Unternehmensführung auf das zuvor mit Vehe-

203 BASF UA, Geschäftsbericht 1898. Vgl. ebenfalls die zitierte Passage in Kapitel 4.3.

204 BAL 11/3, Aufsichtsrat: 103. Aufsichtsrathssitzung am 6. April 1898, S. 285.

205 Vgl. BAL 11/3, Aufsichtsrat: 105. Aufsichtsrathssitzung am 27. August 1898, S. 287 sowie HADB SG31/009: Prospekt der Kapitalerhöhung 1898.

206 BAL Geschäftsbericht 1898, Bericht der Direction.

207 Während der behandelten Periode erreichten die Wertpapiere der Farbenfabriken folgende, auf den Nominalwert der Aktien (1.000 Mark) bezogene Jahresendkurse: 1893: 248,25 %, 1894: 303,25 %, 1895: 319,5 %, 1896: 349,6 %, 1897: 354 %. Im Jahr der Kapitalerhöhung 1898 sank der Aktienkurs konsequenterweise und erreichte einen Jahresendwert von 325,25 %. Zahlen entnommen aus: Handbuch der deutschen Aktiengesellschaften 1912/1913.

menz vermiedene Finanzierungsmittel der Bankkredite zurück – eine Praxis, die zwischen den Jahren 1895 und 1898 zu einer Verdreifachung des Kreditoren-Kontos des Unternehmens führte, welches zuvor einen leicht rückläufigen Trend aufgewiesen hatte (vgl. Abbildung 4.5). Während sich die Beträge des Fremdkapitals zwischen 1885 und 1890 überwiegend in einem Korridor zwischen zwei Millionen und drei Millionen Mark bewegt hatten, verwendete die Unternehmensführung sowohl die 1889 erfolgte Kapitalerhöhung von 7,5 Millionen auf 9 Millionen Mark als auch die 1891 ausgegebene Anleihe in Höhe von drei Millionen Mark vornehmlich zur Reduzierung der Verbindlichkeiten des Unternehmens. Auch der Ankauf Leverkusens und die erste Phase des dort vollzogenen Anlagenbaus beeinflussten die Schuldensumme nur unwesentlich. Zu einer bedeutenden Veränderung der Finanzierungspolitik des Unternehmens kam es dann mit der Entscheidung zur vollständigen Unternehmensverlegung nach Leverkusen im Jahr 1895. Die im Jahr 1896 durchgeführte Kapitalerhöhung diente ausschließlich der Deckung der aus dem Umzug resultierenden Kosten, ebenso wie die Inanspruchnahme von Bankkrediten nun als probates Mittel zur Zwischenfinanzierung gesehen wurde, bzw. gesehen werden musste.

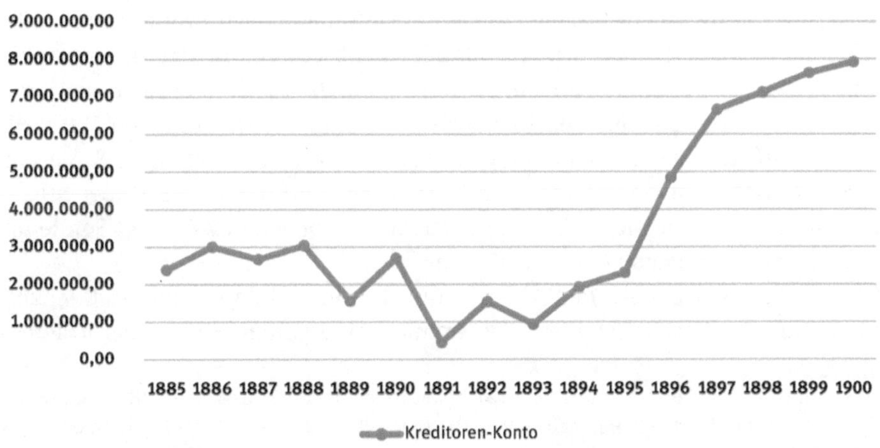

Abbildung 4.5: Beträge des Kreditoren-Kontos der Farbenfabriken, 1885–1900.[208]

Einen weiteren Beleg für die Abkehr von der Maxime der konservativen Finanzierungspolitik stellt die im Dezember 1898 erfolgte Auflage einer neuen Unternehmensanleihe in Höhe von acht Millionen Mark dar. In diesem Zuge wurde die im Jahr 1891 aufgelegte Anleihe von drei Millionen Mark zunächst mit Frist

208 Zahlen entnommen aus den BAL Geschäftsberichten 1885–1900. Eigene Darstellung.

zum 1. April 1899 gekündigt und die Rückzahlung der über diese Anleihe noch bezogenen 2.714.000 Mark zu diesem Termin festgesetzt.[209] Den Zeichnern der ersten Obligation stand es dabei offen, ihre alten Anleihepapiere in neue umzuwandeln und dadurch auf die Rückzahlung zu verzichten.[210] Erneut fungierte die Deutsche Bank als Vermittlungsinstitut: Das Geldhaus übernahm die vollständige Ausgabe der Obligation „zum Cours von 102%" bei einer Verzinsung von vier Prozent pro annum und kam erneut für einen Großteil der Emissionskosten auf.[211] Der terminliche Unterschied zwischen der Ausgabe der neuen Anleihe und der Rückzahlungspflicht der alten Anleihe ermöglichte es den Farbenfabriken ferner, die Einlösung der alten Obligationspapiere teilweise bei der Deutschen Bank verrechnen zu lassen.[212] Auf Grund dieser Verrechnung lag der tatsächliche Anleihebetrag folglich deutlich unter dem Nominalbetrag von acht Millionen Mark, die genaue Summe des Anleihewertes ist jedoch nicht zu rekonstruieren. Zur Begründung der Kapitalmaßnahmen gab der Aufsichtsrat in seinem Jahresbericht an, die Steigerung der Umsätze und die damit in Zusammenhang stehende Vergrößerung der Anlagen in Leverkusen habe die Unternehmensführung dazu veranlasst, „frühzeitig auf die weitere Consolidierung und Stärkung unserer Finanzen bedacht zu sein."[213] Die finanziell nun gesicherte Lage des Unternehmens ermöglichte es der Unternehmensführung, auch im Geschäftsjahr 1898 die mittlerweile etablierte Abschreibungs- und Reservebildungsstrategie weiterzuverfolgen. So verringerte die Direktion erneut den Bruttogewinn vor der eigentlichen Bilanzvorlage um rund drei Millionen Mark, die im Wesentlichen aus Abschreibungen auf „Neubauten, Neuanlagen & Maschinen u. Geräthe" in Höhe von 1.215.997,85 Mark resultierten.[214] Darüber hinaus gab der Aufsichtsrat wie in den Jahren zuvor die Notwendigkeit einer Sonderabschreibung in Höhe von 600.000 Mark an.[215]

Interessant ist, dass der Aufsichtsrat vor dem Hintergrund der Bilanzbesprechung des Geschäftsjahres 1896 erstmals eine konkrete Höhe der in Fonds

209 Vgl. BAL 11/3, Aufsichtsrat: 106. Aufsichtsrathssitzung am 28. Dezember 1898, S. 288. Bei der 1891 durchgeführten Anleiheausgabe hatten sich die Farbenfabriken ein ab dem 1. April 1896 gültiges Kündigungsrecht festschreiben lassen, das nun griff: „Die Gesellschaft behält sich indessen das Recht vor, vom 1. April 1896 ab die planmäßige Tilgung zu verstärken oder auch die ganze Anleihe mit sechsmonatiger Frist zur Rückzahlung auf einen Zinstermin zu kündigen." Siehe HADB SG31/009: Prospekt der Anleihe von 3.000.000 Mark, Juni 1891.

210 Vgl. HADB SG31/009: Prospekt der Theilschuldverschreibung von nom. 8.000.000 Mark, Dezember 1898.

211 BAL 11/3, Aufsichtsrat: 106. Aufsichtsrathssitzung am 28. Dezember 1898, S. 288.

212 Vgl. ebd.

213 BAL Geschäftsbericht 1898.

214 BAL 11/3, Aufsichtsrat: 107. Aufsichtsrathssitzung am 24. März 1899, S. 291.

215 BAL Geschäftsbericht 1899, Bericht des Aufsichtsrathes.

zurückgestellten stillen Reserven angab. Diese belief sich mit 1,3 Millionen Mark für allgemeine Inventur-Reserven, 500.000 Mark für Delcredere-Reserven, 300.000 Mark für Prozess-Reserven sowie 200.000 Mark „Einbahnbau-Reserve für die Kleinbahn Mühlheim-Leverkusen" auf insgesamt 2,3 Millionen Mark. Dieser Betrag solle, so hielt der Aufsichtsrat fest, „intact in das neue Geschäftsjahr hinüber genommen werden, doch wird letzterer Posten während desselben natürlich durch den beschafften Bahnbau verzehrt werden."[216] Entsprechend der Ankündigung des Aufsichtsrats gab dieser in der Bilanzvorlage des Folgejahres an, dass der Bestand von nun 2,1 Millionen Mark auf das Geschäftsjahr 1898 zu übertragen sei – eine Vorgabe, die auch in der Bilanzvorlage 1898 wiederholt wurde.[217] Erst im Jahr 1899 führte der Aufsichtsrat der stillen Reserve weitere Gelder zu, indem er eine Dotierung der Debitoren-Reserve in Höhe von 200.000 Mark, der allgemeinen Inventar-Reserve von 250.000 Mark, der Prozesskosten-Reserve von 100.000 Mark sowie eines „Arbeiter-Spezial-Unterstützungsfonds" in Höhe von 50.000 Mark veranlasste, wodurch der stille Reservefonds „um 600.000 Mark total auf 2.700.000 Mark vergrößert" wurde.[218] Nach 1899 fand der stille Reservefonds dann bis zur Gründung des Dreibundes keine weitere Erwähnung im Aufsichtsratsprotokoll. Zu bemerken sei an dieser Stelle, dass sich diese genaue Taxierung der stillen Reserve nur auf die explizit zu diesem Zweck eingerichteten Fonds bezog. Nicht berücksichtigt wurden hierbei die bereits zu diesem Zeitpunkt über die Abschreibung einzelner Bilanzposten generierten Reserven, auf die im Folgekapitel detailliert eingegangen werden wird.

Die finanzielle Stabilisierung des Unternehmens war nur von kurzer Dauer. Bereits im November des Jahres 1900 gab Direktor Hermann König gegenüber dem Aufsichtsrat an, dass die flüssigen Mittel des Unternehmens zwischen dem 1. Januar und dem 30. September des Jahres von 7,85 Millionen Mark auf 3,35 Millionen Mark zurückgegangen seien. Die Ursache für das Defizit machte die Direktion in der Überproduktion einer Vielzahl von Produkten aus, deren Absatz sich zur Mitte des Jahres überraschend verschlechtert hatte. Die vor dem Hintergrund der Betriebserweiterung in Leverkusen vollzogene Produktionssteigerung führte darüber hinaus zu Mehrausgaben, da benötigte Rohprodukte in größeren Quantitäten eingekauft und auf Lager gehalten werden mussten.[219] Auf die Finanzierungslücke reagierte die Unternehmensführung erneut mit ei-

216 BAL 11/3, Aufsichtsrat: 100. Aufsichtsrath-Sitzung am 3. April 1897, S. 270.

217 BAL 11/3, Aufsichtsrat: 103. Aufsichtsraths-Sitzung am 6. April 1898, S. 281 sowie ebd., 107. Aufsichtsraths-Sitzung am 24. März 1899, S. 291.

218 BAL 11/3, Aufsichtsrat: 110. Aufsichtsrathssitzung am 3. April 1900, S. 301.

219 Vgl. BAL 11/3, Aufsichtsrat: 112. Aufsichtsrathssitzung am 8. November 1900, S. 304.

ner Kapitalerhöhung von diesmal zwei Millionen Mark. Die Emission der neuen Wertpapiere erfolgte im Jahr 1901 durch die Deutsche Bank und ließ das nominale Aktienkapital des Unternehmens auf nun 14 Millionen Mark ansteigen.[220] Die über die Aktienemission generierten Einnahmen von rund 3,8 Millionen Mark flossen offenbar unmittelbar in die Barmittel des Unternehmens. So stellte der Aufsichtsrat bei der Besprechung der allgemeinen Geschäftslage im November 1901 den Anstieg der liquiden Mittel gegenüber dem Vorjahr von 2,5 auf 6,4 Millionen Mark fest und verwies zugleich auf den Ursprung des Zugewinns: „Die Vergrösserung dieses greifbaren Bestandes von einem Jahr auf das andere hat ihren Umstand in der Hauptsache in der Begebung von M. 2.000.000 neuer Actien zu 200 %, welche etwa M. 3.800.000 zuführte."[221] Insgesamt zeigte sich der Aufsichtsrat gegenüber der Finanzlage nun optimistischer, nicht zuletzt, da sich die mit der Umsiedlung nach Leverkusen verbundenen hohen finanziellen Belastungen auf Grund der weitgehenden Fertigstellung des Standortes zunehmend verringerten.[222] In diesem Sinne gab auch das Aufsichtsratsmitglied Ernst von Eynern an, dass eine „Fortdauer der günstigen Gewinn-Verhältnisse des Unternehmens" angenommen werden könne, so dass sich die Unternehmensführung „über Neubeschaffung von Mitteln in absehbarer Zeit keine Sorgen zu machen" brauche. Vielmehr könne angenommen werden, „dass in einigen Jahren die für Neubauten von Betriebscapital erforderlichen Gelder aus dem Betriebs-Gewinn allein entnommen werden können" – ein deutlicher Hinweis darauf, dass die Kapitalerhöhungen unmittelbar mit der Standortverlagerung nach Leverkusen in Verbindung zu setzen sind.[223]

Wie im gleichfalls problematischen Geschäftsjahr 1898 verzichtete die Unternehmensführung auch in den Jahren 1900 und 1901 nicht auf die Bildung stiller Reserven. Zwar fiel die Bilanzverkürzung des Jahres 1901 geringer aus als im Vorjahr, doch war der Unterschied nur marginal: Die Summe der Verkürzungen belief sich im Geschäftsjahr 1900 auf 4.334.507,14 Mark, im Vorjahr hatte sie sich auf 4.475.456,10 Mark belaufen. In dem von Optimismus geprägten Geschäftsjahr 1902 schließlich stieg sie mit 7,1 Millionen Mark auf den höchsten Wert aller Jahre bis zur Gründung des Dreibundes im Jahr 1904.[224] Die ausge-

220 Vgl. HADB SG31/009: Prospekt der Kapitalerhöhung 1901.

221 BAL 11/3, Aufsichtsrat: 115. Sitzung des Aufsichtsraths am 13. November 1901, S. 313.

222 Vgl. ebd.

223 Ebd.

224 Vgl. Zahlen aus den jeweiligen Sitzungen des Aufsichtsrats in BAL 11/3, Aufsichtsrat. Siehe ebenfalls die Ausführungen in Kapitel 4.5. Zur Begründung des deutlichen Gewinnanstiegs gab die Direktion im Geschäftsbericht an: „Die Ursache des höheren Gewinns gegenüber dem Vorjahre liegt in einer Vermehrung des Umsatzes, die zum Teil auf die Fabrikation und Einführung neuer und wichtiger Farbstoffe zurückzuführen ist." BAL Geschäftsbericht 1902.

prägte Reservepolitik der Farbenfabriken rief schließlich die Steuerbehörde auf den Plan. Im Geschäftsbericht des Jahres 1901 gab die Unternehmensführung an, dass die ordentlichen Abschreibungen auf Gebäude und Maschinen im Steuerjahr 1900 teilweise, im Steuerjahr 1901 dagegen vollständig zur Einkommenssteuer herangezogen worden seien. Die Steuerbehörde erkannte folglich in der Abschreibungspraxis des Unternehmens eine Einkommensquelle und argumentierte, dass die in den Vorjahren bei den Farbenfabriken vorgenommenen außerordentlichen Abschreibungen zu einer bilanziellen Unterbewertung der Anlagen geführt hätten. Weitere Abschreibungen auf diese Anlagen wären demnach gleichbedeutend mit der Bildung von Reservefonds und dementsprechend steuerpflichtig. Der Vorwurf begründete sich wohl darauf, dass seit dem Jahr 1893 zur Berechnung der Steuerlast von Aktiengesellschaften sowohl Erträge als auch das Betriebskapital der Unternehmen herangezogen wurden.[225] In diesem Sinne führten die Sonderabschreibungen in der Tat zu Unterbewertungen des Betriebskapitals. Die Direktion fasste das Vorgehen der Steuerbehörde jedoch als unrechtmäßig auf und behauptete, darin nicht nur eine Gefährdung der Farbenfabriken, sondern der Unternehmensform der Aktiengesellschaft insgesamt zu sehen. So führten die Vorgaben zwangsläufig zu einer „minder soliden Bilanzierung", welche wiederum „eine grosse Gefahr für die Stabilität unseres Aktienwesens" bedeuten würde. In Bezug auf die Relevanz des Vorgehens für die chemische Industrie ließ man sich zu der Aussage hinreißen, die Behörde sei gar nicht in der Lage die „Verhältnisse einer so complicirten Industrie, wie dies die chemische ist, richtig zu beurteilen und den wirklichen Wert unserer Anlagen festzustellen, zumal wenn man erwägt, dass die Werte mit Rücksicht auf die fortwährenden Erfindungen neuer Verfahren einer vielfach ganz anormalen Wertminderung" unterliegen würden. Die darauffolgende Argumentation der Geschäftsführung in Bezug auf die Rechtmäßigkeit der Besteuerung ist so aufschlussreich, dass sie hier als ganze zitiert werden soll:

> Die ausserordentlichen Abschreibungen sind regelmässig versteuert worden. Die Steuerkommission hat damit erklärt, dass sie diese Abschreibungen als Reservefonds ansehe, weil sie dieselben andernfalls nicht hätte versteuern sollen. Waren die Extra-Abschreibungen aber Reservefonds damals, als sie zur Versteuerung herangezogen wurden, so müssen sie es für die Steuerbehörde auch in den nachfolgenden Jahren bleiben und dürfen nicht wieder als Abschreibungen betrachtet werden. Sie müssen also dem Buchwert unserer Grundstücke, Gebäude und Maschinen hinzugerechnet werden; denn wir hätten die Beträge, statt sie auf der Activseite unserer Bilanzen in Form von Abschreibungen abzuziehen, auch ebenso gut auf der Passivseite als Reservefonds ansetzen können. Dann ständen unsere Activa um den Betrag dieser ausserordentlichen Abschreibungen (die seit dem

225 Vgl. hierzu ausführlich Kapitel 4.5. sowie Spoerer, Mark: Steuerlast, Steuerinzidenz und Steuerwettbewerb. Berlin 2015, S. 75.

> Jahre 1887 insgesamt 6.450.000 Mark ausmachen) höher zu Buche und erscheinen die betreffenden Werte in unserer Bilanz per 31. Dezember 1901 mit einem Gesamtbetrag von 15.643.076,49 Mark anstatt einem solchen von 9.163.076,49 Mark. Diesen höheren Wert und nicht, wie geschehen, den Buchwert muss also die Steuerbehörde bei der Beurteilung unserer Abschreibungen in Betracht ziehen.[226]

Aus dieser Stellungnahme der Direktion lassen sich völlig konträre Auffassungen über den Sinn der stillen Reservelegung ableiten. Die seitens der Direktion der Farbenfabriken nach außen vertretene Ansicht war offenbar, dass zwischen der Legung stiller und der Bildung öffentlicher Reserven kein materieller Unterschied bestünde, da die Höhe der stillen Reserven ja durch die in jedem Geschäftsjahr ausgewiesenen und zudem von der Generalversammlung zu genehmigenden Sonderabschreibungen transparent nachvollziehbar sei, und darüber hinaus auf Grund ihrer öffentlichen Ausweisung ja bereits steuerrechtlich geltend gemacht worden wäre. Die von der Direktion gegenüber dem Aufsichtsrat explizit als „still" titulierten Reserven auf Inventar, Delcredere usw. wurden naheliegender Weise nicht thematisiert. Offen bleibt in dieser Argumentation jedoch, weshalb man überhaupt auf das Mittel der stillen Reservelegung zurückgriff und nicht einfach die Reservebildung öffentlich vollzog – eine Frage, die noch in den 1920er und 1930er Jahren von Fachleuten kontrovers diskutiert wurde.[227] Als zentrales Argument für die Legung stiller Reserven wurden hier vor allem die Begehrlichkeiten der Aktionäre angeführt, deren „Dividendenhunger" zu einer Ausbeutung des Unternehmens führen würde.[228] Die Unternehmen selbst hingegen argumentierten häufig mit der Notwendigkeit der Geheimhaltung gegenüber nationalen und internationalen Konkurrenzunternehmen, wenngleich in der Möglichkeit, sich der Kontrolle der Aktionäre und der Öffentlichkeit zu entziehen, vermutlich die wesentliche Motivation auszumachen ist.[229]

Die vor dem Oberverwaltungsgericht geführten Verhandlungen bezüglich der steuerlichen Behandlung der stillen Reserven führten schlussendlich dazu,

---

226 BAL Geschäftsbericht 1901.

227 So hält Passow hinsichtlich der Bewertungspraxis der stillen Reserven fest, dass der bevorzugte Weg der Reservebildung stets derjenige der „Schaffung einer offenen, einer sichtbaren Reserve" sein müsse. Wer die Bildung stiller Reserven empfehle, müsse sich „schon so weit geistig bemühen, daß er nicht nur für Reserven im allgemeinen spricht, sondern vielmehr darlegt, daß und aus welchen Gründen für die Reservebildung gerade der Weg stiller Reserven zu wählen" sei. Passow 1923, S. 73.

228 Vgl. Dietzen, Nikolaus: Wirtschaftliche Vorteile und Nachteile stiller Reserven bei Aktiengesellschaften. In: *Zeitschrift für handelswissenschaftliche Forschung*, 29 (1935), S. 192–214, hier: S. 198.

229 Vgl. Spoerer 1996, S. 63 sowie Passow 1923, S. 75.

dass die Farbenfabriken die Reservebildung nun wieder öffentlich vollzogen. In der Konsequenz wurden die „bisher von der General-Versammlung für Extra-Abschreibungen bewilligten Beträge unserem Reservefonds II" zugewiesen.[230] Im Resultat buchte die Unternehmensführung ab dem Geschäftsjahr 1901 die zuvor als Sonderabschreibungen veranschlagten Beträge in den öffentlichen Reservefonds. Die Summe der im Fonds zurückgestellten Beträge, die sich seit dem Jahr 1888 unverändert auf 350.000 Mark belaufen hatte, stieg in der Konsequenz bis zum Jahr 1903 bereits auf 2.295,781,22 Mark.[231] Die unmittelbare Umwidmung der Sonderabschreibungen in eine offene Reservelegung bedeutet zugleich, dass die Unternehmensführung – wie nun bereits mehrmals erwähnt und im Gegensatz zu der heute verbreiteten Praxis – in dem Instrument der (Sonder-)Abschreibung vor allem eine Finanzierungsquelle sah und eben keine Form der buchhalterischen Erfassung eines Werteverzehrs.

Die Aufmerksamkeit der Steuerbehörde und die damit ausgelöste Diskussion hinsichtlich der stillen Reservelegung erlaubt ebenfalls Rückschlüsse auf die seit Beginn der 1890er Jahre belegte Praxis der Wertminderung und Abschreibung im Zuge der Bilanzvorlage. Zwar waren die über das Mittel der ordentlichen und außerordentlichen Abschreibungen realisierten stillen Reserven – abgesehen von den gegenüber der Steuerbehörde explizit als solche angeführten Sonderabschreibungen der Farbenfabriken – in ihrer Höhe für Außenstehende nicht identifizierbar, doch lieferten vor allem die vergleichsweise geringen Veränderungen der Bilanzposten dem aufmerksamen Beobachter Hinweise auf das Vorhandensein dieser Reserven. So stiegen zwar der Betrag des Bilanzpostens „Gebäude" zwischen 1890 und 1900 von 1.639.388,94 Mark auf 2.953.409,01 Mark und der Betrag des Postens „Maschinen und Geräthe" in derselben Periode von 1.982.978,16 Mark auf 3.3097.429,52 Mark, doch scheint dieser Zuwachs in Anbetracht des in dieser Zeit vollzogenen Umzugs und Neuaufbaus von Fabrikationsanlagen in Leverkusen viel zu gering.[232] Hinzu tritt die Tatsache, dass sich die ordentliche Abschreibungsrate zwischen 1890 und 1900 sukzessive erhöhte und stellenweise um das Fünffache über dem Abschreibungszins des Jahres 1890 lag (vgl. erneut Abbildung 4.4).[233] Allein auf Grund der sich hieraus ergebenden, beschleunigten Reduzierung der Bilanzposten müssen dieselben unterbewertet gewesen sein. Die Erhöhung der ordentlichen Abschreibungsrate führte schließlich dazu, dass ein Großteil der Einzelkonten

230 BAL Geschäftsbericht 1901, Bericht der Direction.
231 BAL Geschäftsbericht 1903.
232 BAL Geschäftsberichte 1890 und 1900.
233 Ebenfalls: BAL 10/1.2, Statistik: Stand der Fabriken.

der Unternehmensstandorte im Jahr 1902 bereits auf den „Erinnerungsposten" von einer Mark abgeschrieben worden war (Tabelle 4.4).[234]

Tab. 4.4: Beträge der Bilanzposten Grundstücke, Gebäude sowie Maschinen, aufgeschlüsselt nach Standorten, 1902 (in Mark).[235]

	Elberfeld	Barmen	Leverkusen	Schelploh	Moskau	Flers	Summe
Grundstücke	723.443,98[1]		1.692.029,48	7525,-	84.423,68	77.588,19	2.585.010,33
Gebäude	49.981,50	1,-	3.339.825,45	1,-	1,-	1,-	3.389.810,95
Maschinen	10.000,-	3000,-	2.739.302,56	1,-	1,-	1,-	2.752.305,56

1 Für den Bilanzposten „Grundstücke" gibt die Quelle nur die Summe der Standorte Elberfeld und Barmen an.

Im Resultat handelte es sich folglich bei den in der Unternehmensbilanz angegebenen Posten nur noch um die Vermögenswerte des Leverkusener Standortes, während Zuflüsse in anderen Filialen offenbar auf Grund der hohen ordentlichen Abschreibungsraten direkt vollständig abgeschrieben wurden. Da die veröffentlichten Bilanzen der Farbenfabriken nur die Gesamtsumme der einzelnen Bilanzposten angaben – im Beispiel des Jahres 1902 also 2.585.010,33 Mark für Grundstücke usw. – waren die „1-RM-Konten" von außen nicht erkennbar, weshalb ein unmittelbarer Rückschluss auf die Existenz stiller Reserven nicht möglich war.[236]

4.5 Das Instrument der Bilanzverkürzung

Zwar war das Vorhandensein stiller Reserven auf Grund der auffälligen Veränderungen der Bilanzposten für fachkundige Beobachter identifizierbar, doch erlaubte die veröffentliche Bilanz keinerlei Rückschlüsse auf deren Höhe. Für die Reservelegung der Farbenfabriken noch bedeutender war jedoch die seit dem Geschäftsjahr 1891 etablierte Praxis der Direktion, die ausgewiesenen Bruttoge-

234 Zum Begriff des „Erinnerungspostens", siehe Passow 1923, S. 70.
235 Tabelle entnommen aus BAL 15/F.1, Finanzen: Bilanzprüfung durch Beauftragte des Aufsichtsrats der Farbenfabriken Bayer: Bilanz-Conto pr. 31. Decbr. 1902.
236 Vgl. Spoerer 1996, S. 67.

winne des Unternehmens um Abschreibungen und Wertminderungen zu kürzen. Eindrucksvoll verdeutlicht dies der Vergleich zwischen den – errechneten – tatsächlichen Brutto- und Nettogewinnen mit den in den Geschäftsberichten ausgewiesenen und im Anschluss der Generalversammlung zur Verteilung vorgeschlagenen Brutto- und Nettogewinnen (Abbildung 4.6).

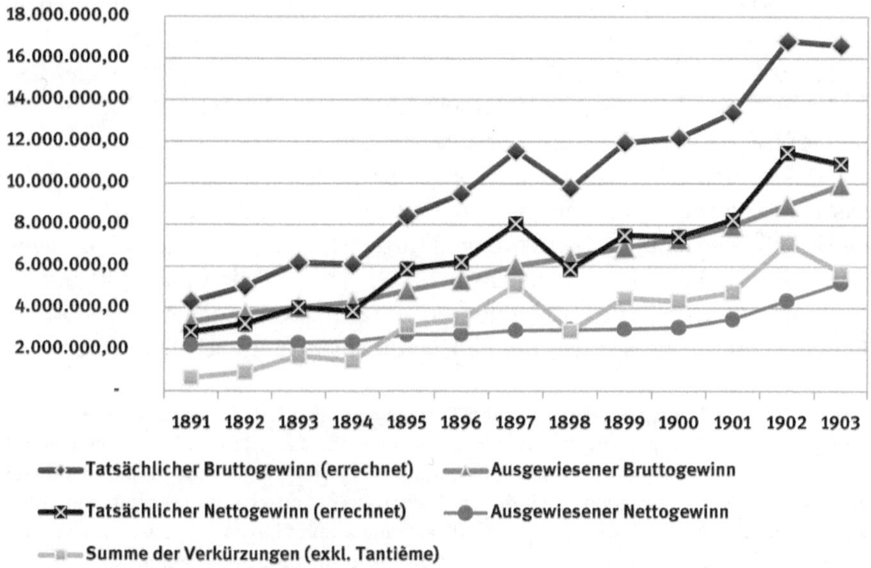

Abbildung 4.6: Vergleich intern ermittelter mit später veröffentlichten Brutto- und Nettogewinnzahlen der Farbenfabriken, 1891–1903 (eigene Berechnungen).[237]

237 Zur Erläuterung der „Abzüge exkl. Tantième", vgl. Fließtext. Zahlen zusammengestellt aus den jeweiligen Bilanzbesprechungen des Aufsichtsrates im Aufsichtsratsprotokollbuch (BAL 11/3), Abgleich mit den Zahlen der veröffentlichten Geschäftsberichte der Jahre 1891 bis 1903. Die „tatsächlichen" Beträge nach eigener Berechnung. Im Zuge der 1904 durchgeführten Fusionsverhandlungen mit der BASF erfolgten Berechnungen der um Abschreibungen und Reservestellungen bereinigten Bilanz. Die dort berechneten Werte weichen marginal von den durch den Verfasser dieser Studie aus den Protokollen errechneten Beträgen ab. So beläuft sich der im Jahr 1902 errechnete Wert des Nettogewinns auf 11.466.001,78 Mark, der in einer Quelle angegebene Wert hingegen auf 11.479.113,96 Mark. Im Jahr 1903 ist die Differenz zwar größer (10.915.506,20 Mark zu 11.295.414,71 Mark), doch ebenfalls im Vergleich zum Vorjahr rückläufig. Eine Ursache für die Differenzen ist darin zu finden, dass der im Zuge der Fusionsverhandlungen zusammengestellte „wirkliche totale Reingewinn" auf Grundlage der letzten fünf Geschäftsjahre rückwirkend berechnet wurde, wodurch es zu Veränderungen in den kumulativen und aufeinander aufbauenden Abschreibungsbeträgen auf Anlagevermögen gekommen sein könnte. In diesem Sinne finden sich für das Geschäftsjahr 1902 mehrere Ausführun-

Es zeigt sich, dass die Unternehmensführung der Farbenfabriken seit dem Jahr 1891 die mannigfaltigen Möglichkeiten der Abschreibungs- und Gewinnthesaurierungspolitik in zunehmendem Maße als Finanzierungsquelle sah.[238] So lag der Anteil der im Geschäftsbericht veröffentlichen Bruttogewinne an den tatsächlich erwirtschafteten Rohgewinnen zu Beginn noch bei knapp 80 Prozent, sank im Laufe des Jahrzehnts jedoch und pendelte sich zwischen den Jahren 1895 und 1903 in einem Korridor von 52 bis 60 Prozent ein. Anders formuliert bedeutet dies, dass der Bruttogewinn des Unternehmens ab dem Geschäftsjahr 1895 bisweilen beinahe doppelt so hoch ausfiel wie an die Öffentlichkeit ausgewiesen. Zudem wird deutlich, dass die Unternehmensführung ihre bilanzpolitischen Freiräume offenbar nutzte, um die Volatilität der jährlichen Gewinne zu kaschieren.

Das Vorgehen hierbei ähnelt stark der für die Sonderabschreibungen identifizierten „Glättung“ der ausgewiesenen Gewinne, die eine Beibehaltung der Dividendenhöhe gegenüber den Aktionären legitimierte (vgl. Kapitel 4.3.).[239] Offensichtlich wird dies im Geschäftsjahr 1898: Wie beschrieben führten die in Leverkusen anfallenden Kosten in Verbindung mit zurückgehenden Absätzen zu einer Finanzierungslücke, auf welche die Unternehmensführung einerseits mit einer

---

gen der Bilanzen, deren Ergebnis für den Nettogewinn ebenfalls leicht um den errechneten Betrag schwanken. Grundsätzlich ist jedoch festzuhalten, dass die Nähe der errechneten Beträge zu den sich später aus komplexen Berechnungsverfahren ergebenden Bilanzsummen vor allem als ein Beweis der Richtigkeit der in diesem Kapitel ausgeführten Annahmen gesehen werden muss. Vgl. hierzu BAL 4/A.10, IG: Bilanzzahlen und Statistiken als Unterlagen für die Vereinigung der deutschen Fabriken, 1902–1904 sowie ausführlich Kapitel 5.2.

238 Zum Konzept der Bilanzverkürzung, siehe ebenfalls Spoerer 1998, S. 352–353.

239 Die Thematik der Dividendenglättung ist in der jüngsten Vergangenheit von einer zunehmenden Zahl vor allem ökonometrischer Arbeiten behandelt worden, vgl. etwa Chen, Long; Da, Zhi; Priestley, Richard: Dividend Smoothing and Predictability. In: *Management Science*, 58 (2012), S. 1834–1853, Chen, Long: On the Reversal of Return and Dividend Growth Predictability: A Tale of Two Periods. In: *Journal of Financial Economics*, 92 (2009), S. 128–151 sowie jüngst Verdickt, Gertjan; Annaert, Jan; Deloof, Marc: Dividend Growth and Return Predictability: A Long-Run Re-Examination of Conventional Wisdom. In: *Journal of Empirical Finance*, 52 (2019), S. 112–127. Die häufig verwendete Definition einer empirisch beobachtbaren Dividendenglättung konzentriert sich auf einen Vergleich zwischen der Volatilität der Dividende und der Volatilität der Unternehmensgewinne, wobei eine vergleichsweise geringe Volatilität der Dividende eine Glättung derselben belegen soll. Vor dem Hintergrund des vorliegenden Beispiels der Farbenfabriken erscheint diese Defintion jedoch als ungeeignet, da sie eine unmanipulierte Angabe der Unternehmensgewinne als gegeben annimmt. Wenn demnach Unternehmen ihre Gewinnausweise ebenso anpassen wie ihre Dividendenausschüttungen, kann ein tatsächlicher Nachweis einer praktizierten Dividendenglättung nicht über die in der Bilanz veröffentlichten Daten erfolgen, sondern muss für jeden Fall individuell überprüft werden. So identifizierte auch Wilfried Feldenkirchen für die Siemens & Halske AG, dass dort Gewinne nur insoweit ausgewiesen wurden, „wie dies für die beabsichtigte Dividende und eventuell zu bildende offene Rückstellungen notwendig war.“ Feldenkirchen 1995, S. 390.

Kapitalerhöhung reagierte, andererseits mit der Umwandlung und damit einhergehenden Erhöhung der bestehenden Unternehmensanleihe. Die Schwierigkeiten des Geschäftsjahres 1898 fanden dabei keinen Niederschlag in den veröffentlichten Gewinnzahlen, im Gegenteil: Die Gewinn- und Verlustrechnung wies im Vergleich zum Vorjahr einen moderaten Gewinnanstieg von 6.040.0581,10 Mark auf 6.431.874,33 Mark auf.[240] Im Jahresbericht des Unternehmens hielt dann die Direktion in ihrem Bericht bemerkenswerterweise fest, man könne den Aktionären mit Befriedigung mitteilen, „dass das Gesamtergebnis recht günstig ist und die Ergebnisse der früheren Jahre abermals übertrifft."[241] Demnach liegt die Interpretation nahe, dass die Unternehmensführung der Farbenfabriken die angesammelten stillen Reserven nicht ausschließlich für die Finanzierung des Aufbaus in Leverkusen verwendete, sondern ebenfalls zum Ausgleich von Finanzierungslücken genutzt haben könnte.[242] Diese Beobachtung findet auch in der absoluten Höhe der Thesaurierungsmaßnahmen Ausdruck, die zwischen den Jahren 1891 und 1897 eine stark steigende Tendenz aufwies, im Jahr 1898 jedoch stark zurückging (Abbildung 4.7). Folglich bedeuteten die finanziellen Schwierigkeiten für Bayer auch einen Verzicht auf Abschreibungen und Reservestellungen zu Gunsten der Stabilisierung des ausgewiesenen Nettogewinns.

Ebenfalls festzustellen ist, dass die in den Jahren 1891 und 1892 erfolgte Bilanzkürzung noch zum Großteil aus durch den Aufsichtsrat angewiesenen Reservestellungen und nicht aus seitens der Direktion vorgenommenen Abschreibungen oder Wertminderungen resultierten. Exemplarisch für das Geschäftsjahr 1891 entfielen auf die Gesamtsumme der Bilanzkürzungen von 650.000 Mark nur 100.000 Mark auf den Posten „Ersatz und Verschleiß", die Restsumme diente der Bildung von Reservekonten.[243] Diese explizite Reservelegung über diverse Konten verlor ab dem Folgejahr an Bedeutung. So nahm der Aufsichtsrat im Geschäftsjahr 1892 die Bildung einzelner Reservekonten in Höhe von 480.000 Mark vor, dem entgegen standen Abschreibungen im Betrag von 420.000 Mark. Das Verhältnis von expliziter und verborgener Reservestellung war demnach in etwa ausgeglichen – eine Feststellung, die ebenfalls für das Geschäftsjahr 1893 zutreffend ist. Ab dem Geschäftsjahr 1894 spielten die explizit reservebildenden Maßnahmen bis zum Jahr 1903 nur noch eine größtenteils zu vernachlässigende Rolle. So resultierten die vorbilanziellen Kürzungen des

---

240 BAL Geschäftsberichte 1897 und 1898.

241 BAL Geschäftsbericht 1898, Bericht der Direktion.

242 An dieser Stelle ist zu erwähnen, dass die Kapitalerhöhung des Jahres 1898 das Ergebnis des Geschäftsjahres nicht beeinflusste, da die neuen Aktien erst ab dem Geschäftsjahr 1899 an der Dividende teilnahmen. Vgl. HADB SG31/009: Prospekt der Kapitalerhöhung 1898.

243 Vgl. BAL 11/3, Aufsichtsrat: 85. Aufsichtsrath-Sitzung am 9. April 1892, S. 206 sowie ausführlich Kapitel 4.4.1.

Jahres 1894 ausschließlich aus „Abschreibungen von Inventur u. Anlagen-Werthen", während der Aufsichtsrat keinerlei Reservebildung vornahm. Die Direktion lieferte dem Aufsichtsrat detaillierte Angaben zur jeweiligen Belastung der einzelnen Bilanzposten wie „Rohmaterial und Halbfabrikate gegen Buchwerth", Farbstoffe, Pharmazeutische Produkte, Betriebsmaterial, Mobiliar, Anlagewerte usf.[244]

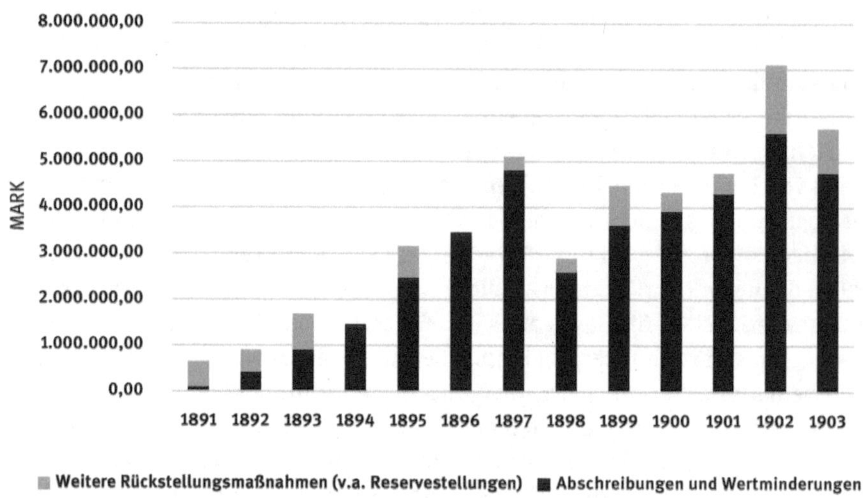

Abbildung 4.7: Verhältnis vorbilanzieller Abschreibungen zu vorbilanziellen Gesamtreserven der Farbenfabriken, 1891–1903.[245]

An dieser Stelle bietet sich die Thematisierung eines noch nicht berücksichtigten Aspektes der Bilanzverkürzungen an. Der Argumentation der Direktion folgend ließen sich die Abschreibungen auf Inventarwerte zu einem gewissen Teil inventurbedingt begründen, also durch im Jahresverlauf auftretende Wertverluste der sich im Lager befindenden Vorräte an Roh-, Zwischen- und Fertigprodukten. Bemerkenswerterweise schrieb die Direktion der Farbenfabriken im Jahr 1891, dem ersten Jahr mit vorbilanziellen Abschreibungen, jedoch überhaupt keine Werte des Umlaufvermögens ab, sondern – wie gerade erwähnt – nur 100.000 Mark auf die dem Anlagevermögen zuzurechnenden Posten „Ma-

244 Exemplarisch: BAL 11/3, Aufsichtsrat: 94. Aufsichtsrath-Sitzung am 10. April 1895, S. 251.
245 Zahlen zusammengestellt aus den dem Aufsichtsrat jährlich durch die Direktion vorgeschlagenen Bilanzvorlagen, BAL 11/3.

schinen und Geräthe".[246] Die 1892 erfolgten Abschreibungen in Höhe von 420.000 Mark bezogen sich ebenfalls ausschließlich auf das Anlagevermögen.[247] Dem Risiko eventueller Preisverfälle des Umlaufvermögens begegnete die Unternehmensführung stattdessen mit dem seit Ende der 1880er Jahre existierenden Reservekonto für „Allgemeine Inventur-Reserve", das im Jahr 1892 einen Betrag von 480.000 Mark aufwies. In diesem Sinne kann die Absicherung gegen Wertverluste der Vorräte in Form der Reservelegung als eine Maßnahme interpretiert werden, die Preisschwankungen bereits vorzeitig abzusichern, da eine Reaktion auf solche Schwankungen unter Anwendung von Abschreibungen sonst nur nachträglich hätte erfolgen können. Möglicherweise verstand man dabei die Reservestellung als „vorsichtigere" Strategie, nicht zuletzt da die wiederholten Wertminderungen der Vorräte ein nicht unbedeutender Faktor innerhalb der Alizarin-Krise um 1885 gewesen waren.[248]

Die seit dem Jahr 1891 beobachtbare Neigung der Unternehmensführung zur Bilanzkürzung ist sicherlich in nicht unerheblichem Umfang durch die Miquel'schen Steuerreformen motiviert worden. Wenngleich dieser Zusammenhang im Aufsichtsratsprotokoll nur einmal thematisiert wurde – und hier nur insofern, als dass bestimmt wurde, dass die beiden Bilanzen der Geschäftsjahre 1889 und 1890 „für die Declaration zur Einkommensteuer maßgebend sein sollen, im Uebrigen aber das vom Fiscus vorgeschriebene Formular zur Declaration zu benutzen" sei –, können die Bilanzkürzungen wohl als buchhalterische Reaktion auf die veränderten gesetzlichen Rahmenbedingungen verstanden werden. So dehnte die Einkommensteuerreform des Jahres 1891 die Steuerpflicht erstmals auf juristische Personen aus, womit explizit eine höhere Besteuerung von Aktiengesellschaften beabsichtigt war.[249] Für die Unternehmensführung der Farbenfabriken bot sich demnach ein Anreiz, Einfluss auf die ausgewiesenen Gewinne der Firma zu nehmen. Dieser wurde mit den Bilanzverkürzungen insofern erreicht, als sowohl die Reservelegung durch den Aufsichtsrat als auch die seitens des Vorstandes durchgeführten Abschreibungen und Wertminderungen zu Lasten des ausgewiesenen Gewinns gingen. Gleiches galt für die ebenfalls reformierte Gewerbesteuer, deren Höhe sich in erster Linie nach dem Ertrag, in zweiter Linie nach dem Betriebskapital richtete – und sich somit auf zwei Berechnungsgrundlagen bezog, deren Höhe direkt durch die Reservele-

246 Vgl. BAL 11/3, Aufsichtsrat: 85. Aufsichtsraths-Sitzung am 9. April 1892, S. 206.

247 Vgl. BAL 11/3, Aufsichtsrat: 88. Aufsichtsraths-Sitzung am 7. April 1893, S. 218.

248 Vgl. hierzu Kapitel 3.3.3.

249 Vgl. Wagner, Adolph: Die Reform der direkten Staatsbesteuerung in Preussen im Jahre 1891. Zweiter Artikel. In: *FinanzArchiv*, 11 (1894), S. 1–76, hier: S. 4.

gung und Abschreibungen beeinflusst werden konnte.[250] Eine weitere interessante Facette im Wechselspiel der gesetzlichen Vorschriften und der unternehmerischen Reaktionen bietet die Tatsache, dass die Gewerbesteuerreform zwar im Jahr 1891 verabschiedet, jedoch erst für das „Finanzjahr vom 1. April 1893/94 bei der Veranlagung zur Anwendung“ kam.[251] An dieser Stelle kann also spekuliert werden, ob die ab dem Geschäftsjahr 1895 bei den Farbenfabriken beobachtbare starke Zunahme der bilanzverkürzenden Maßnahmen eine direkte Reaktion auf die neuen gesetzlichen Vorschriften gewesen sein könnte.

Während im Geschäftsjahr 1893 eine weitere Dotierung des Reservekontos für Inventurreserven auf insgesamt 700.000 Mark erfolgte, führte die Direktion erstmalig auch Abschreibungen auf Vorräte durch.[252] Die Inventarisierung von Rohmaterialien und Halbfabrikaten habe, so teilte man dem Aufsichtsrat mit, „bei vorsichtiger Bewertung eine Werthminderung von ca. 100.000 M. und bei denjenigen von in Elberfeld u. auswärts lagernden fertigen Producten (Farben u. Pharmaceutica) eine solche von über 300.000 M“ ergeben.[253] Folglich sicherte sich das Unternehmen nun sowohl ex-ante als auch ex-post gegen Wertverluste ab.[254] Auffällig sind die runden Beträge der Abschreibungen, die auf geschätzte und keine genau berechneten Wertverluste hindeuten – eine Interpretation, die angesichts der noch rudimentären quantitativen Erfassung betriebsinterner Prozesse plausibel ist.[255] Zusätzlich zu den Maßnahmen der Direktion führte ebenfalls der Aufsichtsrat der Inventur-Reserve weitere Mittel zu. Die Reservestellung diente dabei der „Sicherstellung der angesetzten Werte“ und sollte demnach im Ernstfall offenbar eine künstliche Stützung der bereits durch die Direktion reduzierten Inventarwerte ermöglichen.[256] So hätten die in dieser stillen Reserve zurückgestellten Beträge in Fällen aktiviert werden können, in denen sich die nun jährlich durchgeführten Abschreibungen und Wert-

250 Spoerer 2015, S. 75.

251 Wagner 1894, S. 2.

252 Eine normative Begründung für die Etablierung der Abschreibungspraktiken ist indes nicht auszumachen, da sich die im Aktienrecht festgehaltenen Vorgaben zwischen der Aktienrechtsnovelle des Jahres 1884 und der Einführung des Handelsgesetzbuches im Jahr 1897 nicht veränderten. Vgl. Pohlmann, Jörg: Das Aktienrecht des 19. Jahrhunderts. Baden-Baden 2007, S. 46–47 sowie Eierle, Brigitte: Differential reporting in Germany – A historical analysis. In: *Accounting, Business & Financial History*, 15 (2005), S. 279–315, hier: S. 284–286.

253 BAL 11/3, Aufsichtsrat: 91. Aufsichtsraths-Sitzung am 31. März 1894, S. 232.

254 Vgl. hierzu ebenfalls die Schilderung der von Reinhardt Hanf identifizierten „prozyklischen Abschreibungspraxis“ in Kapitel 4.3. sowie Hanf 1978, S. 161.

255 Diese Annahme trifft auch Jeff Fear hinsichtlich der Abschreibungsbeträge bei Thyssen. Vgl. Fear 2005, S. 168.

256 BAL 11/3, Aufsichtsrat: 91. Aufsichtsraths-Sitzung am 31. März 1894, S. 233.

minderungen auf das Inventar als zu gering erwiesen.[257] Während der Aufsichtsrat im Geschäftsjahr 1894 von einer weiteren Reservestellung absah, erhöhte sich die Summe des Sicherungsmechanismus im darauffolgenden Geschäftsjahr 1895 auf 1,3 Millionen Mark und wurde in den Folgejahren nicht weiter aufgestockt (Vgl. hierzu erneut Abbildung 4.7).[258]

Gegen eine inventurbedingte Abschreibung spricht zudem, dass die Direktion die Wertminderungen nicht nur auf das eben beschriebene Umlaufvermögen durchführte, sondern ebenfalls auf Anlagegüter. So finden sich in der Bilanzvorlage des Jahres 1894 wertmäßig besonders hohe Abschreibungen auf diese Bilanzposten. Mit einem Betrag von 820.700 Mark entfielen etwas mehr als 50 Prozent der bilanzverkürzenden Abschreibungen in Gesamthöhe von 1.453.400 Mark auf diese Rubrik des Anlagevermögens, welche die Direktion nach „wirklichen Neuanlagen“ und solchen Anlagen, die „nicht wirklich als Neuanlagen zu betrachten“ waren, weiter differenzierte. Bemerkenswert in dieser Aufstellung ist, dass die Direktion in Bezug auf die Abschreibung der „wirklichen Neuanlagen“ angab, dass von diesen „ca. $^{1}/_{3}$ des Werthes derselben“ direkt abgeschrieben wurde.[259] Ab dem Geschäftsjahr 1897 benannte die Direktion der Farbenfabriken die Abschreibungen auf Neubauten, Neuanlagen sowie neue Maschinen und Geräte explizit als „erste Abschreibung“.[260] Daher liegt die Interpretation nahe, dass die Bilanzwerte der in Leverkusen errichteten Gebäude und Anlagen schon vor der Bilanzaufnahme in einem erheblichen Maße gekürzt wurden. So beliefen sich die Beträge der Abschreibungen in den Jahren 1897 und 1898 auf je rund 1,2 Millionen Mark und erreichten in den Jahren 1899, 1900 und 1901 Beträge von durchschnittlich 2,5 Millionen Mark (Vgl. Tabelle 4.5).

257 Die Unternehmensführung betrachtete die Inventar-Reserve explizit als stille Reserve: „Der Bestand der von früheren Jahren her angesammelten stillen Reserven: M. 1.300.000 allgemein Inventur-Reserve“ BAL 11/3, Aufsichtsrat: 100. Aufsichtsraths-Sitzung am 3. April 1897, S. 271.

258 Vgl. BAL 11/3, Aufsichtsrat: 97. Aufsichtsraths-Sitzung am 1. April 1896, S. 259.

259 BAL 11/3, Aufsichtsrat: 94. Aufsichtsraths-Sitzung am 10. April 1895, S. 252.

260 BAL 11/3, Aufsichtsrat: 103. Aufsichtsraths-Sitzung am 6. April 1898, S. 281.

Tab. 4.5: Vergleich der von den Farbenfabriken in der Bilanz angegebenen Beträge für die Konten „Gebäude" sowie „Maschinen u. Geräthe" mit den bilanzverkürzenden Abschreibungen auf Neubauten und Neuanlagen, 1897–1903 (in Mark).[261]

Jahr	Summe der ausgewiesenen Bilanzposten „Gebäude" und „Maschinen und Geräthe"	Abschreibungen auf Neubauten und Neuanlagen	Anteil an Brutto-Bilanzposten[1]
1897	2.628.430,59	1.190.712,22	31 %
1898	3.182.704,60	1.215.997,85	27 %
1899	5.042.742,87	2.571.629,86	33 %
1900	6.060.838,53	2.632.146,03	30 %
1901	6.608.066,16	2.444.517,28	27 %
1902	6.142.116,51	2.022.968,84	24 %
1903	Ca. 7.309.366,36[2]	2.117.945,66	22 %

1 Der Brutto-Bilanzposten ergibt sich aus der Summe der ausgewiesenen Bilanzposten zuzüglich der Abschreibungen.
2 Vor dem Hintergrund des durch die stille Reservebildung eingeleiteten Steuerverfahrens hatte das Oberverwaltungsgericht den Farbenfabriken in seinem Urteil bekannt gegeben, dass bei der Bewertung von Baulichkeiten eine Trennung des Bodenwertes von dem der Gebäude unzulässig sei. Ab dem Geschäftsjahr 1903 vereinigte die Geschäftsführung deshalb die zuvor getrennt geführten Konten „Grundstücke" und „Gebäude". Da folglich der genaue Wert des Gebäudekontos aus der Bilanz nicht zu ermitteln war, beruht die oben aufgeführte Summe auf der Annahme, dass sich das Konto „Grundstücke" auf denselben Betrag belief, den es bereits in den Jahren 1900 und 1901 aufwies. Diese Annahme wird durch den bereits beschriebenen Umstand unterstützt, dass Abschreibungen auf Grundstücke nur in Sonderfällen gestattet waren.

Ein Vergleich dieser Abschreibungen mit den Summen der ausgewiesenen Beträge der beiden Bilanzposten „Gebäude" und „Maschinen und Geräthe" – eine Zusammenlegung der beiden Posten ist notwendig, da die erste Abschreibung sich ja explizit auf „Neubauten, Neuanlagen, Maschinen, Geräthe" bezog – zeigt, dass die Direktion der Farbenfabriken bis zum Jahr 1899 jeweils etwa ein Drittel der Kontenbeträge abschrieb, seit dem Jahr 1901 dann etwa ein Viertel. Den Abschreibungen auf Gebäude sowie Maschinen und Geräte kam von 1903 an eine besondere Bedeutung zu, da sich die Möglichkeiten der Gewinnthesaurierung seitdem stark einschränkten. Die neuen Beschränkungen finden ihren Ausdruck in dem leichten Rückgang des errechneten tatsächlichen Bruttogewinns von 16,85 auf 16,65 Millionen Mark im Geschäftsjahr 1903 (vgl. erneut Ab-

261 Bilanzposten zusammengestellt aus BAL Geschäftsberichte 1897–1903, Abschreibungen entnommen aus den entsprechenden Bilanzvorlagen BAL 11/3, Aufsichtsrat.

bildung 4.6). Dieser war im Wesentlichen auf eine Verminderung der Abschreibungs- und Reservesummen zurückzuführen, die sich im Vergleich zum Vorjahr von 7,1 auf 5,7 Millionen Mark reduzierten. Da die hervorragende finanzielle Situation des Unternehmens im Laufe des Jahres 1903 im Aufsichtsrat mehrmals betont wurde, scheint die Verringerung der Thesaurierungssumme anders begründet gewesen zu sein. Die Ursache der sinkenden Abschreibungsbeträge beruhte vielmehr auf der Tatsache, dass die Bilanzposten der einzelnen Filialen keine weiteren Abschreibungen zuließen, also eine Art Grenzwert der Abschreibung erreicht worden war. Dies belegt die in der Bilanzbesprechung des Jahres 1903 gemachte Feststellung der Direktion, dass sämtliche fertiggestellten und sich in der Fabrikation befindenden Vorräte an Farben und pharmazeutischen Produkten bereits zum Rohmaterialwert abgeschrieben sowie sämtliche technische Läger des Unternehmens, auch in den Filialen, bereits auf je eine Mark abgeschrieben worden seien. Deshalb könnten „weitere Reserve-Stellungen u. Ersatz-Abschreibungen auf diesen Conti nicht vorgenommen" werden. Als Konsequenz hielt die Direktion fest, dass die „in den vergangenen 4 Jahren hierauf verwendeten Beträge von M. 1.300.000 [1900, FS] resp. M. 1.860.000 [1901, FS] resp. 3.600.000 [1902, FS] resp. 1.840.000 [1903, FS] – im Durchschnitt M. 2.100.000 – in Zukunft disponibel" und dann dem allgemeinen Gewinn zufließen würden.[262] Der Aussage der Direktion zu Folge hatte die extensive Abschreibungspraxis im Jahr 1903 dazu geführt, dass zumindest auf den beiden Bilanzposten „Technische Läger" und „Inventar" keine weiteren Abschreibungen getätigt werden konnten.

Die vollständige Abschreibung des Umlauf- und großer Teile des Anlagekapitals (vgl. Tabelle 4.4 in Kapitel 4.4.3.) bedeutete für die Unternehmensführung der Farbenfabriken zugleich die Notwendigkeit, erstmals von der seit den 1890er Jahren etablierten Dividendenpolitik abweichen zu müssen. So war die während eines Großteils des Jahrzehnts beibehaltene „Glättung" der Dividendenzahlungen auf 18 Prozent des Aktienkapitals nur auf Grundlage der extensiven Abschreibungspraxis möglich gewesen.[263] Dass die Bilanzwerte mittlerweile häufig den Restbuchwert von einer Mark erreicht hatten, bedeutete im Umkehrschluss eine starke Einschränkung des Handlungsspielraums. Da die Unternehmensführung nun faktisch gezwungen war, den tatsächlich erwirtschafteten Reingewinn der Farbenfabriken öffentlich zu machen, befürchtete diese eine dem Gewinnsprung entsprechende Dividendenforderung der Aktionäre. Ent-

262 BAL 11/3, Aufsichtsrat: 122. Sitzung des Aufsichtsraths am 29. März 1904, S. 338.

263 Vgl. hierzu ebenfalls Dahlem 2009, S. 283–284. Zwar thematisiert Dahlem die Abschreibungspolitik des Unternehmens und erkennt darin eine Ursache für die Kapitalerhöhung, doch führt er sie nicht explizit auf die vollständige Abschreibung der Buchwerte zurück.

sprechend bekundete Carl Duisberg in einem im März des Jahres 1903 verfassten Brief an das Aufsichtsratsmitglied Carl Gamp sein Bedauern darüber, dass es das Unternehmen beim besten Willen nicht geschafft habe, die Dividende auf 20 Prozent zu drücken. Stattdessen zahle man 22 Prozent und werde dieses Opfer auch in den nächsten Jahren bringen müssen.[264]

Obwohl dem Unternehmen noch die Dotierung des zur Reservebildung eingerichteten „Delcrede-Fonds“ offenstand, rechnete die Direktion für die kommenden Jahre mit einer starken Zunahme der Unternehmensgewinne. Deswegen sei mit einer weiteren Steigerung des Dividendensatzes zu rechnen, welche „aus einer Reihe von Gründen (der Kundschaft, der Concurrenz u. der eigenen Angestellten wegen) nicht wünschenswerth sei“.[265] Die Direktion führte weiter aus, dass dem Risiko einer starken Dividendensteigerung nur durch eine weitere Erhöhung des Aktienkapitals vorgebeugt werden könne. Eine solche beabsichtigte man zunächst durch die Auflösung des vor dem Hintergrund der Auseinandersetzung mit der Steuerbehörde neu dotierten „Reservefonds II“ zu erreichen, dessen Höhe mittlerweile „auf über M. 3.500.000“ taxiert wurde.[266] Der erste von der Direktion entwickelte Plan sah die Aufteilung des Reservefonds unter den Altaktionären des Unternehmens vor, indem „auf je 4 alte Actien eine neue Gratis zugetheilt“ werden sollte.[267]

Der Vorschlag zielte folglich auf eine nominelle Kapitalerhöhung durch die Ausgabe von Gratisaktien ab, die bilanziell durch einen Passivtausch erreicht werden konnte.[268] Hierfür sollte der Bilanzposten des Reservefonds in den Posten des Aktienkapitals übertragen werden, woraus bilanziell zwar eine Kapitalerhöhung stattgefunden hätte, die Bilanzsumme des Unternehmens jedoch unverändert geblieben wäre. Für die Unternehmensführung scheint dieser Vorgang vor allem aus kommunikativen Aspekten wünschenswert gewesen zu sein, da man faktisch das Betriebskapital nicht anrührte, jedoch gleichzeitig in der Lage war, den Mehrgewinn auf eine größere Anzahl von Aktien zu verteilen. Hierdurch konnte der Anstieg der Dividende zwar nicht vollständig verhindert werden, doch erhöhte sich die Wahrscheinlichkeit, dass sich die Dividendener-

264 Carl Duisberg an Carl Gamp, 22.3.1903, BAL AS, zitiert nach Plumpe 2016a, S. 895, Fußnote 23.

265 BAL 11/3, Aufsichtsrat: 122. Sitzung des Aufsichtsraths am 29. März 1904, S. 339.

266 Ebd. Tatsächlich belief sich die Höhe des Reservefonds bei Abschluss des Geschäftsjahres 1903 auf knapp 2,3 Mio. Mark, erst im Folgejahr dann auf die seitens der Direktion taxierten 3,5 Mio. Mark. Unklar ist, mit Hilfe welcher Prognose die Höhe des Reservefonds kalkuliert wurde. Vgl. BAL Geschäftsberichte 1903 und 1904.

267 BAL 11/3, Aufsichtsrat: 122. Sitzung des Aufsichtsraths am 29. März 1904, S. 339.

268 Zur Definition des Passivtauschs, siehe Schöttler und Spulak 2003, S. 57.

höhung moderater würde vollziehen lassen können. Zudem sicherte sich die Unternehmensführung in Hinblick auf die Aktionärsinteressen insoweit ab, als dass keine Börsenemission neuer Wertpapiere stattfand und die Aktionäre keine Verwässerung ihrer Anteile zu befürchten hatten.[269] Eine reguläre Kapitalerhöhung über die Börse wäre zu diesem Zeitpunkt – das Unternehmen verwies in den Geschäftsberichten regelmäßig auf das prosperierende Geschäft – für die Anteilseigner vermutlich schwer nachvollziehbar gewesen.

Die im Jahr 1904 vorangetriebene Kapitalerhöhung ist vor allem mit Blick auf die Unternehmensfinanzierung interessant, da sie auf keine unmittelbare Finanzierungslücke reagierte, sondern aus einem bilanzpolitischen Kalkül erfolgte. Die Notwendigkeit der Aktienemission resultierte ausschließlich aus der Besorgnis der Unternehmensführung, die konservative Bilanzierungspolitik aufgeben zu müssen, die sich während der 1890er Jahre vor allem durch die ausgedehnte Abschreibungspraxis auszeichnete. Vor diesem Hintergrund ist dann auch die besondere Form der Aktienvermehrung über die Ausgabe von Gratisaktien zu verorten, da die von außen erkennbaren Veränderungen – eben jene oben zitierten Gründe der Kundschaft, der Konkurrenz und der eigenen Angestellten – auf diese Weise so gering wie möglich ausfielen. Überraschend ist, dass die Aktionäre in dieser Auflistung fehlten. Eine Berücksichtigung der Anteilseigner wäre naheliegend gewesen, da die Dividendenpolitik stets auch die Erwartungshaltung der Aktionäre beeinflusste. Eine hohe Dividende hätte gewiss Auswirkungen auf die Erwartung für die Ausschüttungen der Folgejahre gehabt, wodurch sich der Handlungs- und Entscheidungsspielraum der Unternehmensführung eingeschränkt hätte. Die Erwähnung der Konkurrenz hingegen ist wenig überraschend, da ein realitätsnaher Gewinnausweis Rückschlüsse auf die tatsächliche Profitabilität des Unternehmens erlaubt hätte. Diese war zuvor durch die Thesaurierungspolitik des Unternehmens weitestgehend verborgen geblieben – eine Tatsache, die bei den im Jahr 1904 geführten Verhandlungen die Position der Farbenfabriken gegenüber der BASF deutlich verbessern sollte.[270]

Dass in der Aufzählung der Gründe ebenfalls die Arbeiterschaft Erwähnung fand, ist vermutlich vor allem auf die steigende Zahl an Arbeitskämpfen zurückzuführen.[271] Duisberg selbst thematisierte die zunehmenden sozialen Auseinandersetzungen und Gewerkschaftsbewegungen wiederholt in Berichten des „Verbandes von Arbeitgebern im bergischen Industriebezirk", zu dessen Vorsitzen-

269 Zur Kapitalverwässerung, vgl. Schlagwort „stock watering" bzw. „dilution of equity" in Law, Jonathan: A Dictionary of Finance and Banking. Oxford 2018.

270 Vgl. hierzu Kapitel 5.2.

271 Vgl. allgemein Wehler, Hans-Ulrich: Deutsche Gesellschaftsgeschichte. München 2006, S. 789–793.

dem er seit der Gründung des Verbandes im Jahr 1900 mehrmals gewählt wurde.[272] Wenngleich bei den Farbenfabriken der vorläufige Höhepunkt der Arbeitsauseinandersetzungen erst mit dem Streik der Handwerker im Juli 1904 und somit einige Monate nach der Diskussion um die Kapitalerhöhung erreicht wurde, hätte eine drastische Dividendenerhöhung mit Sicherheit den sozialen Frieden des Unternehmens bedroht.[273]

Trotz der bereits sehr klaren strategischen Überlegungen gab die Unternehmensführung ein juristisches Gutachten bezüglich der Durchführbarkeit der nominellen Kapitalerhöhung in Auftrag. Das von dem Anwalt des Unternehmens, Otto Doermer, verfasste Urteil fiel eindeutig aus: Die seitens der Unternehmensführung erdachte Ausführung sei in der gedachten Weise überhaupt nicht möglich und auch in anderer Weise mit solch großen Schwierigkeiten verbunden, dass es ratsam erscheine, ganz von dieser Methode abzusehen. Dem Wunsch der Unternehmensführung könne jedoch auf eine andere, einfachere Weise entsprochen werden. Statt der durch die Überführung des Reservefonds in das Aktienkapital herbeiführbaren nominellen Kapitalerhöhung in Höhe von 3,5 Millionen Mark schlug der Jurist eine reguläre Erhöhung des Aktienkapitals um insgesamt sieben Millionen Mark vor. Die neuen Aktien sollten zunächst ebenfalls den Altaktionären „zu pari“ angeboten werden, bevor sie zum Kurswert des Unternehmens über die Berliner Börse eingeführt würden.[274] Mit Hilfe der neuen liquiden Mittel beabsichtigte Doermer dann die Rückzahlung der im Jahr 1898 ausgegebenen Unternehmensanleihe, deren Buchwert sich im Geschäftsjahr 1903 noch auf rund 7,5 Millionen Mark belief. Folglich zielte der dann auch tatsächlich durchgeführte Vorschlag Doermers ebenfalls auf einen bilanziellen Passivtausch ab, der jedoch nun durch eine reguläre Kapitalerhöhung erreicht wurde. So verringerten die dem Aktienkapital zugeführten Mittel zugleich die ebenfalls auf der Passivseite der Bilanz aufgeführten Obligationen, wodurch einerseits Fremdkapital in Eigenkapital umgewandelt wurde und sich andererseits die Bilanzsumme des Unternehmens nicht erhöhte.[275] Im Vergleich zu der ursprünglichen Idee der nominellen Kapitalerhöhung barg die reguläre Erhöhung des Aktienkapitals einen weiteren, der Absicht der Unternehmensführung

272 Plumpe 2016a, S. 180. Vgl. Duisberg, Carl: Bericht des Verbandes von Arbeitgebern im bergischen Industriebezirk für das Jahr 1903/04. In: Carl Duisberg (Hg.): Abhandlungen, Vorträge und Reden aus den Jahren 1882–1921. Berlin u. a. 1923 sowie Duisberg, Carl: Bericht des Verbandes von Arbeitgebern im bergischen Industriebezirk für das Jahr 1904/05. In: Carl Duisberg (Hg.): Abhandlungen, Vorträge und Reden aus den Jahren 1882–1921. Berlin u. a. 1923.

273 Zum Streik der Handwerker, siehe ausführlich Nieberding 2003b, S. 352–359.

274 BAL 11/3, Aufsichtsrat: 123. Sitzung des Aufsichtsraths am 22. April 1904, S. 341–342.

275 Auf die Umwandlung von Fremd- in Eigenkapital verweist Markus Dahlem. Siehe Dahlem 2009, S. 283.

vermutlich durchaus zuträglichen Vorteil, da das Aktienkapital nun auf 21 Millionen Mark statt ursprünglich 17,5 Millionen Mark erhöht werden konnte. Die prognostizierten Gewinne der Folgejahre konnten daher auf eine größere Zahl von Aktien verteilt werden, wodurch die nominale Erhöhung der Dividende vergleichsweise gering ausfiel.

Die Tatsache, dass die Kapitalkosten des Eigenkapitals im Vergleich zum Fremdkapital (25 Prozent Dividende zu vier Prozent Anleihezins) deutlich höher ausfielen, scheint für die Entscheidungsfindung der Unternehmensführung keine Rolle gespielt zu haben.[276] Neben der hieraus resultierenden Verschlechterung der Eigenkapitalrendite (Return on Equity, RoE) ist diese Feststellung ebenfalls aus dem Grund bemerkenswert, da die Ablösung von Fremd- durch Eigenkapital zugleich eine Einschränkung des Handlungs- und Entscheidungsspielraums des Unternehmens bedeutete. Im Gegensatz zu den erwartbaren, da für den gesamten Anleihezeitraum festgesetzten Zinszahlungen der Obligationen war das Unternehmen nun in zunehmendem Maße der Erwartungshaltung der Aktionäre ausgesetzt, die eine Verringerung der bereits hohen Zinszahlungen in Form der Dividende nur in Ausnahmefällen billigten.[277] Der negative Einfluss der Aktienemission auf die Eigenkapitalrendite spielte für die Unternehmensführung der Farbenfabriken wohl eine untergeordnete Rolle, da sich das während der 1890er Jahre extensiv genutzte Instrument der Bilanzverkürzung stark auf diese betriebswirtschaftliche Kennzahl auswirkte. Die Kürzungen beeinflussten unmittelbar den ausgewiesenen Gewinn, dessen Anteil am Aktienkapital in der Konsequenz deutlich niedriger ausfiel (Tabelle 4.6).

Der bereits geschilderten „Glättung" der Gewinnverläufe entsprechend ist die Konsistenz der über die veröffentlichte Bilanz berechneten Kapitalrendite wenig überraschend. Da die Unternehmensführung ihre Reservelegung jährlich an die Volatilität der Gewinne anpasste, fiel die Differenz zwischen den über die bilanziellen und errechneten Nettogewinne bestimmten Eigenkapitalquoten in profitablen Jahren wie 1897 besonders groß aus. Die im Geschäftsjahr 1903 beobachtbare, starke Annäherung der beiden Renditequoten ist zudem als ein Resultat der erschwerten Abschreibungspolitik zu sehen. Da sich die veröffent-

276 Das Verhältnis von Fremd- und Eigenkapital wird in der finanzwissenschaftlichen Literatur vor allem unter dem Schlagwort des sog. Leverage-Effekts diskutiert. Durch die Aufnahme von Fremdkapital können Unternehmen die Eigenkapitalrendite, also den Anteil des Jahresgewinns am Aktienkapital, direkt beeinflussen. Dem Fremdkapital kommt hierbei eine Hebelwirkung (leverage) zu, da durch dessen Aufnahme die Eigenkapitalrendite angehoben wird. Vgl. Schmidt und Terberger 2006, S. 246–247.

277 In der finanzwissenschaftlichen Literatur wird dieser Aspekt unter dem Schlagwort der „erwarteten Rendite" behandelt, aus deren Höhe sich individuelle Investitionsentscheidungen ableiten lassen. Vgl. Schmidt und Terberger 2006, S. 202.

lichten Nettogewinne nun immer stärker den tatsächlich erwirtschafteten Nettogewinnen anpassten, stieg ebenfalls die über die veröffentlichte Bilanz errechnete Eigenkapitalrendite. Zusammenfassend kann an dieser Stelle festgehalten werden, dass die Aussagekraft der Eigenkapitalrendite auf Grund ihrer starken Sensitivität gegenüber bilanzpolitischen Maßnahmen durch das Fallbeispiel der Farbenfabriken teilweise relativiert wird.[278]

Tab. 4.6: Eigenkapitalrenditen (Return on Equity, RoE) der Farbenfabriken, 1895–1903 (in Mark).[279]

Jahr	Nettogewinn (Bilanz)	Nettogewinn (errechnet)	Aktienkapital	Eigenkapital-rendite, RoE (Bilanz[1])	Eigenkapital-rendite, RoE (errechnet[2])
1895	2.724.445,17	5.881.997,86	9.000.000	30 %	65 %
1896	2.751.345,92	6.208.818,82	11.000.000	25 %	56 %
1897	2.935.305,84	8.045.231,56	11.000.000	27 %	73 %
1898	2.971.559,69	5.863.139,63	12.000.000	25 %	49 %
1899	3.006.522,05	7.481.978,15	12.000.000	25 %	62 %
1900	3.077.606,58	7.412.113,72	12.000.000	26 %	62 %
1901	3.475.394,33	8.230.303,24	14.000.000	25 %	59 %
1902	4.361.394,00	11.466.001,78	14.000.000	31 %	82 %
1903	5.199.463,70	10.915.506,20	14.000.000	37 %	78 %

1 Nach in der Bilanz ausgewiesenem Nettogewinn berechnet.
2 Auf Grundlage des Gewinns abzüglich der in den Aufsichtsratsprotokollen beschriebenen Bilanzkürzungen berechnet.

Die von der Unternehmensführung verfolgten, bilanzpolitischen Ziele der Kapitalerhöhung wurden schlussendlich erfüllt. Die Farbenfabriken zeigten sich in der Lage, die Dividendenzahlung in den Jahren 1903 und 1904 konstant bei 25 Prozent zu halten, indem den neuen Aktien nur Anspruch auf eine halbe Divi-

278 Dieses Argument findet sich ebenfalls bei Spoerer 1995, S. 159–160 sowie S. 172. Eine bedeutende Rolle wird der Eigenkapitalrendite bspw. von Wilfried Feldenkirchen beigemessen. Vgl. Feldenkirchen, Wilfried: Zur Finanzierung von Großunternehmen in der chemischen und elektrotechnischen Industrie Deutschlands vor dem Ersten Weltkrieg. In: Richard H. Tilly (Hg.): Beiträge zur quantitativen vergleichenden Unternehmensgeschichte. Stuttgart 1985, insbesondere S. 123.

279 Bilanzposten zusammengestellt aus BAL Geschäftsberichte 1897–1903, Abschreibungen entnommen aus den entsprechenden Bilanzvorlagen BAL 11/3, Aufsichtsrat. Eigenkapitalrenditen nach eigener Berechnung.

dende gewährt wurde.[280] Trotz der Anpassung der Bilanzpolitik schlug sich die Unmöglichkeit der Reservebildung in der Bilanz des Geschäftsjahres 1904 nieder. Betrug der um Abschreibungen und Reservestellungen gekürzte Bruttogewinn des Unternehmens im Jahr 1903 noch knapp zehn Millionen Mark, wuchs derselbe im Folgejahr auf 13 Millionen Mark an. Da die stark zunehmenden Gewinne nicht auf eine Umsatzsteigerung zurückzuführen waren – der Gesamtumsatz der Farbenfabriken stieg zwischen den beiden Jahren marginal von rund 55 Millionen Mark auf knapp 56,5 Millionen Mark – ist die Gewinnsteigerung folglich als unmittelbares Resultat der fehlenden Abschreibungsmöglichkeiten zu sehen.[281]

Bei einer abschließenden Betrachtung der bereits thematisierten Gewinnverläufe (vgl. erneut Abbildung 4.6) fällt die Divergenz der ausgewiesenen Brutto- und Nettogewinne auf. Belief sich der Anteil der Rein- an den Roherträgen im Jahr 1891 auf 66 Prozent, verringerte sich derselbe bis zum Jahr 1900 auf 44 Prozent. Ursächlich hierfür waren einerseits die aus den Kapitalerhöhungen der Jahre 1896 und 1898 resultierenden, höheren nominalen Dividendenzahlungen, andererseits die sukzessive Erhöhung der ordentlichen Abschreibungsraten. Diese vervielfachten sich im Laufe des Jahrzehnts von fünf respektive zehn Prozent auf Gebäude sowie Maschinen und Geräte im Jahr 1891 und beliefen sich im Jahr 1900 auf 15 bzw. 30,5 Prozent.[282] Schließlich liefern die dargestellten Gewinnverläufe ein letztes Argument gegen die theoretische Möglichkeit, die vorbilanziell auf das Umlaufvermögen erfolgten Abschreibungen als inventurbedingt zu interpretieren: Belief sich die Summe der Abschreibungen auf „Roh- und Halbprodukte“ sowie „fertige Farbstoffe“ und „Pharmazeutische Produkte“ im Jahr 1897 insgesamt auf rund 2,5 Millionen Mark, fielen die vorbilanziellen Abschreibungen auf diese Bilanzposten im Jahr 1898 mit knapp 750.000 Mark deutlich geringer aus.[283] Die Unternehmensführung führte das schlechte Betriebsergebnis des Jahres 1898 dabei eindeutig auf unverhältnismäßig hohe Ausgaben zurück (vgl. Kapitel 4.4.3.). Da ein Rückgang der Produktion nicht

280 Vgl. HADB SG31/009: Prospekt der Kapitalerhöhung 1901. Dem steigenden Unternehmensgewinn entsprechend zahlten die Farbenfabriken auf ihren alten Aktienbestand von 14 Mio. Mark eine Dividende von 30 %, auf die neu ausgegebenen Aktien im Gegenwert von sieben Mio. Mark hingegen nur 15 %. In der Summe ergab sich folglich eine Durchschnittsdividende von 25 %. Ob und inwieweit das Dividendenziel von 25 % maßgeblich für die Höhe der Aktienvermehrung von sieben Mio. Mark war, ließ sich nicht rekonstruieren.

281 Umsatzzahlen vgl. Nieberding 2003b, S. 46.

282 Vgl. BAL 10/1.2, Statistik: Stand der Fabriken.

283 BAL 11/3, Aufsichtsrat: 103. Aufsichtsraths-Sitzung am 6. April 1898, S. 281 sowie ebd., 107. Aufsichtsraths-Sitzung am 24. März 1899, S. 291.

überliefert ist, hätte sich die Höhe der inventurbedingten Abschreibung auf dem Niveau der Vorjahre befinden müssen. Folglich liegt die Annahme nahe, dass die vorbilanziellen Abschreibungen nach Bedarf angepasst wurden, weshalb sie vielmehr als Finanzierungsinstrument und nicht als Resultat tatsächlicher Wertminderungen interpretiert werden müssen.[284]

Ebenfalls beeinflusste eine Zunahme der Tantiemenzahlungen das beobachtbare Auseinandergehen der Brutto- und Nettogewinne ab dem Geschäftsjahr 1891. Diese standen Beamten und Chemikern zu, deren Anstellungs- und Lizenzverträge eine Sondervergütung vorsah, welche anteilig an bestimmten Gewinnvariablen gezahlt wurde. Hierin lag ein zentraler Unterschied zu den bereits in dieser Arbeit angesprochenen Tantiemenzahlungen an die Direktion, Aufsichtsratsmitglieder und Prokuristen, deren Gewinnanteil statutarisch festgelegt war, sodass die Sondervergütung daher, ebenso wie die Höhe der Dividendenzahlungen, der Generalversammlung im Rahmen der vorgeschlagenen Gewinnverteilung zur Genehmigung vorzulegen war. Die Tantiemenzahlungen an Chemiker und Beamte hingegen erfolgten „vor dem Strich", weshalb sie als Kostenfaktoren betrachtet wurden und den Nettogewinn beeinflussten.[285] Die Vergütungszahlungen an Chemiker und Beamte waren in vielen Fällen an einzelne Profitabilitätsindikatoren geknüpft, etwa einem prozentualen Anteil an den Nettogewinnen einzelner Produkte. So erhielt beispielsweise Carl Duisberg seit Beginn des Jahres 1891 „eine Betriebstantieme von 1 ½ % vom Netto-Gewinn sämmtlicher Betriebe" und die Professoren Baumann und Kast eine zwanzig-

---

284 Diese Feststellung entspricht der bereits in Kapitel 4.3. dargestellten Debatte zeitgenössischer Autoren und Industrieller darüber, ob Abschreibungen als mehr oder weniger freies Finanzierungsinstrument aufzufassen seien, oder in einem tatsächlichen Wertverlust des abgeschriebenen Anlage- und Umlaufvermögens begründet sein müssten.

285 Der Begriff „vor dem Strich" fand in den Protokollen des Aufsichtsrates Verwendung, um den Tantiemenzahlungen an den Vorstand, Aufsichtsrat und Prokuristen zusätzliche Beträge hinzuzurechnen. Diese resultierten aus dem Umstand, dass die Unternehmensführung zwar in erheblichem Maße Sonderabschreibungen durchführte, die Führungsebene jedoch auf Grund des geminderten Nettogewinns (der ja die Berechnungsgrundlage der Vergütung war) für die entfallenden Anteile kompensiert werden musste. Die Festlegung der Zusatztantiemen erfolgte jeweils im Nachgang der Generalversammlungen. Exemplarisch hierfür die Festlegung für das Geschäftsjahr 1899: „Der Aufsichtsrath beschließt ferner den 3 Prokuristen nach ihren Verträgen zu vergüten: a) für die Abschreibungen vor dem Strich [...] auf M. 285.000, b) für die Extra-Abschreibungen auf Neuanlagen Elberfeld u. Filialen auf 2.530.818,21 Mark. Insgesamt 2.815.818,21 Mark." BAL 11/3, Aufsichtsrat: 111. Aufsichtsraths-Sitzung am 28. April 1900 nach beendeter General-Versammlung, S. 302–303.

prozentige Tantieme auf den Netto-Reinverdienst ihrer Erfindungen Tetronal und Sulfonal.[286]

In den Bilanzbesprechungen zwischen Direktion und Aufsichtsrat wurde die Summe der „Betriebstantieme“ zunächst wie eine Reservebildung behandelt. Ursächlich hierfür war, dass die Höhe der Tantiemen erst nach Genehmigung des Jahresabschlusses durch die Generalversammlung seitens der Buchhaltung festgestellt werden konnte. Hierdurch ergaben sich für die Unternehmensführung Entscheidungsspielräume, da der Nettogewinn des Unternehmens durch die Höhe der Abschreibungen, Reservebildungen und vor allem durch die Bilanzverkürzungen zu einem gewissen Grad manipuliert werden konnte. In der oben gezeigten Tabelle wurden die Tantiemenzahlungen daher bei der Berechnung des tatsächlichen Bruttogewinns berücksichtigt, bei der Berechnung des tatsächlichen Nettogewinns jedoch nicht miteinbezogen. Die Aufstellung der veranschlagten Betriebstantiemen deutet zunächst auf mehr oder weniger konstante Zahlungen hin, die zwischen den Jahren 1891 und 1898 in einer Spannbreite von 325.000 Mark bis zu 475.000 Mark schwankten, in einer überwiegenden Anzahl von Jahren jedoch 400.000 Mark betrugen (Tabelle 4.7). Eine Ausweitung der Tantiemenzahlungen ist seit dem Jahr 1899 zu beobachten und führte innerhalb von fünf Jahren zu einer Verdoppelung der prognostizierten Zahlungsverpflichtungen. Von 1897 an sind zusätzlich die tatsächlich gezahlten Betriebstantiemen überliefert. Der Vergleich der prognostizierten mit den realisierten Zahlen verdeutlicht, dass die Rückstellungen der Direktion bis zum Jahr 1899 ausreichend, ab dem Geschäftsjahr 1899 jedoch zu niedrig veranschlagt worden waren. Ein Vergleich der seit 1899 nominal zunehmenden Tantiemenzahlungen mit den errechneten Bruttogewinnen des Unternehmens illustriert jedoch, dass der relative Anteil der Vergütungen mehr oder weniger konstant blieb, im Verhältnis zu den Jahren 1891 bis 1894 sogar eine fallende Tendenz aufzeigte. Eine Erklärung für diese Entwicklung ist nicht überliefert, jedoch könnte die nominale Steigerung der Tantieme ihre Ursache in der mit Leverkusen verbundenen Umsatz- und Gewinnvergrößerung haben, welche die gewinnabhängigen Tantiemen ja unmittelbar beeinflusste.

286 BAL 11/3, Aufsichtsrat: 81. Aufsichtsrathsitzung am 14. April 1891, S. 190–191 (Duisberg), sowie ebd.: 74. Aufsichtsraths-Sitzung am 5. November 1889 (Baumann und Kast). Zum Vertrag über Tetronal und Trional, vgl. ebenfalls die Ausführungen in Kapitel 4.1.

Tab. 4.7: Vergleich der veranschlagten mit den tatsächlich realisierten Betriebstantiemen der Farbenfabriken, 1891–1903 (in Mark).[287]

Jahr	Veranschlagte Betriebstantiemen	Tatsächliche Betriebstantiemen	Anteil veranschlagte (tatsächliche) Betriebstantiemen an errechnetem Bruttogewinn
1891	325.000,-	-	8 %
1892	400.000,-	-	8 %
1893	475.000,-	-	8 %
1894	400.000,-	-	7 %
1895	400.000,-	-	5 %
1896	350.000,-		4 %
1897	400.000,-	277.889,-	3 % (2 %)
1898	450.000,-	341.645,-	5 % (3%)
1899	550.000,-	530.349,33	5 % (4 %)
1900	576.842,65[1]	607.327,-	5 % (5 %)
1901	700.000,-	701.230,-	5 %
1902	800.000,-	882.989,-	5 %
1903	1.000.000,-	837.322,-	5 %

1 Für das Geschäftsjahr 1900 hielt die Direktion fest: „Für die Betriebs-Tantiemen, deren genaue Feststellung erst nach genehmigter Bilanz vorgenommen werden kann, ist ein Betrag, inclusive des Saldos aus dem Vorjahr, von M 576.842,65 eingesetzt worden.", BAL 11/3, Aufsichtsrat: 113. Aufsichtsraths-Sitzung am 29. März 1901, S. 308. Aus der Formulierung geht nicht hervor, ob der angesetzte Betrag dem Vorjahressaldo genau entsprechen oder diesen bloß beinhalten sollte. Sollte der erste Fall zutreffend sein, ist eine Erklärung der Differenz nicht rekonstruierbar.

Mit dem Mittel der Bilanzverkürzungen etablierte die Unternehmensführung der Farbenfabriken folglich eine Finanzierungsquelle, welche die ab dem Jahr 1901 bezüglich der stillen Reservebildung geführte Auseinandersetzung mit der Steuerbehörde als geradezu unbedeutend erscheinen lässt. Beeindruckend veranschaulichen lässt sich dies durch die Feststellung, dass sich die Summe der seit 1891 abgeschriebenen und als Reserve rückgestellten Gelder im Jahr 1903 bereits auf über 45 Millionen Mark belief; und damit in etwa der für dasselbe Jahr veröffentlichten Bilanzsumme des Unternehmens von 46.862.448,43 Mark

287 Veranschlagte Betriebstantiemen entnommen aus den jeweiligen Bilanzbesprechungen im Aufsichtsrat (BAL 11/3), tatsächlich gezahlte Tantiemen aus BAL 10/1.2, Statistik: Tantièmen.

entsprach.[288] Anders formuliert und vereinfacht dargestellt bedeutet dies, dass der Wert der Farbenfabriken im Jahr 1903 faktisch doppelt so hoch war wie durch das Unternehmen ausgewiesen. Hierbei noch nicht berücksichtigt worden sind die „offiziellen" stillen Reserven in Höhe von 6.450.000 Mark, die die Unternehmensführung gegenüber der Steuerbehörde angab. Die wesentlichen Thesaurierungsquellen Bayers blieben also der Öffentlichkeit vermutlich weitgehend verborgen – unabhängig davon, ob es sich dabei um die Steuerbehörde oder Aktionäre handelte.[289]

4.6 Die Grundlage der Finanzierung: Informationsgewinnung in den 1890er Jahren

Die Vielzahl der praktizierten Finanzierungsstrategien deutet darauf hin, dass die Unternehmensführung die sich im Unternehmen vollziehenden Gewinn- und Verlustströme ab den frühen 1890er Jahren in weiten Teilen durchdrungen haben muss. Ausgehend von den seit 1885 vorangetriebenen Innovationen im Bereich der Kostenerfassung etablierten sich im darauffolgenden Jahrzehnt weitere, in der Formalstruktur des Unternehmens verankerte Abteilungen, die zu einer umfassenden Informationserfassung der Unternehmensprozesse beitrugen. So ist für das Jahr 1895 eine Ausdifferenzierung der Buchhaltung in eine technische und eine kaufmännische Buchhaltung überliefert, die sich im Falle der kaufmännischen Buchhaltung weiter in die Abteilungen Haupt- und Kundenbuchhaltung, Lagerbuchhaltung sowie Rendementsberechnung unterteilte.[290] Für die vorliegende Arbeit ist dabei vor allem die Rendementsberechnung interessant, eine Abteilung, deren Ergebnisse nachweislich ab Januar 1892 zu

288 Die Summe der vom Verfasser dieser Studie errechneten Bilanzverkürzungen beläuft sich auf 45.689.546,08 Mark (Zusammenstellung aus allen verfügbaren Darstellungen aus dem Aufsichtsratsprotokoll BAL 11/3). Die der BASF und AGFA im Zuge der Gründungsverhandlungen des Dreibundes (Kapitel 5) gemachten Angaben weisen eine Höhe der stillen Reserven von 47.829.937,45 Mark auf (BAL 4/A.10, IG: Bilanzzahlen). Angesichts der Schwierigkeit der Rekonstruktion der verschiedenen Thesaurierungsquellen sollte diese Differenz erklärbar und der Gesamtaussage dieser Arbeit nicht abträglich sein.

289 Da sich der Aktienkurs der Farbenfabriken trotz der während der 1890er Jahre praktizierten Dividendenglättung konstant erhöhte, ist es denkbar, dass die Praxis der Bilanzverkürzung einem Teil der Aktionäre bekannt gewesen sein könnte. Dennoch könnte die Kursentwicklung ebenso auf andere Faktoren zurückzuführen sein, wie etwa auf die öffentliche Reservebildung, die Praxis der Sonderabschreibungen oder die steigende Profitabilität der deutschen Chemieindustrie insgesamt.

290 Vgl. Messner 1918, S. 487.

den Informationsgrundlagen der Unternehmensführung gehörten.[291] Die von ihr gelieferten Daten beinhalteten zunächst eine quartalsmäßige Aufstellung der Gewinne der einzelnen Produktionssparten des Unternehmens. Exemplarisch wurde für das dritte Quartal 1891 zunächst der „Brutto-Nutzen" der Alizarin-, Scharlach-, Anilin- und Pharmazeutischen Abteilung ermittelt, dem dann die Kosten für „Betriebstantiemen, Patentkosten, Processkosten, Kosten des wissenschaftl. Laboratoriums etc." abgezogen wurden. Folglich waren in den als Brutto-Nutzen der Abteilungen ausgewiesenen Beträgen vermutlich bereits abteilungsspezifische Kosten wie Material- und Personalkosten in Abzug gebracht worden, denen dann allgemeine Kosten wie die Betriebstantiemen usw. zugerechnet wurden. Der hierbei ermittelte Gewinnbetrag wurde anschließend den veranschlagten Generalspesen, Falliten und statutarischen Amortisationen des Unternehmens gegenübergestellt. Diese waren zunächst für das ganze Jahr geschätzt und anschließend quartalsgerecht geviertelt worden. Die Ermittlung des Reingewinns erfolgte schließlich durch die Gegenüberstellung des Brutto-Nutzens abzüglich Betriebstantiemen etc. und der veranschlagten quartalsmäßigen Generalspesen, Falliten und Abschreibungen.[292]

Der Vergleich der seitens der Rendementsabteilung geschätzten mit den später tatsächlich ausgewiesenen Beträgen deutet darauf hin, dass die Beamten der Abteilungen bereits ein relativ genaues Bild der Kostenstruktur des Unternehmens hatten. Den veranschlagten Summen von 806.250 Mark für Generalspesen, 80.000 Mark für Falliten sowie 300.000 Mark für Amortisationen standen im Geschäftsbericht die tatsächlichen Beträge von 782.857,81 Mark, 50.453,78 Mark sowie 296.217,44 Mark gegenüber.[293] Die Struktur der Rendementsberechnungen wurde in den folgenden Jahren beibehalten, seit dem Jahr 1894 zog man zusätzlich den Vergleich zu den entsprechenden Quartalen des Vorjahres.[294]

Die technische Buchhaltung wiederum ging im Jahr 1889 aus der erkannten Notwendigkeit hervor, eine genauere Kenntnis der Selbstkosten zu erlangen. Ziel dieser Abteilung war daher die Feststellung der Betriebsunkosten der einzelnen Produkte, ebenso wie die Kosten der Neuanlagen zu ermitteln und dann auf einzelne Gebäude und Apparate zu „zerlegen".[295] Wenngleich dies aus den

291 Die Abteilung der Rendementsberechnung war 1886 gegründet worden. Vgl. hierzu Kapitel 3.3.5.

292 BAL 11/3, Aufsichtsrat: 84. Aufsichtsraths-Sitzung am 23. Januar 1892.

293 Vgl. BAL Geschäftsbericht 1891.

294 Vgl. BAL 11/3, Aufsichtsrat: 93. Aufsichtsraths-Sitzung am 1. November 1894, S. 239–240.

295 Nobbe 1918, S. 493. Hervorzuheben ist, dass die Bestrebungen der Unternehmensführung Bayers bereits Ende der 1880er Jahre der erst ein Jahrzehnt später von Schmalenbach formulierten Forderung entsprachen, dass „die Unkosten [...] denjenigen Faktoren der Buchführung

Quellen nicht belegbar ist, liegt zumindest die Annahme nahe, dass die Informationen der technischen Buchhaltung für den Aufbau des Leverkusener Standortes von Bedeutung waren. Als die Direktion in ihrem Rundbrief aus dem Dezember des Jahres 1895 die Mitteilung über die Aufteilung zwischen kaufmännischer und technischer Buchhaltung machte, subsumierte sie unter den Aufgabenbereich letzterer „die Fabrikbuchführung, Rohmat.- u. Farbencontrolle, Calculation u. Fabrikspesen-Berechnung".[296] Weiter gab sie bekannt, dass der neue Abteilungsleiter Fritz Nobbe durch die Direktion angewiesen worden sei, mit den verschiedenen Betriebsführern monatlich die Kalkulationen der Betriebe durchzugehen und eventuelle Auffälligkeiten an die Unternehmensführung zu melden. Nobbes Hauptaufgabe für die kommende Zeit müsse sein, die Fabrikspesen einer sorgfältigen Nachprüfung zu unterziehen.[297] Das zur Ankündigung der neuen Buchhaltungs-Richtlinien noch verwendete Mittel des Rundbriefs ist auch in Hinblick auf die interne Unternehmenskommunikation interessant. So diente er einerseits der Abwärtskommunikation („downward communication") durch die Unternehmensführung an die Beamten und Ingenieure, beinhaltete aber gleichzeitig Richtlinien, die zu einer Verbesserung der Aufwärtskommunikation („upward reporting") zwischen den verschiedenen Hierarchieebenen führen sollten.[298]

angerechnet werden [müssten], durch die sie entstehen." Schmalenbach 1899, S. 5. Heute wird diese direkte Zurechenbarkeit als Kostenzurechnungs- bzw. Verursachungsprinzip bezeichnet. Vgl. Pfaff 2017, S. 56.

296 BAL 110/1.43, Kaufmännische Abteilung: Technische Buchhaltung, darin: Rundbrief der Direktion an die Herren Betriebsführer u. Ingenieure in Elberfeld, Leverkusen bei Köln, Flers, Moskau und Schelploh vom 7. Dezember 1895.

297 Ebd.

298 Für das Unternehmen Thyssen ist eine Institutionalisierung der Rundbriefe seit dem Jahr 1882 überliefert, die ab diesem Zeitpunkt fortlaufend nummeriert und durch Büroangestellte handschriftlich vervielfältigt wurden. Im Unterschied zu den oftmals öffentlich ausgehängten allgemeinen Betriebsmitteilungen wendeten sich die Rundbriefe, wie auch das zitierte Beispiel der Farbenfabriken Bayer, an die mittlere Hierarchieebene. Vgl. Fear 2005, S. 153. Als erstes allgemeines „Genre" der Abwärtskommunikation der Farbenfabriken kann die 1877 eingeführte Fabrikordnung angesehen werden, die in den Jahren 1888, 1899 und 1905 eine Überarbeitung erfuhr. Änderungen an der Fabrikordnung sollten der Belegschaft vorgelesen werden. Die zunehmende Menge und Vielfältigkeit der Vorschriften führten ab der Jahrhundertwende zu der Etablierung von Handbüchern für Beamte und Arbeiter. Hartmann 2010, S. 62. Der Begriff des „Genre" bzw. „Genres of Internal Communication" stammt aus den Forschungen von Jo-Anne Yates, die unter den Begriffen „Downward Communication" und „Upward Reporting" verschiedene „Genres" der internen Kommunikation wie Ordnungen, Handbücher, Formulare, Betriebszeitschriften oder eben Rundbriefe auffasst. Vgl. hierzu Yates, JoAnne: Control through communication. Baltimore, Md. 1993, S. 65–100 sowie Fear 2005, S. 151.

Bei der bei Bayer im Jahr 1895 durchgeführten Trennung zwischen technischer und kaufmännischer Buchhaltung handelte es sich offenbar um keinen Einzelfall, sondern um einen in der Buchhaltung deutscher Firmen weitgehend verbreiteten Standard. So konstatierte Eugen Schmalenbach in einem im Jahr 1907 veröffentlichten Aufsatz über die Ermittlung von Produktionskosten, dass wohl die meisten Betriebe sich „der beiden Verfahrungsweisen" bedienten. Die in den Farbenfabriken bereits im Jahr 1889 durchgeführte Institutionalisierung der technischen Buchhaltung in Form einer eigenen Abteilung hingegen war der Auffassung Schmalenbachs nach zu urteilen fortschrittlich. Bezüglich der Ermittlung der Unkosten stellte Schmalenbach fest, dass diese grundsätzlich entweder durch einen Ausbau der ohnehin existenten kaufmännischen Buchhaltung erfolgen konnte, oder durch die Ausgliederung der Unkostenfeststellung in einen „selbstständigen Buchführungsapparat, der dann zumeist als Abteilung der ‚technischen Buchführung' bezeichnet wird."[299] Während die Ausweitung der kaufmännischen Buchhaltung auf Grund des zunehmenden Grades an Komplexität zu einer großen Fehleranfälligkeit neigen würde, sei eine selbstständige, von der Buchführung losgelöste „Produktionskostenstatistik" wegen ihrer „freieren Formen" erstrebenswert. Diese freiere Form resultiere laut Schmalenbach daraus, dass die abgetrennte technische Buchführung nicht den Zwängen der doppelten Buchführung unterworfen sei und deshalb „alle unwichtigen Werte, die in der doppelten Buchführung lediglich des Systems wegen mitgeführt werden müssen, zu vernachlässigen" erlaube.[300] Relativierend stellte Schmalenbach schließlich noch fest, dass die Gestaltungsfreiheit der technischen Buchhaltung als „selbstständiges System" zugleich die Gefahr einer schlechten Ausgestaltung dieses Systems berge, wodurch es wiederum der um die Unkostenberechnung erweiterten kaufmännischen Buchhaltung unterlegen sei. Dies könne jedoch durch eine enge Verflechtung mit anderen Abteilungen, etwa der Einkaufsabteilung, verhindert werden.[301] Diese Voraussetzung war bei den Farbenfabriken ohne Zweifel gegeben. Wenngleich aus dem Aufsatz Schmalenbachs nicht hervorgeht, welchen Zeitraum er seinen Ausführungen zu Grunde legte, kann zumindest angenommen werden, dass die Einrichtung einer eigenständigen Abteilung zur Unkostenberechnung vergleichsweise frühzeitig erfolgte.[302] Dem Unternehmen kann demnach in Hinblick auf die Buchhaltung gewiss das Attribut der Fortschrittlichkeit zugestanden werden – eine Feststel-

299 Schmalenbach 1907b, S. 202.

300 Ebd., S. 211.

301 Ebd., S. 212.

302 Schmalenbach verwies in seinen Ausführungen zwar auf das von Johann Lilienthal veröffentlichte Buch „Fabrikorganisation, Fabrikbuchführung und Selbstkostenberechnung der Firma Ludw. Loewe & Co Aktiengesellschaft", in dem die Einrichtung einer technischen Buch-

lung, die bei dem später zu behandelnden Vergleich mit dem betrieblichen Rechnungswesen der BASF nochmals unterstrichen werden wird.[303]

Die Aufgaben der technischen Buchhaltung bzw. Kalkulation definierte Schmalenbach als die Erfassung des Materialverbrauchs, der Akkordlöhne und sonstigen anteilig anrechenbaren Kosten. Dem stünden in der buchmäßigen Kalkulation Kosten wie Hilfsmaterialien, Hilfslöhne und nicht proportionale Kosten entgegen, die er in fixe, degressive und progressive Kosten weiter aufgliederte.[304] Die von Schmalenbach vorgeschlagene Definition entsprach folglich in etwa der bei Bayer im Rundbrief bekanntgegebenen Aufgabengebiete, wenngleich wahrscheinlich ist, dass die dort erwähnte „Fabrikspesen-Berechnung" zu diesem Zeitpunkt noch eher den Fixkosten zugerechnet werden musste. Hierauf deutet die Beobachtung hin, dass es während der 1890er Jahre offenbar ein zentrales Anliegen der Buchhaltung Bayers war, die bisweilen noch als Fixkosten aufzufassenden Fabrikspesen in variable, also im Sinne Schmalenbachs der technischen Buchhaltung zuzuordnenden Kosten zu überführen.

Zu diesem Grund ersetzte die technische Buchhaltung die bis dahin zur Kontrolle der Produktionsmaterialien verwendeten Fabrikbücher durch ein Zettelsystem, dessen Mehrwert laut Fritz Nobbe darin bestand, dass erst dieses es ermöglichte, „die unzähligen Material-Entnahmen, Löhne und sonstigen Unkosten auf die vielen Haupt- und Neben-Conti [...] zu verbuchen."[305] Problematisch blieb weiterhin die Identifizierung der Spesensätze der einzelnen Produkte:

> Der endgültige Zweck aber, die Feststellung der Spesensätze für die einzelnen Produkte war jedoch immer noch nicht erreicht, und zwar bestand der Uebelstand darin, dass die Abschlussarbeiten der technischen Buchhaltung viel zu spät fertig wurden und eine geeignete Stelle fehlte, durch welche die Resultate genannter Abteilung weiter verarbeitet wurden. So mussten z. B. alle allgemeinen Conti, als Dampf, Kraft, Druckluft, Gas, Wasser, Fuhrwerk, Eisenbahn etc. am Schlusse des Jahres auf die einzelnen Fabrikationsbetriebe verteilt werden. Der Buchhaltungs-Chef Carl Gaertner nahm sich zwar dieser Sache persönlich an, jedoch waren die Arbeiten so umfangreich und kompliziert, dass er sie allein

haltung für ein Unternehmen der Maschinenindustrie geschildert sei, doch erschien dieses erst im Jahr 1907. Vgl. ebd.

303 Vgl. Kapitel 5.4.

304 Schmalenbach 1907b, S. 201–202.

305 Nobbe 1918, S. 494. Im Vergleich zu anderen Unternehmen erfolgte die Einführung des Zettelsystems bei den Farbenfabriken vergleichsweise spät. So hielt der Ingenieur Eduard Roesky bereits im Jahr 1878 fest: „Der Calculator hat die Aufgabe, die sämmtlichen Kosten, welche jedweder Auftrag verursacht hat, zu sammeln, und das Conto dieses Gegenstandes damit zu belasten. Durch die oben beschriebenen Bestell- und Arbeitszettel ist diese Arbeit eine verhältnismässig einfache." Roesky 1878, S. 89. Wie Roesky waren es vor allem „Praktiker", die während der zweiten Hälfte des 19. Jahrhunderts zu organisatorischen und buchhalterischen Aspekten von Unternehmen publizierten. Vgl. hierzu Kocka 1969, S. 337.

> nicht bewältigen konnte, und mehrere Jahre kam die Detaillierung der Betriebsunkosten nicht über das Anfangsstadium hinaus.[306]

Tatsächlich deuten die überlieferten Statistiken dieser Jahre auf eine zunehmend genauere Erfassung des Materialverbrauchs hin. So wurde spätestens seit 1893 der Jahresverbrauch an Rohmaterialien ermittelt und nach Produktgruppen wie „Metalloide", „Verbindungen des Calciums" oder „Säuren" geordnet erfasst. Die Aufteilung der verbrauchten Betriebsmaterialien wie Kohle, Wasser und Eis erfolgte, wie im Zitat angegeben, auf die jeweiligen Fabrikationsbetriebe, wenngleich der Kohlenverbrauch faktisch den für die Abteilungen zuständigen Chemikern zugeordnet wurde und nicht – wie bei Wasser und Eis der Fall – den Betrieben wie „Azofarben I", „Braun" oder „Laboratorium". Stellenweise erfolgte zudem eine Monetarisierung des Jahresverbrauchs, indem man diesen offenbar mit einem Jahresdurchschnittspreis multiplizierte.[307] Die Aufstellung der Verbrauchszahlen erfolgte jedoch weiterhin auf jährlicher Basis, weshalb eine laufende Spesenberechnung noch nicht realisierbar war.

Als Ansatzpunkt zur Behebung der Kalkulationsproblematik identifizierte die Unternehmensführung die Tatsache, dass eine permanente Datenerhebung zwangsläufig einen größeren Personalaufwand bedeutete. Als Antwort auf diese Herausforderung richtete sie zu Beginn des Jahres 1896 – auch unter starker Einflussnahme des Prokuristen Carl Duisberg – mit der „Kalkulation II" eine Abteilung ein, deren ausschließliche Aufgabe in der Umlegung der „Kosten der allgemeinen Conten auf die Fabrikationsbetriebe" bestand. Das ausgemachte Ziel dieses Schrittes war folglich eine verbesserte Erfassung der Gemeinkosten. Die so ermittelte „komplette Betriebsunkosten-Rechnung" sollte dann wieder auf die einzelnen Produkte umgelegt und „damit die für die Festsetzung genauer Gestehungspreise notwendigen Spesensätze" errechnet werden.[308] Da eine permanent aktualisierte Kostenkontrolle als zu zeit- und personalintensiv wahrgenommen wurde, beschränkte man sich zunächst auf eine periodische Ermittlung der Spesensätze für die jeweiligen Betriebe, deren Richtigkeit in monatlichen Stichproben überprüft wurde. Als besonders mühevoll erwies sich dabei die Erfassung des „Dampf-Contos", eines der laut Nobbes Ausführungen größten Spesenträgers des Unternehmens.[309] Tatsächlich beliefen sich Kosten für Dampf im Jahr 1896 auf 524.440 Mark, die Beträge für weitere Betriebsstoffe wie Gas oder Wasser lagen mit 168.412 Mark resp. 179.516 Mark deutlich darunter.[310]

306 Nobbe 1918, S. 494.
307 BAL 10/1.1, Statistik: Rohmaterialien-Verbrauch.
308 Nobbe 1918, S. 494.
309 Ebd.
310 Vgl. BAL 10/1.2, Statistik: Wasser-Verbrauch, Gas-Verbrauch sowie Dampf-Verbrauch.

Auch die Direktion ging in ihrem Ankündigungsschreiben bezüglich der Neuaufteilung der kaufmännischen und technischen Abteilung explizit auf die „Dampfzahlen" ein, welche sich „in unseren hiesigen Fabriken nicht absolut genau, sondern nur schätzungsweise feststellen lassen" würden. Da der faktische Verbrauch der einzelnen Betriebe – wie von der Direktion bestätigt – zunächst nur geschätzt werden konnte, führten die Optimierungsbestrebungen im Unternehmen in den Folgejahren zu heute bisweilen merkwürdig anmutenden Versuchen: So trennte man einzelne Betriebe von der zentralen Gasversorgung und schloss die Anlagen stattdessen an eine mobile Dampfmaschine, eine Lokomobile, an. Die genau erfasste Dampferzeugung der Maschine diente dann wiederum als Basis für spätere Spesenberechnungen. Die Schwierigkeit der genauen Verbrauchsmessung konnte schließlich im Jahr 1902 behoben werden, als die Ingenieurs-Abteilung der Farbenfabriken einen geeigneten Dampfmesser erfand, den sie später auch an externe Verbraucher vertrieb.[311]

Auf die praktische Anwendung der Spesensätze kann durch eine überlieferte Berechnung der Azofarben-Abteilung von Carl Duisberg aus dem Jahre 1896 eingegangen werden. Diese weist für alle Farbstoffe der Abteilung zunächst die Bruttogewinne aus, die dann mit einem Prozentsatz multipliziert den „Netto-Nutzen" ergaben. Demnach handelte es sich bei den Bruttogewinnen, den oben dargestellten Ausführungen entsprechend, um die Gewinne der einzelnen Farbstoffe, denen bereits die Material- und Lohnkosten abgezogen worden waren. Bei dem Multiplikator, der sich in den meisten Fällen auf 53,3 Prozent, in Einzelfällen wie dem Benzobraun GG auf 56 Prozent belief, handelte es sich folglich um den Abzug der Generalspesen. Die Spesenzuschreibung erfolgte dabei unabhängig von den erwirtschafteten Umsätzen der einzelnen Farbstoffe. So wurde ein wichtiges Produkt wie Benzoazurin G, aus welchem das Unternehmen im Jahr 1896 einen Bruttogewinn von 189.046,08 Mark zog, ebenso mit einem Spesensatz von 53,3 Prozent taxiert wie das Benzochromschwarz G, dessen Bruttogewinn sich auf gerade einmal 631,34 Mark belief.[312] Dies entspricht dem überlieferten Anspruch der Buchhaltung bei Bayer, die Generalspesen zunächst auf die einzelnen Fabrikationsstätten umlegen zu wollen und nicht – wie es das vorgegebene Ziel der ebenfalls 1896 gegründeten Abteilung Kalkulation II war – noch weiter auf jedes einzelne Produkt herunterbrechen zu wollen.

Die Spesenberechnung des Unternehmens konnte im Laufe der 1890er Jahre so weit verbessert werden, dass eine quartalsmäßige Berechnung der laufenden Kosten ermöglicht wurde. Im Dezember 1903 schließlich verkündete die Di-

311 Nobbe 1918, S. 494.

312 Vgl. BAL 111/2, Farben: Farbstoff Produktion, Preisübersicht und Kalkulation Farben (C. Duisberg).

rektion dem Aufsichtsrat im Zuge der Vorlage der Betriebsergebnisse, dass besonders zu vermerken sei, „dass die Betriebsspesen nunmehr monatlich festgesetzt werden auf Grund der effectiven Zahlen u. diese daher in den Calculationen auch richtig berechnet werden u. nicht wie in früheren Jahren auf Grund angenommener den effectiven Zahlen der Vorjahre entsprechenden festen Saetze."[313] Die zuvor nur quartalsmäßig erfolgte Erfassung der Betriebsspesen habe dazu geführt, dass im Laufe eines Jahres stattfindende Produktivitätssteigerungen oder Mengenausweitungen in den Abrechnungen nicht hätten berücksichtigt werden können und erst in der Schlussbilanz Ausdruck gefunden hätten. Im Vorjahr habe dies zu einer Differenz zwischen angenommenen und tatsächlichen Betriebsergebnissen von rund einer Million Mark geführt.[314] Tatsächlich ist eine monatliche Dokumentation der Betriebsspesen bereits für den Januar des Jahres 1902 überliefert und kam seit spätestens August 1902 ebenfalls in den Filialen zur Anwendung.[315]

Dem Fluss der Informationsströme zwischen Betrieben und Buchhaltung waren ebenfalls neue, formal geregelte Kommunikationsstrukturen zuträglich. So teilte die Direktion den Betriebsführern mit, dass die von der technischen Buchhaltung errechneten „Ersatz- und Verschleißzahlen, sowie die Ziffern der sonstigen Consumarticeln" vierteljährlich den Betrieben mitzuteilen seien, „damit die Herren Betriebsführer über die Höhe derselben unterrichtet werden, und bestrebt sein können, dieselben zu vermindern und sich eventuell sparsamer einzurichten."[316] Die Erhebung der Zahlen sollte folglich nicht nur der Kontrolle der einzelnen Betriebe dienen, sondern ebenso den Betriebsführern einen kommunikativ unmissverständlichen Anreiz zur Betriebsoptimierung liefern, wodurch die Verantwortlichkeit für eine effiziente Produktion weiter von der Unternehmensführung auf die Betriebsführer übertragen wurde.[317] Die Voraussetzung für den Fluss der Informationsströme sollte laut der Direktion zum einen durch das Ingenieurbüro hergestellt werden, welches „prompt als möglich und zwar in noch festzusetzenden Zeiträumen sämmtliche Zahlen über Verbrauch von Gas, Wasser, Luft, Kohlen, über Reparaturen, Neuanlagen etc." angeben sollte, zum anderen forderte man die Betriebsführer der chemischen Be-

313 BAL 11/3: Aufsichtsrat: 121. Sitzung des Aufsichtsrathes am 3. Dezember 1903, S. 334.
314 Ebd.
315 Vgl. BAL 186/1.5, Produktionszahlen Werk Barmen, Elberfeld, Flers, Leverkusen, Moskau, 1902, 1903, 1911. Zur Anwendung in den Filialen, vgl. BAL 9/C.1, Werk Flers, Allgemein: Bericht über die Filiale Flers vom 21. April 1903.
316 Vgl. BAL 10/1.2, Statistik: Wasser-Verbrauch, Gas-Verbrauch sowie Dampf-Verbrauch.
317 Die durch die Mitte der 1880er Jahre erfolgte Einführung der Fabrikbücher begründete diese Verantwortlichkeit. Vgl. hierzu Kapitel 3.3.5.

triebe auf, die Betriebsbücher „stets a jour zu halten und dieselben pünktlich an das Calculationsbureau abzuliefern."[318]

Im Jahr 1907 hatte sich die Kostenerfassung schließlich soweit formalisiert, dass die Betriebsführer von der technischen Buchhaltung monatlich eine 70 Positionen umfassende Unkostenrechnung erhielten. Den ausgehändigten Rechnungen wurden im Anschluss die tatsächlichen Monatskosten des Betriebes gegenübergestellt, die Differenzen zwischen den wirklichen und kalkulierten Unkosten dann vermerkt, um schließlich ein Urteil über die Betriebseffizienz treffen zu können.[319] Als Referenzpunkt für die Verteilung der Gemeinkosten wurde offenbar die Höhe der im jeweiligen Betrieb gezahlten Löhne herangezogen, d. h. Betrieben mit hohen Lohnkosten wurde ebenfalls ein hoher Anteil an den Gemeinkosten zugerechnet.[320] Eine Erklärung dafür, weshalb gerade Lohnkosten als Bezugsgröße gewählt wurden, ist nicht überliefert. Denkbar ist, dass sie zu dieser Zeit noch die einzige vergleichsweise leicht zu errechnende Größe im Unternehmen waren und dabei eine relativ gute Auskunft über die Größe der Betriebe lieferten, da sich die Herstellungsprozesse nach wie vor durch eine hohe Personalintensität auszeichneten. Die Farbenfabriken bildeten in Hinblick auf die Wahl dieses Verteilungsschlüssels keinen Einzelfall. Im Unternehmen Thyssen erfolgte die Anrechnung der Gemeinkosten zwar nicht auf die Lohnkosten der jeweiligen Betriebe, doch wählte man dort mit der Summe der in den einzelnen Betrieben angestellten Arbeitern eine ähnliche Bezugsgröße.[321] Wahrscheinlich ist zudem, dass das Heranziehen eines anderen Bezugswertes auch zu einer anderen Verteilung der Gemeinkosten geführt hätte. So hätte eine Orientierung an den Betriebsumsätzen beispielsweise zu einer stärkeren Belastung von besonders ertragreichen Farbstoffabteilungen geführt. In den Gemeinkosten waren sowohl Kosten für Wohlfahrtszwecke, wie die seit 1883 existierende

318 Vgl. BAL 10/1.2, Statistik: Wasser-Verbrauch, Gas-Verbrauch sowie Dampf-Verbrauch.
319 Vgl. Nobbe 1918, S. 494.
320 Ebd., S. 495.
321 Vgl. Fear 2005, S. 167 Auch liefert Fear eine ähnliche Begründung für die Auswahl dieses Bezugswertes: „Thyssen & Co. deemed the number of workers employed the best approximation for allocating interest and general overhead expenses to the department. This measure assumes that labor was the main cost driver. For the nineteenth century, this was not necessarily a wrong assumption." Ebd. In der zeitgenössischen Fachliteratur wurde die bei Bayer durchgeführte Zurechnung nach Löhnen als „üblichste und sicherste Form der Deckung der Generalkosten" beschrieben. Die zugrundeliegende Logik wurde wie folgt beschrieben: „Je größer der Arbeitsaufwand auf ein Stück ist, um so wertvoller wird es sein, und um so stärker kann dasselbe zur Tragung der Generalunkosten herangezogen werden." Ballewski, Albert; Lewin, C. M.: Der Fabrikbetrieb. Berlin 1912, S. 62. Für Bayer gilt diese Annahme jedoch nur begrenzt, da die in den einzelnen Betrieben hergestellten Farben zu divers waren, als dass man einen Zusammenhang zwischen Arbeitsintensität und Verkaufswert herstellen könnte.

betriebseigene Krankenkasse und die Invaliden-Versicherung berücksichtigt, als auch die Kosten für Infrastruktur wie Feuerwehr, Kanalisation oder die Hofbeleuchtung.[322] Ebenso wurden die Kosten für die Ingenieurs- und kaufmännische sowie technische Abteilung auf die einzelnen Betriebe umgelegt. „Auf diese Weise finden die Unkosten der Nebenbetriebe ihre Verrechnung, sodass die Gestehungspreise alle Kosten in sich schliessen, welche durch die Herstellung der Produkte direkt oder indirekt verursacht werden," schlussfolgerte Fritz Nobbe im Jahr 1907.[323]

Im Jahr 1892 richtete man bei Bayer zudem das „Statistische Bureau" ein, eine Abteilung, welche Zusammenstellungen der verkauften Produkte nach Ländern sowie Zahlen „jeder Art über Betriebs-, Beamten- und Arbeiter-Verhältnisse sowie über Wohlfahrtseinrichtungen" lieferte. Aus Effizienzgründen erfolgte im Jahr 1897 die Neuorganisation des Büros als Unterabteilung der Rendementsberechnung, da es zuvor zu Doppelerfassungen von bestimmen Kennziffern wie bspw. Verkaufszahlen gekommen war.[324] Die formale Einrichtung der Datenerfassung in Form des Statistischen Büros führte nachweislich zu einer zunehmenden Fülle an Informationen. So datiert der Ursprung eines Großteils der konsequent erhobenen statistischen Daten auf die erste Hälfte der 1890er Jahre, etwa die bereits erwähnten Arbeiter- und Beamtenstatistiken, deren fortlaufende Erfassung seit dem Jahr 1894 überliefert ist.[325] Die statistischen Zusammenstellungen wie etwa der Verkaufszahlen dienten vor allem der permanenten Kontrolle des mengenmäßigen Absatzes. Die Abteilung sortierte die Verkäufe hierbei häufig nach dem Absatzland; eine Praxis, welche auf Grund der stark ausgeprägten Exporttätigkeit des Unternehmens – im Jahr 1896 lag die Exportquote bei Farbstoffen bei knapp 80, bei Pharmazeutika bei rund 75 Prozent – sicherlich pragmatisch war.[326] Ebenfalls zum Aufgabenfeld der Abteilung gehörte offenbar die Zusammenstellung von Daten auf Anfrage: Als das im Jahr 1884 erteilte Patent auf den bedeutenden Farbstoff Benzopurpurin nach Erreichen der maximalen Patentdauer von 15 Jahren auslief, beauftragte Carl Duisberg das Statistische Büro mit der Anfertigung einer Übersicht der mit dem Farbstoff generierten Gewinne. Da ein Großteil der datengenerierenden Abtei-

322 Vgl. zu den Wohlfahrtseinrichtungen Bonhoeffer, O.: Die Arbeiterverhältnisse im Werk Elberfeld. In: Farbenfabriken vorm. Friedrich Bayer & Co. (Hg.): Geschichte und Entwicklung der Farbenfabriken vorm. Friedr. Bayer & Co. Elberfeld in den ersten 50 Jahren. München 1918, S. 537–547.

323 Nobbe 1918, S. 495.

324 Messner 1918, S. 489.

325 Vgl. BAL 10/1.1., Statistik.

326 Vgl. exemplarisch zu den Exportquoten Nieberding 2003b, S. 46, Quote nach eigener Berechnung.

lungen der Farbenfabriken erst in der zweiten Hälfte der 1880er Jahre gegründet wurde, überrascht der in der Zusammenstellung notierte Verweis nicht, dass für die Jahre 1884 und 1885 keine Verkäufe „zu finden" gewesen seien. Zudem drückte sich die noch rudimentäre Erfassung der Generalspesen insofern aus, als der Prozentsatz der Generalspesen pauschal für alle 15 Jahre übergreifend mit „im Durchschnitt 45 % v. Brutto-Gewinn" angegeben wurde.[327] Dieser Satz fand dann auf die drei aus dem Patent abgeleiteten Farbstoffe (Benzopurpurin 1B, 4B sowie 6B) Anwendung.[328]

Zusammenfassend lässt sich festhalten, dass die in der zweiten Hälfte der 1880er Jahre einsetzende und im darauffolgenden Jahrzehnt weiterverfolgte Institutionalisierung verschiedener Abteilungen zur innerbetrieblichen Datenerhebung zunächst zu einem verbesserten Verständnis der unternehmensinternen Prozesse führte. Ab der zweiten Hälfte der 1890er Jahre bestand dann das Ziel der Unternehmensführung darin, die Intervalle dieser Erhebungen zu verkürzen, um eine möglichst aktuelle Betriebsübersicht zu ermöglichen. Es gelang im Laufe des Jahrzehnts, die Häufigkeit der Datenerfassung und -aufarbeitung so weit zu erhöhen, dass der Unternehmensführung zunächst quartalsmäßige, zu Beginn des 20. Jahrhunderts gar monatliche Kostenübersichten zur Verfügung standen. Die größte Herausforderung des Unternehmens bestand jedoch in einer genauen Erfassung der Gemeinkosten. Ziel der Unternehmensführung war es hierbei, diese allgemeinen Kosten möglichst genau auf einzelne Produkte umlegen zu können – ein Ziel, das jedoch erst im ersten Viertel des 20. Jahrhunderts erreicht werden sollte.

4.7 Zwischenfazit

In Hinblick auf die Entscheidungsrelevanz unternehmensintern generierter Informationen lässt sich der in diesem Kapitel dargestellte Untersuchungszeitraum zwischen der zweiten Hälfte der 1880er Jahre und dem beginnenden 20. Jahrhundert in zwei Perioden unterteilen. Die im vorausgegangenen Hauptkapitel beschriebenen kriseninduzierten Maßnahmen des Unternehmens waren mit dem Jahr 1886 weitestgehend abgeschlossen. Auf Produktebene markierte hierbei die Aufnahme der Pharma-Sparte den Endpunkt der Krisenüberwindung,

327 BAL 15/D.3A.1, Umsätze Farben Allgemein: Gewinn am Benzopurpurin-Patent.

328 Zum Vergleich: In der bereits vor wenigen Seiten beschriebenen Berechnung der Azofarbenbetriebe von Carl Duisberg sind für die drei genannten Farbstoffe Spesensätze von 53,3 Prozent notiert. Vgl. BAL 111/2, Farben: Farbstoff Produktion, Preisübersicht und Kalkulation Farben (C. Duisberg).

wenngleich sich die Aufnahme der pharmazeutischen Produkte nicht vollständig auf eine strategische Entscheidung des Unternehmens zurückführen lässt. Die technische Nähe der ersten Arzneimittel zu den Teerfarben war so groß, dass ihre Herstellung vergleichsweise einfach in die bereits existierenden Produktionskreisläufe des Unternehmens eingespeist werden konnte. Der sich schnell einstellende Erfolg der Pharma-Sparte führte auf der Führungsebene zu einem Disput zwischen Vorstand und Aufsichtsrat, da ersterer den Ausbau der Produktionskapazitäten in einem solchen Umfang vorantrieb, dass der Aufsichtsrat – dessen Vorsitz weiterhin die dominante Figur Carl Rumpff innehatte – mehrere Kontrollmechanismen zur Überwachung des Ausgabeverhaltens des Vorstandes im Sinne eines agenturtheoretischen „Monitorings“ einrichtete.[329]

Die starke Reaktion des Aufsichtsrats auf die durch den Vorstand verursachten Mehrkosten ist vor allem vor dem Hintergrund der durch Carl Rumpff wiederholt betonten vorsichtigen Unternehmensstrategie zu verstehen. Die Vorgaben des Aufsichtsrats führten dabei zu einer zunehmenden Einschränkung des Entscheidungsspielraumes des Vorstandes: Als die Alizarin-Produktion auf Grund ungünstiger Lieferverträge erneut defizitär zu werden drohte, untersagte das Kontrollgremium den Abschluss langfristiger Kaufverträge und setzte dem Einkauf darüber hinaus Preisobergrenzen, deren Überschreiten eine explizite Genehmigung des Aufsichtsrates voraussetzte. Die Schwierigkeit, die Alizarin-Herstellung in die Rentabilität zu führen, resultierte zudem daraus, dass der Unternehmensführung keine zuverlässigen Informationen bezüglich der Inventarbewertung zur Verfügung standen. Die als Reaktion hierauf durchgeführte Inventur der Anthracen-Vorräte offenbarte ein Missverhältnis zwischen dem theoretisch herstellbaren Angebot und der faktischen – und vertraglich bereits zugesagten – Nachfrage nach Alizarin-Produkten der Farbenfabriken. Im Resultat fand sich das Unternehmen trotz seiner vorsichtigen Einkaufspolitik Ende der 1880er Jahre erneut in einer Situation wieder, in der der Entscheidungsdruck von außen an die Unternehmensführung herangetragen wurde. Im Unterschied zu der überaus prekären Lage der Jahre 1884 und 1885 war das unternehmerische Risiko nun jedoch auf mehrere Produktionssparten diversifiziert und die Alizarin-Sparte weitaus weniger bedeutend. Die im Geschäftsjahr 1887 seitens der Unternehmensführung zur Abfederung der drohenden Alizarin-Verluste eingerichtete Sonderreserve in Höhe von 200.000 Mark fiel angesichts des im

329 Vgl. klassisch Alchian, Armen; Demsetz, Harold: Production, Information Costs, and Economic Organization. In: *American Economic Review*, 62 (1972), S. 777–795, hier v. a. S. 781–783.

Vergleich zum Vorjahr verzeichneten Anstiegs des Bruttogewinns von 1,6 Millionen Mark auf knapp 2,4 Millionen Mark nicht stark ins Gewicht.[330]

Als die bedeutendste organisatorische Institution der ausgehenden 1880er Jahre erwies sich die vor dem Hintergrund der Alizarin-Krise ins Leben gerufene Revisions-Kommission. Die der Unternehmensführung in zunehmenden Umfang zur Verfügung stehenden unternehmensinternen Daten wiesen wiederholt auf Anomalien im Unternehmen hin, mit deren Behebung die Kommission beauftragt wurde. Die Kommission war der Entscheidungsfindung der Unternehmensführung insoweit zuträglich, als die häufig durch quantitative Datenerhebung ermöglichten Kommissions-Gutachten die Komplexität der Entscheidungen deutlich reduzierten. In diesem Sinne kann die Kommission als vorläufiges Scharnier zwischen Produktions- und Führungsebene verstanden werden, die durch die Etablierung einer zunehmenden Anzahl von Abteilungen zur Informationserfassung während der 1890er Jahre dann vollständig abgelöst wurde.

Die Zäsur innerhalb des zweiten Untersuchungszeitraums ist in der Standortverlagerung der Farbenfabriken nach Leverkusen auszumachen. Wenngleich das neue Grundstück zunächst eindeutig nicht Ziel einer vollständigen Umsiedlung des Unternehmens sein sollte, veranlasste die Unternehmensführung spätestens ab der Mitte der 1890er Jahre großflächige Grundstückszukäufe. Beeinflusst durch die Denkschrift Carl Duisbergs, die das Optimierungspotential einer an nur einem Standort organisierten Produktion offenlegte, trieb die Unternehmensführung den Aufbau der neuen Produktionsstätte in solchem Umfang voran, dass die zurückhaltende Finanzierungsstrategie des Unternehmens teilweise aufgegeben werden musste. Zwar war man in der Lage, einen Großteil der Baukosten durch die Bildung und die Auflösung stiller Reserven zu finanzieren, doch mussten kurzfristig auftretende Finanzierungslücken mit Fremdkapital in Form von Bankkrediten und Unternehmensanleihen ausgeglichen werden. Erst als die Fremdkapitalquellen weitgehend erschöpft waren, erfolgten in den Jahren 1896 und 1898 Erhöhungen des Aktienkapitals. Zur Finanzierung des Kapitalbedarfs wurde folglich die Aufnahme von Fremdkapital zunächst der Kapitalerhöhung gegenüber vorrangig behandelt. In diesem Sinne verwies die Unternehmensführung wiederholt darauf, man wolle die Teilhaber vor einer weiteren Verwässerung ihrer Anteilsscheine schützen. Hierbei brach die Unternehmensführung erstmalig mit den Vorsätzen Carl Rumpffs. So wurde der Ankauf der Nachbarfabrik Römer Ende der 1880er Jahre auf Druck Rumpffs explizit aus den Mitteln der 1888 erfolgten Kapitalerhöhung bestritten und die nicht be-

330 Gewinnzahlen aus BAL 15/BA.2, Gewinn- und Verlustkonto der Farbenfabriken vorm. Friedr. Bayer & Co., 1882–1923: GuV der Jahre 1886 und 1887.

nötigten Mittel zum Abbau von Bankschulden und Löschen von Hypotheken verwendet. Mit dem Tode Carl Rumpffs im Juni 1889 ging dann ein starker Bedeutungsverlust des Aufsichtsrates einher. Rumpff war spätestens mit dem Ableben des zweiten Unternehmensgründers Friedrich Bayer im Mai 1880 zur prägenden Figur des Unternehmens aufgestiegen und hatte bereits während der 1870er Jahre immer wieder aktiv – häufig unter Verwendung seines eigenen Vermögens – in die Unternehmensentwicklung eingegriffen. Sein Nachfolger August Viefhaus hingegen hielt sich weitgehend aus der Unternehmensführung heraus und entwickelte die unter der Ägide seines Vorgängers entwickelten Kontrollmechanismen nicht weiter. Überhaupt scheint der Aufsichtsrat im Verlaufe der 1890er Jahre nur einmal mahnend auf den Vorstand eingewirkt zu haben, als sich die Diskrepanz zwischen den für den Ausbau Leverkusens veranschlagten und tatsächlich benötigten Geldbeträgen immer häufiger zeigte. Aus der Beobachtung dieses Missverhältnisses resultierte ein Berichtswesen, das dem Aufsichtsrat in regelmäßigen Abständen die Mehrkosten der jeweiligen Bauabschnitte aufzeigte. Neben dieser Ausnahme entwickelte der Aufsichtsrat im Laufe des Jahrzehnts den Charakter einer Genehmigungsinstitution, deren Funktion sich auf die Bewilligung der seitens des Vorstandes vorgebrachten Vorschläge beschränkte.

Im Geschäftsjahr 1887 etablierte die Führung der Farbenfabriken mit den jährlichen Sonderabschreibungen eine Quelle der Innenfinanzierung, die ab dem Folgejahr die vom Gesetzgeber eingeräumte und von diesem als wesentliches Thesaurierungsinstrument angedachte Möglichkeit der offenen Reservelegung vollständig ablöste. Die Unternehmensführung charakterisierte die so durchgeführten Abschreibungen explizit als Maßnahme zur Stärkung der Betriebsmittel, die eventuellen Kapitalerhöhungen in jedem Falle vorzuziehen seien. Eine gewisse Transparenz hinsichtlich der Höhe dieser stillen Reserven war insofern gegeben, als dass die Sonderabschreibungen gegenüber der Generalversammlung genehmigungspflichtig waren. Die Praxis der Sonderabschreibungen provozierte schließlich eine Steuerprüfung, in deren Konsequenz die Farbenfabriken seit dem Jahr 1901 auf das Instrument der Sonderabschreibungen verzichteten und die Beträge wieder der öffentlichen Reserve zuführten. Einen weitaus bedeutenderen Teil zur stillen Reservebildung lieferten die seit 1891 in verschiedenen Varianten durchgeführten verdeckten Reservestellungen, Abschreibungen und Wertminderungen. Über die Innenfinanzierung gelang es der Unternehmensführung bis zum Jahr 1903, stille Reserven in Höhe von insgesamt 45,7 Millionen Mark zu bilden. Die Schaffung dieser Reserven, die in etwa so hoch ausfiel wie die veröffentlichte Bilanzzahl des Jahres 1903, erfolgte dabei offenbar ohne Kenntnis der Aktionäre oder der Finanzbehörden.

Wie gezeigt werden konnte, nutzte die Direktion der Farbenfabriken die Möglichkeit der Bilanzkürzung, um die veröffentlichten Bilanz- und Gewinnsummen des Unternehmens stark zu beeinflussen. So wurden Volatilitäten der jährlichen Gewinnsummen ausgeglichen und der Öffentlichkeit das Bild gleichmäßig steigender Gewinnverläufe vermittelt, während die Gewinne in manchen Jahren tatsächlich rückläufig waren. Die starke Einflussnahme der Unternehmensführung auf die Gewinnverteilung äußerte sich ebenfalls in der Dividendenpolitik des Unternehmens, zumal auch dort nach der neuen Maxime der vorsichtigen Unternehmensstrategie bzw. „conservativen Bilanzierung" gehandelt wurde. So kehrte das Unternehmen nach Überwindung der wirtschaftlichen Turbulenzen während der Mitte der 1880er Jahre nicht sofort zu der ausgabefreudigen Ausschüttungspolitik der frühen Jahre der Aktiengesellschaft zurück, sondern ordnete diese der Gewinnthesaurierung unter. In den Dividendenquoten ausgedrückt bedeutete dies, dass das Unternehmen im Unterschied zu den Geschäftsjahren vor der Alizarin-Krise, in denen bisweilen Ausschüttungsquoten von 20 Prozent erreicht wurden, die Ausschüttungsanteile nur moderat ansteigen ließ. Zwischen den Geschäftsjahren 1886 und 1891 wurde die Dividendenquote am Aktienkapital von vier auf 18 Prozent angehoben. Das Unternehmen benötigte folglich sechs Jahre, um mit seiner Ausschüttungsquote in den Vorkrisenjahren ähnliche Sphären vorzudringen. Wenngleich die Ausschüttungsquoten auf eine ähnliche Geschäftspraxis hindeuten könnten, unterschieden sich die jeweiligen Rahmenbedingungen des Unternehmens tatsächlich fundamental. Während die Farbenfabriken im Jahr 1883 über Reserven in Höhe von 130.000 Mark verfügten, hatte allein die 1887 begonnene Praxis der stillen Reservebildung über das Instrument der Sonderabschreibungen bis zum Jahr 1891 zu Rücklagen in Höhe von 1,85 Millionen Mark geführt. Darüber musste das Unternehmen vor dem Hintergrund der Aktienrechtsnovelle des Jahres 1884 neue gesetzliche Vorgaben hinsichtlich der offenen Reservestellung erfüllen, die zu weiteren, jedoch nicht ohne weiteres nutzbaren Sicherheiten von etwa 1,1 Millionen Mark führten. Schließlich dotierte die Unternehmensführung in den Jahren 1886 und 1887 mit dem offen in der Bilanz ausgewiesenen „Reservefonds II" ein weiteres Reservoir mit 350.000 Mark. Diese Möglichkeit der offenen Thesaurierung wurde jedoch – wie gezeigt – seit 1888 zu Gunsten der stillen Reservelegung vollständig aufgegeben und erst nach der Auseinandersetzung mit der Steuerbehörde im Jahr 1901 erneut genutzt.

Mit der im Geschäftsjahr 1891 erzielten Dividendenhöhe von 18 Prozent scheint ein Ausschüttungsniveau erreicht worden zu sein, mit welchem die Erwartungen der Aktionäre für das übrige Jahrzehnt erfüllt werden konnten. Zu dieser Erwartungsbildung der Anteilseigner trug die Strategie der Unternehmensführung bei, die Gewinne der Farbenfabriken in dieser Periode nur moderat ansteigen zu lassen. Ermöglicht wurde diese „Manipulation" der ausgewiesenen Gewinne über die erwähnten und in zunehmendem Umfang durchgeführten Bilanzverkürzungen, wodurch sich aus der steigenden Profitabilität des Unternehmens zunehmend größere Handlungsspielräume ergaben. So konnte in diesem Kapitel gezeigt werden, dass sich die Differenz zwischen den ausgewiesenen – und damit in gewisser Weise auch den erwarteten Gewinnen – und den tatsächlich realisierten Gewinnen des Unternehmens bis zum Jahr 1902 immer stärker auseinanderentwickelte. Die geldwerten Beträge dieser Differenz, die über die Mittel der Abschreibung, Wertminderung und Reservestellung geschaffen wurden, flossen dann in die Finanzreserven des Unternehmens. In diesem Sinne hielt auch Carl Duisberg in einer Rückschau auf die 1890er Jahre fest, die Unternehmensverwaltung habe „den Verlockungen, höhere Dividenden zu geben – wie sie dies auf Grund des erhöhten Reingewinns wohl gekonnt hätte – widerstanden und die überschießenden Beträge zu Abschreibungen und Reservefond für die Verlegung der Fabrik von Elberfeld nach Leverkusen verwandt."[331] Bezeichnenderweise wurde diese sehr aufschlussreiche Passage später aus dem Manuskript gestrichen. Nicht zuletzt kann die Ausschüttungspolitik der 1890er Jahre als Beleg dafür gelten, dass die in Bilanzen veröffentlichten Zahlen nicht die tatsächliche Wirtschaftlichkeit eines Unternehmens widerspiegeln.[332] Die enorme Bedeutung, welche die Bildung stiller Reserven für die Finanzierungsstruktur der Farbenfabriken hatten, schlug sich in vielerlei Hinsicht nieder. So konnten, wie erwähnt, Dividenden und Gewinne nach Belieben verteilt und ausgewiesen werden, und darüber hinaus die Aufnahme von Fremdkapital – und der mit dieser einhergehende und von der Unternehmensleitung unerwünschte Einfluss von Großbanken – gezielt und in sehr begrenztem Umfang erfolgen.

Mit dem Aufbau Leverkusens war nicht nur eine Ausweitung und Effizienzsteigerung der bereits existierenden Produktionsanlagen verbunden, sondern zugleich eine Vergrößerung der Produktionstiefe, die vor allem in der Fabrikation mehrerer Grund- und Hilfsprodukte Ausdruck fand. Ein zentrales Anliegen der Unternehmensführung war dabei die Eigenherstellung der als Basissäuren bezeichneten Salpeter-, Salz- und Schwefelsäure. Dabei erfolgte der Aufbau der Schwefelsäurefabrikation entgegen der ökonomischen Rationalität, da bereits

331 BAL 1/4, Geschichtliche Entwicklung der Bayer AG: Geschichte der Farbenfabriken, geschrieben von Carl Duisberg (1898), S. 7.

332 Vgl. hierzu erneut die Ausführungen Mark Spoerers in Spoerer 1995, dort v. a. S. 159–161. Als Beispiel einer Überinterpretation der Kennzahl der Dividendenzahlung kann die Feststellung Walter Wetzels angeführt werden, der in Hinblick auf die im Vergleich zur BASF und Hoechst niedriger ausfallende Ausschüttungsquote der Farbenfabriken feststellt. Vgl. Wetzel 1991, S. 231.

im Entscheidungszeitpunkt offensichtlich war, dass der prognostizierte Herstellungspreis über dem Einkaufspreis liegen würde. In diesem Fall wog der mögliche Autonomiezugewinn schwerer als der wahrscheinlich eintretende ökonomische Verlust, wenngleich die Aufnahme der Produktion auf der Leitungsebene des Unternehmens heftig diskutiert wurde. Vergleichsweise problemlos erfolgte hingegen die Integration benötigter Hilfsstoffe wie bspw. der Aufbau einer eigenen Eisfabrik.

Die größere Produktionstiefe der Farbenfabriken ging einher mit einer zunehmenden Komplexität der Kostenerfassung, da nun nicht nur größere Abteilungen quantifiziert werden mussten, sondern ebenso die neuen Produktionsstätten der Vor- und Hilfsprodukte. Gleichzeitig beinhalteten die Pläne für Leverkusen zentrale Anlagen für Betriebsstoffe, die dann an die jeweiligen Produktionsabteilungen verteilt wurden. Hierdurch ergab sich ein Problem der Erfassung, da die Kosten zwar zentral anfielen, jedoch im Sinne einer möglichst genauen Kalkulation auf einzelne Produkte umgelegt werden mussten. Diese genaue Kalkulation wurde erst im frühen 20. Jahrhundert erreicht. Die wachsende Bedeutung der Informationserhebung erschöpfte sich jedoch nicht in der Kostenerfassung. Vielmehr intensivierte sich das Berichtswesen zwischen den Abteilungen und der Unternehmensführung im Laufe der 1890er Jahre, wovon einerseits die zunehmende Anzahl von Buchhaltungsabteilungen zeugt, andererseits der Stellenwert, den die von den verschiedenen Abteilungen gelieferten Daten in den Diskussionen der Unternehmensführung einnahmen. So lieferte die Abteilung der „Rendementsberechnung" seit 1892 Berichte über die Quartalsgewinne des Unternehmens, während der Buchhaltungs-Abteilung eine wichtige Rolle in der Kostenerfassung des Aufbaus des Leverkusener Standortes und den daraus resultierenden mannigfaltigen Finanzierungsinstrumenten zukam. Die noch in den 1880er Jahren durch die Revisions-Kommission nur situativ erfolgte quantitative Kontrolle der Unternehmensprozesse wurde demzufolge durch wiederholte Kontroll- bzw. Erfassungsmechanismen ersetzt und die Erhöhung dieser Wiederholungsintervalle das wesentliche Ziel der unternehmerischen Buchhaltung der 1890er Jahre. Die Verbesserungen des Berichtwesens konzentrierten sich dabei zwar auf eine möglichst detaillierte Erfassung aller im Unternehmen quantifizierbaren Prozesse, doch stand eindeutig die Kostenerfassung und die damit einhergehende Hoffnung, die jährlich in beträchtlichem Umfang anfallenden Gemeinkosten weitgehend auf einzelne Abteilungen oder sogar Produkte umlegen zu können, im Mittelpunkt der Ambitionen. Wenngleich nie durch die Unternehmensführung explizit erwähnt, bedeutete die mit dieser Umlegung einhergehende Umwandlung von Fixkosten in variable Kosten größere Freiheitsgrade für die Unternehmensführung.[333]

Der wesentliche Unterschied zwischen den beiden bisher behandelten Entscheidungsrahmen, namentlich der Entscheidungsprozesse in Familienunternehmen sowie derselben innerhalb von Aktiengesellschaften, ist vor allem in der veränderten Bedeutung der Anteilseigner zu verorten. Zwar handelte es sich bei den Farbenfabriken seit 1883 um eine Aktiengesellschaft, doch lag der Aktienbesitz zunächst vollständig in den Händen der Gründerfamilien, etablierten Persönlichkeiten des Unternehmens sowie langjährigen Vertragspartnern. In der Unternehmenspolitik dieser Zeit stand eine möglichst hohe Auszahlung an die Anteilseigner im Vordergrund. Unternehmensstrategische Entscheidungen der Unternehmensführung waren stets auch Entscheidungen der Mehrheit der Anteilseigner, weshalb es keinerlei Motivation gab, zwischen dem Außen- und Innenbild der Geschäftslage des Unternehmens zu unterscheiden.

Als mit der im Jahr 1888 durchgeführten Kapitalerhöhung ein Teil der Aktien in Streubesitz gelangte, entfernten sich die Interessen der Unternehmensführung zunehmend von denen der Anteilseigner. Vor diesem Hintergrund sind dann die verschiedenen Reservemaßnahmen der 1890er Jahre zu verorten, die in den Bilanzkürzungen und der damit verbundenen Fixierung der Dividendenhöhe ihre wichtigsten Ausprägungen fanden. Hatte die Unternehmensführung in den frühen Jahren der „familiären" Aktiengesellschaft die Gewinnverwendung der Farbenfabriken mehr oder weniger frei bestimmen können, musste sie nun zwischen ihren eigenen Interessen und denen der neuen Anteilseigner abwägen. Da diese neuen Anteilseigner eine eigene Vorstellung einer adäquaten Verzinsung ihres investierten Kapitals hatten, konnte die Unternehmensführung nun nicht länger die Gewinne des Unternehmens völlig nach eigenem Ermessen verteilen, etwa durch die Einbehaltung von Dividendenzahlungen zur Finanzierung von Kapitallücken.[334] Aus dem durch die Erwartungshaltung der „externen" Anteilseigner zunächst erheblich eingeschränkten Handlungsspielraum befreite sich die Unternehmensführung dann mit der Etablierung der Thesaurierungsinstrumente. Diese garantierten zunächst die Zufriedenheit der Aktionäre; vor allem, da mit ihrer Hilfe wirtschaftlich weniger erfolgreiche Jahre

333 In diesem Sinne ist auch die von Ballewski so treffend bezeichnete Unterteilung der Kosten in „eiserne" und „schwankende" Kosten zu verstehen. Vgl. Ballewski und Lewin 1912, S. 66–67.

334 Zu einer ähnlichen, jedoch allgemeineren Schlussfolgerung hinsichtlich der Gründerfamilien gelangt auch Walter Wetzel: „Durch die Aufnahme ‚neuer Teilhaber' aus dem Kapitalmarkt (Aktionäre) gaben sie alleinige Entscheidungsbefugnisse aus der Hand und stellten, abwägend zwischen persönlich-familiärem Interesse und dem Werksinteresse, das erstere zurück, um dem Werk und dessen Zukunftssicherung Vorrang zu geben." Wetzel 1991, S. 231–232.

kompensiert werden konnten, ohne dass die Anteilseigner darüber in Kenntnis gesetzt werden mussten. Darüber hinaus ermöglichten sie dem Unternehmen, Investitionen in weiten Teilen innenfinanziert durchzuführen und zu den großen Konkurrenzunternehmen BASF und Hoechst aufzuschließen.

5 Die quantifizierte Interessengemeinschaft

Das beginnende 20. Jahrhundert wurde von den Unternehmensführern der bedeutenden Firmen der deutschen chemischen Industrie als vorläufiger Höhepunkt ihrer individuellen Entwicklung wahrgenommen. In Leverkusen war die erste Phase des Aufbaus eines weltweit führenden Industriestandortes weitgehend abgeschlossen, der den Farbenfabriken Bayer eine hoch effiziente und somit kostengünstige Produktion von Farbstoffen und pharmazeutischen Produkten ermöglichte.[1] Die großen Konkurrenzunternehmen der Farbenfabriken – die BASF und die Farbwerke Hoechst – hatten sich seit den 1880er Jahren einen kapitalintensiven Wettstreit um die großtechnische Umsetzung der Indigo-Synthese geliefert. Um die Jahrhundertwende brachten beide Unternehmen ihre Entwicklungen schließlich zur Marktreife.[2]

Mit der Entwicklung der Produktion künstlichen Indigos im industriellen Maßstab war der Grenznutzen der Synthese von Naturfarbstoffen schließlich erreicht. Die auf dem Gebiet der Farbstoffchemie Ende des 19. Jahrhunderts hervorgebrachten Innovationen besaßen immer häufiger den Naturprodukten überlegene Eigenschaften, weshalb sich die Entwicklung der Teerfarben von den naturgegebenen Vorbildern abwandte und vor allem auf die Verbesserung der Anwendbarkeit der synthetischen Farben konzentrierte. Die Innovationsleistung bestand folglich nicht länger in dem synthetischen Nachbau bereits bekannter Farben, sondern verlagerte sich in die bereits existierenden Produktportfolien der Teerfarbenunternehmen.[3] In der Konsequenz ergab sich für die Unternehmen der chemischen Industrie der Wegfall der kurzfristigen Monopolgewinne, die diese bei der Entwicklung großtechnischer Synthesen wie der des Fuchsins, des Alizarins und zuletzt des Indigos noch hatten abschöpfen können. Zwar hatten die Unternehmen ihre Produktpalette seit den 1880er Jahren diversifiziert, doch blieb bei allen drei genannten Firmen die Farbstoffproduktion die mit Abstand wichtigste Sparte.[4] Die Marktsituation des frühen 20. Jahr-

---

1 Laut einem im April 1908 angefertigten „Verzeichniss über Beginn und Fertigstellung der Neubauten in Leverkusen“ konnte ein Großteil der in Leverkusen geplanten Bauvorhaben zum Ende der 1890er Jahre abgeschlossen werden. Offenbar als letztes fertiggestellt wurden die zentralen Haupt- und Rohmateriallager, deren Nutzung ab März 1901 möglich war. Vgl. BAL 52/13, Ingenieurabt. Leverkusen: Berichte über Neuanlagen im Werk Leverkusen, 1886–1975.

2 Die Markteinführung des „Indigo rein BASF“ erfolgte im Jahr 1897, Hoechst hingegen entwickelte auf Basis eines im Jahr 1901 eingeworbenen Patentes einen noch effizienteren Herstellungsweg. Vgl. Hippel 2003, S. 75.

3 Engel 2009, S. 109. Engel spricht in diesem Kontext von einer „routinisierten Innovation“.

4 Bei der BASF lag im Jahr 1900 der Anteil der Farbstoffgruppen Indigo, Anilin- und Alizarinfarben am Gesamtumsatz des Unternehmens bei rund 85 Prozent. Vgl. Hippel 2003, S. 99. Bei

https://doi.org/10.1515/9783110742060-005

hunderts machte folglich einen erneut über Preiskämpfe ausgefochtenen Konkurrenzkampf zwischen den großen Chemieunternehmen wahrscheinlich, da das Innovationspotential der Unternehmen vorerst ausgeschöpft zu sein schien.[5]

5.1 Beginn des Dreibundes

In diese entwicklungstechnisch gesehen statische Marktlage hinein entwickelte Carl Duisberg, der seit dem 1. Januar 1900 dem Vorstand der Farbenfabriken angehörte, den Vorschlag einer Fusion der großen deutschen Chemieunternehmen.[6] Unter dem zusätzlichen Eindruck der amerikanischen Trust-Bewegung, welche er auf einer mit Friedrich Bayer jun. im Frühjahr 1903 unternommenen Nordamerikareise eingehend untersucht hatte, stellte Duisberg im Januar 1904 eine „Denkschrift über die Vereinigung der deutschen Farbenfabriken" fertig und ließ diese den Führungsetagen der Unternehmen der deutschen chemischen Industrie zugehen.[7]

Seine Denkschrift eröffnete Duisberg mit einer Erläuterung über den Zweck einer Vereinigung industrieller Unternehmungen im Allgemeinen. Dieser würde in einer Verminderung der Kosten für Produktion, Verwaltung und Verkauf bestehen und sollte zugleich den ruinösen Konkurrenzkampf beenden, um im Resultat den beteiligten Unternehmen das Erzielen möglichst hoher Gewinne zu ermöglichen.[8] Dramaturgisch geschickt ging Duisberg im Anschluss schnell auf

den Farbenfabriken Bayer trug die Farbensparte etwas über 79 Prozent zum Gesamtumsatz bei, vgl. Nieberding 2003b, S. 46. Für Hoechst ließ sich ein relativer Anteil nicht ermitteln, jedoch ist die bedeutende Größe bei Bäumler beschrieben. Vgl. Bäumler 1989, S. 47.

5 Einer anderen Auffassung ist Gottfried Plumpe, der in den zu Beginn des 20. Jahrhunderts vorherrschenden Rahmenbedingungen keine zwingenden Motive für die Gründung einer Interessengemeinschaft sieht. Die Bildung des Dreibundes führt er daher auf individuelle unternehmerische Entscheidungen zurück, denen er einen „ausschlaggebenden Stellenwert" beimisst. Plumpe 1990, S. 45.

6 Zur Veränderung der Führungsstruktur der Farbenfabriken siehe Hartmann 2010, S. 53–59.

7 Vgl. Duisberg 1933, S. 89. Werner Plumpe relativiert die Bedeutung der Amerikareise insoweit, als dass die Trust- bzw. Konzentrationsbewegungen zu Beginn des 20. Jahrhunderts auch in Deutschland „in der Luft" lagen und zu Zusammenschlüssen etwa im Ruhrkohlenbergbau führten. Vgl. Plumpe 2016a, S. 220–221.

8 Duisberg, Carl: Denkschrift über die Vereinigung der deutschen Farbenfabriken (Januar 1904). In: Carl Duisberg (Hg.): Abhandlungen, Vorträge und Reden aus den Jahren 1882–1921. Berlin u. a. 1923c, S. 344.

die offensichtlichen Nachteile einer Unternehmensfusion ein.[9] So verwies er darauf, dass sich ein Zusammenschluss von Unternehmen am leichtesten vollziehen lassen würde, „wenn die Geschäftslage in den in Betracht kommenden Industriezweigen ungünstig und der Nutzen auf ein Minimum gesunken" sei.[10] Eine Verschmelzung der deutschen Teerfarbenindustrie sei daher alles andere als naheliegend, da von einer Notlage derselben nicht die Rede sein könne. Ferner habe gerade der Konkurrenzkampf zwischen den deutschen Unternehmen zu der herausragenden Stellung der Industrie geführt und ein plötzliches Ausbleiben dieses Wettbewerbs würde zwangsläufig zu einer Stagnation des Fortschritts führen.[11] Ebenso wahrscheinlich sei es, dass die Größe des fusionierten Unternehmens es für die Unternehmensleitung unkontrollierbar machen würde:

> Hier gilt auch, was in der Natur sich immer wieder und wieder zeigt: Die Bäume wachsen nie in den Himmel. Je grösser ein Organismus wird, umsomehr neigt er zum Zerfall und Untergang, es sei denn, dass es ihm gelingt, sich so einzurichten und unter zentraler Leitung eine solche Dezentralisation durchzuführen, wie wir es bei den hoch organisierten Lebewesen durchgeführt sehen.[12]

Zur Umsetzung dieser Dezentralisation unter zentraler Leitung sollten zunächst die günstigsten Produktionsstandorte innerhalb des neuen Unternehmensgeflechts identifiziert und unrentable Standorte geschlossen werden. Um zugleich die Dynamik der neuen Organisation gewährleistet zu sehen, schlug Duisberg die Aufrechterhaltung des Konkurrenzprinzips vor. In diesem Sinne sollten stets zwei Betriebe mit der Produktion wichtiger Produkte betraut werden. Zwar waren Skaleneffekte das ausgemachte Ziel der Ausführungen Duisbergs, doch sollten diese nicht um jeden Preis erzielt werden und den Betrieben noch ein Anreiz zur Weiterentwicklung gegeben werden. Der von Duisberg einleitend als wesentlicher Nachteil eines Zusammenschlusses identifizierte Wegfall der Konkurrenzsituation sollte so verhindert werden. So unterstrich Duisberg, dass der Vorteil des Konkurrenzprinzips wesentlich höher zu bewerten sei, als der Vorteil, den die Massenproduktion allein mit sich bringen würde.[13]

Die Herstellung von Vor-, Zwischen- und Endprodukten sollte demnach an den geeignetsten Standorten konzentriert werden. Duisberg erachtete den Zeitpunkt hierfür als günstig, da er auf Grund der sich in den großen Unternehmen

9 Die Beobachtung der Dramaturgie ist an Werner Plumpe angelehnt, vgl. Plumpe 2016a, S. 231.
10 Duisberg 1923c, S. 344.
11 Vgl. ebd., S. 344–355.
12 Ebd., S. 356.
13 Ebd., S. 358.

abzeichnenden Wachstumsgrenzen eine bald einsetzende Diversifikationsbewegung für wahrscheinlich hielt. Würden sich die Unternehmen nicht auf die von ihm vorgeschlagene effiziente Kooperationsform einigen, sei anzunehmen, dass der Großteil der Unternehmen in die zu diesem Zeitpunkt von wenigen Anbietern beherrschten Marktfelder würde einzudringen versuchen. Beispielhaft führte Duisberg die Märkte für Indigo und pharmazeutische sowie photographische Produkte an, auf deren etablierte Produzenten die Denkschrift ja vor allem abzielte.[14]

Duisberg war nun bei der Darlegung der – seiner Meinung nach – offensichtlichen Vorteile des Zusammenschlusses angelangt. Noch vor den gerade geschilderten Ausführungen zum Diversifikationsdruck verwies er auf die bilanzielle Konsequenz der Fusion. Die außerordentliche Höhe der auf das Nominalkapital berechneten Dividenden in der chemischen Industrie habe zu einer „Ueberschätzung der deutschen Farbenindustrie nach vielen Richtungen hin geführt und vielfach die ausländischen Regierungen veranlasst, sich durch Zollsätze gegen den Import von Farbstoffen aus Deutschland abzusichern."[15] Würde man jedoch die in den Unternehmen durchgeführten Abschreibungen und Reservelegungen berücksichtigen und sich das hieraus ergebende wirkliche Betriebskapital als Referenz heranziehen, so wäre die „Dividende nicht erheblicher, als sie bei einer grossen Zahl anderer Industrien üblich ist."[16] Vor diesem Hintergrund sei der Zusammenschluss der Teerfarbenunternehmen insofern vorteilhaft, als dass dieser eine neue Kapitalbewertung der Unternehmen zur Voraussetzung hätte. In diesem Prozess, so führte Duisberg aus, würde die Offenlegung der Reservehöhen dazu führen, dass die zu dieser Zeit hohen Aktienkurse der Unternehmen der Farbenindustrie auf einen „Normalkurs" zurückgeführt würden, wodurch „die Dividende dementsprechend sich dann auch in der allgemein üblichen Höhe bewegen" würde.[17]

Duisberg schlug folglich nichts weniger vor als die Offenlegung der stillen Reserven der Teerfarbenindustrie. Die hieraus resultierende Verringerung des Aktienkurses sollte zu einer „fairen" Bewertung der Unternehmen führen, wodurch „der schielende Neid des In- und Auslandes, die Ueberschätzung unserer Industrie und die damit verbundene Sucht der Belastung mit allen möglichen

14 Die photographische Abteilung wurde bei Bayer 1902 eingerichtet, der Umsatz blieb jedoch in den ersten Jahren weit hinter den Erwartungen zurück. Vgl. Eichengrün, A.: Photographische und technische Abteilung. In: Farbenfabriken vorm. Friedrich Bayer & Co. (Hg.): Geschichte und Entwicklung der Farbenfabriken vorm. Friedr. Bayer & Co. Elberfeld in den ersten 50 Jahren. München 1918, S. 457.

15 Duisberg 1923c, S. 356.

16 Ebd.

17 Ebd.

Abgaben [...] in Fortfall" kommen würde.[18] Die Sicht der Aktionäre auf diesen Vorgang spielte dabei keine nennenswerte Rolle.[19] Ihre Nichtberücksichtigung lag jedoch in der Logik Carl Duisbergs, der 1903 bezüglich der Dividendenzahlungen angab: „Wir machen am Ende des Jahres unsere öffentliche Bilanz auf, wie es uns passt; wir verteilen Dividende nach unserem Ermessen".[20] Aus den Formulierungen Duisbergs spricht die Annahme, die stille Reservebildung sei bei allen Unternehmen der deutschen chemischen Industrie gängige Praxis gewesen. Dies traf zwar zu, doch unterschied sich die Ausprägung dieser Praxis – wie sich in diesem Kapitel zeigen wird – in den einzelnen Unternehmen fundamental.[21]

Neben den bilanziellen Argumenten zeigte Duisberg in seiner Denkschrift eine Vielzahl weiterer Vorteile der Fusion auf, etwa die Möglichkeit, die neue Marktmacht bei Einkaufs- sowie Verkaufsverhandlungen einzusetzen.[22] Daneben entwarf er – wie bereits in seiner Denkschrift für den Aufbau des Betriebsstandortes in Leverkusen – einen Organisationsplan für das neue Großunternehmen. Die Leitung des Unternehmens sollte einer Direktion obliegen, in der die wichtigsten Produktsparten durch jeweils zwei Vertreter repräsentiert werden sollten. Bemerkenswerterweise sprach sich Duisberg nicht für die naheliegende Lösung aus, die Vorstände der fusionierenden Unternehmen in die Direktion zu berufen. Im Gegenteil machte er zur Voraussetzung, dass in die Direktion „die tüchtigsten technischen und kaufmännischen Kräfte mit grossem Organisations- und Verwaltungstalent" hineinberufen werden sollten, was durchaus Raum zur Interpretation ließ.[23] Die Tatsache, dass Duisberg zwar seit kurzer Zeit Teil der Direktion war, jedoch weiterhin Friedrich Bayer und Henry Böttinger die entscheidenden Eigentümerpersönlichkeiten des Unternehmens waren, machten einen Affront umso wahrscheinlicher.[24] Mehr noch: Statt eines Platzes in der Direktion sah Duisberg für die Vorstandsmitglieder der früheren Gesellschaften „nur" Sitze im neuen Aufsichtsrat vor, jedoch nicht ohne die

18 Duisberg 1923c, S. 356.

19 Dies ist bemerkenswert, da die plötzliche Kenntnis der Tatsache, dass die Farbenfabriken über ein Jahrzehnt hinweg bisweilen die Hälfte der Unternehmensgewinne heimlich von der Gewinnverteilung ausgenommen hatten, sicher eine Reaktion bei den Anteilseignern provoziert hätte.

20 Carl Duisberg an die Herren der Direktion der Farbenfabriken, 19.9.1903, zitiert nach Plumpe 2016a, S. 245.

21 Vgl. hierzu Kapitel 5.2.

22 Vgl. hierzu ausführlich Plumpe 2016a, S. 231–235.

23 Duisberg 1923c, S. 364.

24 Auf diesen Aspekt weist ebenfalls Werner Plumpe hin, der bereits in dem Verfassen der Denkschrift ein übergriffiges Aushebeln der Unternehmenshierarchie erkennt. Vgl. Plumpe 2016a, S. 230.

weitere Einschränkung zu formulieren, dass dies nur auf die „Fachkenntnis besitzenden Direktoren“ zutreffen würde. Als weiteres Führungsgremium sah Duisberg ferner die Installation eines Delegationsrates vor, der als Vermittlungsinstanz zwischen der Direktion und dem Aufsichtsrat – der ohnehin gesetzlich vorgeschrieben war – fungieren sollte.[25] Die Leitung der einzelnen Standorte des Unternehmens sollte, abhängig von deren Größe, von ein bis zwei Fabrikdirektoren übernommen werden, sonst seien sie aber so zu belassen, „wie sie in den gutgeleiteten Fabriken bereits bestehen.“[26] Nach den Vorstellungen Duisbergs verfügte jedes Werk dabei über eine eigene Produktions- und Spesenkalkulation, deren Ergebnisse regelmäßig an das Kalkulationsbureau der Zentralstelle – dem von den Produktionsstandorten unabhängigen Sitz der Direktion – gesandt werden sollten, „damit hier die nötige Kontrolle vorgenommen, Vergleiche angestellt und die erforderlichen Maßnahmen ergriffen werden, um die Fortschritte der einen Stelle der anderen Stelle sofort“ bekanntgeben zu können.[27] Die Gesamtbuchhaltung, die Rendementsberechnung sowie die Ermittlung des Reingewinns schließlich sollten ebenfalls zentral erfolgen, die Buchhaltung der einzelnen Fabrikationen und des „technischen Teils“ jedoch am Standort der einzelnen Fabrikationen verbleiben.[28]

Zusammenfassend sah der Vorschlag Duisbergs eine vollständige, da nunmehr ebenfalls örtliche Entkoppelung der Leitungsebene von der Produktionsebene vor, wie sie von Chandler idealtypisch für „managerial enterprises“ beschrieben wurde.[29] Die zentrale Leitung des sonst dezentralen Unternehmens, die Duisberg als Ausweg aus der aus der neuen Unternehmensgröße resultierenden Instabilität sah, setzte Mechanismen voraus, die einerseits eine permanente Kontrolle der einzelnen Standorte ermöglichen würden, andererseits die Dynamik an den Standorten nicht ersticken sollten. Es ist folglich naheliegend, das betriebliche Rechnungswesen als einen dieser Mechanismen aufzufassen. Interessant ist diese Annahme vor allem in Hinblick auf den theoretischen Hintergrund dieser Arbeit: Unter dem Gesichtspunkt der von Ronald Coase erdachten Konzepte der Transaktions- und Organisationskosten bedeutete der Vorschlag Duisbergs zur Vereinigung der deutschen Farbenfabriken zunächst die Internalisierung einer Vielzahl von Transaktionen, die zuvor in voneinander getrennten Unternehmen verarbeitet worden waren. Da die unternehmensinterne Koordination der Transaktionen jedoch einem abnehmenden Grenznutzen un-

25 Duisberg 1923c, S. 364.
26 Ebd., S. 365.
27 Ebd., S. 366.
28 Ebd.
29 Vgl. Chandler und Daems 1974, S. 1–34.

terliegt, steigen die Organisationskosten überproportional an. Coase lässt hierbei jedoch die Möglichkeit offen, die Organisationskosten vergleichsweise langsam ansteigen zu lassen, indem Verbesserungen in der Unternehmenssteuerung durchgeführt werden. In diesem Sinne erkannte bereits Duisberg, dass die später von Coase recht pauschal als „managerial techniques" beschriebenen Mechanismen – zu denen, so die These dieser Arbeit, auch das Rechnungswesen gezählt werden kann – eine solche Unternehmensgröße erst ermöglichten.[30]

Nicht zuletzt blieb der Zusammenschluss der Unternehmen selbst eine Frage des Rechnungswesens. So identifizierte Duisberg in seiner Denkschrift die „rechnerische Seite der Sache" als „die grösste Schwierigkeit" der Fusion.[31] Konkret ging es dabei um die Vergleichbarkeit der Einzelunternehmen auf Grundlage ihrer Bilanzzahlen. Der Zusammenschluss könne nicht, so führte Duisberg aus, auf Basis der Aktienkurse erfolgen, da diese nur in Krisenzeiten, wenn die Dividendenzahlungen ausgesetzt würden, eine realitätsnahe Bewertung der Unternehmen zuließen. Bei prosperierenden Unternehmen wie denjenigen der deutschen Farbenindustrie hingegen würden sich die Aktienkurse fast ausschließlich nach der Dividende richten und im proportionalen Verhältnis zu dieser steigen oder fallen. Diese Feststellung Duisbergs ist insofern überraschend, als dass sie den bei Bayer während der 1890er Jahre gemachten Erfahrungen völlig widersprach. Allein im Zeitraum zwischen den Jahren 1891 und 1895, einer Periode der bereits beschriebenen „Fixierung" der Dividende auf 18 Prozent bei einem unveränderten Aktienkapital von neun Millionen Mark, stieg der Aktienkurs des Unternehmens von 176 auf 319,75 Prozent des Nominalwertes von 1.000 Mark.[32] Wahrscheinlicher ist, dass der rasche Aufbau des Leverkusener Standortes in Verbindung mit deutlichen Absatzsteigerungen zu einer positiven Anlageerwartung führte.[33]

Für die Direktionen der erfolgreichen Gesellschaften hielt Duisberg fest, diese müssten „darauf bedacht sein, Vorsorge für kommende schlechte Zeiten zu treffen, also hohe Abschreibungen vor[zu]nehmen, die Materialien und die Roh-, Zwischen-, und Endprodukte auf den Lägern und in der Fabrikation so niedrig wie möglich zu bewerten und sonstige Reserven für Delkredere etc. zu-

30 Die theoretischen Ausführungen zu den Transaktions- und Organisationskosten finden sich in Kapitel 2.1. Vgl. zudem Coase 1937, S. 390–399. Auf die Parallele zwischen der Denkschrift und den Überlegungen Ronald Coases weist ebenfalls Werner Plumpe hin. Vgl. Plumpe 2016a, S. 232.

31 Duisberg 1923c, S. 367.

32 Vgl. BAL 15/A.1, Aktienangelegenheiten: Verschiedenes, 1881–1995.

33 Zu den Absatzsteigerungen vgl. die entsprechenden tabellarischen Zusammenstellungen in Redlich 1914, S. 95–96.

rück[zu]legen“. In Hinblick auf die diversen Reservemaßnahmen schlussfolgerte er, dass sich also in den an der Börse notierten Kursen weder der richtige Wert der Aktien noch der wirkliche Besitzstand des Unternehmens ausdrücke.[34] Die nur schwer durchführbare einheitliche Bewertung der deutschen Teerfarbenunternehmen könne jedoch behoben werden, indem alle beteiligten Unternehmen ihre Bilanzen offenlegten. Der Lösungsvorschlag sah weiter vor, dass eine Vertrauenskommission einheitliche Bilanzierungsgrundsätze entwerfen würde, auf deren Grundlage dann in den einzelnen Unternehmen eine Inventur und Bilanzierung durchgeführt werden sollten.

Eine besondere Schwierigkeit ergab sich hierbei aus der Bildung stiller Reserven, da diese Praxis – so nahm es Duisberg in seiner Denkschrift an – in den Unternehmen unterschiedlich gehandhabt würde. Weiter sollten nach Duisberg ebenfalls die Bilanzverkürzungen durch Abschreibungen „vor dem Strich“ in die Bewertung einfließen.[35] Dies ist an dieser Stelle wenig überraschend, hatten die Farbenfabriken doch während der 1890er Jahre einen Großteil ihrer Reserve über dieses Instrument generiert. Letztlich sei eine Vereinheitlichung der Abschreibungspraktiken nur dadurch zu erreichen, dass eine für alle Unternehmen gültige Amortisationsquote festgelegt und rückwirkend auf die letzten Geschäftsjahre verrechnet werden würde. In dem Wissen, dass die Farbenfabriken spätestens seit dem Jahr 1887 eine umfassende Reservepolitik etabliert hatten, stellte Duisberg fest: „Eine nur fünfjährige Periode würde jedoch kein richtiges Bild ergeben; man müsste hier schon zehn bis zwanzig Jahre zurückgehen.“[36] Der enorme Umfang, den die buchhalterische Gleichstellung der für den Zusammenschluss angedachten Unternehmen bedeutete, machte die Fusion der deutschen Teerfarbenunternehmen somit letztlich zu einer Bilanzierungsfrage.

Bereits am 22. Januar 1904 kam es in Berlin zu einem Treffen zwischen Carl Duisberg und den Direktoren der Unternehmen Hoechst (Gustav von Brüning), BASF (Heinrich von Brunck) sowie AGFA (Carl Alexander von Martius), auf dem sich die Beteiligten grundsätzlich offen gegenüber der Fusionsmöglichkeit zeigten.[37] Als zentraler Diskussionspunkt des Treffens stellte sich wenig überraschend die Bewertung der Vermögensbestände der einzelnen Unternehmen heraus. Da sich die Bilanzierungspraktiken der Aktiengesellschaften fundamental unterschieden, erkannten die Unternehmensvertreter in der Vereinheitlichung derselben die wesentliche Herausforderung der Fusionsgespräche. Duisberg erhielt zwar den Auftrag, die Denkschrift zu überarbeiten und legte schließlich

34 Duisberg 1923c, S. 367–368.
35 Ebd., S. 368.
36 Ebd., S. 369.
37 Vgl. Duisberg 1933, S. 89.

deren revidierte Fassung bereits am 3. Februar 1904 vor, doch waren die anderen Direktoren sowohl ob des fordernden Tones des „einfachen“ Vorstandsmitgliedes als auch des straffen Zeitplans, der eine Gründung der neuen Gesellschaft zum 1. Januar 1905 ins Auge fasste, irritiert.[38] Wie Duisberg in einem Brief gegenüber Brüning angab, hatte er der überarbeiteten Fassung der Denkschrift bereits Formulare „für die Gründung und zur Verteilung des Gründungskapitals“ beigefügt und erbat von den Firmen die Ermittlung der erforderlichen Zahlen.[39] Der Vorschlag Duisbergs sah ferner vor, die Zahlen auf der für Mitte Februar 1904 in Aussicht genommenen nächsten Sitzung der potentiellen Fusionspartner an einen „Unparteiischen“ zu übergeben, welcher auf Basis der Zahlen dann das Gründungskapital des neuen Unternehmens berechnen sollte. So sei sichergestellt, dass jede der vier Firmen ohne Kenntnis der anderen Unternehmen genau wisse, „welcher Weg für sie der beste ist und wie gross die Opfer sein würden, die sie bei eventuellen Kompromissen zu bringen hätten.“[40] Wenngleich Duisberg demnach Wert auf größtmögliche Neutralität und Transparenz legte, waren die Bilanzvorlagen letztlich von ihm selbst entworfen worden. Entsprechend gab Duisberg ebenfalls an, dass die Bilanzvorlagen auszufüllen seien, um „die Durchführbarkeit meiner Vorschläge zahlenmässig zu prüfen und etwaige Verschiedenheiten bei der Bilanzierung der verschiedenen Firmen ausfindig zu machen.“[41] Diese aus der Vorgabe der Bilanzierungsgrundsätze resultierende Deutungshoheit Duisbergs bzw. der Farbenfabriken über die Profitabilität der Unternehmen trug sicherlich zu der Skepsis der Verhandlungspartner gegenüber der Fusion bei; weder die BASF noch Hoechst sahen sich zudem in der Lage, die Zahlen innerhalb der von Duisberg geforderten Frist zu liefern.[42]

Als Duisberg bereits wenige Tage vor der geplanten Zusammenkunft die Angabe der Bilanzzahlen erneut schriftlich anforderte, sah sich der Direktor der Farbwerke Hoechst zu der Mitteilung veranlasst, dass eine so schnelle Erledigung der Angelegenheit ganz ausgeschlossen sei. Der in Frage kommende Schritt sei für alle Beteiligten von so eminenter Wichtigkeit, „dass es unseres Erachtens gleichgültig ist, falls sich überhaupt eine befriedigende Lösung findet, ob er [der Zusammenschluss, FS] ein oder zwei Jahre früher oder später zur Verwirklichung kommt.“[43] Der Verweis Brünings auf die Unmöglichkeit einer schnellen Angabe der Bilanzzahlen war nachvollziehbar, erwartete Duisberg

38 Vgl. Plumpe 2016a, S. 231.
39 Carl Duisberg an Gustav von Brüning, 9. Februar 1904. Abgedruckt in Flemming 1965, S. 36.
40 Ebd., S. 36–37.
41 Ebd., S. 38.
42 Vgl. Plumpe 2016a, S. 235.
43 Gustav von Brüning an Carl Duisberg, 13.2.1904, BAL AS. Zitiert aus Plumpe 2016a, S. 236.

doch die Zusammenstellung der Zahlen für die vorausgegangenen 20 Jahre. Das Unverständnis Duisbergs hinsichtlich der Bearbeitungszeit der Konkurrenzunternehmen rührte sicherlich auch daher, dass sich das Rechnungswesen bei den Farbenfabriken Bayer spätestens jetzt als vergleichsweise fortschrittlich herausgestellt hatte – eine Feststellung, die Duisberg in folgenden Jahren wiederholt Anlass zur Kritik an den Konkurrenten geben sollte.[44] In diesem Sinne gab Brüning auch später gegenüber Carl Duisberg zu, dass die Fusionsverhandlungen zu einer Verbesserung der Hoechster Buchhaltung geführt hätten, so dass man zukünftig rascher solche Formulare würde ausfüllen werden können.[45]

Bei dem schließlich für den 19. Februar 1904 einberufenen Treffen in Frankfurt am Main gab Hoechst bekannt, dass sich das Unternehmen zu diesem Zeitpunkt noch nicht auf eine Fusion würde einlassen wollen. Bereits zwei Tage vor dem Frankfurter Treffen hatte Brüning eine ausführliche Stellungnahme an Carl Duisberg übermittelt. In den „Erwägungen zu Carl Duisbergs Denkschrift ‚Die Vereinigung der Deutschen Farbenfabriken'" stimmte Brüning zunächst der Auffassung Duisbergs zu, dass die in der Denkschrift aufgeführten Missstände der Realität entsprächen und es durchaus wünschenswert sei, hier für Abhilfe zu sorgen. Die von Duisberg vorgebrachten Argumente hinsichtlich der Möglichkeit der Verminderung der Produktions- und Verkaufsspesen, der Verminderungen des ruinösen Konkurrenzkampfes sowie der allgemeinen Unkosten und Verkaufsunarten hätten zudem „viel bestechendes und scheinen auf den ersten Blick sehr wohl ausführbar." Als wesentliches Problem identifizierte Brüning hingegen die vorgeschlagene Art der Fusion, da eine Aufgabe der sich im konzerninternen Vergleich als unrentabel herausstellenden Produktionsstätten unweigerlich dazu führe, dass der Zusammenschluss für die beteiligten Unternehmen unumkehrbar würde. Im Gegensatz zu anderen Trusts – hier verwies Brüning auf die von Duisberg in der Denkschrift angeführten Kohlen- und Stahlsyndikate – würde eine Vereinigung der Chemieunternehmen bedeuten, dass den einzelnen Werken im Falle eines Scheiterns der Fusion der Weg in ihre Selbstständigkeit verwehrt sein würde. Ebenfalls befürchtete Brüning durch den nur künstlich herbeigeführten Konkurrenzdruck – es sollten ja weiterhin zwei Unternehmen gleiche Produkte herstellen – den Verlust der Wettbewerbsfähigkeit des Großunternehmens.[46] Auf der Führungsebene erkannte Brüning

44 Vgl. Kapitel 5.2.

45 Gustav von Brüning an Carl Duisberg, 18.3.1904. Zitiert nach Plumpe 2016a, S. 874, Fußnote 70.

46 Gustav von Brüning an Carl Duisberg, 17. Februar 1904. Abgedruckt in Flemming 1965, S. 56–59.

unter anderem die Gefahr, dass sich die Leitungsorgane zu stark von der tatsächlichen Produktionsebene entfernen würden – eine Befürchtung, die im Sinne der vorliegenden Studie darauf hindeuten könnte, dass die Farbwerke Hoechst nicht über die betriebsorganisatorische Kompetenz verfügten, um eine weitgehende Trennung von Führungs- und Produktionsebene durchzuführen.[47] In der verlorengegangenen Bindung zwischen Leitungs- und Produktionsebene sah Brüning zudem einen Anreiz für die Mitglieder der Führungsebene, auf Grund des sinkenden persönlichen Verantwortungsgefühls eher aus dem Unternehmen auszuscheiden. In der Folge würden die ehemaligen Unternehmensführer dann ihre Aktien veräußern, wodurch diese zwangsläufig in die Hände von Banken gelangten:

> Die großen Banken werden die Aktien in die Hand bekommen und wird die chemische Industrie binnen kurzem im besten Falle genau das tun müssen, was die großen Banken für richtig und gut finden. Es werden im Aufsichtsrat nicht mehr Fachleute maßgebend sein, sondern schon nach ev. 5 Jahren Vertreter des Großkapitals hineingewählt werden. Diese haben aber kein anderes Interesse, als eine hohe Dividende herauszuwirtschaften. [...] Die Erzielung höherer Dividenden wird nicht anders zu erreichen sein, als durch Erhöhung der Verkaufspreise und, falls bis dahin noch keine ernstliche Konkurrenz entstanden ist, die von den Konsumenten zweifellos sehnlichst herbeigewünscht und unterstützt wird, dürfte eine solche nunmehr binnen kurzem entstehen.[48]

Brüning entwarf ein Szenario, in dem die Wettbewerbsfähigkeit des Trusts sowohl auf der Produktionsebene als auch auf Leitungsebene stark gehemmt würde. Während er die Wettbewerbsfähigkeit der Unternehmen unter dem nur künstlich aufrechterhaltenen Konkurrenzdruck stark eingeschränkt sah, drohte der von Brüning vorhergesehene steigende Einfluss der Aktionäre die in den Unternehmen der chemischen Industrie lange etablierte konservative Bilanzierungspolitik zu Gunsten einer starken Dividendenpolitik zu opfern. Hierbei schwang eine Furcht vor einem zu großen Einfluss des „Großkapitals“ mit, welcher für die Führungsebenen der deutschen chemischen Industrie auf Grund der hohen Selbstfinanzierungsquote bis dahin unbedeutend war.[49] Bemerkenswert an der Schrift Brünings ist, dass er die Schwierigkeit des Bilanzabgleichs nur am Rande thematisierte. So sprach er sich grundsätzlich gegen das von

---

47 Vgl. zu den organisatorischen Aspekten ausführlich Plumpe 2016a, S. 237.

48 Gustav von Brüning an Carl Duisberg, 17. Februar 1904. Abgedruckt in Flemming 1965, S. 58.

49 Vgl. Feldenkirchen 1985, S. 116. Für das Fallbeispiel Bayer ebenfalls Dahlem 2009, S. 288. Die Feststellung Dahlems, dass die Deutsche Bank trotz ihrer Bedeutung keinen Platz im Aufsichtsrat der Farbenfabriken fand, ist jedoch auf Grund der Personalien v. d. Heydt und Jonas zu relativieren. Vgl. hierzu ausführlich Kapitel 3.3.3.

Duisberg beabsichtigte Einbeziehen von Privatgesellschaften aus. Eine Berücksichtigung von Unternehmen ohne Aktienbasis, wie etwa des Frankfurter Farbenunternehmens Leopold Cassella & Co., würde zu einer Verwässerung des Kapitals des Trusts führen, so „daß an eine dauernde und ersprießliche Rente überhaupt kaum mehr zu denken wäre." Eine Fusion schloss Brüning folglich aus, zeigte sich allerdings für ein „beschränktes Zusammengehen" offen, jedoch unter der Voraussetzung, dass die Selbständigkeit der einzelnen Fabriken aufrechterhalten würde.[50] Wenngleich nicht explizit erwähnt, lag ein weiterer Grund für die abwartende Haltung Hoechsts vermutlich in der ebenfalls im Jahr 1904 erfolgten Fertigstellung der Indigo-Produktion.[51] Da das Herstellungsverfahren dem der BASF überlegen war, konnte sich Hoechst in diesem Segment auf hohe Gewinne einstellen; der Anreiz, diese attraktive Marktposition zu Gunsten eines Zusammenschlusses aufzugeben, war also gering.[52] Entsprechend hielt Duisberg in der Rückschau auf die Fusionsverhandlungen fest, „daß Höchst, das zu jener Zeit nach starker Abwärtsbewegung wieder im Aufstieg begriffen war, die Zeit für eine Fusion noch nicht für gekommen hielt."[53]

Der Rückzug der Farbwerke Hoechst stellte die gesamten Fusionsverhandlungen in Frage. In einem Brief an Duisberg verwies Brüning auf noch weitere Argumente für den Abbruch der Verhandlungen, die vor allem auf den quantitativen Aspekt der Fusion abzielten. Brüning machte deutlich, dass nicht ein Vergleich der Zahlen im Mittelpunkt der Fusionsverhandlungen stehen müsste, sondern die Einkommensinteressen der Aktionäre, deren Anlagebeträgen durch die von Duisberg in Kauf genommene Verwässerung des Kapitals eine Entwertung drohe. [54] Duisberg entgegnete, dass ein Vergleich der Zahlen die einzige Möglichkeit für eine gemeinsame Gesprächsbasis böte und machte seinen Standpunkt nun unmissverständlich deutlich: „Auf jeden Fall aber wird die Ausfüllung der Formulare und der Austausch der Zahlen dazu beitragen, Klarheit zu schaffen, die zur Zeit fehlt, und die auch ihr Brief vermissen lässt. [...] Das Betreiben einer Verschleppungspolitik ist, glaube ich, unpraktisch."[55] Die Antwort Brünings fiel elaboriert, jedoch endgültig aus. Die Vehemenz, mit welcher Duisberg ein Übereinkommen herbeiführen wolle, sei angesichts der wirtschaftlichen Lage der Farbenfabriken nachvollziehbar: „Seit Jahren bewegen

---

50 Gustav von Brüning an Carl Duisberg, 17. Februar 1904. Abgedruckt in Flemming 1965, S. 59. Vgl. ebenfalls Kobrak, Christopher: National cultures and international competition. Cambridge 2002, S. 40–41.

51 Vgl. Andersen 1999, S. 95.

52 Vgl. Plumpe 2016a, S. 239, ebenso Haber 1958, S. 176.

53 Duisberg 1933, S. 90.

54 Plumpe 2016a, S. 238.

55 Carl Duisberg an Gustav von Brüning, 16. März 1904. Abgedruckt in Flemming 1965, S. 68.

Sie sich in aufsteigender Linie, sodass ich von Ihrem Standpunkte aus es sehr begreiflich finde, dass Sie diesen günstigen Moment benutzen und festhalten möchten." Die BASF hingegen habe zwar hohe Summen in den Ausbau ihrer Anlagen investiert, doch sei der Erfolg dieser Produktionsausweitung nicht garantiert – womit Brüning vermutlich auf das gegenüber Hoechst unterlegene Indigo-Verfahren abzielte. Angesichts der zukünftigen Unsicherheit habe auch die Badische einen Anreiz zur Fusion, gerade da sie sich dort noch auf ihre historisch starke Position berufen und „mit ihrem Glorienschein in der neuen Gesellschaft" würde aufgehen können. Die AGFA schließlich könne, abgesichert durch die anderen Unternehmen, den lange geplanten Bau einer neuen Fabrik umsetzen.

Hoechst hingegen habe mit seinen Pharmaprodukten, allen voran dem Antipyrin, über Jahre hinweg glänzend verdient. In den letzten Jahren hingegen, und dies sei sicher auch Duisberg bekannt, sei die Fabrik nicht so vorangeschritten, wie sie es hätte tun sollen, doch hätten sich in der jüngsten Vergangenheit bei den Farbstoffen Erfolge eingestellt, „ohne dass wir dies durch ein nach Aussen sichtbares Resultat in Form einer günstigeren Bilanz oder Dividende hätten zeigen können." Für Hoechst sei der Moment also sehr ungünstig, da diese „Imponderabilien" nur in verschwindendem Maße zur Wirkung würden kommen können. Letztlich, so stellte Brüning abschließend fest, seien die Farbwerke Hoechst die einzigen, die bei dem Abkommen schlecht fahren würden. Die endgültige Entscheidung der Farbwerke Hoechst sei, die Bilanzzahlen nicht zu liefern und somit die Fusionsverhandlungen abzubrechen.[56] Wenngleich Duisberg die Absage höflich zur Kenntnis nahm, ließ er es sich nicht nehmen, auf die Einmaligkeit und Paradoxie dieser – und im Sinne der theoretischen Einleitung dieser Arbeit gleichermaßen jeder – Entscheidungssituation hinzuweisen. Da es sich bei dem Kern der Absage um von Unsicherheit geprägte Zukunftserwartungen handeln würde, könne Brüning nicht wissen, ob in Zukunft „nicht eine derjenigen Firmen, welche jetzt mitzumachen bereit ist, ablehnt, vielleicht auch, weil sie dann ebenfalls mehr von der Zukunft als von der Gegenwart erhofft."[57]

56 Gustav von Brüning an Carl Duisberg, 19. März 1904. Abgedruckt in Flemming 1965, S. 70–74.

57 Carl Duisberg an Gustav von Brüning, 22. März 1904. Abgedruckt in ebd., S. 76. An diesem Beispiel verdeutlicht auch Werner Plumpe die für Unternehmen geltende Entscheidungsparadoxie, auf die in Kapitel 1.3. dieser Arbeit detailliert eingegangen worden ist: „Damit hatte Duisberg die konstitutive Entscheidungsparadoxie jedes Unternehmens auf den Begriff gebracht, das weder nicht entscheiden noch wissen kann, ob seine Entscheidung richtig sein wird, weil dies eben erst nach getroffener Entscheidung möglich ist." Plumpe 2016a, S. 239.

In der BASF hingegen fand Duisberg einen Verhandlungspartner, der sich wiederholt offen für eine Fusion zeigte. Im August 1904 strengten die beiden Unternehmen einen letzten Versuch an, die Farbwerke von einem Zusammenschluss zu überzeugen, als sowohl BASF wie auch Bayer den Handlungsdruck zum Ankauf einer eigenen Kohleförderung verspürten.[58] Hintergrund der Integrationsbestrebungen war die gewünschte Unabhängigkeit vom Rheinisch-Westfälischen-Kohlensyndikat (RWKS), dessen Preispolitik sich auf Grund des enormen Kohlenverbrauchs der Teerfarbenunternehmen unmittelbar in ihren Herstellungskosten niederschlug. Als Hoechst erneut keinen Willen zur Kooperation zeigte, vereinbarten die Direktionen der Farbenfabriken und der BASF den Austausch ihrer Bilanzen zum August 1904. Zwar konnte der Ankauf einer Kohlenzeche von den beiden Unternehmen zusammen nicht geschultert werden, doch sollte der Austausch die Grundlage für weitere Fusions- und Kooperationsmöglichkeiten bieten.[59]

Als Hoechst wenige Tage nach dem Bilanzaustausch zwischen Bayer und BASF die Fusion mit dem Teerfarbenunternehmen Leopold Cassella & Co. bekannt gab, erhielten die Gespräche zwischen den Farbenfabriken und der Badischen eine neue Dringlichkeit. Das Vorgehen der Farbwerke Hoechst war besonders für Duisberg überraschend, da die Cassella sowohl von ihm wie auch von Brüning auf Grund ihrer Unternehmensform – es handelte sich um eine offene Handelsgesellschaft – und der sich aus dieser ergebenden Bilanzierungsschwierigkeiten als für eine Fusion ungeeignet angesehen wurde.[60] Trotz der potentiellen Schwierigkeiten hatte Duisberg jedoch die Inhaber der Cassella laufend über den Gang der Verhandlungen in Kenntnis gesetzt, da seine Vorstellung weiterhin die Einbeziehung aller bedeutenden deutschen Chemieunternehmen beinhaltete, zu denen die Cassella zweifelsohne zählte. Hoechst hingegen hatte sich wiederholt gegen eine Berücksichtigung der Cassella in den Fusionsverhandlungen ausgesprochen – eine Verbindung zwischen den beiden Unternehmen lag folglich alles andere als nahe, als sie im Herbst 1904 ihren Zusammenschluss erklärten.[61] Als Grundlage des Zusammengehens wählten die Unternehmen eine Kapitalverflechtung, deren Umsetzung zunächst die Umwandlung Cassellas in eine GmbH voraussetzte.[62] Die Gründung der GmbH war notwendig,

58 Vgl. Haber 1958, S. 177–179.

59 Vgl. Johnson, Jeffrey Allan: Die Macht der Synthese. In: Werner Abelshauser (Hg.): Die BASF. München 2003, S. 133–134.

60 Vgl. Duisberg 1933, S. 89.

61 Vgl. Plumpe 2016a, S. 231–236.

62 Mit dem „Gesetz betreffend die Gesellschaft mit beschränkter Haftung“ und der daraus resultierenden GmbH schuf der Preußische Staat im Jahr 1892 eine Gesellschaftsform, die vor allem zu einer rechtlichen Stärkung der Inhaber kleinerer und mittlerer Unternehmen füh-

da das Unternehmenskapital der Cassella als Privatunternehmen nicht klar in Geschäftsanteile oder Aktien zu unterteilen war. Mit der neu gewählten Gesellschaftsform der GmbH konnte der Wert des Unternehmens eindeutig quantifiziert und in Anteile aufgeteilt werden. Nach der erfolgten Umwandlung übernahm Hoechst mit 5,5 Millionen Mark 27,5 Prozent des nun auf 20 Millionen Mark taxierten Gesellschaftskapitals der Cassella. Zusätzlich gab die Cassella eine Obligation in Höhe von zehn Millionen Mark aus, die von den fünf Gesellschaftern des Unternehmens – Fritz, Leo und Adolf Gans sowie Arthur und Carl Weinberg – zu jeweils zwei Millionen Mark gezeichnet wurde.[63] Hintergrund der Aufnahme der Obligation war, dass das Unternehmen tatsächlich mit 26,5 Millionen Mark bewertet wurde, Hoechst sich jedoch einen Wert der Cassella GmbH von 20 Millionen Mark für die Übernahme hatte vertraglich zusichern lassen. Die Begrenzung des Eigenkapitals auf 20 Millionen Mark bedeutete zugleich, dass die durch die Gesellschafter der Cassella gezeichneten Anleihen wieder in das Unternehmen reinvestiert werden mussten, um den ursprünglichen Unternehmenswert von 26,5 Millionen Mark zu erreichen. Durch diesen Vorgang gelang es der Firmenleitung, den Unternehmenswert in 20 Millionen Mark Eigenkapital und 6,5 Millionen Mark Fremdkapital aufzuteilen. Hierdurch sollte vermutlich gewährleistet werden, dass die Farbwerke Hoechst mit ihrem Einsatz von 5,5 Millionen Mark tatsächlich 27,5 Prozent der Unternehmensanteile erhielten.[64] Im Gegenzug nahmen die Farbwerke Hoechst eine Kapitalerhö-

ren sollte. Ziel war es, die Leitung eines Unternehmens unter beschränkter Haftung zu ermöglichen und nicht – wie zuvor üblich – als persönlich haftender Gesellschafter. Vgl. Eierle 2005, S. 285. Die Schwierigkeit der persönlichen Gesellschafterhaftung bei Bayer und die daraus resultierende Umwandlung in eine Kommanditgesellschaft ist bereits an anderer Stelle thematisiert worden (Vgl. Kapitel 3.3.). Vor dem Hintergrund der gesetzlichen Einführung der neuen Gesellschaftsform der GmbH ließen die Farbenfabriken ebenfalls eine mögliche Umwandlung der Aktiengesellschaft prüfen, da man sich eine Reduzierung der Berichtspflichten erhoffte. Neben einer Vielzahl weiterer Gründe verwies der mit der Erstellung des Gutachtens beauftragte Jurist Zurhellen vor allem auf die Schwierigkeit, das auf Aktionäre verstreute Aktienkapital in das Gesellschaftskapital der GmbH zu überführen. Entsprechend heftig riet Zurhellen von einer Umwandlung ab, und gab an, dass „für bestehende Actiengesellschaften mit einem Grundkapital von vielen Millionen Mark, mit einem ausgedehnten Fabrikationsbetriebe und mit einem über die ganze Welt sich erstreckenden Handelsbetriebe m. E. weder vom Standpunkte der Gesellschaft und ihres Vorstandes, noch von demjenigen ihrer Actionaire [...] ein Interesse vorliegt, eine Umwandlung nach Massgabe des neuen Gesetzes vorzunehmen." BAL 1/8, Geschichtliche Entwicklung: Gutachten über eine evtl. Umwandlung der Farbenfabriken vorm. Friedr. Bayer & Co. AG in eine GmbH, S. 1–2.

63 HWA 214/1124: Gesellschaftsvertrag der Leopold Cassella & Co. GmbH zu Frankfurt a. M.

64 Ebd.

hung von 20 auf 25,5 Millionen Mark vor, die erhaltenen Kapitalien wurden dann mit den Anteilen an der Cassella GmbH ausgetauscht.[65]

5.2 Bilanzierungsgrundlage des Dreibundes

Die BASF und die Farbenfabriken reagierten auf den von Hoechst und der Cassella als „Interessengemeinschaft" bezeichneten Zusammenschluss, wie gesagt, mit einer Intensivierung ihrer Fusionsbemühungen. Bemerkenswerterweise ging die Initiative nun von der BASF aus, deren Führung in Reaktion auf das Bekanntwerden des Hoechster Vorgehens ihre Bilanzzahlen rasch zusammenstellte und Bayer um die Aufnahme neuer Verhandlungen für den September 1904 bat.[66] Triebkraft hinter dem Umlenken der BASF war vermutlich die Sorge der Unternehmensführung vor einer weiteren Effizienzsteigerung der Indigoproduktion Hoechsts, die bei der Badischen eine schnelle Amortisierung der enormen Investitionssummen in dieses Produkt auf Grund des komparativen Kostennachteils erheblich verzögert hätte. Ebenfalls spielten für die forcierte Wiederaufnahme der Verhandlungen die Bedenken eine Rolle, einem starken „Regionalverband im Rhein-Main-Gebiet" gegenüberzustehen, von dem für den Standort Ludwigshafen eine unmittelbare Bedrohung ausging.[67] Zur Ernüchterung Duisbergs, der die Gespräche erneut als zentrale Figur der Farbenfabriken begleitete, beabsichtigte die BASF die Verhandlungen als tonangebendes Unternehmen zu führen. So forderte die Unternehmensführung der Badischen eine Reihe von Zugeständnissen, die Duisberg angesichts der vergleichsweisen starken Stellung der Farbenfabriken nicht zu akzeptieren bereit war:

---

65 Vgl. Vollmann 2011, S. 171. Erwähnenswert sei an dieser Stelle noch, dass die Denkschrift Duisbergs zugleich den Impetus für einen Zusammenschluss der führenden deutschen Pharmaunternehmen lieferte. In der sogenannten „IG-Pharma" vereinigten sich 1904 die Unternehmen Merck, Boehringer, Knoll, Gehe sowie Riedel zu einer Interessengemeinschaft, deren Gewinnverteilung sich ebenfalls an einer Quotierung orientierte. Vgl. Bartmann 2001, S. 90, Cramer 2012, S. 24 sowie Lübbers, Thorsten: Unternehmenskooperation auf dem Gebiet gewerblicher Schutzrechte in der chemischen, pharmazeutischen und elektrotechnischen Industrie, 1880–1914. In: *Vierteljahrschrift für Sozial- und Wirtschaftsgeschichte*, 96 (2009), S. 147–172. Die Pharma-Abteilungen der Teerfarbenunternehmen gingen indes in die jeweiligen Zusammenschlüsse ein, namentlich in den Dreibund sowie den Dreiverband. Vgl. hierzu BAL 4/A.12, IG: Denkschrift von Carl Duisberg über Satzungen und Organisation der Betriebsgemeinschaft bzw. des Delegationsrates. Tobias Cramer weist darauf hin, dass die Aufnahme der Pharma-Abteilungen in die Zusammenschlüsse in der Forschung bisher vernachlässigt worden sei. Vgl. Cramer 2012, S. 24.

66 Plumpe 2016a, S. 243.

67 Johnson 2003, S. 133.

> Man fordert von uns Opfer & diese können wir bei der großen Differenz im Reingewinn nicht bringen. Andererseits werden die Aktionäre der Badischen nicht dafür zu haben sein, und nach Lage des Aktienmarktes und des Kurses können sie dies auch kaum, uns eine dem höheren Reingewinn & dem höheren Einbringen an Werthes entsprechende Überlegenheit einzuräumen. Die Fusion wird also, wie ich dies oft bemerkt habe, an diesen Klippen scheitern.[68]

In dem zitierten Brief Duisbergs an die Direktion der Farbenfabriken werden zwei zentrale Punkte des die Verhandlungen überschattenden Bilanzierungsproblems angesprochen, die eine genauere Betrachtung verdienen. Zunächst ist der Verweis auf den höheren Reingewinn zu erwähnen. Tatsächlich belief sich der im Geschäftsbericht ausgewiesene Reingewinn der BASF im Jahr 1903 – dem letzten abgeschlossenen Geschäftsjahr vor den Verhandlungen – mit 11.675.752,63 Mark auf über das Doppelte des öffentlichen Nettogewinns der Farbenfabriken von 5.199.463,70 Mark.[69] Duisberg muss demnach vermutlich auf Grundlage der um Abschreibungen und Reservelegungen bereinigten Summen argumentiert haben, die sich aus dem Ende August 1904 stattgefundenen Bilanzvergleich der Unternehmen ergeben hatten.

Wie in der Denkschrift angekündigt, mussten die nach unterschiedlichen Kriterien aufgestellten Bilanzen in einem ersten Schritt vereinheitlicht werden. Der wesentliche Unterschied innerhalb der Bilanzierungspolitik war dabei der differierende Umgang mit den Abschreibungsquoten, der nach wie vor keiner gesetzlichen Vorgabe unterlag. Wie bereits gezeigt wurde, führte die Freiheit in der Festlegung der Amortisationsquoten bei den Farbenfabriken zu jährlich teilweise stark schwankenden Abschreibungshöhen.[70] Ausgehend von einem über Jahre konstanten Abschreibungssatz von zehn Prozent auf den Posten „Maschinen und Geräte" und fünf Prozent auf Gebäude, erreichten die Quoten im Laufe der 1890er Jahre Höchstwerte von 44 Prozent resp. 24 Prozent.[71] Die BASF hingegen wich nur in den Jahren 1899 bis 1901 von der seit den 1880er Jahren statutarisch festgelegten Amortisationsquote in Höhe von 15 Prozent ab, da während dieser Periode „aus Rücksicht auf die vielen, noch nicht zum Erträgnis beitragenden Neuzugänge" nur 7,5 Prozent auf Neubauten abgeschrieben wurden, während die Abschreibungshöhe „auf den Bestand" weiterhin 15 Prozent betrug.[72] Im Unterschied zu den Farbenfabriken erfolgte die Verrechnung der Ab-

68 Carl Duisberg an die Herren der Direktion der Farbenfabriken, 19.9.1904. Zitiert nach Plumpe 2016a, S. 243.

69 Vgl. die entsprechenden Jahresberichte in BAL sowie BASF UA.

70 Vgl. Kapitel 4.3., dort v. a. Abbildung 4.4.

71 BAL 10/1.2, Statistik: Stand der Fabriken.

72 BASF UA PB/A901, Voigtländer-Tetzner, Chronik der BASF, S. 426 sowie BASF UA, Geschäftsbericht 1900.

schreibungen in Ludwigshafen einheitlich gegen das „Anlagen-Conto", das sowohl die bei Bayer getrennt aufgeführten Konten „Maschinen und Geräte" als auch „Gebäude" beinhaltete.[73] Die von Duisberg als kritischer Punkt der Bilanzanpassung identifizierten Unterschiede in der Abschreibungspolitik konnten demnach nur behoben werden, indem zunächst ein für beide Unternehmen gültiger Abschreibungssatz festgelegt und anschließend auf die Bilanzzahlen der Unternehmen angewandt wurde. Die bereits zitierte Feststellung Duisbergs, dass eine Rückanpassung der Abschreibungsquoten dabei nicht nur auf fünf, sondern besser auf zehn oder 20 Jahre würde Anwendung finden müssen, ist somit vor allem in Hinblick auf die bisweilen jährlich veränderten Abschreibungsquoten zu verstehen.

Die neu berechneten „provisorischen Gründungsbilanzen" unterlagen einem komplexen Kalkulationsverfahren und wurden – darauf deuten die überlieferten unterschiedlichen Ausfertigungen der Bilanzen hin – in unterschiedlichen Fassungen zur Verhandlung gegeben.[74] Die provisorischen Gründungsbilanzen wurden sowohl für das Jahr 1902 als auch das Jahr 1903 erstellt, die Rückrechnung der Abschreibungsquoten erfolgte dabei jedoch bis zu den Jahren 1881 (Bayer) und 1882 (BASF). Die Berechnung der einzelnen Posten wurde für jeden Fusionspartner transparent durchgeführt. Zum Posten „Gebäude einschl. Quaianlagen und Kanäle" der BASF etwa wurde festgehalten: „Bilanzbuchwerth vom 1. Januar 1882 (Als Urwert betrachtet) + Neubauten in 1882 (einschließl. Verwaltungs- und Konstruktionskosten) – Abbruch in 1882 – 5 % Amortisation, fortgesetzt bis zum 31. Dezember 1903". Für das Konto „Maschinen und Geräte einschl. rollendes Material der Eisenbahnen" erfolgte die Berechnung „genau wie Gebäude, nur daß anstatt 5 % Amortisation 10 % zu nehmen sind."[75] Folglich lag der veranschlagte kollektive Abschreibungssatz deutlich unter den Amortisationsquoten der Einzelunternehmen, die sich bei Bayer im Geschäftsjahr 1902 auf 16 Prozent auf den Posten Gebäude sowie 33,6 Prozent auf den Posten „Maschinen und Geräte" beliefen, bei der BASF hingegen auf den üblichen Zins von 15 Prozent.[76] Mit der Vereinheitlichung der Abschrei-

73 Vgl. hierzu exemplarisch BASF UA, Geschäftsbericht 1900: Bericht des Vorstandes, S. 5.

74 Vgl. die Überlieferungen in BAL 4/A.10, IG: Bilanzzahlen.

75 BAL 4/A.10, IG: Bilanzzahlen. Hinsichtlich der „normalen" Abschreibungshöhe auf das Anlagevermögen scheint es einen branchenübergreifenden Konsens gegeben zu haben. So betrugen die nach 1875 festgesetzten Abschreibungsquoten bei Krupp in den meisten Jahren ebenfalls fünf Prozent auf Gebäude und zehn Prozent auf Maschinen. Vgl. Lindenlaub 2006, S. 307.

76 Zu Bayer siehe BAL 10/1.2, Statistik: Stand der Fabriken. Zur BASF siehe BASF UA, Geschäftsbericht 1902. Für die Geschäftsjahre 1903 und 1904 liegen keine Abschreibungssätze vor.

bungsquoten ging zugleich die Auflösung der stillen Reserven einher, deren Schaffung ja im Wesentlichen aus der Abschreibungspolitik der Unternehmen hervorgegangen war. Hierdurch kam es zu einer vollständigen Offenlegung und anschließenden Umrechnung der Reserven auf die jeweiligen Bilanzposten, von denen dann wiederum die neuen Abschreibungssätze in Abzug gebracht wurden.

Die aus der Vereinheitlichung der Abschreibungsquoten und der Auflösung der stillen Reserven resultierenden bilanziellen Veränderungen waren erheblich. Für das Geschäftsjahr 1903 wies der veröffentlichte Geschäftsbericht der BASF eine Bilanzsumme in Höhe von 78.096.810,61 Mark auf, die der Farbenfabriken Bayer belief sich im selben Jahr auf 46.862.448,83 Mark.[77] Nach der rückwirkenden Vereinheitlichung der Abschreibungssummen sowie der im selben Zuge erfolgten Auflösung der stillen Reserven erhöhte sich die für die BASF in der provisorischen Gründungsbilanz errechnete Summe deutlich auf 93.458.746,30 Mark. Dramatisch hingegen war die in der Gründungsbilanz verzeichnete Veränderung bei den Farbenfabriken Bayer, deren Summe sich auf 94.853.797,75 Mark mehr als verdoppelte.[78] Dass die Bilanzsummen durch die einheitliche Veranschlagung der Abschreibungsquoten in der provisorischen Gründungsbilanz höher ausfielen, als in den öffentlichen Jahresabschlüssen der Unternehmen angegeben, ist zunächst nicht überraschend. So lag die Quote der BASF mit 15 Prozent stets über den in den Fusionsverhandlungen für beide Unternehmen veranschlagten Amortisationszinsen, bei den Farbenfabriken Bayer wiederum hatten sich die Abschreibungszinsen bis in die Mitte der 1890er Jahre auf die der provisorischen Gründungsbilanz zu Grunde gelegten Werte belaufen, waren dann jedoch sprunghaft angestiegen. Die ab dem Geschäftsjahr 1903 rückwirkend bis zum Beginn der 1880er Jahre angewendeten, niedrigen Abschreibungsquoten führten in der Konsequenz zu einer höheren Bilanzbewertung des Anlagevermögens beider Unternehmen.

Die im Vergleich zur BASF offenkundig stärkere Unterbewertung der Anlagegüter der Farbenfabriken kann jedoch nicht ausschließlich auf die unterschiedliche Abschreibungspolitik zurückgeführt werden. Dies belegt auch der Vergleich zwischen der durchschnittlichen Abschreibungsquote der Jahre 1886 bis 1900, welche bei der BASF – wie erwähnt – überwiegend bei 15 Prozent lag, bei den Farbenfabriken hingegen 10,3 Prozent auf Gebäude sowie 21,67 Prozent auf Maschinen und Geräte betrug.[79] Folglich kalkulierte man in Leverkusen mit

77 BAL, Geschäftsbericht 1903 sowie BASF UA, Geschäftsbericht 1903.

78 BAL 4/A.11, IG: Verträge über die geschlossene Interessengemeinschaft der deutschen Teerfarben.

79 Vgl. Abschreibungsquoten in BAL 10/1.2, Statistik: Stand der Fabriken.

einer geringeren Wertminderung auf Gebäude, schrieb die im Unternehmen installierten Apparaturen jedoch schneller ab als die Konkurrenz in Ludwigshafen. Hierbei ist gewiss in Rechnung zu stellen, dass der Bilanzposten der Maschinen und Geräte in allen Jahren höhere Bilanzwerte aufwies als der Gebäude-Posten, weshalb die auf diesen Posten entfallenden Abschreibungsquoten stärker ins Gewicht fielen. Die Abschreibungsquoten allein – so die zusammenfassende Feststellung nach diesen technischen Ausführungen – kann folglich nur zum Teil als Erklärung für die starke Diskrepanz zwischen den Bilanzwerten der beiden Unternehmen dienen.

Tab. 5.1: Aufstellung der öffentlichen und stillen Reserven der BASF und Bayers für das Geschäftsjahr 1903 (in Mark).[80]

	BASF	**Farbenfabriken Bayer**
Gesetzliche Reserve	12.660.000,-	5.866.625,42
Ausserordentliche Reserven	8.151.686,77	3.545.781,22
Summe öffentliche Reserven	**20.811.686,77**	**9.412.406,64**
Unsichtbare Reserven		
Grundstücke	2.770.059,23	1.561.563,22
Gebäude	6.888.094,92	11.126.160,79
Eisenbahnen	660.121,47	911.132,69
Maschinen und Geräthe	5.638.831,44	15.124.434,25
Mobiliar, Fuhrwerk, u. s. w.	- 84.820,83	321.801,43
Waaren-Vorräthe	2.422.722,76	13.262.927,67
Aussenstände	300.000,-	-
Effekten	-	72.646,25
Betheiligung an fremden Unternehmungen	-	956.339,42
Weitere unsichtbare Reserven[1]	1.960.713,90	4.492.932,23
Summe Unsichtbare Reserven	**20.555.722,39**	**47.829.937,95**
Summe Reserve	**41.367.409,16**	**57.242.344,59**

1 Bei diesen Reserven handelte es sich zwar ebenfalls um stille Reserven, doch waren diese offenbar zweckgebunden. Die Aufstellung beinhaltete die in Kapitel 4.3. beschriebenen dezidierten Reservekonten wie „Delkredere“ oder „Processkosten“.

80 Zahlen entnommen aus BAL 4/A.10, IG: Bilanzzahlen, Beträge teilweise aus eigener Berechnung.

Die Annahme liegt also nahe, die erheblichen Bilanzunterschiede vor allem auf die Auflösung der „unsichtbaren Reserven" der Unternehmen zurückzuführen. Wie gezeigt, wurden diese Reserven bei den Farbenfabriken vornehmlich durch Abschreibungen auf das Anlagevermögen gebildet, zu einem geringeren Teil entfielen sie auf Wertminderungen des Umlaufvermögens in Form des Inventarvermögens.[81] Im Zuge der Verhandlungen mit der BASF erfolgte eine „Aufstellung der offenen und stillen Reserven" zum Stichtag des 31. Dezember 1903, in der die erheblichen Unterschiede in der Reservepolitik der beiden Unternehmen offenbar wurden. So war das Verhältnis zwischen den in den Geschäftsberichten veröffentlichten Reservebeträgen bei der BASF in etwa ausgewogen, dem in der Bilanz ausgewiesenen Betrag der Reservefonds in Höhe von 20.811.686,77 Mark standen stille Reserven im Betrag von 20.555.722,39 Mark entgegen. Bei den Farbenfabriken hingegen wurde im Vergleich eine einseitige Reservepolitik verfolgt. Das Verhältnis zwischen öffentlicher und stiller Reservebildung lag dort bei 9.412.406,64 Mark zu 47.829.937,95 Mark, gleichbedeutend mit einer fünffach höheren Dotierung der geheimen Reservefonds (Tabelle 5.1).

Die Reservebildung erfolgte in beiden Unternehmen vor allem über die Konten des Anlagekapitals, darüber hinaus führten die Farbenfabriken Bayer vergleichsweise umfangreiche Reservestellungen über die „Waaren-Vorräthe" durch, also das Inventar des Unternehmens. Allein aus diesem Posten ergab sich gegenüber der BASF eine Differenz von knapp elf Millionen Mark. Die verhältnismäßig große Bildung stiller Reserven auf das Inventar ist insofern bemerkenswert, als die Abschreibungen auf diesen Bilanzposten in der Auffassung der zeitgenössischen betriebswirtschaftliche Theorie auf Grund der ständigen Veräußerung der Inventarwerte keinen Aufbau langfristiger stiller Reserven erlaubten. So hielt Eugen Schmalenbach fest, dass auf die Bildung stiller Reserven konzentrierte Unternehmen, „deren Anlagewert voller stiller Reserven steck[t]", bei der Bewertung der Warenvorräte ihre Politik des Gewinnversteckens aufgeben müssten, da tatsächlich bei den Warenvorräten vieles gegen eine solche Politik spräche. Diese Feststellung begründete Schmalenbach damit, dass die über die Warenvorräte gebildeten stillen Reserven in jeder neuen Bilanz aufgedeckt würden „und nicht wie Immobilien, Maschinen und dergl. auf längere Dauer geborgen sind." Bei Waren trete die stille Reserve demnach immer dann hervor, wenn diese verkauft würden. Zwar könne ein Unternehmen jedes Jahr wieder neue Reserven bilden, doch würde sich hieraus zwangsläufig eine potentiell riskante Unterbewertung des Warenlagers ergeben.[82] Den Aus-

81 Vgl. hierzu ausführlich Kapitel 4, v. a. Kapitel 4.3.
82 Schmalenbach 1907a, S. 161.

führungen Schmalenbachs folgend deuten die bei den Farbenfabriken vorhandenen großen Reserven im Warenkonto demnach entweder auf eine große Lagerhaltung und eine lange Lagerdauer der Produkte hin, oder aber auf hohe jährliche Abschreibungssätze. Naheliegend ist, dass beide Gründe zutreffend waren. Darauf deutet hin, dass – wie im weiteren Verlaufe dieses Kapitels geschildert werden wird (siehe Tabelle 5.2) – sich der Anteil der um Reserven bereinigten Warenvorräte sowohl bei der BASF als auch bei den Farbenfabriken mit 30 Millionen Mark auf rund ein Drittel der jeweiligen Bilanzsumme der Unternehmen belief. Diesem Inventarwert, der sich in der Neukalkulation aus den günstigsten Gestehungskosten inkl. Amortisation errechnete, standen jedoch nur Jahresgewinne in Höhe von neun bzw. elf Millionen Mark entgegen, woraus sich eine entsprechend hohe Lagerhaltung ableiten lassen könnte, ohne dies jedoch vollends überzeugend rekonstruieren zu können.

Als weniger problematisch stellt sich hingegen die Reservelegung über das Anlagekapital dar, worunter die Posten „Grundstücke“, „Gebäude“, „Eisenbahnen“, „Maschinen und Geräthe“ sowie „Mobiliar, Fuhrwerk u. s. w.“ fielen. Die Summe dieser Posten belief sich bei Bayer auf 29.045.092,38 Mark, bei der BASF hingegen nur auf 15.872.286,23 Mark. Die Badische wies ausschließlich auf dem Posten „Grundstücke“ höhere Reserven auf als die Leverkusener Konkurrenz. Unklar ist, ob es sich bei diesen Abschreibungen um durch das Unternehmen veranlasste Abschreibungen handelte, oder um Reserven, die sich aus dem Verbot der bilanziellen Erfassung der Wertsteigerung von Grundstücken ergaben.[83] Auch ist nicht zu rekonstruieren, ob die Reservepolitik der BASF ebenfalls die Bildung stiller Reserven jenseits der verhältnismäßig hohen ordentlichen Abschreibungen vorsah. Die Summe der im Unternehmen durchgeführten Abschreibungen wurde im „Amortisationskonto“ erfasst, dessen Wert jährlich im Geschäftsbericht des Unternehmens veröffentlicht wurde.[84] Für das Geschäftsjahr 1903 gab die Unternehmensführung der BASF an, der Gesamtbetrag der Abschreibungen stelle sich „nunmehr auf M. 53.694.852,29.“[85] Es ist folglich denkbar, dass der auf dem Amortisationskonto festgeschriebene Betrag

83 Wie an anderer Stelle erwähnt, konnten Abschreibungen auf Grundstücke nur in Ausnahmefällen erfolgen (Vgl. Kapitel 4.3.). In dem Grundstücks-Konto durften zudem nur die ursprünglichen Anschaffungskosten aufgeführt werden. Wertsteigerungen der Grundstücke durften in der Bilanz nicht erfasst werden, wodurch es zwangsläufig zur Bildung stiller Reserven kam. Vgl. Passow 1922, S. 276–278 sowie Spoerer 1995, S. 160.

84 Um Missverständnissen vorzubeugen soll an dieser Stelle darauf verwiesen werden, dass das Amortisationskonto nicht in der Bilanz aufgeführt wurde. Vielmehr handelte es sich um einen Sammelposten, welcher der Geschäftsführung und den Aktionären als Referenz aller seit 1873 durchgeführten Abschreibungen dienen sollte.

85 BASF UA, Geschäftsbericht 1903.

die stillen Reserven in Höhe von 20,5 Millionen Mark bereits vollständig beinhaltet haben könnte.

Diese Feststellung entspräche der bereits an anderer Stelle getroffenen Annahme, dass die BASF eine größere Bilanzehrlichkeit zeigte, als dies die Farbenfabriken taten.[86] Die von Bayer verfolgte Reservepolitik legte den Schwerpunkt weitaus stärker auf die verdeckte Legung von Reserven. Wie im vierten Kapitel gezeigt werden konnte, hatte das Unternehmen über die vorbilanziellen Abschreibungen und Reservestellungen bis zum Jahr 1903 einen Betrag von rund 45 Millionen Mark von der Gewinnverteilung ausnehmen können. Folglich ist es denkbar, dass die vor dem Hintergrund der Fusionsverhandlungen festgestellte Gesamthöhe der „unsichtbaren Reserven" zu großen Teilen aus der durch die Unternehmensführung der Farbenfabriken verfolgte Bilanzpolitik resultierte. Vor diesem Hintergrund ist dann auch die oben aus der Denkschrift Duisbergs zitierte Passage zu verstehen, welche die „vor dem Strich" vorgenommenen Abschreibungen – also die Bilanzkürzungen – als zentralen Gegenstand des Bilanzabgleiches identifizierte.[87] Da dieses Reserveinstrument explizit in der Denkschrift erwähnt wurde, galt es für Duisberg möglicherweise als gängige Praxis. Tatsächlich erwies sich die Bilanzpolitik der BASF als weitaus weniger ausdifferenziert, wodurch die seitens der Badischen veröffentlichten Bilanzen viel näher an den faktisch erwirtschafteten Zahlen lagen. In der Rückschau hielt Duisberg fest, dass die Unternehmensführung Bayers zwar davon ausgegangen sei, dass der Reingewinn der BASF nicht so hoch wie der der Farbenfabriken ausfallen würde, doch hatte man angenommen, dass die Vermögenswerte und der Umsatz Ludwigshafens – also die beiden unmittelbar durch die Bilanzkürzungen beeinflussten Werte – im Vergleich zu Bayer wesentlich höher seien. Ludwigshafen wiederum habe nicht wissen können, dass „unsere eigentlichen Gewinnzahlen (die geheimen und öffentlichen) die seinen so gewaltig übersteigen, wie es tatsächlich der Fall war." Im Gegensatz zu Ludwigshafen hätten die Farbenfabriken den Aufbau von Leverkusen dazu nutzen können, „grosse Abschreibungen und Rückstellungen" vorzunehmen und dadurch Reserven aufzubauen, welche aus der öffentlichen Bilanz nicht zu ersehen waren. Die BASF habe hingegen größere öffentliche Reserven aufzuweisen.[88]

86 Vgl. Kapitel 4.3.

87 Vgl. Duisberg 1923c, S. 368.

88 Duisberg 1918, S. 635.

Ein Großteil der Differenz zwischen der veröffentlichten und provisorischen Gründungsbilanz des Jahres 1903 resultierte demnach aus der Neubewertung des Anlagevermögens, dessen veröffentlichter Wert sich im Falle der Farbenfabriken nur auf knapp ein Viertel des um Abschreibungen und Reservebildung bereinigten Bilanzwertes belief (Vgl. Tabelle 5.2). Bei der BASF hingegen, die – so die Annahme dieser Arbeit – eine wesentlich öffentlichere Reservepolitik als die Farbenfabriken verfolgte, betrug der Anteil des veröffentlichten Anlagevermögens knapp 75 Prozent der im Rahmen des Bilanzvergleiches ermittelten, neubewerteten Anlageposten. Der Unterschied zwischen veröffentlichter und intern ermittelter Bewertung des Inventars fiel zwar ebenfalls deutlich, jedoch nicht annähernd so tiefgreifend aus. So belief sich der Anteil des veröffentlichten Inventarvermögens bei der BASF auf 80 Prozent des in der provisorischen Gründungsbilanz ausgewiesenen Wertes, bei den Farbenfabriken hingegen auf 44 Prozent. Demnach war die Tendenz zu stärkeren Abschreibungen bei den Farbenfabriken auch im Umlaufvermögen erkennbar, führte jedoch nicht zu einer so drastischen Unterbewertung wie im Falle des Anlagevermögens. Betrachtet man hierbei die Zahlen der Farbenfabriken isoliert, so führte die Legung der provisorischen Gründungsbilanz dennoch zu einer Verdoppelung der Bewertung des Warenvorrats.

Bei der BASF hingegen, die – so die Annahme dieser Arbeit – eine wesentlich öffentlichere Reservepolitik als die Farbenfabriken verfolgte, betrug der Anteil des veröffentlichten Anlagevermögens knapp 75 Prozent der im Rahmen des Bilanzvergleiches ermittelten, neubewerteten Anlageposten. Der Unterschied zwischen veröffentlichter und intern ermittelter Bewertung des Inventars fiel zwar ebenfalls deutlich, jedoch nicht annähernd so tiefgreifend aus. So belief sich der Anteil des veröffentlichten Inventarvermögens bei der BASF auf 80 Prozent des in der provisorischen Gründungsbilanz ausgewiesenen Wertes, bei den Farbenfabriken hingegen auf 44 Prozent. Demnach war die Tendenz zu stärkeren Abschreibungen bei den Farbenfabriken auch im Umlaufvermögen erkennbar, führte jedoch nicht zu einer so drastischen Unterbewertung wie im Falle des Anlagevermögens. Betrachtet man hierbei die Zahlen der Farbenfabriken isoliert, so führte die Legung der provisorischen Gründungsbilanz dennoch zu einer Verdoppelung der Bewertung des Warenvorrats.

Tab. 5.2: Vergleich der Aktiva der veröffentlichten Bilanzen und provisorischen Gründungsbilanzen des Geschäftsjahres 1903 (in Mark).[89]

	BASF		**Farbenfabriken Bayer**	
	Veröffentlichte Bilanz	Provisorische Gründungsbilanz	Veröffentlichte Bilanz	Provisorische Gründungsbilanz
Grundstücke (keine Amortisation)	-	4.092.823,21	-	4.441.336,73
Gebäude incl. Quaianlagen u. Kanäle (5 % Amortisation)	-	15.952.028,14	-	14.714.003,78
Maschinen & Geräte incl. rollendes Material der Eisenbahnen (10 %)	-	21.025.778,69	-	18.412.482,77
Eisenbahnen (Unter- und Oberbau) (2 %)	-	1.172.422,65	-	1.049.859,03
Mobiliar, Fuhrwerk u. s. w. (25 %)	-	114.714,45	-	321.857,43
Summe Anlagevermögen	**31.085.293,47**	**42.357.767,14**	**9.894.376,36**	**38.939.539,74**
Vorräte (billigste Gestehungspreise inkl. Amortisation)	24.236.269,90	29.980.624,11	12.112.586,56	27.325.444,23
Cassa, Banksaldo, Wechsel	7.640.367,28	7.640.367,28	17.789.655,22	11.755.936,60
Beteiligung an fremden Unternehmungen	1.280.000,-	1.280.000,-	-	956.340,42[1]
Effekten	1.090.844,-	1.590.844,-	-	6.106.364,87
Debitoren	12.764.035,96	10.699.143,77	7.065.830,69	9.770.171,89
Summe Aktiva	**78.096.810,61**	**93.548.746,30**	**46.862.448,83**	**94.853.797,75**

1 Die unter dem Bilanzposten „Beteiligung an fremden Unternehmen" gebildete Reserve entstammte dem Ankauf der US-amerikanischen Teerfarbenfabriken „Hudson River Aniline & Co." und „American Color Co." sowie der Beteiligung an weiteren Unternehmen. Im Zuge der Ver-

89 Zahlen entnommen aus BAL 4/A.11, IG: Verträge über die geschlossene Interessengemeinschaft der deutschen Teerfarben.

handlungen wurde die Kaufsumme der beiden Unternehmen auf 844.000 Mark geschätzt. Auf die Kaufsumme bezogen gaben Henry Böttinger und Carl Duisberg zu Protokoll: „Nachdem unsere flüssigen Mittel pro 31. August M. 15.106.000 betragen, wird die Bezahlung der obigen Summe uns keinerlei Schwierigkeiten machen." BAL 11/3, Aufsichtsrat: Außerordentliche Aufsichtsraths-Sitzung am 19. September 1903, Verhandlungen wegen Ankauf der Actien der Hudson River Aniline Co. in Albany N.Y. und der American Color Co. zu Speerword N.Y., S. 329–333. Das Aufsichtsratsprotokoll vom 29. März 1904 gibt für diese Ankäufe an, der Gesamtkaufpreis von 956.340,42 Mark würde „noch mit einer Mark zu Buche stehen." Folglich wurden die neuen Beteiligungen direkt auf den „Erinnerungsposten" von einer Mark abgeschrieben. Vgl. BAL 11/3, Aufsichtsrat: 122. Sitzung des Aufsichtsraths am 29. März 1904, S. 341.

Wenngleich die Auflösung der auf das Anlagevermögen bezogenen stillen Reserven die Farbenfabriken wesentlich potenter werden ließ, blieben sie der BASF in Hinblick auf die Gesamthöhe des Anlagevermögens selbst nach der Legung der provisorischen Gründungsbilanzen unterlegen. So betrug das um die Reserven bereinigte Anlagevermögen der BASF etwas mehr als 42 Millionen Mark, bei den Farbenfabriken Bayer hingegen knapp 39 Millionen Mark. Ähnlich verhielt es sich mit der Inventarbewertung, die bei Bayer mit rund 27 Millionen Mark trotz ihrer Verdoppelung in der Summe geringer ausfiel, als die Bewertung der Warenvorräte der BASF mit knapp 30 Millionen Mark. Dass die Farbenfabriken in der Bilanzsumme schließlich dennoch eine höhere Bewertung als die BASF erfuhren, ist im Wesentlichen auf die beiden Posten des Umlaufvermögens „Cassa, Banksaldo, Wechsel" sowie „Effekten" zurückzuführen. Im liquiden Vermögen wies das Leverkusener Unternehmen um vier resp. 5,5 Millionen Mark höhere Bilanzwerte aus als die Ludwigshafener Konkurrenz. Die Bilanzierung der Effekten, also des Bestandes an Wertpapieren, erfolgte dabei „zum Einkaufswert oder Kurswert von 31.12.1903, wenn letzterer niedriger ist."[90] Die Maßgabe der vorsichtigen Bilanzierung, die ebenfalls bei der Bewertung der Warenbestände zum Tragen kam – diese wurden zum billigsten Gestehungspreis im Sinne des seit der Aktienrechtsnovelle des Jahres 1884 gesetzlich vorgegebenen Niederstwertprinzips angesetzt (Vgl. erneut Tabelle 5.2) –, fand folglich ebenfalls bei der Bewertung der Wertpapiere Anwendung.[91] Der größte Posten innerhalb des Wertpapierportfolios entfiel mit rund zwei Millionen Mark auf „Preußische Consols" zu 3½-prozentiger Verzinsung, die Gesamthöhe des

90 BAL 4/A.10, IG: Bilanzzahlen.

91 Vgl. Pleitgen 2005, S. 45. In der Praxis der industriellen Rechnungslegung wurde das Vorratsvermögen stets so vorsichtig wie möglich bewertet. Im Stahlunternehmen Krupp führte die falsche Bewertung des Vorratsvermögens während der 1870er Jahre zu einer Reihe von Fehlentscheidungen: „Ohne die zu hohen Ergebnisse und Vermögensausweise, so argumentierte Alfred Krupp immer wieder, hätte er zahlreiche Investitionen und Akquisitionen nicht getätigt, Schenkungen an Beamte unterlassen." Vgl. hierzu Lindenlaub 2006, S. 298–299 sowie S. 310–313, Zitat S. 313.

Portfolios belief sich auf 6.033.718,62 Mark.[92] Das weitere im Posten „Cassa, Banksaldo, Wechsel" enthaltene liquide Vermögen verteilte sich auf verschiedene Banksaldi, auf ein „Wechselportefeuille" sowie Barmittel in den Filialen.[93]

Wie erläutert, diente die Anfertigung der provisorischen Gründungsbilanzen ausschließlich der Vereinheitlichung der Bilanzsummen der beiden Unternehmen. Für die Bestimmung der neuen Reingewinne hingegen, auf deren „große Differenz" Carl Duisberg in Zusammenhang mit den weitreichenden Forderungen der BASF hingewiesen hatte, entwickelte die Statistische Abteilung der Farbenfabriken eine zweite Variante der Bilanzen. Im Gegensatz zu den provisorischen Gründungsbilanzen reichte der der Berechnung der sogenannten provisorischen Bilanzen zugrundeliegende Zeitraum nicht bis auf den Beginn der 1880er Jahre zurück, sondern basierte nur auf den veröffentlichten Bilanzen der Jahre 1902 und 1903. Auch auf diese Geschäftszahlen fanden dann die neu festgelegten Abschreibungssätze Anwendung, was im Falle der BASF zu einer Abwertung, im Falle der Farbenfabriken hingegen erneut zu einer Aufwertung der Nettogewinne führte (Tabelle 5.3).

Tab. 5.3: Vergleich zwischen öffentlichen und provisorischen Bilanzen der Farbenfabriken Bayer und BASF für die Jahre 1902 und 1903 (in Mark).[94]

	Bilanz 1902	Prov. Bilanz 1902	Bilanz 1903	Prov. Bilanz 1903
Farbenfabriken Bayer	4.361.394,00	11.479.113,96	5.199.463,70	11.295.414,73
BASF	11.485.162,10	9.071.199,88	11.675.752,63	9.098.448,99

92 Die Farbenfabriken hielten als weitere Anleihen „Reichs-Anleihe", „Bay. Eisenbahn-Anleihe", „Bay. Staats-Anleihe", „Badische Staats-Anleihe", „Saechsische Staats-Anleihe", „Würtembergische Staats-Anleihe", „Rheinprovinz-Anleihe" sowie bemerkenswerterweise einen Teil der von dem Unternehmen selbst ausgegebenen „Farbenfabriken-Obligationen". Vgl. BAL 11/3, Aufsichtsrat: 122. Sitzung des Aufsichtsraths am 29. März 1904, S. 340.

93 Im Detail setzten sich die liquiden Mittel der Farbenfabriken aus einem Reichsbanksaldo in Höhe von 209.054,82 Mark, einem Wechselportefeuille von 3.196.907,69 Mark, Depots bei der Bergisch-Märkischen Bank in Höhe von zwei Millionen Mark, bei der Deutschen Bank in Höhe von einer Million Mark sowie bei der Commerz-Discontobank in Höhe von 500.000 Mark zusammen. Weitere Banksaldi betrugen 4.406.560,61 Mark, die Kassenbestände in den Filialen beliefen sich auf 442.513,48 Mark. Vgl. BAL 11/3, Aufsichtsrat: 122. Sitzung des Aufsichtsraths am 29. März 1904, S. 340.

94 Zahlen zusammengestellt aus den Geschäftsberichten der Jahre 1903 und 1904 sowie den provisorischen Bilanzen in BAL 4/A.11, IG: Verträge über die geschlossene Interessengemeinschaft der deutschen Teerfarben.

Der sich aus der Bilanzanpassung ergebende starke Anstieg der Nettogewinne der Farbenfabriken sollte an dieser Stelle nicht mehr überraschen, da dieser im Wesentlichen auf die bereits ausführlich dargelegte Auflösung der bilanzverkürzenden Maßnahmen zurückzuführen war. Wie gezeigt wurde, belief sich die Summe der im Aufsichtsrat protokollierten Bilanzverkürzungen im Jahr 1902 auf etwas über sieben Millionen Mark, im Jahr 1903 auf rund 5,7 Millionen Mark und entspricht somit in etwa dem Anstieg der neu kalkulierten Reingewinne.[95] Bilanztechnisch gesprochen fehlten die sonst auf der Passivseite aufgeführten stillen Reserven, deren Wert wiederum auf die auf der Aktivseite festgehaltenen Posten des Anlage- und Umlaufvermögens angerechnet werden mussten. Im Vergleich zu der veröffentlichten Bilanz entstand folglich ein Übergewicht der Aktivseite, deren Differenz dann über den gestiegenen Nettogewinn kompensiert wurde. Im Unterschied zu den Farbenfabriken Bayer ging aus der Neubewertung der BASF eine Verringerung der Bilanzsumme einher, die vornehmlich auf Korrekturen des Anlagevermögens und des Debitorenkontos, eines Teils des Umlaufvermögens, zurückzuführen war. Während erstere wohl erneut auf die angepassten ordentlichen Abschreibungsraten zurückzuführen war, war die Ursache für die erhebliche Korrektur des Debitorenkontos in Höhe von rund 3,5 Millionen Mark nicht zu rekonstruieren.[96]

Die Neuberechnung der provisorischen (Gründungs-)Bilanzen bedeutete folglich in allen wichtigen betrieblichen Kennzahlen eine Schlechterstellung der BASF gegenüber den Farbenfabriken, eine Tatsache, die in seitens der Unternehmensführung der Badischen wiederholt geäußerten Unmutsbekundungen mündete. Dabei ist die von der BASF formulierte Kritik insofern nachvollziehbar, als die Berechnung der Fusionsbilanzen in alleiniger Hand der Farbenfabriken lag: Die Vorschläge für die Berechnung der provisorischen Bilanzen entstammten den Vorstellungen Carl Duisbergs, während die tatsächlichen Zahlen in der Statistischen Abteilung des Unternehmens errechnet wurden. In Bezug auf den Bilanzabgleich war die Badische den Farbenfabriken demnach ausgeliefert. Rückblickend stellte Carl Duisberg hinsichtlich der bei der BASF herrschenden Irritation fest:

> Entsprechend den kleineren Zahlen in unserer öffentlichen Bilanz glaubte man in Ludwigshafen aber auch, dass unsere Vermögenswerte bei weitem nicht so gross wie die seinigen seien und dass vor allem der Ludwigshafener Umsatz wesentlich grösser als der unsrige war. Das gerade Gegenteil aber stellte sich an Hand der ausgetauschten vergleichenden Bilanz-Aufstellungen heraus, und das Erstaunen auf beiden Seiten war nicht ge-

95 Vgl. Kapitel 4.5., hierin v. a. Abbildung 4.6.

96 Vgl. BAL 4/A.11, IG: Verträge über die geschlossene Interessengemeinschaft der deutschen Teerfarben.

ring. Bei Ludwigshafen Enttäuschung und Trauer über seine relativ kleinen, bei uns Verwunderung und Freude über unsere im Vergleich zu Ludwigshafen wesentlich grösseren Zahlen. In diese Freude mischte sich aber Sorge und Niedergeschlagenheit darüber, dass, nachdem wir uns gegenseitig ausgezogen und kennen gelernt, die Verständigung auf Basis einer Fusion deshalb ausgeschlossen sei, weil Ludwigshafen nie und nimmer auf Grund des Vergleichs der öffentlichen Bilanzen eine Ueberlegenheit der Elberfelder Fabrik anerkennen und dieser durch Zubilligung eines grösseren Aktienanteils Ausdruck geben könne.[97]

Eine weitere Ursache für die seitens der Unternehmensführung der BASF gezeigte Skepsis lag in der Schwierigkeit begründet, die sich aus dem Bilanzvergleich ergebende mögliche Gleichstellung der beiden Unternehmen an die Aktionäre zu kommunizieren. Auf dem Papier war die BASF zwar das bedeutendere Unternehmen, der um die stillen Reserven bereinigte Bilanzabgleich hatte nun jedoch eröffnet, dass eher den Farbenfabriken eine Besserstellung im beabsichtigten Unternehmensgeflecht würde zuteilwerden müssen. Die Gleichstellung der beiden Unternehmen setzte demzufolge ein Entgegenkommen der Farbenfabriken voraus, während die Anteilseigner der BASF einen Zusammenschluss auf Augenhöhe noch mit Zweifel, eine Vereinigung unter der Führung der Farbenfabriken hingegen wohl auf keinen Fall akzeptiert hätten.[98]

Duisberg hielt auf Grund dieser offensichtlichen Schwierigkeiten eine Fusion der beiden Unternehmen für nicht länger durchführbar, zeigte sich nun jedoch offen für die Gründung einer Interessengemeinschaft in Anlehnung an den Zusammenschluss zwischen den Farbwerken Hoechst und der Cassella. Die Kompromissbereitschaft Duisbergs beruhte auf seiner Auffassung, dass es sich bei den beiden Interessengemeinschaften ohnehin nur um Übergangslösungen „für die in einigen Jahren nicht mehr aufzuhaltende Fusion aller beteiligten Firmen“ handeln würde und eine „gegenseitige Gewinnversicherung“ zwischen der Badischen und Bayer in der Zwischenzeit die Konkurrenzfähigkeit des Unternehmens garantieren würde.[99] Nach Duisbergs Vorstellung sollten die ausgetauschten Bilanzzahlen dann der Feststellung der Gewinnverteilung zwischen den beiden Unternehmen dienen, auf eine Kapitalverflechtung nach Vorbild

97 Duisberg 1918, S. 635–636.

98 Vgl. Plumpe 2016a, S. 243–244.

99 Carl Duisberg an die Herren der Direktion der Farbenfabriken, 19.9.1903. Zitiert nach Plumpe 2016a, S. 244. Der Zusammenschluss Hoechsts und Cassellas war vor allem für die Farbenfabriken Bayer bedrohlich, da die Cassella zu den wichtigsten Abnehmern der seit den 1890er Jahren von Bayer hergestellten Zwischenprodukte gehörte. Im Rahmen der Interessengemeinschaft zwischen Cassella und Hoechst ging dieser Absatz nun exklusiv an Hoechst. Darüber hinaus konkurrierten Bayer und Cassella im Segment der schwarzen Farbstoffe miteinander, im Bereich der Pharmazeutika betätigten sich alle drei Unternehmen. Vgl. Haber 1971, S. 125.

Hoechsts und Cassellas sollte verzichtet werden. Auf der organisatorischen Ebene sollten die Unternehmen ihre Autonomie behalten, lediglich die Direktoren der Gesellschaften würden in den Aufsichtsrat der anderen Gesellschaft eintreten. Als zusätzliches Entscheidungsgremium sah Duisberg die Einrichtung eines aus Mitgliedern der Direktionen und Aufsichtsräten bestehenden Delegationsrates vor. Die übrigen, bereits in der Denkschrift detailliert beschriebenen Synergieeffekte blieben hingegen weitgehend bestehen, wenngleich die Schließung unrentabler Produktionssparten auf Grund der nun loseren Form der Zusammenarbeit nicht länger beabsichtigt wurde. [100]

Die Vorschläge Duisbergs fanden bei den übrigen Vorstandsmitgliedern wenig Anklang und wurden als undurchführbar erachtet. Man erwartete sich von der Zukunft einen noch deutlicheren Vorsprung gegenüber der BASF, weshalb die Gründung einer gleichberechtigten Interessengemeinschaft als Verlustgeschäft wahrgenommen wurde.[101] Der Ausweis der tatsächlichen Gewinne, der ja erst die bedeutendere Stellung der Farbenfabriken gegenüber der BASF begründete, wurde nun innerhalb der Unternehmensführung als Problem wahrgenommen. Wie bei einer Fusion sei man auch im Falle der Interessengemeinschaft dazu gezwungen, die realen Zahlen des Unternehmens zu veröffentlichen. Die Idee Duisbergs bestand darin, die Betriebsergebnisse des Unternehmens in zwei Bilanzen zu erfassen: einer intern zirkulierenden und für die Gewinnverteilung der Interessengemeinschaft verwendeten, welche sich auf die wahren Gewinnwerte des Unternehmens stützte sowie einer in der Öffentlichkeit kommunizierten, welche die Bayer'sche Logik der um die Reservestellungen stark gekürzten Gewinnausweise weiterführen sollte. Der Rechtsanwalt des Unternehmens, Otto Doermer, verwies darauf, dass eine Verteilung des Gewinns nach einem bestimmten Schlüssel zwar keine Genehmigung durch die Generalversammlung voraussetze, die gesetzlichen Bestimmungen der Bilanzierung jedoch die Eröffnung zweierlei Bilanzen nicht gestatten würden. Demnach würde die Gründung einer Interessengemeinschaft eine Umstellung der gesamten Bilanzierung voraussetzen, die eine Notwendigkeit der Veröffentlichung der faktischen Reingewinne mit sich brächte. Neben der Schwierigkeit der Bilanzierung verwies Doermer noch auf die Tatsache, dass die Verträge der Interessengemeinschaft zwar auf Langfristigkeit ausgelegt seien, aber dennoch jederzeit gekündigt werden könnten: „Im Hinblick auf diese Möglichkeit wäre wohl nicht ausgeschlossen, dass sich beide Unternehmen bezüglich des Austauschs ihrer Fabrikationsmethoden und sonstigen Erfahrungen misstrauisch entgegenständen."[102] Doermer

100 Vgl. Plumpe 2016a, S. 244.
101 Vgl. Duisberg 1918, S. 636.
102 Rechtsanwalt Doermer an Carl Duisberg 23.9.1904. Zitiert nach Plumpe 2016a, S. 245.

sprach hierbei ein heute in der mikroökonomischen, nicht-kooperativen Spieltheorie bekanntes Vertrauensproblem an. Da Bayer und die BASF von vornherein wussten, dass die Verträge der Interessengemeinschaft kündbar waren, mussten sie mit einem Vertrauensmissbrauch der jeweils anderen Partei rechnen. Eine Preisgabe zuvor geheimer und überlegener Fabrikationsmethoden unter dem Vorwand der Kooperation hätte zu einem Wettbewerbsvorteil desjenigen Unternehmens geführt, das Informationen erhalten hatte, selbst aber keine Informationen weitergab. Da beide Unternehmen diese Situation antizipierten, würden keinerlei Informationen preisgegeben.[103] Eine Möglichkeit, dem Risiko einer Kündigung eines Vertragspartners zu entgehen, wies Doermer jedoch nicht auf. Doermer schlussfolgerte, dass eine Kooperation der beiden Unternehmen erst zu erreichen sei, wenn die Farbenfabriken ihre Bilanzpolitik aufgeben und die ausgewiesenen Gewinne über den Verlauf mehrerer Jahre allmählich an die tatsächlichen Gewinne angleichen lassen würden. Aus dem höheren Gewinnausweis würde somit ein realistischer Aktienkurs des Unternehmens resultieren, der dann als Index für die Gewinnkontingentierung herangezogen werden könne.[104] Implizit belegt diese Aussage Doermers folglich die Bilanzehrlichkeit der BASF: Der Ausweis höherer Gewinne durch die Farbenfabriken bedeutete einen kontinuierlichen Verzicht auf die etablierte Reservepolitik des Unternehmens mit dem Ziel, den Aktienkurs auf ein der „Realitätsnähe" des Aktienkurses der BASF entsprechendes Niveau zu heben.

Trotz des eindeutigen Gutachtens drängte Duisberg auf eine Wiederaufnahme der Verhandlungen und überzeugte schließlich die Mehrheit der Direktion von seinem Vorhaben. Zur Überraschung der Bayer'schen Delegation ignorierte die Unternehmensführung der BASF die aus den provisorischen Gründungsbilanzen hervorgehende Vermögenskonstellation und schlug auf der am 3. und 4. Oktober 1904 in Köln abgehaltenen Besprechung zunächst eine Fusion auf Grundlage der öffentlichen Bilanzen vor, woraus sich eine deutliche Schlechterstellung der Farbenfabriken ergeben hätte. Die Direktion Bayers lehnte dies mit Verweis auf die im Bilanzvergleich ermittelten Zahlen ab und forderte ihrerseits eine Besserstellung der Farbenfabriken. Der schließlich vereinbarte Kompromiss sah eine Gleichstellung beider Unternehmen vor, darüber hinaus verpflichtete sich die BASF für die Dauer der ersten fünf Jahre der Interessengemeinschaft Kompensationszahlungen an die Farbenfabriken zu leisten, wodurch die Differenz im Reingewinn ausgeglichen werden sollte. Zwar kam Bayer der BASF hiermit deutlich entgegen, doch war dieses Entgegenkommen

103 Vgl. Brickley, James A.; Smith, Clifford W.; Zimmerman, Jerold L.: Managerial economics and organizational architecture. Boston, Mass. 2010, S. 281–309.

104 Rechtsanwalt Doermer an Carl Duisberg 23.9.1904. Zitiert nach Plumpe 2016a, S. 246.

durch die zur selben Zeit abgeschlossene Indigo-Konvention zwischen der BASF und Hoechst motiviert worden, die eine deutliche Gewinnsteigerung der BASF erwarten ließ. In der Konsequenz vermutete Duisberg eine zukünftige Verschlechterung der Verhandlungsposition der Farbenfabriken, weshalb er die Verhandlungen schnellstmöglich zu Ende führen wollte.[105]

Auf einer am 8. Oktober abgehaltenen Aufsichtsratssitzung teilte die Direktion dem Kontrollgremium die wesentlichen Punkte des an die Badische telegrafierten Vorvertrages mit. Grundlage für die Verhandlungen seien die provisorischen Bilanzen für die Jahre 1902 und 1903 gewesen, welche für zukünftige Berechnungen als Schema verwendet werden sollten. Als Ausgangspunkt für die Amortisationsquoten sollten hingegen die ausgetauschten und berichtigten Gründungsbilanzen dienen und weitergeführt werden. Die Summe der Kompensationszahlung war auf insgesamt zehn Millionen Mark festgelegt worden, deren Zahlung in fünf Jahresraten erfolgen sollte. Die Dauer der Interessengemeinschaft wurde zunächst auf 50 Jahre festgelegt.[106] Nachdem die BASF ihre Zustimmung bekannt gegeben hatte, überraschte sie die Unternehmensführung der Farbenfabriken mit dem Vorschlag, auch die Berliner AGFA in die Interessengemeinschaft aufnehmen zu wollen.[107] Wie sich herausstellte, war die AGFA bereits im Januar 1904 mit der Absicht an die BASF herangetreten, die Möglichkeit eines Zusammenschlusses der beiden Unternehmen zu sondieren. Die Verhandlungen waren zunächst gescheitert, da die BASF eine Übernahme der AGFA anstrebte, während das Berliner Unternehmen eine losere Form der Zusammenarbeit bevorzugte.[108] Da die zwischen der BASF und Bayer vereinbarte Interessengemeinschaft dieser gewünschten lockeren Form der Zusammenarbeit nun vermutlich eher entsprach, unterbreitete die Unternehmensführung der Badischen den Vorschlag zur Aufnahme der AGFA. Im Unterschied zu den Verhandlungen zwischen Bayer und der BASF war es nun Duisberg, der sich der Mehrheit der Direktion beugen musste. Im Gegensatz zu den übrigen Mitgliedern des Direktoriums erkannte Duisberg keinen nennenswerten Vorteil in der Aufnahme der kleinen AGFA. Darüber hinaus plädierte er dafür, erst die Zusammenarbeit zwischen der BASF und Bayer zu etablieren, bevor man den Unternehmenskreis der Interessengemeinschaft zu erweitern versuchte. Die Argumentation Duisbergs schien plausibel, da die AGFA das Produktportfolio der anderen Unternehmen nur um die noch unbedeutende Sparte der Photografika erweiterte, darüber hinaus je-

105 Duisberg 1918, S. 636.
106 Vgl. BAL 11/3, Aufsichtsrat: 126. Sitzung des Aufsichtsraths am 8. October 1904, S. 345–346.
107 Duisberg 1918, S. 636.
108 Vgl. Johnson 2003, S. 133.

doch die „Basis“ der beiden Unternehmen „nicht verbreitert und nicht vertieft“ werden würde.[109] Da die weiteren Direktionsmitglieder der BASF und Bayers jedoch durchaus einen Mehrwert in der Vereinigung erkannten und sich für die Aufnahme der AGFA einsetzten, erfolgte diese schließlich zum 19. Oktober 1904.

Erwähnenswert ist an dieser Stelle noch, dass die den Zusammenschluss der drei Unternehmen begleitenden komplexen Bilanzierungsprozesse die veröffentlichten Bilanzen zunächst nicht beeinflussten. Die öffentliche Bilanzsumme der Farbenfabriken etwa stieg in den Jahren 1904 und 1905 geringfügig von rund 54,8 auf 55,1 Millionen Mark an.[110] Ein starker Anstieg der Bilanzsumme ist erst in den Folgejahren beobachtbar, der vornehmlich mit der vergleichsweise starken Zunahme der jeweiligen Bilanzposten des Anlagevermögens zu erklären ist.[111] Hierbei liegt die Vermutung nahe, dass seit dem Jahr 1905 die vereinheitlichten Abschreibungssätze der Dreibund-Unternehmen Anwendung fanden, woraus sich eine vergleichsweise langsamere Abschreibung der Bilanzposten – und dadurch ein zugleich stärkerer Anstieg derselben – ergeben hätte. Diese Annahme wird durch die Beobachtung unterstrichen, dass sich der Wert des Grundstücks- und Gebäudekontos der Farbenfabriken zwischen den Jahren 1900 und 1904 – einer Periode, in der die Standortverlagerung nach Leverkusen noch nicht abgeschlossen war – von rund 5,5 Millionen auf 7,4 Millionen Mark erhöhte. In den Jahren 1905 und 1906 hingegen stieg die Bewertung von 9,4 Millionen auf 12,1 Millionen Mark und dies trotz eines deutlichen Rückgangs der fertiggestellten und somit bilanzbeeinflussenden Bauvorhaben.[112]

5.3 Bilanzierungsprobleme des Dreibundes

Die vertragliche Vereinbarung zwischen den drei Unternehmen trat zum 1. Januar 1905 in Kraft. Gemäß der vereinbarten paritätischen Gewinnverteilung zwischen den Farbenfabriken und der BASF standen den beiden Unternehmen jeweils 43 Prozent des Reingewinns in der nun immer häufiger als „Dreibund“ bezeichneten Interessengemeinschaft (IG) zu, auf die AGFA entfielen die übrigen 14 Prozent.[113] Da die Berechnung der Gewinnverteilung ausschließlich auf

109 Duisberg 1918, S. 637.

110 Vgl. BAL Geschäftsberichte 1904 und 1905.

111 Vgl. BAL Geschäftsberichte 1906 ff.

112 Zahlen entnommen aus den jeweiligen Geschäftsberichten. Der Rückgang der bilanzierten Bauvorhaben kann über die jeweiligen Genehmigungen des Aufsichtsrats in BAL 11/3, Aufsichtsratsprotokolle nachvollzogen werden.

113 Laut Duisberg wurde die Möglichkeit der AGFA, sich im Falle eines Konflikts zwischen Leverkusen und Ludwigshafen als „Zünglein an der Waage“ auf eine Seite zu schlagen, ver-

den für die Jahre 1902 und 1903 entwickelten provisorischen Bilanzen beruhte, beinhaltete der Gründungsvertrag der Interessengemeinschaft eine Art Sicherungsklausel. Diese sah vor, dass die Unternehmen des Dreibundes innerhalb der ersten drei Monate des Jahres 1905 „eine auf denselben Grundsätzen wie für die früheren Jahre gemachte Gewinnberechnung" auszutauschen hatten, „um festzustellen, ob und welche Ungleichheiten gegenüber dem Verhältnis von 86:14 in den beiderseitigen Vermögenswerten innerhalb des Jahres 1904 neu entstanden" seien.[114] Der Austausch der Gewinnberechnungen hatte spätestens zum 31. März 1905 zu erfolgen und sollte im Anschluss durch Beamte der jeweils anderen Unternehmen auf Richtigkeit überprüft werden.[115]

Die Ergebnisse der Überprüfung fielen ernüchternd aus. Duisberg berichtete am 5. April 1905 an den Aufsichtsrat der Farbenfabriken, dass die Bilanz der BASF noch wesentlich ungünstiger ausgefallen sei, als dies ohnehin bereits angenommen worden war. Ebenso sei die Unternehmensführung der Badischen nicht in der Lage, für das kommende Jahr eine Besserung der Ergebnisse in Aussicht zu stellen. Die Konsequenzen für die anderen beiden Unternehmen der Interessengemeinschaft seien dadurch sehr „belangreich" und würden eine energische Stellungnahme notwendig machen, insbesondere in Bezug auf die Durchführung notwendiger Reformen bei der Badischen.[116] Tatsächlich waren sowohl die Farbenfabriken als auch die AGFA im Geschäftsjahr 1904 in der Lage gewesen, ihre Reingewinne im Vergleich zu den Vorjahren noch weiter zu steigern, während die BASF einen Gewinnrückgang von mehreren Millionen Mark verzeichnete.[117]

Der Verdacht lag auf der Hand, dass die Badische bei der Ermittlung ihrer Zahlen zu optimistisch gewesen war, weshalb der alarmierende Bericht Duis-

traglich verhindert, indem der AGFA kein Stimmrecht zuteilwurde. Vgl. ebd., S. 637. Tatsächlich setzten Entscheidungen eine Mehrheit von 60 Prozent voraus, weshalb die Meinung der AGFA rein rechnerisch irrelevant wurde – eine Einstimmigkeit der jeweiligen Mitglieder der BASF bzw. Bayers vorausgesetzt. Vgl. BAL 4/A.11, IG: Verträge über die geschlossene Interessengemeinschaft der deutschen Teerfarbenfabriken.

114 BAL 4/A.11, IG: Verträge über die geschlossene Interessengemeinschaft der deutschen Teerfarbenfabriken. Die etwas irreführende Beschreibung des Gewinnverhältnisses von 86:14 sowie der „beiderseitigen Vermögenswerte" war dadurch begründet, dass Bayer und BASF innerhalb des IG-Vertrages gemeinsam als „Vereinigung" bezeichnet wurden, während die AGFA als „Anilingesellschaft" tituliert wurde. Folglich bildeten Bayer und BASF gemeinsam eine Vertragspartei, die AGFA die zweite.

115 BAL 4/A.11, IG: Verträge über die geschlossene Interessengemeinschaft der deutschen Teerfarbenfabriken.

116 Vgl. BAL 11/3, Aufsichtsrat: 129. Sitzung des Aufsichtsraths am 5. April 1904, S. 350–351.

117 Vgl. Duisberg 1918, S. 638. An anderer Stelle wird darauf hingewiesen, dass die AGFA ebenfalls einen Gewinnrückgang verzeichnete. Vgl. Johnson 2003, S. 136.

bergs den Aufsichtsrat der Farbenfabriken zu einer Stellungnahme veranlasste. Der Aufsichtsrat habe „mit Ueberraschung und Befremden" davon Kenntnis genommen, dass das Betriebsergebnis der BASF so erheblich von demjenigen der früheren Jahre abgewichen sei, weshalb das Gremium es als seine Pflicht erachte, die Direktion der Farbenfabriken zu ersuchen, „mit allen ihr zu Gebote stehenden Mitteln und Kräften dahin zu wirken, dass mit möglichster Beschleunigung die geeigneten Maasnahmen [!] ergriffen werden, um den in diesem Jahre zu befürchtenden Ausfall im Gesamtergebnis möglichst zu verhindern."[118]

Die Irritation zwischen den beiden Unternehmen mündete am 28. April 1905 in eine Sondersitzung des Aufsichtsrates der Farbenfabriken, an der ebenfalls Vertreter der BASF und der AGFA teilnahmen. Robert Hüttenmüller, einer der Direktoren der BASF, verwies in einer vorgelesenen Stellungnahme darauf, dass die durch den Aufsichtsrat der Farbenfabriken bekundete Überraschung nur auf einen nicht erschöpfenden Bericht des Vorstandes Bayers zurückzuführen sei. Man habe die Direktion der Farbenfabriken bei den IG-Verhandlungen keineswegs im Unklaren gelassen und darauf hingewiesen, dass der scharfe Preiskampf auf dem Gebiet des synthetischen Indigos im Jahr 1904 für Ausfälle sorgen würde. Ebenfalls sei bekannt gewesen, dass bei Abschluss der Konvention – Hüttenmüller bezog sich hierbei auf die mit Hoechst abgeschlossene Indigo-Konvention – ein gewisser Teil der Produkte für 1905 bereits „verschlossen" gewesen sei, also zu alten, ungünstigen Preisen bereits verkauft worden war. Dies würde, stellte Hüttenmüller fest, „selbstverständlich auf über 1904 hinaus seinen Schatten werfe[n]."[119] Ludwigshafen habe gegenüber Herrn Duisberg stets betont, dass das Jahr 1904 ein schlechtes werden würde und deshalb darauf verwiesen, für „den Kampf im Indigo" besondere Rückstellungen gemacht zu haben. Wenn das Resultat für das Jahr 1905 so bliebe wie das in 1904, würde Elberfeld etwa M. 1.600.000 an Ludwigshafen abzuführen haben.[120] Bezüglich der Absehbarkeit des Gewinnrückgangs gab Hüttenmüller zu Protokoll, dass die Unternehmensführung der BASF nicht gezögert hätte, „ziffernmässige Angaben über die zu erwartende Höhe unseres Ausfalls zu machen, wenn wir in der Lage gewesen wären Ziffern zu geben, welche Anspruch auf einige Zuverlässigkeit gegeben hätten."[121]

Der Gewinnrückgang der BASF war für die Farbenfabriken insofern brisant, als die Gewinnverteilung der Interessengemeinschaft auf Grund der Quotierung

118 Vgl. BAL 11/3, Aufsichtsrat: 129. Sitzung des Aufsichtsraths am 5. April 1904, S. 350–351.
119 BAL 11/3, Aufsichtsrat: 130. Sitzung des Aufsichtsraths am 28. April 1904, S. 364.
120 Ebd.
121 Ebd., S. 365.

zwischen den Unternehmen fixiert war.[122] Da sich der Gewinneinbruch der BASF somit direkt auf das zur Verteilung kommende Gesamtergebnis des Dreibundes auswirkte, bedeutete das schlechte Ergebnis implizit einen Kapitaltransfer von Bayer an die Badische, bzw. grundsätzlich der erfolgreichen Unternehmen an die weniger erfolgreichen – eine Tatsache, welche den Unmut der Farbenfabriken über die Geschäftszahlen der BASF weiter erhöhte. In der Wahrnehmung der BASF hingegen war die Zahlungsverpflichtung jedoch eine logische Konsequenz der Interessengemeinschaft, die Bayer nach Hüttenmüllers Auffassung zwar schmerzen würde, welche die Farbenfabriken zugleich aber auch hinnehmen müssten.[123] Auch in Bezug auf die von Duisberg ausgesprochene Forderung nach Reformen empfand die Unternehmensführung der BASF offenbar keinen Druck zum schnellen Handeln. So erklärte Hüttenmüller, der von Duisberg vorgebrachte Vorwurf sei ungerechtfertigt, weil der Ausfall des Unternehmens ausschließlich auf den Rückgang des Indigopreises zurückzuführen sei. Man verschließe sich zwar keineswegs der Erkenntnis, dass es zu den wesentlichen Aufgaben der Interessengemeinschaft gehöre, diejenigen Einrichtungen und Gepflogenheiten zu übernehmen, von deren Nützlichkeit man sich habe überzeugen können, doch nehme man für sich das Recht in Anspruch, diese Einrichtungen und Gepflogenheiten zuvor auf ihre Nützlichkeit für die eigenen Verhältnisse zu überprüfen.[124]

Auf die Rechtfertigung Hüttenmüllers folgte eine ausführliche Reaktion der Farbenfabriken. Diese soll an dieser Stelle detailliert wiedergegeben werden, da sie wichtige Argumente für die These der Arbeit liefert, dass der Aufstieg der Farbenfabriken zwar gewiss durch den Aufbau Leverkusens und erfolgreiche Produkte ermöglicht wurde, zugleich aber ebenfalls auf die Entwicklung überlegener Kontroll- und Steuerungsmechanismen zurückzuführen ist, die vor allem im betrieblichen Rechnungswesen ihren Niederschlag fanden.

Duisberg, der die Debatte als Wortführer der Fabriken leitete, verwies zunächst darauf, dass es den Farbenfabriken bei Abschluss des IG-Vertrages in der Tat nicht unbekannt gewesen sei, dass der zwischen der BASF und Hoechst über den künstlichen Indigo ausgefochtene Preiskampf in Gewinneinbußen resultieren würde. Man sei jedoch davon ausgegangen, dass diese Einbußen im Jahr 1905 wieder eingebracht werden würden, da der Abschluss der Indigo-Konvention zu einem Anstieg der Verkaufspreise geführt habe. Zudem habe die Di-

122 Laut Johnson mündete die Auseinandersetzung zwischen den Farbenfabriken und der BASF in dem Vorschlag Bayers, die Verteilungsquoten anhand der Gewinne des Jahres 1904 neu zu verhandeln. Vgl. Johnson 2003, S. 137.

123 BAL 11/3, Aufsichtsrat: 130. Sitzung des Aufsichtsraths am 28. April 1904, S. 364.

124 Ebd.

rektion der BASF bestätigt – wie auch Hüttenmüller ausführte –, dass nur die Hälfte des Indigo-Absatzes des Unternehmens „zu alten Preisen verschlossen [gewesen] sei“. Demnach müsse sich die andere, zu den höheren Konventionspreisen verkaufte Hälfte im Gewinn bemerkbar machen. Umso mehr müsse die Direktion und mit ihr der Aufsichtsrat „aufs Hoechste erstaunt und aufs tiefste und schmerzlichste betroffen sein, als die Provisorische Bilanz von Ludwigshafen des Jahres 1904 einlief, welche eine Differenz gegenüber dem Jahr 1902 bzw. 1903 von rund drei Millionen Mark“ aufgewiesen habe.[125] Die Betroffenheit der Unternehmensführung der Farbenfabriken war insofern nachvollziehbar, als dass die provisorischen Bilanzen der Jahre 1902 und 1903 für die BASF einen Reingewinn von jeweils rund neun Millionen Mark ergeben hatten. Folglich bedeutete der Gewinnrückgang von drei Millionen Mark einen Abfall des Unternehmensgewinns um ein Drittel (vgl. erneut Tabelle 5.3). Die von Duisberg an die Unternehmensführung der BASF gemachten Vorwürfe wogen schwer: „Entweder Ludwigshafen hatte die Ergebnisse vorher erwartet und dann war es verpflichtet, derartig grosse Differenzen vor Abschluss der I. G. mitzutheilen, oder aber es war selbst überrascht über die Höhe des Mindererträges des Jahres 1904“.[126] Die Kritik zielte also entweder auf eine bewusste Täuschung ab, oder aber auf die Unfähigkeit der BASF, die sich im eigenen Unternehmen vollziehenden Prozesse zu beobachten und zu antizipieren. In diesem Sinne spitzte Duisberg dann seine Vorwürfe weiter zu: „[...] dann aber ist die Organisation von Ludwigshafen, wie dies Elberfeld nicht vermuten kann, nicht geeignet, da man von jeder Leitung eines großen Actien-Unternehmens verlangen muss, dass die Direction den Puls des Geschäfts täglich zu fühlen in der Lage ist.“[127]

Die Bemerkung Duisbergs über den Puls des Geschäfts kann als die zentrale Aussage dieser Arbeit angesehen werden. Die unternehmensinterne Informationsbeschaffung und quantitative Aufarbeitung der Informationen über das betriebliche Rechnungswesen waren bei den Farbenfabriken mittlerweile so selbstverständlich geworden, dass man davon ausging, nicht nur zur Quantifizierung bereits vollzogener Prozesse im Unternehmen in der Lage zu sein, sondern sogar zukünftige Absatzveränderungen innerhalb des Unternehmens simulieren und voraussehen zu können. Die von Duisberg selbstbewusst vertretene Annahme, dass dies eine Voraussetzung für die Leitung großer Aktiengesellschaften sei, war dabei geradezu provokant, stellten die Unternehmen des frühen 20. Jahrhunderts – wie einleitend gezeigt wurde – doch noch völlig unter-

125 BAL 11/3, Aufsichtsrat: 130. Sitzung des Aufsichtsraths am 28. April 1904, S. 364.
126 Ebd., S. 353.
127 Ebd.

schiedliche Anforderungen an ihr betriebliches Rechnungswesen.[128] Die offensichtliche organisatorische Unterlegenheit der BASF besaß für Duisberg jedoch ebenfalls die Komponente einer persönlichen Genugtuung. So bezeichnete er die in der Gründung der Interessengemeinschaft manifestierte Gleichstellung der Farbenfabriken mit der BASF in einem Brief an den in Freiburg lehrenden Chemieprofessor Ludwig Gattermann als ein persönliches Lebensziel.[129] Die nun offenkundig werdende betriebsorganisatorische Überlegenheit des Unternehmens, die ja in weiten Teilen auf seine Impulse zurückzuführen war, muss ihn demnach weiter beflügelt haben und liefert möglichweise eine Erklärung für den überaus aggressiven Ton, den Duisberg gegenüber der Badischen anschlug.

Duisberg stimmte mit der Aussage Hüttenbergs überein, dass, sollten sich die zu erwartenden geringen Ergebnisse des Jahres 1905 bestätigen, Elberfeld im ersten Jahr der IG den Betrag von mehr als einer Million Mark an die BASF zu zahlen verpflichtet sei. Die Ursache des Missstandes machte Duisberg im Indigo-Geschäft der Badischen aus. Dort seien die Einstandspreise auf Grund des noch immer starken natürlichen Indigos sowie in Anbetracht etwaiger Konkurrenz von dritter Seite so niedrig angesetzt worden, dass ein erheblicher Mehrgewinn in dieser Sparte nicht zu erwarten sei. Zudem gab Duisberg zu bedenken, dass Bayer bereits im Jahr 1904 eine Gewinnsteigerung gelungen sei, weshalb die Differenz zwischen den beiden Unternehmen mit der Zeit noch größer zu werden drohe. Bis zum Jahr 1910, so schätzte er, würde die BASF einen Mehrgewinn von drei bis vier Millionen Mark erwirtschaften müssen, um die Parität zwischen den beiden Unternehmen aufrecht erhalten zu können. Da sich das Indigo-Geschäft offenbar nicht für eine solche Gewinnsteigerung eignen würde, müsse demnach „danach getrachtet und gesucht werden, die fehlenden M. 3.000.000 bis M. 4.000.000 auf anderen Gebieten einzuholen."[130] Die Kritik an der BASF wurde nun geradezu belehrend: „Die I. G. ist nun nicht nur als Gewinn-Versicherungs-Einrichtung, sondern vor Allem auch zu dem Zweck geschlossen worden, durch den Austausch der gegenseitigen Erfahrungen in kaufmännischer und technischer Beziehung eine Gewinn-Vermehrung und jedenfalls keine Gewinn-Verminderung zu erzielen."[131]

Zieht man an dieser Stelle den Vergleich zu der Alizarin-Konvention der 1880er Jahre wird deutlich, dass Duisberg der BASF nun eben jene Verhaltensweise vorwarf, welche die Farbenfabriken im Jahr 1884 an den Rand der Insol-

128 Vgl. Kapitel 2.
129 Vgl. Plumpe 2016a, S. 247.
130 BAL 11/3, Aufsichtsrat: 130. Sitzung des Aufsichtsraths am 28. April 1904, S. 353.
131 Ebd., S. 354.

venz geführt hatte.[132] Dies ist deshalb so interessant, da die zu Beginn der 1880er Jahre vorherrschende große Abhängigkeit der Farbenfabriken von den Alizarin-Farbstoffen gewisse Parallelen zu den nun bei der BASF festgestellten Missständen aufweist. Wie an anderer Stelle herausgearbeitet wurde, resultierte die durch die Konvention gewährte Absatzsicherung, die ebenfalls als Gewinn-Versicherungs-Einrichtung bezeichnet werden könnte, in einem Ausbleiben des für unternehmerische Entscheidungen notwendigen Entscheidungsdrucks.[133] Die Situationen der beiden Unternehmen glichen sich insofern, als der Anteil des Alizarins am Unternehmensgewinn Bayers zu Beginn der 1880er Jahre so bedeutend war, dass er einer vollständigen Gewinnversicherung beinahe gleichkam. Die aus der Unternehmenskrise abgeleiteten strategischen Entscheidungen, die sich vor allem auf den Aufbau unternehmensinterner Kontroll- und Steuerungsmechanismen stützten, wurden nun von Duisberg als Handlungsprämissen für die BASF entworfen.

In diesem Sinne führte er aus, dass man in Leverkusen auch im Zuge der Gründung der Interessengemeinschaft bereits zur Durchführung einer Vielzahl von Reformen übergegangen sei, die in manchen Fällen zur Stilllegung vergleichsweise unrentabler Betriebe geführt habe. Als weitere Spitze gegen die BASF kann hierbei der Hinweis verstanden werden, dass die Stilllegungen „nicht einmal auf Grund sorgfältiger Erhebungen und nach dem Austausch von Kalkulation und Fabrications-Verfahren, sondern lediglich gestützt auf die seiner Zeit vorgenommenen Fabrications-Besichtigungen" bei den anderen Mitgliedern der IG durchgeführt worden seien. Mit anderen Worten reichten einfache Beobachtungen und Vergleiche zwischen den Unternehmen aus, um unrentable Produktionsstätten zu identifizieren und zu schließen – einfache Beobachtungen, welche die BASF laut Duisbergs Auffassung wohl nicht zu machen in der Lage war. Der BASF fehle es, so die Ansicht Duisbergs, „auch an der erforderlichen Schnelligkeit in der Einsicht und Durchführung", man betreibe „zu sehr die Politik der kleinen Kosten wo nur große Reformen helfen können." Von diesem Gesichtspunkt aus betrachtet halte Elberfeld deshalb die Einführung von Reformen in Ludwigshafen auf einer ganzen Reihe von Gebieten für dringend erwünscht und geboten.[134]

Die fehlenden Reformbemühungen veranlassten Duisberg schließlich sogar dazu, der BASF die Überlassung von Fachleuten zur Verbesserung der Organisation des Unternehmens anzubieten – ein Angebot, dass von der BASF durchaus als Provokation und Eingriff in die Autonomie des Unternehmens hätte auf-

132 Vgl. Kapitel 3.3.3. und 3.3.4.

133 Vgl. Kapitel 3.4.

134 BAL 11/3, Aufsichtsrat: 130. Sitzung des Aufsichtsraths am 28. April 1904, S. 353.

gefasst werden können. Mit beinahe gönnerhaftem Ton widmete sich Duisberg nun einzelnen Aspekten der Unternehmensorganisation wie der Buchhaltung, welche „ja in dankenswerter Weise bereits nach der in Elberfeld üblichen Art" eingerichtet worden sei, jedoch selbstverständlich noch weiter vervollkommnet werden könne, „um damit eine regelmäßige calculatorische Kontrolle der Betriebe herbeizuführen und vor Allem die Aufstellung von richtigen Quartalsbilanzen und die Vermeidung von Überraschung im Gewinn-Ergebnis zu ermöglichen."[135] Die Feststellung Duisbergs ist bemerkenswert, da die von ihm geforderte quartalsmäßige Zusammenstellung der Bilanzzahlen bereits seit den 1890er Jahren bei den Farbenfabriken praktiziert wurde und man zu Beginn des 20. Jahrhunderts bereits zu einer monatlichen Kostenübersicht übergegangen war.[136] Die Entwicklung der Buchhaltung der BASF wurde demnach als geradezu rückständig charakterisiert.

Duisberg bezog seine Kritik ferner auf die noch verbesserungsfähigen Verkaufs- und Einkaufs-Einrichtungen sowie auf die zu arbeitsintensive Produktion und die „überraschend große Zahl von Arbeitern in Ludwigshafen verglichen mit derjenigen von Elberfeld und Berlin." Zur Illustration zog er den Vergleich zwischen den Alizarin-Abteilungen der BASF und Bayers. Während die Ludwigshafener Abteilung zwischen 20 und 30 Prozent mehr Alizarin als Bayer herstelle, seien in Elberfeld ca. 220 Arbeiter, in Ludwigshafen jedoch 700 tätig. Auch die Transportverhältnisse innerhalb des Unternehmens seien nur in der Indigo-Produktion auf dem aktuellen Stand, zu viele der sonstigen Produktionen würden sich noch auf „Menschenkraft" verlassen.[137] Duisberg zeichnete folglich für die BASF das Bild eines in weiten Teilen ineffizient produzierenden Unternehmens, eine Charakterisierung, die er gleich mit quantitativen Argumenten belegte. War man vor dem Zusammenschluss mit der Badischen noch davon ausgegangen, dass die großen Zahlen für Arbeiter und für den Verbrauch für Kohlen, Wasser, Gas, Dampf, Luft etc., welche diejenigen Bayers gewaltig überstiegen, einen unmittelbaren Rückschluss auf einen hohen Umsatz des Unternehmens erlauben würden, offenbarte der Austausch der Zahlen nun einen anderen Eindruck. Entgegen der Annahme der Farbenfabriken entsprach der ausgewiesene Umsatz der BASF beinahe der Realität und beinhaltete kaum versteckte Posten. Da der tatsächliche Umsatz Bayers auf einem ähnlichen, bisweilen sogar höheren Niveau lag, schlussfolgerte Duisberg, dass die Produktion der Farbenfabriken weitaus effizienter organisiert sein musste, was er der anwesenden Führungsriege der BASF gleich darlegte (vgl. Tabelle 5.4).

135 BAL 11/3, Aufsichtsrat: 130. Sitzung des Aufsichtsraths am 28. April 1904, S. 354–355.
136 Vgl. hierzu Kapitel 4.6.
137 BAL 11/3, Aufsichtsrat: 130. Sitzung des Aufsichtsraths am 28. April 1904, S. 355.

Laut dieser Aufstellung würden die Farbenfabriken trotz gleichen Umsatzes arbeitstäglich nur rund 40 Waggons Kohlen verbrauchen, die BASF hingegen derer rund 110. Auch der Konsum an Wasser läge fünfmal höher als derjenige Bayers. Erneut verwies Duisberg auf die Vorbildfunktion der Farbenfabriken und das dort bereits vergleichsweise stark ausgeschöpfte Rationalisierungspotential: „Auf diesen Gebieten lassen sich also noch ganz gewaltige Ersparnisse erzielen, wenn man sich die Erfahrungen von Elberfeld in weitgehendsten Maase zu Nutze macht und vor Allem durch Betheiligung der Betriebsführer am Reingewinn-Ergebniss ihrer Betriebe [...] für das Sparen in diesen Dingen interessiert."[138]

Tab. 5.4: Vergleich des Kohlen-, Gas-, Wasser- und Luftverbrauchs der Farbenfabriken und der BASF im Jahr 1904.[139]

Verbrauch 1904	Farbenfabriken	%	Badische	%
Kohlen-Gesamt-Verbrauch in Doppelwaggons	12.117	27,3%	32.222	72,7%
Leucht- u. Brenngas	2.706.625 m^3	9,7%	25.285.000 m^3	90,3%
Wasser, städtisches und selbstproduc.	7.142.347	18,8%	30.848.180	81,2%
Dampf cbm. Wasser	766.066	28,-%	1.992.318	72,-%
Entspricht Doppelwaggons Kohlen	10.044	29,7%	23.791	70,3%
Luft, angesaugte cbm.	60.081.846	31,5%	130.906.000	68,5%

Mit dem Verweis auf die Gewinnbeteiligung der Betriebsführer thematisierte Duisberg ein personalorganisatorisches Element. Mit Hilfe der Anreizsetzung im Sinne der Agenturtheorie sollte eine hohe Leistungsbereitschaft der Betriebsführer sichergestellt werden, da auf Grund der vorliegenden asymmetrischen Informationsverteilung zwischen Betriebsführer und Unternehmensleitung die Leistungsbereitschaft der Betriebsführer nicht beobachtbar war. Hierbei handelt es sich um ein in der Agenturtheorie als „moral-hazard" beschriebenes Anreizproblem. Kurz gesagt sollte die von Duisberg vorgeschlagene Gewinnbeteiligung sicherstellen, dass die Betriebsführer ein dem Unternehmensgewinn zuträgliches Anstrengungsniveau wählten, dessen Wahl bei einer Entlohnung über ein fixes Gehalt unwahrscheinlich gewesen wäre.[140] Auch bei der Gewinn-

138 BAL 11/3, Aufsichtsrat: 130. Sitzung des Aufsichtsraths am 28. April 1904, S. 356.

139 Tabelle entnommen aus ebd.

140 Wie in Kapitel 1.3. geschildert versucht der Prinzipal durch die Ausgestaltung des Arbeitsvertrages ein hohes Anstrengungsniveau des Agenten sicherzustellen. Auf Grund der asymmetrischen Informationsverteilung verfügt der Prinzipal bei Vertragsschluss über eine unzurei-

beteiligung der Betriebsführer handelte es sich um ein bei den Farbenfabriken bereits seit langer Zeit etabliertes Organisationskonzept.[141] Der starke Zusammenhang zwischen Duisbergs Forderungen und der Agenturtheorie wird dann auch in seiner Empfehlung deutlich, dass die BASF „allein durch schärfere Controllen, durch Tantiemen, durch richtiges Messen und durch Sparen bei Chemischen und Mechanischen Operationen" zu hohen Einsparungen in der Lage sei – die erstgenannten Empfehlungen der schärferen Kontrolle sowie Einführung von Tantiemen können dabei als Forderungen nach Controlling und Anreizsetzung verstanden werden, die wiederum als Lösungsmechanismen der Prinzipal-Agenten-Problematik gelten.[142]

Zusammenfassend stellte Duisberg fest, dass die BASF zwar potentiell zu einer gewaltigen Steigerung der Reinerträgnisse in der Lage sei, jedoch nur, wenn „der zur Zeit nothleidende Teil der I. G." sich die Erfahrungen der anderen Fabriken zu Nutzen machen würde. Duisberg schätzte den Betrag, der sich durch eine „Reform der großen Mittel" würde erzielen lassen, auf bis zu vier Millionen Mark jährlich. Die „Politik der kleinen Mittel" hingegen, wie sie aktuell von der BASF angestrebt und betont werde, sei keineswegs ausreichend, um ein Defizit von mehreren Millionen zu decken. Abschließend verwies Duisberg noch darauf, dass eine angesichts der langen Reihe an Vorwürfen erwartbare Sturheit der BASF nicht zielführend sei:

> Aber Ludwigshafen darf nicht zürnen und grollend und schmollend bei Seite stehen, wenn sich zuerst die Aufmerksamkeit der Mitglieder des Dreibundes auf seine Fabrikations- und Verkaufs-Einrichtungen, sowie Verkaufs-Principien lenkt, wenn hierzu erst die Sonde der offenen und scharfen Kritik angesetzt wird. Lediglich und allein das Gefühl der Verantwortung und der Pflicht treibt Elberfeld durch eine derartige offene Aussprache die Differenzen zu beseitigen, die nun zur großen Überraschung aller Betheiligten dadurch eingetreten ist, dass Ludwigshafen das erste Jahr der I. G. mit einem die Grundlagen des Vertrages ins Wanken bringenden Deficit abschließt und auch für die nächste Zukunft keine Besserung sieht. Wir hoffen daher zuversichtlich, dass Ludwigshafen die obigen Darlegungen nicht, wie es leider dort geschehen ist, als eine feindliche Handlung, son-

chende Kenntnis der Leistungsbereitschaft des Agenten. Der Agent kann nach Vertragsschluss zwischen mehreren Anstrengungsniveaus wählen. Durch die Gewinnbeteiligung wird dem Agenten der Anreiz zur Wahl eines hohen Anstrengungsniveaus gegeben, wodurch dann sowohl der Nutzen des Agenten als auch der Nutzen des Prinzipals steigen. Besanko 2010, S. 82–89.

141 Vgl. Kapitel 4.4.2.

142 Vgl. erneut Besanko 2010, S. 82–89. Gewiss muss die Forderung nach „Controlle" nicht auf das Personal bezogen sein, sondern kann ebenso auf die Kontrolle der sich im Unternehmen vollziehenden Produktionsprozesse abzielen.

> dern als einen Freundesdienst ansieht und mit aller Kraft sich bemüht den obigen Vorschlägen nicht nur näher zu treten sondern auch so schnell als thunlichst Änderungen eintreten zu lassen.[143]

Die für die Existenz der Interessengemeinschaft bedrohliche Lage unterstrichen ebenfalls weitere Mitglieder der Unternehmensführung Bayers. Das Aufsichtsratsmitglied Freiherr von Gamp betonte noch einmal das Unverständnis gegenüber der offenbar mangelhaften Buchhaltung der Badischen. Dass das Unternehmen nicht bereits Anfang Oktober des Jahres 1904, als die Ergebnisse des ersten Halbjahres bereits bekannt gewesen sein mussten, in der Lage gewesen sei, das Gesamtergebnis des Jahres zu schätzen, könne wohl kaum angenommen werden. Wie Duisberg zielte auch Gamp darauf ab, dass die BASF ihre schlechten Betriebsergebnisse in den Verhandlungen bezüglich der IG bewusst verschleiert hatte. Stattdessen habe die BASF dort erklärt, dass sie sich wohl zur Korrektur der Betriebsergebnisse genötigt sehen werde, und dafür „eine Million aus der für diesen Zweck bereits geschaffenen Reserve" entnehmen müsse, „um die Dividende pro 1904 ‚aufzufüllen'".[144] Der seitens der BASF prognostizierte Gewinnrückgang betrug folglich nur ein Drittel der später tatsächlich eingetretenen Einbußen. Da die BASF nun darauf hingewiesen habe, dass sich das Betriebsergebnis des Jahres 1905 voraussichtlich auf einem ähnlich schlechten Niveau bewegen würde, bleibe den Farbenfabriken nichts weiter übrig, „als den eigenen Actionären diese Verhältnisse klar zu legen und es liege auf der Hand, dass die Stellung der Badischen in der Öffentlichkeit dadurch eine sehr erhebliche Einbusse erfahren würde."[145]

Die Reaktion der anwesenden BASF-Delegation fiel, trotz des bisweilen vorwurfsvollen Tons, bemerkenswert zustimmend aus. Gegenüber den Delegationen der beiden anderen Unternehmen gab man zu Protokoll, die vorgebrachten Vorschläge der Farbenfabriken seien nachvollziehbar und Ludwigshafen sei ernstlich bestrebt, die notwendigen Verbesserungen einzuführen. Bei der seitens der Unternehmensführung der Badischen gezeigten Einsicht handelte es sich jedoch ausschließlich um eine kommunikative Fassade. Tatsächlich diskutierte der Aufsichtsrat kurze Zeit nach der Rückkehr nach Ludwigshafen im Mai des Jahres 1905 verschiedene Handlungsalternativen, die von der Auflösung der IG bis zu neuen Fusionsüberlegungen reichten. Während ein Auseinanderbrechen des Dreibundes kategorisch abgelehnt wurde, erachtete der Aufsichtsrat den Zeitpunkt für die Aufnahme erneuter Fusionsverhandlungen als zu früh, da sie auf Grund der ungünstigen Bilanzverhältnisse in seiner Wahrnehmung

143 BAL 11/3, Aufsichtsrat: 130. Sitzung des Aufsichtsraths am 28. April 1904, S. 359.
144 Ebd., S. 360.
145 Ebd.

„eine Auslieferung der BASF an Bayer“ bedeutet hätten. Da der Streit innerhalb der IG lediglich materiellen Gründen entspringe, müssten die Konzessionen, welche einen Ausgleich des Streits herbeiführen könnten, ebenfalls auf materiellem Gebiete liegen. „In Rücksicht auf die tatsächliche Ueberraschung, welche uns die Höhe des Ausfalls der IG-Bilanz gebracht, liesse sich darüber diskutieren, ob [...] ein gewisses Entgegenkommen im Interesse der Wiederherstellung des Friedens geboten schiene.“[146]

Hatte die BASF gegenüber den anderen Unternehmen der Interessengemeinschaft den Vorwurf der rückständigen Betriebsorganisation noch vehement zurückgewiesen und ebenso darauf bestanden, dass die schlechten Betriebsergebnisse nicht überraschend gewesen seien, war man in Wahrheit hinsichtlich der Ursache der Verluste offenbar im Unklaren. Wie der damalige stellvertretende Direktor der BASF, Lothar Brunck, rückblickend feststellte, offenbarten die Verhandlungen um die Interessengemeinschaft die Rückständigkeit des Ludwigshafener Kalkulationswesens:

> Niemand in Ludwigshafen vermochte zuverlässig zu sagen, auf welche Ursachen die unbefriedigenden Resultate zurück zu führen waren. Auch das Bilanzwesen war nicht auf der Höhe. Die I. G. mit Elberfeld zeigte erst der Badischen, wie rückständig ihre Einrichtung bezügl. der internen kaufmännischen Fabrikorganisation war. Was die Fabrikation & die Verkaufsorganisation betraf stand die Badische an erster Stelle [...]. Aber bezügl. unserer Buchhaltung, unserer kaufm. Organisation in den Betrieben haben wir viel Gutes von Elberfeld übernommen, was neidlos zugegeben werden muß. Hier fehlte eben von Anfang an der Kaufmann & später war es sehr schwer, so manches auszumerzen & umzustellen.[147]

Herauszuheben an den Äußerungen Bruncks ist die Feststellung, dass er die Defizite der Fabrikorganisation auf das Fehlen von kaufmännischer Expertise zurückführte. Wie geschildert, war die von Beginn an eingenommene Vorrangstellung der BASF innerhalb der deutschen chemischen Industrie vor allem auf die chemische Kompetenz der frühen Mitarbeiter des Unternehmens zurückzuführen.[148] Zwar fanden sich unter den Gründern der BASF Kaufleute – allen voran der Friedrich Engelhorn, den Brunck in seiner Rückschau vielsagend als „Gründer und Spekulanten“ beschrieb – doch fußte die hervorragende Stellung des Unternehmens während des 19. Jahrhunderts neben einem bereits früh ausgeprägten Vertriebsnetz vor allem auf der frühen Markteinführung fortschrittli-

146 BASF UA, A 16/1: Verschiedenes den Dreibund betreffend. Darin: A 16/1 12), Streit im Dreibund aus Protokollen der Aufsichtsratssitzungen 1905.
147 BASF UA, PB W 1.3./230: Lebenserinnerungen von Lothar Brunck (1923).
148 Vgl. hierzu Kapitel 3.

cher chemischer Produkte.[149] Die hieraus resultierenden Wettbewerbsvorteile kamen spätestens mit der Verabschiedung des Reichspatentgesetzes im Jahre 1877 vollständig zum Tragen und führten zu rechtlich geschützten Monopolgewinnen, die zuvor zwar ebenfalls möglich, jedoch – wie im Falle des Alizarins – auf Grund der fehlenden Markteintrittsbarrieren nur von kurzer Dauer waren.

Für die Farbenfabriken hingegen, die sich im Unterschied zur BASF weitgehend auf die möglichst effiziente Produktion von Farbstoffen konzentriert und wenig in Forschung investiert hatten, bedeutete das 19. Jahrhundert mehr Reaktion als Aktion. Wie ausführlich dargelegt, sind die bedeutenden Impulse zur Überwindung der Unternehmenskrise der 1880er Jahre nicht nur in dem Aufbau wissenschaftlicher Expertise zu suchen, sondern vor allem in der Etablierung von unternehmensinternen Kontroll- und Steuerungsmechanismen sowie einem immer differenzierteren Informationssystem in Form des betrieblichen Rechnungswesens. Als die deutsche chemische Industrie zu Beginn des 20. Jahrhunderts, wie einleitend beschrieben, vorerst den Grenznutzen ihres Innovationspotentials zu erreichen schien – eine Feststellung, die von den Zeitgenossen als Hintergrund der Konzentrationsbewegungen der chemischen Industrie gesehen wurde –, erfolgte schließlich eine Umkehr der „Aufstiegslogik“ des 19. Jahrhunderts, da nun offenbar der betrieblichen Organisation ein Potential zur Überwindung der Grenznutzenproblematik zugestanden wurde. Mit Hilfe der Verbesserung der betrieblichen Organisation konnten so Entscheidungsspielräume aufrechterhalten und erweitert werden. Neu war jedoch, dass vor dem Hintergrund der Interessengemeinschaft das Wissen um die Erweiterung der Entscheidungsspielräume erstmals zwischen mehreren Unternehmen diffundierte.

5.4 Wissenstransfer betrieblicher Organisationspraktiken innerhalb des Dreibundes

Wie aus den Protokollen des geschäftsführenden Ausschusses der Interessengemeinschaft hervorgeht, zielten die auf der obersten Entscheidungsebene des Dreibunds gefassten Beschlüsse zunächst vor allem auf die Etablierung eines einheitlichen Buchhaltungsstandard zwischen den Unternehmen ab.[150] Bereits

149 BASF UA, PB W 1.3./230: Lebenserinnerungen von Lothar Brunck (1923). Zum Vertriebsnetz, siehe u. a. Haber 1958, S. 130.

150 Die Instanz des geschäftsführenden Ausschusses war von Duisberg in seiner Denkschrift zur Vereinigung der Teerfarbenfabriken nicht vorgesehen worden, da an ihre Stelle der reguläre Vorstand der fusionierten Aktiengesellschaft getreten wäre. Auch in dem Gründungsvertrag der Interessengemeinschaft war nur eine Passage über den bereits in Kapitel 5.1. behandelten Delegationsrat enthalten. Die Idee eines geschäftsführenden Ausschusses entsprang

in seiner vierten Sitzung am 19. Januar 1905 beschloss das Gremium den Austausch der Kalkulationen für bestimmte Farbstoffe, in der anschließenden Sitzung erfolgte dann eine Vereinheitlichung der Richtlinien für abzuschreibende Betriebswerte.[151] Die unterschiedlichen Abschreibungspraktiken der Unternehmen waren schon in der Denkschrift Carl Duisbergs als eine der größten Herausforderungen eines Zusammenschlusses der Teerfarbenunternehmen herausgestellt worden. Dort notierte er, dass während gewisse Unternehmen eine enge Definition der Abschreibungen verfolgten und darunter nur den tatsächlichen Wertverlust der Maschinen verstehen würden, also „was an der Apparatur durch Verschleiss ersetzt werden muss" und Verbesserungen und Erweiterungen der Gegenstände als Neuanlagen verbuchen würden, andere Unternehmen dazu übergegangen seien, auch alles das als Ersatz und Verschleiß zu rechnen, „was dem Betrieb keinen direkten nachweisbaren Vorteil bringt, wie Messinstrumente, Geräte, Wagen, Wohlfahrtseinrichtungen für Beamte und Arbeiter etc. etc."[152] Wie seine Zeitgenossen sah auch Duisberg die Abschreibungshöhe nicht zwangsläufig in der tatsächlichen Abnutzung des Anlagekapitals begründet, sondern eher als konjunkturabhängige Möglichkeit der Reservebildung. In diesem Sinne hielt Duisberg fest, dass eine gut geleitete und hohe Gewinne abwerfende Fabrik den Begriff des Ersatzes möglichst weit auslegen würde.[153] Mit dem Verweis auf die „gut geleitete Fabrik" unterstrich Duisberg zudem die bereits an anderer Stelle geschilderte zeitgenössische Wahrnehmung, dass hohe Abschreibungen und die daraus resultierende Reservebildung ein Ausweis solider Unternehmensführung seien.[154]

Vor diesem Hintergrund ist es dann umso erstaunlicher, dass sich der geschäftsführende Ausschuss auf den engeren Abschreibungsbegriff verständigte. Demnach durften nur Aufwendungen auf das „Konto von Ersatz und Verschleiss gebucht, also aus den Betriebsmitteln bestritten werden", die für die direkten Reparaturen und für den Ersatz unbrauchbarer Vermögenswerte benötigt würden. Als Neuanlagen seien hingegen all diejenigen Aufwendungen anzusehen, die darauf abzielten, die Produktion zu vermehren und den Betrieb zu verbes-

wohl einem ebenfalls von Duisberg entworfenen Organisationsplan für die Interessengemeinschaft. Hierin sah Duisberg vor, dass jedes Unternehmen einen Geschäftsführer mit Stellvertreter für die Klärung von Fragen des Dreibunds bestimmen sollte. Entscheidungen hatten dort einstimmig zu erfolgen. Bei Uneinigkeit sollte dann der Delegationsrat hinzugezogen werden. Vgl. Plumpe 2016a, S. 248–249 sowie Duisberg 1918, S. 637.

151 Vgl. BAL 4/A.22, Interessengemeinschaft: Beschlüsse der Geschäftsführung der Interessengemeinschaft vom 19. und 23. Januar 1905.

152 Duisberg 1923c, S. 368.

153 Ebd.

154 Vgl. Kapitel 4.3. sowie Spoerer 1996, S. 67.

sern und zu kontrollieren, „also Mess- und Kontroll-Instrumente, neue Mobilien und Geräte zur Vermehrung der Produktion, Vorrichtungen zur Ersparung von Arbeitskräften u. s. w.“[155] Eine Erklärung für die enge Auslegung der Abschreibungen könnte darin gelegen haben, dass man versuchte, die unterschiedlichen Abschreibungspraktiken der drei IG-Unternehmen auf dem kleinsten gemeinsamen Nenner zu vereinigen. Das vorsichtige Erfassen von Ersatz und Verschleiß bedeutete zudem einen größeren bilanziellen Handlungsspielraum, da vergleichsweise wenig Kosten aus den Betriebsmitteln bewältigt werden mussten. Im Umkehrschluss brachte diese Abschreibungspraxis einen schnelleren Anstieg der Konten des Anlagevermögens mit sich – dieser Umstand war der vorsichtigen Bilanzierung insofern ebenfalls zuträglich, als er die Bildung neuer stiller Reserven über die Abschreibung des Anlagevermögens ermöglichte.

Bei der Untersuchung der Beschlüsse des geschäftsführenden Ausschusses wird ebenfalls deutlich, dass sich die im vorangegangenen Kapitel festgestellte Rückständigkeit der Ludwigshafener Buchhaltung bereits im Januar des Jahres 1905 abzeichnete. Bezüglich des Austauschs der Quartalsbilanzen zwischen den Unternehmen gab Duisberg dort zu Protokoll, es sei der BASF für das Jahr noch nicht möglich, etwas anderes mitzuteilen „als eine quartalsweise ungefähre Berechnung des Nutzens, der sich auf Grund der Preise ergiebt, die bei ihr das Fabrikgeschäft dem Verkaufsgeschäft“ berechnen würden.[156] Noch im Jahr 1905 erfolgte die Kalkulation der Verkaufspreise bei der BASF demnach nicht anhand der tatsächlichen Herstellungskosten, sondern mittels sogenannter Fabrikpreise. Hierbei handelte es sich offenbar um von dem jeweiligen Betrieb errechnete Grundpreise, aus denen die Verkaufsabteilung dann per Kostenzuschlag den Verkaufspreis ermittelte. Lothar Brunck hielt diesbezüglich fest: „Bis zum Zustandekommen der I. G. wußten die kaufmännischen Direktoren nicht den Einstandspreis der verschiedenen Farbstoffe. Das V-Büro [Verkaufsbüro, FS] bekam von der Fabrik Grundpreise, auf denen die Verkaufspreise aufgebaut wurden. Ob die Grundpreise einen kleinen oder grossen Gewinn einschlossen, war den Kaufleuten nicht bekannt.“[157] Zwar seien die kaufmännischen Direktoren sporadisch über die Einstandspreise einzelner Produkte in Kenntnis gesetzt worden, doch vermittelten diese Informationen nur ein Bild darüber, welche Produkte sich gut oder schlecht verkauften. Grundsätzlich habe ein Kaufmann der BASF jedoch keine Kenntnis von der Kalkulation und auch keinen Einfluss auf diesel-

155 Vgl. BAL 4/A.22, Interessengemeinschaft: Beschlüsse der Geschäftsführung der Interessengemeinschaft vom 19. und 25. Januar 1905.

156 BAL 4/A.22, Interessengemeinschaft: Beschlüsse der Geschäftsführung der Interessengemeinschaft vom 26. Januar 1905.

157 BASF UA, PB W 1.3./230: Lebenserinnerungen von Lothar Brunck (1923). Hervorhebung aus Quelle.

be gehabt. Demnach habe er weder gewusst, ob die Verkäufe überhaupt zu konkurrenzfähigen Preisen erfolgten, noch wo sich der kostendeckende Preis der Produkte befand.[158]

Besonders problematisch war, dass die einzelnen Betriebe der BASF ihre Autonomie bezüglich des Einkaufs und der Kalkulation verteidigten. Die Betriebe entschieden selbst über die einzukaufenden Produkte und verkauften Teile ihrer Produkte auch direkt. Die Tatsache, dass dennoch zugleich eine zentrale Verkaufsabteilung existierte, führte in der Konsequenz zu zwei getrennten Buchhaltungen auf Fabrikations- und Verkaufsebene. Die Informationsbeschaffung der Verkaufsabteilung in den einzelnen Betrieben wurde dadurch erschwert, dass sie schriftlich an die Fabrikationsabteilungen und die dort tätigen Chemiker zu erfolgen hatte, die häufig eine detaillierte Aufstellung der Kosten nicht in der Lage waren zu liefern. Die Autonomie der einzelnen Betriebe führte ferner dazu, dass die Fabrikationsabteilungen die an die Verkaufsabteilung mitgeteilten Preise im eigenen Interesse möglichst hoch ansetzten.[159] So hielt Brunck später fest: „Jede Fabrik machte ihre eigene Kalkulation, jeder rechnete möglichst hoch, damit der Betrieb günstig abschnitt; alle Hilfs- und Zwischen-Produkte kamen schon mit Gewinn belastet in den Farbenbetrieb; dessen Einstandspreis schloß demnach schon einen Gewinn für die Fabrik ein, welchen wußte aber niemand genau.“[160] Eine akkurate Gewinnbestimmung war unter diesen Umständen kaum möglich.[161]

Bei der Trennung zwischen Fabrikations- und Verkaufsabteilung handelte es sich offenbar um ein Relikt der Entwicklungsgeschichte der BASF, das auf die Fusion der Badischen mit den Stuttgarter Farbenhändlern Rudolf Knosp und Gustav Siegle im Jahr 1873 zurückdatierte.[162] Aus der Fusion ergab sich die organisatorische Besonderheit, dass die BASF ihre Verkaufsabteilung, Abteilung V, bis in das Jahr 1889 in Stuttgart hatte, während die Fabrikation, Abteilung F, in Ludwigshafen angesiedelt war. Neben den sich rein aus der örtlichen Entfernung ergebenden Schwierigkeiten führte die Trennung der beiden wichtigen Abteilungen auf der betriebsorganisatorischen Ebene dazu, dass Buchhaltungs- und Kalkulationsaufgaben häufig doppelt ausgeführt werden mussten. Mit der 1889 erfolgten Restrukturierung des Unternehmens war die lokale Trennung der Abteilungen zwar aufgehoben, die ineffiziente Doppelung der Buchhaltungsprozesse jedoch weiterhin nicht behoben worden.[163] So arbeiteten die

158 BASF UA, PB W 1.3./230: Lebenserinnerungen von Lothar Brunck (1923).
159 Ebd.
160 Ebd.
161 Vgl. Hippel 2003, S. 93–94.
162 Vgl. hierzu ausführlich ebd., S. 42–46.
163 Vgl. Kreutle 1992, S. 96–98.

Abteilungen, selbst als sich beide in Ludwigshafen befanden, weitgehend nebeneinander her, die Kommunikation erfolgte schriftlich.[164]

In dem von Brunck angesprochenen mehrfachen Gewinnaufschlag auf alle bei der BASF hergestellten Produkte wird vermutlich eine zentrale Herausforderung der Vereinheitlichung der Buchhaltung zwischen den Firmen der IG gelegen haben. Der bei der BASF vorherrschende Zustand deutet darauf hin, dass die einzelnen Betriebe des Unternehmens mehr in Konkurrenz zueinander standen, als dass sie das Wachstum des Gesamtunternehmens im Blick hatten. Dem Konkurrenzgedanken sicherlich zuträglich war, dass die Kalkulationsarbeiten zunächst innerhalb des jeweiligen Betriebes erfolgten, und die Gemeinkosten des Unternehmens dann durch die Verkaufsabteilung addiert worden sind. Problematisch an dem Umgang mit diesen, für größere Unternehmen typischen Verrechnungs- bzw. Transferpreisen war jedoch, dass die Betriebe diese Preise bereits mit einem eigenen Gewinnaufschlag versahen.[165]

Ein zeitgenössisches Urteil über die Natur der Verrechnungspreise findet sich erneut bei Eugen Schmalenbach. Zwar diene der Verrechnungspreis laut Schmalenbach in erster Linie der Feststellung des Produktionspreises, doch könne er im Idealfall dazu führen, „daß jeder Vorsteher eines Unterbetriebes lediglich durch die Verrechnungspreise geleitet, also ohne besondere Anweisung, diejenigen Materialien usw. verwendet, deren Verwendung für den Gesamtbetrieb am Vorteilhaftesten“ sei.[166] Im Unterschied zur Praxis der Ludwigshafener Betriebsführer war das günstigste Ziel der Verrechnungspreise laut Schmalenbach demnach die Nutzensteigerung des Gesamtbetriebs. Um diese Steigerung erreichen zu können, müssten die Verrechnungspreise „nach Möglichkeit den wirklichen Unkostenverhältnissen entsprechend festgesetzt werden, da sonst naturgemäß die unter den verschiedenen Unterbetrieben bestehenden gegenseitigen Leistungen nicht in der vorteilhaftesten Weise“ geschähen.[167] In gewis-

164 BASF UA PB/A901, Voigtländer-Tetzner, Chronik der BASF, S. 400 f.

165 Die von Schmalenbach gelieferte Definition des Verrechnungspreises soll an dieser Stellte nicht vorenthalten werden: „Selbst wenn es möglich wäre, jedem Unterbetrieb, jeder Werkstätte nur ganz zuverlässige Betriebsführer zuzuteilen, so würde doch das Zusammenarbeiten an dem Mangel leiden, daß dem Leiter des Unterbetriebs die Übersicht über das Ganze, dem Leiter des Gesamten dagegen die Einsicht in das Einzelne fehlt. Und hier gibt es nur einen Ausweg: die einzelnen Teile des Betriebes müssen in einen rechnerischen Verkehr treten. Und diese Rechnung muß sich der Bewertung der gegenseitigen Leistung bedienen. Und so entsteht hier ein eigenartiger Preis: der Verrechnungspreis.“ Schmalenbach, Eugen: Über Verrechnungspreise. In: *Zeitschrift für handelswissenschaftliche Forschung*, 3 (1908b/09), S. 165–185, hier: S. 167. Zur modernen Definition der Verrechnungspreise, siehe Ewert, Ralf; Wagenhofer, Alfred: Interne Unternehmensrechnung. Berlin 2014, S. 567 ff.

166 Schmalenbach 1908a, S. 52.

167 Ebd.

ser Hinsicht entwarf Schmalenbach auch hier das Gegenbild zur Praxis der BASF, da der dort durch die Betriebe erhobene Gewinnzuschlag eben nicht den von ihm beschriebenen „wirklichen Unkostenverhältnissen" entsprach. Unklar bleibt, welchen Nutzen die Betriebe aus dem Gewinnaufschlag zogen bzw. genauer, welche Auswirkungen die von den Betrieben an die Unternehmensführung gemeldeten Zahlen auf die Unterbetriebe hatten, so dass ein Anreiz zur Meldung möglichst hoher Zahlen bestand. Eine Interpretation liefert zumindest der Chronist der BASF, Walter Voigtländer-Tetzner, der die Gewinnzuschläge als einen Überrest der ehemaligen stärkeren Eigenständigkeit der Betriebe sah und die Zuschläge als eine Art Reservestellung derselben charakterisierte.[168]

Der Unternehmensführung der Farbenfabriken scheint die problematische Berechnung der Verrechnungspreise der BASF früh bekannt gewesen zu sein. Als Anfang Februar 1905 auf Ebene des geschäftsführenden Ausschusses der IG erneut der Austausch der Kalkulationen behandelt wurde, fasste man hinsichtlich der Berechnung der Fabrikationsergebnisse den Beschluss, dass sowohl die im Dreibund hergestellten Chemikalien, insbesondere die anorganischen Produkte, als auch die „bei den Fabrikationskosten aufgeführten Energien nicht zu sogenannten Verrechnungspreisen, sondern stets zu den effektiven Gestehungspreisen [...] incl. Amortisation und allgemeine Kosten einzusetzen" seien.[169] Wenngleich man hierbei nur auf die Betriebe zur Herstellung von Grundstoffen und Betriebsmitteln abzielte, während die Problematik der Berechnung der Verrechnungspreise bei der BASF ja ebenfalls bzw. vor allem die mit der Herstellung der Endprodukte befassten Betriebe betraf, deutet die konkrete Ablehnung der Verrechnungspreise als Grundlage des Kalkulationsaustauschs auf eine Vereinheitlichung der Berechnungsgrundlage hin. Die im Beschluss als zu verfolgend bestimmte Berechnungsmethode entsprach dabei im Wesentlichen der zeitgenössischen Idealbeschreibung, da sie nur die zentralen Kostenfaktoren beinhaltete und die Grundstoffe und Betriebsmittel somit von Gewinnzuschlägen unbelastet in die weiteren Betriebe gelangten.[170]

Tatsächlich scheinen Aufschläge auf die Verrechnungspreise zumindest bei den Grundstoffen auch bei Bayer existiert zu haben.[171] Dies belegt der im Mai

---

168 „Es herrschte also ein vor sich selbst Verschleiern des Bildes, das noch aus den Anfangszeiten herrührend, jeden der damals noch wenigen Betriebe als eine Fabrik für sich betrachtete und in dieser Art versteckte innere Gewinnaufschläge als eine Art Rückhalt sah." BASF UA PB/A901, Voigtländer-Tetzner, Chronik der BASF, S. 537.

169 BAL 4/A.22, Interessengemeinschaft: Beschlüsse der Geschäftsführung der Interessengemeinschaft vom 11. Februar 1905.

170 Vgl. hierzu etwa Calmes 1906, S. 80–88.

171 Die grundsätzliche Existenz von Verrechnungspreisen zwischen einzelnen Fabriken ist für Bayer bereits in den 1870er Jahren identifiziert worden. Vgl. Kapitel 3.2.1.

des Jahres 1906 gefasste Beschluss des neuen Direktoriums[172], „die Aufschläge auf die zur Weiterverarbeitung dienenden anorganischen Produkte künftig fallen zu lassen."[173] Wie bei der BASF scheint der Zuschlag ebenfalls bei den Farbenfabriken einen unmittelbaren Einfluss auf die Höhe der Verkaufspreise gehabt zu haben. So äußerte die Direktion Bedenken, dass die Verkaufspreise durch den Wegfall des Zuschlages zu knapp kalkuliert werden könnten, weshalb sie eine entsprechende Erhöhung der anteilig auf die Grundstoffe entfallenden Generalspesen veranlasste.[174] Im Gegensatz zu der für Ludwigshafen überlieferten Praxis beschränkte sich der Aufschlag bei Bayer jedoch nur auf Grundstoffe und fand nicht auf alle Produkte Anwendung. Ein weiterer, wesentlicher Unterschied ist darüber hinaus in der Tatsache auszumachen, dass die Direktion der Farbenfabriken einerseits genaue Kenntnis über den Zuschlag hatte, ihn andererseits auch unmittelbar beeinflussen konnte – eine Entscheidungsfreiheit, die in Ludwigshafen offenbar erst durch den Wissenstransfer innerhalb der Interessengemeinschaft erreicht worden ist.

Durch die Gründung des Dreibundes beschränkte sich der Bedarf für die Verwendung von Verrechnungspreisen nicht länger nur auf die Einzelunternehmen, sondern nun ebenfalls auf Lieferungen der Unternehmen untereinander. Bezüglich der „Festsetzung von Preisen für gegenseitige Lieferungen" legte der geschäftsführende Ausschuss ausdifferenzierte Richtlinien vor. Wurden gewisse Farbstoffe, Roh- oder Zwischenprodukte nur von einem Unternehmen des Dreibundes hergestellt, sah sich dieses Unternehmen zu einer Lieferung auf Wunsch der beiden anderen Mitglieder verpflichtet. Die Verrechnung orientierte sich dabei an den billigsten Verkaufspreisen der fabrizierenden Firma, denen

---

172 Der zitierte Beschluss war von dem erst einen Monat zuvor neugegründeten Direktorium getroffen worden, das ab diesem Zeitpunkt die Vorstandsfunktion des Unternehmens übernahm und das exekutive Organ der Unternehmensführung auf nunmehr nur drei Mitglieder – Friedrich Bayer, Carl Duisberg und Henry Böttinger – verkleinerte. Zwar waren den Direktoren sieben Stellvertreter zur Seite gestellt, doch lag die Entscheidungshoheit bei Duisberg, Böttinger und Bayer. Wie bei der Planung Leverkusens und des Dreibundes ging die Reorganisation erneut auf einen Vorschlag Duisbergs zurück, der mit dieser eine vollständige Trennung des Entscheidungsgremiums von der operativen Leitung des Alltagsgeschäfts beabsichtigte, das nun von den Abteilungsvorständen verantwortet wurde. Wenngleich von Duisberg nicht explizit erwähnt, war die Voraussetzung dieser Trennung, dass alle sich im Unternehmen vollziehenden Prozesse auf Informationsströme heruntergebrochen werden konnten. Demnach kann die Organisationsreform des Jahres 1906 als eine Reaktion auf die fortschrittliche und zu Beginn des 20. Jahrhunderts den vorläufigen Höhepunkt ihrer Entwicklung erreichende Betriebsorganisation verstanden werden. Vgl. ausführlich Plumpe 2016a, S. 255–271.

173 BAL 12/3, Protokolle der Direktoriumssitzungen 1906–1914., Vol. 1. 13. Sitzung am 31. Mai 1906.

174 Ebd.

jedoch bei Farbstoffen 15 Prozent, bei Roh- und Zwischenprodukten noch fünf Prozent als Kompensation für den Wegfall etwaiger Verkaufsspesen abgezogen wurden.[175] Für den Fall, dass der Marktpreis für ein Produkt dennoch unter den bereits reduzierten Preisen des IG-Mitglieds lag, sah sich das Mitglied zur Abgabe zum Marktpreis verpflichtet. Diese Verpflichtung galt indessen nur so lange, wie der Marktpreis nicht die Herstellungskosten des Mitglieds inkl. eines fünfzehnprozentigen Aufschlags für Generalspesen unterschritt. Die gleichen Vorgaben besaßen auch für den Fall Gültigkeit, dass zwei IG-Firmen das Produkt herstellten und von dem dritten Unternehmen eine Abgabe gewünscht wurde.

Die Basis der internen Verrechnung veränderte sich hingegen grundlegend, sobald mindestens zwei Unternehmen zwar ein Produkt herstellten, aber dennoch die Lieferung desselben Produktes wünschten: „Als Preis für die Lieferung soll [...] bis auf weiteres der Einstandspreis der liefernden Firma plus 10 % Zuschlag für Generalspesen und Zinsen ab Fabrik [...] gelten. Die Lieferung soll derjenigen Firma zufallen, welche das Produkt am billigsten herstellt."[176] Während sich die Verrechnung zwischen den IG-Firmen in den ersten beiden beschriebenen Fällen an dem Marktpreis orientierte, lehnte sich die Berechnung im letzten Fall an den Herstellungskosten an und wies demnach starke Parallelen zu der oben behandelten Form der innerbetrieblichen Verrechnungspreise eines Einzelunternehmens auf. Zwar verwies auch Schmalenbach auf die Möglichkeit, innerbetriebliche Verrechnungspreise auf der Grundlage von Marktpreisen zu bestimmen, doch würden dieser Methode erhebliche Schattenseiten innewohnen. Es sei unlogisch, dass man auf der einen Seite Betriebskombinationen schaffe und sie auf der anderen Seite arbeiten ließe, als seien sie selbstständig. „Tut man das, so wird ein Teil der Kombinationsvorteile nicht ausgenutzt."[177] Als optimale Form der Verrechnungspreise sah Schmalenbach hingegen die „Proportionalpreis-Verrechnung", die sich im Wesentlichen an den Herstellungskosten orientierte, jedoch ohne – und im Unterschied zu den Vorgaben des Dreibundes – „gewisse Unkosten, vulgo Generalunkosten" zu berücksichtigen.[178]

175 Interessanterweise wird die Notwendigkeit dieser Rabattierung auch bei Schmalenbach thematisiert. Wie dieser ausführt, würde der Wegfall von Verkaufs-Unkosten wie Reklame, Reisespesen usw. bei einer Lieferung an eigene Betriebe einen Unterschied hervorbringen, den Unternehmen dadurch ausgleichen müssten, „daß der Verrechnungspreis zwar nach dem Marktpreis sich richtet, immer aber um einige Prozent niedriger angenommen wird." Schmalenbach 1908b, S. 175.

176 BAL 4/A.22, Interessengemeinschaft: Beschlüsse der Geschäftsführung der Interessengemeinschaft vom 30./31. März 1905.

177 Schmalenbach 1908b, S. 176–177.

178 Ebd., S. 177.

Auf die weiteren Beschlüsse des geschäftsführenden Ausschusses soll im Folgenden trotz der wiederkehrenden Thematisierung des betrieblichen Rechnungswesens weniger detailliert als zuvor eingegangen werden. So finden sich während der Jahre 1905 und 1906 wiederholt Beschlüsse, die eine zunehmende Vereinheitlichung der IG-Buchhaltung belegen, wie bspw. „Grundsätze der Bilanzaufstellung", „Einführung einheitlicher Buchungsgrundsätze", „Inventarisierungs-Grundsatz", „Bewertung der Inventurvorräte" oder „Austausch der Gewinnberechnung". Auf eine weiterhin lückenhafte Zusammenführung der Buchhaltungsrichtlinien deuten die im Juni 1906 gefällten Beschlüsse hinsichtlich der „Grundsätze der Bilanzaufstellung" hin. Bezüglich der Inventarisierung von Mobiliar und Fuhrwerk notierte der Ausschuss, dass Elberfeld sein ganzes Mobiliar in die Bilanz aufgenommen habe, dies bei Ludwigshafen nur teilweise der Fall sei, während Berlin das Mobiliar überhaupt nicht aufnehme. Die sich zum Jahresende in der Herstellung befindenden Produkte würden hingegen in Berlin bereits zum Wert der Fertigprodukte, in Elberfeld und Ludwigshafen jedoch nur „zum nackten Rohmaterialpreis" bewertet werden.[179]

Entgegen der offenkundig noch sehr unterschiedlichen Bilanzierungspraktiken stellten sich zumindest in Bezug auf die Verrechnungspreise in Ludwigshafen Fortschritte ein. Hinsichtlich der Inventare der ausländischen Filialen stellte der Ausschuss fest, dass die AGFA die in die Filialen versendeten Produkte mit einem Verrechnungspreis versehen habe, „welcher höher als der Einstandswert ist, während Elberfeld und Ludwigshafen auch bei den Filialinventaren nur Gestehungspreise zuzüglich Fracht und Zoll" verrechnen würden. Demnach ist davon auszugehen, dass sich der Umgang der Buchhaltung der BASF mit den Verrechnungspreisen an die in Elberfeld gemachten Vorgaben angepasst hatte. So stellte der geschäftsführende Ausschuss des Dreibundes dann auch fest, dass sich Berlin an die Inventarisierung von Elberfeld und Ludwigshafen anzuschließen habe.[180]

Eine weitere Begründung für die Abkehr von dem alten Umgang mit den Verrechnungspreisen ist vermutlich bei der BASF in der Zusammenführung der traditionell getrennten Verkaufs- und Fabrikationsabteilungen zu sehen. Diese erfolgte als unmittelbare Reaktion auf die Auseinandersetzung um die Bilanz des Geschäftsjahres 1904 und war mit Ende des Geschäftsjahres 1905 abgeschlossen.[181] Nach dem Vorbild Bayers schuf man bei der BASF eigenständige Abteilungen wie die Inventarisierung, die technische Buchhaltung und die Kal-

179 BAL 4/A.22, Interessengemeinschaft: Beschlüsse der Geschäftsführung der Interessengemeinschaft vom 7. August 1906.

180 Ebd.

181 Vgl. Johnson 2003, S. 139.

kulation, letztere unter der Leitung des zum 1. Januar 1905 nach Ludwigshafen gewechselten ehemaligen Vorstehers der Bayer'schen Rohmaterialkontrolle, Robert Vorländer.[182]

Als ein abschließender Beleg für die Vereinheitlichung der Buchhaltungspraktiken innerhalb des Dreibundes nach dem Vorbild Bayers kann – neben den bereits dargestellten Beschlüssen des kaufmännischen Ausschusses – die Vereinbarung gemeinsamer „Grundsätze für die Aufstellung von Vergleichs-Kalkulationen" gesehen werden, in denen die Mitglieder des Dreibundes wichtige Eckpunkte der einheitlichen Berechnungspraxis festhielten. Zunächst erfolgte die Definition der Kalkulation als die „monatlich wiederkehrende Aufstellung der effektiven Herstellungskosten für jedes Produkt".[183] Der erst im Jahr 1903 bei Bayer erreichte Meilenstein der monatlichen Berechnung der Herstellungskosten, deren Intervallverkürzung von einer quartalsmäßigen auf eine monatliche Berechnung eine wesentliche Errungenschaft des Unternehmens und während der gesamten 1890er Jahre verfolgt worden war, wurde so bei allen Firmen des Dreibundes zum Standard der Kostenrechnung.[184] In den Grundsätzen wurde ferner festgehalten, dass die Berechnung der Kalkulation nur auf Endproduktmengen von 100 kg bzw. 1.000 kg erfolgen sollte. Als abschließender Grundsatz wurde die Kalkulation in die fünf Rubriken Chemikalien, Fabrikationskosten, Allgemeine Kosten, Amortisation und Generalspesen eingeteilt, deren Zuordnungskriterien noch weiter spezifiziert wurden. Die Fabrikationskosten etwa umfassten Gehälter, Löhne, Energie, die Unterhaltungskosten der Betriebs-Apparatur, Filterstoffe sowie Material und Geräte, wobei die Vorgaben so detailliert ausfielen, dass unter dem Punkt der Materialien sogar Verbrauchsgegenstände wie Seife, Handschuhe, Brillen, Besen und Gummischläuche explizit benannt wurden. In Hinblick auf die Amortisation fanden die bereits in der Berechnung der provisorischen Gründungbilanzen genutzten Zinssätze Verwendung, die sich auf fünf Prozent auf Gebäude, zehn Prozent auf Maschinen, Apparate und Geräte sowie 25 Prozent auf Mobiliar beliefen. Die Generalspesen schließlich enthielten alle nicht in den Kalkulationsgrundsätzen erwähnten Posten und sollten für die Vergleichskalkulation nicht berücksichtigt werden.[185] Mit der innerhalb des Dreibundes vorangetriebenen Standardisierung der Buchhaltungsinstitutionen ging demnach ebenfalls eine Vereinheitlichung ihrer Re-

---

182 Vgl. BASF UA PB/A901, Voigtländer-Tetzner, Chronik der BASF, S. 536–538 sowie Nobbe 1918, S. 495.

183 BASF UA PB A.1.5.2/1, Gemeinsam vereinbarte Grundsätze für die Aufstellung von Vergleichs-Kalkulationen, undatiert.

184 Zur monatlichen Berechnung, vgl. Kapitel 4.6.

185 BASF UA PB A.1.5.2/1, Gemeinsam vereinbarte Grundsätze für die Aufstellung von Vergleichs-Kalkulationen, undatiert.

sultate einher, mit dem Ergebnis, dass die Berechnung der Herstellungskosten schließlich in allen Unternehmen unter Anwendung derselben Methoden stattfand.[186]

Die Vereinheitlichung der Buchhaltungsmethoden konnte jedoch erst nach mehreren Jahren erreicht werden. Im Zuge eines Treffens mit Angestellten der BASF und der AGFA berichtete ein Mitarbeiter der Statistischen Abteilung Bayers noch im Jahr 1910 an Carl Duisberg, dass das Berliner Unternehmen auf Grund des Ausbleibens entsprechender Messungen noch nicht in der Lage sei, Angaben über den Verbrauch von Luft und Wasser zu machen. Auch würde erst in einigen Monaten mit einer präzisen Berechnung des Dampfverbrauchs zu rechnen sein, in der nach Dampf für Kraft und Dampf für die Fabrikation unterschieden würde. In einem Einzelgespräch mit dem Leiter der Ludwigshafener Statistik habe sich zudem herausgestellt, „dass in Ludwigshafen meine Arbeiten an vier verschiedenen Stellen gemacht werden. Unter diesen befinden sich zwei selbstständige Bureaus."[187] Es folgte abschließend eine ausführliche Darstellung der weiterhin rückständigen Verhältnisse. Die Tätigkeit des Statistischen Büros der BASF etwa widme sich fast ausschließlich der Verkaufsstatistik „wie bei uns zu Dr. Kostanecki's Zeiten", wenngleich bereits das Zettelsystem zur Anwendung komme, welches die BASF fünf Jahre zuvor bei Bayer erlernt habe. Angesichts der Tatsache, dass besagter Dr. Kostanecki bereits im Jahr 1897 aus den Farbenfabriken ausgeschieden war, war diese Feststellung mehr als Vorwurf denn als Kompliment zu verstehen.[188]

5.5 Unternehmensfinanzierung im Dreibund

Neben der Durchsetzung und Vereinheitlichung einer fortschrittlichen Buchhaltung schuf die Interessengemeinschaft ebenfalls neue Finanzierungsmöglichkeiten, die zugleich jedoch zu einer Einschränkung der Entscheidungsspielräume der Einzelunternehmen führten. So wurde in der Satzung des Delegationsrates der Interessengemeinschaft festgehalten, dass jede Gesellschaft die im Laufe des Geschäftsjahres für geplante Neuanlagen, die Erwerbungen von Grund und Boden, für Gebäude und Betriebseinrichtungen und die Verlegung solcher Einrichtungen veranschlagten Kreditgesuche dem Delegati-

186 Bayer o. J., S. 76.

187 BAL 110/1.41, Kaufmännische Abteilung, Statistische Abteilung: „Bericht über meine Reise nach Ludwigshafen" vom 28. April 1910.

188 Ebd. Bei Kostanecki handelte es sich um den ersten Leiter des im Jahr 1892 bei Bayer eingerichteten Statistischen Büros. Vgl. Messner 1918, S. 489.

onsrat jeweils im Frühjahr zur Genehmigung vorzulegen habe. Zugleich wurden jeder Gesellschaft „für unvorhergesehene Fälle obiger Art gewisse Beträge zur freien Verfügung gestellt, die nach den für die Abschreibungen in den Gewinnberechnungen massgebenden Buchwerten berechnet“ werden sollten.[189] Spezifisch bedeutete dies, dass die Unternehmen Ausgaben von bis zu zwei Prozent der Buchwerte der Grundstücks- und Gebäudekonten, drei Prozent der Buchwerte der Apparatekonten, fünf Prozent der Eisenbahnkonten sowie 20 Prozent der Mobiliarkonten ohne vorausgehende Legitimierung tätigen durften, die in sogenannten „Dispositionsfonds“ ausgewiesen wurden.[190] Wenngleich aus dem Vertragstext nicht eindeutig ersichtlich, ist davon auszugehen, dass die Investitionssummen zunächst nur für die entsprechende Kategorie des Anlagevermögens angewendet und nicht zwischen den Bilanzwerten verschoben werden konnten. Demzufolge waren Investitionen in neue Apparate vermutlich nur bis zu der oben erwähnten Höhe von maximal drei Prozent möglich. Exemplarisch für die Farbenfabriken bedeutete diese Obergrenze im Jahr 1906, dass Investitionen in Maschinen bis zu einer Gesamthöhe von rund 600.000 Mark ohne Genehmigung durch den Delegationsrat durchgeführt werden konnten (Tabelle 5.5).

Tab. 5.5: Dispositionsgelder der Dreibund-Mitglieder für das Jahr 1906 (in Mark).[191]

	BASF	**Bayer**	**AGFA**
Grundstücke	85.459,-	101.843,-	73.589,-
Gebäude	325.123,-	356.075,-	86.152,-
Eisenbahnen	59.884,-	58.089,-	12.586.-
Maschinen	640.020,-	603.017,-	196.003,-
Mobiliar	134.360,-	84.739,-	2.426,-
Total	**1.137.358,-**	**1.203.763,-**	**370.756,-**

Zu einer Veränderung dieser Vorgabe kam es im Mai des Jahres 1907. In einer Besprechung über die Dispositionsgelder hielt der Delegationsrat fest, dass zwar an der Berechnungsmethode derselben festgehalten werden solle, die Gelder jedoch nur noch in ihrer Gesamtsumme festzustellen seien, „die dann im

189 BAL 4/A.12, IG, Satzungen und Geschäftsordnung für Delegationsrat: Satzung für den Delegationsrat, §9.

190 Ebd.

191 Tabelle entnommen aus BAL 4/A.14, IG: Protokolle über Sitzungen des Delegationsrates. Sitzung am 9. Mai 1906.

einzelnen beliebig auf Apparate oder Gebäude etc. verwendet werden“ könne.[192] Eine Überschreitung des Ausgabenrahmens war nur durch die Bewilligung des geschäftsführenden Ausschusses „und notfalls des Delegationsrates“ gestattet.[193] Die Satzung entsprach somit der bereits geschilderten Kompetenzverteilung zwischen geschäftsführendem Ausschuss und Delegationsrat, in welcher letzterem eine schlichtende Funktion zuteilwurde.[194] In Hinblick auf die Zusammenführung und anschließende quotenabhängige Ausschüttung der Dreibund-Gewinne ergab diese strenge Kontrolle des Ausgabeverhaltens der Unternehmen insofern Sinn, als jeder Geldabfluss eines Einzelunternehmens unmittelbaren Einfluss auf die Gewinne der anderen IG-Mitglieder hatte. Ebenfalls sicherten sich die Dreibund-Mitglieder gegen einen Missbrauch der Gewinn-Pool-Struktur ab, weshalb ein Einzelunternehmen die Querfinanzierung des Dreibundes nicht zur eigenen Expansion ausnutzen konnte. Die Bestimmung der Höhe der jährlichen Dispositionsfonds erfolgte offenbar als fester Tagesordnungspunkt des Delegationsrates. Für das Jahr 1908 etwa setzte der Delegationsrat die Höhe des Fonds auf je 1,354 Millionen Mark für Bayer und die BASF fest, während die AGFA über ein genehmigungsfreies Investitionskapital in Höhe von knapp 450.000 Mark verfügen konnte.[195]

5.5.1 Finanzierung des Norwegen-Projektes

Wenngleich die notwendige Genehmigung des Delegationsrates eine Einschränkung der Entscheidungsfreiheit der Einzelunternehmen bedeutete, zeigten sich bereits im zweiten Jahr der Interessengemeinschaft die offensichtlichen Vorteile der Vereinigung. Schon seit dem Jahr 1903 hatte die Firmenleitung der BASF Gespräche mit einem norwegischen Konsortium über eine mögliche Zusammenarbeit auf dem Feld der Stickstofffixierung geführt.[196] Eine Diskussion über diesen Prozess zur Gewinnung von Stickstoff-Dünger fand auf Ebene des Delegationsrats erstmals im Mai des Jahres 1906 statt, wo dieser einer kollektiven Verfolgung des vielversprechenden Verfahrens seine grundsätzliche Zustimmung erteilte.[197] Als zentralen Standortfaktor für den Aufbau der energieaufwendigen

192 BAL 4/A.14, IG: Protokolle über Sitzungen des Delegationsrates. Sitzung am 11. Mai 1907.
193 BAL 4/A.12, IG, Satzungen und Geschäftsordnung für Delegationsrat: Satzung für den Delegationsrat, § 9.
194 Vgl. Kapitel 5.4.
195 Vgl. BAL 4/A.14, IG, Protokolle über Sitzungen des Delegationsrates: Protokoll über die Sitzung des Delegationsrates zu Berlin am 9. Mai 1908.
196 Vgl. Johnson 2003, S. 129.
197 Vgl. Osteroth 1985, S. 150–153.

Fabrikationsanlage hatte die Unternehmensführung der BASF eine ausreichende Versorgung mit Wasserkraft identifiziert, die man nur in Norwegen, Bayern und möglicherweise Italien gewährleistet sah. Da die mit dem Direktor der Allgemeinen Elektricitäts-Gesellschaft Emil Rathenau geführten Verhandlungen über die Aufnahme der Stickstofffixierung in Bayern stagnierten, stimmte der Delegationsrat dem seitens der BASF vorgebrachten Vorschlag zur Weiterverfolgung des Projektes in Norwegen zu.[198] Dort betrieb das Unternehmen „Norsk Hydro" eine Versuchsanlage für das sogenannte Lichtbogen-Verfahren, von dessen Rentabilität man auf der Führungsebene der Badischen überzeugt war.[199] Im August 1906 ersuchte die BASF die Dreibund-Mitglieder um einen Kredit in Höhe von 500.000 Mark für „das norwegische Projekt zum Bau einer Stickstoffoxydanlage."[200] Im Dezember desselben Jahres erfolgte schließlich die Unterzeichnung eines Abkommens zum „Zweck der gemeinschaftlichen Ausnützung ihrer Wasserkräfte und Erfindungen, letztere insoweit sie sich auf die Herstellung stickstoffhaltiger Produkte durch Oxydation des atmosphärischen Stickstoffs und deren Weiterverarbeitung beziehen" zwischen BASF und der „Norsk Hydroelektrisk Kvaelstofaktieselskab" (Norwegische Aktiengesellschaft für Hydroelektrischen Stickstoff), deren Eigentümer ein „skandinavisch-französische[s] Konsortium" war.[201] Das Abkommen sah die Gründung zweier Aktiengesellschaften vor, „deren eine den Ausbau und die Ausnützung der verfügbaren Wasserkräfte und deren andere den Bau und Betrieb von Fabriken zur Stickstoffgewinnung" übernehmen sollten.[202] Wenngleich der Vertrag durch die weiteren Mitglieder des Dreibundes legitimiert worden war, beschränkte sich das Abkommen zunächst nur auf die beiden Parteien BASF und das Konsortium der Norsk Hydro. Eine Involvierung der Farbenfabriken Bayer und der AGFA erfolgte erst mit der Gründung der beiden Aktiengesellschaften, als die notwendige Kapitalsumme zur Hälfte von den Unternehmen des Dreibundes eingebracht werden musste. In einer Sitzung des Delegationsrates im Januar 1907 präzisierte Brunck den Kapitalbedarf der beiden Aktiengesellschaften auf 27,4 Millionen Mark, wobei die Vertragsparteien die Beschaffung eines Teilbetrages von rund

198 Vgl. BAL 4/A.14, IG: Protokolle über Sitzungen des Delegationsrates. Sitzung am 9. Mai 1906.

199 Vgl. Szöllösi-Janze 1998, S. 158–159. Ebenfalls Johnson 2003, S. 148. Zum Lichtbogen-Verfahren, vgl. Travis, Anthony S.: The Synthetic Nitrogen Industry in World War I. Cham 2015, S. 19–32.

200 Vgl. BAL 12/3, Protokolle von Direktionssitzungen, Vol. 1: Protokoll über die Direktorialkonferenz am 2. August 1906.

201 BAL 5/AC.2.D, BASF AG: Verträge zwischen der BASF und Norsk Hydro. Übersetzung durch den Verfasser dieser Arbeit.

202 BASF UA, Geschäftsbericht 1906.

13 Millionen Mark über Obligationen vorsahen. Der Dreibund sicherte sodann zu, „das nach dem Gründungsvertrag von der Badischen zu beschaffende Kapital von der Interessengemeinschaft aus eigenen Mitteln" aufzubringen. Die auf die BASF entfallenden Anteile des Norwegenprojektes wurden demzufolge zwischen den Dreibund-Unternehmen im Verhältnis der Gewinnbeteiligungsquoten der Interessengemeinschaft aufgeteilt, wodurch je 43 Prozent auf BASF und Bayer, die übrigen 14 Prozent auf die AGFA entfielen.[203] Wenngleich die faktische finanzielle Höhe der Beteiligung nicht explizit berechnet wurde, ist auf Grund der Orientierung an den Verteilungsquoten davon auszugehen, dass sich die Beteiligungssummen Bayers und der BASF auf je rund 6,2 Millionen Mark beliefen, während AGFA einen Betrag von rund zwei Millionen Mark zu zahlen sich verpflichtete. Der restliche Finanzierungsbedarf von 14,4 Millionen Mark entfiel auf das „skandinavisch-französische Konsortium", die Gründung der Gesellschaft erfolgte zum 13. April 1907.[204]

Wie das Vertragsverhältnis klar belegt, lässt sich der Kooperationsvertrag mit der Norsk Hydro eindeutig auf die Initiative der BASF zurückführen. Zwar setzte der Vertrag die Zustimmung der übrigen beiden Dreibund-Firmen voraus und es fanden sich als Konsequenz der Kapitalstruktur Mitglieder aller drei Unternehmen in den Aufsichtsräten der beiden norwegischen Aktiengesellschaften, doch entsprach die Aufnahme des Stickstoffverfahrens vor allem der Struktur des Produktportfolios der Badischen. Viel stärker als die Farbenfabriken Bayer oder die AGFA richtete die BASF den Schwerpunkt ihrer Produktion auf wenige, dafür jedoch enorm gewinnversprechende Erzeugnisse. Wie die schlussendlich erfolgreiche Entwicklung des synthetischen Indigos versprach auch der Düngemittelmarkt eine globale Nachfrage, die das Naturprodukt nicht mehr in der Lage zu decken war. So zog die Nachfrage nach Chilesalpeter – dem natürlichen Ausgangsstoff des Stickstoffdüngers – zu Beginn des 20. Jahrhunderts zunehmend an, nicht zuletzt, da die Salpetersäure nach wie vor als Grundstoff für die Herstellung einer Vielzahl von Farbstoffen und Arzneimitteln benötigt wurde.[205]

Die Begrenztheit der natürlichen Salpetervorkommen in Südamerika forcierte folglich Innovationen auf dem Gebiet der synthetischen Stickstoffgewinnung. Diese ließen sich jedoch nur durch Investitionen in die großtechnische, physikalische Chemie herbeiführen, eine unternehmensstrategische Ausrich-

203 BAL 4/A.14, IG, Protokolle über Sitzungen des Delegationsrates: Protokoll über die Sitzung des Delegationsrates zu Berlin am 15. Januar 1907.

204 Vgl. BAL, Geschäftsbericht 1906 sowie zur Gesellschaftsgründung BAL 12/3, Protokolle von Direktionssitzungen, Vol. 1: Protokoll über die Direktionskonferenz vom 18. April 1907.

205 Vgl. Plumpe 1990, S. 204. Zu der Bedeutung von Salpeter, siehe Osteroth 1985, S. 150–155.

tung, der nur die BASF bereit war zu folgen. Im Unterschied zu der BASF legte die Unternehmensführung der Farbenfabriken den Schwerpunkt ihrer Produktstrategie auf die seit Jahrzehnten etablierte Diversifikation über eine Vielzahl von Produktsparten. Allen voran Carl Duisberg äußerte sich wiederholt skeptisch gegenüber der Bedeutung der physikalischen Chemie, die er noch Ende der 1890er Jahre als „Modesache" titulierte und der er den praktischen Nutzen absprach.[206] Die unterschiedliche Schwerpunktsetzung der beiden Unternehmen schlug sich nachvollziehbarerweise ebenfalls im Kapitalbedarf nieder. Während dieser bei den Farbenfabriken auf Grund ihrer auf Diversifizierung ausgerichteten Strategie kaum schwankte, kam es bei der BASF auf Grund der enormen Anfangsinvestitionen in die Apparaturen der großtechnischen Chemie zu regelrechten Spitzen im Finanzierungbedarf. Bemerkenswert ist die Tatsache, dass die Unternehmensführung Bayers die Finanzierung des Großprojektes in Norwegen trotz der, der eigenen Strategie völlig konträr entgegenlaufenden, Entscheidung der BASF ohne größere Debatte mittrug.[207]

Eine grundsätzliche Uneinigkeit herrschte offenbar nur in Bezug auf die Finanzierung des Projektes. Da der aus unternehmensstrategischen Entscheidungen der BASF resultierende Geldbedarf nicht aus Mitteln der Innenfinanzierung der Unternehmen bestritten werden konnte, wurde eine Kapitalerhöhung aller Unternehmen des Dreibundes notwendig. Auf die noch zu Beginn des Jahrhunderts in den Farbenfabriken wiederholt gemachte Vorgabe, eine durch Kapitalerhöhung bewirkte Verwässerung der Unternehmensanteile nach Möglichkeit zu vermeiden – dies war ja eine der wesentlichen Ursachen für die Bildung der enormen stillen Reserven gewesen – konnte offenbar im Kontext des Dreibundes keine Rücksicht mehr genommen werden. Die nun eingeschränkten bilanzpolitischen Möglichkeiten schlugen ebenfalls unmittelbar auf die Dividendenpolitik der Farbenfabriken durch. Zwar war die Dividendenglättungsstrategie der 1890er Jahre zu Beginn des 20. Jahrhunderts etwas aufgelockert worden, doch resultierte hieraus ein vergleichsweise moderater Anstieg der Ausschüttungen. Ausgehend von der „fixierten" Dividende in Höhe von 18 Prozent erhöhte die Unternehmensführung die Ausschüttungsquote im ersten Jahrzehnt

206 BAL AS: Carl Duisberg an Henry Theodor Böttinger, 20.2.1897. Zitiert nach Plumpe 2016a, S. 323–324.

207 Die von Peter Hayes formulierte Beobachtung, die Finanzierungsmöglichkeiten des Dreibundes hätten bei Bayer einen Einfluss auf die Bemühungen zur Entwicklung von synthetischem Kautschuk geführt, ließ sich empirisch nicht bestätigen. Vgl. Hayes 2001, S. 9. Zwar lässt sich ab ca. 1907 eine zunehmende Bedeutung dieser Produktsparte beobachten, doch beliefen sich ihre Unkosten noch im Jahr 1910 auf einen vergleichsweise geringen Betrag von knapp 190.000 Mark. Siehe hierzu BAL 151/11, Kautschuk, Kosten: Unkosten Kautschuk 1910.

des 20. Jahrhunderts schrittweise und erreichte im Jahr 1904, dem letzten Geschäftsjahr vor Gründung des Dreibundes, eine Dividendenquote von 25 Prozent.[208] Bereits im ersten Jahr der Interessengemeinschaft verzeichneten die Farbenfabriken mit einer Erhöhung der Ausschüttungsquote von 25 auf 33 Prozent den prozentual höchsten Dividendensprung in der Geschichte des Unternehmens.[209] Im Unterschied zu den Aktionären Bayers profitierten die Anteilseigner der BASF zwar ebenfalls von einer Erhöhung der Ausschüttungen, doch fiel diese mit einem Anstieg von 24 auf 27 Prozent deutlich moderater aus (Abbildung 5.1). Die unterschiedliche Ausschüttungshöhe fand dabei vermutlich in den bereits dargelegten Schwierigkeiten der Indigo-Produktion ihre Begründung. Auffällig ist zudem, dass die Ausschüttungsquote der Farbenfabriken Bayer, die seit der Gründung der Aktiengesellschaft bzw. KGaA im Jahr 1881 stets unter derjenigen der BASF gelegen hatte, in den Jahren 1905 bis 1907 konstant sechs Prozentpunkte höher als diejenige der Badischen ausfiel.

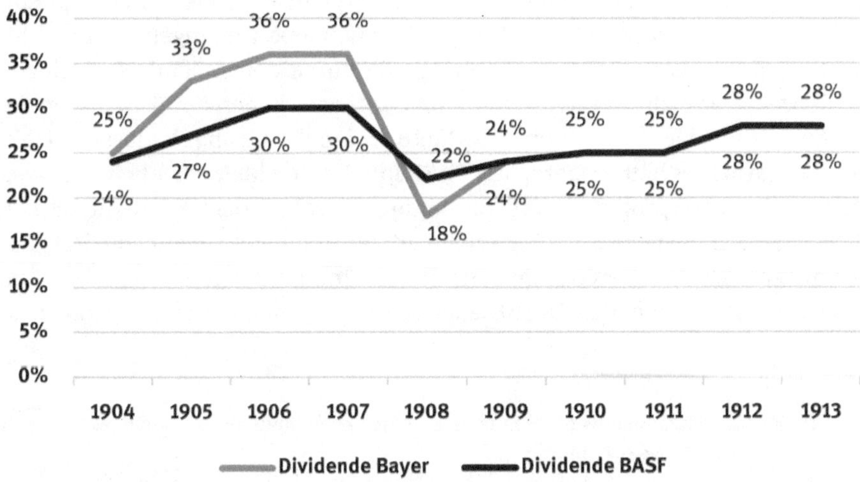

Abbildung 5.1: Entwicklung der Dividendenquoten Bayers und der BASF, 1904–1913.[210]

208 Vgl. zur Dividendenentwicklung Kapitel 4.5. Verwiesen sei an dieser Stelle ebenfalls auf die in dem Kapitel beschriebene Kapitalerhöhung von 14 auf 21 Mio. Mark im Jahr 1904. Während die Ausschüttungsquote in den Jahren 1903 und 1904 auf 25 % belassen werden konnte, steigerte sich die faktische Ausschüttung von 3,5 auf 5,25 Mio. Mark.

209 Zahlen entnommen aus den jeweiligen Geschäftsberichten.

210 Daten entnommen aus den jeweiligen Geschäftsberichten in BAL und BASF UA. Im Jahr 1907 zahlten die Farbenfabriken ihren Aktionären eine Sonderdividende i. H. v. 20 %. Da die Auszahlung explizit erfolgte, um den Aktionären die Ausübung des Bezugsrechts auf neu emittierte Aktien zu erleichtern, soll sie hier als Sonderausschüttung und nicht als Teil der regu-

Eine Rückkehr zu den ursprünglichen Ausschüttungsverhältnissen der beiden Unternehmen wurde kurzzeitig im Jahr 1908 erreicht, als die BASF erneut höhere Dividenden als Bayer ausschüttete. Der erhebliche Rückgang der Dividendenquoten von 36 Prozent auf 18 Prozent bzw. von 30 Prozent auf 22 Prozent ist dabei auf die historisch bedeutendsten Kapitalerhöhungen der beiden Unternehmen im Jahr 1908 zurückzuführen, in deren Zuge sich ihr Aktienkapital von jeweils 21 Millionen Mark auf nunmehr 36 Millionen Mark erhöhte. Zugleich vermehrte ebenfalls die AGFA ihr Aktienkapital von neun auf 14 Millionen Mark.

5.5.2 Finanzierung des Zechen-Projektes

Der enorme Kapitalbedarf des Dreibundes ergab sich nicht ausschließlich aus der Finanzierung des Norwegen-Projektes, dessen kalkulierte Kosten von 14,4 Millionen Mark allein eine Kapitalerhöhung um insgesamt 35 Millionen Mark nicht notwendig gemacht hätten. Der darüberhinausgehende, erhebliche Kapitalbedarf war das Resultat gleichzeitiger Autonomiebestrebungen der BASF hinsichtlich der eigenen Kohlenversorgung, die durch den Ankauf einer eigenen Kohlenzeche erreicht werden sollte.[211] Im Gegensatz zu den Farbenfabriken Bayer, die mittlerweile[212] ihren Kohlenbedarf über langfristig abgeschlossene Lieferverträge gesichert hatten, bezog die BASF ihre Kohlen über das Rheinisch-Westfälische Kohlen-Syndikat.[213] Die Beziehung zwischen dem Syndikat und der Badischen war spätestens zu Beginn des 20. Jahrhunderts zunehmend Belastungen ausgesetzt, da neben der sich aus der Abhängigkeit von der Preisgestaltung des Syndikats ergebenden Unzufriedenheit nun ebenfalls die Lieferfristen des

lären Dividende verstanden werden. Eine detaillierte Beschreibung des Vorganges findet sich im weiteren Verlauf dieses Kapitels.

211 Wichtig zu betonen ist, dass es sich hierbei nicht um eine klassische Integrationsbemühung vorgelagerter Produktionsschritte handelte, sondern die BASF nach einer Möglichkeit suchte, ihre Energieversorgung autark zu gestalten. Die für die Produktion seiner Endprodukte benötigten Kohlenwertstoffe wie Benzol bezog das Unternehmen zu diesem Zeitpunkt bereits aus einer eigenen Gasfabrik. Vgl. Steenbuck, Kurt: Die Gewerkschaft Auguste Victoria. Marl 1982, S. 13.

212 An dieser Stelle sei daran erinnert, dass die Farbenfabriken den Zusammenschluss mit der BASF und Hoechst im Jahr 1904 unter anderem mit dem Argument vorantreiben wollten, sich vom RWKS unabhängiger zu machen. Vgl. Kapitel 5.1.

213 Die langfristigen Lieferverträge waren mit dem Haniel Konzern abgeschlossen worden. Vgl. Gawehn, Gunnar: Kohle – Erz- Chemie. Bochum 2015, S. 35. Für eine detaillierte Geschichte des RWKS siehe Roelevink, Eva-Maria: Organisierte Intransparenz. München 2015, dort v. a. S. 77–97.

RWKS zu einem Problem wurden.[214] Mit seiner Preispolitik habe das Syndikat, so stellte der Aufsichtsrat der BASF im April 1907 fest, das Unternehmen in eine Notlage versetzt. Da die rechtzeitige Beschaffung verschiedener Kohlensorten offenbar nur unzuverlässig funktionierte, sah sich das Unternehmen mit der Schwierigkeit konfrontiert, die Preise der Verkaufsprodukte ohne Kenntnis der Bezugspreise der wichtigen Hilfsprodukte kalkulieren zu müssen.[215] Wenngleich sie sich zunächst zurückhaltend bezüglich der Ambitionen der BASF zeigte und diese mit einer gewissen Skepsis begleitete, schloss die Unternehmensführung Bayers den Aufkauf einer Kohlenzeche nicht kategorisch aus. Im April 1907 konkretisierte die BASF ihr Vorhaben und unterbreitete dem Dreibund den Vorschlag zum Kauf der bei Recklinghausen gelegenen Zeche Auguste Victoria, eine der wenigen Zechen, die dem RWKS noch nicht angehörte.[216] Die Eigentümer der Zeche hatten den Verkaufspreis auf 18 Millionen Mark festgesetzt; Versuche der BASF, den Verkaufspreis zu drücken, scheiterten. Angesichts der bereits im Norwegen-Projekt gebundenen Finanzmittel war der für den Kauf der Zeche kalkulierte Kapitalbedarf enorm, zumal zunächst vor allem die BASF von einer in den Dreibund integrierten Kohleförderung profitierte. In Anbetracht des fragwürdigen Nutzens für die anderen beiden Dreibundunternehmen hielt auch Duisberg rückblickend seine Zweifel darüber fest, „ob es gut und vorteilhaft war, soviel Geld in ein derartig riskiertes und nie hohe Verzinsung bringendes Unternehmen zu stecken."[217] Gleichzeitig sah Duisberg jedoch in dem gemeinschaftlichen Aufkauf der Zeche auch seine Grundidee für den Zusammenschluss der deutschen Chemieunternehmen erfüllt und beschrieb den Ankauf von Kohlefeldern in diesem Sinne als den „eigentliche[n] Ausgangspunkt unseres interessengemeinschaftlichen Zusammengehens."[218] Hierbei bezog sich Duisberg jedoch eher auf das in der Denkschrift formulierte Ziel, gegenüber dem Kohlensyndikat als „Großkonsument" unabhängiger und in Hinblick auf

214 Die Lieferschwierigkeiten datierten offenbar bereits auf das Jahr 1899 zurück. In dem Geschäftsbericht des Jahres 1899 gab der Vorstand der BASF an, es habe große Schwierigkeiten gegeben, „die für unseren Betrieb erforderlichen bedeutenden Kohlenmengen beizuschaffen. Gegen Ende des letzten und zu Anfang dieses Jahres wurde unsere Lage kritisch und wir mussten mit der Möglichkeit einer Betriebseinschränkung rechnen. Es ist uns gelungen, einer solchen Kalamität zu entgehen, aber immer noch haben wir gegen die geschilderten Verhältnisse anzukämpfen." BASF UA, Geschäftsbericht 1899.

215 Protokoll der 166. Sitzung des Aufsichtsrates der BASF, Ludwigshafen, 12.4.1907. Zitiert nach Gawehn 2015, S. 34.

216 Vgl. BAL 12/3, Protokolle von Direktionssitzungen, Vol. 1: Protokoll über die Direktionskonferenz vom 18. April 1907. Zur Geschichte der Zeche Auguste Victoria, vgl. ausführlich Gawehn 2015.

217 Duisberg 1918, S. 638.

218 Ebd.

die Preisgestaltung bestimmender zu werden als explizit auf die Integration der Energieproduktion in die Interessengemeinschaft.[219]

Vor dem Hintergrund der Verhandlungen um Auguste Victoria wurde vor allem der Unternehmensführung der AGFA die Einschränkung des eigenen Handlungsspielraums, welche der Dreibund trotz der eindeutigen Vorteile der Vereinigung bedeutete, vor Augen geführt. Auf Grund der geographischen Entfernung zu den Kohlefeldern des Ruhrreviers bezog das Unternehmen vergleichsweise wenig Rohstoffe von dort und hätte demzufolge kaum von dem Ankauf der Zeche profitiert.[220] Als kleinstes Mitglied des Dreibundes sah sich die Firmenleitung der AGFA offenbar jedoch gezwungen, dem Wunsch der beiden Partner zu entsprechen.[221] Die weiteren IG-Unternehmen wurden diesem Umstand insofern gerecht, als dass die Verteilung der Anteile an der Zeche nicht nach der Quotierung des Dreibundes erfolgen sollte, sondern nach dem Verhältnis von 47,5:47,5:5 Prozent.[222] Ein weiteres Indiz für das Ausgeliefertsein des kleinen Dreibundpartners kann ebenfalls in der Tatsache gesehen werden, dass die AGFA im Juni des Jahres 1907 nicht in der Lage war, ihren Anteil für das norwegische Salpeterprojekt in Höhe von zunächst 560.000 Kronen bzw. rund 644.000 Mark aufzubringen und dieser Betrag von den Farbenfabriken vorgestreckt wurde.[223] Überhaupt scheinen sich die wirtschaftlichen Rahmenbedingungen der einzelnen Unternehmen im Jahre 1907 deutlich voneinander unterschieden zu haben. Während sich die Lage der BASF zunehmend verbesserte und der Gewinn des Unternehmens den der Farbenfabriken wieder überstieg, verzeichnete auch Bayer weiterhin konstant steigende Erträge.[224] Die AGFA hin-

219 Genauer stellte Duisberg fest: „Selbst wenn die zu kaufenden Artikel unter Konvention stehen oder von Syndikaten vertrieben werden, ist die Neigung, den Großkonsumenten, zumal großen kapitalskräftigen Vereinigungen mit großem Verbrauch besonders billige Verkaufspreise einzuräumen, sehr groß. Das zeigt sich [...] beim Kohlen- und Kokssyndikat, das den großen Eisenwerken aus Sorge davor, daß diese Großkonsumenten von Kohlen und Koks sich eigene Gruben und Koksöfen zulegen könnten, wesentlich billigere Preise gemacht hat und sicherlich auch den vereinigten chemischen Fabriken ihre Kohlen zukünftig wesentlich billiger überlassen würde.“ Duisberg 1923c, S. 359.

220 Offenbar deckte die AGFA den Großteil ihres Kohlenbedarfs auf Grund der geographischen Nähe mit Braunkohle aus Thüringen. Vgl. HWA 214/1520: Vorgeschichte der I. G. Farbenindustrie AG bis zu ihrer Gründung.

221 Vgl. Gawehn 2015, S. 35.

222 Vgl. HWA 214/1520: Vorgeschichte der I. G. Farbenindustrie AG bis zu ihrer Gründung.

223 Vgl. BAL 12/3, Protokolle von Direktionssitzungen, Vol. 1: Protokoll über die Direktionskonferenz vom 27. Juni 1907.

224 Vgl. Plumpe 2016a, S. 251. Die rasche wirtschaftliche Erholung der BASF verbuchte Carl Duisberg als Erfolg der Interessengemeinschaft. Darüber hinaus verbesserte sich nun ebenfalls das seit den Bilanzierungskontroversen des Jahres 1905 angespannte Verhältnis zwischen den beiden Unternehmen. Vgl. ebd.

gegen meldete dem Dreibund im Februar 1907 einen „erheblichen Gewinnausfall“, der dazu führte, dass auf Grund der Gewinnverteilungsquoten des Dreibundes sowohl die Farbenfabriken als auch die BASF je 700.000 Mark als Ausgleichszahlung an das Berliner Unternehmen leisten mussten.[225] Die Unmöglichkeit, die für das Norwegen-Projekt geforderte Summe bereitzustellen, muss demnach für die Leitungen der BASF und Bayers wenig überraschend gewesen sein. Vor diesem Hintergrund bedeutete wohl auch die für den Ankauf der Norwegen- und Kohlen-Projekte notwendige Kapitalerhöhung für die AGFA keine wesentliche Entspannung.

Die Unternehmensführung der Farbenfabriken erkannte offenbar in der erstarkten wirtschaftlichen Position der BASF die Gelegenheit, die seit Gründung des Dreibundes existierenden bilanziellen Ungleichheiten zwischen den beiden Unternehmen beseitigen zu können.[226] Man zielte hierbei vor allem auf die unterschiedliche Reservedotierung und die im Gründungsvertrag vereinbarten und von der BASF an die Farbenfabriken zu leistenden Ausgleichszahlungen ab, um das sogenannte „Voraus“ zu begleichen.[227] In einem Bericht an die Direktion gab Carl Duisberg im August des Jahres 1907 bezüglich der Finanzierungsmodalitäten der Projekte zu Protokoll, dass er gegenüber der Geschäftsführung der BASF den Standpunkt eingenommen habe,

> „dass es auf Grund der für Ludwigshafen gegebenen Kohlenverhältnisse und der eingeholten Gutachten ein Bedürfnis für die I.-G. ist, die Kohlenzeche Auguste Viktoria trotz des relativ hohen Preises von ca. 18.000.000 Mark zu erwerben. Für den Erwerb und den Ausbau der Zeche und den Ausbau der Wasserkräfte in Norwegen ist ein Kapital von ca. 33.000.000 Mark erforderlich. Es ist in Aussicht genommen, diesen Betrag in der Weise aufzubringen, dass Ludwigshafen und Elberfeld ihr Aktienkapital um je 9.000.000 Mark und Berlin sein Aktienkapital um ca. 3.000.000 erhöhen. Die Gelegenheit soll benutzt werden, um die zwischen den Reserven von Ludwigshafen und Elberfeld bestehende Differenz von ca. 8.000.000 Mark und das Voraus Elberfelds von weiteren 6.000.000 Mark möglichst auszugleichen und auch die Differenz zwischen Berlin und der Vereinigung, die ungefähr 1.940.000 Mark beträgt, zu beseitigen.[228]

Das offenbar noch existente Missverhältnis zwischen der Kapitalisierung Bayers und der BASF sollte nach den Vorstellungen Duisbergs durch eine unterschiedliche Bewertung der emittierten Aktien der Dreibundunternehmen behoben

225 BAL 12/3, Protokolle von Direktionssitzungen, Vol. 1: Protokoll über die Direktionskonferenz vom 7. Februar 1907.

226 BAL 12/3, Protokolle von Direktionssitzungen, Vol. 1: Protokoll über die ausserordentliche Direktionskonferenz vom 5. August 1907.

227 Vgl. Kapitel 5.2.

228 BAL 12/3, Protokolle von Direktionssitzungen, Vol. 1: Protokoll über die Direktionskonferenz vom 8. August 1907.

werden. Während die Ausgabe der Aktien der Farbenfabriken „al pari“ erfolgen sollte, also zum Nennwert der Wertpapiere, sah der Vorschlag Duisbergs für die BASF eine Emission zu 260 Prozent des Nennwertes vor.[229] Hierdurch hätte sich die reale Kapitalerhöhung der Badischen auf rund 23,4 Millionen Mark belaufen. Unter Berücksichtigung der Kapitalerhöhungen der Farbenfabriken von neun Millionen Mark sowie derjenigen der AGFA von drei Millionen Mark wäre demnach der für die Kohlen- und Norwegen-Projekte kalkulierte Kapitalbedarf gedeckt worden. Der Reiz an diesem Finanzierungsvorschlag lag für Duisberg vermutlich darin, dass das Aktienkapital nicht um die eigentlich durch die Quotierung des Dreibundes vorgegebene Summe erhöht werden musste. Diese hätte sich auf jeweils 14,2 Millionen Mark für BASF und Bayer, sowie rund 4,6 Millionen Mark für die AGFA belaufen. Hätte die BASF den Vorschlag Duisbergs angenommen, wäre der Erwerb der Anteile am Kohlen- und Norwegen-Projekt wohl zu einem Großteil durch das durch die BASF erlöste Agio erfolgt, während die Besitzverhältnisse an den angekauften Gesellschaften der ursprünglichen Quotierung, also im Verhältnis von 43:43:14, entsprochen hätte. Auf diesem Wege wären die Verbindlichkeiten der BASF gegenüber Bayer einerseits erloschen, andererseits wäre zwar weiterhin eine historisch hohe, jedoch im Vergleich zu der Vollfinanzierung weitaus moderatere Kapitalerhöhung von neun Millionen Mark ausreichend gewesen. In diesem Sinne begründete Duisberg den Vorschlag auch mit der Notwendigkeit, die unter Kosten-Nutzen-Aspekten für die Farbenfabriken fragwürdigen Investitionen vor der eigenen Direktion und dem Aufsichtsrat Bayers legitimieren zu müssen – wofür eine vergleichsweise niedrige Kapitalerhöhung und eine gleichzeitige Schuldentilgung gute Argumente geliefert hätten.[230] Die theoretisch ebenfalls denkbare Lösung, den Kapitalbedarf über eine einseitig hohe nominale Kapitalerhöhung der BASF zu decken, war auf Grund der Regelungen des IG-Vertrages nicht umsetzbar. Dort war festgeschrieben worden, dass Kapitalerhöhungen nur gemeinsam erfolgen konnten und nach der Quotierung des Dreibundes durchgeführt werden mussten.[231]

Im Unterschied zu den bisherigen Finanzierungsentscheidungen war eine Innenfinanzierung der Investitionskosten über eine Ausnutzung der stillen Reserven auf Grund der Höhe des benötigten Kapitals keine Option, im Gegenteil: Hatte die Unternehmensführung während der 1890er Jahre wiederholt eine Kapitalerhöhung nach Umständen zu vermeiden versucht, wurde sie nun sogar

---

229 BAL 12/3, Protokolle von Direktionssitzungen, Vol. 1: Protokoll über die Direktionskonferenz vom 8. August 1907.

230 Ebd.

231 BAL 4/A.11, IG: Verträge über die geschlossene Interessengemeinschaft der deutschen Teerfarben.

zum bevorzugten Mittel.[232] Die Ursache hierfür lag vermutlich in den sich aus dem Dreibund ergebenden Bilanzierungszwängen. Da das Unternehmen während der 1890er Jahre in der Lage gewesen war, im Rahmen seiner mannigfaltigen reservepolitischen Maßnahmen auf eine Erhöhung der Dividende weitgehend verzichten zu können, war in der Konsequenz ein Großteil der Jahresgewinne im Unternehmen verblieben. Mit der Vereinigung zum Dreibund wurde die Reservebildung der Einzelunternehmen jedoch deutlich erschwert, da sie die Genehmigung der anderen Mitglieder voraussetzte und im Anschluss einer permanenten Kontrolle unterlag. So stellte der Delegationsrat im Mai des Jahres 1908 hinsichtlich der Reservefrage klar, dass, sollte eine Firma aus dem IG-Gewinn eine Reserve legen wollen, dies vor Fertigstellung der IG-Bilanzen zu erfolgen habe und die Genehmigung „nach Maßgabe des I.-G.-Vertrages" nachzusuchen sei. Im Falle der Genehmigung war die betreffende Firma dann verpflichtet, die Reserve auf ein „Separatkonto" zu buchen und über die Verwendung jährlich eine genaue Abrechnung zu geben.[233] Dennoch hatte die IG gleichzeitig auch Anreize zur Reservebildung gesetzt, indem gelegte Reserven mit vier Prozent jährlich verzinst wurden.[234] Auf Grund der dennoch allgemein als erschwert einzuschätzenden Möglichkeiten zur Reservebildung bestand in Kapitalerhöhungen nunmehr die einzige Option, den bereits mit Beginn des Dreibundes beobachtbaren raschen Anstieg der Ausschüttungsquote aufzuhalten (vgl. erneut Abbildung 5.1) – eine Möglichkeit, die die Unternehmensführung Bayers offenbar als erstrebenswert erachtete.[235]

Durchaus bemerkenswert ist, dass die starke Fokussierung der Farbenfabriken auf die Reservebildung trotz dieser Restriktionen und trotz der zunehmenden Bedeutung von Kapitalerhöhungen während des Dreibundes konsequent aufrechterhalten wurde. Entsprechend stieg die Summe der Reserven des Unternehmens zwischen den Jahren 1904 und 1914 von 66,7 Millionen Mark auf 131 Millionen Mark an. Auf Grund der eingeschränkten Möglichkeiten zur stillen Reservebildung basierte diese Vermehrung nun jedoch vor allem auf der Bildung öffentlicher Reserven (vgl. Tabelle 5.6, öffentliche Reserveposten grau unterlegt). Der größte Anteil am Reservewachstum ergab sich aus Erhöhungen der öffentlichen Reservefonds (Reservekonto I&II), auf deren Zugewinn zwischen

232 Vgl. Kapitel 4.2. Die durch eine Kapitalerhöhung bewirkte Verringerung der Dividendenquote fand bereits im Jahr 1904 Anwendung. Wie beschrieben, erfolgte diese jedoch vornehmlich aus bilanzpolitischen Gründen. Vgl. hierzu ausführlich Kapitel 4.5.

233 BAL 4/A.14, IG, Protokolle über Sitzungen des Delegationsrates: Protokoll über die Sitzung des Delegationsrates zu Berlin am 9. Mai 1908.

234 BAL 4/A.11, IG: Verträge über die geschlossene Interessengemeinschaft der deutschen Teerfarben.

235 Vgl. Plumpe 2016a, S. 251.

den Jahren 1904 und 1914 rund 23 Prozent der Steigerung der Unternehmensreserven zurückzuführen waren. Als wichtige Ursache der Dotierung ist zu berücksichtigen, dass die Farbenfabriken ihre zuvor über das Instrument der Sonderabschreibung durchgeführte Reservestellung vor dem Hintergrund der beschriebenen Auseinandersetzung mit der Steuerbehörde seit dem Jahr 1901 in den Reservefonds II transferierten.[236]

Tab. 5.6: Reserveaufstellung Bayer für die Jahre 1904 und 1914 (in Mark, öffentliche Reserven markiert).[237]

	Jahr 1904	Jahr 1914	Differenz	Anteil an Differenz
Grundstücke	1.537.317,27	6.641.940,04	5.104.622,77	8 %
Gebäude	11.963.790,13	20.409.660,00	8.445.869,87	13 %
Maschinen	15.656.001,35	18.491.443,93	2.835.442,58	4 %
Eisenbahnen	1.141.911,85	2.172.489,42	1.030.577,57	2 %
Mobiliar u. Fuhrwerk	323.752,16	911.563,15	587.810,99	3 %
Vorräte	14.917.587,42	16.668.900,70	1.561.313,28	3 %
Effekten	121.253,75	-	-121.253,75	0 %
Beteiligungen an fremden Unt.	960.119,71	-	-960.119,71	-1 %
Reservekonto I	5.866.625,42	12.728.460,90	6.861.835,48	11 %
Reservekonto II	4.750.000,-	12.594.359,-	17.844.359,-	12 %
Allgemeines Inventur-Reserve-Kto.	1.550.000,-	1.550.000,-	-	0 %
Reserve für laufende Prozesse	400.000,-	400.000,-	-	0 %
Delkredere Außenstände	1.000.000,-	2.000.000,-	1.000.000,-	2 %
Delkredere Transportschäden	1.000.000,-	1.268.042,17	268.042,17	0 %
Delkredere Sturmschäden	1.000.000,-	1.412.467,01	412.467,01	1 %
Delkredere Feuerversicherung	1.000.000,-	3.845.169,44	2.845.169,44	4 %

236 Vgl. Kapitel 4.5. und 4.6.

237 Zahlen entnommen aus BAL 15/4, Finanzwesen, Normen für Verteilung der Generalspesen: Reserven Elberfeld detailliert. Differenz und Anteile nach eigener Berechnung.

	Jahr 1904	Jahr 1914	Differenz	Anteil an Differenz
Delkredere Störungen	-	1.000.000,-	1.000.000,-	2 %
Kleinbahn-Erneuerungsfonds	61.263,00	139.558,03	78.295,03	0 %
Kleinbahn-Spezial-Reservefonds	23.449,47	112.804,29	89.354,82	0 %
Fonds für Wohlfahrtsanlagen	600.000,-	2.583.617,40	1.983.617,40	3 %
Arbeiter-Unterstützungsfonds	1.290.683,61	4.767.317,20	3.476.663,59	5 %
Beamten-Unterstützungsfonds	683.348,93	2.487.278,98	1.803.930,05	3 %
Gewinn-Vortrag	866.614,13	5.340.831,72	4.474.217,59	7 %
Kriegs-Invalidenfonds	-	1.000.000,-	1.000.000,-	2 %
Bewertungskonto alte Beteiligungen	-	881.099,29	881.099,29	1 %
Bewertungskonto neue Beteiligungen	-	12.000.000,-	12.000.000,-	19 %
Summe	**66.173.718,20**	**131.307.002,67**	**64.593.284,47**	**102 %**[1]

1 Hoher Wert auf Grund von Rundung durch Verfasser.

Die nominell höchste Veränderung ist hingegen auf dem Bewertungskonto für neue Beteiligungen auszumachen, dessen Höhe ebenfalls in der öffentlichen Bilanz ausgewiesen wurde, jedoch zusammengefasst unter dem Posten „Beteiligungen an fremden Unternehmungen".[238] Die „klassischen" für die stille Reservebildung genutzten Konten – allen voran die Konten des Anlage- und Umlaufvermögens – verzeichneten eine verhältnismäßig geringe Vermehrung. Zwar sind die Konten für Grundstücke und Gebäude von dieser Feststellung auszunehmen, doch wies bspw. das Bilanzkonto für Maschinen, das in der Vergangenheit ein vorrangiges Ziel der stillen Reservelegung gewesen war, geringe Veränderungen auf. Die Aussage könnte jedoch in der Hinsicht relativiert werden, dass die Konten des Umlauf- und Anlagevermögens bereits vor Beginn des Dreibundes weitgehend abgeschrieben worden waren.[239]

238 Vgl. BAL Geschäftsbericht 1914.

239 Vgl. hierzu Kapitel 4.5.

Auch für die Delkrederekonten und das Konto der Inventurreserven – bei denen es sich explizit um heimliche Reservekonten handelte – sind vergleichsweise geringe Veränderungen festzustellen. Ein Wandel der Reservepraxis kann hingegen in der zunehmenden Bedeutung der Gewinnvorträge ausgemacht werden. Diese waren in den 1880er und 1890er Jahren gering ausgefallen und sind demnach als Reserveinstrument als relativ unwichtig einzuschätzen. Innerhalb des Dreibundes spielten die Überträge dann offenbar eine weitaus bedeutendere Rolle für die Reservepolitik, wie aus ihrem vergleichsweise hohen Anteil am Reservezuwachs festzumachen ist. Hinsichtlich der offensichtlichen Bedeutungsverschiebung der Reservepolitik in Richtung einer öffentlichen Reservelegung ist abschließend noch festzustellen, dass sich der aus der Tabelle ergebende Anteil der stillen Reserven an den Gesamtreserven im Jahr 1904 auf rund 77 Prozent belief, im Jahr 1914 hingegen auf nur noch rund 58 Prozent.[240]

Die Leitung der BASF reagierte auf den von Duisberg vertretenen Standpunkt, die Kapitalerhöhung zur Beseitigung der innerhalb der Interessengemeinschaft noch bestehenden Ungleichheiten zu benutzen, ablehnend.[241] Da Rückzahlungsmodalitäten bereits im Gründungsvertrag der Interessengemeinschaft verankert worden waren, sah die Führung der Badischen vermutlich keinen Handlungsbedarf. Auch hätte das erhebliche Agio wahrscheinlich zu Irritationen auf Seiten der BASF-Aktionäre geführt, da beide Unternehmen die Kapitalerhöhung ja aus identischen Beweggründen durchführten. Als neues Finanzierungsmodell wurde nun stattdessen die „klassische“ Kapitalerhöhung nach Quotierung ins Auge gefasst, deren Umfang die BASF durch die Ausgabe von Obligationen zunächst zu verringern versuchte.[242] Erneut äußerten Teile der Unternehmensführung der Farbenfabriken ihre Bedenken gegenüber dem Erwerb der Kohlenzeche. Jedoch erklärte sich Henry Böttinger, mittlerweile Aufsichtsratsvorsitzender des Unternehmens, nach eingehender Debatte bereit, „seine Bedenken zurückzustellen und sich nicht gegen den Erwerb auszusprechen.“[243] Am 10. September des Jahres 1907 kam es schließlich zur Einigung über die Finanzierungsmodalitäten. Die Leitungen der Farbenfabriken und der BASF verständigten sich auf eine Erhöhung ihres Aktienkapitals um je 14 Millionen Mark. Auch die AGFA stimmte ihrerseits der Erhöhung ihres Aktienkapitals

240 Berechnung nach BAL 15/4, Finanzwesen, Normen für Verteilung der Generalspesen: Reserven Elberfeld detailliert.

241 BAL 12/3, Protokolle von Direktionssitzungen, Vol. 1: Protokoll über die Direktionskonferenz vom 15. August 1907.

242 BAL 12/3, Protokolle von Direktionssitzungen, Vol. 1: Protokoll über die Direktionskonferenz vom 29. August 1907.

243 BAL 12/3, Protokolle von Direktionssitzungen, Vol. 1: Protokoll über die Direktionskonferenz vom 5. September 1907.

um rund 4,6 Millionen Mark zu. Obwohl das Unternehmen nur mit einem geringen Anteil von fünf Prozent an der Kohlenzeche beteiligt wurde, war es auf Grund der im Dreibund verankerten Kapitalerhöhungsklausel zur einer Aktienemission im Verhältnis der Gewinnquoten verpflichtet. Die Aktienemission sollte mit einem geringen Agio von fünf Prozent zur Deckung der auftretenden Emissionsspesen erfolgen, die Wertpapiere wie bereits bei früheren Kapitalerhöhungen im Geschäftsjahr 1908 nur zur Hälfte an der Dividendenausschüttung teilnehmen und zunächst den Altaktionären im Bezugsverhältnis von drei alten zu zwei neuen Aktien angeboten werden.[244] Bemerkenswert ist, dass die Unternehmensleitung der Farbenfabriken ihren Altaktionären einen eindeutigen Anreiz zum Gebrauch ihres Bezugsrechts gab: Auf der aus Anlass der Kapitalerhöhung für den 26. Oktober 1907 einberufenen außerordentlichen Generalversammlung kündigte der Vorstand die Ausschüttung einer Sonderdividende in Höhe von 20 Prozent an.[245] Die Auszahlung erfolgte zusätzlich zu der ohnehin einmalig hohen regulären Dividende von 36 Prozent und hatte den explizit formulierten Zweck, den Aktionären „die Ausübung des Bezugsrechts auf die neuen Aktien zu erleichtern." Ein aus Sicht der Farbenfabriken sicher nicht zu vernachlässigender Vorteil der auf die Initiative der Altaktionäre abzielenden Maßnahme war zudem, dass eine starke Verwässerung des Aktienkapitals verhindert würde, da der Aktienbesitz sich zum Großteil weiterhin auf bereits existierende Aktionäre konzentrierte. Im Unterschied zu früheren Jahren wurde die Zahlung der Sonderdividende aus dem öffentlichen Reservefonds II getätigt, dessen Höhe sich mittlerweile auf 8,85 Millionen Mark belief.[246] Konsequenterweise schlug sich die massive Kapitalerhöhung ebenfalls in den Aktienkursen der Unternehmen nieder. So sank der Jahresendkurs der an der Berliner Börse gehandelten Wertpapiere der BASF in den Jahren 1907 und 1908 von 543,50 auf 361,10 Prozent des Nominalwertes, entsprechend einem Rückgang von 182,4 Prozentpunkten. Der Jahresendkurs der Farbenfabriken hingegen verzeichnete im selben Zeitraum einen Rückgang von 675,25 auf 414 Prozent bezogen auf den Nominalwert der Aktien. Die Verringerung des Aktienkurses fiel bei Bayer mit 261,25 zwar höher aus, dennoch fällt der Unterschied zu der BASF in Anbetracht der den Bilanzkurs zusätzlich beeinflussenden Sonderdividende überraschend gering aus.[247]

244 BAL 12/3, Protokolle von Direktionssitzungen, Vol. 1: Abschrift des Geschäftsführerbeschlusses vom 10. September 1910.

245 Vgl. BAL 14/2, Hauptversammlung. Protokolle der Generalversammlung.

246 BAL Geschäftsbericht 1907, Bericht des Aufsichtsrats. Eine Interpretation der Sonderausschüttung soll im weiteren Verlauf dieses Kapitels erfolgen.

247 Börsendaten entnommen aus den jeweiligen Einträgen im Handbuch der deutschen Aktiengesellschaften 1912/1913.

Trotz des bereits im September des Jahres 1907 gefassten Beschlusses gab die Direktion der Farbenfabriken am 31. Oktober desselben Jahres zu Protokoll, dass die Verhandlungen mit der Deutschen Bank bezüglich der Kapitalerhöhung auf das Frühjahr des Jahres 1908 vertagt werden sollten.[248] Diese Verzögerung ist insoweit erwähnenswert, da der Kauf der Zeche Auguste Victoria Ende Oktober 1907 zum Preis von 17,7 Millionen Mark abgewickelt worden war und die Kohlenlieferung an den Dreibund bereits am 1. Januar 1908 begann.[249] Die schlussendlich auf einer außerordentlichen Generalversammlung am 26. Oktober 1907 bewilligte Kapitalerhöhung belief sich auf 15 Millionen Mark statt den ursprünglich veranschlagten 14 Millionen Mark, wodurch sich das Aktienkapital der BASF und der Farbenfabriken auf je 36 Millionen Mark erhöhte, das der AGFA hingegen auf 14 Millionen Mark. Wie es bereits bei früheren Kapitalerhöhungen der Fall war, erfolgte die Zeichnung der Wertpapiere und die Einzahlung der Barmittel durch die Deutsche Bank weit vor der eigentlichen Aktienemission an der Berliner Börse.[250] Als die Aktien schließlich im August des Jahres 1908 emittiert wurden, begründete das von der Deutschen Bank ausgegebene Prospekt die Notwendigkeit der Erhöhung explizit mit der Beschaffung von Mitteln für den Erwerb der Kohlenzeche Auguste Victoria „sowie für die Nutzbarmachung der Erfindungen der Badischen Anilin- und Sodafabrik betreffend die Herstellung stickstoffhaltiger Produkte durch Oxydation des atmosphärischen Stickstoffs und deren Weiterverarbeitung." Als weiteres Argument für den Erwerb der Zeche gab das Prospekt an, dass die Interessengemeinschaft ihre Kohleversorgung von der jeweiligen Gestaltung des Kohlenmarktes unabhängig machen wolle. Auch bezüglich des Norwegen-Projektes gewährte man detaillierten Einblick in die Besitzverhältnisse und erklärte, dass der Dreibund erst im Laufe des Jahres 1910 mit einer Inbetriebnahme der Salpetergewinnung rechne, für welche die Interessengemeinschaft jedoch noch eine über die Aktienbeteiligung hinausgehende Summe von rund sieben Millionen Mark würde aufwenden müssen.[251]

Ähnlich offen zeigten sich die Farbenfabriken in ihrem Geschäftsbericht für das Jahr 1907. In Bezug auf die norwegische Salpeteranlage gab die Direktion dort an, dass die Anlagen, obgleich sie große Kapitalien erfordern würden, vor Ablauf mehrerer Jahre nicht nutzbringend verwendet werden könnten. Ebenfalls sei die Höhe der Kohleförderung der Zeche Auguste Victoria zwar erfreu-

248 BAL 12/3, Protokolle von Direktionssitzungen, Vol. 1: Protokoll über die Direktionskonferenz vom 31. Oktober 1907.

249 Vgl. Gawehn 2015, S. 36.

250 Vgl. hierzu BAL Geschäftsbericht 1907.

251 HADB SG31/009: Prospekt der Kapitalerhöhung 1901.

lich, doch werde man auch hier erst nach Ablauf von Jahren den vollen Erfolg erzielen können.[252] In Hinblick auf die Kommunikation der Kapitalerhöhung lässt sich feststellen, dass die Direktion Bayers eine gewisse Zurückhaltung zeigte und den Nutzen der für die Farbenfabriken enormen Investitionen nicht offensiv zu vermarkten versuchte. Dieser Eindruck wird zusätzlich durch die beschriebene Sonderdividende unterstrichen, die mit der Begründung ausgeschüttet wurde, den Altaktionären die Zeichnung der neuen Wertpapiere zu erleichtern. Im Unterschied zu den Farbenfabriken formulierte die Geschäftsführung der BASF ihren Jahresbericht weniger defensiv. Zwar verwies sie auf die Tatsache, dass der weitere Ausbau der Zeche zukünftig die Zahlung größerer Summen notwendig machen würde, doch erwähnte sie nicht, dass sich der monetäre Nutzen der Zechen- und Norwegenprojekte erst nach einigen Jahren einstellen werden würde.[253]

5.6 Entscheidungsspielräume im Dreibund

Der Vergleich der Unternehmenskommunikation erlaubt die Interpretation, dass hierin die unterschiedliche Motivation und Bewertung der Dreibund-Investitionen ihren Ausdruck fanden. Wie beschrieben, gingen die Übernahme der Zeche sowie die Kooperation mit Norsk Hydro eindeutig auf die Initiative der BASF zurück und lösten dort dringende Probleme bzw. entsprachen der dort herrschenden unternehmensstrategischen Logik. Die Farbenfabriken, deren Beteiligung an den Investitionen auf Grund der Dreibundstruktur kaum verhandelbar war – nicht zuletzt, da der Zusammenschluss der Unternehmen erst wenige Jahre zuvor durch Carl Duisberg resolut vorangetrieben worden war – versuchten daher zunächst, die notwendige Kapitalerhöhung so gering wie möglich zu halten, wofür sie der BASF eine vergleichsweise geringe Vermehrung vorschlugen. Der Kapitalbedarf der Zechen- und Norwegenprojekte sollte dann über ein sofortiges Begleichen der noch auf Seiten der Badischen existierenden Verbindlichkeiten gegenüber Bayer querfinanziert werden. Als dieser Finanzierungsplan durch die BASF abgelehnt und eine Aktienemission in der vollen Höhe des Kapitalbedarfs vereinbart wurde, unterstützte die Unternehmensleitung den Wertpapierkauf ihrer Altaktionäre durch die Ausschüttung einer Sonderdividende. Hier liegt die Vermutung nahe, dass dieser Schritt vor allem als Möglichkeit der Unternehmensführung gesehen wurde, bei den Aktionären keinen zu großen Widerstand gegen die eingeschlagene Linie des Dreibundes

252 Vgl. BAL Geschäftsbericht 1907.
253 Vgl. BASF UA, Geschäftsbericht 1907.

hervorzurufen. Aus Sicht der Aktionäre standen sich zwei konträre Unternehmensstrategien gegenüber, der eingeschlagene Weg des Dreibundes wies dabei zunächst in Richtung der Zielerfüllung der BASF. Für die Unternehmensführung der Farbenfabriken bedeuteten die ersten Jahre des Dreibundes vor allem eine Einschränkung ihrer Entscheidungsfreiheit. So mussten nicht nur die etablierte Bilanzierungspolitik des Unternehmens teilweise aufgegeben werden, sondern ebenfalls Projekte – auch gegen den expliziten Widerstand einzelner Führungsmitglieder – mitgetragen werden, die für das Unternehmen keinen unmittelbaren bzw. nur kurzfristigen Nutzen erkennen ließen. Wenngleich die Durchführung von Großinvestitionen von Zeitgenossen wie auch von späteren Beobachtern immer wieder als ein wesentlicher Vorteil dieser Interessengemeinschaft dargestellt wurde, profitierte doch zunächst vor allem die BASF von diesem erweiterten Handlungsspielraum.[254]

Unter dem Aspekt des Handlungsspielraums ist noch zu erwähnen, dass sich die Farbenfabriken während der Verhandlungen bezüglich der Übernahme der Zeche Auguste Victoria ebenfalls mit dem Ankauf einer Teerdestillationsfabrik in Belgien befassten, die dem Unternehmen den Bezug des wichtigen Grundstoffs Naphthalin sichern sollte.[255] Der Kaufpreis der Anlage in Schoonaerde wurde zunächst auf 1,5 Millionen Francs beziffert, rund 1,2 Millionen. Mark.[256] Nach mehreren Begutachtungen durch Mitglieder des Führungsstabs der Farbenfabriken und der Bewertung durch externe Gutachter wurde der Wert der Fabrik in Schoonaerde schließlich auf 820.000 Francs bzw. rund 655.305 Mark taxiert. Das Inventar des Unternehmens wurde mit weiteren 300.000 Francs veranschlagt, woraus sich eine Bewertung von 1,12 Millionen Franc bzw. knapp 900.000 Mark ergab. Wie dem Gutachten zu entnehmen war,

254 Vgl. zeitgenössisch die bereits zitierte Aussage Duisbergs in Bezug auf den Ankauf der Zeche Auguste Victoria in Duisberg 1918, S. 638. Zu modernen Auffassungen siehe Plumpe 1990, S. 48.

255 Die Notwendigkeit einer verlässlichen Grundstoffbeschaffung war den Farbenfabriken spätestens im Jahr 1900 vor Augen geführt worden. Vor dem Hintergrund des Zweiten Burenkrieges hatte die englische Regierung im Januar ein Ausfuhrverbot für die wichtigen Grundstoffe Pikrin- und Karbolsäure verhängt, wodurch den deutschen Teerfarbenunternehmen die bei weitem wichtigste Quelle zur Bedarfsdeckung verschlossen wurde. Als Reaktion hierauf begann eine Vielzahl von Unternehmen mit der Suche nach Möglichkeiten zur Substituierung dieser Grundstoffe, die mittelfristig erfolgreich war. Vgl. Duisberg, Carl; Doermer, Otto: Englisches Ausfuhrverbot für Carbolsäure. In: Carl Duisberg (Hg.): Abhandlungen, Vorträge und Reden aus den Jahren 1882–1921. Berlin u. a. 1923 sowie Plumpe 2016a, S. 133.

256 Vgl. BAL 12/3, Protokolle von Direktionssitzungen, Vol. 1: Protokoll über die Direktionskonferenz vom 1. August 1907. Währungsumrechnung nach Wechselkurs aus BAL 12/3, Protokolle von Direktionssitzungen, Vol. 1: Protokoll über die Direktionskonferenz vom 19. Dezember 1907. Der dort verwendete Wechselkurs belief sich auf ca. 1 Mark zu 0,8 Francs.

beinhaltete der aufgerufene Kaufpreis von 1,575 Millionen Franc einen verhältnismäßig hohen „good will" von 430.000 Francs.[257] Dennoch beschloss die Direktion, im Dreibund die Berechtigung zur Übernahme von 60 Prozent des Unternehmens zum Preis von insgesamt 945.000 Mark einzuholen, um sich „von der Teervereinigung möglichst unabhängig zu machen."[258] Bemerkenswert ist, dass die Direktion der Farbenfabriken den Ankauf der Teerdestillation nicht aus IG-Mitteln, sondern selbstständig zu vollziehen beabsichtigte: „Der Erwerb soll möglichst durch uns allein und nur, wenn die übrigen Firmen nicht damit einverstanden sind, auf Kosten der I.-G. erfolgen."[259] Tatsächlich ging die belgische Fabrik schließlich in den alleinigen Mehrheitsbesitz der Farbenfabriken über, im Lauf des Jahres 1908 wurden die Anteile auf 94 Prozent erhöht.[260] Im Februar des Jahres 1908, wenige Monate nach dem Ankauf der Fabrik, erfüllten sich die mit dem Erwerb verbundenen Erwartungen hinsichtlich einer zunehmenden Unabhängigkeit von dem weitgehend syndizierten Markt für Teerprodukte. Die „Deutsche Teerproduktenvereinigung", die zuvor offenbar mit der Forderung

257 BAL 12/3, Protokolle von Direktionssitzungen, Vol. 1: Protokoll über die Direktionskonferenz vom 19. Dezember 1907. Mit dem Begriff des Goodwill werden immaterielle Vermögenswerte eines Unternehmens bezeichnet, deren Wert nicht über die in der Bilanz aufgeführten Posten des Anlage- oder Umlaufvermögens ausgedrückt werden können. Diese Bewertung ist vor allem bei Unternehmensübernahmen relevant, da – wie auch im Fall der Übernahme von Schoonaerde – hiermit die Differenz zwischen Bilanz- und Kaufsumme erfasst werden kann. Zur Begriffsdefinition des Goodwill, vgl. Schmidt und Terberger 2006, insb. S. 50–57. Einen konzisen historischen Überblick über mehrere Länder liefern Ding, Yuan; Richard, Jacques; Stolowy, Hervé: Towards an Understanding of the Phases of Goodwill Accounting in four Western Capitalist Countries: From Stakeholder model to Shareholder model. In: *Accounting, Organizations & Society*, 33 (2008), S. 718–755. Auch Duisberg widmete dem Begriff des Goodwill schon in seiner „Denkschrift über die Vereinigung der deutschen Farbenfabriken" einige Gedanken: „Erfolgt endlich [...] der Zusammenschluss gleichartiger Industriezweige in der Weise, dass die Inhaber der verschiedenen Fabriken die in ihren Unternehmen angelegten Kapitalwerte in weitgehendem Masse überschätzen, sich ausserdem für das Aufgehen der kleinen Betriebe in dem grossen, für den sogenannten ‚Good will', enorme Beträge bezahlen lassen [...] so tritt damit eine so gewaltige Kapitalsübergründung des neuen Unternehmens ein, dass anstelle der zwar beseitigten Konkurrenz eine Ueberlastung durch Zinsen, Tantièmen und sonstigen Aufwendungen stattfindet." Duisberg 1923c, S. 356.

258 Bei der benannten Teervereinigung handelte es sich um die sogenannte Deutsche Teerproduktenvereinigung, ein seit dem Jahr 1905 existierendes Syndikat zum Verkauf von teerbasierten Grundstoffen. Vgl. Kleinschmidt, Christian: „Rütgers, Julius". In: Neue Deutsche Biographie 22 (2005), S. 230 [Online-Version]. Auf Grund der zeitlichen Nähe kann der Ankauf der belgischen Fabrik als unmittelbare Reaktion auf die Gründung des Syndikats aufgefasst werden.

259 Vgl. BAL 12/3, Protokolle von Direktionssitzungen, Vol. 1: Protokoll über die Direktionskonferenz vom 19. Dezember 1907.

260 Verg et al. 1988, S. 178. Zur Anteilserhöhung siehe BAL Geschäftsbericht 1908.

an die Farbenfabriken herangetreten war, den gesamten Naphthalin-Bedarf des Unternehmens über das Syndikat zu decken, milderte diese Forderung angesichts der nun in das Unternehmen integrierten Teerdestillation deutlich ab. Rudolf Mann, stellvertretender Direktor der Farbenfabriken, gab gegenüber der Direktion zu Protokoll, die Forderung nach vollständiger Bedarfsdeckung sei „gar nicht wiederholt“ worden. Das Syndikat habe sich im Gegensatz dazu bereit erklärt, „uns Naphtalin [!] ohne jede derartige Beschränkung zu überlassen.“[261] Der Kauf der Teerdestillation entpuppte sich darüber hinaus als Wettbewerbsvorteil: Wie sich in den Gesprächen mit der Teerproduktenvereinigung herausstellte, belieferte diese mit Hoechst und Cassella auch zwei der ärgsten Konkurrenten der Farbenfabriken. Angesichts der guten Verhandlungsposition Bayers zeigte sich die Syndikatsleitung jedoch dazu bereit, dem Unternehmen in Bezug auf mehrere benötigte Rohmaterialien besonders günstige Konditionen zu offerieren.[262] Die Direktion Bayers akzeptierte zunächst weitere Naphthalin-Lieferungen durch das Syndikat, wies aber die Fabrik in Schoonaerde zugleich an, möglichst große Mengen des Produktes auf Lager zu produzieren, um von 1910 an „mit diesem Vorrat und der Fabrikation des Jahres unseren Bedarf in Napthalin [!] mit der jetzigen Apparatur aus Schoonaerde decken [zu] können.“[263] Den Autonomiebestrebungen der Farbenfabriken war ferner zuträglich, dass Bayer einen Teil des in Schoonaerde zu destillierenden Teers seit dem Jahr 1910 aus der Zeche Auguste Victoria bezog, an dessen Verwertung weder die BASF noch die AGFA Interesse zeigten.[264]

Das Beispiel des Ankaufs der Teerdestillation in Schoonaerde wurde an dieser Stelle herangezogen, um das in den vorausgehenden Kapiteln entworfene Bild einer von Passivität gekennzeichneten Unternehmensstrategie Bayers zu relativieren. So kann die These aufgestellt werden, dass die Entscheidung zur Integration des belgischen Unternehmens der Logik der seit den späten 1880er Jahren entwickelten Unternehmensstrategie Bayers entsprach, indem potentiell unkalkulierbare Kosten identifiziert und nach Möglichkeit in das Unternehmen integriert wurden. In dem Zukauf Schoonaerdes ist zudem ein wesentlicher Unterschied zu den Investitionen in die Norwegen- und Zechenprojekte auszuma-

261 BAL 12/3, Protokolle von Direktionssitzungen, Vol. 1: Protokoll über die Direktionskonferenz vom 13. Februar 1908.

262 Ebd.

263 Ebd.

264 Vgl. BAL 9/L.5.1, Beteiligungen und Tochtergesellschaften der Bayer AG: Gewerkschaft Auguste Victoria. Protokoll der Grubenvorstandssitzung am 21. Mai 1909. Ebd., Grubenvorstands-Sitzung am 21. Oktober 1911.

chen, da die Unternehmensführung Bayers hier auf ein, ihre Handlungsfreiheit unmittelbar einzuschränken drohendes Problem reagierte. Dies war weder bei der Investition in die Norsk Hydro der Fall, deren Nutzen für Bayer höchstens in steigenden Profiten der BASF und in der Konsequenz auch der anderen Dreibund-Mitglieder zu sehen war, noch bei den Investitionen in die Zeche Auguste Victoria, von deren Kohleförderung die Farbenfabriken nur bedingt profitierten.[265] Vor diesem Hintergrund ist es dann auch nicht verwunderlich, dass sich der Dreibund bereits in den Jahren 1910[266] und 1912 mit dem Verkauf der Zeche beschäftigte.[267] So erklärte die Direktion der BASF gegenüber den Farbenfabriken und der AGFA im Juni 1912, man habe Verkaufsverhandlungen nur zugestimmt, „weil ihre Herren schon bei den verschiedensten Gelegenheiten das mit der Zeche verbundene Risiko beklagt und den Wunsch ausgesprochen hatten, die Zeche wieder los zu werden." Der Standpunkt der BASF sei in der Sache insofern verschieden, „als wir den Besitz einer eigenen Zeche für einen Konzern von der Bedeutung des unsrigen von Anfang an für wichtig genug erachtet haben, um das mit dem Besitz einer solchen verbundene Risiko zu tragen."[268] Die Auffassung der Farbenfabriken bezüglich der Nützlichkeit einer eigenen Kohleförderung fand schließlich in der Antwort Carl Duisbergs und des Vorstandsmitglieds Rudolf Mann ihren Ausdruck, dass die aus dem Besitz der Zeche resultierende Unabhängigkeit zwar nützlich und wichtig sei und seinerzeit auch die Farbenfabriken dazu veranlasst habe, dem Kauf zuzustimmen. Das mit der Zeche verbundene Risiko würde jedoch zu großen Bedenken Anlass geben, „zumal, wenn die zu erzielenden Gewinne in keinem Verhältnis zu ihm" stünden, weshalb man einem Verkauf unter günstigen Konditionen zustimmen wolle.[269]

Wie bereits zu Beginn der 1890er Jahre, als die Unternehmensführung Bayers sich entgegen dem ökonomischen Kalkül, aber mit der Aussicht auf eine größere Autonomie für den Aufbau einer eigenen Schwefelsäureproduktion entschied, galt es nun, erneut zwischen Autonomie und unternehmerischem Nutzen abzuwägen.[270] Die dem Zechenprojekt von den Farbenfabriken beigemesse-

265 So bestimmte die Direktion der Farbenfabriken im Januar des Jahres 1909, den Liefervertrag mit der Haniel'schen Zeche Rheinpreußen nicht zu kündigen. Vgl. BAL 12/3, Protokolle von Direktionssitzungen, Vol. 1: Protokoll über die Direktionskonferenz vom 21. Januar 1909.
266 Vgl. BAL 59/648, Ingenieurverwaltung, Gewerkschaft Auguste Victoria.
267 Vgl. Gawehn 2015, S. 38.
268 BAL 9/L.5.1, Beteiligungen und Tochtergesellschaften der Bayer AG: Gewerkschaft Auguste Victoria. Brief der BASF an Bayer und AGFA, 24. Juni 1912.
269 BAL 9/L.5.1, Beteiligungen und Tochtergesellschaften der Bayer AG: Gewerkschaft Auguste Victoria. Brief von Carl Duisberg und Rudolf Mann an BASF und AGFA, 27. Juni 1912.
270 Die Farbenfabriken entschieden sich zum Aufbau der Schwefelsäurefabrikation, obwohl bereits im Zeitpunkt der Entscheidung offensichtlich war, dass die Preise der Selbstherstellung

ne Bedeutung fand schlussendlich ihren Ausdruck darin, dass der Verkauf von Auguste Victoria letztlich nicht am Widerstand Bayers scheiterte, sondern in der fehlenden Bereitschaft des potentiellen Käufers, den Dreibund nach dem Verkauf zu besonders günstigen Konditionen weiter zu beliefern.[271] Wenngleich die Kritik an der Daseinsberechtigung der Zeche innerhalb der IG demnach laut war, bot sie den Farbenfabriken zumindest ein Druckmittel in den Verhandlungen mit den eigenen Kohlezulieferern, namentlich den ebenfalls im RWKS organisierten Haniel Zechen. So gab die Direktion der Farbenfabriken im Januar 1912 einen für das Unternehmen sehr günstigen Abschluss von Kohlelieferungen mit dem RWKS bekannt, in dem sich gezeigt habe, „dass der Besitz von Auguste Victoria für derartige Verhandlungen sehr wesentlich“ sei.[272]

Schließlich muss bei der Analyse der Entscheidungs- und Handlungsspielräume innerhalb des Dreibundes trotz der starken Betonung ihrer Einschränkung darauf hingewiesen werden, dass es gewiss unmöglich ist, den im Rahmen der Investitionstätigkeit aufgegebenen Handlungsspielraum der Unternehmensführung Bayers gegen die offenkundigen und mannigfaltigen Vorteile aufzurechnen, welche die Interessengemeinschaft zweifelsfrei mit sich brachte. Errungenschaften wie eine gemeinsame Verkaufsstrategie[273] und weitere Maßnahmen zur Verringerung der Wettbewerbsintensität zwischen den Dreibund-Unternehmen trugen dazu bei, die Wettbewerbsposition der in dieser Interessengemeinschaft vereinigten Unternehmen deutlich zu verbessern. Diese Wettbewerbsposition wurde nicht zuletzt durch die Vereinheitlichung der Betriebsorganisation erreicht, bei der den Farbenfabriken zumeist die Vorbildrolle zuteilwurde.[274] Dass diese Fortschrittlichkeit der Betriebsorganisation auch innerhalb der gesamten deutschen chemischen Industrie eine herausragende

nicht unterhalb des Verkaufspreises des Rheinisch-Westfälischen Schwefelsäuresyndikats liegen würden. Vgl. Kapitel 4.4.1.

271 Vgl. Gawehn 2015, S. 38.

272 BAL 12/4, Vorstand, Protokolle der Direktoriumssitzungen: Protokoll über die Direktoriumssitzung vom 25. Januar 1912.

273 Die neben den Zechen- und Norwegenprojekten dritte nennenswerte Investitionsleistung des Dreibundes ist in dem Aufbau eines neuen Standortes in England zu sehen, welche jedoch auf Grund ihrer von allen drei Unternehmen nicht in Zweifel gestellten Notwendigkeit an dieser Stelle keine detaillierte Besprechung erfahren soll. Durch eine Veränderung des englischen Patentgesetzes waren Patentinhaber seit dem Jahr 1907 dazu gezwungen, die durch Patente geschützten Produkte in England herzustellen. Der Dreibund reagierte auf diesen sogenannten Ausführungszwang mit dem Aufbau der Mersey Chemical Works in der Nähe von Liverpool. Das Gesetz bezüglich des Ausführungszwangs wurde jedoch bereits vor Produktionsaufnahme soweit abgeschwächt, dass die Fabrik nie eine bedeutende Größe erreichte. Vgl. Verg et al. 1988, S. 50 sowie Johnson 2003, S. 140.

274 Vgl. Kreutle 1992, S. 70–71.

Stellung einnahm, wurde schließlich während des im Jahr 1916 erfolgten Zusammenschlusses mit den seit dem Jahr 1906 im sogenannten Dreiverband organisierten Konkurrenzunternehmen Hoechst, Cassella und der Chemischen Fabrik Kalle deutlich.[275]

5.7 Rechnungswesen im Dreibund

Auf die Investitionen in das Zechen- und Norwegenprojekt sowie den Aufbau einer eigenständigen Fabrikation in England folgten aus betriebswirtschaftlicher Perspektive vergleichsweise ruhige Zeiten. Eine nennenswerte Veränderung der Buchhaltungspraxis war jedoch die umfangreiche Einführung von Budgets, die in der pharmazeutischen Abteilung bereits seit dem Jahr 1888 zumindest für die Reklameausgaben Anwendung fanden.[276] Auf der Ebene der Forschung ist eine erstmalige Budgetierung für das synthetische Kautschuk aus dem Jahr 1911 überliefert. In diesem „Unkosten-Etat für Kautschuk Versuche" deutet die Anwendung von Referenzwerten wie bspw. für „Laboratoriumsunkosten pro Platz" auf eine buchhalterische Erfassung der Unternehmensforschung hin.[277] Auf Produktionsebene hingegen waren Etats in gewisser Weise bereits seit der Mitte der 1880er Jahre als Grundlage der geschilderten Make-or-Buy-Entscheidungen etabliert.[278] Eine Budgetierung in dem Sinne, dass einzelnen produzierenden Betrieben eine explizite Vorgabe bezüglich ihrer Kosten gemacht wurde, ließ sich derweil aus dem vorliegenden Quellenmaterial nicht rekonstruieren.

Die betriebswirtschaftliche Durchdringung des Unternehmens manifestierte sich ebenfalls in Handbüchern, die seit dem Jahr 1911 an verschiedene Angestelltengruppen ausgegeben wurden. Neben Lohntabellen, mit denen die führenden Beamten jederzeit die Schichtlöhne einzelner Berufsgruppen feststellen

275 Auf die in Kapitel 5.1. geschilderte Kapitalverflechtung zwischen den Farbwerken Hoechst und der Cassella folgte im Jahr 1906 die Aufnahme der Kalle Aktiengesellschaft und die damit einhergehende Gründung des sogenannten Dreiverbandes. Die bereits zwischen Hoechst und Cassella über eine Kapitalverflechtung institutionalisierte Kooperation fand schließlich im Jahr 1908 ebenfalls bei Kalle in Form einer Aktienübernahme durch die beiden anderen Unternehmen Anwendung. Vgl. Vollmann, Hansjörg W.: Eigenständigkeit und Konzernintegration. Darmstadt 2011, S. 173.

276 Vgl. Kapitel 4.1.

277 Vgl. hierzu die jüngst abgeschlossene Dissertation Rouven Jannecks für die Zeit nach 1945. Janneck, Rouven: Forschung als planbarer Prozess? Organisation und Steuerung der Unternehmensforschung bei der Bayer AG 1945–1984. Düsseldorf 2019. Unveröffentlichtes Manuskript.

278 Vgl. Kapitel 3.3.5.

konnten, enthielten die Bücher als Anlage eine Übersicht über die „Organisation und Tätigkeit der Betriebsbuchhaltung". Dort war zunächst die Ordnung des Informationsflusses zwischen den Betrieben dargestellt: „Jeder Betriebsabteilung ist eine Betriebsbuchhaltung, welche das Bindeglied zwischen dem Betrieb und der technischen Buchhaltung bildet, zugeteilt. Die Betriebsbuchhaltungen sind als integrierende Teile der technischen Buchhaltung zu betrachten."[279] Die Hauptaufgaben der Betriebsbuchhaltung wurden dann in den Kategorien „Führung der Fabrikbücher", „Kontrolle der ein- und ausgehenden Rohmaterialien, Zwischenprodukte u. s. w.", „Zusammenführung der monatlichen Betriebs-Unkosten-Rechnung" sowie „Sonstige schriftliche Arbeiten" genauer spezifiziert. So war bspw. für die Rohmaterialkontrolle mittlerweile ein Check-System eingeführt worden, mit dem die jeweiligen Betriebsbuchhalter den innerbetrieblichen Warenfluss genau zu protokollieren hatten.

Entsprechend der für die gesamten 1890er und 1900er Jahre beobachtbaren Fokussierung der Buchhaltung auf eine möglichst genaue Bestimmung der Unkosten nahm diese auch in den Handbüchern einen besonderen Stellenwert ein. So findet sich unter der einschlägigen Kategorie zunächst der Hinweis, dass, wenngleich die Unkostenberechnung eigentlich von der technischen Buchhaltung geliefert würde, die Ermittlung der Betriebsunkosten von solch großer Wichtigkeit sei, dass man diese auch der Betriebsbuchhaltung näherbringen wolle. Weiterhin bestand das Ziel der Kostenberechnung in einer auf jeden Betrieb anrechenbaren Kostenbestimmung. In diesem Sinne sollte sichergestellt werden, dass „nicht nur für jeden einzelnen Fabrikationsbetrieb, sondern auch für sämtliche Nebenbetriebe, als Dampf, elektrische Kraft, Handwerker, Laboratorien u. s. w. monatlich die genauen Unkosten" festzustellen seien. Die Spesenberechnung erfolgte weiterhin unter Anwendung verschiedener prozentualer Anteile, wie etwa die Berechnung der Lagerspesen, deren Höhe „nach dem jeweiligen Jahresumsatz prozentualiter" festgelegt wurde. Das erwähnte Check-System bildete schließlich die Grundlage der Kostenrechnung, da hierüber nicht nur Warenbewegungen, sondern verbrauchte Betriebsmittel sowie die Amortisation der einzelnen Betriebe erfasst werden konnten: „Nachdem die Checks eines Monats gesammelt und auch für die verbrauchten Energien [...] sowie für die Amortisation und die allgemeinen Unkosten die nötigen Checks ausgeschrieben sind, werden sämtliche Checks [...] betriebsweise geordnet und die Gesamtkosten für die Betriebe ermittelt." Die auf diese Weise durch die technische Buchhaltung zusammengestellten Monatsübersichten, das sogenannte „geklebte Material", wurde im Anschluss wieder an die Betriebsführer übersandt und die darin enthaltenen Informationen in vorgefertigte Formulare über-

279 BAL 10/8.4, Handbuch für die kaufmännischen Beamten, 1911.

tragen, aus denen ebenfalls die Verbrauchszahlen der Vormonate hervorgingen. Hierdurch sollte den Betriebsführern dann offenbar ein Anreiz zur Verbesserung ihrer Fabriken gegeben werden, denn, wie das Kapitel zur Buchhaltung abschließend festhielt, „nur durch die genaueste Kenntnis seiner Unkosten ist der Betriebsführer in der Lage, rationell zu wirtschaften, um herauszufinden, wo der Hebel der Sparsamkeit angesetzt werden kann."[280]

Für die Buchhaltung der Farbenfabriken bedeuteten die Jahre innerhalb des Dreibundes demnach weniger eine Weiterentwicklung der Buchhaltungspraktiken denn eine auf höhere Effizienz abzielende Bürokratisierung und Institutionalisierung der bereits vor dem Jahr 1905 entwickelten Erfassungsmethoden. So bildete die monatliche Erhebung der Betriebsunkosten, die bereits im Dezember des Jahres 1903 erreicht worden und seinerzeit die große Errungenschaft der Buchhaltungsabteilungen war, auch im Jahr 1911 noch die zentrale Grundlage des betrieblichen Rechnungswesens.[281] Daher bestand die Herausforderung der Buchhaltungsorgane der Farbenfabriken seit dem Jahr 1905 wohl weniger in der Weiterentwicklung der etablierten Praktiken, sondern vor allem in dem bereits geschilderten Wissenstransfer sowie der Vereinheitlichung zwischen den drei Unternehmen der Interessengemeinschaft. Dass die in den Jahren 1915 und 1916 durchgeführte Erweiterung des Dreibundes zur „großen Interessengemeinschaft" – auf die im abschließenden Kapitel eingegangen werden soll – im Wesentlichen auf den im Jahr 1904 gemachten Bilanzierungserfahrungen des Dreibundes fußten, deutet darauf hin, dass sowohl in der Entwicklung der Buchhaltungs- als auch der Bilanzierungspraktiken ein vorläufiger Höhepunkt erreicht worden war.

5.8 Vorbild Dreibund: Die Gründung der großen Interessengemeinschaft

Die seit Gründung der beiden Interessengemeinschaften in vergleichsweise geordneten Bahnen verlaufende Entwicklung der deutschen chemischen Industrie erfuhr mit dem Ausbruch des Ersten Weltkrieges und dem Kriegseintritt des Deutschen Kaiserreiches am 1. August 1915 eine jähe Zäsur. Für die seit ihrer Gründung stark auf die Auslandsmärkte ausgerichtete Industrie bedeutete der Kriegseintritt des Kaiserreiches und das mit ihm erlassene vollständige Export-

280 Alle Zitate aus: BAL 10/8.4., Handbuch für die kaufmännischen Beamten, 1911.
281 Vgl. Kapitel 4.6.

verbot zunächst das plötzliche Wegbrechen der wichtigsten Absatzgebiete.[282] Noch im Jahr 1913 waren knapp 82 Prozent der deutschen Farbstoffproduktion in das Ausland exportiert worden, auch in anderen Geschäftsbereichen lag diese Quote zwischen 70 und 80 Prozent. Mit dem Kriegseintritt Russlands, Großbritanniens und Frankreichs verschlossen sich bereits während der ersten Kriegswoche drei der fünf wichtigsten Absatzmärkte – ein Umstand, den das bereits in der zweiten Augusthälfte aufgelockerte Exportverbot nicht zu verbessern vermochte.[283] Für viele der Entscheidungsträger der Industrie überraschend fielen die Umsatzeinbußen der jeweiligen Unternehmen zunächst vergleichsweise gering aus. Während die Exporte der Farbenfabriken in die USA einen neuen Höhepunkt erreichten, blieben die Verkäufe auch in anderen Auslandsmärkten wie Skandinavien oder Italien weitgehend stabil.

Die durch die Unkalkulierbarkeit der Absatzsituation notwendig gewordene Kontrolle erreichten die Farbenfabriken mit der Verkürzung der Berichtsintervalle durch die Abteilung der Rendementsberechnung, die ihre Zahlen auf Veranlassung Duisbergs mit Kriegsbeginn statt zuvor quartalsmäßig nun monatlich lieferte.[284] Die vergleichsweise schnell umgesetzte Erhöhung der Datenerhebungsfrequenz könnte dabei durch eine Veränderung des Grenznutzens der Informationsbeschaffung erklärbar sein: Da die Datenerhebung der betrieblichen Kostenrechnung, wie an anderer Stelle ausgeführt, äußerst personalintensiv war, scheint eine monatliche Kostenkontrolle für die Direktion der Farbenfabriken im frühen 20. Jahrhundert keinen, die hohen Kosten rechtfertigenden, Mehrwert gebracht zu haben.[285] Vor dem Hintergrund des Ersten Weltkrieges und der aus diesem resultierenden Unsicherheitssituation erhöhte sich der Grenznutzen offenbar so weit, dass der aus der monatlichen Kostenkontrolle gezogene Nutzen zusätzlicher bzw. schneller zur Verfügung stehender Informationen die Informationskosten überstieg.[286]

Wie Bayer vermeldete auch die Geschäftsführung der Cassella in ihrem Geschäftsbericht des Jahres 1914 für den August einen Umsatzrückgang auf 50 Prozent, gefolgt von einem weiteren Rückgang auf ein Drittel der Vorkriegsbeträge im September. Im Dezember habe der Umsatz jedoch auf Grund „starker

282 Vgl. Plumpe 2016a, S. 443. Ebenfalls schildert Plumpe überzeugend die Überraschung, mit welcher der Kriegsausbruch von den Zeitgenossen bis auf die höchsten politischen und wirtschaftlichen Ebenen wahrgenommen wurde. Ebd., S. 441–443.

283 Vgl. Plumpe 1990, S. 50. Zum Exportverbot, siehe Plumpe 2016a, S. 443.

284 Vgl. Plumpe 2016a, S. 444. Die Rendementsberechnung war seit dem Jahr 1892 Teil der festen Tagespunkte der Aufsichtsratssitzungen und erfolgte von Beginn an quartalsmäßig. Vgl. Kapitel 4.6.

285 Vgl. Kapitel 4.6.

286 Vgl. hierzu erneut die Ausführungen zu Informationskosten in Kapitel 1.3.

Abrechnung aus Übersee" wieder die volle Höhe erreicht.[287] Der Umsatzausfall des Unternehmens im Jahr 1914 belief sich schließlich auf rund 15 Prozent.[288] Die zentrale, aus dem Krieg resultierende Herausforderung der deutschen Chemieunternehmen war folglich zunächst weniger im Absatz der Produkte zu verorten, als in der Beschaffung günstiger Rohmaterialien, deren Preise sich mit Kriegsbeginn deutlich verteuerten. Erschwerend trat hinzu, dass der Markt für die Rohstoffbeschaffung seit dem 13. August 1914 durch die neugegründete Kriegsrohstoffabteilung von staatlicher Seite stark reglementiert wurde.[289] Nicht zuletzt behinderte die britische Blockade der Seewege den Rohstoffzugang erheblich.[290]

Vielleicht bedrohlicher als der Krieg wirkte auf die Unternehmensführer der chemischen Industrie derweil die vermutete wirtschaftliche Unsicherheit der Nachkriegszeit.[291] Der Erfolg der Unternehmen war so eng mit den internationalen Absatzmärkten über Agenturen, Niederlassungen und Lieferbeziehungen verwoben, dass eine Veränderung des Status quo – den man ohne Zweifel zu erwarten hatte – die Geschäfte in ihrer Gesamtheit bedrohte. In Anbetracht der Gemengelage aus real existierender und fiktiver Bedrohung war es erneut Carl Duisberg, der die Vereinigung der deutschen Chemieindustrie vorantrieb, indem er im August 1915 eine leicht überarbeitete Fassung seiner zuerst im Jahr 1904 erschienenen Denkschrift zur Vereinigung der deutschen Farbenfabriken an die wichtigsten deutschen Chemieunternehmen versandte. Der Tenor seiner Arbeit war, dass nur der Zusammenschluss der deutschen chemischen Industrie die gegenwärtigen und zukünftigen Bedrohungen für die Industrie würde abwenden können:

> Welchen gewaltigen Einfluss der uns aufgezwungene Weltkrieg auf unsere Industrie mit den grossen Guthaben und Aussenständen im feindlichen Ausland, den dort vorhandenen, mehrfach unter Sequester oder militärische Aufsicht gestellten Fabriken mit grossen Vermögenswerten haben wird, vermögen wir erst nach Beendigung des Krieges zu ermessen. Auf jeden Fall werden wir dabei mit grossen Verlusten zu rechnen haben. [...] Wären die Fabriken zu einer grossen Vereinigung zusammengeschlossen, so würden sich die Nachteile, die sich aus dieser Situation ergeben, auf alle gleichmässig verteilen, was jetzt

287 HWA 214/1212: Protokolle der Sitzungen des Gesellschaftsrats der Leopold Cassella & Co. GmbH. Bericht des Gesellschaftsrats an die Gesellschafter über das Geschäftsjahr 1914.

288 Vgl. Vollmann 2011, S. 178.

289 Vgl. Plumpe 2016a, S. 445. Die Kriegsproduktion der chemischen Industrie wird in dieser Arbeit keine ausführliche Behandlung erfahren. Siehe hierfür ebenfalls Plumpe 2016a, S. 441–538.

290 Vgl. Johnson 2003, S. 169.

291 Vgl. Plumpe 2016a, S. 678, Lindner, Stephan H.: Hoechst. München 2005, S. 16–18 sowie Beer 1959, S. 137.

nur bei den Firmen der Interessengemeinschaft, aber auch hier ihrer Kleinheit wegen im beschränkten Umfang der Fall ist.[292]

5.8.1 Beginn der großen Interessengemeinschaft

Der Denkschrift vorausgegangen war eine – wenn man so will – kleine Denkschrift, die Duisberg kurze Zeit zuvor an die Unternehmensführungen von Dreibund und Dreiverband verschickt hatte. Nachdem mit dem Cassella-Vorstand Carl von Weinberg Anfang Juli 1915 bereits ein Mitglied des konkurrierenden Dreiverbands auf eine Neuaufnahme der 1904 stattgefundenen Verhandlungen drängte, kam es schließlich am 22. Juli 1915 zu einem Treffen zwischen den Delegationen von Dreibund und Dreiverband.[293] Da sich die beiden Parteien nunmehr offen gegenüber einer Vereinigung zeigten, oder, wie Duisberg es formulierte, „keine glatte Ablehnung" zu erkennen war, schrieb er seine Gedanken bezüglich eines möglichen Zusammenschlusses in der kleinen Denkschrift nieder und verschickte diese bereits im August 1915 an andere Firmenleitungen. Beginnend mit einer detaillierten Darlegung der Umstände, die noch 1904 zur Gründung von Dreibund und Dreiverband geführt hatten, schilderte Duisberg im Anschluss die Errungenschaften, auf die der Dreibund in seiner zehnjährigen Existenz zurückblicken könne. Entsprechend bilanzierte er: „Mit einem Wort, die zwischen den Firmen des Dreibundes bestehende I.-G. [...] ist, das kann man wohl mit Recht sagen, ein Segen für jede dieser drei Firmen geworden und keine möchte heute auf die Vorteile, die sie gebracht, verzichten."[294]

Für die Fragestellung der Arbeit von besonderem Interesse ist, dass Duisberg von der noch in der Denkschrift aus dem Jahr 1904 als Ideal dargestellten Fusion Abstand nahm und stattdessen einen Zusammenschluss in Form der bereits im Dreibund etablierten Interessengemeinschaft vorschlug. Offenbar war bereits auf dem Treffen zwischen beiden Parteien ein Konsens über diese Art des Zusammenschlusses erreicht worden, da die BASF für eine Fusion eine län-

---

292 BAL 4/A.4, IG, Denkschrift über die Vereinigung der deutschen Farbenfabriken. Dass die Befürchtungen Duisbergs sich bewahrheiten sollten, zeigte sich in vollem Umfang erst nach Kriegsende. Der Wegfall der Teerfarbenimporte hatte vor allem in den USA Anreize zu Neugründungen von Farbstoffunternehmen gesetzt, welche auf die durch den Krieg obsolet gewordenen Patente der deutschen Unternehmen zurückgriffen. Ebenfalls kam es zu Enteignungen der deutschen Filialfabriken in England, Frankreich, Russland und den USA. Vgl. hierzu ausführlich ter Meer, Fritz 1953, S. 17.

293 Vgl. Plumpe 2016a, S. 678.

294 BAL 4/A.4, IG, Denkschrift über die Vereinigung der deutschen Farbenfabriken. Darin: Zusammenschluss zu einer grossen Interessengemeinschaft, S. 6.

gere Übergangszeit forderte.[295] In seiner Schrift erinnerte Duisberg die anderen Unternehmen daran, dass es nun an ihrer Bereitschaft liege, „ob sie in ähnlicher Weise, wie es bei Gründung dieser I.-G. [des Dreibundes, FS] geschehen ist, in einen Austausch ihrer Bilanzen auf Grund gleichmässiger Abschreibungen, Reservestellungen usw. eintreten wollen" und zu einer Verschmelzung der beiden Interessengemeinschaften zu einer größeren oder „ein noch innigeres Verhältnis miteinander einzugehen" bereit seien.[296] Die demnach doch erneut aufgeworfene Möglichkeit einer Fusion relativierte Duisberg unmittelbar: „Obgleich ich die Fusion für die beste und erfolgreichste Lösung halte, rede ich ihr zurzeit nicht das Wort".[297] Duisberg hielt fest, die Leiter der verschiedenen Firmen müssten sich vor einer Fusion näher kennenlernen, wofür die vergrößerte IG wohl das richtige Umfeld sei.

Herauszustellen ist an dieser Stelle, dass der Vorschlag Duisbergs auf einen Zusammenschluss der Chemieunternehmen nach dem Vorbild des Dreibundes abzielte, dessen praktische Umsetzung sich ausdrücklich auf die im Jahr 1904 entwickelte Bilanzierungsgrundlage stützen sollte. Konsequenterweise fügte Duisberg seinen Ausführungen zwei Schemata bei, deren Inhalte sich stark an den im Jahr 1904 kontrovers diskutierten Vorlagen zum Bilanzabgleich orientierten.[298] So sollte die Ermittlung der Kapitalwerte – wie schon im Jahr 1904 – durch eine Rückrechnung der Bilanzwerte bis zum Jahr 1881 erfolgen und „bei der Feststellung des Reingewinns die Jahre 1911, 1912 und 1913 bezw. [der] Durchschnitt derselben" genommen werden.[299] Für den Vergleich der Zahlen böte es sich zudem an, dass vorerst nicht die Einzelunternehmen ihre Zahlen austauschten, „sondern dass Dreiverband und Dreibund die Ergebnisse der Zahlenermittlung in je einer Zahl angeben und dann Dreiverband und Dreibund darüber zu verhandeln suchen."[300] Für den von Duisberg als wahrscheinlich angesehenen Umstand, dass es bei einem Abgleich der Bilanzwerte „wie es früher der Fall war und auch heute möglich ist" zu erheblichen Unterschieden kommen sollte, schlug Duisberg vor, den hieraus resultierenden Schwierigkeiten dadurch zu begegnen, dass einzelne Produktionssparten von der Gewinnverteilung der Interessengemeinschaft ausgenommen werden konnten. Hierbei verwies er explizit auf die seit wenigen Jahren von der BASF vorangetriebene

295 Vgl. Plumpe 1990, S. 98.
296 BAL 4/A.4, IG, Denkschrift über die Vereinigung der deutschen Farbenfabriken. Darin: Zusammenschluss zu einer grossen Interessengemeinschaft, S. 8.
297 Ebd.
298 Vgl. Kapitel 5.1.
299 BAL 4/A.4, IG, Denkschrift über die Vereinigung der deutschen Farbenfabriken. Darin: Zusammenschluss zu einer grossen Interessengemeinschaft, S. 10.
300 Ebd.

Ammoniaksynthese aus Stickstoff, deren potentielle Gewinne nicht Teil der Interessengemeinschaft werden sollten.[301] Mit diesem Vorschlag zog Duisberg vermutlich eine Lehre aus der zwischen den Farbenfabriken und der BASF geführten Debatte um die zu Beginn des Dreibunds noch unklaren Gewinne aus der Indigo-Produktion. Die von der BASF getroffene Fehleinschätzung über den zukünftigen Profit dieser Sparte hatte bereits wenige Monate nach der Gründung des Zusammenschlusses zu einer Vertrauenskrise zwischen Bayer und BASF geführt.[302] Wie im Jahr 1904 verfügte die BASF nun ebenfalls mit der seit dem Jahr 1913 in Oppau eingerichteten Anlage zur Ammoniaksynthese über eine Produktionssparte mit einem enormen wirtschaftlichen Potential, dessen Entfaltung jedoch zum Zeitpunkt der IG-Verhandlungen noch unsicher war.[303] Eine alternative, vielleicht naheliegendere Interpretation ist hingegen in der Befürchtung des Dreibundes auszumachen, die neuen Unternehmen der Interessengemeinschaft könnten von den zuvor allein durch Bayer, BASF und AGFA gestemmten Investitionen profitieren.[304]

Wie erwähnt, kündigte Duisberg die Überarbeitung seiner Denkschrift aus dem Jahre 1904 an, wenngleich diese „im Wesentlichen auch für die heutigen Verhältnisse noch zutreffend" sei.[305] Entsprechend marginal fielen die tatsächlichen Änderungen der Schrift aus, die – abgesehen von der oben zitierten Passage über die Bedeutung des Ersten Weltkrieges – im Kern eine Aktualisierung

301 Vgl. zur Stickstoffsynthese Osteroth 1985, S. 150–156.

302 Vgl. Kapitel 5.3.

303 Vgl. Johnson 2003, S. 158–164, ebenso Szöllösi-Janze 1998, S. 155–191. Johnson verweist zudem darauf, dass die Herstellung des synthetischen Ammoniaks – im Unterschied zur Indigo-Produktion – auf Grund der enormen Nachfrage und einer Vielzahl konkurrierender Verfahren zu einer vergleichsweise weniger dominanten Marktposition der BASF führte. Vgl. Johnson 2003, S. 158. Mit dem Aufbau Oppaus ging zudem die Aufgabe des Norwegen-Projektes einher, dessen Aktien jedoch weiterhin im Besitz der Dreibund-Unternehmen verblieben. Vgl. die entsprechenden Bilanzposten in BAL 15/4, Finanzwesen, Normen für die Verteilung der Generalspesen.

304 In der Literatur finden sich beide Standpunkte vertreten. Während Johnson argumentiert, die BASF habe auf Grund der „Unabwägbarkeiten des Ammoniakmarktes und der noch offenen Entwicklung von Oppau" für eine Nichtberücksichtigung des Syntheseverfahrens plädiert, führt Gottfried Plumpe für die Ablehnung der BASF als Begründung an, „weil ihr [der Ammoniaksynthese, FS] außerordentlicher Ertragswert bei der grundlegenden Vermögensbewertung noch nicht angemessen erfasst werden" hätte können. Johnson 2003, S. 182 sowie Plumpe 1990, S. 98. Bei genauerer Betrachtung der Fragestellung sollte ebenfalls die Bedeutung des Konzepts der „versunkenen Kosten" berücksichtigt werden und inwieweit dieses auch für Firmenübernahmen oder Fusionen anwendbar sein könnte. Vgl. hierzu Besanko 2010, S. 20–21, 446–447.

305 BAL 4/A.4, IG, Denkschrift über die Vereinigung der deutschen Farbenfabriken. Darin: Zusammenschluss zu einer grossen Interessengemeinschaft.

der erwähnten Zahlen und Rahmenbedingungen war und weiterhin den Schwerpunkt auf eine Fusion der Unternehmen legte.[306] Hervorzuheben ist, dass die Vorschläge für die Kalkulation und technische Buchführung keine wesentlichen Überarbeitungen erfuhren und nur durch Präzisierungen bezüglich des Berichtswesens verfeinert wurden.[307] Die gleiche Beobachtung kann für die Vorschläge für die Vereinheitlichung der Bilanzierung gemacht werden, die, abgesehen von geringen Abweichungen, nahezu unverändert blieb.[308]

5.8.2 Bilanzierung der großen Interessengemeinschaft

Der Zusammenschluss zwischen Dreibund und Dreiverband erfolgte schließlich am 23. Januar 1916 und war für eine Dauer von 50 Jahren angelegt. Am 18. August wurden ferner die „Chemischen Fabriken vorm. Weiler ter Meer“ aus Uerdingen sowie die „Chemische Fabrik Griesheim-Elektron“ aus Frankfurt am Main, welche in der überarbeiteten Fassung der Denkschrift bereits in die Überlegungen Duisbergs miteinbezogen worden waren, in den nun als große bzw. erweiterte Interessengemeinschaft bezeichneten Unternehmensverbund aufgenommen.[309] Rückblickend auf die sich vor dem Hintergrund des – entgegen der ursprünglichen Erwartungen der deutschen Industrie – bereits lange andauernden Weltkrieges vergleichsweise einfach gestaltenden Verhandlungen resümierte Carl Duisberg in seinen Lebenserinnerungen: „Was die ruhige Friedenszeit aber nicht vermocht hatte, das brachte der Krieg zustande; die Einheitsfront der deutschen chemischen Industrie.“[310] Ein weiterer, die Geschwindigkeit des Zusammenschlusses sicher beschleunigender Grund war, dass seine praktische Umsetzung zur großen IG auf einem konkreten und bereits lange Zeit erprobten

306 Eine ausführlichere Auseinandersetzung mit den Änderungen der Denkschrift ist bei Hermann Roth zu finden. Vgl. Roth, Hermann: Die Duisberg-Denkschrift zur Vereinigung der deutschen Farbenfabriken aus dem Jahre 1915. In: *Jahrbuch für Wirtschaftsgeschichte / Economic History Yearbook*, 7 (1966).

307 Vgl. BAL 4/A.4, IG, Denkschrift über die Vereinigung der deutschen Farbenfabriken, S. 44 sowie Duisberg 1923c, S. 366.

308 Während beispielsweise die Denkschrift des Jahres 1904 eine Amortisationsquote von 20–30 % für Mobilien vorsah, wurde diese Quote in der Denkschrift des Jahres 1915 auf 25 % festgelegt. Vgl. BAL 4/A.4, IG, Denkschrift über die Vereinigung der deutschen Farbenfabriken, 1904 sowie 1915.

309 Vgl. BAL 4/B.12, IG, Verhandlungen über den Zusammenschluss. Mit Wülfing & Dahl sowie der Farbwerke Mühlheim AG wurden 1916 zwei weitere Unternehmen in die IG einbezogen, indem der Dreibund die Majorität von Wülfing & Dahl übernahm, die Cassella hingegen die Farbwerke Mühlheim kaufte. Plumpe 1990, S. 98.

310 Duisberg 1933, S. 106.

Vorbild basierte. Tatsächlich erfolgte der Zusammenschluss nach der in der Denkschrift vorgeschlagenen und bereits 1904 praktizierten Methode. Der Bilanzabgleich zwischen den Unternehmen folgte demnach dem bekannten Muster: So wurden zunächst die Bilanzwerte der Einzelunternehmen auf das Jahr 1881 rückdatiert, die Abschreibungsquoten dann vereinheitlicht und anschließend die jährlichen Bilanzzunahmen unter Abzug der neuen Abschreibungssätze auf das Jahr 1913 hochgerechnet. Auch hier führte die Neuberechnung der Amortisationszinsen zu teilweisen Veränderungen der Bilanzwerte.[311] Ein einfacher Abgleich der Abschreibungsquoten wurde dabei durch die Tatsache erschwert, dass bei den Unternehmen des Dreiverbands offenbar keine einheitlichen Quoten Anwendung fanden.[312] Die fehlende Vereinheitlichung des Dreiverbands lässt sich dabei vermutlich auf die Natur der Vereinigung zurückführen: Während die vom Dreibund gewählte Form der Interessengemeinschaft einen Bilanzabgleich zur Festsetzung der Gewinnquoten zwingend erforderlich machte, wurde der Zusammenschluss zwischen Hoechst und Cassella über eine Kapitalverflechtung erreicht. Da diese über einen gegenseitigen Austausch von – leicht zu quantifizierenden – Unternehmensanteilen durchgeführt wurde, setzte sie keine einheitliche Bewertungsgrundlage voraus. Der im Jahr 1908 vollzogene Zusammenschluss mit der Chemischen Fabrik Kalle basierte dann ebenfalls auf einer Übernahme von Aktien im Wert von vier Millionen Mark durch Hoechst, worauf eine Abtretung von Kalle-Aktien im Wert von 800.000 Mark an die Cassella folgte.[313]

Auch die Vereinheitlichung der Bilanzen zwischen Dreibund, Dreiverband, ter Meer und Griesheim mündete schließlich in der Erstellung diverser, intern verwendeter Aufstellungen, auf deren Grundlage dann die Gewinnquotierung durchgeführt wurde. Der IG-Vertrag stellte diesbezüglich fest:

> Um den Schlüssel für die Gewinnverteilung zu finden, haben sich die Gesellschaften über bestimmte Bilanzierungs-Grundlagen verständigt und nach diesen Grundsätzen aufgemachte sogenannte Gründungsbilanzen per 31. Dezember 1913 und 1914 und Gewinnbilanzen per 31. Dezember 1911, 1912, 1913 und 1914, sowie Zusammenstellungen ihrer per 31. Dezember und 1914 vorhanden gewesenen Reserven und sogenannten umgestellte Bi-

311 So betrug die Abschreibungshöhe auf Grundstücke und Gebäude im Dreiverband vier Prozent sowie auf Holzgebäude sechs Prozent, während die Cassella diese Bilanzposten mit fünf Prozent abschrieb. Vgl. HWA 214/1124. Gesellschaftsvertrag der Leopold Cassella & Co. GmbH zu Frankfurt a. M.

312 Eine entsprechende Passage war zumindest kein Teil der überlieferten Verträge zwischen den Unternehmen. Vgl. HWA 214/1026: Verträge zwischen der Firma Leopold Cassella & Co. und der Farbwerke Hoechst AG über Zusammenarbeit.

313 Vgl. HWA 214/1520: Vorgeschichte der I. G. Farbenindustrie AG bis zu ihrer Gründung.

> lanzen ausgetauscht. Diese Bilanzen und Aufstellungen sind von einer aus Vertretern der Gesellschaften zusammengesetzten Revisionskommission geprüft und richtig befunden.[314]

Wenig überraschend entfielen die höchsten Quoten erneut auf die Farbenfabriken und die BASF, die Höhe der Hoechster Bilanzen hingegen fiel gegenüber den beiden Hauptkonkurrenten zurück. Um in Hinblick auf die Quotierung aufzuschließen, verpflichteten sich die Farbwerke zu einer Erhöhung ihres Stammkapitals von 50 auf 54 Millionen Mark.[315] Da die Farbwerke eine Gleichberechtigung mit Bayer und der BASF zur Voraussetzung für ihre Einwilligung in die Interessengemeinschaft gemacht hatten, verzichtete Cassella zu Gunsten Hoechsts auf einen Teil der ihr nach ihrer Bilanzsumme zustehenden Quoten.[316] Im Gegenzug verpflichteten sich die Farbwerke zu Kompensationszahlungen. Die Absprache sah für Hoechst vor, über die Dauer von zehn Jahren einen geringen Anteil der auf sie entfallenden Gewinnanteile an die Cassella zu überweisen und darüber hinaus die aus der Kapitalerhöhung erlösten vier Millionen Mark zu einem Kurs von 200 Prozent in den Besitz der Cassella zu übertragen.[317]

Gegenüber dem Dreibund verpflichteten sich die Farbwerke darüber hinaus zur Veräußerung der von ihnen gehaltenen Cassella-Anteile im Wert von rund 16 Millionen Mark. Ebenfalls sah der Gründungsvertrag die Übertragung von Aktien in Höhe von vier bis fünf Millionen Mark an ein „Verwertungskonsortium" der Interessengemeinschaft vor, dessen Funktion nicht weiter beschrieben ist.[318] Eine wesentliche Ursache für das Ungleichgewicht zwischen Hoechst, BASF und Bayer war eine im Mai des Jahres 1914 und somit wenige Monate vor Kriegsausbruch beschlossene Kapitalerhöhung der Dreibund-Unternehmen, in deren Zuge BASF und Bayer ihr Kapital um jeweils 18 Millionen Mark auf 54 Millionen Mark erhöhten, während die AGFA eine quotengemäße Erhöhung um 5,4 Millionen Mark auf insgesamt 19,4 Millionen Mark vollzog. Ihre Begründung fand die Kapitalerhöhung vorrangig in dem aus dem Aufbau der Ammoniaksyn-

314 BAL 4/B.12, IG, Verhandlungen über den Zusammenschluss.

315 HWA 214/1214: Interessengemeinschaftsvertrag. Ausgehend von einem Kapitalbetrag von 25,5 Mio. Mark hatten die Farbwerke im Jahr 1907 ihr Grundkapital ebenso wie BASF und Bayer auf 36 Mio. Mark erhöht. Ein Großteil des erlösten Kapitals wurde für die Übernahme von Kalle verwendet. Vgl. HWA 214/1212: Protokolle der Sitzungen des Gesellschaftsrats der Leopold Cassella & Co. GmbH. Protokoll vom 3. März 1908.

316 Vgl. hierzu ausführlich Lindner 2005, S. 17–19.

317 HWA 214/1212: Protokolle der Sitzungen des Gesellschaftsrats der Leopold Cassella & Co. GmbH. Bericht des Gesellschaftsrates an die Gesellschafter für das Jahr 1915.

318 HWA 214/1214: Interessengemeinschaftsvertrag.

these in Oppau resultierenden Geldbedarf.[319] Wenngleich auch Hoechst sein Aktienkapital bereits im Jahr 1914 auf 50 Millionen Mark vermehrt hatte, setzte die bilanzielle Gleichstellung eine weitere Kapitalerhöhung um die beschriebene Höhe von vier Millionen Mark voraus.[320] Die schließlich erreichte Parität zwischen Bayer, BASF und Hoechst führte zu einer Zuteilung einheitlicher Gewinnquoten. So entfielen auf diese Unternehmen zunächst je 26,405 Prozent der Gesamtgewinne der großen IG, in der weiteren Zuteilung erhielten die AGFA 8,596 Prozent, Cassella 10,493 Prozent sowie ter Meer 1,750 Prozent. Die Anteile von Kalle wurden in der Quotierung nicht separat aufgeführt, sondern auf Grund der Eigentumsverhältnisse – Hoechst hielt die Aktienmehrheit an dem Unternehmen – den Farbwerken zugeschlagen. Da Griesheim Elektron erst zum 1. Januar 1917 in die große IG eintrat, vereinbarten die beteiligten Unternehmen eine Staffelung der Quotierung, woraus sich durch den Eintritt Griesheims konsequenterweise geringere Quoten für alle weiteren Unternehmen der großen IG ergaben.[321] Dies Quoten sollten schließlich zum 1. Januar 1926 ihre endgültige Höhe erreichen.[322]

Wenngleich sich die Verträge der großen IG in weitem Umfang auf die Regelungen des Dreibundes stützten, unterschieden sie sich doch in zwei wesentlichen Aspekten. Ein Novum innerhalb des IG-Vertrages stellte die Möglichkeit dar, gewisse Produktionssparten aus der Gewinnberechnung der IG auszunehmen. Zu den sogenannten Sondergewinnen zählten neben der bereits von Duisberg vorgeschlagenen Ammoniaksynthese der BASF bzw. des Dreibundes ebenfalls die Beteiligung Hoechsts an der Knapsack AG zur Salpeter- und Calciumcarbid-Gewinnung sowie die Leichtmetallsparte der Griesheim Elektron.[323] Dabei spielte bei der Gewährung der Sondergewinne erneut die Forderung Hoechsts eine Rolle, neben den Profiteuren der Ammoniaksynthese, namentlich BASF und Bayer, eine gleichberechtigte Rolle einzunehmen.[324] Wenn-

319 HADB SG31/009: Prospekt der Kapitalerhöhung 1914. In Hinblick auf die Begründung der Kapitalerhöhung gab die Deutsche Bank an: „Der gemeinschaftliche Zweck der Erhöhung war die Beschaffung der für den Ausbau der Oppauer Fabrik der Badischen Anilin- und Sodafabrik zur Fabrikation von schwefelsaurem Ammoniak notwendigen Kapitalien, sowie die Verstärkung der Betriebsmittel der drei Gesellschaften."

320 Vgl. Schreier, Anna Elisabeth; Wex, Manuela: Chronik der Hoechst-Aktiengesellschaft: 1863 – 1988. Frankfurt (am Main) 1990, S. 108.

321 HWA 214/1214: Interessengemeinschaftsvertrag.

322 Die ab dem 1. Januar 1926 gültigen Quoten verteilten sich wie folgt: BASF, Bayer und Hoechst je 25,019 %, Cassella 9,152 %, AGFA 8,146 %, Griesheim 6 % sowie ter Meer 1,645 %. Vgl. HWA 214/1214: Interessengemeinschaftsvertrag.

323 Vgl. Johnson 2003, S. 182 sowie spezifisch zur Ammoniaksynthese Szöllösi-Janze 1998, S. 283.

324 Vgl. Plumpe 1990, S. 98.

gleich die Profite dieser Sparten zunächst aus den Gesamtgewinnen der großen IG herausgerechnet wurden, vereinbarten die Unternehmen eine schrittweise Eingliederung der Sondergewinne. Im Falle der Stickstoffsynthese verteilten sich die Gewinne über zehn Jahre nach den alten Quoten auf die drei ehemaligen Dreibund-Unternehmen BASF, Bayer und AGFA. Nach Ablauf der Frist sollten die Gewinne erst schrittweise, dann vollständig der großen IG zufließen.[325]

Der zweite wesentliche Unterschied der vergrößerten IG gegenüber dem Dreibund ist auf der organisatorischen Ebene zu verorten. Setzten die Entscheidungen des Dreibundes auf Grund der Mehrheitsbestimmungen stets eine Verständigung zwischen BASF und Bayer voraus, so wurden die Entscheidungsstrukturen mit der Erweiterung der IG komplexer. Entscheidungen setzten nun eine Mehrheit von 70 Prozent voraus, maßgebend für die Stimmenanzahl waren die Beteiligungsziffern.[326] Das beschlussfassende Gremium war ein neu geschaffener Gemeinschaftsrat, in den die Unternehmen maximal zwei Mitglieder ihres Vorstands oder Aufsichtsrats entsenden durften. Die im Vergleich zum Dreibund von 60 Prozent auf 70 Prozent gestiegene beschlussnotwendige Stimmmehrheit sollte hierbei vermutlich sicherstellen, dass keiner der ehemaligen Unternehmensverbunde Entscheidungen selbstständig durchsetzen konnte. Auf Grundlage der seit 1917 gültigen Quotierung erreichten die ehemaligen Dreibund-Firmen einen Stimmanteil von knapp 58 Prozent, die ehemaligen Unternehmen des Dreiverbandes hingegen einen Anteil von knapp 35 Prozent.[327] Vor diesem Hintergrund delegierten die Unternehmen wichtige Entscheidungsbefugnisse wie die Genehmigungen von Neubauten, Unternehmensübernahmen, Patent- und Lizenzerwerbungen sowie die Gründung neuer Kartelle oder Syndikate an den Gemeinschaftsrat. In Bezug auf seine Befugnisse ähnelte dieser demnach dem Delegationsrat des Dreibundes.

Die Vorbildfunktion des Dreibundes drückte sich nicht zuletzt darin aus, dass die zentrale Klausel bezüglich Kapitalerhöhungen nun ebenfalls in der erweiterten Interessengemeinschaft Anwendung fand und neue Aktienemissionen stets im Verhältnis der Gewinnanteile von allen acht Unternehmen mitgetragen werden mussten. Neu war dabei, dass Entscheidungen des Gemeinschaftsrates wie die zur gemeinschaftlichen Kapitalerhöhung nur einstimmig erfolgen konnten.[328] Die Tragweite dieser Verpflichtung wurde bereits im Jahr 1917 deutlich. Da die Ammoniaksynthese der BASF im Verlaufe des Krieges

325 Vgl. Johnson 2003, S. 182. Vgl. ebenfalls BAL 4/B.6, IG: Verhandlungen über den Zusammenschluss, Sondergewinne.

326 Entscheidungen innerhalb des Dreibundes setzten dagegen eine Mehrheit von 60 Prozent voraus, die bei Einstimmigkeit der BASF und Bayers stets erreicht wurde. Vgl. Kapitel 5.3.

327 HWA 214/1214: Interessengemeinschaftsvertrag.

328 Ebd.

durch das Wegbrechen von Importmöglichkeiten zunehmend wichtiger wurde und ihr Ausbau im sächsischen Leuna trotz staatlicher Garantien eine Eigenfinanzierung von 162 Millionen Mark notwendig machte, stimmten die Unternehmen der großen IG einer massiven Kapitalerhöhung um zwei Drittel ihres ursprünglichen Aktienkapitals zu.[329] Die Signifikanz der Ammoniaksynthese für die große IG führte schließlich dazu, dass die erst im IG-Vertrag des Jahres 1916 vereinbarte zehnjährige Sonderstellung dieser Sparte bereits im Jahr 1919 revidiert wurde, als im Zuge der im Versailler Vertrag vereinbarten Reparationszahlungen eine Produktionsausweitung der Ammoniaksynthese notwendig wurde. Als diese jedoch nicht aus dem vorhandenen Kapital der BASF bzw. der ehemaligen Dreibund-Unternehmen finanziert werden konnte, drohte der Sparte die Teilverstaatlichung.[330] Da die Wichtigkeit der Ammoniaksynthese den Entscheidungsträgern der großen IG bewusst war, gingen die beiden Stickstoffwerke in Leuna und Oppau in die neugegründete „Ammoniakwerke Merseburg-Oppau GmbH" über, an deren Gründungskapital sich alle Unternehmen der erweiterten IG gemäß ihrer Gewinnquoten beteiligten, wodurch die Weiterfinanzierung der Ammoniaksynthese sichergestellt werden konnte.[331]

5.8.3 Rechnungswesen in der großen Interessengemeinschaft

Die betriebswirtschaftliche Vorbildfunktion des Dreibundes und besonders der Farbenfabriken erschöpfte sich nicht in der Quantifizierung der Bilanzwerte, sondern schlug sich ebenfalls im betrieblichen Rechnungswesen der Einzelunternehmen nieder. So wurde die in der Denkschrift angestrebte Bürokratisierung des Rechnungswesens innerhalb der Interessengemeinschaft schnell umgesetzt und die Kalkulationsmethoden an die durch die Farbenfabriken vorgegebenen Kalkulationsschemata angepasst.[332] Wie schon im Dreibund übernahmen die Farbenfabriken auch innerhalb der großen IG die Entwicklung und Ausarbeitung zentraler organisatorischer und bürokratischer Vorgaben,

329 Vgl. Johnson 2003, S. 182–183. Der kapitalintensive Ausbau der Ammoniaksynthese war in der großen IG auch nach Kriegsende heftig umstritten. Im Sinne der in dieser Studie herausgearbeiteten ablehnenden Haltung gegenüber der Finanzierung von Großprojekten zählte Bayer zu den Hauptkritikern des Ausbaus. Hier vermittelte Carl Duisberg zwischen den beiden Unternehmen, das Projekt wurde weitergeführt. Vgl. Plumpe 2016a, S. 687.

330 Vgl. Johnson 2003, S. 196–198.

331 Vgl. Fraund, Walter: Betriebswirtschaftliche Studie über die Entwicklung und Finanzierung der I. G. Farbenindustrie Aktiengesellschaft unter besonderer Berücksichtigung des Fusionsjahres 1925. Gießen 1929, S. 39.

332 Vgl. ter Meer, Fritz 1953, S. 20.

worunter bspw. die Organisation und das Verfassen der Geschäftsordnung des Gemeinschaftsrates fielen sowie das Erstellen von „Richtlinien in Angelegenheiten aller Art".[333] Auch oblag die Ausarbeitung des eigentlichen IG-Vertrages dem Leverkusener Unternehmen.[334] Die entwickelten Buchhaltungs- und Bilanzierungsvorgaben wurden im Februar 1917 an die Unternehmen der Interessengemeinschaft verteilt. Die darin enthaltenen „Grundsätze für die Bilanzierung und Inventarisierung" machten detaillierte Angaben zur Bilanzierung von Immobilien, Mobilien und des Inventars. Für die Verrechnungspreise etwa, deren Berechnung eine zentrale Herausforderung für die Anpassung der Buchhaltungspraktiken innerhalb des Dreibundes gewesen war, wurde festgehalten: „Alle gekauften und selbst fabrizierten Rohmaterialien sowie Zwischenprodukte sind ohne Gewinnaufschlag, also mit dem nackten Gestehungspreis weiter zu verrechnen."[335] Auch in dieser Praxis folgte die Interessengemeinschaft den im Dreibund entwickelten Grundsätzen.[336] Die für den Dreibund geschilderte Verpflichtung der Unternehmen, für die für Investitionsvorhaben benötigten Geldmittel Kreditgesuche einzureichen, fand ebenfalls in der großen Interessengemeinschaft Anwendung.[337]

Einen weiteren Beleg für den offenkundigen Wissenstransfer zwischen Dreibund und der großen Interessengemeinschaft liefern die Vorschriften für die Reservepolitik. So verzinste auch die Interessengemeinschaft die Reserven der Einzelunternehmen mit vier Prozent aus dem Gesamtgewinn.[338] Die Berechnung des zur Verteilung kommenden Gesamtgewinns der Interessengemeinschaft erfolgte auf Grund der neuen Regelungen über die Sondergewinne in drei Schritten, indem dem Bruttogewinn zunächst die Sonderergebnisse und anschließend die Verzinsung der Reserven abgezogen wurden. Der sich hieraus ergebende Nettogewinn wurde dann nach den Gewinnanteilen an die jeweiligen Unternehmen verteilt.[339] Die für den Dreibund gemachte Beobachtung des rapiden Anstiegs der Reservehöhe findet sich ebenfalls bei den Unternehmen des Dreiverbands bestätigt. Zwar kann dieser auf Grund der lückenhaften Datenlage erst

333 BAL 4/B.4, IG, Protokolle über Sitzungen zur Herbeiführung des Zusammenschlusses zur Interessengemeinschaft: Niederschrift über die Sitzung von Vertretern der Interessen-Gemeinschaft am Freitag, den 16. Juni 1916.

334 Ebd.

335 BAL 4/B.12, IG, Verhandlungen über den Zusammenschluß: Grundsätze für die Bilanzierung und Inventarisierung, 1.2.1917.

336 Vgl. Kapitel 5.4.

337 BAL 4/B.12, IG, Verhandlungen über den Zusammenschluß: Grundsätze für die Bilanzierung und Inventarisierung, 1.2.1917.

338 Vgl. HWA 214/1214: Interessengemeinschaftsvertrag.

339 Vgl. Ebd.. Berechnung der Sonderbereiche.

von dem Jahr 1916 an festgestellt werden, doch ist davon auszugehen, dass die Reservehöhe analog zu den Unternehmen des Dreibundes im Jahr 1914 noch deutlich geringer war. Bemerkenswert ist zudem die für die ehemaligen Unternehmensverbunde seit dem Jahr 1915 übergreifend feststellbare Korrelation der Reserveentwicklung (vgl. Abbildung 5.2).

So verliefen die Reservezunahmen der Farbenfabriken und der BASF beinahe synchron, während sich die Zunahmen bei den weiteren Unternehmen der großen Interessengemeinschaft zumindest in der Tendenz ähnlich verhielten. Ausnahmen bilden bei dieser Beobachtung die Unternehmen Kalle und ter Meer, deren Reservehöhe sich kaum veränderte. Im Jahr 1918 wies eine Vielzahl der Unternehmen einen leichten Rückgang der Reservebeträge auf, der bei den Farbenfabriken im Wesentlichen auf die Auflösung der zuvor als stille Reserve verbuchten „Kriegssteuer Rücklage“ in Höhe von 12,3 Millionen Mark zurückzuführen war, bei Hoechst hingegen aus der Auflösung der beiden unsichtbaren Reservekonten „Reserve für Umstellung der Betriebe“ sowie „Kriegsgewinnsteuer-Reserve“ in Höhe von insgesamt 14,2 Millionen Mark resultierte.[340]

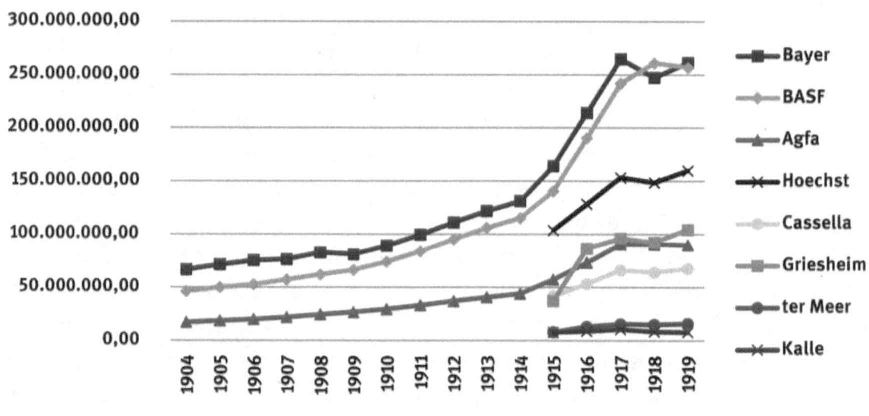

Abbildung 5.2: Reserveentwicklung der Unternehmen der großen IG, 1904–1919.[341]

Bei der BASF hingegen fehlten entsprechende kriegsbedingte Sonderreserven, ein Umstand, der in einem weiteren Anstieg der Reservehöhe Ausdruck fand. Zusammenfassend und abschließend kann festgestellt werden, dass in allen

340 Vgl. BAL 15/4, Finanzwesen, Normen für die Verteilung von Generalspesen: Reserven der Farbenfabriken, Reserven Hoechst.

341 Zahlen entnommen aus BAL 15/4, Finanzwesen, Normen für die Verteilung der Generalspesen. Die Aufstellung der Zahlen für die Unternehmen des Dreiverbands sowie von Griesheim und ter Meer beginnt erst mit dem Jahr 1915.

Unternehmen der großen Interessengemeinschaft auf Grund der vertraglichen Vereinbarungen seit dem Jahr 1915 eine sehr ähnliche Reservepolitik zur Anwendung kam, welche durch entsprechende Richtlinien weiter spezifiziert wurde. Auf Grund der weitgehend analog verlaufenden Entwicklung der Reservehöhe ist es zudem plausibel anzunehmen, dass auch die Reservepolitik während des Ersten Weltkrieges maßgeblich durch die Erfahrungen und Vorgaben des Dreibundes beeinflusst wurde.

5.9 Zwischenfazit

In Hinblick auf die Entscheidungs- und Handlungsspielräume der Unternehmensführung der Farbenfabriken können die Jahre zwischen 1904 und 1916 als Einschränkung derselben aufgefasst werden. Wenngleich ein Zusammenschluss maßgeblich durch die Farbenfabriken – und hier wesentlich von Carl Duisberg – vorangetrieben worden war, scheint Bayer zunächst nicht unmittelbar von der strategischen Ausrichtung des Dreibundes profitiert zu haben. Im Gegensatz hierzu nutzte die BASF die neuen Investitionsmöglichkeiten, welche die Interessengemeinschaft über ihre Kapitalerhöhungsklausel bot. So gingen die zentralen Investitionsvorhaben jener Zeit, namentlich das Kooperationsprojekt zur Stickstoffgewinnung in Norwegen einerseits sowie der Ankauf der Zeche Auguste Victoria andererseits, auf die Initiative der Badischen zurück. Der Einfluss der BASF auf die strategische Ausrichtung des Dreibundes sollte dennoch nicht überschätzt werden, da die vergleichsweise großen Investitionsfreiheiten fraglos nur eine Facette des Zusammenschlusses bildeten. Diese Freiheiten gingen mit einer starken Vereinheitlichung der Unternehmensorganisation und einer daraus resultierenden verminderten Wettbewerbsintensität einher, aus der alle Unternehmen des Dreibundes Nutzen zogen. Nicht zuletzt sollte bedacht werden, dass die Farbenfabriken in Bezug auf die Investitionsentscheidungen gewiss nicht zur Passivität verdammt waren, sondern bei einer einseitigen Ausnutzung der Gemeinschaftsvorteile die Interessengemeinschaft auch hätten aufkündigen können.

Die angesprochene Vereinheitlichung der Organisation der Dreibund-Unternehmen erfolgte zu weiten Teilen nach dem Vorbild der Farbenfabriken. Ihre Grundlage schuf Carl Duisberg mit der im Jahr 1904 veröffentlichten „Denkschrift über die Vereinigung der deutschen Farbenfabriken“, in der er bereits einige zentrale und später umgesetzte Vorschläge hinsichtlich einer gleichartigen Unternehmensorganisation lieferte. Die Grundlage dieser Vereinheitlichung sollte dabei eine Fusion der Farbenunternehmen bilden – eine seinerzeit offenbar zu provokative Forderung, die in der Farbenindustrie zunächst auf Ablehnung stieß. Möglicherweise beeinflusst durch die in der Denkschrift aufgezeigten Vorteile eines Unternehmenszusammenschlusses verkündeten die Unternehmen Hoechst und Cassella im Herbst des Jahres 1904 ihre Fusion. Der hierdurch bei den übrigen Unternehmen erzeugte Handlungsdruck führte schließlich zur Gründung des Dreibundes zwischen BASF, Bayer und der Berliner AGFA. Während die Vereinigung zwischen Hoechst und Cassella durch eine Kapitalverflechtung herbeigeführt wurde, erfolgte der Zusammenschluss der Dreibund-Unternehmen in Form einer Interessengemeinschaft, in welcher die Unternehmensgewinne der Einzelunternehmen zusammengeführt und entsprechend zuvor berechneter Gewinnanteile an die Unternehmen verteilt wurden.

An der Berechnung dieser Gewinnanteile ist der neuralgische Punkt der Verhandlung zwischen den Farbenfabriken auszumachen, der zugleich den Höhe- und Endpunkt der in der vorliegenden Arbeit geschilderten betriebswirtschaftlichen und bilanztechnischen Entwicklung markiert. Die Berechnung der Gewinnanteile setzte einen komplexen Prozess der Bilanzangleichung voraus, in dessen Zuge sich die seit dem Ende der 1880er Jahre in den Farbenfabriken entwickelten bilanzpolitischen Maßnahmen als bedeutender Wettbewerbsvorteil herausstellten. Die Fortschrittlichkeit des betrieblichen Rechnungswesens der Farbenfabriken wird zudem dadurch unterstrichen, dass die betriebswirtschaftliche Praxis weitgehend der Idealvorstellung der zeitgenössischen frühen Betriebswirtschaftslehre entsprach, die im Wesentlichen durch die Arbeiten Eugen Schmalenbachs definiert wurde. Diese innovative Bilanzpolitik führte schließlich zur Gleichstellung zwischen Bayer und der bis zu diesem Zeitpunkt stets weitaus bedeutenderen BASF. Die Voraussetzung dieser Gleichstellung bildete die expansive Reservepolitik der Farbenfabriken, die es dem Unternehmen ermöglichte, vor allem während der 1890er Jahre bedeutende Teile der Gewinne im Unternehmen zu belassen und im Unterschied zu dem Hauptkonkurrenten BASF nicht an die Anteilseigner auszuschütten. Wenngleich die BASF in Hinblick auf die Forschungsleistung sowie das Produktportfolio den Farbenfabriken vermutlich noch zu Beginn des 20. Jahrhunderts überlegen war, führte die Anwendung verschiedener Bilanzierungsinstrumente schließlich zu einer betriebswirtschaftlichen Parität zwischen den Unternehmen. Hierbei profitierte Bayer in hohem Maße davon, dass die Gründung des Dreibundes und die Verteilung der Gewinnquoten am Ende vor allem eine Bilanzierungsfrage war. Im Gegensatz zur BASF, deren historisch bedeutender Wettbewerbsvorteil in Form des Forschungspotentials sich nicht unmittelbar monetär bewerten ließ und im Falle der schließlich erfolgreichen Indigo-Synthese auf lange Zeit nicht quantifizierbar war, kam den Farbenfabriken bei den Verhandlungen schließlich zugute, dass sich der dort entwickelte Wettbewerbsvorteil problemlos quantifizieren ließ – aus dem einfachen Grund, dass der Wettbewerbsvorteil von vornherein quantitativer Natur war.[342]

Die nach intensiven Debatten schließlich auch von der Unternehmensführung der BASF anerkannte Überlegenheit der innerbetrieblichen Organisation Bayers führte zu einem Wissenstransfer von den Farbenfabriken in Richtung der BASF und AGFA. Hierbei stand vor allem eine Vereinheitlichung der betriebswirtschaftlichen Praktiken im Vordergrund. Die Ebene der strategischen Entscheidungen hingegen war vor allem durch die Investitionsinitiativen der Badischen geprägt. Eine Ausnahme hierbei bildete die allein durch die Farbenfabriken vorangetriebene Integration der Teerdestillationsfabrik in Schoonaerde, deren Ankauf Bayer auf expliziten Wunsch ohne die Einmischung der anderen Dreibund-Firmen durchführte. Die im Dreibund vorangetriebenen Investitionen gingen bei den Farbenfabriken mit einer Abkehr von ihrer etablierten Bilanzpolitik einher. Statt die Höhe der Dividendenquote wie zuvor über fundierte Reservemaßnahmen regulieren zu können, sah sich das Unternehmen nun in seiner bilanzpolitischen Entscheidungs- und Handlungsfreiheit stark eingeschränkt. Ausdruck dieser Einschränkung war der vergleichsweise hohe und für die Farbenfabriken untypische Anstieg der Dividendenquoten. Auch bedeutete der Eintritt in den Dreibund für Bayer eine Abkehr von der etablierten Reservepolitik. Wenngleich die Höhe der als Reserve zurückgestellten Beträge bei allen Dreibund-Unternehmen weiter zunahm, verschob sich das Verhältnis zwischen öffentlicher und stiller Reservebildung immer stärker in Richtung der ersteren. Die Einschränkung der für die Farbenfabriken zuvor von herausragender Bedeutung gewesenen Reservepolitik führte dazu, dass sich der Anteil der stillen an den Gesamtreserven zwischen den Jahren 1904 und 1915 von 83,5 Prozent auf rund 58 Prozent verringerte. Im Zuge des Dreibundes war folglich bei den Farbenfabriken zum ersten Mal eine Bilanzkontinuität gegeben, die der ursprünglichen Logik der Unternehmensstrategie jedoch nicht entsprach.

Wenige Monate vor Ausbruch des Ersten Weltkrieges kam es schließlich zu einer Annäherung zwischen den Unternehmen des Dreibundes und dem seit der Aufnahme der Chemischen Fabrik Kalle im Jahr 1908 als Dreiverband bezeichneten Zusammenschluss von Hoechst und Cassella. Die mit dem Krieg verbundenen Unsicherheiten führten gemeinsam mit der bereits früh absehbaren

342 An dieser Stelle sei auf das offenkundige Potential verwiesen, welches Fusions-, Kartell-, Syndikats- oder Übernahmeverhandlungen für die Untersuchung betriebswirtschaftlicher Praktiken bergen können. Wie das Beispiel der Dreibundverhandlungen zeigt, liegt die Annahme nahe, dass wesentliche, zumeist unbekannte und nicht zu rekonstruierende Kennzahlen wie etwa die Höhe stiller Reserven in solchen Verhandlungen offengelegt wurden.

Tatsache, dass die Nachkriegszeit eine deutliche Schlechterstellung der deutschen Chemieindustrie auf dem Weltmarkt nach sich ziehen würde, zu einer schnellen Einigung zwischen den beiden Unternehmenszusammenschlüssen. Als Grundlage dieser noch um die Unternehmen Weiler ter Meer und Griesheim Elektron erweiterten großen Interessengemeinschaft diente eine überarbeitete Version der von Duisberg verfassten Denkschrift. Wie im Falle des Dreibundes erfolgte der Zusammenschluss zur großen Interessengemeinschaft ebenfalls durch die Vereinbarung einer Gewinnquotierung und ging mit einer Vereinheitlichung der Buchhaltungs- und Bilanzierungspraktiken einher, deren Vorbild erneut die ursprünglich in den Farbenfabriken konzipierten und später im Dreibund weiterentwickelten Praktiken waren. Die ebenfalls in der großen Interessengemeinschaft zur Anwendung kommende Kapitalerhöhungsklausel war gleichbedeutend mit einer teilweisen Aufgabe der eigenen Entscheidungs- und Handlungsspielräume, die den Unternehmen des Dreibundes zwar bekannt, für die weiteren Firmen jedoch einen vergleichsweise neuen Eingriff in die unternehmerische Autonomie bedeutete. Das Zusammenspiel aus dem Verzicht auf die eigenen Entscheidungsfreiheiten einerseits und den unzweifelhaften wirtschaftlichen Vorteilen andererseits – die nicht zuletzt auch durch die Vereinheitlichung des Rechnungswesens erreicht wurden – führte jedoch zu einer den Krieg überdauernden Stabilität des Zusammenschlusses und legte die Grundlage für die schließlich im Herbst 1925 erfolgte Fusion zur I. G. Farbenindustrie AG.[343]

---

343 Vgl. Plumpe 1990, S. 683 sowie zur I. G. Farbenindustrie AG Plumpe 1990, S. 131–175.

6 Zusammenfassung

Als Carl Duisberg im Jahr 1905 die einleitend zitierte Feststellung traf, dass die Leitung einer Aktiengesellschaft stets dazu in der Lage sein müsse, „den Puls des Geschäftes“ zu spüren, blickte er auf rund 40 Jahre betriebsorganisatorische Entwicklung der Farbenfabriken zurück, die er seit der zweiten Hälfte der 1880er Jahre mit geprägt hatte. Der Eintritt Duisbergs in die Farbenfabriken im Jahr 1884 fiel mit dem Übergang des Unternehmens von einer Personen- zu einer Aktiengesellschaft zusammen, der Zeitpunkt des Zitats wiederum mit dem Gründungsjahr des Dreibundes. Diese drei Perioden der Entwicklungsgeschichte der Farbenfabriken – Personengesellschaft, Aktiengesellschaft und Dreibund – unterschieden sich wesentlich in Hinblick auf die Erwartungsbildung und Entscheidungsprozesse der Unternehmensführung und darin, welche Bedeutung dem betrieblichen Rechnungswesen innerhalb dieser beigemessen wurde. Wenngleich die Zäsuren durch den Wandel der Unternehmensform gesetzt wurden, führten sie nicht unweigerlich zu Veränderungen der Informationsflüsse im Unternehmen oder zu Entwicklungsschüben des betrieblichen Rechnungswesens.

So zog der Übergang von einer Personen- zu einer Aktiengesellschaft in der ersten Hälfte der 1880er Jahre bei Bayer zunächst keine Veränderung der Inhaberstruktur nach sich, die Haupteigentümer blieben die Unternehmerfamilien. Der Informationsbedarf der Entscheidungsträger blieb, wie in den ersten zwei Jahrzehnten nach der Unternehmensgründung, rudimentär, da erst die Unternehmensgründer und nach deren Ableben Familienmitglieder der nachfolgenden Generation die Produktion kontrollierten. In Hinblick auf die von Chandler und Kocka identifizierten Entwicklungsstufen handelte es sich bei den Farbenfabriken also in Bezug auf den Stellenwert der betrieblichen Organisation um ein geradezu idealtypisches Gründerunternehmen, während die theoretische Annahme der Neuen Institutionenökonomik über die große Bedeutung von Informationen in Entscheidungsprozessen zumindest für die Jahre nach der Unternehmensgründung nicht zutreffend ist. Dabei waren die Farbenfabriken hinsichtlich des geringen Stellenwertes, den ihre Unternehmensführung der internen Unternehmenskontrolle beimaß, offenbar kein Einzelfall. Dieser Umstand lässt sich nicht nur historisch erklären, da die Unternehmensorganisation zu dieser Zeit im Allgemeinen nicht weit fortgeschritten war. Es handelte sich hierbei vielmehr auch um ein industrieweites Phänomen, das in der enormen Profitabilität der Unternehmen seine Begründung fand. Auf Grund der hohen Margen, die die Produktion der Teerfarbstoffe Anilin und Alizarin ihren Herstellern in den ersten zwei Dekaden ermöglichten, wurde eine detaillierte Kosten-

https://doi.org/10.1515/9783110742060-006

kontrolle von den Unternehmen als überflüssig erachtet – unabhängig davon, ob diese Unternehmen eigentümergeführt oder, wie im Falle der BASF, bereits seit ihrer Gründung in Aktionärsbesitz waren. Der Grenznutzen der Informationsbeschaffung war in dieser Konstellation schnell erreicht, da den mit der Verbesserung des betrieblichen Rechnungswesens einhergehenden Organisationskosten auf Grund der hohen Profitabilität der Teerfarbstoffe kein Mehrwert gegenüberstand, der die Kosten legitimiert hätte.

Bei den Farbenfabriken Bayer bedingte diese enorme Profitabilität zwei Handlungsmuster, deren Zusammenwirken Mitte der 1880er Jahre beinahe die Insolvenz des Unternehmens zur Folge hatte. Erstens führte die lukrative Alizarin-Produktion zu einer starken Konzentration des Produktportfolios auf nur diesen Farbstoff. Die Fokussierung reichte so weit, dass die Ausbringungsmenge des Farbstoffs selbst Ende der 1870er Jahre noch erhöht wurde, als die Verkaufspreise sich bereits dramatisch verringerten. Zweitens etablierten die Anteilseigner eine für Familienunternehmen untypische, offenbar von einem kurzfristigen Erwartungshorizont geprägte Ausschüttungsstrategie. Im Gegensatz zu der von Kocka vertretenen Annahme, Gesellschafter eines Familienunternehmens würden eine langfristige Investitionspolitik verfolgen, zahlte das Unternehmen seine Gewinne während der 1870er und frühen 1880er Jahre fast vollständig an die Unternehmerfamilien aus und passte seine Dividendenpolitik nach der Gründung der Aktiengesellschaft zu Lasten der Investitionsquoten entsprechend an. Die Ausschüttungspolitik profitierte dabei wesentlich von dem Eintritt der Farbenfabriken in die Alizarin-Konvention, welcher den Preisverfall des Farbstoffs aufhielt und zu weiter steigenden Unternehmensgewinnen und den sich entsprechend erhöhenden Dividenden für die Unternehmerfamilien führte. Ein Begleitumstand der Konvention war, dass die durch sie gewährte Absatzgarantie die Mechanismen der Marktbeobachtung innerhalb der Farbenfabriken weitgehend ausschaltete und der Entscheidungsdruck auf die Unternehmensführung aufgehoben wurde, wodurch sich das Nicht-Entscheiden in gewisser Weise zur Entscheidungsprämisse der Konventionszeit entwickelte.

Dieses „entscheidungshemmende Moment“ war bei den neben Bayer führenden Unternehmen der Konvention, der BASF und den Farbwerken Hoechst, auf Grund des vergleichsweise geringen Anteils der Alizarin-Farbstoffe an deren Gesamtumsatz deutlich weniger ausgeprägt. Zwar hatte sich auch bei diesen beiden Firmen in den 1880er Jahren noch keine komplexe quantitative Erfassung der Unternehmensprozesse etabliert, doch hatten sie einerseits ihr Produktportfolio bereits jenseits der Alizarin-Farbstoffe erweitert, andererseits die Produktion von wichtigen Grund- und Zwischenprodukten in die Unternehmen integriert. Diese Diversifikation führte dazu, dass die Marktbeobachtungsmechanismen bei diesen nicht kartellierten Produkten intakt blieben, da sie weiterhin auf dem freien Wettbewerbsmarkt konkurrierten. Zudem resultierte aus dieser Diversifikation eine Risikostreuung, die die Unternehmen weniger anfällig für die während der Alizarin-Konvention wiederholte Reduktion des Konventionspreises machte. Ermöglicht worden war diese Diversifikation durch vergleichsweise frühe Investitionen in die Grundlagenforschung. Die Farbenfabriken Bayer hingegen verzichteten lange Zeit auf diese Investitionen und waren dadurch zunächst in der Lage, diese Einsparungen in komparative Kostenvorteile im Bereich der Alizarin-Herstellung umzuwandeln. Ihre jeweils höheren Produktionstiefen erlaubten es der BASF und Hoechst jedoch während der Konventionsdauer, die Kostennachteile gegenüber den Farbenfabriken auszugleichen und auf Grund der aus der Selbstherstellung von Vorprodukten hervorgehenden Handelsspannen selbst Druck auf die Preisgestaltung der Konvention auszuüben. Die Unternehmensstrategie der Farbenfabriken war dabei weiterhin auf die ursprünglich günstige Ausgangslange eingerichtet und passte sich nicht an die veränderten Rahmenbedingungen an. Als Gegenpol dieser kurzsichtigen Unternehmensstrategie sind die Handlungen Carl Rumpffs zu sehen, der auf eigene Initiative und unter Anwendung seines privaten Kapitals Entscheidungen traf, die das Unternehmenswachstum langfristig sicherten, während das Unternehmen weiterhin an seiner Ausschüttungspolitik festhielt.

Als die Konvention schließlich infolge der sich auseinanderentwickelnden wirtschaftlichen Potenz ihrer Mitglieder auseinanderbrach, reagierten die Farbenfabriken auf die für sie existenzbedrohende Lage mit der Etablierung verschiedener betriebsorganisatorischer Maßnahmen, wie etwa der Revision der Fabrikationsanlagen, deren Erfolg in der Institutionalisierung einer eigenständigen Revisionskommission mündete. Ebenso etablierten sich im Unternehmen verschiedene Methoden zur Kostenkontrolle, die auch in den nun ebenfalls vorangetriebenen Maßnahmen zur Integration vorgelagerter Produktionsschritte Anwendung fanden. Dies war vor allem der Fall, als die Kostenvorteile einer Eigenherstellung gegenüber dem externen Bezug festgestellt werden mussten (Make-or-Buy-Entscheidungen). Die zunächst als Krisenreaktion zu interpretierenden Maßnahmen institutionalisierten sich ab dem Ende der 1880er Jahre in einer zunehmenden Anzahl von betriebswirtschaftlichen Abteilungen. Unregelmäßigkeiten in unternehmensinternen Prozessen waren während der 1880er Jahre häufig erst am Ende eines Geschäftsjahres entdeckt worden, wodurch die Unternehmensführung oft einem unmittelbaren Handlungs- und Entscheidungsdruck ausgesetzt war. Die über die Institutionalisierung der verschiedenen Buchhaltungs-Abteilungen herbeigeführte Quantifizierung dieser Prozesse ermöglichte es den Entscheidungsträgern jedoch jetzt, solche Unregelmäßigkeiten frühzeitig zu erkennen. Diese Kostenkontrolle war offenbar im industrieweiten Vergleich führend. Als Ursache hierfür kann angenommen werden, dass das Ausbleiben der Krisenerfahrung in den führenden Unternehmen der Industrie, also Hoechst und BASF, dazu führte, dass kein Anreiz zu einer Verbesserung der betriebswirtschaftlichen Informationsgewinnung gegeben war. Die Weiterentwicklung der innerbetrieblichen Organisation war für die Unternehmen Bayer, BASF und Hoechst demnach weniger ein Resultat der sich verändernden Unternehmensform, sondern vor allem eine Krisenreaktion. Wo die Krise ausblieb, vollzog sich diese Entwicklung wesentlich langsamer. Diese asynchrone Entwicklung deutet zudem darauf hin, dass das betriebswirtschaftliche Wissen kaum von außen beeinflusst wurde, sondern sich hauptsächlich bedarfsorientiert in den Unternehmen selbst entwickelte.

Auf die Krise der 1880er Jahre reagierte die Unternehmensführung der Farbenfabriken zudem mit einer Umkehrung der Dividendenpolitik. Wenngleich die Führungsebene auch nach der Unternehmenskrise weitgehend unverändert blieb, trat an die Stelle der vollständigen Gewinnabschöpfung nun eine Thesaurierungspolitik, deren Ausgestaltung zunächst wesentlich durch die Person Carl Rumpff vorgegeben wurde, jedoch auch nach seinem Tod im Jahr 1889 weiterverfolgt wurde. Ausschlaggebend für diese Umkehrung der Dividendenpolitik war die kollektive Krisenerfahrung der Entscheidungsträger, die den abgewendeten Bankrott in den auf Führungsebene stattfindenden Diskussionen wiederholt thematisierten. Über eine zunächst öffentliche, dann jedoch in zunehmendem Maße still vollzogene Reservepolitik gelang es dem Unternehmen ab den späten 1880er Jahren, große Summen in die fortschreitende Diversifikation und Vergrößerung der Produktionstiefe zu investieren, ohne dass dies auf Kosten der ausgewiesenen Unternehmensgewinne oder ausgeschütteten Dividenden erfolgen musste. Neben der Produktionsausweitung auf weitere profitable Farbstoffe gelang diese Diversifikation vor allem über die Produktionsaufnahme pharmazeutischer Mittel. Die Vergrößerung der Produktionstiefe konzentrierte sich zunächst auf die Herstellung von wichtigen Grundstoffen wie den Basissäuren. Ermöglicht wurden diese Investitionen durch ein komplexes System aus Abschreibungen, Reservestellungen und Bilanzkürzungen, das einerseits die Dividende auf einem für die Aktionäre offenbar akzeptablen Niveau stabilisierte, darüber hinaus jedoch erhebliche Teile des Unternehmensgewinns von der Gewinnverteilung ausnahm. Die Bilanzpolitik der Farbenfabriken führte somit sowohl zu einer Dividenden- als auch zu einer Gewinnglättung, die für die Unternehmensführung eine erhebliche Vergrößerung ihres Entscheidungsspielraums bedeuteten. In der Bilanzpolitik schlug sich dabei ebenfalls der Wandel der Unternehmensform nieder. So machte die dem Familienunternehmen inhärente Kapitalkonzentration in den Eigentümerfamilien eine Unterscheidung zwischen wirtschaftlicher Innen- und Außendarstellung des Unternehmens überflüssig, da Eigentum und Kontrolle ohnehin in den Händen derselben Personen lagen. Die zwar überschaubare, aber ab der zweiten Hälfte der 1880er Jahre dennoch auf Grund wiederholter Kapitalerhöhungen zunehmende Streuung der Unternehmensanteile führte zu einer Veränderung der „property rights“ im Sinne einer stärkeren Trennung von Eigentum und Kontrolle, woraus sich für die Unternehmensführung ein Anreiz ergab, die wirtschaftliche Außendarstellung zu manipulieren und hierüber möglichst große Entscheidungsfreiheiten zu gewährleisten. Diese Entscheidungsfreiheiten führten schlussendlich dazu, dass die Unternehmensleitung für die Öffentlichkeit ein Abbild des Unternehmens entwarf, das weit von dem tatsächlichen finanziellen Potential der Farbenfabriken entfernt war. Grundlage dieses Abbildes war der umfangreiche Aufbau von stillen Reserven, dessen Rekonstruktion innerhalb der bisherigen unternehmens- und finanzhistorischen Forschung auf Grund des Detailgrades vermutlich als Sonderfall gelten darf.

Den Höhepunkt des Zusammenwirkens von Thesaurierungspolitik, Weiterentwicklung des betrieblichen Rechnungswesens sowie vertikaler Integration bildete die Mitte der 1890er Jahre begonnene Standortverlagerung des Unternehmens nach Leverkusen. Die Finanzierung dieses Projektes wurde im Wesentlichen durch das Abschöpfen stiller Reserven ermöglicht, weshalb eine angesichts der enormen Investitionssummen naheliegende Kapitalerhöhung nur einmalig notwendig war. In diesem Sinne war der Aufbau Leverkusens einerseits das Resultat des innovativen betrieblichen Rechnungswesens Bayers, andererseits setzte die dort zunächst hauptsächlich vorangetriebene Integration der Grundstoffproduktion auch eine Weiterentwicklung des Rechnungswesens voraus. So führte die steigende Zahl an Produktionsstätten nicht nur zu neuen Informationsflüssen zwischen Leitungs- und Produktionsebene, sondern ebenfalls zwischen den nun in einer unternehmensinternen Wertschöpfungskette organisierten Abteilungen, wodurch betriebswirtschaftliche Kennzahlen wie Verrechnungspreise eine wachsende Bedeutung erfuhren. Das Beispiel Leverkusen verdeutlicht hierbei auf vorbildhafte Weise das Potential, das eine gezielte Abstimmung von Infrastruktur und betrieblichem Rechnungswesen für eine effiziente Unternehmensorganisation bergen konnte.

Dass zuvor eingekaufte Grund- und Zwischenprodukte in Leverkusen nun selbst hergestellt und ihre Ausbringungsmenge individuell angepasst werden konnte, bedeutete aus betriebswirtschaftlicher Perspektive eine Überführung von vormals fixen in nunmehr variable Kosten – ein Umstand, der die Entscheidungsräume der Unternehmensführung weiter vergrößerte. In Hinblick auf die in der Einleitung dieser Arbeit dargestellte Transaktionskostentheorie bedeutete die Verbesserung des betrieblichen Rechnungswesens eine Verringerung der Organisationskosten über die von Coase beschriebenen „managerial techniques“. Die Unternehmensführung war hierdurch in der Lage, situativ über die

Aufnahme neuer Transaktionen – in diesem Falle die Integration der Herstellung von Vorprodukten – in das Unternehmen zu entscheiden.

Die nunmehr starke quantitative Durchdringung und die damit einhergehende Menge der aus dem Rechnungswesen bereitgestellten Informationen floss ab den 1890er Jahren in zunehmendem Umfang in die Entscheidungsprozesse der Unternehmensführung ein. Die letzte wesentliche Herausforderung der Kostenrechnung lag in dieser Zeit in der möglichst detaillierten Erfassung der im Unternehmen anfallenden Gemeinkosten. Wie im Falle der vertikalen Integration vorgelagerter Produktionsschritte ermöglichte eine genaue Umrechnung der Gemeinkosten auf einzelne Abteilungen oder Produkte eine Transformation von Fixkosten in variable Kosten und somit eine Vergrößerung der Entscheidungsspielräume. Die möglichst genaue Anrechnung der Gemeinkosten setzte darüber hinaus eine Verkürzung der Erhebungsintervalle voraus, die, ebenso wie die allgemeine Verbesserung der Kostenerfassung, nur mit einem größeren Personalaufwand zu erreichen war. Vor diesem Hintergrund waren demnach die Kosten der Erhebung das entscheidende Kriterium für die Festlegung des Detailgrades und der Geschwindigkeit der Kostenerfassung. Diese wurden so lange verbessert bzw. erhöht, bis für die Unternehmensführung der Grenznutzen der Informationsbeschaffung zu Beginn des 20. Jahrhunderts erreicht wurde. Die starke Fokussierung der Unternehmensführung auf die Kostenerfassung entsprach dabei dem Zeitgeist der jungen betriebswissenschaftlichen Forschung, in der sich vor allem die frühen Arbeiten Schmalenbachs wiederholt dem Thema der akkuraten Anrechnung der Gemeinkosten widmeten. Trotz der zeitlichen Übereinstimmung ließ sich im Quellenmaterial die Befruchtung der betriebswirtschaftlichen Praxis durch die junge Betriebswirtschaftslehre nicht nachweisen. Zu klären bleibt, ob sich die Rezeption in anderen Unternehmen empirisch belegen lässt.

Die ausgeklügelte Bilanzpolitik der 1890er Jahre entwickelte sich für die Farbenfabriken zu einem Wettbewerbsvorteil, der spätestens in den Dreibund-Verhandlungen im Jahr 1904 offensichtlich wurde. Dort definierte Bayer auf Grundlage seines fortschrittlichen Rechnungswesens nicht nur den betriebswirtschaftlichen Modus des Zusammenschlusses, sondern zeigte sich auf Grund seiner bilanzpolitischen Maßnahmen dem historisch stets bedeutender gewesenen Konkurrenten BASF nunmehr überlegen. Die potentiellen Vorteile des Dreibundes wogen für die Unternehmensführung Bayers – und vor allem für Carl Duisberg – offenbar so schwer, dass diese eine stärkere Einschränkung ihrer Entscheidungsspielräume in Kauf nahm. So führte die Koordination mit den anderen Dreibund-Mitgliedern zu einer Abkehr von der etablierten stillen Reservepolitik, die sich von 1905 an wieder vornehmlich öffentlich vollzog. Von den großen Investitionsentscheidungen des Dreibundes, namentlich dem Ankauf der Kohlenzeche Auguste Victoria und dem Aufbau der Stickstofffixierung in Norwegen, profitierte hauptsächlich die BASF. Gleichzeitig bedeuteten diese Investitionsentscheidungen einen erheblichen Eingriff in die bis dahin mit Vehemenz verteidigte Bilanzierungsautonomie der Farbenfabriken, da sie eine historisch hohe Kapitalerhöhung notwendig machten. Trotz wiederholt durch die Unternehmensführung Bayers geäußerter Kritik wurde dieser Autonomieverlust jedoch zu Gunsten der wirtschaftlichen Potenz des Zusammenschlusses in Kauf genommen.

Die von den weiteren Mitgliedern des Dreibundes anerkannte Überlegenheit der Bayer'schen Betriebsorganisation führte während der Dauer des Zusammenschlusses zu einem Wissenstransfer, der sich hauptsächlich von Bayer in Richtung der anderen Unternehmen vollzog. Hierbei stand vor allem die Vermittlung der im betrieblichen Rechnungswesen erreichten Expertise im Vordergrund, deren Entwicklung um das Jahr 1905 ihren Höhepunkt erreichte. Von diesem Punkt aus stagnierte zwar die Weiterentwicklung des betrieblichen Rechnungswesens, doch diffundierte das in den Farbenfabriken aufgebaute Wissen nun in die weiteren Unternehmen des Dreibundes, wo es die Entscheidungsprozesse der jeweiligen Entscheidungsträger beeinflusste. Als die bedeutendsten deutschen Chemieunternehmen vor dem Hintergrund des Ersten Weltkrieges im Jahr 1916 schließlich ihren Zusammenschluss zur großen Interessengemeinschaft beschlossen, erfolgte dieser im Wesentlichen nach dem Vorbild des Dreibundes. Wie bereits im Jahr 1905 orientierten sich nun auch die übrigen führenden deutschen Chemieunternehmen an der bei Bayer aufgebauten Expertise. Das in den Farbenfabriken seit den 1880er Jahren entwickelte betriebliche Rechnungswesen wurde so zum industrieweiten Standard.

Der betriebswirtschaftliche Blick auf die Unternehmensgeschichte Bayers zwischen den Jahren 1863 und 1916 bereichert, so kann abschließend festgehalten werden, die Entwicklungsgeschichte des Unternehmens um eine Vielzahl von neuen Facetten. Wenngleich im betrieblichen Rechnungswesen keine notwendige Bedingung für den Unternehmenserfolg Bayers auszumachen ist, so beeinflusste es ohne Zweifel zumindest hinreichend den Weg eines Teerfarbenunternehmens. Als eines unter vielen Unternehmen mit ähnlichen Gründungsbedingungen entwickelten sich die Farbenfabriken zu einem führenden Unternehmen der deutschen chemischen Industrie, das in Hinblick auf die innerbetriebliche Organisation zur Referenz wurde. Der Zugriff stellte sich vor allem deshalb als gewinnbringend heraus, da er neue und bisher nicht untersuchte Entscheidungen in den Mittelpunkt der Untersuchung rückte, welche sich in der langfristigen Perspektive für die Unternehmensentwicklung als bedeutend herausgestellt haben. Dies gilt vor allem für die bisher völlig unbeleuchtete Reservepolitik des Unternehmens, deren in dieser Studie herausgearbeitete Bedeutung neue Fragen hinsichtlich der Aussagekraft von Unternehmensbilanzen aufwirft. Wenngleich die Feststellung, dass zwischen internen und öffentlichen Unternehmenskennzahlen gravierende Unterschiede existieren können, gewiss nicht neu ist, bleiben die diese Unterscheidung hervorrufenden Entscheidungen häufig ungeklärt.

Durch das Einbeziehen theoretischer Konzepte, die sich mit dem Zusammenwirken von Informationen, Erwartungsbildung und Entscheidungsfindung innerhalb von Unternehmen befassen, ist es zudem gelungen, die Entwicklung des betrieblichen Rechnungswesens nicht einfach als Prozess zu identifizieren, sondern die Rolle der aus diesem Komplex gewonnenen Informationen zugleich in den Entscheidungen der Unternehmensführung Bayers zu spiegeln. Hierfür erwies sich die Unternehmensgeschichte der Farbenfabriken als vortrefflicher Untersuchungsgegenstand, da sich dort geradezu idealtypisch die außergewöhnliche Bedeutung zeigte, welche dem betrieblichen Rechnungswesen in unternehmerischen Entscheidungen zukommen kann. Das von der Neuen Institutionenökonomik angebotene Instrumentarium bot für diese Analyse einen gewinnbringenden Rahmen. So offenbart sich das Potential des Ansatzes vor allem bei der abschließenden Betrachtung des gesamten Untersuchungszeitraums. Wird die seit der Unternehmenskrise der 1880er Jahre in den Farbenfabriken entwickelte betriebswirtschaftliche Expertise im Sinne von Ronald Coase als „managerial technique" interpretiert, führten die unternehmensorganisatorischen Maßnahmen zu einer Senkung der Organisationskosten. Hierdurch war es Bayer ab der Mitte der 1880er Jahre möglich, mehr Transaktionen zu internalisieren als seine direkten Konkurrenten BASF und Hoechst. Wenngleich diese Unternehmen einen höheren Grad an Diversifikation und Integration aufwiesen, führte das fortschrittliche Rechnungswesen der Farbenfabriken zu einem Aufholeffekt, da, wie Coase feststellte, alle Maßnahmen zur Verbesserung der „managerial techniques" zwangsläufig mit einem Unternehmenswachstum einhergehen.[1] Diese Verbesserungen mündeten in der innovativen Bilanzpolitik des Unternehmens, die die Organisationskosten als „managerial technique" weiter reduzierte und schließlich das endgültige Aufschließen zu den Konkurrenzunternehmen ermöglichte.

Im Jahr 1904 waren dann die Buchhaltungs-, Kostenrechnungs- und Bilanzierungsspielräume des Unternehmens weitgehend ausgeschöpft. So waren die Praktiken der Buchhaltung und Kostenrechnung so weit ausdifferenziert, dass sich eine Verbesserung dieser Bereiche nur durch eine Verkürzung der Berichts-

1 „All changes that improve managerial technique will tend to increase the size of the firm". Coase 1937, S. 397.

intervalle hätte erzielen lassen können, die jedoch auf Grund des erreichten Grenznutzens nicht opportun erschien. In Hinblick auf die Entwicklung der Bilanzpolitik markierte das beginnende 20. Jahrhundert ebenfalls einen vorläufigen Endpunkt, da die Anlagekonten des Unternehmens weitgehend abgeschrieben waren und somit nur noch wenige Möglichkeiten zur Bildung stiller Reserven existierten. Dass die Unternehmensführung der Farbenfabriken um 1904 das Ende der rasanten Wachstumsphase der Industrie identifizierte – eine Wahrnehmung, die Carl Duisberg zum Verfassen seiner Denkschrift zur Vereinigung der Teerfarbenunternehmen veranlasste – kann ebenso institutionenökonomisch erklärt werden. Wie zu Beginn dieser Arbeit beschrieben, sind Unternehmen so lange in der Lage Transaktionskosten zu internalisieren, bis die unternehmensinternen Organisationskosten die Transaktionskostenhöhe der Marktnutzungskosten oder eines anderen Unternehmens erreicht haben.[2] Dieser Zustand war bei den großen Unternehmen der Teerfarbenindustrie spätestens im Jahr 1904 erreicht, weshalb die Unternehmenszusammenschlüsse einen Weg boten, durch Kooperation Transaktionen effizienter zu koordinieren, wodurch wiederum die Organisationskosten sanken. Von dieser Senkung der Koordinationskosten profitierte zunächst vor allem die BASF, da die Farbenfabriken ihr erhebliche Potentiale zur Verringerung der Organisationskosten aufzeigten. Diese industrieweit führenden Möglichkeiten zur Reduzierung der Organisationskosten diffundierten schließlich zunächst in den Dreibund und später in die große IG.

Diese bewusst zugespitzte Darstellung blendet gewiss einen Großteil anderer Erfolgsfaktoren aus, die gerade in einer so forschungsabhängigen Branche wie der chemischen Industrie besonders vielfältig sind. Diese theoretische Ausführung eignet sich jedoch, den starken Zusammenhang von betrieblichem Rechnungswesen und Finanzierung aufzuzeigen und legitimiert daher die Berücksichtigung der beiden Bereiche in der vorliegenden Studie. So steht am Ende dieser Arbeit die Erkenntnis, dass die aus dem betrieblichen Rechnungswesen gewonnenen Informationen zwar – wie von der Neuen Institutionenökonomik vertreten – im Falle der Farbenfabriken Bayer die Grundlage für Entscheidungen bildeten, zugleich jedoch, wie gezeigt werden konnte, dort selbst Ziel von Entscheidungen wurden. Das betriebliche Rechnungswesen war demnach nicht mehr nur Grundlage unternehmensstrategischer Entscheidungen, sondern entwickelte sich als selbstständige Unternehmensstrategie zu einem industrieweiten Wettbewerbsvorteil.

2 Vgl. ebd., S. 390–392.

7 Quellen- und Literaturverzeichnis

7.1 Quellen

Bayer Archiv (BAL)

Geschäftsberichte der Geschäftsjahre 1881/82 bis 1918

1/4	Geschichtliche Entwicklung der Bayer AG: Entwicklungsgang der Bayer AG
1/5.2	Geschichtliche Entwicklung der Bayer AG: Die Geschichtliche Entwicklung der Farbenfabriken von 1863–1906
1/8	Geschichtliche Entwicklung der Bayer AG: Gutachten über eine evtl. Umwandlung
2/10	Verträge und Handelsregistereintragungen: Notarieller Akt vom 15.09.1879 betr. Auseinandersetzung der Erben Friedrich Weskotts mit der Firma Friedr. Bayer & Co., Barmen
2/14	Verträge und Handelsregistereintragungen: Statuten und Satzungen der Bayer AG
4/A.4	Interessengemeinschaft der deutschen Teerfarbenfabriken: Denkschrift über die Vereinigung der deutschen Farbenfabriken
4/A.10	Interessengemeinschaft der deutschen Teerfarbenfabriken: Bilanzzahlen und Statistiken als Unterlagen für die Vereinigung der deutschen Farbenfabriken
4/A.11	Interessengemeinschaft der deutschen Teerfarbenfabriken: Verträge über die geschlossene Interessengemeinschaft der deutschen Teerfarbenfabriken
4/A.12	Interessengemeinschaft der deutschen Teerfarbenfabriken: Satzungen und Geschäftsordnungen für Delegationsrat
4/A.14	Interessengemeinschaft der deutschen Teerfarbenfabriken: Protokolle über Sitzungen des Delegationsrates
4/A.22	Interessengemeinschaft der deutschen Teerfarbenfabriken: Beschlüsse der Geschäftsführung der Interessengemeinschaft
4/B.6	Interessengemeinschaft der deutschen Teerfarbenfabriken: Verhandlungen über den Zusammenschluss, Sondergewinne
4/B.12	Interessengemeinschaft der deutschen Teerfarbenfabriken: Verhandlungen über den Zusammenschluss. Abkommen zwischen Dreibund, Dreiverband, Frankfurt und Uerdingen zum Achtbund
5/AC.2.D	BASF AG: Verträge zwischen BASF und Norsk Hydro
7/A.4.1	Werk Elberfeld: Geschichte der Barmerfabrikation
9/C.1	Werk Flers: Allgemeines
9/C.3	Werk Flers: Produktionskalkulation für Farbstoffe
9/L.5.1	Beteiligungen und Tochtergesellschaften der Bayer AG: Gewerkschaft Auguste Viktoria, Hüls
10/1.1	Organisation: Statistik
10/1.2	Organisation: Statistik
10/8.4	Organisation: Handbuch für kaufmännische Beamten der Farbenfabriken vorm. Friedr. Bayer & Co.
11/3	Aufsichtsrat: Schriftwechsel, Einladungen, Protokolle
12/3	Vorstand: Protokolle von Direktionssitzungen, Vol. 1–3.

https://doi.org/10.1515/9783110742060-007

14/2	Hauptversammlung: Protokolle der Generalversammlung
15/4	Finanzwesen: Normen für die Verteilung der Generalspesen (Verkaufsspesen)
15/A.1	Finanzwesen: Aktienangelegenheiten – Verschiedenes
15/A.2	Finanzwesen: Aktiensyndikat
15/BA.2	Finanzwesen: Gewinn- und Verlustkonto der Farbenfabriken vorm. Friedr. Bayer & Co.
15/D.3.A.1	Finanzwesen: Umsätze
15/F.1	Finanzwesen: Bilanzprüfung durch Beauftragte des Aufsichtsrats der Farbenfabriken Bayer
16/1.14	Finanzwesen: Lagerbestände Rohmaterialien
16/1.30	Finanzwesen: Privatkopierbuch von Friedrich Bayer
16/3.1	Finanzwesen: Geheimbuch für Friedr. Bayer & Co., Alizarin-Fabrik
16/3.2	Finanzwesen: Geheimbuch für Friedr. Bayer & Co.
19/A.16	Verträge: Bildung einer Alizarin-Konvention zwischen der BASF, Farbewerke Hoechst, Farbenfabriken Bayer, Carl Neuhaus, Burt, Bulton & Haywood, Gauhe & Co., Dr. C. Leverkus & Söhne, Broenners Fabrik am 5.9.1881
110/1.41	Kaufmännische Abteilung: Statistische Abteilung
110/1.43	Kaufmännische Abteilung: Technische Buchhaltung
111/2	Farben: Farbstoff Produktion
151/11	Kautschuk: Kosten
186/1.5	Produkte, Produktionszahlen und Produktverzeichnisse: Produktionszahlen Werk Barmen, Elberfeld, Flers, Leverkusen und Moskau

BASF Unternehmensarchiv (BASF UA)

Geschäftsberichte der Jahre 1878 bis 1918

PB/A.1.5.2/1	Gemeinsam vereinbarte Grundsätze für die Aufstellung von Vergleichs-Kalkulationen, undatiert.
PB/A.16.1	Verschiedenes den Dreibund betreffend
PB/A.16.1/12	Streit im Dreibund aus Protokollen der Aufsichtsratssitzungen 1905
PB/A901	Voigtländer-Tetzner, Chronik der BASF
PB/C112 (Altsignatur)	Protokoll-Buch des Aufsichtsrates, 1873–1884
PB/W.1.3/230	Lebenserinnerungen von Lothar Brunck (1923)

Historisches Archiv der Deutschen Bank (HADB)

S224	Farbenfabriken Bayer
SG31/009	Sammlungsgut Prospekte für Börseneinführung: Sammelmappe Prospekte E-F

Hessisches Wirtschaftsarchiv (HWA)

Bestand Cassella AG

214/1026 Verträge zwischen der Firma Leopold Cassella & Co. und der Farbwerke Hoechst AG über Zusammenarbeit
214/1124 Gesellschaftsvertrag der Leopold Cassella & Co. GmbH zu Frankfurt a. M.
214/1212 Protokolle der Sitzungen des Gesellschaftsrats der Leopold Cassella & Co. GmbH. Bericht des Gesellschaftsrats an die Gesellschafter über das Geschäftsjahr 1914.
214/1214 Interessengemeinschaftsvertrag
214/1520 Vorgeschichte der I. G. Farbenindustrie AG bis zu ihrer Gründung.

Gesetzestexte

Allgemeines Deutsches Handelsgesetzbuch (ADHGB)
Fassung vom 5. Juni 1869
Allgemeines Deutsches Handelsgesetzbuch
Fassung vom 18. Juli 1884

7.2 Literaturverzeichnis

7.2.1 Veröffentlichungen

Ballewski, Albert; Lewin, C. M.: Der Fabrikbetrieb. Praktische Anleitung zur Anlage und Verwaltung von Maschinenfabriken und ähnlichen Betrieben sowie zur Kalkulation und Lohnverrechnung. Berlin 1912.
Bamann, Hans; Stange, O.: Geschichte der Zwischenprodukts-Abteilung II. In: Farbenfabriken vorm. Friedrich Bayer & Co. (Hg.): Geschichte und Entwicklung der Farbenfabriken vorm. Friedr. Bayer & Co. Elberfeld in den ersten 50 Jahren. München 1918, S. 119–132.
Bayer, Richard (o. J.): Die Entstehung und Entwicklung der Farbenfabriken Bayer. o. O.
Bonhoeffer, O.: Die Arbeiterverhältnisse im Werk Elberfeld. In: Farbenfabriken vorm. Friedrich Bayer & Co. (Hg.): Geschichte und Entwicklung der Farbenfabriken vorm. Friedr. Bayer & Co. Elberfeld in den ersten 50 Jahren. München 1918, 537–547.
Burgdorf, C.: Geschichte der Fabrik Flers. In: Farbenfabriken vorm. Friedrich Bayer & Co. (Hg.): Geschichte und Entwicklung der Farbenfabriken vorm. Friedr. Bayer & Co. Elberfeld in den ersten 50 Jahren. München 1918, S. 255–262.
Cahn, Arnold; Hepp, Paul: Das Antifebrin, ein neues Fiebermittel. In: *Centralblatt für Klinische Medicin*, 7 (1886), S. 561–564.
Calmes, Albert: Der Fabrikbetrieb. Die Buchhaltung, die Selbstkostenberechnung und die Organisation industrieller Betriebe. St. Gallen 1906.

Caro, Heinrich: Ueber die Entwicklung der Theerfarben-Industrie. In: *Berichte der Deutschen Chemischen Gesellschaft*, XXV (1893), S. 955–1105.

Doermer, Otto: Die Konventionen und ihr Einfluss auf die Entwicklung der Farbenfabriken. In: Farbenfabriken vorm. Friedrich Bayer & Co. (Hg.): Geschichte und Entwicklung der Farbenfabriken vorm. Friedr. Bayer & Co. Elberfeld in den ersten 50 Jahren. München 1918, S. 509–518.

Duisberg, Carl: Selbsterlebtes und Schlussbetrachtungen. In: Farbenfabriken vorm. Friedrich Bayer & Co. (Hg.): Geschichte und Entwicklung der Farbenfabriken vorm. Friedr. Bayer & Co. Elberfeld in den ersten 50 Jahren. München 1918, S. 585–644.

Eichengrün, A.: Photographische und technische Abteilung. In: Farbenfabriken vorm. Friedrich Bayer & Co. (Hg.): Geschichte und Entwicklung der Farbenfabriken vorm. Friedr. Bayer & Co. Elberfeld in den ersten 50 Jahren. München 1918, S. 455–462.

Farbenfabriken vorm. Friedrich Bayer & Co. (undatiert): „Sulfonal-Bayer" – the new Hypnotic.

Farbenfabriken vorm. Friedrich Bayer & Co. (Hg.): Geschichte und Entwicklung der Farbenfabriken vorm. Friedr. Bayer & Co. Elberfeld in den ersten 50 Jahren. München 1918.

Fürth, F.: Das Farbenlager. In: Farbenfabriken vorm. Friedrich Bayer & Co. (Hg.): Geschichte und Entwicklung der Farbenfabriken vorm. Friedr. Bayer & Co. Elberfeld in den ersten 50 Jahren. München 1918, 297–304.

Girtler, Ludwig: Die Ingenieur-Abteilung. In: Farbenfabriken vorm. Friedrich Bayer & Co. (Hg.): Geschichte und Entwicklung der Farbenfabriken vorm. Friedr. Bayer & Co. Elberfeld in den ersten 50 Jahren. München 1918, S. 497–508.

Gottschalk, C. G.: Die Grundlagen des Rechnungswesens und ihre Anwendung auf industrielle Anstalten, insbesondere auf Bergbau, Hütten- und Fabrik-Betrieb. mit besonderer Rücksicht auf die verschiedenen Methoden und Systeme der Buchführung für Unternehmer, angehende Betriebs- und Rechnungs-Beamte, sowie insbesondere für Studierende der Bergwissenschaft. Leipzig 1865.

Grabower, Rolf: Die finanzielle Entwicklung der Aktiengesellschaften der deutschen chemischen Industrie und ihre Beziehungen zur Bankenwelt. Leipzig 1910.

Graebe, Carl; Liebermann, Carl: Ueber Alizarin und Anthracen. In: *Berichte der Deutschen Chemischen Gesellschaft*, 1 (1868), S. 49–51.

Graebe, Carl; Liebermann, Carl: Ueber Anthracenderivate. In: *Berichte der Deutschen Chemischen Gesellschaft*, 1 (1868), S. 186–189.

Graebe, Carl; Liebermann, Carl: Ueber künstliche Bildung von Alizarin. In: *Berichte der Deutschen Chemischen Gesellschaft*, 2 (1869), S. 14.

Grothe, H.: Ueber das künstliche Alizarin von Gebrüder Gessert in Elberfeld. In: *Polytechnisches Journal*, 1871 (1871), S. 421–422.

Hagemann, Carl: Technische Entwicklung der Azofarben. In: Farbenfabriken vorm. Friedrich Bayer & Co. (Hg.): Geschichte und Entwicklung der Farbenfabriken vorm. Friedr. Bayer & Co. Elberfeld in den ersten 50 Jahren. München 1918, S. 171–190.

Handbuch der deutschen Aktiengesellschaften 1912/1913 (1911–1923). In: Handbuch der deutschen Aktiengesellschaften. Das Spezial-Archiv der deutschen Wirtschaft. Berlin u. a. 1911–1923.

Hausdörfer: Geschichte der Grünfabrik. In: Farbenfabriken vorm. Friedrich Bayer & Co. (Hg.): Geschichte und Entwicklung der Farbenfabriken vorm. Friedr. Bayer & Co. Elberfeld in den ersten 50 Jahren. München 1918, S. 191–205.

Heymann, Bernhard: Die erfinderische Tätigkeit der Farbenfabriken auf dem Gebiete der Teerfarbenindustrie. In: Farbenfabriken vorm. Friedrich Bayer & Co. (Hg.): Geschichte und Entwicklung der Farbenfabriken vorm. Friedr. Bayer & Co. Elberfeld in den ersten 50 Jahren. München 1918, S. 9–67.

Hoffmann, Felix: Die Pharmazeutische Verkaufs-Abteilung. In: Farbenfabriken vorm. Friedrich Bayer & Co. (Hg.): Geschichte und Entwicklung der Farbenfabriken vorm. Friedr. Bayer & Co. Elberfeld in den ersten 50 Jahren. München 1918, S. 437–442.

Hofmann, A. W.: Researches on the Colouring Matters Derived from Coal-Tar. – II. On Aniline-Blue. In: *Proceedings of the Royal Society of London*, 13 (1863), S. 9–14.

Hofmann, August Wilhelm von: Chemische Untersuchungen der Basen im Steinkohlen-Theeröl. In: *Annalen der Chemie und Pharmacie* (1843), S. 37–86.

Hofmann, August Wilhelm von: Notes of Research on the Poly-Ammonias. – No. V. Action of Bichloride of Carbon on Aniline. In: *Proceedings of the Royal Society of London*, 9 (1859), S. 284–286.

Hofmann, August Wilhelm von: Notes of Researches on the Poly-Ammonias. – No. XX. On the Colouring Matters produced from Aniline. In: *Proceedings of the Royal Society of London*, 12 (1862), S. 1–13.

Jansen, Johannes: Wissenschaftliche Entwicklung der Azofarben. In: Farbenfabriken vorm. Friedrich Bayer & Co. (Hg.): Geschichte und Entwicklung der Farbenfabriken vorm. Friedr. Bayer & Co. Elberfeld in den ersten 50 Jahren. München 1918, S. 132–166.

Kast, Alfred: Sulfonal, ein neues Schlafmittel. In: *Berliner klinische Wochenschrift*, 25 (1888), S. 309–314.

Liebig, Justus von: On Amorphous Quinine As It Exists in the Substance Known in Commerce As Quinoidine. In: *Provincial Medical and Surgical Journal*, 10 (1846), S. 265–267.

Maatz: Das preussische Einkommensteuergesetz vom 24. Juni 1891 in der Rechtsprechung des Oberverwaltungsgerichts. In: *FinanzArchiv*, 16 (1899), S. 177–236.

Messner, Georg: Geschichte der Buchhaltung. In: Farbenfabriken vorm. Friedrich Bayer & Co. (Hg.): Geschichte und Entwicklung der Farbenfabriken vorm. Friedr. Bayer & Co. Elberfeld in den ersten 50 Jahren. München 1918, S. 485–490.

Nobbe, Fritz: Die technische Buchhaltung. In: Farbenfabriken vorm. Friedrich Bayer & Co. (Hg.): Geschichte und Entwicklung der Farbenfabriken vorm. Friedr. Bayer & Co. Elberfeld in den ersten 50 Jahren. München 1918, S. 491–496.

o. A.: Anilin. In: Hermann Julius Meyer (Hg.): Meyers Konversations-Lexikon. eine Encyklopädie des allgemeinen Wissens (1) 1888, S. 590–593.

Perkin, W. H.: The Origin of the Coal-Tar Colour Industry, and the Contributions of Hofmann and his Pupils. In: *Journal of the Chemical Society, Transactions*, 69 (1896), S. 596–637.

Roesky, Eduard: Die Verwaltung und Leitung von Fabriken speciell von Maschinen-Fabriken unter Berücksichtigung des gegenwärtigen Standes der deutschen Industrie mit besonderer Bezugnahme auf die Eisenbranche. Leipzig 1878.

Rose: Alizarinrot oder Entwicklung der Alizarinfabrikation. In: Farbenfabriken vorm. Friedrich Bayer & Co. (Hg.): Geschichte und Entwicklung der Farbenfabriken vorm. Friedr. Bayer & Co. Elberfeld in den ersten 50 Jahren. München 1918, S. 290–296.

Rosenthaler, L.: Neue Arzneimittel organischer Natur. Vom pharmazeutisch-chemischen Standpunkt aus bearbeitet. Berlin, Heidelberg 1906.

Schlösser, Dr: Die Geschichte der Barmer Betriebe. In: Farbenfabriken vorm. Friedrich Bayer & Co. (Hg.): Geschichte und Entwicklung der Farbenfabriken vorm. Friedr. Bayer & Co. Elberfeld in den ersten 50 Jahren. München 1918, S. 245–253.

Schmalenbach, Eugen: Buchführung und Kalkulation im Fabrikgeschäft. In: *Deutsche Metallindustriezeitung*, 12 (1899).

Schmalenbach, Eugen: Die Generalunkosten als Produktionskosten in der Bilanz der Aktiengesellschaft. In: *Zeitschrift für handelswissenschaftliche Forschung*, 2 (1907a/08), S. 161–172.
Schmalenbach, Eugen: Die Technik der Produktionskosten-Ermittlung. In: *Zeitschrift für handelswissenschaftliche Forschung*, 2 (1907b/08), S. 201–212.
Schmalenbach, Eugen: Die Abschreibung. In: *Zeitschrift für handelswissenschaftliche Forschung*, 3 (1908/09), S. 81–88.
Schmalenbach, Eugen: Theorie der Produktionskosten-Ermittlung. In: *Zeitschrift für handelswissenschaftliche Forschung*, 3 (1908a/09), S. 41–65.
Schmalenbach, Eugen: Über Verrechnungspreise. In: *Zeitschrift für handelswissenschaftliche Forschung*, 3 (1908b/09), S. 165–185.
Schmalenbach, Eugen: Die Privatwirtschaftslehre als Kunstlehre. In: *Zeitschrift für handelswissenschaftliche Forschung*, 6 (1911/12), S. 304–316.
Schmalenbach, Eugen: Grundlagen dynamischer Bilanzlehre. In: *Zeitschrift für handelswissenschaftliche Forschung*, 13 (1919), S. 1–60.
Schmidt, Robert E.: Die Alizarinfarbstoffe. In: Farbenfabriken vorm. Friedrich Bayer & Co. (Hg.): Geschichte und Entwicklung der Farbenfabriken vorm. Friedr. Bayer & Co. Elberfeld in den ersten 50 Jahren. München 1918, S. 69–110.
Simon, Hermann Veit: Die Bilanzen der Aktiengesellschaften. Berlin u. Leipzig 1886.
Taylor, Frederick W.: The Principles of Scientific Management. New York 1911.
Versmann, Frederick: On Anthracene Production. In: *The Chemical News and Journal of Physical Science*, 34 (1876), S. 210–211.
Voigtländer-Tetzner, Walter: Die kaufmännische Entwicklung der BASF, 1865–1940. BASF Unternehmensarchiv (unveröffentlichtes Manuskript).
Wagner, Adolph: Die Reform der direkten Staatsbesteuerung in Preussen im Jahre 1891. Zweiter Artikel. In: *FinanzArchiv*, 11 (1894), S. 1–76.
Weskott, Friedrich: Friedr. Bayer & Co. – 1. August 1863 bis 30. Juni 1881. In: Farbenfabriken vorm. Friedrich Bayer & Co. (Hg.): Geschichte und Entwicklung der Farbenfabriken vorm. Friedr. Bayer & Co. Elberfeld in den ersten 50 Jahren. München 1918, S. 3–8.

7.2.2 Verwendete Literatur

Abelshauser, Werner (Hg.): Die BASF. Eine Unternehmensgeschichte. 2. Aufl. München 2003.
Alchian, Armen; Demsetz, Harold: Production, Information Costs, and Economic Organization. In: *American Economic Review*, 62 (1972), S. 777–795.
Andersen, Arne: Chemie als Zukunftstechnologie. Teerfarbenindustrie vor dem Ersten Weltkrieg. In: Dieter Ziegler (Hg.): Zukunftstechnologien der letzten Jahrhundertwende. Intentionen – Visionen – Wirklichkeiten. Berlin (Jahrbuch für Wirtschaftsgeschichte, 1999/2) 1999, S. 85–101.
Andersen, Arne; Spelsberg, Gerd (Hg.): Das Blaue Wunder. Zur Geschichte der synthetischen Farben. Köln 1990.
Arnold, Tim: „Ein leichter Geruch nach Fäulnis und Säure…“. Wasserverschmutzung durch Färberei und frühe Farbenindustrie am Beispiel der Wupper. In: Arne Andersen und Gerd Spelsberg (Hg.): Das Blaue Wunder. Zur Geschichte der synthetischen Farben. Köln 1990, S. 145–161.

Arrow, Kenneth Joseph: Information and the Organization of Industry. In: Graciela Chichilnisky (Hg.): Markets, Information, and Uncertainty. Essays in Economic Theory in Honor of Kenneth J. Arrow. Unter Mitarbeit von Kenneth Joseph Arrow. Cambridge 1999, S. 19–25.

Bartmann, Wilhelm: Zwischen Tradition und Fortschritt. Aus der Geschichte der Pharmabereiche von Bayer, Hoechst und Schering von 1935–1975. Dissertation. Goethe-Universität, Frankfurt am Main. Fachbereich Philosophie 2001.

Bäumler, Ernst: Ein Jahrhundert Chemie. Düsseldorf 1963.

Bäumler, Ernst: Die Rotfabriker. Familiengeschichte eines Weltunternehmens. München 1988.

Bäumler, Ernst: Farben, Formeln, Forscher. Hoechst und die Geschichte der industriellen Chemie in Deutschland. München 1989.

Becker, Selwyn W.; Ronen, Joshua; Sorter, George H.: Opportunity Costs-An Experimental Approach. In: *Journal of Accounting Research*, 12 (1974), S. 317.

Beckert, Jens: Capitalist Dynamics. Fictional Expectations and the Openness of the Future (MPIfG Discussion Paper) 2014.

Beckert, Jens: Imagined futures. Fictional expectations and capitalist dynamics. Cambridge, Massachusetts 2016.

Beer, John J.: The Emergence of the German Dye Industry (Illinois studies in the social sciences, 44). Urbana, Ill. 1959.

Beer, John J.: Die Teerfarbenindustrie und die Anfänge des industriellen Forschungslaboratoriums. In: Karin Hausen und Reinhard Rürup (Hg.): Moderne Technikgeschichte. Köln (Neue wissenschaftliche Bibliothek Geschichte, 81) 1975, S. 106–118.

Bellinger, Bernhard: Geschichte der Betriebswirtschaftslehre. Stuttgart 1967.

Berger, Ulrike; Bernhard-Mehlich, Isolde; Oertel, Simon: Die Verhaltenswissenschaftliche Entscheidungstheorie. In: Alfred Kieser und Mark Ebers (Hg.): Organisationstheorien. Stuttgart 2014, S. 118–163.

Berghoff, Hartmut: Moderne Unternehmensgeschichte. Eine themen- und theorieorientierte Einführung (UTB Geschichtswissenschaften, Wirtschaftswissenschaften, 2483). Paderborn 2004.

Berghoff, Hartmut: Moderne Unternehmensgeschichte. Eine themen- und theorieorientierte Einführung. Berlin 2016.

Besanko, David: Economics of Strategy. 5th ed. Hoboken, NJ 2010.

Bongartz, Wolfram: Unternehmensleitung und Kostenkontrolle in der rheinischen Montanindustrie vor 1914 dargestellt am Beispiel der Firmen Krupp und Gutehoffnungshütte (Teil I). In: *Zeitschrift für Unternehmensgeschichte*, 29 (1984), S. 33–55.

Bössmann, Eva: Weshalb gibt es Unternehmungen? In: *Zeitschrift für die gesamte Staatswissenschaft*, 137 (1981), S. 667–674.

Boyns, Trevor: Recent Developments in Anglo-Saxon (Management) Accounting History. In: *AKKUMULATION*, 13 (2000), S. 1–7.

Boyns, Trevor; Edwards, John Edwards: The Development of Cost and Management Accounting in Britain. In: Christopher S. Chapman, Anthony G. Hopwood und Michael D. Shields (Hg.): Handbook of Management Accounting Research, Bd. 2. Amsterdam, Boston (2) 2007, S. 969–1034.

Brickley, James A.; Smith, Clifford W.; Zimmerman, Jerold L.: Managerial economics and organizational architecture. 5th ed., [Nachdr.]. Boston, Mass. 2010.

Bungenstock, Christian: Entscheidungsorientierte Kostenrechnungssysteme. Eine entwicklungsgeschichtliche Analyse (Unternehmensführung & Controlling). Wiesbaden 1995.

Burhop, Carsten: The Underpricing of Initial Public Offerings at the Berlin Stock Exchange, 1870–96. In: *German Economic Review*, 12 (2010), S. 11–32.

Chandler, Alfred D.; Daems, Herman: Introduction. In: Herman Daems und Herman van der Wee (Hg.): The Rise of Managerial Capitalism. Louvain 1974, S. 1–34.

Chandler, Alfred D.; Daems, Herman: Administrative Coordination, Allocation and Monitoring: A Comparative Analysis of the Emergence of Accounting and Organization in the U. S. A. and Europe. In: *Accounting, Organizations & Society*, 4 (1979), S. 3–20.

Chandler, Alfred Dupont: Strategy and Structure. Chapters in the history of the industrial enterprise. Reprint 2013. Mansfield Centre, Conn. 1962.

Chandler, Alfred Dupont: The Visible Hand. The Managerial Revolution in American Business. 15. print, 1999. Cambridge, Mass. 1977.

Chen, Long: On the Reversal of Return and Dividend Growth Predictability: A Tale of Two Periods. In: *Journal of Financial Economics*, 92 (2009), S. 128–151.

Chen, Long; Da, Zhi; Priestley, Richard: Dividend Smoothing and Predictability. In: *Management Science*, 58 (2012), S. 1834–1853.

Coase, Ronald H.: The Nature of the Firm. In: *Economica*, 16 (1937), S. 386–405.

Coenenberg, A. G.; Schoenfeld, H. M. W.: The Development of Managerial Accounting in Germany: A historical Analysis. In: *The Accounting Historians Journal*, 17 (1990), S. 95–112.

Collin, Gerd: Geschichte der Steinkohlenteerchemie. Am Beispiel der Rütgerswerke. Hamburg u. a. 2009.

Cramer, Tobias (2012): Building the „World's Pharmacy". A Co-evolutionary Approach to the Rise of the German Pharmaceutial Industry 1871–1914. Hg. v. Carsten Burhop. Seminar für Wirtschafts- und Unternehmensgeschichte. Köln (Cologne Economic History Paper, 3).

Cyert, R. M.; Dill, W. R.; March, J. G.: The Role of Expectations in Business Decision Making. In: *Administrative Science Quarterly*, 3 (1958), S. 307.

Cyert, Richard Michael; March, James G.: A Behavioral Theory of the Firm. 2. ed. Cambridge, Mass. u. a. 1992.

Dahlem, Markus: Die Professionalisierung des Bankbetriebs. Studien zur institutionellen Struktur deutscher Banken im Kaiserreich 1871 – 1914. Zugl.: Frankfurt am Main, Univ., Diss., 2006. 1. Aufl. (Bochumer Schriften zur Unternehmens- und Industriegeschichte, 17). Essen 2009.

Dietzen, Nikolaus: Wirtschaftliche Vorteile und Nachteile stiller Reserven bei Aktiengesellschaften. In: *Zeitschrift für handelswissenschaftliche Forschung*, 29 (1935), S. 192–214.

Ding, Yuan; Richard, Jacques; Stolowy, Hervé: Towards an Understanding of the Phases of Goodwill Accounting in four Western Capitalist Countries: From Stakeholder model to Shareholder model. In: *Accounting, Organizations & Society*, 33 (2008), S. 718–755.

Dorn, Gerhard: Die Entwicklung der industriellen Kostenrechnung in Deutschland. Berlin 1961.

Dorn, Gerhard: Geschichtliche Entwicklung der Kostenrechnung. In: Wolfgang Männel (Hg.): Handbuch Kostenrechnung. Wiesbaden 1992, S. 97–104.

Duisberg, Carl (Hg.): Abhandlungen, Vorträge und Reden aus den Jahren 1882–1921. Berlin u. a. 1923a.

Duisberg, Carl: Bericht des Verbandes von Arbeitgebern im bergischen Industriebezirk für das Jahr 1903/04. In: Carl Duisberg (Hg.): Abhandlungen, Vorträge und Reden aus den Jahren 1882–1921. Berlin u. a. 1923, S. 765–768.

Duisberg, Carl: Bericht des Verbandes von Arbeitgebern im bergischen Industriebezirk für das Jahr 1904/05. In: Carl Duisberg (Hg.): Abhandlungen, Vorträge und Reden aus den Jahren 1882–1921. Berlin u. a. 1923, S. 768–773.

Duisberg, Carl: Denkschrift über den Aufbau und die Organisation der Farbenfabriken zu Leverkusen (Januar 1895). In: Carl Duisberg (Hg.): Abhandlungen, Vorträge und Reden aus den Jahren 1882–1921. Berlin u. a. 1923b, S. 387–409.

Duisberg, Carl: Denkschrift über die Vereinigung der deutschen Farbenfabriken (Januar 1904). In: Carl Duisberg (Hg.): Abhandlungen, Vorträge und Reden aus den Jahren 1882–1921. Berlin u. a. 1923c, S. 343–369.

Duisberg, Carl: Zur Geschichte der Entdeckung des Phenacetins (1913). In: Carl Duisberg (Hg.): Abhandlungen, Vorträge und Reden aus den Jahren 1882–1921. Berlin u. a. 1923, S. 332–334.

Duisberg, Carl: Meine Lebenserinnerungen. Herausgegeben auf Grund von Aufzeichnungen, Briefen und Dokumenten von Jesco von Puttkamer. Leipzig 1933.

Duisberg, Carl; Doermer, Otto: Englisches Ausfuhrverbot für Carbolsäure. Köln. Zeitung Nr. 51a vom 19. Januar 1900. In: Carl Duisberg (Hg.): Abhandlungen, Vorträge und Reden aus den Jahren 1882–1921. Berlin u. a. 1923, S. 259–260.

Edwards, John Richard; Boyns, Trevor: Accounting Practice and Business Finance: Some Case Studies from the Iron and Coal Industry 1865–1914. In: *Journal of Business Finance & Accounting*, 21 (1994), S. 1151–1178.

Eierle, Brigitte: Differential reporting in Germany – A historical analysis. In: *Accounting, Business & Financial History*, 15 (2005), S. 279–315.

Emminghaus, Arwed: Allgemeine Gewerkslehre. Nachdruck d. Ausg. 1868 (Schriften zur Geschichte der Betriebswirtschaftslehre, 19). Bergisch Gladbach 2009.

Engel, Alexander: Produktionssysteme im Wettstreit. In: *Zeitschrift für Unternehmensgeschichte*, 50 (2005), S. 83–104.

Engel, Alexander: Farben der Globalisierung. Die Entstehung moderner Märkte für Farbstoffe 1500 – 1900. 1. Aufl. (Reihe „Globalgeschichte“, 5). Frankfurt a. M., New York 2009.

Engel, Alexander: Colouring Markets. In: *Business History*, 54 (2012), S. 10–29.

Engel, Alexander: Die Transformation von Märkten und die Entstehung moderner Unternehmen. In: *Jahrbuch für Wirtschaftsgeschichte*, 53 (2012), S. 93–111.

Ernst, Elmar: Das „Industrielle“ Geheimmittel und seine Werbung ((Quellen und Studien zur Geschichte der Pharmazie, 12)). Würzburg 1975.

Ewert, Ralf; Wagenhofer, Alfred: Interne Unternehmensrechnung. 8. Aufl. (Springer-Lehrbuch). Berlin 2014.

Fear, Jeffrey; Kobrak, Christopher: Diverging Paths: Accounting for Corporate Governance in America and Germany. In: *Business History Review*, 80 (2006), S. 1–48.

Fear, Jeffrey R.: Organizing Control. August Thyssen and the Construction of German Corporate management (Harvard studies in business history, 45). Cambridge, Mass. u. a. 2005.

Feldenkirchen, Wilfried: Zur Finanzierung von Großunternehmen in der chemischen und elektrotechnischen Industrie Deutschlands vor dem Ersten Weltkrieg. In: Richard H. Tilly (Hg.): Beiträge zur quantitativen vergleichenden Unternehmensgeschichte. Stuttgart 1985, S. 94–125.

Feldenkirchen, Wilfried: Siemens. 1918 – 1945. München 1995.

Flechtner, Hans-Joachim: Carl Duisberg. Vom Chemiker zum Wirtschaftsführer. 1. Aufl. Düsseldorf 1959.

Flechtner, Hans-Joachim: Die Elberfelder Farbenfabriken. In: Vorstand der Farbenfabriken Bayer AG (Hg.): Beiträge zur hundertjährigen Firmengeschichte 1863–1963. Unter Mitarbeit von Brigitte Hoernecke. Leverkusen 1964, S. 5–20.

Fleischer, Arndt: Patentgesetzgebung und chemisch-pharmazeutische Industrie im deutschen Kaiserreich. (1871 – 1918). Univ., Diss – Marburg (Quellen und Studien zur Geschichte der Pharmazie, 25). Stuttgart 1984.

Flemming, Hans Walter: Die Vorbereitung des Zusammenschlusses der IG-Farbenindustrie im Jahre 1904. In: Farbwerke Hoechst AG (Hg.): Dokumente aus Hoechster Archiven. Beiträge zur Geschichte der Chemie, Bd. 9. Höchst 1965.

Franz, Heike: Zwischen Markt und Profession. Betriebswirte in Deutschland im Spannungsfeld von Bildungs- und Wirtschaftsbürgertum (1900–1945) (Bürgertum, Bd. 11). Göttingen 1998.

Fraund, Walter: Betriebswirtschaftliche Studie über die Entwicklung und Finanzierung der I. G. Farbenindustrie Aktiengesellschaft unter besonderer Berücksichtigung des Fusionsjahres 1925. Disseration, Gießen 1929.

Friedl, Gunther; Hofmann, Christian; Pedell, Burkhard: Kostenrechnung. Eine entscheidungsorientierte Einführung. 3., überarbeitete Auflage. München 2017.

Gall, Lothar (Hg.): Die Deutsche Bank. 1870–1995. München 1995.

Garfield, Simon: Lila. Wie eine Farbe die Welt veränderte. 1. Aufl. Berlin 2001.

Gawehn, Gunnar: Kohle – Erz- Chemie. Die Geschichte des Bergwerks Auguste Victoria (Bergbau-Archiv: Schriften des Bergbau-Archivs, Nr. 30). Bochum 2015.

Gleeson-White, Jane: Double Entry. How the Merchants of Venice shaped the Modern World: And How Their Invention Could Make or Break the Planet. Crows Nest NSW 2011.

Göthlich, Stephan E.: Zur Ideengeschichte von Buchführung, Kostenrechnung und Controlling vor dem Hintergrund ihres historischen Kontexts. Manuskripte aus den Insituten für Betriebswirtschaftlehre der Univestität Kiel 2007.

Haber, Ludwig F.: The Chemical Industry During the Nineteenth Century. A Study of the Economic Aspects of Applied Chemistry in Europe and North America. Oxford 1958.

Haber, Ludwig F.: The Chemical Industry 1900–1930. Internal Growth and Technological Change. Oxford 1971.

Hahn, Hans-Werner: Die Industrielle Revolution in Deutschland. 3., durchges. und um einen Nachtr. erw. Aufl. (Enzyklopädie deutscher Geschichte, 49). München 2011.

Hanf, Reinhardt: Veröffentlichte Jahresabschlüsse von Unternehmen im Deutschen Kaiserreich. Bedeutung und Aussagewert für wirtschaftshistorische Analysen. In: *Zeitschrift für Unternehmensgeschichte*, 23 (1978), S. 145–172.

Hartmann, Heinrich: Organisation und Geschäft. Unternehmensorganisation in Frankreich und Deutschland 1890–1914. 1. Aufl. (Kritische Studien zur Geschichtswissenschaft, Band 185). Göttingen 2010.

Hayes, Peter: Industry and Ideology. IG Farben in the Nazi Era. 2. ed. Cambridge u. a. 2001.

Helfferich, Karl: Georg von Siemens. Ein Lebensbild aus Deutschlands großer Zeit (2). Berlin 1923.

Henneking, Ralf: Chemische Industrie und Umwelt. Konflikte um Umweltbelastungen durch die chemische Industrie am Beispiel der schwerchemischen, Farben- und Düngemittelindustrie der Rheinprovinz (ca. 1800–1914) (86). Stuttgart 1994.

Henseling, Karl Otto; Sadlinger, Anselm: „Eine Welt voll märchenhaften Reizes ...". Teerfarben: Keimzelle der modernen Chemieindustrie. In: Arne Andersen und Gerd Spelsberg (Hg.): Das Blaue Wunder. Zur Geschichte der synthetischen Farben. Köln 1990, S. 82–144.

Hentschel, Volker: Wirtschaftsgeschichte der Maschinenfabrik Esslingen AG, 1846 – 1918. Eine historisch-betriebswirtschaftliche Analyse (Industrielle Welt, 22). Stuttgart 1977.

Hesse, Jan-Otmar: Im Netz der Kommunikation. Die Reichs-Post- und Telegraphenverwaltung 1876 – 1914 (Schriftenreihe zur Zeitschrift für Unternehmensgeschichte, 8). München 2002.

Hesse, Jan-Otmar: Wirtschaftsgeschichte. Entstehung und Wandel der modernen Wirtschaft (Historische Einführungen, Bd. 15). Frankfurt a. M., New York 2013.

Hippel, Wolfgang von: Auf dem Weg zum Weltunternehmen (1865–1900). In: Werner Abelshauser (Hg.): Die BASF. Eine Unternehmensgeschichte. München 2003, S. 17–116.

Hohenberg, Paul M.: Chemicals in Western Europe: 1850–1914. An Economic Study of Technical Change. Chicago 1967.

Homburg, Christian: Betriebswirtschaftslehre als Empirische Wissenschaft – Bestandsaufnahme und Empfehlungen. In: *Schmalenbachs Zeitschrift für betriebswirtschaftliche Forschung*, 59 (2007), S. 27–60.

Homburg, Ernst: The Emergence of Research Laboratories in the Dyestuffs Industry, 1870–1900. In: *The British Journal for the History of Science*, 25 (1992), S. 91–111.

Homburg, Ernst; Travis, Anthony S.; Schröter, Harm G. (Hg.): The Chemical Industry in Europe, 1850–1914. Industrial Growth, Pollution, and Professionalization (Chemists and chemistry, 17). Dordrecht u. a. 1998.

Hornix, Willem J.: From Process to Plant: Innovation in the Early Artificial Dye Industry. In: *The British Journal for the History of Science*, 25 (1992), S. 65–90.

Hückstädt, Harald: Carl Rumpff und Carl Duisberg. In: *Unser Werk – Werkzeitschrift der Farbenfabriken Bayer Aktiengesellschaft*, 18/53 (1967), S. 385–396.

Jakob, Mark; Nützenadel, Alexander; Streb, Jochen: Erfahrung und Erwartung – eine vernachlässigte wirtschaftshistorische Perspektive? In: *Jahrbuch für Wirtschaftsgeschichte / Economic History Yearbook*, 59 (2018), S. 329–341.

Janneck, Rouven: Forschung als planbarer Prozess? Organisation und Steuerung der Unternehmensforschung bei der Bayer AG 1945–1984. Dissertation. Heinrich-Heine-Universität, Düsseldorf 2019.

Jensen, Michael C.; Meckling, William H.: Theory of the Firm: Managerial Behavior, Agency Costs and Ownership Structure. In: *Journal of Financial Economics*, 3 (1976), S. 305–360.

Johnson, H. Thomas: Management Accounting in an Early Integrated Industrial: E. I. duPont de Nemours Powder Company, 1903–1912. In: *Business History Review*, 49 (1975), S. 184–204.

Johnson, H. Thomas: Managing by Remote Control. Recent Management Accounting Practice in Historical Perspective. In: Peter Temin (Hg.): Inside the Business Enterprise. Historical Perspectives on the Use of Information. Chicago u. a. 1991.

Johnson, H. Thomas; Kaplan, Robert S.: Relevance Lost. The Rise and Fall of Management Accounting. Boston, Mass. 1987.

Johnson, Jeffrey Allan: Die Macht der Synthese. In: Werner Abelshauser (Hg.): Die BASF. Eine Unternehmensgeschichte. München 2003, S. 117–229.

Kaku, Sachio: Die finanzielle Entwicklung der deutschen Teerfarbenunternehmen in den Jahren von 1880 bis 1913. In: *Scripta Mercaturae*, 23 (1989), S. 132–166.

Kieser, Alfred; Ebers, Mark (Hg.): Organisationstheorien. 7. Aufl. Stuttgart 2014.

Kieser, Alfred; Walgenbach, Peter: Organisation. 5., überarb. Aufl. Stuttgart 2007.

Klein, Benjamin; Crawford, Robert G.; Alchian, Armen A.: Vertical Integration, Appropriable Rents, and the Competitive Contracting Process. In: *The Journal of Law and Economics*, 21 (1978), S. 297–326.

Kleinschmidt, Christian: Vom betrieblichen Rechnungswesen zum Controlling. In: *AKKUMULATION*, 13 (2000), S. 7–12.

Kleinschmidt, Christian: Unternehmensgeschichte als „Nebenbeschäftigung". In: *Zeitschrift für Unternehmensgeschichte*, 64 (2019), S. 274–291.

Knight, Frank H.: Risk, Uncertainty and Profit. 1. Aufl. New York 1921.

Knoke, Josef Wilhelm: Zwischen Weltwirtschaft und Wissenschaft. Der Unternehmer und Wirtschaftsbürger Henry Theodor von Böttinger (1848–1920). 1. Auflage (Düsseldorfer Schriften zur Neueren Landesgeschichte und zur Geschichte Nordrhein-Westfalens, 90). Essen 2019.

Knoke, Josef-Wilhelm: Der Unternehmer und Wirtschaftsbürger Henry Theodor von Böttinger 1848–1920. Dissertation. Heinrich-Heine-Universität, Düsseldorf. Philosophische Fakultät 2016.

Kobrak, Christopher: National cultures and international competition. The experience of Schering AG, 1851 – 1950. Cambridge 2002.

Kocka, Jürgen: Industrielles Management: Konzeptionen und Modelle in Deutschland vor 1914. In: *Vierteljahrschrift für Sozial- und Wirtschaftsgeschichte*, 56 (1969), S. 332–372.

Kocka, Jürgen: Expansion – Integration – Diversifikation: Wachstumsstrategien industrieller Großunternehmen in Deutschland vor 1914. In: Fritz Blaich und Harald Winkel (Hg.): Vom Kleingewerbe zur Großindustrie. Quantitativ-regionale und politisch-rechtliche Aspekte zur Erforschung der Wirtschafts- und Gesellschaftsstruktur im 19. Jahrhundert. Berlin (Schriften des Vereins für Socialpolitik, Gesellschaft für Wirtschafts- und Sozialwissenschaften, N. F. Bd. 83) 1975, S. 203–226.

Kocka, Jürgen: Management in der Industrialisierung Die Entstehung und Entwicklung des klassischen Musters. In: *Zeitschrift für Unternehmensgeschichte*, 44 (1999), S. 135–149.

Kockerscheidt, J. Wilhelm: Über die Preisbewegung chemischer Produkte. Unter besonderer Berücksichtigung des Einflusses neuerer Erfindungen und technischer Fortschritte. Jena 1905.

Koselleck, Reinhart: Vergangene Zukunft. Zur Semantik geschichtlicher Zeiten. 3. Aufl. Frankfurt am Main 1984.

Kotler, Philip; Armstrong, Gary; Harris, Lloyd C.; Piercy, Nigel F.: Grundlagen des Marketing. Unter Mitarbeit von Ralf Schellhase und Birgit Franken. 6., aktualisierte Auflage. Hallbergmoos 2016.

Kreutle, Ulrich: Die Marketing-Konzeption in deutschen Chemieunternehmen. Eine betriebswirtschaftlich-historische Analyse am Beispiel der BASF Ludwigshafen. Zugl.: Tübingen, Univ., Diss. : 1991 (Schriften zur Unternehmensplanung, 21). Frankfurt am Main 1992.

Kuczynski, Thomas: Die Stellung der deutschen Teerfarbenindustrie zum Stoff- und Verfahrenspatent in der Zeit bis zum zweiten deutschen Patentgesetz von 1891. In: *Jahrbuch für Wirtschaftsgeschichte*, 11 (1970), S. 115–140.

Kühl, Stefan: Organisationen. Eine sehr kurze Einführung. 1., neue Ausg. Wiesbaden 2011.

Law, Jonathan: A Dictionary of Finance and Banking. Sixth edition (Oxford quick reference). Oxford 2018.

Lazonick, William: Business organization and the myth of the market economy. Reprinted 1994. Cambridge 1994.

Leitner, Friedrich: Die Selbstkosten-Berechnung industrieller Betriebe. 9. Aufl. Frankfurt a. M. 1930.
Lesch, John E. (Hg.): The German Chemical Industry in the Twentieth Century. March 20–22, 1997, Univ. of California, Berkeley (Chemists and chemistry, 18). Dordrecht 2000.
Levenstein, Margaret: The Use of Cost Measures. The Dow Chemical Company, 1890–1914. In: Peter Temin (Hg.): Inside the Business Enterprise. Historical Perspectives on the Use of Information. Chicago u. a. 1991.
Levenstein, Margaret: Accounting for Growth. Information Systems and the Creation of the Large Corporation. Stanford 1998.
Lieberman, Marvin B.; Montgomery, David B.: First-Mover Advantages. In: *Strategic Management Journal*, 9 (1988), S. 41–58.
Lindenlaub, Jürgen: Die Finanzierung des Aufstiegs von Krupp. Die Personengesellschaft Krupp im Vergleich zu den Kapitalgesellschaften Bochumer Verein, Hoerder Verein und Phoenix 1850 bis 1880. 1. Aufl. Essen 2006.
Lindner, Stephan H.: Hoechst. Ein I. G. Farben Werk im Dritten Reich. München 2005.
Lübbers, Thorsten: Unternehmenskooperation auf dem Gebiet gewerblicher Schutzrechte in der chemischen, pharmazeutischen und elektrotechnischen Industrie, 1880–1914. In: *Vierteljahrschrift für Sozial- und Wirtschaftsgeschichte*, 96 (2009), S. 147–172.
Luhmann, Niklas: Soziologische Aufklärung. 5. Aufl. Wiesbaden 2005.
Luhmann, Niklas: Organisation und Entscheidung. 3. Aufl. Wiesbaden 2011.
Mann, Charles C.: Aspirin. Wirtschaftskriege der internationalen Pharmaindustrie. 1. [Dr.]. Hg. v. Mark L. Plummer. München: Droemer Knaur 1993.
March, James G.; Guetzkow, Harold; Simon, Herbert Alexander: Organizations. 2. ed., reprinted (twice). Cambridge, Mass. 1994.
March, James G.; Simon, Herbert A.: Organisation und Individuum. Wiesbaden 1976.
Marriner, Sheila: Company Financial Statements as Source Material for Business Historians. In: *Business History*, 22 (1980), S. 203–235.
Marsch, Ulrich: Strategies for Success: Research Organization in German Chemical Companies and IG Farben until 1936. In: *History and Technology*, 12 (1994), S. 23–77.
Marsch, Ulrich: Zwischen Wissenschaft und Wirtschaft. Industrieforschung in Deutschland und Großbritannien 1880 – 1936 (Veröffentlichungen des Deutschen Historischen Instituts in London, 47). Paderborn u. a. 2000.
Mathiak, Walter: Das preußische Einkommensteuergesetz von 1891 im Rahmen der Miquelschen Steuerreform 1891/93. Vorgeschichte, Entstehung, Begleitgesetze, Durchführung. 1. Aufl. (Quellen und Forschungen zur Brandenburgischen und Preußischen Geschichte, 41). Berlin 2011.
Matthews, Mark; Boyns, Trevor; Edwards, John Richard: Chandlerian Image or Mirror Image? Managerial and Accounting Control in the Chemical Industry: the Case of Albright & Wilson, c.1892 to c.1923. In: *Business History*, 45 (2003), S. 24–52.
McWatters, Cheryl S.; Zimmerman, Jerrold L.: Management Accounting in a Dynamic Environment. New York 2016.
Merkt, Hanno: Unternehmenspublizität. Offenlegung von Unternehmensdaten als Korrelat der Marktteilnahme (Jus privatum, 51). Tübingen 2001.
Meyer-Thurow, Georg: The Industrialization of Invention: A Case Study from the German Chemical Industry. In: *Isis*, 73 (1982), S. 363–381.
Morris, Peter J. T.; Travis, Anthony S.: A History Of The International Dyestuff Industry. In: *American Dyestuff Reporter*, 81 (1992), S. 59–100.

Müller-Fürstenberger, Georg: Kuppelproduktion. Eine theoretische und empirische Analyse am Beispiel der chemischen Industrie (Umwelt und Ökonomie, 13). Heidelberg 1995.

Murmann, Johann Peter: Knowledge and Competitive Advantage. The Coevolution of Firms, Technology, and National Institutions (Cambridge studies in the emergence of global enterprise). Cambridge, UK, New York 2003.

Nieberding, Anne: Dezentrale Zentralisation. Entscheidungsfindung bei den Farbenfabriken vorm. Friedr. Bayer & Co. In: Clemens Wischermann (Hg.): Unternehmenskommunikation deutscher Mittel- und Großunternehmen. Theorie und Praxis in historischer Perspektive. Münster (Untersuchungen zur Wirtschafts-, Sozial- und Technikgeschichte, 23) 2003a, S. 256–268.

Nieberding, Anne: „Stillstand ist Rückschritt". Kundenkommunikation in der Pharma-Industrie um 1900 am Beispiel der Farbenfabriken vorm. Friedr. Bayer & Co. In: Clemens Wischermann (Hg.): Unternehmenskommunikation deutscher Mittel- und Großunternehmen. Theorie und Praxis in historischer Perspektive. Münster (Untersuchungen zur Wirtschafts-, Sozial- und Technikgeschichte, 23) 2003, S. 214–255.

Nieberding, Anne: Unternehmenskultur im Kaiserreich. J. M. Voith und die Farbenfabriken vorm. Friedr. Bayer & Co (Bd. 9). München 2003b.

Nieto-Galan, Agustí: Colouring Textiles. A History of Natural Dyestuffs in Industrial Europe (Boston studies in the philosophy of science, 217). Dordrecht 2001.

Osteroth, Dieter: Soda, Teer und Schwefelsäure. Der Weg zur Großchemie. Orig.-Ausg (Kulturgeschichte der Naturwissenschaften und der Technik, 7720 : rororo-Sachbuch). Reinbek bei Hamburg 1985.

Passow, Richard: Die Aktiengesellschaft. 2. Aufl. Jena 1922.

Passow, Richard: Die Bilanzen der privaten und öffentlichen Unternehmungen. 3. Aufl. (II). Leipzig, Berlin 1923.

Penndorf, Balduin: Geschichte der Buchhaltung in Deutschland. Leipzig 1913.

Penndorf, Balduin: Einführung in die Fabrikbuchhaltung. Berlin u. a. 1925.

Pfaff, Dieter u. a.: Eugen Schmalenbach (1899): Buchführung und Kalkulation im Fabrikgeschäft. In: Arbeitskreis Internes Rechnungswesen der Schmalenbach-Gesellschaft für Betriebswirtschaft (Hg.): Säulen der Kostenrechnung. Originalquellen und Kommentierungen zu den Grundfragen und Konstruktionsprinzipien der Kostenrechnung. München 2017, S. 55–64.

Pierenkemper, Toni: Unternehmensgeschichte. Eine Einführung in ihre Methoden und Ergebnisse (Grundzüge der modernen Wirtschaftsgeschichte, 1). Stuttgart 2000.

Pierenkemper, Toni: Wirtschaftsgeschichte. Die Entstehung der modernen Volkswirtschaft (Akademie Studienbücher 6–2010). Berlin 2010.

Pindyck, Robert; Rubinfeld, Daniel: Mikroökonomie. 7., aktualisierte Auflage (Wi – Wirtschaft). München, Boston, Mass. 2009.

Pinnow, Hermann: Werksgeschichte. 1863–1938. Der Gefolgschaft der Werke Leverkusen, Elberfeld und Dormagen zur Erinnerung an die 75. Wiederkehr des Gründungstages der Farbenfabriken vorm. Friedr. Bayer & Co. gewidmet von der I. G.-Farbenindustrie-Aktiengesellschaft. München 1938a.

Pinnow, Hermann: Zur Erinnerung an die 75. Wiederkehr des Gründungstages der Farbwerke vorm. Meister, Lucius & Brüning. München 1938b.

Pleitgen, Verena: Die Entwicklung des betriebswirtschaftlichen Rechnungswesens von 1890 bis 1940 am Beispiel der Firmen Krupp, Scheidt und Farina. Dissertation. Universität zu Köln, Köln. Wirtschafts- und Sozialwissenschaftlichen Fakultät 2005.

Plumpe, Gottfried: Die IG-Farbenindustrie-AG. Wirtschaft, Technik und Politik 1904 – 1945 (Schriften zur Wirtschafts- und Sozialgeschichte, 37). Berlin 1990.

Plumpe, Werner: Die Unwahrscheinlichkeit des Jubiläums – oder: warum Unternehmen nur historisch erklärt werden können. In: *Jahrbuch für Wirtschaftsgeschichte / Economic History Yearbook*, 44 (2003).

Plumpe, Werner: Perspektiven der Unternehmensgeschichte. In: Günther Schulz (Hg.): Sozial- und Wirtschaftsgeschichte. Arbeitsgebiete, Probleme, Perspektiven; 100 Jahre Vierteljahrschrift für Sozial- und Wirtschaftsgeschichte. Stuttgart (Vierteljahrschrift für Sozial- und Wirtschaftsgeschichte, 169) 2004, S. 403–425.

Plumpe, Werner: Unternehmen. In: Gerold Ambrosius (Hg.): Moderne Wirtschaftsgeschichte. Eine Einführung für Historiker und Ökonomen. München 2006, S. 61–94.

Plumpe, Werner: Carl Duisberg 1861–1935. Anatomie eines Industriellen (Historische Bibliothek der Gerda Henkel Stiftung). München 2016a.

Plumpe, Werner: Wie entscheiden Unternehmen? In: *Zeitschrift für Unternehmensgeschichte*, 61 (2016b), S. 141–159.

Plumpe, Werner: Wirtschaftskrisen. Geschichte und Gegenwart. Originalausgabe, 5. durchgesehene und aktualisierte Auflage (C. H. Beck Wissen, 2701). München 2017.

Plumpe, Werner: Das kalte Herz. Kapitalismus: die Geschichte einer andauernden Revolution. 1. Auflage. Berlin 2019.

Pohl, Hans; Schaumann, Ralf; Schönert-Röhlk, Frauke: Die chemische Industrie in den Rheinlanden während der industriellen Revolution (18). Wiesbaden 1983.

Pohl, Hans; Schaumann, Ralph: Wissenschaft und Technik in der chemischen Industrie der Rheinlande während der industriellen Revolution. In: Hans Pohl (Hg.): Wirtschaft, Unternehmen, Kreditwesen, soziale Probleme. Ausgewählte Aufsätze. 2 Bände. Stuttgart (Vierteljahrschrift für Sozial- und Wirtschaftsgeschichte) 2005, S. 204–226.

Pohlmann, Jörg: Das Aktienrecht des 19. Jahrhunderts. Dogmengeschichtliche Betrachtungen zur Rechtsträgerschaft, Entstehung und Auflösung der Aktiengesellschaft. 1. Auflage. Baden-Baden 2007.

Quick, Reiner: Die Entstehungsgeschichte der aktienrechtlichen Pflichtprüfung in Deutschland. In: *Zeitschrift für Unternehmensgeschichte*, 35 (1990), S. 217–236.

Reckel, Sylvia: Von „Teufelsfarbe“, „Scharlachtüchern“, „Waidjunkern“ und „Schönfärbern“. Aufstieg und Fall der natürlichen Farben. In: Arne Andersen und Gerd Spelsberg (Hg.): Das Blaue Wunder. Zur Geschichte der synthetischen Farben. Köln 1990, S. 57–81.

Redlich, Fritz: Die volkswirtschaftliche Bedeutung der deutschen Teerfarbenindustrie. Dissertation. Friedrich-Wilhelms-Universität, Berlin. Philosophische Fakultät 1914.

Reinhardt, Carsten: Forschung in der chemischen Industrie. Die Entwicklung synthetischer Farbstoffe bei BASF und Hoechst, 1863 bis 1914. Techn. Univ., Diss. – Berlin. 1. Aufl. (Freiberger Forschungshefte D Wirtschaftswissenschaften, Geschichte, 202). Freiberg 1997.

Reinhardt, Carsten; Travis, Anthony S.: Heinrich Caro and the Creation of Modern Chemical Industry (Chemists and chemistry, 19). Dordrecht u. a. 2000.

Roelevink, Eva-Maria: Organisierte Intransparenz. Das Kohlensyndikat und der niederländische Markt, 1915–1932. Thesis (doctoral) – Universität, Bochum, 2013 (Schriftenreihe zur Zeitschrift für Unternehmensgeschichte, Band 26). München 2015.

Roth, Hermann: Die Duisberg-Denkschrift zur Vereinigung der deutschen Farbenfabriken aus dem Jahre 1915. In: *Jahrbuch für Wirtschaftsgeschichte / Economic History Yearbook*, 7 (1966).

Rüsberg, F.: Fünfzig Jahre Kali-Chemie Aktiengesellschaft. Darmstadt 1949.

Scheinert, Wolfgang: Joseph Wilhelm Weiler, Julius Weiler und das Anilin: Zur Entwicklungsgeschichte der deutschen Teerfarbenindustrie und der chemischen Technik vor dem Ersten Weltkrieg. In: *Zeitschrift für Unternehmensgeschichte*, 33 (1988), S. 217–231.

Schmauderer, Eberhard: Der Einfluss der Chemie auf die Entwicklung des Patentwesens in der zweiten Hälfte des 19. Jahrhunderts. In: *Tradition: Zeitschrift für Firmengeschichte und Unternehmerbiographie*, 16 (1971), S. 144–176.

Schmidt, Reinhard H.; Terberger, Eva: Grundzüge der Investitions- und Finanzierungstheorie. 4., aktualisierte Aufl., Nachdr (Gabler-Lehrbuch). Wiesbaden 2006.

Schneider, Dieter: Entwicklungsstufen der Bilanztheorie. In: *Wirtschaftswissenschaftliches Studium* (1974), S. 158–164.

Schneider, Dieter: Managementfehler durch mangelndes Geschichtsbewußtsein in der Betriebswirtschaftslehre. In: *Zeitschrift für Unternehmensgeschichte*, 29 (1984), S. 114–130.

Schneider, Dieter: Entwicklungsschwerpunkte zur heutigen Kostenrechnung. In: Wolfgang Männel (Hg.): Handbuch Kostenrechnung. Wiesbaden 1992, S. 87–96.

Schöttler, Jürgen; Spulak, Reinhard: Technik des betrieblichen Rechnungswesens. 9., völlig überarb. und aktual. Aufl. (Oldenbourgs Studienlehrbücher der Wirtschafts- und Sozialwissenschaften). München 2003.

Schreier, Anna Elisabeth; Wex, Manuela: Chronik der Hoechst-Aktiengesellschaft : 1863 – 1988. Sonderausgabe der „Dokumente aus Hoechst-Archiven". Frankfurt (am Main) 1990.

Seckelmann, Margrit: Industrialisierung, Internationalisierung und Patentrecht im deutschen Reich, 1871 – 1914 (Studien zur europäischen Rechtsgeschichte, 201). Frankfurt a. M. 2006.

Siegrist, Hannes: Vom Familienbetrieb zum Managerunternehmen. Angestellte und industrielle Organisation am Beispiel der Georg Fischer AG in Schaffhausen 1797–1930. Göttingen 1981.

Simon, Herbert A.: A Behavioral Model of Rational Choice. In: *The Quarterly Journal of Economics*, 69 (1955), S. 99–118.

Simon, Herbert A.: Models of Man. Social and Rational. New York, NY 1957.

Simon, Herbert A.: Theories of Decision-Making in Economics and Behavioral Science. In: *The American Economic Review*, 49 (1959), S. 253–283.

Simon, Herbert A.: Administrative Behavior. 4th ed. New York 1997.

Sneader, Walter: Drug Discovery. A History. Hoboken, N.J 2005.

Spoerer, Mark: „Wahre Bilanzen!" Die Steuerbilanz als unternehmenshistorische Quelle. In: *Zeitschrift für Unternehmensgeschichte*, 40 (1995), S. 158–179.

Spoerer, Mark: Von Scheingewinnen zum Rüstungsboom. Die Eigenkapitalrentabilität der deutschen Industrieaktiengesellschaften 1925 – 1941 (Vierteljahrschrift für Sozial- und Wirtschaftsgeschichte, 123). Stuttgart 1996.

Spoerer, Mark: Window-dressing in German inter-war balance sheets. In: *Accounting, Business & Financial History*, 8 (1998), S. 351–369.

Spoerer, Mark: Steuerlast, Steuerinzidenz und Steuerwettbewerb. Verteilungswirkungen der Besteuerung in Preußen und Württemberg (1815 – 1913). Zugl.: Hohenheim, Univ., Habil.-Schr., 2003. Repr (Jahrbuch für Wirtschaftsgeschichte Beiheft, 6). Berlin 2015.

Steenbuck, Kurt: Die Gewerkschaft Auguste Victoria. Ihre Gründung und ihr Weg im Verbund mit BASF. Marl 1982.

Stigler, George J.: The Economics of Information. In: *Journal of Political Economy*, 69 (1961), S. 213–225.

Streb, Jochen; Wallusch, Jacek; Yin, Shuxi: Knowledge Spill-Over from New to Old Industries: The Case of German Synthetic Dyes and Textiles (1878–1913). In: *Explorations in Economic History*, 44 (2007), S. 203–223.

Szöllösi-Janze, Margit: Fritz Haber. 1868 – 1934; eine Biographie. München 1998.

Teltschik, Walter: Geschichte der deutschen Großchemie. Entwicklung und Einfluß in Staat und Gesellschaft. Weinheim u. a. 1992.

Temin, Peter (Hg.): Inside the Business Enterprise. Historical Perspectives on the Use of Information. Chicago u. a. 1991.

ter Meer; Fritz: Die I. G. Farben Industrie Aktiengesellschaft. Ihre Entstehung, Entwicklung und Bedeutung. Düsseldorf 1953.

Travis, Anthony S.: Perkin's Mauve: Ancestor of the Organic Chemical Industry. In: *Technology and Culture*, 31 (1990), S. 51–82.

Travis, Anthony S.: The Rainbow Makers. The Origins of the Synthetic Dyestuffs Industry in Western Europe. Bethlehem, London 1993.

Travis, Anthony S.: The Synthetic Nitrogen Industry in World War I. Its Emergence and Expansion. Cham 2015.

Treue, Wilhelm: Unternehmer und Finanziers, Chemiker und Ingenieure in der Chemischen Industrie im 19. Jahrhundert. In: Herbert Helbig (Hg.): Führungskräfte der Wirtschaft. 2. Im neunzehnten Jahrhundert : 1790 – 1914. 2 Bände. Limburg/Lahn (2) 1977, S. 235–254.

Verdickt, Gertjan; Annaert, Jan; Deloof, Marc: Dividend Growth and Return Predictability: A Long-Run Re-Examination of Conventional Wisdom. In: *Journal of Empirical Finance*, 52 (2019), S. 112–127.

Verg, Erik; Plumpe, Gottfried; Schultheis, Heinz: Meilensteine. 125 Jahre Bayer; 1836–1988. Köln 1988.

Vollmann, Hansjörg W.: Eigenständigkeit und Konzernintegration. Die Cassella, ihre Eigentümer und ihr Führungspersonal. Zugl.: Frankfurt (Main), Univ., Diss. u. d. T.: Vollmann, Hansjörg W.: Cassella (Schriften zur hessischen Wirtschafts- und Unternehmensgeschichte, 11). Darmstadt 2011.

Vorstand der Farbenfabriken Bayer AG (Hg.): Beiträge zur hundertjährigen Firmengeschichte 1863–1963. Unter Mitarbeit von Brigitte Hoernecke. Farbenfabriken Bayer. Leverkusen 1964.

Walb, Ernst: Zur Dogmengeschichte der Bilanz von 1861–1919. In: Unbekannt (Hg.): Festschrift für Eugen Schmalenbach. zum 20. August 1933 gewidment von Schülern und vom Verlage 1933.

Weber, Jürgen: Kostenrechnung zwischen Verhaltens- und Entscheidungsorientierung. In: *Controlling & Management Review*, 62 (2018), S. 14–23.

Wehler, Hans-Ulrich: Deutsche Gesellschaftsgeschichte. 2. Aufl. München 2006.

Wengenroth, Ulrich: Unternehmensstrategien und technischer Fortschritt. D. dt. u. d. brit. Stahlindustrie 1865 – 1895 (Veröffentlichungen des Deutschen Historischen Instituts London, 17). Göttingen u. a. 1986.

Wessling, Ewald: Individuum und Information. Die Erfassung von Information und Wissen in ökonomischen Handlungstheorien (Die Einheit der Gesellschaftswissenschaften, 71). Tübingen 1991.

Wetzel, Walter: Naturwissenschaften und chemische Industrie in Deutschland. Voraussetzungen und Mechanismen ihres Aufstiegs im 19. Jahrhundert (Frankfurter historische Abhandlungen, 32). Stuttgart 1991.

Wichelhaus, H.: Sitzung vom 27. November 1916. In: *Berichte der Deutschen Chemischen Gesellschaft*, 49 (1916), S. 2748–2751.
Williamson, Oliver E.: Markets and hierarchies. Analysis and Antitrust Implications : A Study in the Economics of Internal Organization. New York, NY 1975.
Williamson, Oliver E.: The Economics of Organization: The Transaction Cost Approach. In: *American Journal of Sociology*, 87 (1981), S. 548–577.
Williamson, Oliver E.: The Economic Institutions of Capitalism. Firms, Markets, Relational Contracting. New York, NY 1985.
Wimmer, Wolfgang: Wir haben fast immer was Neues. Gesundheitswesen und Innovationen der Pharma-Industrie in Deutschland, 1880–1935 (Bd. 43). Berlin 1994.
Wischermann, Clemens; Nieberding, Anne: Die institutionelle Revolution. Eine Einführung in die deutsche Wirtschaftsgeschichte des 19. und frühen 20. Jahrhunderts (Grundzüge der modernen Wirtschaftsgeschichte, Bd. 5). Stuttgart 2004.
Yates, JoAnne: Investing in Information: Supply and Demand Forces in the Use of Information in American Firms, 1850–1920. In: Peter Temin (Hg.): Inside the Business Enterprise. Historical Perspectives on the Use of Information. Chicago u. a. 1991, S. 117–154.
Yates, JoAnne: Control through communication. The Rise of System in American Management. Johns Hopkins paperbacks ed. (A Johns Hopkins paperback, 6). Baltimore, Md. 1993.
Ziegler, Dieter: Das Zeitalter der Industrialisierung. In: Gerold Ambrosius und Michael North (Hg.): Deutsche Wirtschaftsgeschichte. Ein Jahrtausend im Überblick. München 2000, S. 192–281.

7.2.3 Internetdokumente

Engel, Michael: Olshausen, Otto (Neue Deutsche Biographie, 19, S. 529–530.) 1999. Online verfügbar unter https://www.deutsche-biographie.de/pnd117594563.html#ndbcontent, zuletzt geprüft am 22.10.2018.
Hendrichs, Franz: Bayer, Friedrich (Neue Deutsche Biographie, 1, S. 677–678) 1953. Online verfügbar unter https://www.deutsche-biographie.de/sfz11338.html, zuletzt geprüft am 22.10.2019.
Kleinschmidt, Christian: Rütgers, Julius (Neue Deutsche Biographie, 22, S. 230) 2005. Online verfügbar unter https://www.deutsche-biographie.de/pnd117598798.html#ndbcontent, zuletzt geprüft am 07.09.2019.
Priesner, Claus: Runge, Friedlieb Ferdinand (Neue Deutsche Biographie, 22, S. 263–264) 2005. Online verfügbar unter https://www.deutsche-biographie.de/pnd118604147.html#ndbcontent, zuletzt geprüft am 07.09.2019.

Abbildungsverzeichnis

Abbildung 3.1 Organigramm der Gesellschafter Bayers, 1872–1876 — **91**

Abbildung 3.2 Organigramm der Gesellschafter nach 1878 — **93**

Abbildung 3.3 Investitionssummen für Gebäude sowie Maschinen und Geräte, 1881/82–1886 (in Mark) — **153**

Abbildung 4.1 Nettogewinne und Nettogewinne nach Sonderabschreibungen der Farbenfabriken im Verhältnis zu Dividendensummen, 1886–1894 — **200**

Abbildung 4.2 Gewinnverläufe Bayer und BASF, 1891–1903 — **203**

Abbildung 4.3 Maschinen- und Gerätekonto der Farbenfabriken: Zugänge und Abschreibungen, 1887–1893 — **207**

Abbildung 4.4 Abschreibungsquoten der ordentlichen Abschreibungen der Farbenfabriken, 1886–1900 — **207**

Abbildung 4.5 Beträge des Kreditoren-Kontos der Farbenfabriken, 1885–1900 — **235**

Abbildung 4.6 Vergleich intern ermittelter mit später veröffentlichten Brutto- und Nettogewinnzahlen der Farbenfabriken, 1891–1903 (eigene Berechnungen) — **243**

Abbildung 4.7 Verhältnis vorbilanzieller Abschreibungen zu vorbilanziellen Gesamtreserven der Farbenfabriken, 1891–1903 — **246**

Abbildung 5.1 Entwicklung der Dividendenquoten Bayers und der BASF, 1904–1913 — **341**

Abbildung 5.2 Reserveentwicklung der Unternehmen der großen IG, 1904–1919 — **374**

https://doi.org/10.1515/9783110742060-008

Tabellenverzeichnis

Tabelle 3.1 Ausbeute der Anilin-Produktion, 1865–1870 (in Pfund = 500g) —— **77**

Tabelle 3.2 „Verbrauchs-Produktions-Tabelle sämtlicher zur Anilinfabrication gehörigen Ingredienzien nach Ausbeuten vom Jahre 1868 (Anilin) u. 1867 (Salpetersäure)" —— **80**

Tabelle 3.3 Kalkulation für Alkaliblau 2B, 1872 —— **84**

Tabelle 3.4 Gewinne der Alizarin-Fabrikation bei Friedrich Bayer & Co., 1874–1880 —— **98**

Tabelle 3.5 Nettogewinne, Bilanzsummen und Kapitalrentabilität der Unternehmen Bayer, BASF und Hoechst im Jahr 1880 (in Mark) —— **113**

Tabelle 3.6 Jahresgewinne der Farbenfabriken vorm. Friedr. Bayer & Co. und der Produktionssparten Alizarin, Azo und Anilin, 1881–1885 (in Mark) —— **119**

Tabelle 3.7 Aktionärsstruktur der Farbenfabriken bei Gründung der Kommanditgesellschaft auf Aktien im Juli 1881 sowie bei der Kapitalerhöhung 1883 (in Mark) —— **129**

Tabelle 3.8 Jahresgewinne der Farbenfabriken vorm. Friedr. Bayer & Co. und der Produktionssparten Alizarin, Azo und Anilin, 1884/85–1889 (in Mark) —— **148**

Tabelle 3.9 Fabrikationsberechnung der Filiale Flers für Crocein-Orange, Juli 1885 —— **162**

Tabelle 4.1 Sonderabschreibungen und Dotierung der Reservefonds der Farbenfabriken (in Mark), 1886–1894 —— **192**

Tabelle 4.2 Verrechnung der Sonderabschreibungen am Beispiel des Kontos „Maschinen und Geräthe" der Farbenfabriken, 1887–1894 (in Mark) —— **196**

Tabelle 4.3 Verhältnis von Buch- zu Anschaffungswerten des Anlagevermögens der Unternehmen Bayer, BASF und Hoechst im Jahr 1894 (in Mark) —— **205**

Tabelle 4.4 Beträge der Bilanzposten Grundstücke, Gebäude sowie Maschinen, aufgeschlüsselt nach Standorten, 1902 (in Mark) —— **242**

Tabelle 4.5 Vergleich der von den Farbenfabriken in der Bilanz angegebenen Beträge für die Konten „Gebäude" sowie „Maschinen u. Geräthe" mit den bilanzverkürzenden Abschreibungen auf Neubauten und Neuanlagen, 1897–1903 (in Mark) —— **250**

Tabelle 4.6 Eigenkapitalrenditen (Return on Equity, RoE) der Farbenfabriken, 1895–1903 (in Mark) —— **256**

Tabelle 4.7 Vergleich der veranschlagten mit den tatsächlich realisierten Betriebstantiemen der Farbenfabriken, 1891–1903 (in Mark) —— **260**

Tabelle 5.1 Aufstellung der öffentlichen und stillen Reserven der BASF und Bayers für das Geschäftsjahr 1903 (in Mark) —— **300**

Tabelle 5.2 Vergleich der Aktiva der veröffentlichen Bilanzen und provisorischen Gründungsbilanzen des Geschäftsjahres 1903 (in Mark) —— **305**

Tabelle 5.3 Vergleich zwischen öffentlichen und provisorischen Bilanzen der Farbenfabriken Bayer und BASF für die Jahre 1902 und 1903 (in Mark) —— **307**

Tabelle 5.4 Vergleich des Kohlen-, Gas-, Wasser- und Luftverbrauchs der Farbenfabriken und der BASF im Jahr 1904 —— **321**

Tabelle 5.5 Dispositionsgelder der Dreibund-Mitglieder für das Jahr 1906 (in Mark) —— **336**

Tabelle 5.6 Reserveaufstellung Bayer für die Jahre 1904 und 1914 (in Mark, öffentliche Reserven markiert) —— **348**

https://doi.org/10.1515/9783110742060-009

Sachregister

Abschreibung(en) *siehe auch* Amortisation 42, 51, 85f., 90, 92, 105, 116, 118–121, 138, 143, 147 (FN 351), 159, 179, 189, 192f., 195–209, 213f., 220–222, 229f., 236, 239–251, 256–258, 261f., 274–276, 284, 287f., 297, 301–304, 326f., 336, 365, 382
- Sonderabschreibung(en) 119, 121, 147 (FN 351), 188–190, 192–197, 199–201, 204, 206, 208f., 213–215, 221f., 230, 236, 239–241, 244, 258 (FN 285), 274f., 348
Abschreibungshöhe 51, 53, 196, 198, 201, 206, 297, 298 (FN 75), 326, 368 (FN 311)
Abschreibungskonto 197
Abschreibungspolitik 10, 119, 251 (FN 263), 255, 298f.
Abschreibungspraxis/-praktiken 194f., 197, 201, 204, 208f., 239, 248 (FN 252), 251, 253, 288, 326f.
Abschreibungsquoten 120, 193, 195, 197f., 202, 204, 207f., 297–300, 368
Actien-Gesellschaft für Anilinfabrication *siehe* AGFA
Agenturtheorie (auch Prinzipal-Agenten-Theorie) 20, 25, 175f., 193f., 321f.
AGFA 1, 5, 64, 66, 104, 130, 143, 288, 293, 312–315, 333, 335–339, 342, 344–346, 350, 352, 356f., 366, 369–371, 376f.
Aktien (auch Aktienpapiere) 107, 126–130, 139 (FN 321), 140, 150f., 169, 190f., 231f., 234, 245 (FN 242), 252–256, 257 (FN 280), 278, 288, 291, 295, 341 (FN 210), 345f., 351f., 366 (FN 303), 368–370
Aktienemission *siehe* Emission
Aktiengesetz 120 (FN 256), 140
Aktienkapital *siehe* Kapital
Aktienkurs (auch Börsenkurs) 151f., 159, 234 (FN 207), 261 (FN 289), 284, 287, 311, 351
Aktienrecht 189, 248 (FN 252)
Aktienrechtsnovelle 43, 50f., 118 (FN 246), 120, 128 (FN 285), 143, 157, 169, 184, 189, 248 (FN 252), 275, 306
Aktiensyndikat 128f., 142, 149, 151 (FN 365), 191
Aktionär 6, 94 (FN 153), 95, 109, 118 (FN246), 121 (FN 262), 128, 132, 145, 150f., 188, 198 (FN103), 199, 201, 209, 213–216, 222, 240, 244f., 251, 253, 255, 261, 274f., 278, 285, 291f., 297, 302, 309, 341, 350f., 353f., 382
Aktionärsstruktur 118, 129f., 191
Alexander Loebell (Unternehmen) 107, 129
Alizarin-Konvention 111, 113, 115f., 122–126, 131–138, 140–145, 150f., 154–156, 166f., 177–179, 184, 318, 380f.
Allgemeine Elekricitäts-Gesellschaft 338
Allgemeines Deutsches Handelsgesetzbuch (ADHGB) 51, 106, 120, 127
Ammoniakwerke Merseburg-Oppau 372
Amortisation *siehe auch* Abschreibung 154, 163, 188, 193, 206, 262, 298, 302, 305, 330, 334, 360
Amortisationskonto 302
Amortisationsquote(n) 204, 288, 297f., 312, 367
Anlagevermögen 194f., 204f., 212f., 229, 243 (FN 237), 246f., 249, 298f., 301, 304–306, 308, 313, 327, 336, 349
Anleihe (auch Obligation) 38f., 215f., 220, 222, 235f., 245, 254f., 273, 295, 307 (FN 92), 339, 350
Anteilseigner 89, 130, 152, 165–167, 169, 189, 191, 203, 215, 222, 231, 253, 275, 278, 285 (FN19), 309, 341, 376, 380
Arzberger Schöpff & Co. (Unternehmen) 112

Bachmann & Seippel (Unternehmen) 106, 114, 129
Badische *siehe* BASF
Badische Anilin- und Sodafabrik *siehe* BASF
BASF 1f., 5, 16, 38, 43, 64f., 68f., 81, 88, 95, 97, 99f., 102–105, 110, 112–117, 121–126, 136, 138–146, 156, 158, 164–167, 175, 179f., 184f., 190, 193, 202–205, 217, 221, 234, 253, 265, 279, 281, 288f.,

https://doi.org/10.1515/9783110742060-010

292–294, 296–357, 364–366, 369–377, 380–387
Benzolringtheorie 67
Betriebsmeister (auch Meister, Meistersystem) 104, 131
Bilanz (auch Unternehmensbilanz) 10f., 37, 50, 52f., 89, 91, 94, 100, 102, 113, 115, 119, 121, 137, 140, 145–147, 149, 158, 169, 184, 188f., 191, 194–196, 198, 202f., 205, 208, 212–214, 217, 220f., 236f., 239, 242, 247, 254–257, 260, 268, 274–276, 285, 287–289, 293f., 296–305, 307–314, 317, 320, 324, 327, 333f., 347, 349, 365, 368f., 386
Bilanz(ver-)kürzung 238, 242, 245–247, 255, 259f., 275f., 278, 288, 303, 308, 382
Bilanzierung 10, 51, 53f., 210, 221, 239, 275, 288f., 306, 310, 327, 367, 373
Bilanzierungspolitik *siehe* Bilanzpolitik
Bilanzierungspraktiken/-methode 10, 51f., 194f., 288, 333, 361, 378
Bilanzierungsrichtlinien/-vorgaben 50f., 120, 373
Bilanzkontinuität 52, 377
Bilanzpolitik 203, 205, 244, 253, 256f., 291, 297, 303, 311, 354, 376f., 382, 384, 386f.
Bilanzpolitisch *siehe* Bilanzpolitik
Bilanzposten 53, 212, 237, 241f., 246, 249–252, 256f., 299–301, 305, 313
Bilanzrecht 53
Bilanzsumme 94, 113, 193, 195f., 205f., 252, 254, 260, 299, 302, 306, 308, 313, 369
Bilanztheorie 53
Bindschedler & Busch (Unternehmen) 124, 126, 150 (FN 361)
Boehringer (Unternehmen) 296 (FN 62)
Börsengang 131–133, 149, 150
Börsenkurs *siehe* Aktienkurs
Brass (Unternehmen) 124
British Alizarine Company (Unternehmen) 123f.
Brönner (Unternehmen) 112
Bryce & Rumpff (Unternehmen) 96, 106, 129, 166
Buchhalterisch *siehe* Buchhaltung
Buchhaltung 41, 43–45, 49, 52f., 78, 86, 89f., 100f., 104, 120, 159–161, 169, 180, 183, 188, 259, 261–269, 277, 286, 290, 320, 323f., 327–329, 333, 335, 360f., 373, 378, 381, 386
Burt, Boulton & Haywood (Unternehmen) 112, 123

Carl Jäger (Unternehmen) 82
Carl Leverkus (Unternehmen) 110, 223
Carl Neuhaus (Unternehmen) 110, 112, 114
Cassella (AG) *siehe* Leopold Cassella & Co. (Unternehmen)
Chemische Fabrik auf Actien vorm. E. Schering 177, 178
Chemische Fabrik Dykerhoff, Clemm & Comp. 64
Chemische Fabrik Griesheim-Elektron 367f., 370, 378
Chemische Fabrik Kalle 100, 170f., 359, 368, 370, 374, 377
Chemische Fabrik Rhenania 153, 218f., 220
Chemische Fabrik Station Haan 83, 176
Chemische Fabriken vorm. Weiler ter Meer 367f., 370, 374, 378
Chemische Industrie 13, 57, 121, 173, 239, 291, 325
Chemische Industrie Actiengesellschaft Elberfeld *siehe* Gebr. Gessert
Chemische Industrie Basel (Unternehmen) 150 (FN 361)

Deutsche Bank 38, 128f., 131, 143, 150f., 190f., 215, 232, 236, 238, 291 (FN 49), 352, 370 (FN 319)
Dividende (auch Dividendenzahlung, -höhe) 95, 109, 117–119, 121, 132, 139f., 143f., 145f., 151f., 167, 188–190, 192, 199–202, 209f., 214–216, 220, 222, 231, 240, 244, 251f., 253–258, 276, 278, 284f., 287, 291, 293, 323, 340–342, 347, 351, 380, 382
Dividendenerwartung 199
Dividendenglättung 201, 244 (FN 239), 251, 261 (FN 289), 340

Dividendenpolitik (auch Ausschüttungspolitik) 6, 117f., 166, 199, 209, 230, 251, 253, 275f., 291, 340, 380–382
Dividendenquote (auch Dividendensatz) 11, 199, 201, 230, 252, 275, 341f., 347 (FN 232), 377
Dividendenstrategie 152
Dow Chemical (Unternehmen) 12, 167 (FN 407)
Dreibund 1, 5f., 37–39, 237f., 261, 282, 296, 313f., 316, 322f., 325f., 330–355, 357–359, 361, 363f., 365–379, 384f., 387
Dreibundunternehmen *siehe* Dreibund
Dreiverband 17, 359, 364f., 367f., 371, 373, 377
Duncklenberg (Unternehmen) 110, 128f.
DuPont (Unternehmen) 12

Eigenkapital *siehe* Kapital
Eigentümerstruktur (auch property rights) 5, 90, 92, 106 (FN 203), 107f., 118, 167, 383
Emission (auch Aktienemission, Anleiheemission) 38, 128f., 139, 149, 169, 190f., 199, 215f., 231f., 234, 238, 253, 255, 346, 351–353
Entscheidungsfindung 5, 17, 23, 31–33, 36, 88, 164, 225, 255, 273, 386
Entscheidungskomplexität 187
Entscheidungsprozesse 3, 6, 21, 24, 31f., 36, 57, 80, 180, 209f., 229, 278, 379, 384f.
Entscheidungsspielraum/-räume 54, 141, 156, 184, 190, 253, 259, 325, 335, 353, 384
Entscheidungstheorie 18, 24, 32
Entscheidungsträger 24, 29–33, 35f., 187, 362, 379, 382, 385
Erwartungsbildung 3, 17f., 23, 29, 31–37, 138, 142, 167, 185, 275, 379

Farbstoffe, synthetische 2, 14, 60, 65, 67, 70–73, 164, 281
Farbwerke (Hoechst) *siehe* Hoechst (Unternehmen)
Farina (Unternehmen) 11
Finanzierung (auch Unternehmensfinanzierung) 39, 189, 198, 206, 208, 210, 216, 220, 222, 233, 235, 237, 245, 253, 261, 273, 278, 335, 337, 339f., 342, 345f., 350, 353, 372, 383, 387
– Innenfinanzierung (auch Selbst-, Eigenfinanzierung) 39, 194, 205, 208f., 221f., 230, 274, 291, 340, 346, 372
Finanzierungsentscheidung 5, 346
Finanzierungsinstrument 209, 258, 277
Finanzierungslücke 220, 237, 245, 253
Finanzierungspolitik 166 (FN 406), 221, 229, 233, 235
Finanzierungsproblem 233
Finanzierungsquelle 209, 221, 231, 241, 244, 260
Finanzierungsstrategie 208, 261, 273
Finanzierungsstruktur 276
Fremdkapital *siehe* Kapital

Gauhe & Co. (Unternehmen) 112
Gebr. Gessert (Unternehmen) 87f., 93–98, 105
Gehe & Co. (Unternehmen) 174 (FN 20), 295 (FN 65)
Generalversammlung 51, 108, 116–119, 127f., 145f., 151, 180f., 188, 193, 197, 204, 214, 220, 222, 230–232, 234, 240, 243, 258f., 274, 310, 351f.
Gesellschaft mit beschränkter Haftung (auch GmbH) 294–296, 372
Gesellschaftsstatut *siehe* Statut
Gewinn- und Verlustrechnung (auch GuV) 37, 52, 109, 113, 137, 140, 147 (FN 351), 169, 180, 188, 221, 245
Gewinnglättung 201, 244, 255, 382
Gewinnverteilung 140, 167 (FN 407), 190, 201, 213–215, 258, 275, 285, 303, 309f., 313, 315, 365, 368, 382
Griesheim Elektron *siehe* Chemische Fabrik Griesheim-Elektron
Gründerkrise 43, 47, 54
Gutehoffnungshütte (Unternehmen) 11

Hamburger Commerz- und Discontobank 107
Haniel (Unternehmen) 342 (FN 213), 358

Hauptversammlung *siehe* Generalversammlung
Hoechst (Unternehmen) 16, 43, 64f., 68, 81, 88, 94f., 97, 99, 102–105, 110, 112–115, 122–126, 136, 138, 141–144, 154, 156, 158, 164–167, 171, 175, 179, 181, 202, 204f., 217, 221, 281, 288–296, 309f., 312, 315–317, 356, 359, 368–370, 374, 376f., 380–382, 386
Hofmann u. Schoetensack (Unternehmen) 177

IG *siehe* Interessengemeinschaft
IG-Farben 17, 101, 378
IG-Pharma 296 (FN 65)
Innenfinanzierung *siehe* Finanzierung
Interessengemeinschaft 1, 5, 39, 281, 296, 309–318, 323– 325, 327, 329–333, 335, 337, 339, 341, 344, 346f., 350, 352, 354f., 358, 361, 364–378, 385, 387
Inventar 120, 138, 159, 237, 240, 249, 251, 301, 304, 354, 373
Inventarbewertung 120, 143, 272, 306

J.C. Duncklenberg *siehe* Duncklenberg (Unternehmen)
Jahresbilanz *siehe* (Unternehmens-)Bilanz

Kalle & Co. (Unternehmen) *siehe* Chemische Fabrik Kalle (Unternehmen)
Kapital 88, 91f., 97, 105–107, 113, 166, 189f., 202, 278, 292, 339, 345f., 369, 372, 381
– Aktienkapital 51, 117, 126f., 130 (FN 290), 139f., 144 (FN 339), 178, 189f., 202, 204, 230, 234, 238, 251f., 254–256, 273, 275, 287, 295, 342, 345f., 350–352, 370, 372
– Anlagekapital 251, 301, 326
– Eigenkapital 94 (FN 153), 208, 229, 231, 254f., 295
– Eigenkapitalquote 255
– Eigenkapitalrendite 255f.
– Fremdkapital 94, 96, 235, 254f., 273, 276, 295
– Fremdkapitalquote 95
Kapitalerhöhung 38f., 126–131, 139, 152f., 155, 166f., 169, 189–191, 193, 197, 199, 208, 229, 231f., 234f., 238, 245, 252–254, 256f., 273f., 278, 340, 342, 345–347, 350–353, 369–371, 375, 378, 383, 385
Kapitalstruktur 11, 339
Karl G. R. Oehler (Unternehmen) 64 (FN 37), 100
Knapsack AG (Unternehmen) 370
Knoll (Unternehmen) 296 (FN 62)
Kommanditgesellschaft (auch Kommanditgesellschaft auf Aktien) 50, 106–109, 113, 117, 127–130, 169, 294 (FN 62)
Kostenrechnung 41, 46, 48–50, 54, 78, 81, 86, 89, 269, 334, 360, 362, 384, 386
Kostenrechnungstheorie 45
Krappindustrie 68
Krupp (Unternehmen) 11, 85, 180
La Fuchsine (Unternehmen) 63f.
Leopold Cassella & Co. (Unternehmen) 38, 294–296, 309, 356, 359, 362, 364, 368–370, 376f.
Lichtbogen-Verfahren 338
Lizensierung (auch Lizenz) 68, 100, 102, 153, 165, 171 (FN 11), 177

M. Leonhardt & Co. (Unternehmen) 177
Make-or-Buy-Entscheidung 22, 36, 154, 219, 359, 381
Maschinenfabrik Esslingen 10, 198 (FN 103), 209 (FN 129)
Meister (auch Meistersystem) *siehe* Betriebsmeister
Meister, Lucius & Brüning *siehe* Hoechst (Unternehmen)
Meister, Lucius & Co. *siehe* Hoechst (Unternehmen)
Merck (Unternehmen) 296 (FN 62)
Montanindustrie 11, 43, 117

Neoklassik 18f., 23
Niederstwertprinzip 51, 120, 143, 306
Norsk Hydro (Unternehmen) 338f., 353, 357

Obligation *siehe* Anleihe
Oeler (Unternehmen) 83

P. Römer *siehe* Römer (Unternehmen)
Patent (auch Patentschutz, Patentierung) 57, 62f., 68f., 74, 87, 97, 99, 100 (FN 181), 110, 127, 130, 143 (FN 338), 149, 164, 177, 270f., 371
Patentgesetz (auch Reichspatentgesetz) 99 f., 102f., 105, 165, 325, 358 (FN 358)
Patentierung *siehe* Patent
Perkin & Sons (Unternehmen) 62, 68f., 95, 99
Phoenix AG für Bergbau und Hüttenbetrieb 48, 81
Prinzipal-Agenten-Theorie *siehe* Agenturtheorie

Rabeneck (Unternehmen) 112 (FN 225)
Rechnungswesen 2–12, 16f., 21f., 27, 31f., 34, 36–39, 41–45, 57, 85, 162, 164, 169, 195, 265, 286f., 290, 316–318, 325, 333, 359, 361, 372, 376, 378–380, 383–387
Reichspatentgesetz *siehe* Patentgesetz
Renard Frères (Unternehmen) 63, 65, 99
Rendementsberechnung 161, 261f., 270, 277, 286, 362
Reserve (auch Reservekonto) 140, 145, 147 (FN 352), 148, 190, 213f., 221, 229, 237, 247f., 251, 260, 288, 300, 305, 323, 347f., 374, 377
Reservebildung 10, 51, 116, 121, 140, 186, 189f., 193, 195, 199–201, 208, 214, 240f., 246, 250, 252, 257, 259–261, 274f., 285, 301, 304, 326, 347, 349, 377
Reservefonds (auch öffentliche/gesetzliche Reserve) 51, 109, 116–118, 139f., 188–194, 204, 209, 232, 234, 237, 239, 241, 252, 254, 274–276, 284, 299–301, 303, 306, 308f., 340, 346f., 349–351, 377, 383f.
Reserven, stille (auch stille Reservebildung, stiller Reservefonds) 10, 51, 121, 193–195, 198, 199 (FN 104), 201f., 204, 208, 217, 237f., 240–242, 245, 248, 250, 260, 261, 273f., 276, 285, 288, 300–302, 327, 349, 374, 377, 383, 387
Reservepolitik 6, 118, 139, 230, 238, 288, 301–304, 311, 350, 373, 375–377, 382, 384, 386
Rheinisch-Westfälisches Schwefelsäuresyndikat (RWKS) 218, 294, 342f., 357f.
Rhenania *siehe* Chemische Fabrik Rhenania
Riedel (Unternehmen) 296 (FN 62)
Römer (Unternehmen) 155, 191, 273
Rückstellung 146, 147 (FN 351), 244 (FN 239), 259, 303, 315
RWKS *siehe* Rheinisch-Westfälisches Schwefelsäuresyndikat

Scheidt (Unternehmen) 11
Schering *siehe* Chemische Fabrik auf Actien vorm. E. Schering
Schoeneberg und Hufschmidt (Unternehmen) 96
Schoppe & Stoltzenberg (Unternehmen) 106, 129
Selbstherstellung (auch Eigenherstellung) 32, 217–220, 223, 225, 276, 357 (FN 270), 381
Siemens & Halske (Unternehmen) 106 (FN 203), 209 (FN 128), 244 (FN 239)
Simpson, Maule & Nicholson (Unternehmen) 73
Sonderabschreibungen *siehe* Abschreibungen
Spieltheorie 111 (FN 223), 311
Statut (auch Unternehmensstatut, Gesellschaftsstatut) 107–109, 116, 119, 127f., 140, 197f., 202, 204 (FN 117), 208.

Tantieme (auch Gewinnbeteiligung) 100–102, 104, 109, 116–119, 175, 177, 181f., 182 (FN 49), 190, 215, 220, 222, 231, 243 (FN 237), 258–260, 262, 321f. (auch FN 140)
Teerfarbenindustrie 13–15, 38, 57–59, 67, 69, 71, 76, 99, 103, 105, 111, 150, 283f., 387
Teerfarbstoffe *siehe* Farbstoffe, synthetische
Thyssen 11, 161 (FN 397), 248 (FN 255), 263 (FN 298), 269

Tillmanns (Unternehmen) 83
Transaktionskosten 19–21, 24f., 27, 35f., 387
Trittbrettfahrerproblem 97

Umlaufvermögen 246f., 249, 257, 258 (FN 284), 301, 304, 306, 308, 349, 355 (FN 257)
Unternehmensbilanz *siehe* Bilanz
Unternehmensstatut *siehe* Statut

Verein Chemischer Fabriken Mannheim 81

Zeche Auguste Victoria 343–345, 352, 354, 356–358, 375, 385
Zeitschrift für handelswissenschaftliche Forschung 48, 54
Zweite Industrielle Revolution 3

Orts- und Personenregister

Antwerpen 72
Auerbach, Vorname unbekannt 181–183
Barmen 71–73, 75, 79, 82 f., 107, 180, 211, 214, 217, 222, 225 f., 242
Baumann, Eugen 171 (FN 11), 175, 177, 258
Bayer, Friedrich 71–74, 83 f., 87–94, 96, 127, 164, 274
Bayer, Friedrich jun. 91–93, 106–108, 118, 129, 155, 157, 220, 282, 285
Bayer, Julie 106 (FN 206)
Böttinger, Henry Theodore 127–129, 131 f., 133 (FN 301), 134, 173, 175, 177, 211, 216, 218, 223 f., 226 f., 285, 306, 350
Brunck, Heinrich von 288, 338
Brunck, Lothar 38, 324, 327–329
Brüning, Adolf von 65, 99
Brüning, Gustav von 288–294
Cahn, Arnold 170
Caro, Heinrich 68, 99 f.
Chandler, Alfred D. 7–9, 11 f., 36, 169, 228 (FN 188), 286, 379
Church, Alexander H. 48
Coase, Ronald H. 19–24, 27 f., 32, 35, 286 f., 383, 386
Cyert, Richard M. 3, 18, 24, 168 (FN 409)
Doermer, Otto 133 (FN 301), 254, 310 f.
Duisberg, Carl 1 f., 15, 104, 131, 149, 158, 167, 171, 178 f., 182, 211, 220, 225–229, 252 f., 258, 266 f., 270, 273, 276, 282–290, 292–294, 296–298, 303, 306 f., 309–312, 314–323, 326 f., 335, 340, 343–346, 350, 353, 355, 363–367, 370, 375, 378 f., 384, 387
Elberfeld 72, 75, 78, 94, 107, 176, 180, 191, 211–214, 217, 219 f., 222 f., 225–227, 242, 248, 276, 309, 315, 317–322, 324, 333, 345
Emminghaus, Arwed 198 (FN 103)
Engelhorn, Friedrich 115, 324
Flers 162 f., 180, 242
Gaertner, Carl 265
Gans, Adolf 295
Gans, Fritz 295
Gans, Leo 295
Gattermann, Ludwig 318
Graebe, Carl 66–68
Grässler, Friedrich 102
Grieß, Peter 101 f., 127
Haan 83
Haber, Fritz 16
Hagemann, Carl 101
Heckinghausen 73
Hepp, Paul 170
Heydt, Freiherr Eduard von der 131 f., 210 (FN 131), 291 (FN 49)
Hilgenberg, Ernst 74 f.
Hinsberg, Oscar 171
Hofmann, August Wilhelm von 60 f., 64 f.
Hüttenmüller, Robert 315–317
Jansen, Johannes 149
Jonas, Paul 132, 210 (FN 131), 291 (FN 49)
Kast, Alfred 171, 175, 177, 258,
Kedenburg, Ferdinand 104, 106, 114, 129
Kekulé, Friedrich August 66 f.
Knosp, Rudolf 328
Kocka, Jürgen 7–9, 36, 114 (FN 233), 166 (FN 406), 168 (FN 410), 379 f.
König, Hermann 114, 127, 129, 131 f., 143, 157 (FN 382, 384), 218, 229–231, 237
Leblanc, Nicolas 58
Leuna 372
Leverkus, Carl 211, 216
Leverkusen 110, 210–213, 216–238, 241 f., 244 f., 249, 259, 263, 273 f., 276 f., 281, 285, 287, 299, 302 f., 306, 313, 316, 319, 373, 383
Liebermann, Carl 66–68
Liebig, Justus von 60 f.
Lucius, Eugen 65
Mann, Rudolf 356 f.
Mansfield, Charles Blachford 60 f.
March, James G. 3, 18, 24, 31, 168 (FN 409)
Martius, Carl Alexander von 288
Meister, Carl Friedrich Wilhelm 65
Moskau 180, 242
Müller, Ludwig August 65
Neuhaus, Carl 114

https://doi.org/10.1515/9783110742060-011

Nobbe, Fritz 86, 159, 161, 164, 263, 265 f., 270
Olshausen, Otto 100 f.
Perkin, William Henry 57, 61 f., 68, 69 f., 110
Rathenau, Emil 338
Roesky, Eduard 47, 265 (FN 305)
Römer, Paul 191
Rose, Heinrich 181 f., 186
Rotterdam 72
Rumpff, Carl 87, 89, 91–97, 105–108, 124, 127, 129–131, 133 (FN 301), 151 (FN 365), 157 f., 160, 166, 179, 181, 184–186, 188, 190 f., 210, 272–274, 381 f.
Runge, Friedlieb Ferdinand 60
Schaal, Vorname unbekannt 89, 95, 98
Schmalenbach, Eugen 48–50, 52–55, 120 (FN 256), 262 (FN 295), 264 f., 301 f., 329 f., 332, 376, 384
Schoonaerde 354–356, 377
Schulten, Wilhelm 104–106, 111, 129
Siegle, Gustav 115, 122, 328
Siller, August 87, 92, 104, 106, 108, 129
Simon, Herbert A. 22–24, 28, 30 f., 35
Simon, Herman Veit 50, 196 (FN 94)
Taylor, Frederick W. 48
Tust, Eduard 87–89, 92 f., 104, 106, 108, 129, 131, 156 f., 170
Unverdorben, Otto 60
Verguin, François-Emmanuel 63 f.
Viefhaus, August 210, 274
Vorländer, Robert 334
Weiler (Unternehmen) 76
Weinberg, Arthur von 295
Weinberg, Carl von 295, 364
Weskott, Friedrich 72 f., 75, 83, 87, 89 f., 91–94, 96, 105 f.
Weskott, Friedrich jun. 92 f., 106, 108, 124, 129, 154, 181
Wuppertal 72, 124, 211

www.ingramcontent.com/pod-product-compliance
Lightning Source LLC
LaVergne TN
LVHW102229300926
849160LV00006B/78